Reisevorbereitungen

Routen B 1 bis B 16

Praktische Tipps für unterwegs

Anhang

Land und Leute

Farbimpressionen

Routen A 1 bis A 24

lib-e Foto: gg

Gerhard Göttler

Libyen

lib4_8gr Foto: gg

Impressum

Gerhard Göttler
Libyen

erschienen im
REISE KNOW-HOW Verlag Peter Rump GmbH
Osnabrücker Str. 79, 33649 Bielefeld

7., komplett aktualisierte und erweiterte Auflage 2007

Gestaltung:
Umschlag: G. Pawlak, P. Rump (Layout);
M. Luck (Realisierung)
Inhalt: G. Pawlak (Layout);
M. Luck (Realisierung)
Karten: B. Spachmüller; der Verlag
Fotos: G. Göttler (gg); E. Därr (ed); K. Därr (kd);
Th. Troßmann (tt); F. Becker (fb)
Titelfoto: G. Göttler

Lektorat: M. Luck
Druck und Bindung: Fuldaer Verlagsanstalt GmbH und Co. KG, Fulda

ISBN 978-3-8317-1567-1
PRINTED IN GERMANY

Wir freuen uns über Kritik, Kommentare und Verbesserungsvorschläge.

Alle Informationen in diesem Buch sind vom Autor mit größter Sorgfalt gesammelt und vom Lektorat des Verlages gewissenhaft bearbeitet und überprüft worden.

Gerhard Göttler

Libyen

Triumphbogen des Marc Aurel in Tripolis

Reise Know-How im Internet

Aktuelle Reisetipps und Neuigkeiten
Ergänzungen nach Redaktionsschluss
Büchershop und Sonderangebote

www.reise-know-how.de
info@reise-know-how.de

Wir freuen uns über Anregung und Kritik.

Vorwort

„Die Beständigkeit liegt in der Veränderung" – dieser alte Lehrsatz zieht sich seit dem Erscheinen der ersten Auflage dieses Buches wie ein roter Faden durch den Text! Wichtige Änderungen bei den Einreiseformalitäten wurden realisiert (der Pass muss nicht mehr ins Arabische übersetzt sein, ein Visum wird unter bestimmten Voraussetzungen nicht mehr erforderlich), anderes steht derzeit noch immer oder erneut in der Debatte (Mitnahme eines Führers). Im Lande haben sich geradezu gewaltige **Entwicklungen** vollzogen: Überall entstanden neue Hotels, alte wurden ansprechend renoviert, die Versorgungslage hat sich in fast allen Belangen entscheidend gebessert – nur das Wechseln Ihrer mitgebrachten Devisen bereitet den Banken noch immer erhebliche Mühen.

Stabil ist weiterhin die **Sicherheitslage.** Die Sicherheitshinweise des deutschen Auswärtigen Amtes warnen zum gegenwärtigen Zeitpunkt in ihren länderspezifischen Hinweisen lediglich vor Gefahren bei nächtlichen Autoreisen durch Schlaglöcher und Sandverwehungen oder durch freilaufende Kamele. Andere Risiken gelten eher als singuläre Ereignisse der Vergangenheit (z.B. die Proteste gegen Mohammed-Karikaturen).

Bedauerlich ist dagegen das noch immer allgegenwärtige gigantische **Müllproblem!** Auch wenn der erhoffte Prozess des Umdenkens auch bei den Libyern selbst eingesetzt hat, erfolgen die Fortschritte in diesem Bereich doch eher schleichend. Die Sintflut ist noch lange nicht bewältigt, neue Müllkippen tun sich gar in bislang verschonten Gebieten auf! Hier wäre auch ein dringlicher Besserungs-Appell an die Reiseunternehmer zu richten, die in den letzten Jahren ihre Touristengruppen zwar hinter die Dünen gekarrt, ihren Müll dort aber mehr schlecht als recht nur verscharrt haben!

Die Südgrenzen des Landes waren erneut von heftigen kriegerischen Auseinandersetzungen betroffen: **Kämpfe** zwischen den Regierungstruppen des Tschad und den Rebellen des Tibesti-Gebirges fanden noch weit bis in libysches Territorium hinein statt, welches den Rebellen teilweise als logistisches Rückzugsgebiet dient. In Zusammenhang mit diesen Kämpfen wurden die nördlichen Randgebiete des Tibesti-Gebirges erneut vermint.

Zum Schluss ein großes Dankeschön an die Adresse meiner Leser, ohne deren Zuschriften das Buch gar nicht mehr denkbar wäre!

Wie früher auch schon wünsche ich Ihnen komplikationsfreie Reisen in Sonne und Wärme im Sahara-Land Libyen!

Ihr *Gerhard Göttler*

G. Göttler

Inhalt

Reisevorbereitungen

Praktische Tipps für unterwegs

Land und Leute

Unterwegs in Libyen

Reiseteil A: Tripolitanien und Fezzan

Exkurse

Reiseteil B: Sirte-Region, Cyrenaika und Süd(ost)libyen

Anhang

Hinweis: Die **Internet- und E-Mail-Adressen** in diesem Buch können – bedingt durch den Zeilenumbruch – so getrennt werden, dass ein Trennstrich erscheint, der nicht zur Web-Adresse gehören muss (z.B. www.travel-med.de statt www.travelmed.de)!

Karten

Alle Karten sind nordorientiert, sofern nicht anderes vermerkt. Auf die jeweils passende Karte(n) wird in der Kopfzeile verwiesen.

lib-f Foto: gg

Reise-vorbereitungen

lib-j Foto: gg

lib-o Foto: ed

Konditoren in Sebha

Die Revolution erzieht ihre Kinder: Plakat bei einer Schuleinweihung

Kinder in El Gatrun

Als Gast in Libyen

Was erwartet den Gast in Libyen?

Über viele Jahre hinweg hat eine eher Touristen ablehnende Politik Libyens ebenso wie eine oft unnötig negative Berichterstattung in unseren Medien verhindert, dass dieses nordafrikanische Land von einer größeren Zahl von Besuchern bereist wurde. Erst mit Problemen in anderen Sahara-Ländern begann sich das Interesse Libyen zuzuwenden. Wer dann zum ersten Mal in diesem Land unterwegs war, mußte oft mit großer Überraschung feststellen, wie sehr dieser Mangel an Touristen die traditionellen Formen der **Gastfreundschaft** bestehen ließ. Die Libyer sind bei insgesamt großer Zurückhaltung dem Touristen gegenüber sehr aufgeschlossen, außerordentlich gastfreundlich und immer hilfsbereit. Wohlgemerkt – bei insgesamt großer Zurückhaltung! Wer wiederholt in anderen Sahara-Ländern unterwegs war, kennt die oft falschen oder mit Hintergedanken verbundenen Rituale der Gastfreundschaft: Die Einladung zum Tee, um ein Verkaufsgespräch zu führen, die Einladung zum Essen, um die Adresse des Gastes zur Erlangung eines Einreisevisums erbitten zu können ... immer dem Motto folgend: „Sei mein Gast, damit ich Dich um etwas bitten kann."

Es ist mir in Libyen oft passiert, dass ein unerkannt weggefahrener fremder Tankstellenkunde meine eigene Benzinrechnung schon bezahlt hatte, wenn ich dies erledigen wollte. In einem Restaurant hatte ein anderer, vor uns bereits wieder gegangener Gast unsere Rechnung bezahlt; er ließ sich zudem durch den Kellner entschuldigen, dass er uns nicht zu sich zum Essen eingeladen hatte: Er sei selbst nur auf der Durchreise ...

Wer beim Ausfüllen irgendwelcher Formulare an der Grenze Schwierigkeiten mit der arabischen Schrift hat, findet sofort Hilfsbereite, die ihm alles erklären werden. Das Interesse am (seltenen) Europäer ist groß und fast ausschließlich uneigennützig. Libyen ist ein relativ wohlhabendes Land, mit allem versorgt, was an Wichtigem erforderlich ist – überversorgt gar mit vielen unwichtigen Dingen. Sicher fördert auch dieses Wohlergehen gelassen-höfliche Hilfsbereitschaft und Gastfreundschaft.

Von Mann zu Mann entwickeln sich rasch Kontakte. Reisenden Frauen (allein reisende Frauen durften lange Zeit nicht nach Libyen einreisen, vgl. hierzu weiter unten) begegnet besonders der männliche Libyer mit großer Zurückhaltung und Höflichkeit, nicht zu vergleichen mit dem Macho-Gebaren in anderen Mittelmeer-Anrainerländern!

Zwischen dem männlichen Touristen und libyschen Frauen erfordert die Situation natürlich eine eher noch größere Zurückhaltung von Seiten des „Eindringlings".

Libysche LKW-Mannschaft

Kinder zeigen sich auffallend selten. Kinderbettelei kommt praktisch nicht vor. Spielende Kinder interessieren sich kaum für den vorbeikommenden Touristen; das sonst so übliche und oft lästige Hinterherrennen in der Hoffnung auf ein kleines Geschenk fehlt in Libyen ganz: „Touristen in Spendierhosen" sind nicht geläufig, und den Kinder fehlt es nach dortigen Maßstäben an nichts.

Auf der Grundlage selbstverständlicher Regeln des Anstandes und Respekts, mit der nötigen Zurückhaltung und einer gewissen Bereitschaft, sich Grundkenntnisse in der arabischen Sprache, etwa in Form einfachster Begrüßungsformeln, anzueignen, bewegt man sich in Libyen als AusländerIn vollkommen frei und unbehelligt. Keine Anmache, keine Bettelei, nichts Bedrängendes – dies gilt für die „heile Welt" des flachen Landes genauso wie für die Städte.

Touristenzentren à la Rimini oder Benidorm gibt es nicht, und überall dort, wo Touristen noch am ehesten konzentriert zu vermuten wären, etwa bei bedeutenden Sehenswürdigkeiten, werden Sie zu Ihrer Überraschung feststellen, dass Sie auch dort meist mutterseelenallein sind ...

Infrastruktur und Versorgung

Libyen verfügt (im touristischen Sektor) höchstens in Ansätzen über eine funktionstüchtige Infrastruktur. Dies gilt auf allen Ebenen. Eine langjährige Benach-

012 Foto: gg

015 Foto: ed

teiligung des privatwirtschaftlichen Sektors ist hier ebenso als Ursache zu nennen wie die fehlende Klientel. Soweit **Hotels** vorhanden sind, sind diese vornehmlich an den Bedürfnissen von Geschäftsreisenden orientiert. Dies gilt auch für **Gaststätten:** Sie fehlen entweder ganz oder sind in Form einfachster Straßenrestaurants oder meist schlecht funktionierender Restaurants innerhalb der Geschäftshotels vorhanden. In den letzten Jahren haben sich hier jedoch deutliche Verbesserungen eingestellt. Neue Hotels entstanden, bereits vorhandene wurden renoviert. Auch Gaststätten sind vor allem im Norden in größerer Zahl vorhanden.

Bäckerei in Terkiba

Aus religiösen Gründen fehlen auch in besten Hotels **alkoholische Getränke;** Ausnahmen, wie sie in anderen Ländern im touristischen Sektor üblich sind, gibt es nicht. Ein krimineller Schwarzmarkt, wie er z.B. in Algerien besteht oder bestand, ist nicht vorhanden.

Andere Getränke dagegen (auch z.B. alkoholfreies Bier) werden in breiter Palette angeboten; auch das **Lebensmittelangebot** ist durchweg üppig, auch wenn die zum Verkauf stehende Auswahl nicht immer den europäischen Geschmack trifft. Schweinefleisch fehlt in jeder Form.

Das Angebot an frischem Obst und Gemüse schwankt von Ort zu Ort. Besonders in kleineren Ortschaften und in den saharischen Gebieten ist das Angebot oft dürftig. Fleisch wird dagegen überall in ausreichender Menge angeboten. An der Küste – und nur hier – findet sich auch Fisch; empfehlenswert ist dabei, Fisch direkt im Fischereihafen zu erwerben. Brot wird überall als Weißbrot verkauft; Bäckereien erkennt man am besten an kleinen viereckigen Verkaufs-„Fenstern". Oft bilden sich lange Schlangen vor den Bäckereien. Brot ist als subventioniertes Lebensmittel sehr billig, entsprechend sorglos wird damit umgegangen – die Bäcker kommen kaum mit der Herstellung nach. In größeren Ortschaften sind auch immer wieder Konditoreien mit einem umfangreichen Angebot an „süßen Stückchen" zu finden. Zigaretten werden überall angeboten und sind sehr preisgünstig.

Das **Straßennetz** ist im Vergleich zur Zahl der Ortschaften und ihrer Einwohnerzahl dicht und in gutem Zustand. Nur innerhalb der größten Städte ist der Verkehr dicht und dann auch chaotisch. Schwierige, gar gefährliche Verkehrsverhältnisse treffen Sie im Umfeld größerer Ortschaften auch auf den häufig vierspurigen oder autobahnähnlichen Schnellstraßen an.

Linienbusse und Sammeltaxis verkehren flächendeckend und befinden sich auch in einem technisch relativ guten Zustand. Da die Libyer selbst jedoch meist im eigenen Fahrzeug unterwegs sind und öffentliche Verkehrsmittel überwiegend von Gastarbeitern und anderen Zugereisten benutzt werden, ist die Zahl der Abfahrten eher gering. Jeder größere Ort ist jedoch nach einer entsprechenden Wartezeit mit einem öffentlichen Straßenverkehrsfahrzeug erreichbar.

Bahnlinien existieren nicht, die Trans-Maghreb-Bahnlinie (Mauretanien – Marokko – Algerien – Tunesien – Libyen – Ägypten) befindet sich in Libyen im Planungsstadium. **Mietwagen** sind nur in Tripolis erhältlich.

Das im März 1992 von den Vereinten Nationen gegen Libyen verhängte Luftverkehrsembargo wurde im April 1999 suspendiert, die Sanktionen später aufgehoben. Seit 1999 fliegt z.B. die Deutsche Lufthansa fünfmal wöchentlich ab Frankfurt wieder Tripolis an. Auch Alitalia, Swissair, Austrian Airlines, British Airways u.a. haben ihre **Flugverbindungen** wieder aufgenommen. Die Strecken nach Tripolis gelten allerdings als die nach Meilen gerechnet teuersten Flugverbindungen der Welt. Der Libyan Arab Airlines wurden außerhalb Libyens bisher nur Landerechte in Rom, in verschiedenen Städten des Nahen Ostens (Damaskus, Amman, Jidda) und in Afrika (Niamey, N'djamena, Karthoum) eingeräumt.

Im Inland existieren noch immer etliche Flugverbindungen mit allerdings unsicheren Flugzeiten. Das US-Embargo hat gewirkt: Flugzeuge können nur durch das Ausschlachten anderer Maschinen funktionstüchtig gehalten werden. Die Flüge gehen ggfs. pünktlich, sind billig und nicht immer ausgebucht. Es fliegen sehr unterschiedliche Flugzeugtypen. Gebucht werden kann in einer Vielzahl von Reisebüros und bei den Büros der staatlichen Luftfahrtgesellschaft selbst.

Das **Post- und Telefonsystem** ist gut ausgebaut. Grundsätzlich ist Telefonieren vom und ins Ausland möglich (Vorwahl 00218). Dies erfordert jedoch oft Wartezeiten. Die Beförderung der Post erfolgt zuverlässig und schnell; von mir in Libyen abgesandte Postkarten waren bei meiner Rückkehr fast immer schon angekommen – aus anderen Ländern bin ich Wartezeiten von mehreren Wochen gewohnt! Es ist in Libyen übrigens fast schwieriger, Postkarten als Briefmarken zu bekommen.

Die **Bausubstanz** ist durchweg modern; kaum eine alte Oase, die nicht aufgegeben und durch eine vollkommen neue Ortschaft ersetzt wurde. Deshalb finden sich auch allenorts **Toiletten,** die für Touristen offen stehen. Dies gilt etwa für Polizei- oder Zollstationen, für Tankstellen, Restaurants usw. Der Zustand entspricht nicht immer unseren Vorstellungen und schwankt in Abhängigkeit vom jeweiligen Betreiber des zugehörigen Gebäudes: Manche Toilette (oft gar mit angeschlossener Dusche) ist im Vergleich zu unseren Autobahn-WCs geradezu pieksauber. Toilettenpapier allerdings fehlt meist. Üblich ist eine Reinigung mit Wasser und der linken Hand (die deshalb auch als unrein gilt).

Fließendes Wasser ist dank moderner Erschließungsprojekte überall in den Ortschaften und immer auch an den Tankstellen vorhanden; die Qualität allerdings ist unterschiedlich. Entkeimen ist empfehlenswert.

Krankenhäuser finden sich in jeder halbwegs größeren Ortschaft. Die Versorgung ist kostenlos, das medizinische Personal besteht in der Regel aus Ausländern, so dass die Verständigung auf Englisch oder Französisch erfolgen kann. Auch **Apotheken** gibt es außer in kleinsten Dörfern überall; das Angebot an Medikamenten ist lückenhaft, aber ebenfalls kostenlos.

Reisen im Land

Wer mit seinem eigenen Fahrzeug unterwegs ist, wird sich darüber freuen können, dass die Verkehrsdichte außerhalb des Küstenbereiches und abgesehen von einigen wenigen großen Verbindungsstrecken sehr niedrig ist.

An vielen strategisch günstigen Stellen (z.B. an Kreuzungen und vor Ortschaften) finden sich **Kontrollstellen** von Polizei oder polizeiähnlichen Gruppierungen. Die Kontrollen verlaufen stets korrekt. Im Landesinneren kommt es vor, dass die Personalien von durchreisenden Touristen in großen Passierscheinbüchern verewigt werden. Auch auf der Küstenstraße befinden sich Kontrollposten, die jedoch Touristen fast immer durchwinken, sofern man nicht als Verkehrssünder aufgefallen ist.

Reisen mit öffentlichen Verkehrsmitteln können deutlich „nerviger" ablaufen: Zwar fahren die Busse und Überlandtaxis pünktlich, und die guten Straßen ermöglichen ein zügiges Vorankommen; da sie aber das beliebteste Verkehrsmittel von Gastarbeitern darstellen und diese bei den staatlichen Autoritäten oft suspekt erscheinen, erfolgen häufig Kontrollen, die nicht immer frei von Schikanen bleiben. Dies führt mitunter zu langen Wartezeiten in den Kontrollstationen. Deshalb empfiehlt sich zur Überbrückung größerer Distanzen das Flugzeug. Per Flugzeug sind prinzipiell alle größeren Ortschaften innerhalb Libyens zu günstigen Preisen erreichbar. Auf die wegen mangelnder Ersatzteile geringe Flugdichte hatte ich oben verwiesen. Wie rasch sich hier eine Besserung nach dem Ende des Embargos durchsetzen wird, lässt sich aktuell nicht abschätzen.

Den kontrollierenden Staatsorganen gegenüber sollten Sie sich stets höflich und zuvorkommend verhalten. Respekt der Amtsperson gegenüber wird erwartet. Eignen Sie sich rechtzeitig einige Begrüßungs- und Dankesformeln in arabischer Sprache an – Sie werden erstaunt sein, wie rasch Ihnen dies „Tür und Tor" öffnet und die Beamten von einer Sekunde auf die andere freundlich und nett werden lässt.

Was wird vom Touristen erwartet?

Es wird nur wenige Länder in Afrika geben, in denen Sie so **frei und unbehelligt** von jeder Form der Anmache **reisen** können wie in Libyen. Bitte verhalten Sie sich so, dass dieser angenehme Zustand noch lange, lange für Sie und alle Nachfolgenden erhalten bleibt.

Das moderne Erscheinungsbild des Landes sollte Sie nicht dazu verleiten, unsere Vorstellungen von Fortschritt und Modernität auf alle Lebensbereiche auszuweiten: Mit „westlichen" Verhaltensweisen werden Sie rasch Anstoß erregen, denn das **Bewusstsein und Verhalten der Menschen** ist zutiefst orientalisch und **vom Islam,** der Staatsreligion, **geprägt.** Daher sollte uns, den Gästen, z.B. die „sittsame" Kleidung der libyschen Männer und Frauen nicht Anlass zu Spott oder Hochmut sein, sondern als Vorbild dienen, wie wir uns in Libyen anzuziehen haben.

Gerade auch am Strand (und sei er – vermeintlich – noch so menschenleer) sollten Sie nur **in angemessener Kleidung** auftreten. Männer tragen auch in Libyen Bade-Shorts, für Frauen gilt jedoch unbedingt, nur bekleidet mit langem Rock und Oberteil (und auch dieses nicht körperbetonend) ins Wasser zu gehen. Nehmen Sie sich wiederum die LibyerInnen als Vorbild, und glauben Sie nicht, anlässlich einer Reise in ein fremdes Land den dortigen Gastgebern in maßloser Selbstüberschätzung unsere eigenen Sitten aufdrängen oder auch nur vorführen zu müssen. Solches gilt natürlich auch fürs Sonnenbaden in Gebieten weit abseits der Küsten (Strände sind in Libyen selten; Sie finden sie überwiegend im Umfeld der großen Küstenstädte – alle anderen Küsten sind still, abgelegen und absolut frei von jeglicher „Strandkultur"). Im Umfeld von Oasen bzw. überall dort, wo mit Menschen zu rechnen ist, verbietet sich jede Form der Freizügigkeit – wenn Sie dies nicht akzeptieren wollen, sollten Sie besser Spanien oder Südfrankreich als Reiseziel wählen!

Denken Sie auch daran, dass in vermeintlich völlig abgelegenen und unbewohnten Gebieten z.B. plötzlich Hirten auftauchen können oder in Pistennähe urplötzlich ein Fahrzeug hinter der nächsten Düne erscheint.

Wo immer Sie in besiedelten Gebieten unterwegs sind, hat Ihre Gewandung die Beine vollständig zu bedecken. Shorts und Barfußgehen haben in Ortschaften nichts verloren. Dies gilt grundsätzlich bei jeder Begegnung mit Menschen. Daran sollten Sie auch auf einsamsten Pisten denken. Kurzärmlige Hemden stellen das Maximum an Körperentblößung dar – auch in libyscher Wüstenhitze.

Alkohol gilt als Verwerflichkeit. Muslimische Sitten verbieten ihn. Angesichts recht oberflächlicher Grenzkontrollen wird es Ihnen jedoch eventuell gelingen, den einen oder anderen Tropfen ins Land zu schmuggeln, wozu ich nicht aufgerufen haben will. Üben Sie dann aber auch äußerste Zurückhaltung bei der „Vernichtung" Ihrer Bestände. Exzesse jeder Art verbieten sich grundsätzlich – das Gefängnis ist dann nicht weit ... Lassen Sie sich auch nicht durch Berichte von Europäern, die in Libyen arbeiten, zu einem sorgloseren Umgang mit dieser nach libyschem Verständnis harten Droge verleiten. Wer sich beruflich in Libyen aufhält, konsumiert alkoholische Getränke zumeist in einer Ghetto-Situation. Und wenn Sie für Zwischentöne empfänglich sind, werden Sie rasch heraushören, dass immer eine gewisse Angst mit von der Partie ist. Kann der deutsche Gastarbeiter in Libyen im Falle des Falles immer noch damit rechnen, dass ihm seine Firma aus der Patsche hilft, so sollten Sie als einfacher Tourist bei Alkohol-Problemen oder sonstigen, durch illegale Verhaltensweisen hervorgerufenen Schwierigkeiten, nicht mit einer engagierten Unterstützung durch unsere diplomatische Vertretung in Tripolis rechnen. Libyen ist im Übrigen kein „Drogen-Land" – aber ich gehe auch nicht davon aus, dass Sie als Leser dieses Buches sich auf ein derart heißes Pflaster begeben wollen. „Normale" Zigaretten dagegen werden überall geraucht und an jeder Straßenecke angeboten. Vielleicht werden Sie mit Überraschung feststellen, dass neben einheimischen Marken ausgerechnet Marlboro stark vertreten ist – der Geschmack amerikanischer Freiheit in der weiten libyschen Wüste ...!

Fremdsprachenkenntnisse werden Sie bei Libyern nur selten finden. Jahrelang wurde der Fremdsprachenunterricht an den Schulen „vernachlässigt",

018 Foto: ed

Brot backen im Wadi Mathendous

die arabische Identität in Sprache und Schrift betont. Erst in jüngster Zeit zeichnet sich hier eine Änderung ab. Englisch gilt wieder als „hoffähiges" Unterrichtsfach. Für den Touristen bedeutet dies einerseits permanente Verständigungs- und Orientierungsprobleme, andererseits aber auch das Erlebnis einer erfreuten Öffnung seitens der libyschen Gesprächspartner, wenn diese merken, dass man bereit und willens war, sich einige bescheidenste Arabisch-Kenntnisse anzueignen und die Kommunikation zu versuchen.

Hilfsbereitschaft ist nichts, was sich der Libyer bezahlen lässt. Auch für kleine Hilfeleistungen wird nie ein Geschenk erwartet; regelrechte Arbeit verlangt natürlich ihren Lohn. im Übrigen: Einfache Arbeiten werden überwiegend von Gastarbeitern verrichtet – und schon stehen Sie vor ganz anderen Geber-Nehmer-Verhältnissen.

Einladungen

Wenn Sie nicht tage- oder wochenlang in abgelegensten Wüstenregionen und auch nicht in einer Gruppe unterwegs sind – mit dieser Reisemotivation machen sich ja viele nach Libyen auf –, werden Sie immer wieder von Einheimischen zum Tee oder auch zum Essen eingeladen werden. Im Gegensatz zu vielen anderen afrikanischen Ländern erfolgen solche Einladungen in Libyen in aller Regel ohne Hintergedanken – sie dienen weder zu Verkaufsgesprächen oder zur Erlangung von Einladungen im Zusammenhang mit Visa-Anträgen noch werden Sie am Ende der Einladung aufgefordert, diese zu bezahlen. Einladungen auszuschlagen ist deshalb praktisch immer eine Form verletzender Unhöflichkeit. Sie sollten dies also nur dann tun, wenn Sie tatsächlich einen Grund dafür haben oder ein Anlass dazu gegeben ist, an der Aufrichtigkeit der Gastfreundschaft Zweifel zu hegen. Natürlich ist es aus dem einen oder anderen Grund oft schwierig, solchen Einladungen Folge zu leisten. Sie sollten deshalb rechtzeitig eine passende Entschuldigung parat haben, die Sie nicht unhöflich erscheinen lässt. Eine Möglichkeit besteht z.B. darin (ich scheue mich ein wenig, Ihnen in diesem Punkt Empfehlungen zu geben), um Verständnis für die eigene unhöfliche Ablehnung zu bitten, weil man andernfalls anderen gegenüber noch unhöflicher wäre, die etwa an einer bestimmten Stelle, um eine bestimmte Uhrzeit auf Sie warten.

Werden Sie in eine libysche Familie eingeladen, sollten Sie die Verhaltensweisen Ihrer Gastgeber zurückhaltend beobachten und sich dann so verhalten wie diese. Ziehen Sie die Schuhe aus, sofern Ihre Gastgeber dies ebenso tun. Nehmen Sie Ihre Sitzposition erst nach Aufforderung ein – eventuell sollen Sie mit dem Rücken zur Küche sitzen oder dergleichen. Lässt man sich auf einer am Boden liegenden Decke, einem Teppich oder einer Matte nieder, gilt es als unschicklich, dem Gegenüber die Fußsohlen zuzuwenden; Tisch und Stuhl sind im heutigen Libyen jedoch nicht nur in Restaurants, sondern auch im häuslichen Bereich die Regel. Essen Sie ggfs. nur mit der rechten Hand; in der Regel sind jedoch Messer, Gabel und Löffel inzwischen fast überall in Gebrauch.

Einladungen von Europäern

Libyen ist kein Land, in dem sich Scharen von Touristen bewegen – Sie sind dort als Tourist noch immer ein recht exotisches Wesen, erst recht, wenn Sie sich etwas abseits der allseits bekannten touristischen Highlights bewegen, die Sie – das ist selbstverständlich – dennoch nicht aussparen sollten! Andererseits ist die Zahl der Europäer und anderer Ausländer, die in Libyen arbeiten, recht groß (in Relation zur Zahl der Touristen); hinzu kommt, dass solche „Gastarbeiter" häufig in einer Art Ghetto-Situation leben, über Wochen oder Monate weitgehend isoliert. Kurz: Sie werden als Tourist beim Zusammentreffen mit Europäern recht oft auch eingeladen. Die Entscheidung darüber, ob Sie eine solche Einladung annehmen, ist natürlich weniger heikel als Einheimischen gegenüber – die Gepflogenheiten des Gastlandes treten in den Hintergrund, alles was gesagt und gesprochen wird, ist verständlich, die Umgangsformen sind bekannt. Oft erhält man weitere Informationen über Land und Leute. Auch kann es sehr interessant sein, etwas über die berufliche Sparte, in der der Betreffende tätig ist, zu erfahren. Wer etwa kennt sich schon mit den Problemen des saharischen Straßenbaus aus oder damit, wie die gigantischen Agrarprojekte bewässert werden ...

Buchtipps:
- Harald A. Friedl
Respektvoll reisen
- Birgit Adam
Als Frau allein unterwegs
- Kirstin Kabasci
Islam erleben
Alle Bände Reise Know-How Praxis

Frauen (alleine) auf Reisen

Ich hatte bereits erwähnt, dass allein reisende Frauen lange Zeit nicht nach Libyen einreisen konnten. Das hat sich zwar geändert, doch die Einstellung des Durchschnittslibyers dem Phänomen gegenüber bleibt die gleiche: Es ist unschicklich, unsittsam, schlicht nicht angebracht.

Als Mann kann ich mir kein Urteil darüber erlauben, wie sich die Situation für eine Frau gestaltet, die allein unterwegs ist. Die Frauen, mit denen ich unterwegs war, und solche aus anderen Reisegruppen bzw. -partnerschaften berichteten, dass die „Anmache" deutlich geringer als in anderen arabischen oder Mittelmeer-Reiseländern sei. Übereinstimmend sagten die Frauen, sie seien stets höflich und zuvorkommend behandelt worden. Wohlgemerkt: Der Beschützer und Reisebegleiter war ja nie weit ... Grundsätzlich halte ich es für bedenklich, gesellschaftliche und religiöse Zwänge ignorieren zu wollen und als allein reisende Frau unbedingt Libyen als Reiseziel ins Auge zu fassen. Am einfachsten ist wohl noch der Aufenthalt in einer der großen Städte. Fürs legere Reisen im weiten Hinterland dagegen ist Libyen sicher nicht das richtige Reiseziel. Sollten Sie partout nicht mit einem bestimmten Partner unterwegs sein wollen, bleibt immer noch die Möglichkeit, sich einer Gruppe im Rahmen einer organisierten Reise anzuschließen.

Umweltsch(m)utz

Seitdem über Libyen die „Moderne" hereingebrochen ist, wird hier in einem für uns unvorstellbaren Ausmaß gegen die Umwelt gesündigt. Es ist mir nur eine Ausnahme aufgefallen, wo vermutlich aus traditionellen Gründen etwas sorgfältiger verfahren wird: Das ist der Umgang mit **Wasser!** Auch dort, wo es reichlich vorhanden ist und aus der Leitung fließt, wird man nicht so leichtsinnig damit umgehen, wie man dies etwa mit Dieselöl tut. Wirklich verschwenderisch wird Wasser nur im unmittelbaren Umfeld von Zapfstellen vergeudet: Hier sind die Wasserleitungen oft durch aggressive Inhaltsstoffe korrodiert und in großen Mengen spritzt dann das kostbare Nass nutzlos in die Umgebung und bildet oft große, schilfbewachsene Seen. Ansonsten aber dreht man den Hahn nach dem Befüllen des Kanister sorgsam ab, achtet im Hotel oder in der Jugendherberge auch darauf, dass die Dusche nicht weitertropft.

Ganz anders der schon angesprochene Umgang mit **Treibstoff.** Dieser ist so billig, dass es ein eherner Grundsatz zu sein scheint, den Fahrzeug- und andere Tanks grundsätzlich zu überfüllen. Von der Gefahr insbesondere beim Benzin einmal ganz abgesehen, spielt sich hier an jeder Tankstelle eine ganz unglaubliche Schweinerei ab, die Zapfsäulen versumpfen oft regelrecht in übergeschwapptem Diesel. Ganze Spritpfützen und -seen breiten sich aus, und anstelle des Tankhandschuhs wären oft Gummistiefel nicht unangebracht.

An Ihrem eigenen Fahrzeug können Sie Übertanken nur verhindern, wenn Sie die triefende Zapfpistole selbst zur Hand nehmen – angesichts eines meist freundlichen, aber nicht gerade dienstbeflissenen Personals wird Ihnen oft gar keine andere Wahl bleiben. Ob Sie hier Vorsorge treffen wollen, indem Sie von zu Hause die bekannten durchsichtigen Plastik-Einweghandschuhe mitnehmen, wäre dann schon wieder eine Frage, die Ihre Einstellung zum Umweltschutz betrifft ...

Auch den **Motorölwechsel** nehmen viele Libyer einfach im Straßengraben vor – hui, pfui und weiter geht's. Leider ist es mehr als fraglich, ob Sie sich auf Ihrer Reise hier wirklich besser verhalten können. Lassen Sie nämlich den Ölwechsel an einer dafür eigentlich vorgesehenen Service-Stelle durchführen, ist es nicht unwahrscheinlich, dass dem hier zurückgelassenen Öl dasselbe Schicksal beschieden ist: Mit dem vollen Altöl-Fass geht's zur nächsten Senke, und dann – genau: hui, pfui und wieder zurück. Es scheint, dass sich bisher niemand Gedanken über die Konsequenzen solcher Verhaltensweisen macht.

Libyen ist ein Land im **Verpackungsrausch!** Abgesehen vielleicht von Obst und Gemüse auf dem Markt kommt alles in Verpackung daher: von A wie

Afri-Cola in Büchsen (nur in Büchsen!) bis zu Z wie Zigaretten in den ja auch uns bekannten Packungen. An allen Ecken und Enden finden sich zudem Plastiktüten in verschiedener Qualität: In die einfache, kostenlose Tüte wird Ihnen jeder Einkauf eingepackt, für die etwas bessere und evtl. auch mehrfach verwendbare müssen Sie einen bescheidenen Obulus entrichten.

Eine **Müllentsorgung** existiert höchstens in ganz bescheidenen Ansätzen. Sonst scheint das Prinzip vorzuherrschen, dass man seinen gesamten Abfall einfach vor die Haustüre wirft! Angesichts des Konsumverhaltens und der fehlenden Entsorgung gepaart mit einer ganz erstaunlichen Nonchalance verwundert es deshalb nicht, dass libysche Ortschaften im Müll oft geradezu ersticken. Über Hunderte von Metern (bei größeren Ortschaften Kilometer) ziehen sich um die Siedlungen die „Müllgürtel". Oft ist allein schon an der Zunahme des Mülls in der Landschaft zu sehen, dass man sich einer Stadt nähert, lange noch, bevor man diese zu Gesicht bekommt. Alles was leicht ist, verteilt zudem der Wind in der Umgebung. Bis weit in die Sahara hinein finden Sie deshalb im Windschatten der Ortschaften den leichten, hierher gewehten Müll. Auch in zig Kilometern Entfernung von Ortschaften finden sich dann an einem einsamen Strauch die erwähnten Plastiktüten wieder ...

Natürlich ist die Sahara groß, in ihrem libyschen Teil sogar riesengroß, und so gibt es weite Räume, in denen sich von Müll keine Spur findet. Helfen Sie mit, dass dies auch so bleibt! Sammeln Sie Ihren Müll und entsorgen Sie ihn im Umfeld der Müllflächen der Ortschaften. Denken Sie auch daran, dass Eingraben wenig hilfreich ist: Früher oder später wird der Schutt von Tieren ausgegraben oder vom Wind freigeweht. Manches lässt sich ja noch verbrennen. Alles andere aber bitte mitnehmen, zurück zu den Oasen. Die genannten Plastiktüten können dabei einmal sinnvoll eingesetzt werden.

Beim saharischen Gang zur Toilette sollten immer ein Spaten und Streichhölzer dabei sein: Erst graben Sie ein recht tiefes Loch, dann ... Sie, und anschließend zünden Sie das Toilettenpapier im Loch an, bevor Sie alles wieder zuschaufeln. Bedenken Sie: Es gibt kaum Ekelhafteres als benutztes rosafarbenes Klopapier, dass Ihnen bei einem leichten Wind im Wadi Mathendous plötzlich in Gesichtshöhe entgegenfliegt ...

Mit dem Fahrzeug in der Sahara unterwegs können Sie eigentlich nicht mehr viel zerstören. Dennoch sollten Sie auch hier auf ganz bestimmte Dinge achten: Bewuchszonen, auch wenn sie noch so spärlich scheinen, sollten Sie immer meiden. Es könnten einerseits Getreideflächen sein (die Saat steht hier ja nicht so üppig, wie wir das gewohnt sind), andererseits ist jeder Bewuchs auch Weide. Auch wo nichts wächst, ist mitunter Zurückhaltung ge-

021 Foto: gg

boten: Bestimmte Bodenformationen sind sehr empfindlich, und ihre Zerstörung durch das Wagengewicht ist oft endgültig.

Im schwarzen Ascheschleier des Wau an Namus meinen bestimmte Gelände-Bolzer offensichtlich, die „Sau rauslassen" zu müssen. Sie machen sich keine Gedanken darüber, dass andere diese Sehenswürdigkeiten vielleicht in eher unberührterem Zustand erleben möchten und keinerlei Bewunderung für solche in den Untergrund des Vulkankegels geprägten Fall-Linien-Strecken aufbringen können. Wer sich unbedingt austoben will, kann dies in bewuchsfreien Dünen tun: Der nächste Wind wird alles wieder mit dem samtigsten Sand überdecken ...

Reisezeit

Libyen ist ein **Land mit saharischem Klimaregime** in weitesten Regionen. Nur in einem schmalen Küstensaum – gerademal 3 bis 5 km breit – herrscht der Einfluss des Mittelmeeres vor. In den Ebenen außerhalb der Bergländer (s.u.) schließt sich ein knapp 50 km breiter Steppenstreifen an, auf den weitere 50 km mit Vorwüstenklima folgen. Dann sind wir bereits in der Vollwüste, an die sich als libysche Besonderheit im Südosten eine große Zone Extremwüste anschließt. Eine weitere Wetterbesonderheit stellen die beiden Küstengebirge dar, der Jabal Nafusah im Westen und der Jabal Akhdar im Osten. Beide

Küstengebirge weisen – nicht nur wegen ihrer relativen Nähe zum Meer, sondern auch wegen ihrer nicht unbeträchtlichen Höhe (700–800 m) – weitaus höhere Niederschläge als alle übrigen Gebiete Libyens auf.

Es wird Sie vermutlich nicht überraschen, dass es in Libyen **kaum regnet.** Doch die Unterschiede sind beachtlich: Misst man im begünstigten Norden (Messstation Tripolis) an durchschnittlich 54 Regentagen 370 mm Jahresniederschlag (zum Vgl.: in der Weinbauregion Freiburg sind es 800 mm), so kommt es in Kufra, in der hyperariden Extremwüste, mit unter 5 mm durchschnittlichem Jahresniederschlag rein statistisch gesehen während 20 bis 25 Jahren zu überhaupt keinem messbaren Niederschlag! Der geringe Niederschlag an der Küste fällt zudem überwiegend in den Wintermonaten November, Dezember und Januar.

Dennoch kann es immer wieder und in allen Jahreszeiten zu eng begrenzten lokalen Starkregen kommen; meist erscheint dann vor irgendeiner Seite her eine dunkle Wand, der Wind frischt böig auf, und unvermittelt prasselt starker Regen in kaum vorstellbaren Mengen herab. In kürzester Zeit füllen sich dann die Wadis meterhoch mit Wasser, gelbe, schäumende Fluten schießen die Täler hinab. In solchen Hochwassern ertrinken immer wieder Menschen und Tiere. Der so oft zitierte Satz, in der Sahara seien schon mehr Menschen ertrunken als verdurstet, gewinnt aus solchen Katastrophen seine publicityträchtige Realität. Die Wassermengen laufen allerdings auch rasch ab, und bereits wenige Stunden später zeugen nur noch Rinnsale im Sand, Kolke mit lehmtrüben Pfützen und Schwemmgut im Uferbereich von der durchgelaufenen Flutwelle. Nur auf den weiten Überschwemmungsflächen, in die die Täler münden, kann sich See-ähnlich das Wasser noch einige Zeit halten. Auch im Akakus hatten sich damals metertiefe Seen-Platten von riesigem Ausmaß gebildet, ein Finnland ohne Bäume; der Boden war metertief aufgeweicht. Als ich nur drei Monate später wieder dort unterwegs war, war von all der nassen Herrlichkeit nichts mehr vorhanden.

Das trockene Klima in den saharischen Gebieten ist auch für den hohen Temperaturgradienten verantwortlich, d.h. für den Unterschied zwischen der höchsten Tages- und der tiefsten Nachttemperatur. Er liegt nahe 20 (im Norden) oder gar darüber (im Süden)!

Die **Hitze eines Sahara-Sommers** muss man erlebt haben! Wie heiß es tatsächlich werden kann, lässt sich nämlich mit nüchternen Angaben wie „über 40°C" nicht wiedergeben. Diese Werte wurden ja – meteorologisch richtig – für den Schatten errechnet, und wo finden Sie auf den weiten Ebenen oder in den Dünengebieten schon Schatten! Doch selbst im heißesten Sommer blei-

Buchtipps:
- Hans Hörauf
Wann wohin reisen?
- Friederike Vogel
Sonne, Wind und Reisewetter
Beide Bände Reise Know-How Praxis

Durchschnittliche tägliche Maximum- und Minimumtemperaturen in °C

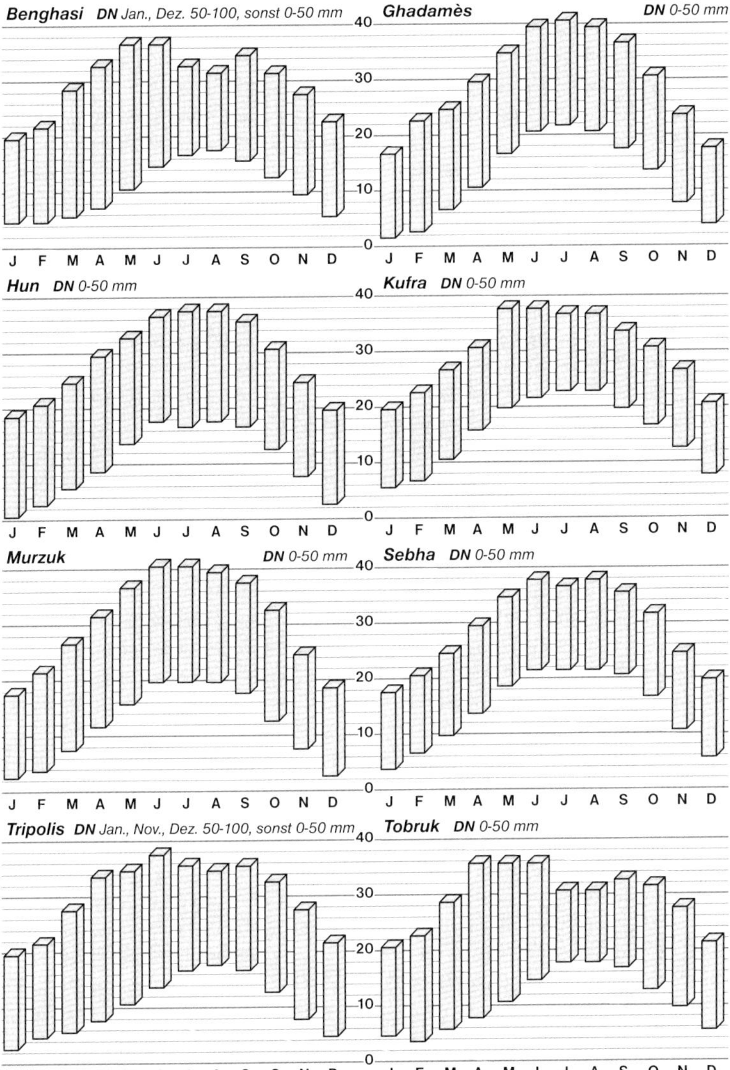

DN = durchschnittliche Niederschlagsmenge pro Monat

ben die libyschen Nächte frisch, ganz im Gegensatz zu jenem drückenden Klima in der Südsahara, wo zu bestimmten Zeiten die höchste Tagestemperatur weit über 40°C, die niedrigste Nachttemperatur aber auch nur knapp unter 30°C liegt!

Eine Empfehlung für die günstigste Reisezeit nach klimatischen Gesichtspunkten hängt auch von den Reisezielen ab. Für schwierige Saharastrecken und Neulinge in dieser Reiseregion sind die Wintermonate sicher vorzuziehen. Die Tage sind mild, die Nächte kühl bis kalt, die Risikofaktoren liegen angesichts solcher Verhältnisse niedrig. Gegen den **Winter** sprechen die unangenehme Anreise im Norden, die kurze Tageszeit und das Fehlen des Wüstenerlebnisses „Hitze" bei möglicherweise „lausekalten" durchfrorenen Nächten. Gerade in der kalten Jahreszeit aber ist der Himmel oft strahlendblau, und mit unangenehmen Sand- oder Staubwinden ist auch nicht so häufig zu rechnen.

Im **Frühjahr** zeigt sich die Küstenregion oft in einem unglaublichen Blütenkleid. In den saharischen Regionen ist es tagsüber oft schon heiß. Der Himmel ist selten ganz klar und oft von hohen Schleierwolken oder auch Cirren bedeckt. Nachteilig sind die häufig wehenden Sand- und Staubwinde.

Die **Sommermonate** eignen sich eigentlich nur für einen Badeaufenthalt an der Küste. Wer sich dann in die Sahara traut, sollte schon ein eingefleischter Fan solchen Reisens sein und sich auf diesem Gebiet auch schon die ersten Sporen verdient haben. Die Risiken von Reisen auf oder gar abseits der Piste steigen mit zunehmenden Temperaturen! Da wirklich hohe Gebirge in Libyen fehlen, lässt sich bei unerträglichen Verhältnissen auch nicht in solche Regionen ausweichen. In dieser Jahreszeit dominiert üblicherweise der NO-Passat. Solange er weht, herrscht schönes Hitzewetter mit der oben erwähnten Abkühlung. Dreht der Wind jedoch auf Süd, fällt im wahrsten Wortsinne die Südsahara ein: Heftige Windstöße gehen einher mit einer oft großen Schwüle, die Temperaturen können nochmals steigen, und auch nachts sinken sie nur gegen 30°C.

Angenehm dagegen der **Herbst:** Auf der Anreise ist zwar alles verdorrt, dafür ist das Meer noch warm genug zum Baden, und die Tage sind ausreichend lang. Oft herrscht schönes, klares Wetter, die Tagestemperaturen vermitteln Wüsten-Hitze, und nachts muss man trotz Abkühlung nicht den Schlafsack für arktische Verhältnisse dabei haben. **Meine bevorzugten Reisemonate sind** deshalb **Oktober/November.**

Bei der Wahl des Reisetermins sollte man auch darauf achten, ob die Reisezeit in den **Fastenmonat Ramadan** fällt. In dieser Zeit darf ein Muslim von Sonnenauf- bis Sonnenuntergang nichts zu sich nehmen, weder Speisen noch Getränke, auch auf Kaugummi und Zigaretten ist zu verzichten. Will man als Tourist nicht unangenehm auffallen, hat man sich an solche Regeln in bewohnten Gegenden zu halten. Auch ist der Einkauf von Lebensmitteln erschwert: Tagsüber haben die Geschäfte zu, abends kurz vor Sonnenuntergang werden sie regelrecht gestürmt. Restaurants und Cafés, die in Libyen erst in allerjüngster Zeit wieder etwas an Bedeutung gewinnen, sind dann tagsüber geschlossen, erfreuen sich aber nachts großen Zuspruchs. In den Ortschaften machen vor allem jüngere Leute lautstark die Nacht zum Tage.

Die so oft beklagte Unfreundlichkeit von öffentlichen Dienststellen, Zoll, Polizei usw. während der Fastenzeit habe ich in Libyen jedoch nie in nennenswertem Ausmaß beobachtet.

Zu beachten ist schließlich, dass die letzten Fährschiffe vor dem Ende des Fastenmonats oft ausgebucht sind von Nordafrikanern, die das große Fest am Ende des Ramadan mit ihren Familien zusammen feiern wollen.

Papierkram

Passanforderungen

Ihr **Pass** muss noch sechs Monate über den geplanten Ausreisetermin aus Libyen hinaus gültig sein. Lassen sie ihn gegebenenfalls verlängern, oder beantragen Sie einen neuen. Relativ rasch teilen die Passbehörden nur die alten grünen Pässe zu, die heute jedoch nur noch für zwölf Monate gültig sind. Ein solcher Pass ist ggfs. auch für Ihre Libyenreise ausreichend. Ihr Pass darf keinen Sichtvermerk von Israel enthalten. Beachten Sie, dass ein ägyptischer Ein- oder Ausreisestempel von der israelisch-ägyptischen Grenze den Konsular-Beamten Hinweis genug auf eine Israel-Reise mit Zweitpass ist: Die Visum-Verweigerung ist die Folge. Die früher geforderte **Übersetzung des Passes ins Arabische** ist heute **entbehrlich,** auch wenn verschiedene Informationsstellen und Hinweise auf den Seiten verschiedener Reiseagenturen anderes schreiben: Die jeweiligen Texte befinden sich nicht auf aktuellem Stand.

Kinderausweise ohne Lichtbild werden von Libyen nicht anerkannt; bis zum 12. Lebensjahr sind Kinder deshalb im Pass eines Elternteiles einzutragen bzw. benötigen einen eigenen Pass.

Visum

Die gute Nachricht zuerst: **Ein Visum ist nicht mehr erforderlich!** Die schlechte Nachricht: Sie müssen Ihre Reise unabdingbar über eine **libysche Reiseagentur** bei den Behörden beantragen und genehmigen, mindestens aber anmelden lassen, ein Mitarbeiter dieser Reiseagentur muss Sie dann an der Grenze bei Ihrer Einreise „in Empfang nehmen", mit Ihnen die Formalitäten abwickeln (Sie erhalten dabei den Einreisestempel in Ihren Pass) und Sie bis zur Wiederausreise innerhalb Libyens begleiten! Die von Ihnen beauftragte Reiseagentur nimmt Ihnen in diesem Fall alle Behördengänge ab, Sie haben heute

Hinweis: Da sich die **Einreisebedingungen kurzfristig ändern** können, raten wir, sich kurz vor Abreise beim Auswärtigen Amt (www.auswaertiges-amt.de bzw. www.bmaa.gv.at oder www.dfae.admin.ch) oder der jeweiligen Botschaft zu informieren.

folglich zu Hause und an der Grenze **viel weniger Papier- und Verwaltungsaufwand** zu betreiben als früher.

Dass solcher Einsatz von Seiten einer Reiseagentur mit Kosten verbunden ist, dürfte klar sein. Sie sind jedoch nicht offiziell festgelegt und schwanken deshalb von Agentur zu Agentur. Wohl dem, der einen Internet-Zugang hat: Über die im Kapitel „Informationsstellen" angegebenen Adressen können Angebote verschiedener Agenturen eingeholt werden und dann ggfs. auch gleich alle gewünschten Formulare und Angaben über und für diese Agenturen ausgefüllt werden. Sonst bleibt nur der Weg über Fax oder Brief (noch viel langwieriger). In einem solchen Fall wäre es sicher sinnvoll, eine Agentur auszuwählen, die über eine Kontaktadresse in Deutschland verfügt. Schließen Sie sich einer organisierten Reise an, wird man Ihnen von Seiten des Veranstalters diesen Papierkrieg abnehmen.

Etwas anders stellt sich die Situation dar, wenn Sie beabsichtigen, **nicht nur Libyen** nach einer Einreise via Tunesien zu besuchen, sondern darüber hinaus **in eines der Nachbarländer** weiterzureisen. Die Situation ist dabei (sieht man von einer Weiterreise nach Ägypten einmal ab) ziemlich unklar: Die Grenzübergänge in Richtung Sudan oder Tschad gelten als theoretisch und praktisch geschlossen (manche Reiseagenturen bieten dennoch ihre Vermittlung zum Grenzübertritt an), die in Richtung Niger oder Algerien als bedingt offen; „bedingt" bedeutet, dass es unter Umständen (auf die in den jeweiligen Routenkapiteln eingegangen wird) dennoch möglich ist, hier mindestens aus Libyen auszureisen! Aber – und deswegen schreibe ich diese Zeilen hier an dieser Stelle – es sieht so aus, als wäre bei **Weiterreise in Nachbarländer** ein **„richtiges" Visum („Voll-Visum") unabdingbare Voraussetzung** (siehe unten auch „Transitvisum"). Ebenso ist ein „richtiges Visum" anzuraten, wenn Sie (alleine und nicht in einer organiserten Gruppenreise) mit dem Flugzeug direkt nach Libyen fliegen; auch dann läuft zwar alles über eine Reiseagentur, aber dennoch sollten Sie folgende Punkte bedenken: 1. Wenn die Fluglinie Ihre „Einladung" nicht anerkennt, lässt man Sie möglicherweise nicht mitfliegen (ggfs. Rücksprache bei der jeweiligen Linie nehmen); 2. wenn ein Mitarbeiter der betreuenden Agentur nicht am Flughafen auf Sie wartet, könnte es ebenso Probleme geben. Diese möglichen Probleme umgehen Sie, wenn Sie ein Voll-Visum im Pass haben!

Wie gesagt: Auch in diesem Fall führt der Weg heute immer und ausschließlich über eine akkreditierte libysche Reiseagentur. Und auch hier gilt: Wohl dem, der über Netzzugang verfügt. Sollten Sie selbst nicht dazu gehören, wäre eine Anfrage bei Freunden oder Bekannten sehr zu empfehlen. Die erforderlichen Formulare finden Sie nämlich heute praktisch nur noch als Download z.B. in den Sahara-Foren (www.desert-info.ch oder auch www.wuestenschiff.de), auf den Homepages vieler Reiseagenturen und anderweitig. Das ausgefüllte Formular ist dann zusammen mit dem Pass an das jeweils für Sie zuständige Konsulat (Bonn,

Bern, Wien) weiterzuleiten; gleichzeitig muss von der vermittelnden libyschen Reiseagentur eine Bestätigung Ihrer Reisebuchung sozusagen in Form einer Einladung an dieses Konsulat gesandt werden, da das Visum nur beim Vorliegen einer solchen Bestätigung erteilt wird.

Nehmen Sie dann Kontakt auf zu einer der im Kapitel „Informationsstellen" genannten Reiseagenturen und klären Sie die Bedingungen für die Einladung.

Eine solche **Einladung** sollte etwa 50 Euro je Pass kosten und Ihnen per Brief oder (aus Zeitgründen) besser per Fax oder E-Mail zugesandt werden. Gleich-

Was ist ein Visum?

Die derzeit ziemlich komplizierten und verworrenen Einreiseregularien nötigen mich, im Text von Visum, Voll-Visum, richtigem Visum und Einreisestempel zu schreiben. Was ist darunter zu verstehen?

Der aus dem Lateinischen stammende Begriff Visum (im Plural: „Visa") bedeutet „das Gesehene". Im allgemeinen Sprachgebrauch der Reisenden steht „Visum" für einen Stempel (heute mehr und mehr ein fälschungssicheres, selbstklebendes Etikett) im Pass, den man mittels bestimmter Formulare, unter Beifügung von Passbild(ern) und gegen Gebühr bei den Konsulaten oder Botschaften der zu bereisenden Länder beantragt und der mit Erteilung zu Einreise und Aufenthalt berechtigt. Ein solches Visum bezeichne ich als **„Voll-Visum"** oder **„richtiges Visum".** Bei Einreise stempeln die Grenzbehörden (am liebsten auf einer dem Visum gegenüberliegenden Seite oder gar ins Visum selbst hinein) die vollzogene Einreise mit einem **Einreisestempel.** Für eine Einreise nach Libyen benötigen Sie zum gegenwärtigen Zeitpunkt entgegen allem, was auch auf offiziellen Seiten zu lesen steht, **kein Visum im Sinne eines Voll-Visums!** In Zusammenarbeit mit der Sie betreuenden libyschen Reiseagentur erhalten Sie bei Einreise **lediglich einen Einreisestempel** in den Pass. Ein solcher Sichtvermerk wird oft auch als Grenz-Visum, englisch *BorderVisum*, bezeichnet. Aber: Ohne eine Reiseagentur erhalten Sie weder einen Einreisestempel noch können Sie bei den libyschen Behörden ein Voll-Visum beantragen! Und: Der Einreisestempel kostet aktuell 20 Euro, aber diesen Betrag rechnet ohnehin die Agentur mit Ihnen ab und verrechnet dann unter Umständen 25 Euro ...

Unglücklicherweise sind aber die im (deutschen) Pass für Einträge zur Verfügung stehenden Seiten mit „Sichtvermerke/Visas" überschrieben. Nun könnte man natürlich den Schrägstrich interpretieren als „oder" bzw. „und", dann stünde dort im übertragenen Sinn geschrieben „für Sichtvermerke und/oder Visa" und genau dies findet sich auf diesen Seiten: Visa, Ein- und Ausreisestempel, andere Hinweise z.B. auf die Art des benutzten Fortbewegungsmittels des Reisenden ... Vielleicht ist es ja die Überschrift auf diesen Seiten, die immer wieder die Meinung aufkommen lässt, ein Einreisestempel sei einem Voll-Visum gleichzusetzen.

Vergleichbare Regeln, wie sie derzeit für Libyen gelten, waren nach meiner Kenntnis früher auch in vielen sozialistischen Ländern üblich, die sich heute längst von dergleichen Reise-Hemmnissen verabschiedet haben. Ähnliches gilt aktuell nur noch für Algerien! Fragt man libysche Reiseverantwortliche nach dem Sinn solcher befremdlicher Vorschriften, wird gerne die mangelnde Erfahrung im Umgang mit Reisenden als Begründung genannt!

zeitig muss dieselbe Einladung auch an das libysche Generalkonsulat gehen, das sonst Ihren Visumantrag nicht bearbeitet. Zur Bearbeitung Ihrer Daten müssen Sie eine Kopie Ihres Passes an die libysche Agentur schicken. Achtung: Etwas andere Bestimmungen gelten für Österreicher (siehe „Informationsstellen").

Dann beschriften Sie einen für die Rücksendung des Visum-Antragsformulares und Ihres Passes ausreichend großen Briefumschlag mit Ihrer Adresse und frankieren ihn ausreichend. Es ist sinnvoll, diesen Rücksendeumschlag als Einschreiben zu frankieren, auch wenn das Konsulat die Rücksendung nicht immer als Einschreiben aufgibt. Eine gewisse Sicherheit und zusätzliche Beschleunigung vermittelt auch das Frankieren als Express-Zustellung.

Einen weiteren ausreichend großen Briefumschlag, den Hinsendeumschlag, beschriften Sie sodann mit der Adresse des Generalkonsulats in Bonn, legen Ihren Pass, beide ausgefüllte Visum-Antragsformulare mit aufgeklebten Passbildern, den Rückumschlag und die **Visum-Gebühr** in bar bei (derzeit 60 Euro, in der Schweiz 100 SFR; es werden keine Schecks, keine Überweisungsbelege, Briefmarken oder anderes akzeptiert). Diesen Umschlag mit komplettem Inhalt senden Sie an das Generalkonsulat in Bonn bzw. Bern oder Wien; wichtig ist auch hier der Versand per Einschreiben, gegebenenfalls auch als Brief mit Wertangabe oder mit Express-Zustellung.

Sie können Ihre Unterlagen auch selbst innerhalb der Öffnungszeiten des Konsulates dort abgeben und auf die Ausstellung warten – sofern Sie bereit sind, **80 Euro für ein Express-Visum** zu bezahlen. Klären Sie jedoch vorsichtshalber die Umstände eines solchen Vorgehens vor einer Reise nach Bonn telefonisch mit dem dort zuständigen Mitarbeiter.

Ein **Begleitschreiben** ist nicht zwingend erforderlich, aus Gründen der Höflichkeit aber angebracht: Formulieren Sie höflich und kurz Ihre Bitte, baldmöglichst ein Visum erteilt zu bekommen. Wenn Sie Mitglied in einem proarabischen Verein wie dem E.A.F oder z.B. im Sahara-Club sind, erscheint es mir sinnvoll, eine Kopie des entsprechenden Ausweises beizulegen. Schicken Sie Ihre Anträge etwa 3 Wochen vor dem geplanten Reiseantritt an die Botschaft. Die Bearbeitung der Anträge erfolgt erstaunlich rasch. Bei mir war stets nach drei Werktagen das Visum eingetroffen. Rechnen Sie zurzeit vorsichtshalber mit einem etwas längeren Wartezeitraum, und berücksichtigen Sie auch, dass möglicherweise muslimi-

Kosten (in Euro pro Person, je nach Agentur):
- **Einladung:** frei–85
- **Führer pro Tag:** 25–100
- **Grenzformalitäten:** 50–100 (auf Wunsch)
- **Alle Formalitäten** (pauschal): 225–525
- **Touristen-Polizei:** 45 pro Tag (bei Gruppen ab 5 Personen und mehr als 2 Fahrzeugen)

sche Feiertage die Bearbeitung verzögern. Sie erhalten dann jedoch ohne weitere Anschreiben sowohl Ihren Pass zurück als auch eines der beiden Visum-Antragsformulare. Überprüfen Sie Ihren Pass soweit möglich auf die Richtigkeit der Eintragung. An dem einen zurückgesandten Visum-Antragsformular werden offensichtlich keine Veränderungen oder Einträge vorgenommen, auch fehlen Stempel oder dergleichen. Sie benötigen dieses Formular jedoch sowohl beim Antrag als auch bei der Einreise an der Grenze!

Achtung: Die **Gültigkeitsdauer des Visums** (derzeit 30 Tage) beginnt bereits mit der Erteilung und nicht erst mit der Einreise! Eine Verlängerung des Visums ist nur in Tripolis möglich.

Zur Beschaffung des Visums kann man sich in Deutschland an die **Visum Centrale** wenden (Koblenzer Str. 61, 53173 Bonn, www.visum-centrale.de, Tel. 0228/367870; Filialen auch in Berlin, Frankfurt und München). Von dort erhält man die grünen Antragsformulare, die man ausgefüllt und mit Pass an die Centrale zurückschickt. Dort werden dann der amtliche Stempel für die Passübersetzung und die Übersetzung selbst besorgt; die Unterlagen werden zur Botschaft gebracht und von dort wieder abgeholt.

Derzeit sind als Personalpapiere außer dem gültigen Pass, ggfs. mit Visum, dem Einladungsschreiben und dem zweiten Exemplar des Visum-Antrages keine weiteren Papiere für die Einreise nach Libyen erforderlich. Weder die früher geforderte Gesundheitsbescheinigung noch ein Aids-Test, der Nachweis ausreichender Geldmittel oder andere Papiere werden verlangt.

Ein **Transitvisum** im Sinne eines nur für wenige Tage gültigen und eventuell preisgünstigeren Visums gibt es nicht. Gegenwärtig führt auch hier kein Weg an einer libyschen Reiseagentur vorbei, holen Sie sich also rechtzeitig Angebote ein und erläutern Sie dabei, welches Ihr Reiseziel nach Ausreise ist. Überlassen Sie es der Entscheidung Ihrer Agentur, ob Sie ein Voll-Visum für erforderlich hält oder ob der einfache Sichtvermerk (Einreisestempel) bei Abholung an der Grenze ausreicht. Bei Durchreise nach Ägypten entlang der Küste scheint die letztere Variante möglich zu sein, die Ausreise- bzw. Zielländer Niger und Algerien erfordern (vermutlich) ein Voll-Visum; die Ausreise in Richtung Tschad scheint offiziell gar nicht möglich zu sein; hinsichtlich Sudan liegen keine verifizierbaren Erkenntnisse vor. Einzelne Agenturen haben hinsichtlich bestimmter Grenzübergänge offensichtlich „bessere Karten" als andere.

Ein- und Ausfuhrbestimmungen

Bei Anreise auf dem Landweg sind auch die **Zoll- und Einreisebestimmungen der Anreiseländer** entsprechend zu berücksichtigen. Dies gilt auch im Transit-Falle, z.B. für das übliche Anreiseland Tunesien, selbst wenn man sich dort nur für einen einzigen Tag anlässlich der Durchreise aufhält.

Einfuhr nach Tunesien

Gerade für Tunesien sind neben den üblichen Zoll- und Einreisevorschriften einige Besonderheiten zu beachten, die hier nur knapp erwähnt werden sollen: Ein gültiger Reisepass (aber kein Visum) wird von Autotouristen verlangt (nicht aber von mit dem Flugzeug ankommenden Pauschaltouristen). Sollte das benutzte Fahrzeug nicht auf ihren Namen zugelassen sein, ist eine **beglaubigte Vollmacht** (z.B. vom ADAC) unbedingt erforderlich. Die grüne Karte (Versicherungsnachweis) muss für Tunesien gültig sein, andernfalls ist eine Grenzpolice abzuschließen. Der nationale Führerschein ist unabdingbar. Gepäck jeder Art ist im Rahmen üblicher Freimengen unbedenklich, auch Alkoholika sind in begrenztem Umfang zugelassen. Alle Mengen sollten ein plausibles Reisequantum nicht übersteigen. Ein Fotoapparat, ein Fernglas, auch eine Video-Kamera oder ein Laptop sind zulässig, aber deklarationspflichtig; sie sollten immer im Pass vermerkt werden, um Schwierigkeiten bei der Ausreise zu vermeiden. Ersatzteile fürs Fahrzeug einschließlich Reifen sind gegebenenfalls ebenso im Pass oder in einer getrennten Liste anzugeben. Dies hängt leider immer wieder von der Laune oder dem Wohlwollen des jeweiligen kontrollierenden Beamten ab, grundsätzlich ist jedoch anzumerken, dass die Kontrolle und Abfertigung für Sahara-Touristen im Transit nach Libyen eher großzügig gehandhabt werden.

Die Ein- und Ausfuhr tunesischer Dinare ist verboten; **Devisen** sind zu deklarieren, wenn der Gegenwert 3000 TD (derzeit ca. 1875 Euro) übersteigt.

Ausdrücklich **verboten** ist die **Einfuhr von Funkgeräten** jeder Art!

Für ein **Satelliten-Navigationsgerät** (GPS-Empfänger) wird eine Genehmigung erforderlich, die im Hafen in einem speziellen Büro schnell und kostenlos erhältlich ist.

Handy: In Tunesien (wo mittlerweile Telefonläden in kaum noch übersehbarer Zahl entstanden sind) haben Sie mit Ihrem GSM-Netz-Gerät in allen besiedelten Gebieten Empfang.

Problematisch sind **Satelliten-Telefone.** Diese funktionieren annähernd weltweit, mithin also auch in Tunesien und Libyen. Im Gegensatz zu Handys, die mittlerweile jedermann bekannt sind, führt die Entdeckung eines Satelliten-Telefons vermutlich zu größeren Irritationen auf Seiten der Grenzbeamten. Konkrete Erfahrungen liegen mir dazu bislang nicht vor. Es erschien mir sinnvoll, ein solches Gerät vor den Augen der Kontrolleure zu verbergen, jedoch nicht aufwendig zu verstecken; dies dürfte im Falle des Falles die Irritationen nur noch vergrößern. Beim Grenzübergang habe ich das Gerät dann einfach „vergessen". Beim Telefonieren mit dem Hightech-Gerät im Lande sollten Sie tunlichst darauf achten, dies nie in Gegenwart Einheimischer zu tun – zu schnell geraten Sie in Spionage-Verdacht mit möglicherweise unangenehmen Folgen.

Regelmäßig werden Sie bei Ihrer Transitreise durch Tunesien auch nach **Waffen** gefragt – es erscheint mir als

Zoll Tripolis: Voraussetzung für die Einreise ist ein arabisches Kennzeichen

032 Foto: gg

Zivilisten und Nichtjäger selbstverständlich, solche „Instrumente" nicht mitzuführen. Das Verbot erstreckt sich im Übrigen auch auf Signalpistolen.

Einfuhr nach Libyen

Die Einreise nach Libyen ist mit ähnlichen, aber anders gehandhabten Vorschriften verbunden; grundsätzlich erfolgen die **Zollkontrollen erstaunlich leger.** Die kontrollierenden Zöllner verlassen sich in der Regel auf Ihre ehrliche Aussage und durchsuchen nur bei begründeten Verdachtsmomenten das Gepäck.

Devisen

Die Ein- und Ausfuhr von libyschen Dinaren ist verboten. Größere Beträge sollten theoretisch deklariert werden, Kontrollen finden jedoch praktisch nicht statt.

Alkohol und Lebensmittel

Alkohol ist in jeder Form verboten. Angesichts der, wie erwähnt, nur oberflächlichen Kontrollen ist es jedoch ein leichtes, zwischen der üblichen Ausrüstung verpackt, ein bescheidenes Quantum mit sich zu führen – womit ich keine Empfehlung ausgesprochen haben will! Falls Sie auf Alkohol partout nicht verzichten können oder wollen, müssen Sie beachten, dass Sie in keinem Falle alkoholisiert auffallen dürfen. Es muss nochmals betont werden: Alkohol gilt als Verwerflichkeit, im Zweifelsfalle landen Sie rasch im nächsten Gefängnis.

Niemand wird Sie jedoch darüber befragen, ob Sie in Ihren Lebensmittelvorräten womöglich **Schweinefleisch** dabeihaben. Zu kaufen, das sollte eigentlich klar sein, ist es in Libyen nirgendwo.

Waffen und Drogen

Die Mitnahme von **Waffen** jeder Art ist verboten. Da es in Libyen keinerlei Jagd-Tourismus gibt, lässt sich auch auf diesem Wege keine Ausnahmegenehmigung erhalten.

Als selbstverständlich setze ich voraus, dass Sie nicht mit **Drogen** unterwegs sind. Im Gegensatz zu anderen nordafrikanischen Ländern, allen voran Marokko, bin ich in Libyen nie mit Drogen konfrontiert worden. Es scheint so, als gäbe es hier praktisch keinen Markt.

Elektronik und Ähnliches

Problematisch sind weder **Fotoapparat** noch **Fernglas.** Schwieriger gestaltet sich die Mitnahme einer **Video-Kamera:** Zwar ist die Einfuhr ebenso wie der Gebrauch nicht verboten. Dennoch können Sie beim Gebrauch rasch Probleme bekommen, da u.U. eine behördliche Bewilligung verlangt wird, die Ihnen aber andererseits niemand ausstellen kann. Sollten Sie als eingefleischter Fan nicht aufs Video-Filmen verzichten wollen, rate ich dringend von Filmaufnahmen in bewohnten Gebieten ab (siehe hierzu auch das Stichwort „Fotografieren"). Ihr **Laptop** können Sie mit sich führen.

Einfuhr und Gebrauch von **Funkgeräten** sind grundsätzlich verboten.

Satelliten-Navigationsgeräte waren in den letzten Jahren stets völlig unproblematisch. Derzeit sind vermutlich 80% der Libyen-Reisenden mit einem solchen Gerät ausgestattet; üben Sie Zurückhaltung im Gebrauch. Packen Sie das Gerät an der Grenze oder anderen Kontrollstellen weg.

Die **Handy-Welle** ist mittlerweile voll auch über Libyen geschwappt! In manchen Ortschaften kann man den Eindruck gewinnen, nichts gäbe es hier häufiger als Telefon-Läden! Empfang ist im Umfeld aller größeren Ortschaften möglich; nicht alle Provider verfügen jedoch derzeit über ein Roaming-Abkommen. O2 beispielsweise funktionierte Anfang 2007 landesweit, nicht jedoch T-Mobile.

Satelliten-Telefone zählen zu den Geräten, deren Einfuhr dem Touristen laut Auskunft der libyschen Botschaft erlaubt ist.

Tiere

Die amtlichen Bestimmungen verlangen ein amtstierärztliches Gesundheitszeugnis, das dann beglaubigt ins Arabische übersetzt vorliegen muss. Nach Aussagen von Reisenden, die ich unterwegs mit Hunden getroffen habe, wurde jedoch bei der Einreise nichts dergleichen verlangt. Sollten Sie mit einem Tier reisen wollen, empfiehlt sich trotzdem vorsichtshalber die Mitnahme der entsprechenden Dokumente. Legen Sie sie bei der Einreise erst vor, wenn Sie dazu aufgefordert werden.

Ausfuhr

Alles, was sie an persönlicher Habe eingeführt haben, dürfen Sie auch wieder außer Landes bringen. Dazu zählen auch Reiseandenken (sofern Sie solche im modernen Libyen finden). Natürlich werden von vielen Touristen immer wieder die Dinge mitgenommen, die in Libyen besonders billig sind. Dazu zählt vor allem **Treibstoff.** Offiziell erlaubt ist nur die Ausfuhr der Menge im eingebauten Fahrzeugtank. Die Ausfuhr befüllter Kanister ist verboten. Ich selbst habe bei keiner Ausreise auch nur den Ansatz einer Kontrolle erlebt; von anderen Reisenden habe ich jedoch gerüchteweise vernommen, dass befüllte Kanister ohne weiteres Aufheben konfisziert wurden.

Dem Raucher wird sich angesichts der Spottpreise die Mitnahme von **Zigaretten** stangenweise anbieten. Er sollte dann aber berücksichtigen, dass die übliche Freigrenze bei der Einfuhr nach Tunesien und nach Europa bei 200 Stück liegt.

Die **Ausfuhr von Antiquitäten** (auch Tonscherben), **Artefakten,** Fossilien und bestimmten Steinen, wie z.B. Teile von Meteoriten, ist verboten und hat in jüngster Vergangenheit zu hohen Strafen bei zuwiderhandelnden Touristen geführt.

Einfuhrbestimmungen für Europa

Bei **Rückeinreise in Länder der EU** sollte man die Freigrenzen sowie die jeweiligen Verbote und Einschränkungen beachten, um eine böse Überraschung am Zoll zu vermeiden. (Die Kontrolle erfolgt jedoch an der EU-Außengrenze, d.h. im Hafen von Genua!)

Nach **Deutschland und Österreich** dürfen über 17-Jährige eine Freimenge von 200 Zigaretten, 100 Zigarillos, 50 Zigarren oder 250 g Tabak sowie 1 Liter Spirituosen (über 22% Vol.), 2 Liter Alkoholisches (bis 22% Vol.) oder 2 Liter Schaum-, Likörwein bzw. Wein einführen. Außerdem dürfen über 15-Jährige 500 g Kaffee (und in Österreich 100 g Tee) mitnehmen. Darüber hinaus darf man pro Person 50 g Parfüm und 0,25 Liter Eau de Toilette sowie Waren bis zu 175 Euro einführen. Auch die Mitnahme von Treibstoff in Reservekanistern führt in letzter Zeit im Hafen von Genua regelmäßig zu Problemen; der Inhalt von wenigen (2–3) Kanistern wird üblicherweise nur konfisziert, bei größeren Mengen jedoch werden zusätzlich Strafen fällig!

Bei der Rückeinreise in die **Schweiz** darf man pro Person 200 Zigaretten, 50 Zigarren oder 250 g Pfeifentabak, sowie 2 Liter (bis 15% Vol.) und 1 Liter (über 15% Vol.) an Alkohol einführen. Andere neu angeschafften Privatwaren sind bis zu einem Gesamtwert von 300 SFr pro Person abgabenfrei.

Wird der Warenwert von 175 Euro bzw. 300 SFr überschritten, sind **Einfuhrabgaben** auf den Gesamtwert der Ware zu zahlen und nicht nur auf den die Freigrenze übersteigenden Anteil. Die Berechnung erfolgt entweder pauschalisiert oder nach dem Zolltarif jeder einzelnen Ware zuzüglich sonstigen Steuern.

Einfuhrbeschränkungen bestehen in Deutschland für Tiere, Pflanzen, Arzneimittel, Betäubungsmittel, Feuerwerkskörper, Lebensmittel, Raubkopien, verfassungswidrige Schriften, Pornografie, Waffen und Munition; in Österreich für Rohgold, Tiere, Pflanzen, Lebensmittel,

Arzneimittel und Waffen; in der Schweiz für Pflanzen, Lebensmittel, Waffen, Tiere, CB-Funkgeräte etc.

Nähere **Informationen** gibt es für Deutschland unter www.zoll-d.de oder beim Zoll-Infocenter Tel. 069/469976-00; für Österreich unter www.bmf.gv.at oder beim Zollamt Villach Tel. 04242/ 33233; für die Schweiz unter www.zoll.admin.ch oder bei der Zollkreisdirektion in Basel, Tel. 061/2871111.

Fahrzeugpapiere und Bestimmungen

Auch wenn in den üblichen Unterlagen immer wieder der internationale Kraftfahrzeugschein genannt wird, kann ich aus eigener Erfahrung nur sagen, dass der nationale bei meinen Reisen immer vollauf genügte – dies gilt auch für die Anreise. Bei der Einreise nach Libyen werden Ihnen ohnehin andere, arabisch beschriftete Kennzeichen zugeteilt, und zusammen mit diesen Kennzeichen erhalten Sie auch die entsprechenden Papiere in arabischer Schrift, die alleine bei irgendwelchen Kontrollen im Inland geprüft werden (also gut aufbewahren und immer griffbereit halten!). Ich halte demzufolge den nationalen Zulassungsschein für ausreichend. Sollte das Fahrzeug nicht auf Sie zugelassen sein, wird schon wegen der Anreise eine **beglaubigte Vollmacht** (z.B. vom ADAC) erforderlich.

lib_081 Foto: gg

Dieser **Austausch der Kennzeichen** bei der Einreise vollzieht sich wie folgt: Zusammen mit Ihrem Pass legen Sie Ihren Kfz-Schein dem zuständigen Beamten vor. Dieser füllt die entsprechenden Papiere aus, die auf die deutschen Kennzeichen einerseits und die neu zugeteilten arabischen andererseits lauten; letztere müssen Sie selbst an Ihrem Fahrzeug befestigen. Die deutschen Kennzeichen behalten Sie selbstverständlich (Sie können sie abmontieren oder mit den arabischen verdecken). Für die arabischen Kennzeichen müssen Sie 50 Libysche Dinare (LD) als Pfand für die Rückgabe hinterlegen, dazu werden Gebühren in Höhe von 15 LD fällig. Zusätzlich wird der Nachweis einer Versicherung verlangt, die Sie ebenfalls an der Grenze abschließen müssen. Die entsprechenden Beträge für Kaution, Gebühr und Versicherung müssen Sie zum offiziellen Kurs an der Grenze eintauschen (vgl. „Ein- und Ausreise" und „Geld"). Bei der Ausreise geben Sie die Kennzeichen zusammen mit den Fahrzeugpapieren in arabischer Schrift wieder zurück und erhalten dann problemlos und rasch gegen Unterschrift Ihre Kaution wieder ausgehändigt – gelegentlich in Devisen, häufiger nur in LD!

Üblicherweise erledigt heute die Sie betreuende Agentur alle diese „Behörden"-Gänge; eine gute Agentur hat gar alles bereits für Sie erledigt und erwartet Sie mit fertigen Papieren! Sie schrauben dann nur noch die arabischen Kennzeichen an Ihr Fahrzeug.

Ein ganz besonderes Problem (s.u.) stellt der von allen Reisenden mit Fahrzeug an der Grenze verlangte **Abschluss einer Kfz-Versicherung** dar: Das Problem ist nicht, dass Sie den Preis für die geforderte Kurz-Police nur mit offiziell und nur für diesen Zweck gewechselten LD begleichen können (für den Zeitraum eines Monats werden hierfür etwa 15 Euro verlangt; die entsprechende Wechselbescheinigung behält das Versicherungsbüro ein). Das Problem ist vielmehr der Deckungsbereich dieser Versicherung: Als **reine „Blutgeld-Versicherung"** tritt sie nur dann ein, wenn Ihr möglicher Unfallgegner durch Ihre Schuld zu Tode kommt! Verletzung, Sachschaden – nichts davon ist mit dieser Police abgedeckt! Dieser Umstand blieb über Jahre unentdeckt, bis ein Tourist erstmals schuldhaft in einen Unfall mit Verletzten verwickelt wurde und die Folgekosten aus eigener Tasche bezahlen musste. Nur dem Einsatz der Deutschen Botschaft in Tripolis war es zu verdanken, dass der betroffene Reisende das Land ohne vorangegangenen Gefängnisaufenthalt verlassen konnte. Zwei Möglichkeiten sind vorhanden, um dieses Problem zu vermeiden: Die erste, die elegante, besteht darin, auf Ihre hiesige Kfz-Versicherung einzuwirken, den Deckungsschutz (vergleichbar der Gültigschreibung der Grünen Karte für Tunesien) auch auf Libyen zu erweitern. Manche Gesellschaft ist dazu gegen Aufpreis oder auch aus Kulanz „guten Kunden" gegenüber bereit, andere ver-

Idinen-Berge vom
Wadi Tanezzuft aus gesehen

weigern dies grundsätzlich. Dann bleibt die zweite Möglichkeit, die nervige, die etwas Mühe erfordert: Da das Versicherungsbüro an der Grenze eine Erweiterung der Deckung über das Blutgeld hinaus nicht durchführen darf und kann, ist die nächstgrößere Agentur in Zuara (ca. 60 km östlich der Grenze die erste Stadt) aufzusuchen und die entsprechende Police dort abzuschließen. Leider liegen mir dazu weder eigene Erfahrungen (ich konnte stets die elegante Lösung nutzen) noch die von Lesern vor; die Deutsche Botschaft in Tripolis versichert jedoch ausdrücklich, dass eine solche Möglichkeit in Zuara besteht.

Auch wenn die üblichen Unterlagen wieder anderes aussagen: Ich bin der Meinung, dass in Libyen **kein Führerschein** erforderlich ist! Erstens wurde ich nie nach meinem gefragt, zweitens haben mir Libyer bestätigt, dass keiner erforderlich sei, drittens habe ich mit eigenen Augen zwölfjährige Kinder am Steuer gesehen (genau dies hatte meine damaligen Fragen nach dem Führerschein ausgelöst), und schließlich fahren die meisten Libyer so, dass nur der Schluss zulässig ist, dass keiner von ihnen jemals eine Fahrstunde genossen hat ... Im Reisebericht eines Gruppenreisenden lese ich soeben, dass sie einen 14-Jährigen als ziemlich ruppigen Chauffeur hatten!

Da sie aber als Individualtourist ohne Führerschein niemals durch Tunesien hindurch Libyen erreichen werden, sind sie ohnehin mit einem solchen Papier unterwegs. Das Geld für den Internationalen Führerschein aber können Sie getrost sparen.

Seit 1995 stellt der Libysche Automobilclub bei der Einreise gegen eine Gebühr ein **Carnet de Passages en Douanes** aus. Bei vorhandenem europäischen Carnet entfällt die Ausstellung eines libyschen. Gebühren: 30 Euro für Motorräder, 50 Euro für PKW (übliche Geländefahrzeuge, Kleinbusse) bzw. 150 Euro für LKW.

Sehr zu empfehlen ist auch der **Abschluss eines Auslandsschutzbriefes.** Der Schutzbrief des ADAC beispielsweise gilt auch in Libyen – allerdings nur dann, wenn Sie sich auf asphaltierten Straßen bewegen ...!

Früher soll bestimmten Fahrzeugen aus amerikanischer Produktion die Einreise verwehrt worden sein. Leider liegen mir keine Erfahrungsberichte hierüber vor. Nach Aussagen von Grenzbeamten ist diesen aber eine solche Regelung nicht bekannt. Auch das immer wieder verbreitete Gerücht, dass Fahrzeuge in Militär- oder Tarnfarbe die Grenze nicht passieren durften, ist für Libyen nach meiner eigenen Beobachtung nicht zutreffend.

Bei **Unfällen in Libyen** sollten Sie nur dann die Polizei hinzuziehen, wenn die Schäden beträchtlich sind und Sie meinen, Erstattungsansprüche gegen Ihren Unfallgegner geltend machen zu müssen. Nach meinem Dafürhalten sollten Sie wo immer möglich eine Einigung mit dem Unfallgegner vor Ort versuchen. Sollte es jedoch Verletzte gegeben haben, ist der Gang zur Polizei unumgänglich. Informieren Sie in einem solchen Fall umgehend die Deutsche Botschaft in Tripolis. Sie können sicher sein, dass Ihnen von hier aus effektiv geholfen wird. Um Risiken klein zu halten, können Sie versuchen, zu Hause eine Kurzkasko- oder auch eine Insassen-Unfallversicherung abzuschließen. Vielleicht finden Sie ja eine Versicherung, die dieses Risiko abdeckt. Wie oben schon erwähnt: Ich bin an einer entsprechenden Adresse sehr interessiert.

Sonstige Ausweise

Ein **Internationaler Studentenausweis** kann gelegentlich helfen, in den Genuss ermäßigter Eintrittspreise zu gelangen. Die **ISIC-Mitgliedskarte** kann man als Schüler (IYTC), Student (ISIC) oder Lehrer (ITIC) erhalten. Erhältlich beim AStA, im Reisebüro oder Studentenwerk. Den nächsten Verkaufspunkt findet man auf der Website: www.isic.org oder www.isic.de.

Seit einem für 1991 ausgerufenen „Jahr der Jugend" wurde ganz Libyen mit einem relativ dichten Netz an Jugendherbergen überzogen. Solche Übernachtungsmöglichkeiten sind auch für Sahara-Reisende unter Umständen sehr willkommen. Ein **Jugendherbergsausweis** verbilligt die niedrigen Gebühren auf etwa die Hälfte.

- **Deutsches Jugendherbergswerk**
Bismarckstraße 8, 32657 Detmold
Tel. 05231/74010, Fax 740149
www.jugendherberge.de, 12–20 Euro
- **Österreichischer Jugendherbergsverband**
Schottenring 28, 1010 Wien
Tel. 01-5335353, Fax 5350861
www.oejhv.or.at, 15–20 Euro
- **Schweizer Jugendherbergen**
Schaffhauserstraße 14, 8042 Zürich
Tel. 01-3601414, Fax 01-3601460
www.youthhostel.ch, 22–33 SFr

Impfungen

Irgendwelche Impfungen werden für Libyen nicht verlangt (siehe auch im Anhang). Problematisch wird es nur dann, wenn angrenzende Regionen kurzfristig zu Seuchengebieten erklärt werden und Sie aus einem solchen Gebiet einreisen wollen. Hier hilft ein Anruf kurz vor Abreise bei einem der staatlichen Gesundheitsämter, wo Sie sich auch hinsichtlich der empfohlenen **Hepatitis-, Wundstarrkrampf (Tetanus)- und Kinderlähmungs (Polio)-Impfung** beraten lassen können. Nicht zu vergessen ist auch ein ausreichender Impfschutz gegen **Diphterie.** Nehmen Sie vorsichtshalber etwa sechs Wochen vor Reiseantritt erstmals Kontakt mit einem Arzt oder dem Gesundheitsamt auf.

Ganz Vorsichtige können sich einen **Europäischen Notfallausweis (ENA)** ausstellen lassen, z.B. beim Deutschen Gemeindeverlag (50832 Köln, Postfach 400263, Tel. 02234/1060, geringe Schutzgebühr). Aktuelle Infos gibt es auch im Internet, z.B. www.reisevorsorge.de, www.drtm.de oder www.fit-for-travel.de.

Sonstige Versicherungen

Die staatlichen Krankenhäuser und Gesundheitszentren Libyens sind auch für Ausländer kostenlos. Komfort und Hygiene liegen über dem, was man sonst von Afrika kennt. Das ärztliche Personal besteht überwiegend aus Ausländern, was die Verständigung meist erleichtert. Arzneimittel in den Krankenhäusern und Apotheken sind sehr billig.

Vor Antritt der Reise ist der Abschluss einer **Auslandskrankenversicherung** dringend zu empfehlen (s.u.). Eine Reisegepäck- oder Reiserücktrittsversicherung ist hingegen im Einzelfall auf Notwendigkeit hin zu prüfen.

Eine Privathaftpflichtversicherung hat man in der Regel schon. Diese ist jedoch oftmals in **„Reiseversicherungspaketen"** enthalten, wodurch man unnötig doppelt – aber nicht besser – versichert ist. Bei der Unfallversicherung, die man schon hat, sollte man prüfen, ob diese im Falle plötzlicher Arbeitsunfähigkeit aufgrund eines Unfalls im Urlaub zahlt.

Auch durch manche **Kreditkarten** oder **Automobilclubmitgliedschaft** ist man für bestimmte Fälle schon versichert. Das sollte man noch mal klären, bevor man sich unnötig doppelt versichert. Achtung: Die Versicherung über die Kreditkarte gilt immer nur für den Karteninhaber!

Tipp: Für alle abgeschlossenen Versicherungen die **Notfallnummern** notieren und mit der Policenummer gut aufheben! Bei Eintreten eines Notfalles sollte die Versicherungsgesellschaft unverzüglich telefonisch verständigt werden.

Auslandskrankenversicherung

Die Kosten für eine Behandlung in Libyen werden von den gesetzlichen Krankenversicherungen in Europa nicht übernommen, daher ist der Abschluss einer privaten Auslandsreise-Krankenversicherung **unverzichtbar.** Diese sind z.B. in Deutschland ab 5–10 Euro/Jahr auch sehr günstig, wenn man bedenkt, dass man sonst schlimmstenfalls die kompletten Behandlungskosten in Libyen zu zahlen hat. Ist die Reisedauer länger, beispielsweise gleich ein ganzes Jahr, kann die Prämie dreimal teurer werden – das ist dann im Vergleich zur Leistung im Pechfall immer noch ein Schnäppchen!

Die **Behandlungskosten** beim Arzt sind in der Regel vorab bar zu zahlen. Ausführliche **Quittungen** (mit Datum, Namen, Bericht über Art und Umfang der Behandlung, Betrag sowie Zahlungen für Medikamente) sind Voraussetzung, damit die Auslagen von der Versicherungsgesellschaft erstattet werden.

Tipp: Vor besonders teuren Behandlungen sollte man sich von der Versicherung die Kostenübernahme per Fax o.Ä. bestätigen lassen.

Bei der Wahl der Versicherung sollte man typische **Leistungsunterschiede** prüfen:

- **Reisedauer:** Bei einigen Versicherern wird von einer maximalen Reisedauer von 30 oder auch 62 Tagen ausgegangen. Bei längerem Aufenthalt wird auch die Versicherung teurer.
- **Rücktransport:** Wird in der Regel nur auf ärztliches Anraten übernommen. Im Todesfall werden unterschiedlich hohe Beträge für die Rücküberführung gezahlt.
- **Selbstbeteiligung:** Einige haben z.B. Zahnbehandlungen eine Selbstbeteiligung, andere zahlen 100%.
- **Nachleistungsfrist:** Kann man nicht wie geplant nach Hause reisen, sollte die Versicherung die Rechnungen noch eine Zeit lang weiterzahlen.
- **Altersgrenze:** Die Kosten sind nach Alter gestaffelt. Die Altersgrenzen sind je nach Versicherer unterschiedlich.
- **Chronische Krankheiten:** Wird aufgrund einer Krankheit, die schon vor Urlaubsantritt bestand, eine Behandlung fällig, wird diese von wenigen Versicherungen gedeckt.

Reiserücktrittskostenversicherung

Eine solche Versicherung lohnt sich vor allem, wenn man ein **„preiswertes" Flugticket** mit einer geringen Gültigkeitsdauer oder mit festen Reiseterminen gebucht hat, die nicht mehr geändert werden können. Denn sonst kann der Flugtermin für eine geringe Gebühr innerhalb der Gültigkeitsdauer beliebig oft verschoben werden, und man kann die Reise dann doch noch antreten.

Ob es sich lohnt, die teuren 35–80 Euro für eine Flug-, Pauschal- oder Rundreise im Wert von 1500 Euro auszugeben, hängt nicht zuletzt von der Höhe der Stornogebühr ab, die im Falle des Reiserücktritts fällig würde. Wie hoch die **Stornogebühr** sein wird und wann sie fällig wird, sollte man bei Buchung der Reise genau klären.

In jedem Fall muss man eine solche Versicherung je nach Versicherer **binnen 8–14 Tagen nach Reisebuchung** abschließen, sonst ist es nicht mehr möglich, sich gegen den Reiserücktritt zu versichern. Bucht man weniger als 14 Tage vor Reiseantritt Last-minute, kann man diese Reise nicht versichern.

Bei der Wahl der Versicherung sollte man typische **Leistungsunterschiede** prüfen:

- **Gründe für Rücktritt:** Tod, schwerer Unfall oder Erkrankung, Impfunverträglichkeit, betriebsbedingte Kündigung, neuer Arbeitsplatz nach Arbeitslosigkeit, Schwangerschaft, Schaden an Eigentum durch Feuer u.Ä. Nicht gelten: Krieg, Unruhen, Streik etc.
- **Schadensgrenze:** Sollten 100% der Stornokosten, Reiseabbruchkosten sowie Umbuchungskosten übernehmen.
- **Selbstbeteiligung:** Bei Krankheit 20% oder mindestens 25 Euro.

Reisegepäckversicherung

Der Abschluss einer Reisegepäckversicherung lohnt sich seltener, da die Policen **zu viele Einschränkungen** enthalten. Überdies besteht die Gefahr der Doppeltversicherung, denn Einbruch, Raub und Beschädigung von Eigentum sind meist auch im Ausland durch die Hausratsversicherung gedeckt.

- **Verlorenes Gepäck:** Bei Flugreisen oft nur nach Kilopreis ersetzt, womit der „Armani"-Anzug wohl kaum gedeckt ist. Der Zeitwert wird nur nach Vorlage der Rechnung ersetzt.
- **Sorgfalt:** Wurde eine Wertsache nicht im Safe aufbewahrt, gibt es bei Diebstahl auch keinen Ersatz. Kameraausrüstung und Laptop dürfen beim Flug nicht als Gepäck eingecheckt worden sein. Gepäck im unbeaufsichtigt abgestellten Fahrzeug ist ebenfalls nicht versichert. Die Liste ist endlos ...
- **Höchstsumme:** Die Höchstsumme, für die man sich versichern kann, deckt meist nur einen Bruchteil der Wiederbeschaffungskosten für einen Laptop, die Kameraausrüstung etc.
- **Protokoll:** Egal ob man den Flug verpasst – ohne das detaillierte polizeiliche Protokoll oder die Verlustmeldung bei der Airline bekommt man nichts erstattet.

Anbieterauswahl

Bei den Anbietern bestehen **große Preis- und Leistungsunterschiede,** das Kleingedruckte sollte man daher genauestens studieren. Eine **Jahresversicherung** ist in der Regel kostengünstiger als mehrere Einzelversicherungen. Günstiger ist auch die Versicherung als Familie statt als Einzelpersonen. Hier sollte man nur die Definition von „Familie" genau prüfen.

- **Alte Leipziger – Hallesche**
Auch KV für Auslandsaufenthalte bis zu einem Jahr. (D): Tel. 01801-425537, www.al-h.de

- **ARAG**
KV. (D): Tel. 01803-4118, www.arag.de;
(A): Tel. 01-531020, www.arag.at
- **AXA**
KV, RR und Pakete. (D): AXA,
Tel. 01803-556622, www.axa.de;
(A): UNIQA, Tel. 01-211750, www.uniqa.at
- **Concordia**
KV. (D): Tel. 0511-57010, www.concordia.de;
(CH): Tel. 0800-559355, www.concordia.ch
- **Debeka**
KV. (D): Tel. 0261-4984664,
www.debeka.de
- **Delfin Direkt**
KV. (D): Tel. 0611-3630, www.delfin.de
- **Elvia**
RR, RR-KV-RG-Pakete. (D): Tel. 01802-7858633, www.ruv.de;
(A): Tel. 01-525030, www.elvia.at
- **Europäische**
RR, RR-KV-RG-Pakete. (D): Tel. 089-41661102, www.erv.de;
(A): Tel. 01-3172500, www.europaeische.at
- **HanseMerkur**
KV, RR und Pakete. (D): Tel. 01802-7858633,
www.hmrv.de
- **Union**
KV, RR. (D): Tel. 0681-8447000,
www.ukv.de
- **uniVersa**
KV. (D): Tel. 0911/53071970,
www.universa.de
- **Zürich**
KV, RR, RG. (D): Tel. 0228-26801,
www.zuerich.de;
(CH): Tel. 0800-811-811, www.zuerich.ch

Die **Kürzel:** KV = Auslandsreisekrankenversicherung, RR = Reiserücktrittsversicherung, RG = Reisegepäckversicherung.

Die **Stiftung Warentest** in Deutschland und **Konsument.at** in Österreich testen regelmäßig verschiedene Versicherungsarten. Über ihre Websites kann man Testberichte herunterladen, Online-Abonnent werden oder Hefte zum Thema bestellen: www.warentest.de; www.konsument.at.

Weitere Informationen erhält man auch in Deutschland bei der Verbraucherzentrale (www.verbraucherzentrale.com), in Österreich bei der Arbeiterkammer (www.arbeiterkammer.at) und in der Schweiz beim Konsumentenforum (www.konsum.ch).

Informationsstellen

Botschaften und Konsulate

Das Generalkonsulat der Sozialistischen Libysch-Arabischen Volks-Dschamahirija in Bonn (nicht jedoch die Botschaft in Berlin) erteilt zwar die erforderlichen Visa, doch Informationen, die über knappe Angaben zur Visum-Erteilung hinausgehen, wird der Reisewillige dort nicht erhalten.

Über die richtige Schreibweise von **„Jamahiria"** (Volksregierung) gehen die Meinungen auseinander. Auf dem Visum-Antragsformular werden zwei Schreibweisen verwendet: Jamahiria und Jamahiriya. Ich verwende hinfort die Schreibweise ohne y.

Bei den europäischen Vertretungen sind jeweils die Kontaktdaten für die **Konsularabteilungen** aufgeführt, die für Visa zuständig sind.

Wo geht's hier lang ...?
Auskünfte dringend erbeten!

036 Foto: ed

In Deutschland

• Volksbüro der Sozialistischen Libysch-Arabischen Volks-Jamahiria
Podbielskiallee 42, 14195 Berlin
Tel. 030/200596-0, Fax 200596-99
Mo. und Do. 10–12 Uhr
info@libysche-botschaft.de
Zuständig für das gesamte Deutschland.

• Generalkonsulat der Sozialistischen Libysch-Arabischen Volks-Jamahiria
Beethovenallee 12a, 53173 Bonn
Tel. 0228/820090, Fax 0228/364260
Mo. und Do. 10–12 Uhr
Achtung: **Visa** werden **nur in Bonn,** nicht aber in Berlin erteilt.

In der Schweiz

• Volksbüro der Sozialistischen Libysch-Arabischen Volks-Jamahiria
Tavelweg 2, 3006 Bern
Tel. 031/3513076, Fax 3511325

In Österreich

• Volksbüro der Sozialistischen Libysch-Arabischen Volks-Jamahirya
Blaasstr. 33 (Eingang um die Ecke)
1190 Wien, Tel. 01/3677639, Fax 3677601
libyanbureau@compuserve.com
Mo.–Do. 9–12 Uhr; Visumanträge werden nur persönlich, durch Boten oder von Reisebüros angenommen. Gegen eine Bearbeitungsgebühr erhalten Österreicher das Visum auch ohne Einladung oder Buchung. Sonst sind entsprechende Adressen über das libysche Volksbüro Wien erhältlich.

In Libyen

• Embassy of the Federal Republic of Germany
Sharia Hassan al Mashai
(lt. Karte Hasan Al Mash-Shay Street)
POB 302, Tripolis
Tel. 00218/21/3333827
in dringenden Fällen:
Tel. 00218/21/4448552/3330554
Fax 4448968, germanembassytrip@web.de

• Embassy of the Republic of Austria
Khalid Shara Khalid Ben Walid/
Shara Arismondi, Dahra Area
Garden City, POB 3207, Tripolis
Tel. 00218/21/4443393, Fax 4440838
tripolis-ob@bmaa.gv.at

● Embassy of Switzerland
Bederei Area of Ben Ashour Street
POB 439, Tripolis
Tel. 00218/21/3614118, Fax 3614238
vertretung@tri.rep.admin.ch

Info-Adressen in Libyen

Es dürfte Sie kaum überraschen, dass es libysche Fremdenverkehrsämter im Ausland nicht gibt. Angesichts dieser Situation sind die nachfolgenden Adressen umso interessanter:

● General People's Committee of Utilities and Tourisme and Transportation/ General Board of Tourisme
POB 91871, Maitiga Street, Tripolis
Tel. 00218/21/3507187-88, Fax 3507184
Das Tourismus-Ministerium untersteht Herrn *Ammar Altayef,* Tel. 00218/21/3330913, Fax 3603145; recht informativ: www.libyan-tourism.org oder auch www.libyan-tourism.net.

● General Secretariat of Tourism
Eng. Boukhari Houda
POB 207, Tripolis, GSPLAJ, Libya
Tel. 00218/21/3603405 oder 3604066
Fax 3603400 oder 600291

● Tourist Information Office Tripolis
Tel. 00218/21/3334140

● Automobile and Touring Club of Libya/El Roukoub
Tripolis, Al Fatah Boul, Maiddan Al-Ghazala
Tel. 00218/21/3605802, Fax 3605866
hatemomar@hotmail.com
Clubpräsident ist *Khadhafis* Sohn *Mohamed.*

● Jamahirya News Agency (JANA)
Tripolis, POB 2303
Tel. 00218/21/3337106
www.jamahiryanews.com
JANA ist nur für den professionellen Informationssucher von Interesse. In touristischer Hinsicht hat JANA wenig zu bieten.

Reiseagenturen

Folgende Reiseagenturen sind auch in Zusammenhang mit dem Einladungsschreiben und der Reisegenhemigung aktiv. Eine Liste des Tourismus-Ministeriums nennt fast 100 akkreditierte Agenturen; nachfolgend sind solche ausgewählt, über die mindestens ein positiver Erfahrungsbericht vorliegt.

● Alfaw Travel Company
Abubaker Karnafoda
Al Awaynat (und Tripolis)
Tel./Fax 00218/741 716 2265
91 214 0678 (mobil)
alfawtravel@yahoo.com
www.alfawtravel.com, auch deutschsprachig

● Arkno Tours
Tripolis/Garden City, Basher al-Ibrahimi Str. 1
POB 2170, Tel. 00218/21/444 1452
Fax 333 0530, info@arkno.com
www.arkno.com, auch deutschsprachig
Standbein in Deutschland:
Arkno Tours Germany, Krumme Str. 57
10627 Berlin, Tel. 030-318 06 500
mobil 0175-566 8210

● Azar Tours
Isam Saidi, Zuara, POB 101/501
Fax 00218/252 4821
Dieser Reiseveranstalter hat auch ein Standbein in Karlsruhe, Deutschland:
Fax 0721/988070
Tel. mobil 0177/2886866
Azartours@aol.com
Jetzt gemeinsam mit Arkno Tours, s.o.

● Azjar Tourism Services Co., Azjar Tours
Ghat und Tripolis, Tel. 00218/724 2861,
Fax 716 35368, info@azjar-libyatours.com,
www.azjar-libyatours.com, deutschsprachig

● Enaramas-Tours
Tripolis, Hay el Andalus, POB 3568
Tel. 00218/92 500 1046 (mobil)
Fax 21/486 4484, enaramas@yahoo.com
und info@enaramas.net
www.enaramastours.net

● Fezzan Tours
Mukhtar Al Ansari, Tripolis
Tel./Fax 00218/21/333 9815
fezzantours@yahoo.com sowie
info@fezzantours.com
www.fezzantours.com
Büros in Ghat und Sebha.

- **Ghadames for Travel and Tourism**
Tripolis, Hay el Andalus, Taher Aboulkassim
Tel. 00218/21/477 8224, Fax 477 8225
ghadamestours@hotmail.com
www.ghadamestours.com, deutschsprachig
- **Libtra-Tours**
Tripolis, POB 972, Tel. 00218/21/477 04 69
Fax 477 04 83, info@libtratours.com
www.libtratours.com
- **Medusa-Tours, früher Shati-Zuara-Tourism**
Asem Ben Kalefa und Majed Ben Kalefa
Zuara, Jamal Abdul Nasr Street
Tel. 00218/91 3158 229
92 6296 211 (mobil), info@medusatours.com
oder medusatours@yahoo.com
www.medusatours.com
auch deutschsprachig
Der Inhaber spricht sehr gut deutsch. Eine der meistgelobten Adressen, arbeitet in Deutschland mit Libyen-Tours zusammen (siehe „An- und Weiterreise/Reiseveranstalter").
- **Nozha-Tours/Libye-voyages**
Sharia Jacarta, Tripolis
Tel. 00218/21/333 29 41
www.libye-voyages.com, auch deutsch
- **Robban Tourism Services**
Tripolis, Al Majid Club 2fl.
Tel. 00218/21/444 1530, Fax 444 8065
ginfo@robban-tourism.com
www.robban-tourism.com
Deutschsprachiger Führer *Khaled Elakab.*
- **Rose de Sable**
Tripolis, Tel. 00218/21/4449372, 4441790
Fax 3356878, info@roselibya.com
www.roselibya.com
- **Sabratha Travel and Tourism Sabratha**
Mohamed Almosrati, POB 117
Tel. 00218/21/360 6004, Fax 360 6005
- **Safari Tourism Services**
Ali Saidi, Tripolis, Haiti Street 14
Tel. 00218/21/333 7615, Fax 444 8931
safari121@hotmail.com
www.safari-tourism-services.com
auch in deutscher Sprache
- **SARI Travel**
Suleiman Abboud, Tripolis, POB 79400
Tel./Fax 00218/21/487 3017
92 528 7295 (mobil)
Suleiman@sarilibyatravel.com
www.sarilibyatravel.com
Besogt evtl. auch Genehmigung zur Ausreise in den Sudan. Abwicklung läuft über die Firma Saro Expedition (siehe „An- und Weiterreise/Reiseveranstalter").
- **Sea and Desert Tourismus Services**
Massoud Ghannudi, Tripolis
Tel. 00218/21/444 7864
91 216 3500 (mobil), Fax 334 0759
info@sea-desert.net
www.sea-desert.net, auch deutschsprachig
Die Firma nennt bei ihren Aktivitätsbereichen ausdrücklich den Sudan!
- **Sukra Travel & Tourism Services**
Tripolis, M. Maghrif Street
Tel. 00218/21/334 06 04 05
Fax 334 06 06
info@sukra-travel.com
www.sukra-travel.com
- **Teshuinat for Travel and Tourism**
Boubakar A. Makhi, Al Awaynat
Tel. 00218/925132983, Fax 7412182
omakhi@hotmail.com
- **WAHA Travel & Tourism**
Sebha, Tel. 00218/71/635991/92/93
Fax 629417, www.wahatravel.com
- **Warrad Company**
Sebha, Tel. Fax 00218/71/633 567,
info@warrad.com, www.warrad.com
- **Watani Travel and Consulting**
Khaled Alakab, Tripolis
Tel. 00218/92/521 56 69 (mobil)
Fax /21/481 19 53
www.watani.ch
info@watani.ch oder
therese.roth@watani.ch
Recht junges libysch-schweizerisches Unternehmen.
- **Winzrik Tourism Services Group**
Tripolis et al., Tel. 00218/21 361 1124/24/25, Fax /26, wts@winzrik.com
www.winzrik.com
Sehr große Agentur.

- **Literatur-Nachweise** zu einer Vielzahl von Publikationen (aber nicht die Publikationen selbst) erhalten Sie über die **Überseedokumentation des Deutschen Übersee-Instituts,** Referat Vorderer Orient (20354 Hamburg, Neuer Jungfernstieg 21, Tel. 040/3562593).

Vereine und sonstige nützliche Adressen außerhalb Libyens

● **Deutsches Office für Pilgerwesen und islamische Angelegenheiten**
Robert-Koch-Str. 18, 80538 München
Hier erhalten Sie ausführliche Informationen zum Islam, eine Aufstellung über islamische Festtage und Gebetszeiten, einen islamischen Kalender u.v.m.; konkrete Fragen zur Thematik werden gezielt und fundiert beantwortet. Anfragen sind schriftlich an die oben genannte Adresse zu senden.

● **Euro-Arabischer Freundschaftskreis e.V.**
c/o *Helmut Six*
Trautmannstr. 5, 81373 München
Tel. 089/7604498, www.eaf-ev.de
Dieser Verein versteht sich als Forum und Treffpunkt für alle, die sich für arabische Länder interessieren. Es werden Dia-Abende veranstaltet und eine zweimonatlich erscheinende Informationsbroschüre herausgegeben.

● **Sahara-Club e.V.**
Kreisstr. 61, 56077 Koblenz
www.sahara-club.de
Gibt ein spezielles Nordafrika-Info heraus, das sich derzeit schwerpunktmäßig mit Libyen befasst; schriftlich anzufordern. Stammtische und Dia-Abende werden organisiert.

● **Atlas Travel Shop**
Schauplatzgasse 21, CH-3011 Bern
Tel. 0041/031/3119044, Fax 3125405
Bahnhofstraße 76, CH-3232 Ins
Tel. 0041/032/3134407, Fax 3134408
Eigentlich ein Ausrüstungs-, Buch- und Kartenladen, der jedoch auch GPS-Geräte verleiht, organisierte Reisen in Libyen anbietet, GPS- und Geländewagenfahrkurse veranstaltet, Stammtische und Afrikafahrer-Treffen organisiert und einfach auch nur informiert; www.atw.ch.

● **Därr-Expeditionsservice**
Theresienstr. 66, 80333 München,
Tel. 089/282032, Fax 282525, www.daerr.de
Eigentlich ein Ausrüstungs-, Buch- und Kartengeschäft. Aktuelle Reise-Informationen gibt es in der „Reise-Sprechstunde" unter der Tel.-Nummer 089/282032 oder /282033 jeden Donnerstag und Freitag von 15–18 Uhr.

● Die **Automobil-Clubs,** allen voran der ADAC, sonst mit ihren detailreichen Informationsschriften und übersichtlichen Landkärtchen immer auf dem aktuellen Stand, haben im Falle Libyens nicht viel zu bieten: Vom ADAC gibt es immerhin ein zwei DIN A4-Seiten starkes TourSet „Libyen Reiseinformation NA 104": online bestellbar unter www.adac.de (ReiseService, TourSet). Gleiches wird in Österreich auch vom ÖAMTC angeboten (www.oeamtc.at unter „Reise, Touring Set").

● In vielen **Reise-Zeitschriften** wie „tours", „Outdoor", „abenteuer & reisen" u.a., die sich dem individuellen Reisen abseits ausgetretener Pfade verschrieben haben, sind in letzter Zeit immer wieder Artikel über Reisen in Libyen erschienen. Auch wenn die dort redaktionell beigefügten Info-Kästchen meist recht dürftig ausfallen, finden sich doch in den Berichten selbst, auch wenn sie noch so persönlich gefärbt sind, immer wieder konkrete Informationen in oder auch zwischen den Zeilen. Als Informationsquelle sind solche Zeitschriften durchaus nützlich.

Auch sollten Sie Zeitschriften wie „Off-Road", „Auto & Allrad" etc., die sich an den Geländewagenfahrer wenden, sowie Motorrad-Zeitschriften wie „Tourenfahrer" gelegentlich auf Libyen-Artikel hin durchstöbern. Interessant auch der Anzeigenteil dieser Zeitschriften: Sie werden hier eine große Zahl von jeweils aktuellen Angeboten zu organisierten Reisen jeder Art nach Libyen finden: **Sahara – das ist derzeit gleichbedeutend mit Libyen!**

Sollten Sie keine Probleme im Umgang mit der französischen Sprache haben, empfiehlt es sich auch, französische Reisezeitschriften zu studieren. Sie finden hier eine breite Palette an Angeboten professioneller Reiseunternehmen, die vor allem den Südwesten Libyens anbieten.

Informationen im Internet

Aktuelle Informationen über die Situation im Reiseland unter Sicherheitsaspekten lassen sich über die **Reisehinweise des Auswärtigen Amtes** (AA) auch für

Libyen abfragen (ebenso bei seinen Entsprechungen in der Schweiz und in Österreich). Dabei ist zu beachten, dass das AA verständlicherweise risikoscheu ist: Den Botschaften in den betreffenden Ländern soll jeweils möglichst viel Ärger mit „gestrandeten Touristen" erspart werden.

- **www.auswaertiges-amt.de**
Unter „Länder- und Reiseinformationen"
- **www.dfae.admin.ch**
Unter „Reisen und Leben im Ausland"
- **www.bmaa.gv.at,** unter „Bürgerservice"

Infos zu Geografie, Wirtschaft, Politik, Bevölkerung, Tourismus, neuere Nachrichten und vieles mehr lassen sich über folgende Adressen abrufen:

- **www.algathafi.org**
- **www.amr-outdoorwelt.de**
- **www.atw.ch**
- **www.daerr.de / www.klaus.daerr.de**
- **www.deutsche-schule-tripolis.com**
- **www.lauche-maas.de**
- **www.lbjc.net**
- **www.libyadaily.com**
- **www.libyalinks.com**
- **www.libyana.org**
- **www.libyaonline.com**
- **www.libyen-news.de**
- **www.odci.gov/cia/publications/factbook/geos/ly.html**
- **www.ourworld.compuserve.com/homepages/dr_ibrahim_ighneiwa/**
- **www.sahara-info.ch**
- **www.woick.de**

- Über die Wettersituation in Libyen informiert **www.wetteronline.de;** für Libyen lassen sich 10–15 Orte auswählen und die Temperaturen der letzten Jahre für jeden Tag in absoluten Zahlen oder als Grafik anzeigen.

Fahrzeugvorbereitung

Die Wahl Ihres Fahrzeuges hängt vor allem von der Frage ab, wie und wo Sie reisen und übernachten wollen. Solange Sie sich im Norden, im Küstenbereich oder in den Bergländern des Nafusah oder des Akhdar und damit außerhalb des saharischen Bereiches aufhalten, bleiben Sie in einem Gebiet mit asphaltierten Straßen, wo Hotels oder andere Übernachtungsmöglichkeiten (Jugendherbergen) noch so oft vorhanden sind, dass sie jeweils in Tagesetappen erreichbar sind. Hier können Sie folglich mit jedem Fahrzeug reisen. Begeben Sie sich allerdings in den saharischen Bereich hinein, werden die Distanzen bald groß bis riesig; auch wenn Sie nur Asphaltstraßen oder gute Pisten befahren wollen, müssen Sie sich darauf einstellen, entweder im Zelt im freien Gelände (Campingplätze fehlen ja durchgehend), im Dachzelt oder im Fahrzeug zu übernachten. Angesichts der großen Distanzen erscheint es zudem sinnvoll, entweder über viel Zeit (dann können Sie alles auch mit einem 80 km/h lahmen Unimog bereisen) oder über ein schnelles Fahrzeug zu verfügen.

Wollen Sie gar die bis weit in die Sahara hinein bestens ausgebauten Asphaltstraßen verlassen und dann nicht nur auf den ausgefahrenen Pisten unterwegs sein, sondern sich auf kleinen Pisten, im freien Gelände oder in Dünengebieten bewegen, bleibt Ihnen nur folgende Alternative: Sie reisen rasch in eine der großen Ortschaften im Sahara-Bereich Ghat, Ghadames oder Sebha und mieten sich dort einen Geländewagen mit Fahrer und Führer, oder Sie reisen von Anfang an **mit dem eigenen, voll geländetauglichen Allradfahrzeug** nach Libyen. Die erste Version (gemieteter Geländewagen) wird oft von organisierten Gruppenreisen gewählt, die zweite (eigener Geländewagen) dagegen vom „klassischen" Libyen-Sahara-Reisenden.

Eine noch recht junge Variante des Sahara-Reisens hat in den letzten Jahren einen enormen Aufschwung erlebt: Die organisierte **Motorrad-Reise,** bei der eine mehr oder weniger große Gruppe von Motorradfahrern auf eigenem Motorrad mit einem oder mehreren Begleitfahrzeugen des Reiseveranstalters zusammen unterwegs ist. Für Motorradfahrer prägt sich ein Problem in besonderem Maße aus: Einerseits müssen auf Asphaltstraßen große Entfernungen überbrückt werden, andererseits hat die Maschine den spezifischen Anforderungen einsamer Pisten zu genügen; sind Enduro-Maschinen auf Asphalt nicht gerade die bequemste Art der Fortbewegung, so werden bequeme Reisemaschinen der Pistenqualität nicht gerecht. Die Lösung liegt sicher in der Beschränkung: Man wählt Enduro, ist damit bestens für die Wüste gewappnet, und beschränkt sich auf den libyschen (Süd-)Westen (vgl. weiter unten).

Die **Frage nach der Treibstoffwahl** ist für Libyen rasch beantwortet: Von lokalen Engpässen oder kurzfristigen Lie-

daerr Foto: ed

ferschwierigkeiten abgesehen, ist sowohl Dieselkraftstoff als auch Benzin im ganzen Land zu Spottpreisen (der Liter unter 10 Cent) und in guter Qualität verfügbar. Nirgendwo allerdings werden Sie unverbleites Benzin erhalten – einen eventuell vorhandenen Kat an Ihrem Fahrzeug sollten Sie also vor Reiseantritt ausbauen. Je nach Wahl der Strecke müssen Sie nur noch darauf achten, genügend Treibstoff gebunkert zu haben; wie gesagt, Ihren Geldbeutel werden Sie dabei weit weniger belasten als Ihr Fahrzeug.

Ernsthaft sind aber doch einige Dinge bezüglich des Treibstoffs zu bedenken: Gerade im Sommer ist das Mitschleppen nicht unbeträchtlicher **Benzin-Reserven** im und am Fahrzeug immer mit gewissen Risiken verbunden. Heißes Benzin – und wie wollen Sie dieses im saharischen Sommer kühl halten? – verdampft rasch und die Dämpfe sind es ja, die brennbar sind. Nachdem ich wiederholt von schlimmen Unfällen gehört oder mit Verunglückten zusammengetroffen bin, kann ich von Benzinfahrzeugen für Sommerreisen nur dringend abraten. Sie sollten sich darüber im klaren sein, dass schon ein Tropfen Benzin auf ein heißes Getriebe oder auf den Auspuff die Katastrophe auslösen kann!

Für **Diesel** als Treibstoff spricht weiterhin der niedrigere spezifische Verbrauch (mit derselben gebunkerten Menge kommen Sie gerade auf Pisten oder im Gelände deutlich weiter), die höhere Haltbarkeit von Dieselmotoren, die geringere Störanfälligkeit (keine Zündanlage), besonders bei Winterreisen u.U. auch die Unempfindlichkeit gegen Nässe (wo selten Wasser fließt, gibt's keine Brücken, fließt es dann aber doch, sind Furten zu durchqueren ...) und letztendlich sollte auch noch der Preisunterschied, vor allem bei der Anreise, berücksichtigt werden. Diesel kostet oft nur wenig mehr als die Hälfte des Super-Benzin-Preises; auch wenn der Literpreis niedrig liegt, summiert sich diese Differenz über die Gesamtkilometer doch zu einem erklecklichen Sümmchen. Eigentlich vermag ich nur einen einzigen Nachteil des Dieseltreibstoffs gegenüber Benzin zu erkennen – die ewige Sauerei beim Tanken an der Tankstelle oder beim Nachtanken aus dem Kanister.

Die Libyer selbst wollen meinen Empfehlungen in Bezug auf die Treibstoffwahl offensichtlich keine Folge leisten: Außerhalb des LKW- und Taxibereiches fahren sie überwiegend Benzinfahrzeuge. Der Grund hierfür ist klar: Benzinfahrzeuge sind im Falle des Falles leichter und billiger zu reparieren, gerade bei solchen Reparaturen, die Folge von Defekten mangels sorgfältiger alltäglicher Wartung sind. Auch werden verschiedene Probleme mit den Einspritzpumpen gefürchtet, von denen ein touristisches Fahrzeug jedoch nicht gleichermaßen betroffen ist wie ein solches, das unter den dort üblichen Verhältnissen tagaus, tagein im sandigstaubigen Bereich betrieben wird.

Die Frage nach der verbreitetsten Fahrzeugmarke ist leicht zu beantwor-

Ablassen der Reifenluft, um besser im tiefen Sand voranzukommen

ten: Ich kenne kein afrikanisches Land, in dem die französische Marke **Peugeot** ihre früher überall beherrschende Stellung so gut hat wahren können wie in Libyen. Dies gilt besonders für die Taxis im Überlandverkehr, wo fast ausschließlich die Kombi-Versionen des Peugeot Typ 504 oder (etwas seltener) 505 eingesetzt sind. Im privaten Bereich verkehren noch immer sehr viele Limousinen des Typs 504, auch wenn diesen offensichtlich mehr und mehr Konkurrenz durch kleine japanische PKWs vom Typ Toyota Corolla entsteht. Öffentliche Dienststellen (z.B. Polizei) fahren auffallend häufig neue Baureihen von Audi oder auch kleine Mercedes. Heute sind ostasiatische und insbesondere südkoreanische Fahrzeuge dabei, alle anderen Marken zu verdrängen. Auch konnte ich Ende 2006 erstmals chinesische Fahrzeuge sichten. Im Geländewagensektor sind es vor allem **Toyota und Nissan Patrol in der Station-Version.** Im Grünen Buch wird übrigens der Besitz eines Autos als grundlegendes Menschenrecht dargestellt. *Kadhafi,* der sich immer wieder als Autonarr und VW-Käfer-Fan zeigt, hat gar persönlich ein Fahrzeug in Raketenform entwickelt, das den Insassen besondere Unfallsicherheit verspricht. „Während andere Länder Menschen mit Raketen töten, schützt Libyen das Leben seiner Bürger mit solchen."

Wohnwagen (Caravans) oder Wohnmobile werden von Libyern praktisch nicht gefahren. Auch unter den Touristen finden sich (im Gegensatz etwa zu Marokko) eher selten solche, die mit der einen oder anderen Version eines solchen mobilen Heimes unterwegs sind. Im Touristenbereich immer mehr verbreitet sind jedoch Geländewohnmobile, d.h. Geländewagen mit einer, dann möglichst auch geländetauglichen, aufgesetzen Wohnkabine. Auch wenn ich selbst kein Freund solcher „Elefanten" oder „Nasenbären" bin, gestehe ich doch zu, dass gerade in Libyen solche Autos etliche Probleme lösen helfen.

Buchtipps:
- Bernd Büttner
Fernreisen mit dem eigenen Fahrzeug
- Hans Strobach
Fernreisen auf eigene Faust
Beide Bände Reise Know-How Praxis

Fahrzeugausrüstung

Die Ausrüstung hängt natürlich wie auch die Fahrzeugwahl ganz von dem ab, was Sie für Ihre Reise geplant haben: Bleiben Sie an der Küste, um, in Hotels übernachtend, die wirklich phantastischen Stätten klassischer Kultur Libyens zu besichtigen, genügt es nach einem Ölwechsel zu Hause, die Koffer sorgfältig zu packen und in irgendeiner Nische des Kofferraumes Platz für den Ersatzkeilriemen zu schaffen – dann brauchen Sie nichts, was Sie nicht auch für eine Reise an die Adria vorsehen würden.

Geht's hinein in die Sahara, sollten Sie zusätzlich zum Ölwechsel noch eine Inspektion durchführen lassen und sich bei dieser Gelegenheit von Ihrer Werkstatt eine kleine Schachtel mit kleineren, für Ihren Fahrzeugtyp empfehlenswerten Ersatzteilen zusammenstellen lassen, z.B. Zündkontakte, Zündkerzen usw.; zusätzlich empfiehlt sich die Mitnahme eines Radschlauches passender Größe und eines soliden Radkreuzes. Auf den schon erwähnten Keilriemen sollten Sie natürlich auch nicht verzichten.

Für die richtige Sahara-Reise allerdings ist eine gute **Wüstenausrüstung** unerlässlich: Sandbleche, solide Luftpumpe, Flickzeug und gutes Montiereisen, ein weiteres Ersatzrad und ein wirklich passender Schlauch (achten Sie auf den Lochdurchmesser in der Felge fürs Ventil!) sowie eine ausreichende Zahl an Kanistern für Treibstoff und Wasser. Für eine solche Reise sollten Sie sich genügend Vorbereitungszeit nehmen und z.B. das Buch „TransSahara" von *Klaus Därr* zu Rate ziehen, der alle Aspekte in diesem Zusammenhang detailliert beschreibt (das Buch ist allerdings nur noch in Bibliotheken einzusehen bzw. auszuleihen). Hier finden Sie auch jede Menge Tipps, was die Fahrtechnik anbelangt, auch wenn ich Ihnen versichern kann, dass Sie zum Meister im Gelände erst dann werden, wenn Sie etliche Geländekilometer bewältigt haben – die graue Theorie ist da nichts im Vergleich zur sandgelben Praxis ...!

Von einigen wenigen touristischen Highlights abgesehen sind libysche Pisten sehr einsam – auf Erfahrungen, die Sie z.B. im algerischen Teil der Sahara gesammelt haben sollten, dürfen Sie in diesem Punkt in Libyen nicht aufbauen.

Mit dem Motorrad in Libyen

von *Thomas Troßmann*

Libyen – ein Enduroreiseland?

Libyens Wüstenlandschaften suchen z.T. ihresgleichen, sind zudem für Saharaverhältnisse relativ leicht und risikoarm erreichbar. Absolute „Highlights" wie das Akakus-Gebirge und die im Südosten des Ubari-Dünenmeeres gelegenen Seen (Mandara, Ghabron, Um el Maa u.v.m.) sind schon im Rahmen eines zweiwöchigen Libyenaufenthalts auf lohnende Weise machbar. Mit einer Woche mehr wird auch der Vulkankrater Waw an Namus für den Motorradreisenden zum Ziel. Nützt man die maximal 30 Tage (auf Antrag sogar 3 Monate) Visumgültigkeit aus, rücken sogar gänzlich untouristische Regionen wie das Sandmeer Rabianah und die Bergregionen Al Harudj al Aswat oder gar Jebel Uwaynat in den Bereich des Möglichen. Sie alle entschädigen für die negativen Seiten einer Libyenreise: umständliche Visum- und Einreiseformalitäten, das Fehlen „lebendiger" Saharakultur (z.B. wegen der staatlichen Ausrottung des Nomadentums) und die extreme Umweltverschmutzung im Bereich der Ortschaften. Schon eine kurze Enduroreise nach (Südwest-)Libyen kann trotzdem ein **unvergesslich schönes Erlebnis** sein, was nicht zuletzt an der Reiseart liegt. Per Motorrad lassen sich auch die reglementierten und kommerzialisierten Brennpunkte des libyschen Wüstentourismus (v.a. Akakus und Ghabron) noch halbwegs individuell erleben.

Wüstentour oder wüste Tour?

Darüber entscheidet, ob man die Fehler vermeidet, die viele Motorradreisen in die Sahara scheitern lassen: falsche und zu schwere Beladung, untaugliche Bereifung, mangelhafte Schutzbekleidung, vor allem aber Unterschätzung der Gefahren und falsche Fahrtechnik im Sand.

Lastesel oder Rennpferd?

So schwerpunktgünstig und so leicht wie möglich, heißt hier die Devise. Natürlich ist „Gewicht einsparen" leichter gesagt als getan. Schließlich sind in Libyen für landschaftlich lohnende Strecken wie z.B. die von Ghadames nach Ghat oder von Tmissah über den Waw an Namus nach Zilla oder Tazurbu gut 750 km Reichweite erforderlich. Trinkwasser und Nahrungsmittel für einige Tage müssen auf dem Motorrad ebenso untergebracht werden wie Werkzeug, Ersatzteile, Campingausrüstung, Bordapotheke, Landkarten, dieser Reiseführer, einige Textilien, Waschzeug und Fotoausrüstung. Damit ein eigentlich geländegängiges Motorrad so nicht zu einem mühsam und gefährlich zu fahrenden „Einspur-Lastwagen" wird, heißt es wirklich aufpassen.

Benzinvorräte

Idealerweise sollte der erforderliche Treibstoffvorrat fix am Motorrad installiert sein. Schwerpunktmäßig am günstigsten ist nach Vorbild der Rallyemotorräder die Aufteilung in einen großen **Haupttank und zwei Seitentanks.** Stehen keine Seitentanks zur Verfügung, reichen auch zwei Kanister (aus Blech natürlich; 10 l, wenn unbedingt nötig, auch 20 l fassend). Entscheidend für gute Fahreigenschaften des Motorrades im Sand ist, dass die Kanister möglichst niedrig und dicht an der Maschine und nicht zu weit hinten befestigt sind. Als Halterung eignet sich am besten ein flacher Rahmen, in dem die Behälter mit Spanngurten verzurrt werden.

Zur Berechnung des Benzinvorrates kalkuliert man auf Sahara-Langstrecken rund 50% höheren Verbrauch ein als bei ruhiger Straßenfahrt. Darin eingerechnet ist der bis auf das Dreifache ansteigende Verbrauch bei extremer Dünenfahrt ebenso wie der weit niedrigere Verbrauch auf harten Pisten – und natürlich eine Sicherheitsreserve.

Wasservorräte

15 Liter Wasser reichen in der kühlen Jahreszeit, also von Anfang November bis Ende März, drei bis vier Tage – vorausgesetzt, man führt es größtenteils dem Körper zu – als Trinkwasser oder im Essen – und nicht der Körper- und Küchenhygiene. Anders muss man auf „ausgefallenen" Geländestrecken kalkulieren. Wo nicht auf Hilfe durch Dritte gehofft werden kann, errechnet sich der erforderliche Wasservorrat nicht nur aus der Fahrzeit zwischen den Versorgungsmöglichkeiten. Es muss auch eine **Sicherheitsreserve dazu** gerech-

net werden: Wasser für die Zeit, die ein Verunglückter warten muss, bis der Reisepartner Hilfe geholt hat.

Stauraumsparend und schwerpunktgünstig lässt sich Wasser in zwei Tanktaschen (Eigenanfertigung oder aus stabilen Fahrradpacktaschen) rechts und links des Benzintanks transportieren. Zwei darin untergebrachte 5 l-Kanister sorgen in Verbindung mit einem sog. **Camelbag,** einem ca. 2 l fassenden und während der Fahrt über einen Schlauch entleerbaren „Trinkrucksack", sowie zwei im Gepäck untergebrachten 1,5 l-Flaschen für eine befriedigende Wasserversorgung.

Gepäck

- **Tankrucksack:** Er darf im Gelände nicht behindern, sollte flach und schmal sein.
- **Seitenkoffer:** Bei vernünftiger Größe (max. 40 l) und enger, möglichst weit nach vorne gerückter Anbringung eine schwerpunktgünstige und komfortable Gepäcklösung. Der große Nachteil der handelsüblichen Behälter ist die hohe Verletzungsgefahr für die Beine des Fahrers im Sturzfalle. Nur eine Konstruktion mit schräg zum Motorrad verlaufender Koffervorder- und -unterseite (in Fahrtrichtung gesehen) kann diese Problematik entschärfen
- **Satteltaschen:** „Weiche" Behälter aus Leder oder Kunststoff werden mit Riemen am Motorrad befestigt. Ihr Vorteil ist das geringe Gewicht, der Wegfall schwerer Gepäckträgerkonstruktionen und das niedrige Verletzungs- und Beschädigungsrisiko im Sturzfall.
- **Pack-/Rucksäcke:** Ein oder zwei kleinere Motorradpacksäcke oder alternativ dazu ein Rucksack (am besten ein flach gebauter sog. Kofferrucksack) lassen sich hinter dem Fahrer quer über den Soziussitz verzurren, ohne im Gelände bei der Gewichtsverlagerung zu behindern. Auf der Anreise hat man zudem eine „Plattform" für die Geländereifen.

Beladung

Grundregel 1: Kein Gepäck an Stellen, die vom Schwerpunkt des Motorrades, dem Dreieck zwischen Tank, Motor und Schwingendrehpunkt, weit entfernt sind. Beispielsweise üben schon wenige Kilogramm auf einem Gepäckträger hinter der Sitzbank im Sand spürbare, das Vorderrad entlastende Hebelkräfte aus. Dadurch verliert es an Führungskraft, das Fahren auf Sandpisten wird zum nerven- und kräftezehrenden „Eiertanz". Derselbe Effekt entsteht durch zu große oder zu weit hinten befestigte Koffer und Kanister.

Grundregel 2: Kein Gepäck an Stellen, wo es mitgelenkt werden muss. Schon ein auf den Vorderradkotflügel oder auf die Scheinwerfermaske gezurrter Schlafsack kann auf Sandpisten Ursache für „wackliges" Fahrverhalten sein. Um das zu vermeiden, sind z.B. professionelle Rallye-Motorräder verkleidet: Schwere Zusatzinstrumente wie Roadbook und „Satnav" können rahmenfest in der Verkleidung montiert werden statt am Lenker.

Wie man bereift, so fährt man

Ebenfalls entscheidend für Erfolg oder Misserfolg einer Motorrad-Saharareise ist die richtige Bereifung: Robustheit und gute Geländeeigenschaften sind die ausschlaggebenden Kriterien (eine ausführliche Aufstellung und Beurteilung, welche grobstolligen Motorradreifen für welches Motorrad auf Wüstenreifen geeignet sind, finden sich in *Thomas Troßmanns* Buch „Motorradreisen zwischen Urlaub und Expedition", REISE KNOW-HOW, Bielefeld). Grundsätzlich zu empfehlen ist die Montage der **Geländereifen erst kurz vor Beginn der ersten Offroad-Etappe.** Wechselt man z.B. erst in Ghadames die Bereifung – für die meisten Libyenfahrer Ausgangspunkt der ersten langen Geländeetappe –, hat man eine Menge Profil gespart: das auf dem Weg zum Fährhafen und das auf rund 1200 afrikanischen Anfahrtskilometern heruntergefahrene.

Keine Angst übrigens vor dem **Reifenwechseln.** Richtig gemacht, ist es auch für den Anfänger kein großes Problem. **Demontage:** Ventil ausdrehen, Reifenhalter aufschrauben, den luftleeren Reifen rundherum und auf beiden Seiten ins Felgentiefbett drücken (mit dem Fuß oder bei großer Zähigkeit mit dem Ständer des Motorrades). Erste Seite des Reifenmantels mit den Montiereisen rundherum heraushebeln (am Ventil anfangen). Zweite Seite mit einem zwischen Reifen und Felge ganz durchgesteckten Montiereisen herunterdrücken. **Montage:** erste Seite des Reifens auf die Felge hebeln (Laufrichtung beachten), Schlauch leicht aufgepumpt einlegen, Ventil durchs Felgenloch stecken, erst jetzt die Reifen- und Felgenränder gut mit Montagepaste oder Seifenwasser einschmieren, zweite Reifenseite über die Felge hebeln. Zwei Montiereisen dazu in kurzen Abständen (ca. 10 cm) abwechselnd ansetzen. Der Reifen lässt sich ohne Gewalt über den Felgenrand hebeln, wenn er auf der den Montiereisen gegenüberliegenden Seite mit beiden Rändern im Felgentiefbett liegt. Darauf achten, dass der Schlauch nicht mit den Montiereisen gequetscht wird. Den Reifenhalter durch Druck auf seinen Gewindebolzen (Mutter ganz hochschrauben!) mit der Hand ins Reifeninnere drücken, damit die Reifenränder zwischen Felge und Reifenhalter rutschen können. Rasch aufpumpen, da die Montagepaste in der trockenen Wüstenluft schnell verdunstet.

043 Foto: gg

Von **Reifenpannen** bleibt in der Sahara weitgehend verschont, wer seinem Motorrad keinen Schatten gönnt. Denn unter und in der Nähe der Wüstenakazien liegen eisenharte Stacheln. War der Reifen einmal damit „gespickt", wird man den Ärger nicht mehr los: Immer wieder arbeitet sich dann mal einer der im Reifengummi steckenden und kaum erkennbaren Stacheln bis zum Schlauch vor – und: Pssssss!

Das richtige Dressing

Eine längere Offroad-Motorradreise ohne jeden „Ausrutscher“ ist sehr unwahrscheinlich. Daher macht optimale Schutzbekleidung nirgendwo mehr Sinn als dort, wo man Hunderte, ja sogar Tausende von Kilometern im Gelände fährt: in der Sahara. dass man im tiefen Sand auch weich fallen kann, ist zwar richtig, aber geschwindigkeitsbedingt eher selten. Ein Sturz bleibt am ehesten ohne Verletzungsfolgen, wenn man richtig angezogen ist.

- **Endurokombis:** Zum Schutz gegen Stoß- und Schlagverletzungen besitzen sog. Endurojacken Protektoren an Rücken, Schultern, Ellbogen und Unterarmen, Endurohosen an den Hüftknochen und im Knie-Schienbeinbereich. Das verwendete Material sollte atmungsaktiv, Innenfutter herausnehmbar sein.
- **Rückenprotektor:** Wichtig ist eine die gesamte Wirbelsäule abdeckende Reihe aus stabilen gepolsterten Hartplastikplatten oder -schuppen; nur dann werden bei einer harten Rückenlandung oder wenn man bei einem Sturz vom eigenen Motorrad getroffen wird, Rückenverletzungen vermieden.
- **„Safety Jackets“:** Bei relativ hohen Temperaturen, also Reisen im Herbst oder Frühjahr, empfehlen sich aus luftdurchlässigem Netzgewebe gefertigte Kombiprotektoren. Neben dem Tragekomfort besteht der größte Vorteil der „Safety Jackets“ darin, dass die aufgenähten Rücken-, Schulter-, Brust-, Ellbogen- und Unterarmprotektoren verrutschen beim Sturz nicht so leicht verrutschen wie in einer weiter geschnittenen Jacke.
- **Stiefel:** Empfehlenswert sind nicht leichte Endurostiefel, sondern Moto-cross-Stiefel in professioneller Qualität, d.h. mit Versteifungsplatte in der Sohle, Stahlkappe an der Spitze und gutem Schutz des Fußes: Nur wenige Frakturen sind so langwierig und haben so häufig bleibende Behinderung zur Folge wie eine Sprunggelenks-Fraktur!
- **Handschuhe:** Motocross-Handschuhe sind atmungsaktiv, stabil und bequem, waschbar und schnell-trocknend – und schützen am besten.
- **Sturzhelm:** Gute Geländehelme bieten durch Ihre leichte und besonders gut belüftete Konstruktionsweise den Vorteil hohen Tragekomforts bei Hitze und Anstrengung. Ihr Innenfutter ist herausnehmbar und damit waschbar. Eine in Verbindung mit einem solchen Helm getragene Motorradbrille sollte einen angesetzten Nasenschutz besitzen. Gute Motorradbrillen schützen übrigens die Augen besser vor Staub und Sand als ein Helmvisier, das ja nichts gegen die von unten in den Helm gewirbelten Partikel ausrichtet.

Dünenfahren per Enduro

Auf den klassischen Enduroreiserouten Libyens dreht sich alles um das Sandmeer des Idhan Ubari: Auf der libysch-algerischen Grenzpiste durchquert man auf über 50 km Länge ein Gebiet mit bis zu 220 m hohen Dünen. Nach der Fahrt zu den Seen Mandara, Ghabron bietet sich die Weiterfahrt durch den Erg ebenso an, wie als Alternative zur Piste über die Geröllwüste der Hamadat al Hamrah. Eine Reise durch die libysche Sahara ist also durchaus auch vom Dünenfahren geprägt. Auf gepäckbeladener Enduro sucht man sich natürlich die relativ leichten Passagen aus. Für viele Endurofahrer ist der fahrtechnische Erfolg auf diesen dann Anlass, auch mal ohne Gepäck zum „Dünenwandern“ zu fahren – ein nicht ungefährliches Unterfangen, wenn man sich über eines nicht bewusst ist: Die Dünenmeere der libyschen Sahara sind speziell für den Motorradfahrer voller Gefahren (vgl. dazu den Exkurs „Dünentipps für Enduro-Surfer“)!

Dünentipps für Enduro-Surfer

von *Thomas Troßmann*

Dass man zum „Sandspielen" per Motorrad grobstollige Reifen braucht, ist bekannt. Dass der richtige Reifenluftdruck fast genauso wichtig ist, hat sich noch nicht so sehr herumgesprochen. Erst mit stark reduziertem Luftdruck macht das „Sand-Surfen" nämlich richtig Spaß. Erst dann geht es kontrolliert vorwärts statt ungewollt abwärts, erst dann schwimmt das Vorderrad im weichen Sand auf, anstatt sich hineinzubohren. Die größere Auflagefläche der Reifen macht den Unterschied aus. Wieviel darf es nun sein? 0,8 Bar, wohlgemerkt auf beiden Rädern, sind in „normalem" Dünen nicht zu wenig. Für besonders weichen Sand, wie er nach Stürmen, im Bereich der Dünenkämme oder in nur locker aufgewehten Wanderdünen zu finden ist, kann der Reifendruck sogar bis auf 0,5 Bar abgesenkt werden. Gerade wegen des dann traumhaften „Grips" darf man eines nicht vergessen: Die Reifen können sich bei einem Druck unter 1 Bar beim Beschleunigen und Bremsen auf der Felge verdrehen, was zwangsläufig zu einem Einreißen des Schlauches am Ventil führt. Auf hartem Untergrund, häufig in freigewehten Tälern, ist daher behutsame Fahrweise angesagt. Übrigens lässt sich ein verdrehter Schlauch am schief stehenden Ventil erkennen, allerdings nur, wenn man dessen Kontermutter gegen die Schutzkappe und nicht wie üblich gegen die Felge anzieht. Ausrichten kann man einen verdrehten Schlauch am Einfachsten durch rasches Ablassen der Luft (Ventil herausschrauben) und anschließendes Aufpumpen auf 3 bis 4 Bar. Reifenhalter müssen zuvor natürlich gelöst werden. Bei hartnäckigen Fällen helfen ein paar tangentiale Tritte gegen Reifen und Verdrehrichtung.

Stimmt der Luftdruck, ist das Anfahren auch in tiefem und feinkörnigem Dünensand ein Kinderspiel. Man legt den ersten, bei besonders leistungsstarken oder kurz übersetzten Enduros den zweiten Gang ein und bringt den Motor auf mittlere bis höhere Drehzahl – je nach Hubraum und Leistungsangebot. Jetzt heißt's die Kupplung „kommen lassen" – und zwar möglichst rasch. Schleifenlassen ist nämlich nicht nur überflüssig, da schon das Hinterrad reichlichem Schlupf unterliegt, es würde aufgrund der im Tiefsand erforderlichen hohen Anfahrdrehzahl auch erhöhten Verschleiß bedeuten. Mehr als ein Dutzend mal macht das auch die stärkste Kupplung nicht mit. Sobald sich das Motorrad vorwärts bewegt, stellt man die Füße auf die Rasten und geht zwecks besserer Fahrzeugkontrolle und Schwerpunktabsenkung in „Endurogrundstellung", also stehende Fahrhaltung, über. Spätestens dann, wenn man trotz hoch drehenden Motors nicht mehr schneller wird, heißt es hochschalten, und zwar mit möglichst kurzer Kraftunterbrechung. Am besten tippt man den Kupplunghebel nur kurz an oder schaltet ganz ohne Kupplung nur mit der Fußspitze. Getriebe von Sportenduros sind dafür gebaut, andere Getriebe nehmen es im weichen Sand nicht übel. Mit zunehmender Geschwindigkeit stabilisiert sich der anfängliche Sand-„Burnout" zu zügigem Vortrieb. Ab etwa 50 km/h schwimmen die Reifen auch im weichsten Sand auf. Ein nützlicher Trick, falls dieser einmal besonders „bodenlos" ist: Unmittelbar nach dem Losfahren, aber schon in stehender Fahrhaltung, verlagert man das Körpergewicht nach hinten und bringt durch kräftige Kniebeugen Druck auf das Hinterrad.

Nahezu unmöglich ist es, im tiefen Sand bergauf loszufahren. Außer fotogenen Sandfontänen und einem immer tieferem Versinken des Hinterrades kommt nichts dabei heraus. Muss man also in einem steilen Dünenhang Vorderrad bergauf anhalten, z.B. weil Motorleistung oder „Schneid" oder Beides aufgebraucht sind, heißt es umdrehen. Dazu zieht man das Bike am Lenker oder Vorderrad soweit um die eigene Achse bis dieses parallel zum Hang, besser noch leicht bergab, steht. In der Regel muss man die Maschine dazu hinlegen, den Spritvorräten und der Kondition zuliebe natürlich hangwärts. Bei Enduros ohne Elektrostarter sollte die Kickstarterseite des Motorrades nach dem Umdrehen talwärts zeigen. Andernfalls geht beim Ankicken selbst Langbeinigen „der Boden aus".

Auch zehn missglückte Anfahrversuche können die Freude nicht so dämpfen wie ein Sturz. Und der ist in keinem Gelände wahrscheinlicher als in den Dünenmeeren der Sahara, denn sie sind voller Tücken und Fallen. Dieses „Damoklesschwert" ist die Schattenseite des Dünenspaßes, denn es hängt immer und überall über dem Sandmeer-„Surfer", besonders über dem Anfänger. Die ungewohnten Dimensionen und Formen der Sandgebirge überfordern den Neuling. Die Systematik der Dünen ist für ihn undurchschaubar und es bleibt purer Zufall, ob er beim Wechsel von einem Dünental ins nächste einen guten, einen schlechten oder einen gefährlichen Weg wählt. Erst von einem höheren Gipfel betrachtet wandelt sich das Labyrinth der Sandberge von einem unerklärlichen Chaos zu einem aus sich wiederholenden Grundformen bestehenden, nach bestimmten Regeln vom Wüstenwind angelegten System. Wie ein erstarrter Ozean sieht ein Dünengebiet von oben aus, besteht aus kleinen und großen Wogen, aus Wellenbergen und Strudeltrichtern, die in sich in immer kleinere Strukturen unterteilt sind. Mit einer Enduro in diesem Labyrinth aus Rundungen und Kämmen, aus senkrecht erscheinenden Steilhängen und sanften Gefällen, aus makellos glatten Flächen und tiefen Kratern zu fahren, ist ein unvergleichliches Erlebnis, macht geradezu süchtig – zumindest wenn alles gut geht. Das tut es in der Regel auf einer nicht zu schweren und kräftig motorisierten Enduro, richtige Fahrtechnik vorausgesetzt, bei ausreichender Vorsicht und unter kundiger Anleitung.

mot_1 Foto: tt

Die in den Dünen wohl meistgestellte Frage lautet: Woran erkennt man, ob der Sand hart oder weich ist? Eine Regel ist, dass die Sandkörner auf der steileren, also windabgewandten Dünenseite lockerer aufeinander liegen als auf der flachen. Das heißt trotzdem nicht, dass der Sand auf dieser durchgehend fest ist. Sanfte Wellen und Senken überziehen fast jede größere Sandfläche, gleich ob am Hang oder in Tälern. Sie sind nichts anderes als überwehte Mulden und Kanten, gefüllt mit locker aufgehäuftem und dementsprechend weichem Sand. Ein Motorrad kann hier urplötzlich steckenbleiben oder wird stark abgebremst.

Sog. Windtrichter liegen meist versteckt hinter Dünenkämmen und sind für den Endurofahrer nicht weniger gefährlich als für den Skifahrer Gletscherspalten, die vom Schnee versteckt sind. Wer von einer solchen „Sandfalle" überrascht wird und vor Schreck vom Gas geht, dem versinkt das Vorderrad schlagartig bis zum Schutzblech. Beim dem dann unvermeidlichen Handstandüberschlag sollte man sich fest vom Lenker abstoßen, denn meist überschlägt sich das Bike noch mit! Nur wer blitzschnell alles Gewicht bei vollem Zug am Lenker nach hinten verlagert, wer Vollgas gibt, evtl. sogar noch runterschaltet, hat Chancen, sturzfrei durch einen solchen Trichter zu „surfen".

Der ultimative Kick sind schließlich die Sterndünen, wahre Sandbergriesen, die ihre Umgebung meist über 200 Meter, teilweise bis 350 Meter überragen. Tatsächlich kann ein routinierter Fahrer auch solche Sandgiganten bezwingen. Allerdings nicht in gerader Linie, selbst wenn, was eher selten ist, ein durchgehender Hang bis zum Gipfel führt. Spätestens die zig Meter lange und knapp 40 Grad steile Fließsandzone unterhalb des Gipfelgrates lässt auch der stärksten Enduro die Luft ausgehen. Zu „packen" sind Dünenriesen bei taktisch kluger Wegwahl. Dazu gehört, dass man die tiefsten und damit weichsten Stellen der Senken, Wellen und Zwischendünen, die einen langen Steilhang normalerweise überziehen, meidet, dass man immer wieder an Stellen mit härterem Sand verbrauchten Schwung auftankt und dass man die Kraft des Motors optimal nützt. Schräg zum Hang sollte man dazu nur in schwungvollen Anliegerkurven fahren. Schrägfahrt am Hang oder Kurvenfahrt, bei der das Hinterrad talwärts driftet, führen zu seitlichem Abrutschen. Man verliert jeden Schwung, bleibt stecken oder kippt um.

Hat man einen guten Weg befahren, geht's an den Endspurt zum Gipfelsturm und der ist - so hoch über dem Tal und so dicht unter dem Grat - reine Nervensache: Zu früh vom Gas zu gehen, heißt stecken bleiben. Zu spät vom Gas zu gehen, kann böse enden und ist nicht mal dann zu empfehlen, wenn weiterere Sprünge zum fahrerischen Repertoire gehören. Dass man einen „Abflug" vom Grat einer wirklich großen Düne heil übersteht, ist nämlich eher unwahrscheinlich bei einer Flugbahn, die einen Sprung von einer Skischanze harmlos erscheinen lässt. Selbst wenn ein solcher Höhenflug gut ausgeht, weil Fahrer und Motorrad nicht an der gleichen Stelle einschlagen, bleibt doch ein Schock, der den Spaß am Dünenfahren nachhaltig verdirbt.

Richtiges Abschätzen der Entfernung zur Kante ist vor allem Erfahrungssache. Hilfreich ist aber auch, wenn man kurz vor dem Dünengrat nicht starr nach vorne, sondern ein bisschen seitwärts schaut. Die Struktur des Sandes ist dann für das Auge besser erkennbar, das Gefühl für Entfernung und gefahrenes Tempo wird deutlicher. Am besten klappt die Zielbremsung, wenn man etwa eine Motorradlänge vor dem Gipfelgrat vom Gas geht und unmittelbar davor auskuppelt. Mit richtigem Timing und bei einer Ankunftsgeschwindigkeit von nicht mehr als etwa doppeltem Schritttempo wird gerade noch das Vorderrad über die Kante rollen und das Motorrad mit dem Dünengrat unter sich zum Stillstand kommen. Eventuellen Geschwindigkeitsüberschuss gleicht der in Alarmbereitschaft stehende Bremsfuss aus - natürlich bevor man die Kante mit dem Hinterrad überquert. Hat nur das Vorderrad den Grat erreicht, zieht man die Fuhre mit Muskelkraft in die Waagrechte.

Die hohe Schule des „Dune-Climbing" ist es schließlich, auf dem Grat gar nicht anhalten, sondern mit beiden Füßen auf den Rasten stehend das Bike darüberkippen lassen. Die folgende Steilabfahrt steht der Auffahrt in puncto Nervenkitzel in nichts nach. Erst muss man sich geradezu in das Gefälle stürzen und kräftig Gas geben, um nicht im Weichsand der Fließzone über den Lenker zu gehen. Wenig später wird das „Achterbahngefühl" durch starkes Pendeln des Motorrades noch spannender. Rasch ist nämlich eine Geschwindigkeit erreicht, bei der auch spurstabile Endurofahrwerke zu pendeln beginnen: Die Bremswirkung des Sandes und das Gefälle komprimieren die Vorderradfederung, verändern Nachlauf und Radstand so sehr, dass starke Geradeauslaufstörungen auftreten. Nur mit der Hinterradbremse lassen sich diese wieder auf ein ungefährliches Maß absenken. Schließlich lauern im Tal häufig noch jede Menge sog. „Kamelbuckel", harte, von mehr oder weniger unscheinbarer Vegetation gekrönte Sandhaufen, die das Motorrad katapultartig aushebeln können.

Eine Art von Dünengrat, die weit gefährlicher ist, als der höchste und steilste Sandberg wartet vorwiegend in flacheren Regionen: Es sind die nur an manchen Stellen vorhandenen Steilabbrüche größtenteils abgerundeter Wellendünen. Bei „falscher" Fahrtrichtung und hohem Sonnenstand sind sie oft erst sichtbar, wenn man unmittelbar davor ist. Nicht selten vereitelt dann auch noch ein Gegenhang kurz nach einem solchen Abbruch jede Chance, nach einem Sprung im Sattel zu bleiben. Nur vorausschauende Fahrweise kann vor einem Absturz bewahren.

Auch die richtige Tageszeit ist ausschlaggebend für Dünenspaß ohne Reue. Nur am frühen Vormittag oder späten Nachmittag sorgt der Schattenwurf der kleinen wie großen Sandhügel für gute Sichtverhältnisse, verstecken sich die „Fallen" der Dünenmeere nicht in diffusem Gelb.

Nur ein Erlebnis stellt in den Dünen das Enduro-„Surfen" noch in den Schatten: Bei Sonnenuntergang auf dem Gipfel eines riesigen Sandbergs zu sitzen, die Ruhe, die Weite, die fast außerirdische Fremdartigkeit und Ästhetik eines Ergs auf sich wirken zu lassen, schlägt einfach alles.

Zum Autor:

Der Journalist und Geograf *Thomas Troßmann* war Chefredakteur des Motorradreisemagazins „Onrout" und ist Inhaber des 1986 gegründeten Reiseveranstaltungsunternehmens „Wüstenfahrer" Reise GmbH. Er hat Afrika viele Male mit dem Motorrad bereist und den Staat Libyen bislang 15 Mal besucht. Von *Thomas Troßmann* sind fünf Bücher zum Thema Motorradreisen und Sahara erschienen, eines davon, der Reiseratgeber „Motorradreisen zwischen Urlaub und Expedition", bei Reise Know-How.

mot_2 Foto: tt

Mit dem Fahrrad in Libyen

Grundsätzliches

Selbst begeisterter Fahrradfahrer, der sich bei jeder passenden Gelegenheit in den Sattel schwingt, komme ich nicht umhin, gleich eingangs festzustellen, dass ich Libyen in dieser Hinsicht für ein **nur bedingt taugliches Land** halte. Angesichts riesiger Entfernungen und einer über weite Strecken monotonen Landschaft sollte man sich eine Radtour nach Libyen gut überlegen. Um meine Aussage zu verstehen, sollten Sie einen Blick auf die Michelin-Karte 741 im Bereich Libyen werfen, Nordwesten, Ghadames, Darj, Gariyat, Shwayrif: Abfahrend von Darj sind es nach Gariyat 313 km. Überbreite Asphaltstraße, glatt wie der sprichwörtliche Kinderpopo, keinerlei Verkehr: Ideal für den Fahrradfahrer? Nein! Denn die Landschaft entspricht dem Verkehr – es gibt keine; langweiligste ebene Flächen ohne jeden Reiz, keine Palmen, keine Oasen, ohne Tal oder Berg, weder Schatten noch Brunnen. Und da wollen Sie, gegebenenfalls auch noch mit Gegenwind, über Tage hinweg durchstrampeln? Also: Eher etwas für Esoteriker auf dem Selbstfindungstrip, denen ich dann gleich den Fußmarsch empfehle ...

Ein weiteres Argument gegen eine Radtour sollte gerade im Falle Libyens nicht übersehen werden: Die Kleidersitten erfordern hier sehr viel Taktgefühl, Sie sollten weder entblößt noch allzu gestylt oder gar körperbetont gekleidet sein, und gerade dies ist ja beim Fahrradfahren in mancherlei Hinsicht immer wieder angebracht.

Für **Radfahrerinnen** gesellen sich weitere Probleme hinzu. Ich könnte mir vorstellen, dass viele Libyer eine Frau im Sattel geradezu als schockierend empfinden. Bedenken Sie, dass selbst ein(e) „ganz normale(r)" Tourist(in) in diesem Land schon eine höchst seltene Erscheinung darstellt – und dann auch noch auf dem Fahrrad? Bis heute ist mir auch kaum ein Fahrrad-Tourist in Libyen begegnet, und was die Inländer selbst anbelangt: Außer halbwüchsigen Knaben auf Cross-Rädern und Pseudo-Mountain-Bikes oder Mädchen im Kindergartenalter auf Stützradfahrrädchen habe ich nie Libyer mit Fahrrad gesehen.

Um dem Fahrradenthusiasten aber nicht ganz den Wind aus den Segeln zu nehmen, will ich wenigstens **zwei Routen** empfehlen, die mir „interessant" erscheinen: Da ist einmal die **Küstenroute,** allerdings nur auf der Strecke Tunesien bis Tripolis und dann noch weiter bis nach Leptis Magna. Diese Strecke bleibt immer in der (Kfz-dominierten) Zivilisation, bietet in Form von (eher langweilig-modernen) Ortschaften und kulturellen Sehenswürdigkeiten recht viel Abwechslung, zeigt aber nichts vom Wüsten-Libyen.

Wer die Sahara sucht, sollte die **Strecke über Nalut bis hinab nach Ghadames** in Betracht ziehen. In machbaren Tagesetappen finden sich hier akzeptabel nette Ortschaften und Oasen, die Strecke führt hinein in richtige Wüstenlandschaften und bietet auch unter dem Aspekt der Distanzen eine etappengerechte Versorgungsinfrastruktur. Aber auch hier ist darauf zu achten, dass zwei Orte z.T. mehr als 120 km von einander entfernt sind! Als Fahrradfahrer sollten Sie die entsprechende Streckenbeschreibung besonders aufmerksam lesen. Wenn Sie dann in Ghadames angekommen sind, können Sie die Strecke beurteilen – und selbst darüber entscheiden, ob Sie aus eigener Kraft wieder zurückfahren wollen oder Ihr Zweirad doch lieber einem motorisierten Vierrad aufbürden. Wenn Sie dann en passant in Darj sind, sollten Sie 12 km Richtung Osten, Richtung Gariyat aus dem Ort hinausfahren: Dort geht es eine kleine Stufe im Gelände hinauf (keine Angst, es ist wirklich nur eine kleine Stufe); oben angekommen, blicken Sie nach Osten. Was Sie dort sehen, würden Sie ggfs. auch die restlichen 300 km bis Gariyat zu sehen bekommen, kaum mehr, eher weniger. Hier sollten Sie dann selbst beurteilen, ob meine oben ausgesprochene Warnung berechtigt ist oder nicht und dann entscheiden, in welcher Richtung Sie weiterfahren wollen.

Von Lesern wird auch die **Küstenroute** in der Cyrenaika zwischen Darnah und Hania empfohlen. Am Fuße des Jabal Akhdar entlang bleibt man dabei auf ruhiger Küstenstraße immer am Ufer des hier wirklich noch azurblauen Mittelmeers. Auch liegen ruhigste und dennoch hochinteressante archäologische Stätten an dieser Strecke. Eine solche Route zeigt natürlich wenig vom saharischen Libyen, dem gerade das Interesse vieler Libyen-Besucher gilt.

In einem früheren Artikel zum Fahrradfahren in der Sahara – auf den ich hier teilweise zurückgreife – hatte ich verschiedene Pisten auch als „machbar" für Fahrradfahrer angegeben. Solche „machbaren" Pisten gibt es nach meinem Dafürhalten im libyschen Teil der Sahara nicht! Nirgendwo existiert eine ausreichende Infrastruktur, die das Autarkieproblem löst, nirgendwo ist mit einer so dichten Befahrung zu rechnen, dass sich der Fahrradfahrer auf die Hilfe anderer, zufällig durchfahrender Touristen verlassen könnte. Die einzige Möglichkeit: Sie strampeln in Begleitung eines Kraftfahrzeuges, auf dem all Ihre Dinge, auf die Sie nicht in den nächsten zwei, drei Stunden angewiesen sind, transportiert werden. Und wenn Ihr Wille erlahmt, steigen Sie einfach um.

Reisezeit

Die Michelin-Karte 741 liegt noch vor Ihnen? Blättern Sie doch mal nach vorn. Neben dem roten Deckblatt finden Sie eine knappe Klimatabelle, die Ihnen verrät, dass nur wenige Wochen im Jahr jenes angenehme „Wüstenklima" bieten, in dem zu radeln Sie im grauen Europa träumten. Wenigstens mit Regen brauchen Sie nicht zu rechnen ...

Ach ja, auf der Michelin-Karte sind auch die Winde dargestellt: Gelb markiert sind Sandgebiete. Sehen Sie sich diese Sandgebiete einmal näher an: Gelb-weiße Schummerung, weiß innerhalb der Schummerung: Eher sand(dünen) frei. Und diese weißen „Täler" zwischen Sanddünen verlaufen in Libyen wie in der gesamten Sahara auffallend einheitlich parallel vorallem von Nordost nach Südwest: Dies ist die Hauptwindrichtung! Und ich sage Ihnen: Auf diese Windrichtung und darauf, dass dieser Wind bläst, ist Verlass. Windfreie Tage sind höchst selten! Toll, wenn Sie von Hun nach Sebha fahren: Sie haben einen steifen Rückenwind, etwas nach rechts drückend, aber immerhin, er treibt enorm voran. Aber zurück? Darauf warten, dass der Wind für diese läppischen 400 km aus der anderen Richtung bläst? Da warten Sie lange, und: Bläst der Wind dennoch aus Westen oder auch – und Sie denken, das sei noch besser, denn Sie wollen ja nach Nordosten – aus Südwesten, ist dies ein sicheres Schlechtwetterzeichen und das heißt in der Sahara: Sandsturm! Doch damit nicht genug: Gerade die klimatisch scheinbar so günstigen Frühjahrsmonate lassen Sand zwischen den Zähnen sehr wahrscheinlich werden. Dann blasen nämlich auch die nordöstlichen Winde besonders heftig, so heftig, dass sie Sand mit sich führen. Bleibt also die ungelöste Frage: Zu welcher Jahreszeit lässt es sich in Libyen am besten Rad fahren?

Risiken

Das sicher gewichtigste Argument gegen eine Saharareise mit dem Fahrrad sind jedoch die **Autarkieschwierigkeiten** über lange Strecken: Es wird einem Radfahrer aus Gewichtsgründen kaum möglich sein, für geplante Etappen (etwa von Brunnen zu Brunnen oder Oase zu Oase) immer ausreichend Wasser

lib-006e Foto: gg

mit sich zu führen. Dies kann auf Pisten und vollends in der heißen Jahreszeit so rasch zu einem echten Sicherheitsproblem und Überlebensrisiko werden, dass ich von dieser Reiseart zur falschen Jahreszeit und auf Pisten nochmals abrate.

Das Fahrrad

Das Fahrrad selbst sollte danach ausgewählt werden, welche Strecken bewältigt werden sollen. Pisten erfordern andere Fahrgeräte als Asphaltstraßen. Aber auch für ausgebaute Straßen sind – wegen überall vorhandender Steine – schmale Rennreifen nicht geeignet. Bewährt haben sich normale, **robuste Touren- und Sporträder.** Am sinnvollsten erscheint mir, wenn Sie mit Ihrem eigenen, erprobten und bewährten Fahrrad losfahren, vorausgesetzt, es handelt sich um ein robustes Modell, das eine hinreichende Geländegängigkeit aufweist. Im Übrigen: Die Fahrradhersteller bieten heute eine ganze Palette sog. Trekking- oder auch Tour-Bikes an, die oft als hochwertige Mixed-Fahrräder ideale Ausgangsbasis für Sahara-Touren per Fahrrad darstellen.

Es ist der MTB-(Mountain-Bike)-, Trekking- und ATB-Mode zuzuschreiben, dass die **Rahmen** heute erstaunlich leicht und dennoch grundsolide sind. Aluminium-Rahmen gelten heute als bewährt und zuverlässig. Entscheidende Gewichtsvorteile – früher ein wichtiges Argument für Aluminium als Rahmenmaterial – können Alu-Räder allerdings nicht mehr vorweisen: Gute Fabrikate der Nicht-Alu-Marken verwenden hochwertigen, blechdünnen Spezialstahl (Chrom-Molybdän u.a.). Die Rahmen sind dann meist gemufft und gelötet, Aluminium-Rahmen werden dagegen geschweißt. Gerade das Schweißen ist ein Argument, das gerne für oder gegen ein bestimmtes Rahmenmaterial ins Feld geführt wird: Stahlrohrrahmen sollen sich angeblich von jedem afrikanischen Dorfschmied im Falle eines Rahmenbruchs wieder schweißen lassen. Selbstverständlich sollte sein, dass die Rahmenhöhe zu Ihrer Körpergröße passt.

Auch hinsichtlich des **Reifenmaterials** leistet die MTB-Mode effektive Hilfe: Dicke 26-Zoll-Reifen (Reifenbreite bis ca. 5 cm) machen die Zweiräder so richtig geländetauglich. Auf der Straße wird dabei ein Luftdruck verwendet, der oft über dem von PKW liegt: Über 4 atü sind auf der Straße normal, im Gelände mildert niedrigerer Luftdruck die Fahrbahnstöße. Bei hohem Luftdruck auf der Straße wird nur auf einem durchgehenden, sehr schmalen und glatten Steg in Reifenmitte gefahren und so ein Rollwiderstand erreicht, der dem eines Sportrades kaum nachsteht. Gerade für eine Reise in die Sahara sollte zudem darauf geachtet werden, dass das übrige Profil möglichst wenig grobstollig gestaltet ist; so genannte Slick-Bereifung steht dabei am anderen Ende der Skala.

Trekkingfahrräder (d.h. ATB-Räder, die speziell für den Toureneinsatz opti-

Felsgravur im Wadi Mathendous

miert wurden) werden üblicherweise mit relativ breiten 28-Zoll-Reifen ausgerüstet, die allerdings nicht ganz die Breite der 26-Zoll-Reifen erreichen. Auch wenn diese größeren Räder die Beweglichkeit im Gelände etwas einschränken, kommt der größere Radumfang und eine besondere Profilgestaltung (Leichtlaufkamm) doch dem Leichtlauf auf den weiten Asphalt-Etappen entgegen und erhöht dennoch durch den größeren Abrollumfang (geringerer Kerbwinkel) die Rollfähigkeit im sandigen Gelände. Auch diese Reifen werden üblicherweise außerhalb des Geländes mit sehr hohem Luftdruck gefahren. Die breiteren Reifen bieten dabei einen deutlich höheren Fahrkomfort als schmale. Dass die Schläuche oft PKW-Ventile haben, ist auf Sahara-Reisen nur von Vorteil: Sollte die eigene Luftpumpe ausfallen, kann die Pumpe jedes durchfahrenden PKWs verwendet werden.

Die Mitnahme von **Flickzeug** versteht sich von selbst. Ebenso sollten je ein **Ersatzschlauch** und ein **Ersatzreifen** (faltbare Version!) mitgeführt werden: Speziell die breiten Reifen der ATBs (und 26-Zoll-Größen) sind in den saharischen Ländern nicht erwerbbar. Die Mitnahme weiterer Ersatzschläuche und Reifen scheitert zumeist am Gewichtslimit. Hier kann man sich aber recht einfach behelfen, indem man schon im voraus ein Päckchen mit solchem Reservematerial postlagernd an einen der größeren Orte entlang der geplanten Route vorausschickt. Zollprobleme halten sich angesichts des geringen Wertes solcher Dinge in Grenzen. Gegebenenfalls überlässt man das Versenden seinem Fahrradhändler und bittet ihn darum, eine möglichst niedrige Rechnung beizulegen.

Ein gut gefederter **Ledersattel** ist für eine Sahara-Tour unabdingbar. Mit der vielgelobten und oft empfohlenen Neuheit „Gel-Sattel" habe ich leider keine eigenen Erfahrungen gemacht. In solchen wie in ähnlich gelagerten Fällen kann man nur einem Rat folgen: Lassen Sie sich nicht von den Lobreden des Verkäufers blenden – in der Sattelfrage hilft nur ein ausführlicher Eigen-Test auf einer ausgedehnten Tour! Kein Luxus ist auch ein Sattel-Schnellverschluss: Dieser ermöglicht ein einfaches und rasches Verstellen der Sattelposition, etwa beim gebückten Fahren im Gegenwind, beim aufrechten Seh-Fahren durch eine Oase, beim Wiegetreten auf bergiger Piste usw.

Auch wenn die Mode derzeit ganz anderes verlangt: Auf Strecke und Tour ist immer noch der gebogene Rennlenker in der „Randonneur"-Version die optimale **Lenker-Lösung.** Die geraden und sehr steifen Lenkerstangen der MTBs und ATBs sind natürlich im Gelände hinsichtlich Stabilität überlegen, doch gilt es ja auch und gerade in der Sahara, weite Distanzen und häufig genug Strecken mit Gegenwind zu überbrücken. Hier ermöglicht nur der Rennlenker die gebückte Haltung einerseits, andererseits aber auch ein entspanntes aufrechtes Fahren mit gestreckten Armen. Gerade auf den langen Strecken ist ein Triathlon-Bügel sehr zu empfehlen, ein Lenkeraufsatz, der es ermöglicht, sich mit den Unterarmen abzustützen. Diese Kombination, Randonneur und Triathlon-Bügel, ermöglicht eine enorme Vielzahl von Handpositionen und damit auch von entspannenden und abwechslungsreichen Körperhaltungen – ideal für lange Strecken. Solide und der eigenen Handgröße angepasste Lenkergriffe, im Bereich der verschiedenen Griffpositionen auch rutschfestes Lenkerband aus textilem Gewebe oder Leder, evtl. auch mit Polsterung, tragen ihren Teil zum ermüdungsfreien Fahren bei.

Eine **Kettenschaltung** erlaubt eine viel feinere Abstufung der Gänge als eine Nabenschaltung. Auch steht sie in dem Rufe, zwar wartungsintensiv, aber reparaturfreundlicher zu sein, was ein nicht zu unterschätzendes Argument für eine Saharareise wäre. 21 Gänge zählen heute fast schon zur Standardausrüstung der ATBs, doch stehe ich in diesem Fall auf dem Standpunkt, dass weniger mehr ist: Zwölf Gänge waren mir immer genug, wobei ich besonders im unteren Bereich ein sehr großes Zahnrad für die Hinterachse empfehlen würde: Dies ermöglicht ein langes Fahren im Sitzen bei Steigungen, im Gelände oder in Sand. Es ist Ihnen ja hoffentlich klar, dass von evtl. vorhandenen zwölf Gängen ohnehin nur sechs oder sieben effektiv nutzbar und aus Verschleißgründen einsetzbar sind: Was Sie schon zu Hause nicht tun sollten, schont auch die Kette auf Sahara-Reise: Schalten Sie nicht „über Kreuz“, da hierbei die Kette stark diagonal verläuft und Kettenblätter und Kette über Gebühr verschleißen. Eine Reserve-Kette sollte übrigens immer dabei sein. Provisorische Reparaturen sind jedoch mit einheimischer Hilfe oft möglich.

Schon seit einiger Zeit ist eine Sieben-Gang-Nabenschaltung von Sachs-Torpedo auf dem Markt. Hier vereinigt sich möglichweise die fast schon legendäre Robustheit und Unempfindlichkeit einer Nabenschaltung mit der großen Spannweite der Übersetzungen einer Kettenschaltung.

Natürlich sollten Sie gute **Bremsen** an Ihrem Fahrrad haben. Nehmen Sie Bremsklötze in Ihre Reserve oder senden Sie mehrere Stücke wieder postlagernd voraus (s.o.).

Der Leichtlauf unterschiedlicher **Dynamos** ist beträchtlich. Walzendynamos sollen sich durch einen besonderen Leichtlauf auszeichnen, doch kann ich hierzu keine eigenen Erfahrungen vorweisen. Schließen Sie Nachtfahrten nicht aus, und rüsten Sie Ihr Rad mit guten Halogenscheinwerfern aus. Im Pannenfall hilft eine am Lenker befestigte Taschenlampe.

Ein **Tachometer** zählt zu den unverzichtbaren Zusatzausrüstungen. Die modernen Geräte zeigen nicht nur (besonders wichtig) die zurückgelegte Entfernung und die aktuell gefahrene Geschwindigkeit an. Wer sich dafür interessiert, kann auch die bisher gefahrene Durchschnittsgeschwindigkeit ablesen,

Buchtipp:
- Helmut Hermann

Fahrrad Weltführer
Reise Know-How Sachbuch

Fragen nach der vergangenen Höchstgeschwindigkeit stellen und dergleichen mehr.

Ein „Detail" vielleicht noch, an dem Sie während Ihrer gesamten Reise mit schwerbepacktem Fahrrad Ihre Freude haben werden: Montieren Sie einen **Zweibeinständer** an Ihr Fahrgerät. Nur so kann Ihr Rad auch bepackt auf nicht stabilem Untergrund einigermaßen kippsicher abgestellt werden.

Ersatzteile

Eingangs hatte ich darauf verwiesen, dass Libyer nicht Fahrrad zu fahren pflegen. Das sollte eigentlich ausreichend Hinweis darauf sein, dass Sie nicht damit rechnen können (im Gegensatz zu vielen anderen afrikanischn Ländern), irgend ein Ersatzteil in Libyen kaufen zu können. Auch sollten Sie nicht auf die Hilfe einheimischer Werkstätten zählen.

Radler-Ausrüstung

Es gibt einiges, was mir unverzichtbar erscheint. Fangen wir beim Köpfchen an: Ihr Haupt sollten Sie auf einer solchen Reise vor allem vor der gnadenlosen Sonneneinstrahlung schützen. Ein breitkrempiger **Hut** oder ein im Land erworbener und nach einheimischer Art gewickelter *Schesch* sind unerlässlich. Eine **Sonnenbrille,** gute Optikerqualität, ebenso.

Leichte körperumhüllende und körperbedeckende **Baumwollkleidung** (langärmlig, langbeinig), nichts figur- oder körperbetondendes, ist sowohl für Mann als auch erst recht für Frau angesagt. Nehmen Sie nicht zuviel Kleidung mit; lieber zwischendurch auch mal waschen. Stimmen Sie die Kleidung auf die Wetterverhältnisse während Ihrer Reisezeit ab.

Ihre Hände sollten Sie mit **Radfahrerhandschuhen** mit ledernem Innenhandschuh schützen: Solche Handschuhe dämpfen zusätzlich die Stöße, Ihre Hände ermüden weniger schnell und die Zugriffskraft wird gesteigert. Und nicht zu vergessen: Sie verhindern Sonnenbrand auf den Handrücken!

Gute **Radlerschuhe** mit fester Sohle sind kein Fehler, doch sollten sie ein ungehindertes Gehen ermöglichen.

Kochen und Ernährung

Sie wollen einen Kocher mitnehmen? Leicht und klein sollte er sein. Für **Kartuschenkocher** wurde der Markt in den letzten Jahren deutlich günstiger. Fast in allen Oasen sind heute Gas-Kartuschen erwerbbar. Ich selbst habe nie einen Kocher dabei. Sie werden sich darüber vielleicht wundern, aber entlang der großen Routen findet sich viel verlorengegangenes Holz. Rechtzeitig abends aufgesammelt, genügt es meist, um abends die Fertigpackung richtig heiß werden zu lassen und morgens noch das Kaffeewasser. Auf abgelegenen Strecken – hier sollten Sie aber nur noch mit Begleitfahrzeug unterwegs sein – gibt es überall Totholz in ausreichender Menge.

Ihre **Ernährung** werden Sie schon frühzeitig auf die Produkte umstellen müssen, die Ihnen die einheimischen Märkte bieten. So schlecht sind Sie da-

lib-i Foto: gg

bei nicht bedient, wenn Sie eine gewisse Eintönigkeit auf bestimmten Etappen in Kauf nehmen. Greifen Sie zu Nudeln oder Reis und zu Konservenbüchsen wie Sardinen. Wenn Sie einer Oase nicht fern sind, können Sie sich ohne weiteres mit Gemüse und Obst eindecken, auf alle Fälle für den Tag dort und den Folgetag. Je nach Jahreszeit gibt es Tomaten, Karotten, und Kartoffeln, Melonen, Orangen, Zitronen oder Äpfel. Einheimische Restaurants sind eher selten, und nicht immer erhalten Sie hier ein richtiges Essen. Salzen Sie immer tüchtig nach, um den beim Schwitzen aufgetretenen Salzverlust wieder auszugleichen. Achten Sie auf Ermüdungserscheinungen und „Bleibeine". Nehmen Sie Salztabletten von zu Hause mit und Pulver zur Zubereitung isotonischer Getränke (nur mit entkeimtem Wasser!). Gerade solche isotonischen Getränke wirken im Falle akuter Erschöpfungszustände wahre Wunder. Achten Sie insgesamt auf eine möglichst ausgewogene Ernährung.

Übernachtung

Sie wollen im Freien schlafen? Ich rate dringend ab! Ich habe schlechte Erfahrungen mit Skorpionen und Schlangen gemacht. Glauben Sie ja nicht, dass es genügt, abends um seinen Lagerplatz

Beigabe eines Garamantengrabes

herum heftig aufzustampfen, um das liebe Getier zu verjagen! Wenn Sie also wegen des herrlichen nächtlichen Wüstensternenhimmels auf ein Zelt verzichten wollen, greifen Sie wenigstens zum Moskitozelt und schützen Sie sich auf diese Art vor Überraschungen.

Gepäckverteilung

Das liebe, leidige Gepäck. Gepäckträger. Packtaschen. Romane lassen sich hier schreiben. Sie haben immer den gleichen Anfang: Lassen Sie zu Hause, was nicht unbedingt mit auf die Reise muss. Das kennen Sie schon? Also weiter: Das gut ausgerüstete Fahrrad steht da, Sie haben Ersatzschlauch, Ersatzreifen, Flickzeug, die Luftpumpe, zwei Speichen und die Kette in den Packtaschen verstaut; an zwei größere Orte entlang Ihrer Route haben Sie die eingangs genannten Ersatzteile postlagernd vorausgesandt. Jetzt fügen Sie dem Ganzen noch hinzu: zwei oder besser drei **Trinkflaschen mit Rahmenbefestigung.** Vier **Kanister** oder auch Flaschen à 1 oder 1,5 l (Frage der Jahreszeit) werden an der vorderen Gabel in Höhe der Radnabe befestigt. Auf den Gepäckträger hinten (viele Profis lassen die vordere Gabel völlig unbelastet) werden **Doppelpacktaschen** (möglichst schmal und Gewicht nach unten bringend) seitlich befestigt. Hier hinein kommt all der Krimskram, den man nicht immer und andauernd mit sich herumschleppen will oder muss, d.h. nur solche Dinge, deren Fehlen (z.B. Diebstahl) die Reise nicht unbedingt zum Scheitern verurteilt.

Auf den Gepäckträger selbst kommt ein **Rucksack** mittlerer Größe (ca. 50 l). Er lässt sich ausreichend gut befestigen und auch ohne Fahrrad jederzeit gut transportieren. Muss man sich nämlich vom Fahrrad entfernen, sollte man unbedingt alles Wichtige mit sich führen. In Betracht ziehen sollte man auch, dass die Reise wegen eines nicht behebbaren Defektes abgebrochen werden muss. Wie dann mit Packsäcken und Taschen weiter- oder heimreisen?

Jetzt kommt ein weiterer „Clou": Auf dem Rucksack, mit Hilfe seiner Schnallen und Laschen, empfehle ich, einen weiteren Wasserkanister, am besten einen Faltsack oder vergleichbares, mit ca. 5 l Inhalt zu befestigen. Vollgefüllt stehen so dem Sahara-Radler, verteilt auf mehrere Behältnisse, immerhin etwa 15 l Wasser zur Verfügung. Vom größten Kanister weg werden die kleinen „betankt", den Großen füllt man – sorgfältig z.B. mit Micropur entkeimt – bei jeder sich bietenden Gelegenheit wieder auf.

Bemühen Sie sich darum, das Gesamtgewicht Ihres Gepäcks – ohne Wasservorräte – nicht über 20 kg steigen zu lassen. Ein höheres Gewicht sollten Sie höchstens vorrübergehend in Kauf nehmen (z.B. nach dem Einkauf von Lebensmitteln in einer Oase).

Pflege und Wartung unterwegs

Bestimmte Wartungs- und Kontrollarbeiten lassen sich nicht vermeiden. Da ist insbesondere die **Kette,** die regelmäßig gereinigt und anschließend mit einem speziellen Kettenschmiermittel mit gutem Kriechverhalten und hohem Haftvermögen gefettet werden sollte. Auch **Schaltung** und Schaltwerk sollten ab und zu einer Reinigungskur unterzogen werden. Für die Kette gibt es spezielle Reinigungsboxen, die die Prozedur deutlich vereinfachen. Idealerweise sollten Sie solche Reinigungsarbeiten an einer Tankstelle durchführen. So verschmutzen Sie die saharische Umwelt am wenigsten.

In der Art der berühmten roten Schweizer-Messer gibt es heute ausgereiftes **Mitnahme-Werkzeug.** Prüfen Sie, ob ein solches Universalgerät wirklich die wichtigsten Dinge gerade für Ihr Rad einschließt.

Den **Luftdruck** sollten Sie zu Hause regelmäßig prüfen, und sich so einen sicheren Blick und ein Gefühl dafür angewöhnen, ob der Reifen ausreichend Druck hat oder nicht. Diese Form der Kontrolle erspart die Mitnahme eines Druckprüfers. Der Luftdruck ist auf Piste um etwa ein Drittel gegenüber dem auf Asphalt zu ermäßigen.

Noch ein Schmiertipp: Motorsägen-Kettenöl ist billiger und umweltverträglicher als andere übliche Öle, in seiner Wirksamkeit aber sicher nicht schlechter als diese.

Konvoi-Fahrten

In Mode gekommen ist gerade bei Motorradfahrern in den letzten Jahren ein Reisestil, den ich selbst auch fürs Radfahren vorziehe: Man ist unterwegs im Konvoi mit Kraftfahrzeugen. Natürlich geht ein großer Teil „Abenteuer" dabei verloren, und auch das „Durchhalten" fällt flach, denn im entscheidenden Moment steigt man einfach ins Auto um.

Einige Dinge sind bei Konvoifahrten zu bedenken: Größtes Problem sind die völlig unterschiedlichen Geschwindigkeiten bzw. die Entfernungen, die das Fahrrad einerseits, das Kraftfahrzeug andererseits in der Zeiteinheit zurücklegen kann. Das Fahrrad sollte vorausfahren und der Wagen nach einer zuvor vereinbarten Zeit folgen. Solange sich dieses Nachfahren **auf Straßen** abspielt, dürfte es keine Probleme geben: Radler und Autofahrer treffen sich nach einer leicht zu errechnenden Zeit wieder irgendwo am Straßenrand. Ganz anders verhält sich dies **auf der Piste:** Der Radfahrer wählt eine Spur links eines unscheinbaren Hügels, der Autofahrer (an diesem Hügel zufällig schon auf gleicher Höhe mit dem vorausgefahrenen Radler) hält sich rechts – schon haben sich die beiden verfehlt und keiner weiß, ob der andere noch vor oder bereits hinter ihm ist. Es bedarf sicher keiner besonderen Erläuterung, dass solche „Verfehlungen" besonders dann gefährlich sind, wenn ungünstige Verhältnisse vorliegen (schlechte Sicht, große Hitze, der Radfahrer ist bereits erschöpft, sein Wasservorrat ist gering usw.). Deshalb sollte durch eindeutige Absprachen vermieden werden, dass in solchen Fällen die „Verirrungen" noch größer werden, etwa dadurch, dass der Radler zurückfährt, der Autofahrer aber nach kurzer Rückfahrt zu der Überzeugung kommt, der Radler könne nur noch vor ihm sein und seinerseits wiederum nach vorne umkehrt usw. Absprachen sollten solche Dinge in Betracht ziehen (sie kommen laufend vor!) und eindeutige Verhaltensregeln aufstellen, die dann auch unbedingt einzuhalten sind. Vom nachfolgenden Autofahrer ist zudem erhöhte Aufmerksamkeit gefordert: Radlerspuren sind auf einer Piste recht gut erkennbar. Der Hinterherfahrer tut gut daran, sie nicht aus den Augen zu verlieren und sich gegebenenfalls nach Tacho- und Kilometerstand genau einzuprägen, wo sie zuletzt zu sehen waren. Vermeiden Sie unbedingt wirres Umherfahren im Gelände, die Probleme werden dadurch nur noch größer. Der Radler bleibt nach der vereinbarten Fahrzeit am Ort; er wählt dabei einen gut sichtbaren Platz, möglichst erhöht oder in unmittelbarer Nachbarschaft einer Pistenmarkierung. Gesucht wird nur vom Autofahrer und zwar mit System und unter laufender Kontrolle der dabei zurückgelegten Entfernungen in den jeweiligen Richtungen. Halten Sie sich als vorausfahrender Radler wieder zuverlässig an die Pistenmarkierungen bzw. an die deutlichsten Spuren; warten Sie an unvermuteten Verzweigungen lieber ein verfrühtes Treffen mit Ihrem Begleitfahrzeug ab, als dieses über eine größere Strecke zu verlieren; im Zweifel brauchen Sie für Suchaktionen mehr Zeit, als Sie mit einer kurzen – und dazu noch erholsamen – Wartepause verlieren! Wählen Sie Ihre Zusammentreff-Etappen nicht zu groß. Und: Nehmen Sie so viel Vorräte mit, dass Sie einige Zeit in Ruhe und ohne Panik überbrücken können.

Optimale Ausrüstung in diesem Zusammhang sind **GPS-Geräte** (siehe „Navigations- und Orientierungsausrüstung“). Moderne Modelle sind heute so klein, dass sie selbst der Radfahrer in die Tasche stecken kann. Auch auf externe Stromversorgung sind sie nicht mehr angewiesen. Im Falle eines gemischten Konvois Fahrrad/Auto könnte dann also ein Treffpunkt vereinbart werden, der mit Satelliten-Koordinaten bestimmt wird. Dies setzt natürlich zwei Geräte voraus. Achten Sie dann auch darauf, dass beide Geräte in denselben Einheiten arbeiten. Ziehen Sie ins Kalkül, dass eines der Geräte eine Panne hat, und vereinbaren Sie ganz feste Regeln, wie sich jede Mannschaft in diesem Fall verhält. Sehr einfach lässt sich mit GPS ja auch die (Luftlinien-)Entfernung zum vereinbarten Treffpunkt feststellen. So stellen Sie sicher, dass nicht zu weite Distanzen vorgesehen sind.

Zu Fuß in Libyen

Grundsätzliches

Im Folgenden wende ich mich vor allem an Leser, die während einer Reise z.B. mit dem Geländewagen Ausflüge in Form einer Wanderung unternehmen wollen, weniger an Rucksackreisende, die ihre gesamte Reise von Anfang an per pedes planen.

Innerhalb Libyens sind alle größeren Ortschaften durch ein funktionierendes Netz öffentlicher Bus-Linien miteinander verbunden, doch verkehren dieses Busse nur recht selten und sind zudem im Autofahrer-Land Libyen überwiegend das Transportmittel der im Lande gar nicht sehr geschätzten Ausländer und Gastarbeiter. Überall verkehren auch Überland-Taxis, die auch kleinere Ortschaften miteinander verbinden. Sie sind nicht teuer, oft aber in sehr kritikwürdigem Zustand, und ich halte – nach eigenen schlechten Erfahrungen – ihre Benutzung für zu gefährlich. Alle Städte sind mit einem funktionierenden Flugnetz verbunden; die Tarife sind günstig. Aber sonst? Wieviel Zeit verbringen Sie mit Warten auf Anschlüsse? Wie lange stehen Sie an Bushaltestellen bis zur Abfahrt? Wann ist der letzte Platz im Taxi verkauft, damit dieses endlich abfährt? Was bekommen Sie insgesamt bei einer solchen Reise vom Land zu sehen?

Kurz: Für **Rucksackreisende,** hauptsächlich zu Fuß und mit öffentlichen Verkehrsmitteln unterwegs, halte ich Libyen für wenig geeignet, es sei denn, Sie beschränken sich auf den äußersten Norden, oder Sie steuern nur ganz bestimmte Ziele an.

Im Zusammenhang mit der Rückbesinnung aufs „sanfte Reisen" sind heute mehr und mehr Reiseunternehmen dazu übergegangen, Wanderungen und Fußmärsche in ihr Programm mit aufzunehmen. Solche Angebote gibt es mehr und mehr auch für Libyen. Auch von Tuareg begleitete Kamel-Trekking-Touren werden heute in großer Zahl angeboten. Dies gilt vor allem für den touristisch am besten erschlossenen äußersten Südwesten, der auf recht kurzen Distanzen abwechslungsreiche Traumlandschaften zu bieten hat. **Meharees,** d.h. kamelbegleitete Karawanen, führen hier in die schönsten Ecken. Sie sollten ggfs. darauf achten, dass Sie eine Tour wählen, die in Gebiete führt, die dem Geländewagen verschlossen sind, z.B. in die steilen Bergregionen des Akakus oder die engen und felsverblockten Täler des Tassili.

Risiken

Auf mittlerweile über 100 Sahara-Durchquerungen und -Reisen kam ich nur ein einziges Mal in die Lage, einem Reisenden aus einer lebensbedrohlichen Situation helfen zu können: Ein junger Franzose wollte zu Fuß entlang der großen Piste von Tamanrasset nach Agadez gehen. Etwa bei Kilometer 140 war er einer Spur gefolgt, die ihn unmerklich etliche Kilometer zu weit nach Westen von der Hauptroute hatte abweichen lassen. Ich selbst halte mich in diesem Bereich immer auf einer weit westlich führenden Umfahrung, und so waren wir uns glücklicherweise irgendwo begegnet. Bereits den vierten Tag ohne Wasser und völlig am Ende seiner Kräfte, hatte sich der 20-Jährige zu Beginn seines Marsches darauf verlassen, regelmäßig von Vorrüberfahrenden mit Wasser versorgt zu werden; sein eigener Vorrat bestand gerademal in einem jener Lederbeutel, in denen die Spanier ihren Rotwein mit aufs Feld nehmen ...!

Die heiße Jahreszeit ist für Fußmärsche grundsätzlich tabu – so leichtsinnig wären nicht einmal die einheimischen Nomaden! Eindrucksvolles Anschauungsmaterial bieten die Schilderungen bei *Heinrich Barth* (sein fast tödlich verlaufender Ausflug zu den Geisterbergen nördlich von Ghat) oder auch von *Gustav Nachtigal* (sein Erkundungsmarsch mit Führern ins Tibestigebirge) – Sie sollten sie lesen, wenn Sie mir nicht glauben wollen.

Nachdem *Ottl Aicher* sein schönes Buch über das „gehen in der wüste" geschrieben hatte, waren auffallend viele Fußgänger, besser: „Wüstengeher", in der Sahara unterwegs. Bis nach Libyen allerdings ist diese Entwicklung noch nicht vorgedrungen. *Ottl Aicher* ist Perfektionist, und wenn Sie ähnliche Touren vorhaben wie er, sollten Sie seine „technischen Anmerkungen" mit Aufmerksamkeit lesen.

Wesentlich für jeden Wüstenausflug ist es, sich **rechtzeitig auf den Rückweg** zu begeben. Egal, in welcher Jahreszeit Sie sich auf den Weg machen: Richten Sie es so ein, dass Sie für den Hinweg mit dem schwierigeren Teil beginnen, d.h. gehen Sie anfangs bergauf, je nach Hitze mit oder gegen den Wind usw. An Ihrem Umkehrpunkt (kehren Sie rechtzeitig um!) sollten Sie immer noch mehr als die Hälfte des anfänglich mitgenommenen Wassers bei sich haben, und Ihre Kräfte sollten Sie so bemessen, dass Sie den Rückweg ohne große Mühen bewältigen können.

Routenplanung

Lohnende Ziele gibt es viele: Sie können es wie Ottl Aicher halten und sich in Dünengebiete hineinbegeben. Hier empfiehlt es sich, die gegangenen Richtungen sehr sorgfältig mit dem Kompass oder einem GPS-Empfänger zu

055 Foto: gg

überprüfen. Richten Sie es so ein, dass Sie am Rückweg auf eine Auffanglinie treffen, z.B. eine Straße, einen markanten Trockenfluss, eine Felsstufe usw. Es ist nämlich extrem schwierig, nur mit dem Kompass allein einen Punkt wiederzufinden, es sei denn, das Dünen-Gelände ist sehr markant strukturiert, oder Geländemerkmale in der weiteren Umgebung (Berge, Höhenzüge usw.) lassen eine exakte Standortbestimmung zu. Ein Satelliten-Navigationsgerät ist hier natürlich ideal: Damit können Sie jeden Punkt mit einer Genauigkeit von wenigen Metern wiederfinden. Berücksichtigen Sie aber gerade im Falle einer Fortbewegung zu Fuß, dass Ihr High-tech-Gerät just für den Rückweg, der Sie an einen Punkt führen soll, ausfällt!

Einige **Sanddünengebiete** (gesamtsaharisch meist *Erg*, in Libyen aber *Edeien* oder *Idhan* genannt) sind so strukturiert, dass sie sich für eine Erkundung zu Fuß geradezu aufdrängen. Ein gutes Beispiel ist der Idhan Awbari (Ubari-Edeien): Außerhalb liegende Stützpunkte (Oasengärten) mit Wasser sind nie allzu weit entfernt, das umliegende Gelände, die Steilabbrüche des Msak im Süden bzw. der Hamadat al Hamrah (in diesem Teilbereich Jabal al Hasawinah genannt) im Norden, ist so markant, dass Sie sich bei halbwegs klarer Sicht an ihm orientieren können. Sowohl im Süden als auch im Norden bestehen Auffanglinien in Form der Asphaltstraßen Ubari - Sebha bzw. Idri - Brak.

Dünenspaziergang im Wadi Adjal

Ähnliche Verhältnisse finden Sie in den kleinräumigeren Dünengebieten des Wadi Tanessuft nördlich von Ghat; hier fehlen jedoch Ortschaften im Randbereich und damit eine nahe gelegene und zuverlässige Wasserversorgung.

Ziehen Sie jedoch auch bei einem harmlos aussehenden Ausflug dieser Art in Ihre Überlegung mit ein, dass das Wetter umschlagen kann. Ein aufkommender Sandwind verschleiert jede Sicht und macht den Kompass oder ein GPS-Gerät unerlässlich.

Sie können natürlich auch **in den Bergländern wandern.** Insbesondere das Akakus-Gebiet bietet sich hierfür an. In Ghat finden Sie diverse Reiseagenturen, die Ihnen hierbei mit Führern oder auch Informationen behilflich sein können. Mit einer Agentur können Sie ggfs. auch einen Treff- oder Abholpunkt vereinbaren. Gehen Sie nach Möglichkeit den Hinweg (wenn Sie sich an Täler halten) bergauf und den Rückweg bergab. Dies begünstigt nicht nur ein leichteres Vorwärtskommen auf dem Rückweg: Auch die Orientierung fällt in Talsystemen bergab sehr viel leichter. Bergauf etwa können Sie oft im Zweifel sein, welcher Talarm zu wählen ist, und oft klärt erst ein Marsch über einige Kilometer, ob der weitere Talverlauf im gewählten Seitental wirklich mit dem übereinstimmt, was auf der Karte verzeichnet ist. Bergab dagegen mündet ein Tal zwangsläufig in ein anderes, das ebenfalls bergab führt.

Besonders lohnend ist auch ein Ausflug im Tal des Wadi Mathendous. Das Mathendous ist ja die „heilige Stätte" der Felsgravuren, und wenn Sie seinem

Verlauf bergauf in Richtung In Habeter folgen, kommen Sie von Felsgravur zu Felsgravur. Der Eindruck, den man in Dünengebieten infolge fehlender Spuren immer wieder haben kann, nämlich als echter Entdecker Neuland zu betreten, drängt sich hier allerdings nicht auf: Vor Ihnen waren schon andere unterwegs, und deren Hinterlassenschaften finden sich (leider) immer wieder. Ein weiteres Manko: Wasser (Brunnen) finden Sie in diesem Talsystem nicht. Nur nach Regenfällen stehen in Felsbecken Tümpel *(Geltas)* mit zweifelhafter Wasserqualität. Darauf verlassen dürfen Sie sich aber keinesfalls.

Die Möglichkeit, sich einer **Karawane** anzuschließen und mit dieser durch die Wüste zu ziehen, besteht in Libyen nicht: Karawanen sind hier seit langem nicht mehr unterwegs. Nur ab und zu werden auf bestimmten Süd-Nord-Routen Kamele in größeren Herden zu den libyschen Schlachthöfen getrieben. Und einer derartigen Karawane wollen Sie sich ja wohl nicht zugesellen...

Fast alle Reiseveranstalter offerieren heute auch Trekking-Touren mit oder ohne Kamel-Begleitung. Sicher bietet sich hier im einen oder anderen Fall auch für den Individual-Reisenden unterwegs eine Möglichkeit, sich einer Gruppe anzuschließen.

Reiseausrüstung

Übernachtung

In den saharischen Teilen Libyens ist es unmöglich, Etappen dergestalt zu planen, dass Übernachtungen in Hotels oder vergleichbaren Unterkünften in Frage kämen – diese sind einfach zu selten. Wenn Sie also nicht in der Lage sind, in Ihrem Fahrzeug zu schlafen, sollten Sie ein **Zelt** mitnehmen. Zeltplätze im Sinne von Campingplätzen allerdings gibt es nicht. Außerhalb des Küstenbereiches ist es jedoch fast überall möglich, abseits der Straße ruhige Stellplätze für ein Zelt und damit Übernachtungsmöglichkeiten zu finden.

Ein Zelt sollte so beschaffen sein, dass es von allein steht und nicht auf Heringe angewiesen ist: Oft ist der Boden so hart oder steinig, dass Heringe einfach nicht eingeschlagen werden können, oder aber so sandig, dass selbst Sandheringe kaum Halt finden. Auch sollten Sie einen Zelttyp wählen, der nicht von unten belüftet wird! Leider ist das bei den meisten Zelten der Fall; in wüstenhaften Gebieten hat dies den ganz großen Nachteil, dass im Falle eines Sand- oder Staubwindes der ganze Dreck ins Zelt geblasen wird. Wenn Sie die Absicht haben, häufiger auf Ihrer Libyen-Reise im Zelt zu übernachten, sollten Sie ernsthaft in Erwägung ziehen, sich für diesen Zweck ein nur oben belüftetes Zelt anzuschaffen. Ein kleines Zelt sollten Sie meines Erachtens auch dann mitnehmen, wenn Sie eine organisierte Reise gebucht haben, es sei denn, der Veranstalter stellt von seiner Seite aus Zelte. Bestens bewährt haben sich auch Autodachzelte – eine Aussage, die dem Motorradfahrer nicht weiterhilft.

Hinsichtlich des **Schlafsackes** stellt die Sahara keine besonderen Anforderungen. Sie sollten nur bedenken, dass es im Winter empfindlich kalt werden kann. Legen Sie also den Komfort-Bereich Ihres Schlafsackes entsprechend lieber nach unten aus. Schlafsäcke aus Baumwolle und mit Daunenfüllung sind zwar teurer und empfindlicher, ich ziehe sie dennoch allen Kunststoff-Modellen vor, da sie den Staub durch statische Aufladung nicht wie diese an sich binden. Für wärmere Tage bzw. Nächte sollte sich der Schlafsack ganz öffnen lassen. **Für Winterreisen** empfehle ich unbedingt warme Socken, lange Unterhosen und ein Unterhemd (ggfs. einfach ein T-Shirt): Sie wären nicht der erste, der ohne diese Ausrüstung in lauskalter Sahara-Nacht vor lauter Frieren nicht zum Schlafen kommt!

Bauen Sie nicht darauf, immer nur auf weichem Sanduntergrund zu nächtigen. Eine **gute Schlafunterlage** in Form einer Isomatte oder einer selbstaufblasenden Liegematte sollte entsprechend Ihren Komfortansprüchen auf alle Fälle dabei sein. Einfache Schaumstoffmatratzen können Sie in Libyen erwerben; solche werden auch von den Reiseveranstaltern benutzt. Sollten Sie mit einer organisierten Reise in Libyen unterwegs sein, empfiehlt sich wenigstens die Mitnahme eines leichten Betttuches.

Küchenutensilien

Im Vergleich zu anderen saharischen und afrikanischen Reiseländern ist die Zahl einheimischer Restaurants in Libyen eher gering. Dies ändert sich derzeit, das Angebot wird immer besser. Betreiber solcher Restaurants sind meist Ausländer, oft Tunesier und Marokkaner. Die angebotenen Speisen entsprechen dann oft dem Herkunftsland des jeweiligen Kochs. Noch aber ist **Selbstversorgung** auf weiten Strecken angesagt. Das Spektrum der mitgeführten Gerätschaften ist von Ihren Ansprüchen und davon abhängig, wie oft und wie ausführlich Sie kochen wollen.

In größeren Ortschaften werden überall robuste **Gasherde** angeboten, die – ohne Backofen oder ein ähnliches, emailliertes Gehäuse – zwar unseren Campingherden ähneln, jedoch massiv gebaut sind und nicht für den mobilen Einsatz, sondern für den Haushalt gedacht sind. Dementsprechend finden Sie auch Flaschengas in tankstellenähnlichen Anlagen, die 11-kg-Flasche kostet 3 LD; es passt ein Anschluss aus dem Europa-Set. Immer wieder konnte ich beobachten, dass Flaschengas mit einem einfachen Schlauch auf abenteuerliche Weise von einer Flasche in eine andere gefüllt wurde. Sie sollten

Buchtipp:
- Rainer Höh

Wildnis-Küche
Reise Know-How Praxis

in solchen Fällen nur rechtzeitig die Zigarette löschen und sich etwas in Richtung Luv von den Flaschen absetzen ...

Wer **Benzinkocher** mag, bitteschön, effektiv arbeiten diese allemal, und Benzin ist erhältlich. Wie einem nach dem Umgang mit diesen Geräten anschließend noch das Essen schmecken kann, wird mir allerdings ein ewiges Rätsel bleiben.

Auf den Märkten finden Sie überall ausreichend Kochbares – auch der Libyer will schließlich essen. **In Ladengeschäften** finden Sie zudem verpackte Esswaren in ordentlicher Auswahl. Sie müssen dann nur noch für einen Kochtopf entsprechender Größe sorgen. Sollten Sie diesen zu Hause vergessen haben, so können Sie ihn in Libyen günstig kaufen.

Brot erhalten Sie für minimale Beträge in kaum als solchen erkennbaren Bäckereien. Eine Menschenschlange vor einem kleinen quadratischen und vergitterten Loch in einer Hauswand ist oft ein Indiz. Verkauft wird fast ausschließlich Weißbrot des bekannten französischen Baguette-Typs oder kleine runde Fladenbrote aus Weizenmehl; oft ist es schon vormittags ausverkauft. Sollten Sie längere Zeit – etwa während eines Wüstenaufenthaltes – keinen Bäcker aufsuchen können, hart gewordenes Weißbrot aber nicht ausstehen und womöglich zu Hause das Knäckebrot vergessen haben, bleibt Ihnen nur die Möglichkeit, selbst zu backen. Wie das geht, sollten Sie sich am besten von Einheimischen zeigen lassen, die entweder in der Hitze unter dem Lagerfeuer oder im Innern eines erhitzten Gefäßes backen. Dann wissen Sie auch gleich mit dem libyschen Mehl richtig umzugehen.

Wasserversorgung

Welche Wassermengen Sie mit sich führen, ist erstens von der Art Ihres Reisemittels, zweitens von der Strecke und drittens von der Jahreszeit abhängig. Auf alle Fälle müssen Sie Trinkwasser in geeigneten Behältern aufbewahren. Ich fülle auch Brauchwasser immer in trinkwassergeeignete Kanister, damit im Falle des Falles das Wasser halbwegs genießbar ist.

In ganz Libyen ist die Wasserversorgung zwischenzeitlich auf **Leitungswasser** umgebaut – Brunnen werden Sie kaum noch finden, und wenn ja, dienen sie nur als Viehtränke. Romantische Brunnenszenen, die wir als Touristen so sehr schätzen, weil sie eine vermeintlich heile Welt zeigen, gehören in Libyen der Vergangenheit an. Man mag dies nun bedauern oder nicht – die hygienischen Verhältnisse sind dadurch besser als in allen anderen afrikanischen Ländern, die Sie vielleicht schon bereist haben.

Über die Qualität solchen Leitungswassers kann ich mir kein Urteil erlauben. Ich habe mir jedoch angewöhnt, Trinkwasser immer mit einem chlorfreien Mittel zu entkeimen, egal, aus welcher Quelle ich es bezogen hatte: Meine Kanister sind mittlerweile nicht mehr die neuesten, und was sich im Verlaufe mehrerer Sahara-Reisen oder auch nur einer einzigen bei schlechten Wasserverhältnissen da im Innern an der Wan-

dung alles angesetzt hat, will ich gar nicht näher wissen ... Die Zähne putze ich auch nur mit entkeimtem Trinkwasser. Zu allen anderen Zwecken verwende ich Brauchwasser, auch dieses immer entkeimt – Vorsicht ist die Mutter der Gesundheit!

Zum Duschen habe ich an einem Kanisterverschluss einen Schlauch mit Kunststoffhahn angebracht. Entsprechend hoch aufgestellt oder -gehängt, genügen wenige Liter für eine Kopf-bis-Fußwäsche – so sparsam ist mein Wasserverbrauch zu Hause nicht ...

Mit **Trinkflaschen aus Aluminium** habe ich schlechte Erfahrungen gemacht. Noch immer hat sich über kurz oder lang die Beschichtung gelöst. Vor die tolle Alternative gestellt, entweder unsicht- und unmerkbar gelöstes Aluminium oder spürbar abgelöstes Beschichtungsmaterial (Teflon?) zu mir zu nehmen, habe ich mich ganz gegen Alu-Flaschen entschieden und verwende entweder Glasflaschen (ganz normale Mineralwasserflaschen) bei reinen Autoreisen bzw. Pet-Kunststoffflaschen bei Reisen, wo Gewichtsbeschränkungen eine Rolle spielen. Nach jeder Reise ersetze ich die Flasche. Bewährt haben sollen sich auch die spanischen Trinkflaschen „Botha", jene Ledertrink-

Gelegenheit zum Einkauf: Markt in Ghat

beutel, in denen spanische Landarbeiter traditionell ihren Rotwein mit aufs Feld nehmen. Mineralwasser in PET-Flaschen ist heute landesweit erhältlich.

Gepäckaufbewahrung

Auch ich verwende die so oft gelobten **Aluminium-Boxen,** die von Expeditionsausrüstern, Baumärkten und Eisenwarenhandlungen angeboten werden; der Name „Zarges" ist hier fast so bekannt wie „Tempo" für Papiertaschentücher. Zwei Nachteile unter all den Vorteilen erscheinen mir erwähnenswert: Alles, woran diese Alukisten scheuern – und auf Pisten scheuert manches – wird völlig schwarz. Und: Solche Kisten erwecken immer den Eindruck, als enthielten sie Dinge von Wert; das vergrößert das Diebstahlrisiko bzw. das Einbruchrisiko ins Fahrzeug. Alukisten im Fahrzeug sollten also von außen nicht zu sehen und abgedeckt sein. Bike-Boxen aus Alu würde ich mit unauffälliger Farbe besprühen.

Eine Alternative sind Boxen aus Kunststoff. Sie sind nicht so leicht und brauchen etwas mehr Eigenraum im Vergleich zum Volumen. Sehr angenehm auch Sperrholzkisten, die es jedoch kaum zu kaufen gibt. Talentierte fertigen sich dergleichen selbst an.

Rucksäcke gibt es in allen Varianten. Als Reisender ohne Wagen werden Sie wahrscheinlich immer einen dabei haben. Für welchen Typ Sie sich entscheiden, ist abhängig von dem, was Sie vorhaben, wie Sie reisen, ob Sie wandern wollen usw. Es ist schwer, hier eine Empfehlung zu geben. Immer wieder hört man, als Rucksacktourist sei man in Hotels als „Billigtourist" nicht willkommen. Diese Erfahrung kann ich eigentlich nicht teilen, es kommt wohl eher darauf an, was derjenige, der den Rucksack trägt, für einen Eindruck macht.

Ich für meinen Teil habe immer einen kleinen Rucksack bester Qualität dabei, auch bei reinen Fahrzeugreisen. Ich nenne ihn immer liebevoll meinen „Notrucksack". Tatsächlich steht die Idee dahinter, im Falle des Falles, wenn wirklich alle Stricke reißen und kein Weg mehr weiterführt als der zu Fuß, die unbedingt erforderlichen Dinge sinnvoll mit mir führen zu können.

Sonstiges

Verschiedene Dinge werden leicht vergessen, weshalb sie hier nochmal genannt sein sollen:

- **Taschenmesser** in Form des Schweizer-Messers; damit schälen Sie Orangen und Karotten, schneiden Knoblauch und Zwiebel, öffnen Dosen und Weinflaschen, je nach Ausführung gibt's Schere, Dorn, Schraubenzieher, Lupe oder Nagelfeile und demnächst vielleicht gar eine Zahnbürste. Die Nagelfeile im Übrigen lässt sich auch zum Nachfeilen abgenutzter Kontakte verwenden ...
- **Taschenlampe** mit Halogenbirne (ganz aktuell auch mit batterieschonenden LED versehen) inkl. einer weiteren Reserve-Taschenlampe. Lächerlich im Aussehen, aber praktisch in der Anwendung: eine Stirnleuchte; lässt die Hände frei und leuchtet immer in Blickrichtung. Taschenlampen lassen sich auch in Libyen überall kaufen.
- **Reisewecker:** Wenn Sie irgendwelche Abfahrten nicht versäumen wollen (z.B. die Fähre auf dem Heimweg!); viele Armbanduhren haben eine Weckerfunktion und ebenso fast alle Handys.

- **Taschenspiegel, Rasierspiegel:** Je nach Reiseart nicht zu klein; im Auto kann er ruhig etwa DIN-A-5-Format haben. Ein Spiegel eignet sich – sofern nicht zu klein – wirklich hervorragend, um irgendwelche Signale zu geben. Ab und zu üben! Mit den Mitreisenden die Bedeutung der Signale festlegen.
- **Leatherman:** ein robustes, handliches Allzweckwerkzeug, das vielseitig einsetzbar ist.

Ausrüstungsläden

Es gibt mittlerweile in allen größeren Städten Deutschlands Ausrüstungsläden. Viele dieser Firmen werden von erfahrenen Globetrottern geführt, die erprobtes und bewährtes Material verkaufen und Ihnen noch kostenlose Reiseberatung bieten. Hier einige der bekanntesten und altbewährten:

- **Atlas Travelshop**
Schauplatzgasse 21, 3011 **Bern,**
Tel. 0041/(0)31/311 90 44, Fax 312 54 05,
info@travelbook.ch, www.atw.ch;
Bahnhofstr. 76, 3232 **Ins,**
Tel. 0041/(0)32/313 44 07, Fax 313 44 08,
info@atlastravelshop.ch.
Ausrüstungsladen, Kurse, Voodoo-Afrikatreffen.
- **Därr Expeditionsservice GmbH**
Theresienstraße 66, 80333 **München,**
Tel. 089/28 20 32, Fax 28 25 25,
www.daerr.de, service@daerr.de.
Umfangreicher Katalog für Ausrüstung und Bücher.
- **Globetrotter Ausrüstung**
Bargkoppelstieg 12, 22145 **Hamburg,**
Tel. 040/679 66-179, Fax -186,
www.globetrotter.de, info@globetrotter.de.
Filialen in Berlin, Bonn, Frankfurt, Dresden und Köln.
- **Hof & Turecek Expeditionsservice**
Markgraf-Rüdiger-Str. 1
(Ecke Hütteldorfer-Str. 10), 1150 **Wien,**
Tel. 0043/(0)1/9 82 23 61, 9 85 21 74,
Fax 9 82 19 21, mail@turecek.at,
www.turecek.at.
- **Lauche & Maas**
Alte Allee 28, 81245 **München,**
Tel. 089/88 07 05, Fax 83 12 88,
www.lauche-maas.de,
postmaster@lauche-maas.de
Filialen auch in Ulm und Jena.
- **Woick**
Plieningerstr. 21, 70794 **Filderstadt-Bernhausen,** Tel. 07 11/7096-700,
Fax 7096-770, www.woick.de,
woick@woick.de.
Filialen in Metzingen, Stuttgart, Ulm. Katalog erhältlich, auch Fahrzeugverschiffungen.

Navigation und Orientierung

Sofern Sie Libyen nicht nur auf Straßen bereisen wollen, sondern auch auf Pisten oder gar im freien Gelände, bedürfen Sie einer guten Navigations- und Orientierungsausrüstung.

Basis jeder Orientierung ist die **Landkarte.** Speziell für Libyen gilt nun, dass keine wirklich guten Karten verfügbar sind. Alle Karten enthalten mehr oder minder große Fehler, sind mehr oder weniger schlecht, teils sogar falsch gezeichnet. Dem Thema „Landkarten" habe ich ein spezielles Kapitel gewidmet (siehe Anhang).

Welcher Orientierungshilfe nach der Landkarte der zweite Rang gebührt, ist Einstellungssache. Ich bin der Überzeugung, dass der gute, alte, ehrwürdige **Kompass** heute (fast) ausgedient hat – ich habe ihn nur noch für den Notfall dabei. Da dieser in den letzten Jahren nie eingetreten ist, hatte ich seit dem Erscheinen der Satelliten-Navigationsgeräte keinen Kompass mehr in der Hand, es sei denn, um das Gerät für die Reise aus- oder einzupacken ...

Global Positioning System

GPS, das „Global Positioning System", hat die Orientierung und die Navigation revolutioniert, ein echtes Ei des Kolumbus – keine Frage: nach der Landkarte das wichtigste Stück! Sollten Sie Neuling auf diesem Gebiet sein, empfiehlt sich die Lektüre der folgenden Seiten, andernfalls können Sie weiterblättern.

GPS beruht auf einem **Netz-System von 24** (amerikanischen) Satelliten, die auf festgelegten Bahnen die Erde umkreisen. Diese senden Signale aus, die Ihr GPS-Gerät empfängt und umrechnet. Prinzipiell bedeutet dies nichts anderes als die Berechnung eines Standortes. Werden bei Bewegung mehrere Standorte miteinander verglichen, berechnet das Gerät die Richtung, die Entfernung und aus einem Vergleich dieser Werte mit der Zeit z.B. auch die Geschwindigkeit, mit der die Bewegung erfolgt ist. Natürlich ist es nicht erforderlich, solche Standorte (meist Fixe genannt) jeweils zu messen: Sie können beliebige Orte auch aus einer Karte herausmessen (es sollte Ihnen geläufig sein, dass die Linien auf Landkarten, die Kartennetze, Grade, Minuten und evtl. noch Sekunden geografischer Länge oder Breite angeben) und diese miteinander oder zu gemessenen Fixen in Bezug setzen.

Eine klassische Aufgabe für ein GPS-Gerät wäre etwa die folgende Frage: Ich bin hier an einer bestimmten Düne und möchte nach Zilla, wie weit ist es (Luftlinie!) dorthin, und in welcher Richtung muss ich fahren? Dann bestimmen Sie Ihren Standort, geben die Daten von Zilla ein, und schon haben Sie in Sekundenschnelle die gewünschte Information. Ob der Weg dorthin für Sie auch machbar ist, weiß das Gerät selbstverständlich nicht!

Satelliten-Navigationsgeräte sind heute **klein und billig** geworden, gleichzeitig ist ihre Leistungsfähigkeit enorm gestiegen, der Stromverbrauch dabei zurückgegangen. Moderne Geräte sind auch in der Navigationsfunktion (d.h. dem fortgesetzten fast sekündlich erfolgenden Bestimmen von Fixen) nicht mehr wie die Ur-Modelle auf externe Stromversorgung angewiesen; sie arbeiten im kontinuierlichen Betrieb bis zu einen halben Tag mit einem Batterien-Satz.

Sie sollten aber immer berücksichtigen, dass auch ein solches Hightech-Gerät eine Panne haben kann. Ich habe dies zweimal erlebt: Im ersten Falle konnte das Gerät keine Daten mehr empfangen, im zweiten lag ein Fehler in der Black-Box des Versorgungskabels

Buchtipps:
- Jens Edelmann, Thomas Till, **Wüstenfahren**
- Rainer Höh, **Orientierung mit Kompass und GPS**
- Rainer Höh, **GPS Outdoor-Navigation**

Alle Bände REISE KNOW-HOW Praxis

vor, wodurch bei diesem älteren Gerät keine Navigation mehr möglich war. Die Defekte konnten jeweils zu Hause wieder behoben werden. Für einen solchen Pannenfall sollten Sie entweder ein zweites Gerät in Reserve dabei haben oder in der Lage sein, sich nur mit Kompass und Karte zu orientieren.

Die mit GPS-Geräten ermittelten Daten, die ich im folgenden meinen Routen zuordne, gebe ich in **Grad/Minuten/Komma-Minuten** an. Sofern Sie eine andere Einheit (z.B. Sekunden) bevorzugen, müssen Sie jeweils umrechnen (oder im Setup eine andere Grundeinstellung wählen), was sehr einfach ist: 60 Sekunden entsprechen 100 Hundersteln, 30 Sekunden entsprechend 50; Sie teilen also durch 0,6 bzw. bei Tausendstel durch 0,06. Solche Rechenoperationen können Sie getrost überschlägig erledigen: Die Genauigkeit der vorhandenen Karten ist stets schlechter, als das, was Sie im Kopf errechnet haben! **Als Kartenbezugssystem habe ich stets „WGS 84" gewählt.**

Hinweis: In verschiedenen meiner Routenbeschreibungen finden Sie nur Angaben von Grad und Minuten. In diesen Fällen war ich (weil mein eigenes Gerät streikte!) auf Daten von Mitreisenden angewiesen, die jeweils nur diese beiden Werte notiert haben.

Anzuraten sind dann noch ein **Zirkel,** zwei **Geo-Dreiecke** und ein kleiner **Solar-Rechner** und evtl. ein **Bleistift mit Spitzer** (natürlich tut es auch ein Kugelschreiber, wenn Ihnen dafür Ihre Karten nicht zu schade sind). Wenn Sie nämlich ihre mit GPS ermittelten Daten möglichst präzise aufs Kartenblatt übertragen wollen, müssen Sie für jedes Planquadrat errechnen, wie viele Millimeter etwa einer Sekunde entsprechen (dies lohnt sich nur bei Karten mit großem Maßstab!). Entsprechend ihren Werten multiplizieren Sie dann die mit GPS ermittelten Sekunden mit dem errechneten Millimeter-Betrag und übertragen das Ergebnis durch Messen und Abstechen aufs Kartenblatt. Dort können Sie dann mit einem spitzen Bleistift eine Markierung anbringen. Die ONC-Karten haben ein vorgedrucktes Grad-Minuten-Raster: Das erleichtert die Messarbeiten. Alles hört sich schlimmer an, als es in der Praxis ist. Machen Sie sich aber noch vor der Reise gründlich mit Ihrem Gerät vertraut. Sollten Sie damit Probleme haben, wenden Sie sich an Ihren Verkäufer des Gerätes. Die Expeditionsausrüster bieten auch immer wieder Kurse an. Falls Sie unsicher sind, sollten Sie ein Gerät nur dort erwerben, wo Ihnen auch der Umgang damit erklärt werden kann.

Viele Fahrzeuge erfordern für den einwandfreien Empfang der Satelliten-Daten eine **Außenantenne.** Testen Sie den Betrieb in Ihrem Fahrzeug ausgiebig zu Hause. Wenn Ihr GPS-Gerät in Ihrem Fahrzeug hinter der Windschutzscheibe auch ohne Außenantenne funktioniert, sollten Sie folgendes bedenken: Das Gerät erfasst nur Satelliten durch die Scheibe, nicht aber die, die nach hinten durch das Fahrzeug-Dach abgeschattet sind. Dies funktioniert oft anstandslos, wirft jedoch Probleme auf, wenn der Streckenverlauf starke Kurven aufweist, z.B. in Dünengelände. Jetzt verliert Ihr Empfänger immer wieder die bisher gewohnten und von vorn durch die Windschutzscheibe empfangenen Satelliten aus dem Blickfeld und muss sich deshalb andere suchen. Das ist kein wirkliches Problem, doch erfordert es eine erneute Suche nach empfangbaren Satelliten und damit Zeit. Solche vorrübergehenden Ausfälle sollten Sie also einplanen, wenn Sie Ihr Gerät ohne Außenantenne einsetzen wollen. Grundsätzlich ist die Verwendung einer Aussenantenne anzuraten. Nur so können Sie das Gerät selbst an jedem beliebigen, z.B. gut ablesbaren oder sonnengeschützten Platz innerhalb des Fahrzeugs anbringen.

Verwenden Sie beim Test zu Hause auch die Sonnenbrille, die Sie gegebenenfalls in der Sahara tragen. Viele Brillen, vor allem polarisierte, verhindern ein Ablesen der auf dem Display angezeigten Daten.

GPS-Empfänger sind Computer: **Hitze** mögen sie nicht! Da sie aber oft am Armaturenbrett der stechenden Sonne ausgesetzt sind, sollten Sie ein Stück Papiertaschentuch mit einem Schnippsgummi am Gerät oder an der Antenne anbringen; der Empfang wird dadurch nicht beeinträchtigt.

Mit einem einfachen Trick können Sie auch das **korrekte Arbeiten** Ihres Gerätes prüfen, falls Ihnen daran einmal Zweifel kommen: Stellen Sie die Anzeige „Geschwindigkeit" ein, und vergleichen Sie dann mit Ihrem Tachometer am Fahrzeug. Steht bei letzterem der Zeiger knapp über 60 km/h, und zeigt

393 Foto: gg

ihr GPS-Gerät dabei 61,3 km/h, dürfen Sie getrost darauf vertrauen, dass es zuverlässig und genau anzeigt!

Noch ein Beispiel, um Ihnen die **Genauigkeit** dieser Geräte im Vergleich zur Landkarte vor Augen zu führen: Haben Sie Ihren Bleistift frisch gespitzt, zeichnet er einen vielleicht 1 mm breiten Strich auf die ONC-Landkarte, eine gebräuchliche Karte für Libyen-Reisen auf Piste. Die Dicke dieses Bleistiftstriches auf der Karte entspricht dann aber bereits 500 m in der Wirklichkeit, wogegen die Genauigkeit der GPS-Messung bei guten Empfangsverhältnissen weniger als 50 m Abweichung zulässt! Sie sehen, so fein können Sie Ihren Bleistift gar nicht spitzen, um damit eine exakte Messung aufs Kartenblatt zu übertragen! Und dann sollten Sie dies noch in Relation setzen zu Kartenbildern, die selbst auf der ONC-Karte Abweichungen von bis zu 15 km aufweisen! Da fragen Sie sich in der Sahara dann oft, warum Sie überhaupt noch eine genaue Karte mitnehmen: Sie stehen an einer Düne, GPS zeigt Ihnen exakt die Koordinaten, auf der Karte ist hier aber ein Berg eingetragen, von dem weit und breit nichts zu sehen ist!

Ich verwende auf meinen Reisen nur noch **Garmin-Geräte,** die sich auf dem Markt durchgesetzt haben. Die im Rahmen der Routenbeschreibungen angegebenen Sat-Nav-Daten wurden mit diesen Geräten ermittelt. Für dieses Fabrikat sind auch viele Zusatzgeräte und Daten-Verarbeitungsprogramme erhältlich. Beim Umgang mit solchen Zusatzgeräten sollten Sie immer viel Vorsicht walten lassen. Wenn Sie z.B. Daten von einem Gerät zu einem anderen überspielen, werden gleichnamige (aber unterschiedlich positionierte) Wegpunkte einfach überspielt und damit gelöscht. Dies kann zu umfangreichen Datenverlusten führen.

Interessant auch Ergebnisse in der Praxis, Belege für die Zuverlässigkeit der neuen Technik: Wenn wir mit zwei Fahrzeugen und zwei GPS-Empfängern einen vorgegebenen Fix-Punkt unabhängig voneinander ansteuerten, waren wir nie weiter als 50 bis 100 m voneinander entfernt, wenn unsere Geräte uns „angekommen" anzeigten!

Grundsätzlich sollten Sie gerade in diesem Problemfeld die Leitmaxime der Satelliten-Navigation beherzigen: GPS ist ein fantastisches Hilfsmittel zur schnellen und präzisen Positionsbestimmung. Es darf aber gerade im anspruchsvollen Gelände nie als alleiniges Navigationsinstrument eingesetzt werden. Immer bleibt hinsichtlich der Anwendung die Verantwortung des Benutzers bestehen, auch wenn in Bezug auf Verfügbarkeit und Genauigkeit die Regierung der Vereinigten Staaten von Amerika die Verantwortung trägt.

Zu den Nekropolen von Cyrene findet man auch ohne GPS-Gerät

Satelliten-telefon

Eine **ideale Ergänzung zur Satelliten-Navigation** stellt die Ausrüstung mit einem Satelliten-Telefon dar. Aus Sicherheitsgründen führte ich bei Reisen alleine in abgelegensten Gebieten ein solches Gerät mit. Die Überlegung stand dahinter, im Falle einer gravierenden Panne zunächst den exakten Standort bestimmen und dann dorthin mittels Satelliten-Telefon Hilfe rufen zu können. Natürlich muss dabei vorab geklärt sein, wen man in einem solchen Fall alarmieren kann und wie lange derjenige unterwegs sein wird, um den in Not Geratenen zu „evakuieren".

Wer noch die Sat-Telefone der letzten Generation kennt, etwa das Inmarsat Nera-Worldphone in der Größe eines Notebooks, wird angesichts moderner Geräte staunen: Sie sind kaum größer als ein Handy und oft auch für GSM-Netze tauglich.

Angesichts fast täglicher Änderungen hinsichtlich Betreiber-Konsortien, Roaming-Partnern, Kartenabrechnung der Verbindungsgebühren usw. kann nur ein intensives Studium aktueller Informationsseiten weiterhelfen. In vielen Internet-Foren sind spezielle Seiten zur Satelliten-Kommunikation eingerichtet, wo typische Fragen gestellt und beantwortet werden. Weitere Infos finden Sie z.B. unter www.klaus.daerr.info/kommunikation.htm. Die dort gelisteten Links lassen eigentlich kaum noch Fragen offen.

Sie können ein Satelliten-Telefon für die Reise auch nur **leihen,** z.B. bei der ausschließlich im Internet aktiven Firma www.satfon.de oder bei manchen Expeditionsausrüstern, in der Schweiz etwa bei Atlas Travel Shop (www.atw.ch) oder in Österreich beim Travelclub PreWaHa (www.members.aon.at/travelclub/). Auch gebrauchte Geräte werden mitunter schon angeboten.

Fotografieren

Grundsätzliches

Im ADAC-Merkblatt mit Reiseinformationen für deutsche Urlauber in Libyen steht der lapidare Satz: **„Fotografieren ist unerwünscht und kann zu Unannehmlichkeiten führen."** Trefflicher lässt es sich kaum formulieren, doch muss festgehalten werden, dass auch hier manches auf dem Wege der Besserung ist: Auch die Libyer wenden sich inzwischen dem Fotografieren zu, und so ist es nicht selten, dass Sie junge Libyer erleben, die sich gegenseitig vor irgend einem ihnen wichtig erscheinenden Hintergrund in Pose ablichten. Zudem spricht es sich mit der wachsenden Zahl an Touristen mehr und mehr herum, dass „Tourist" gleichzusetzen ist mit „fotografierender Tourist".

Die **Problematik des Fotografierens** und mehr noch des Filmens in Libyen ist auf mehreren Ebenen zu sehen: Da ist zum einen das **„Recht am eigenen Bild"**, das durch religiöse Vorstellungen erheblich verstärkt wird. Aber auch ohne islamischen Einfluss werden Sie in vielen Kulturen und so auch in Libyen der Idee begegnen, dass mit der Ablichtung dem Fotografierten etwas genommen wird. Sie sollten also niemals ohne ausdrückliche Erlaubnis Personen fotografieren. Dies gilt besonders dann, wenn es sich um Frauen handelt oder um Menschen, die sich in besonderen Situationen befinden, z.B. beim Essen, beim Beten usw. Zu Zeiten, als in Mali/Westafrika noch eine Fotoerlaubnis erforderlich war, stand in diesem Dokument ausdrücklich, dass Personen in „unziemlichen Situationen" von der erteilten Genehmigung ausgenommen seien – was dann unter „unziemlich" zu verstehen war, blieb Interpretationssache. Aber Sie sehen, dies ist kein auf Libyen beschränktes Problem. Sich mit Hilfe von Winkel- oder Teleobjektiven Bilder zu „stehlen", halte ich für absolut unangebracht; Sie sollten die Leute auch nicht für dumm verkaufen. Wenn Sie eine Person aus sicherer Entfernung mit dem Teleobjektiv fotografieren und dann bemerken, dass diese dagegen protestiert und Sie sich diesem Protest entziehen, indem Sie rasch in Ihr Auto steigen und einfach „flüchten", dann sollten Sie sich bei Ihrem nächsten Besuch in Libyen nicht wundern, wenn Steine nach Ihnen geworfen werden ...

Ein zweites Problem besteht darin, dass vieles, **was** wir gerne ablichten, weil es uns so **romantisch erscheint,** in Libyen (und nicht nur dort) **als rückständig gilt.** Solcher Szenen schämt man sich, und diese Scham sollten Sie berücksichtigen. Fotos, die dann womöglich zu Hause mit dem Kommentar vorgezeigt werden, „so primitiv geht's dort noch zu", sollten Sie – wenn Sie schon nicht ganz darauf verzichten wollen – auf alle Fälle nie in Gegenwart von Personen schießen.

Ein weiterer und **gefährlicher Aspekt** ist, dass Libyen aufgrund seiner militärischen und anderweitigen Ausstattung **einiges zu verbergen** hat. Sie sollten äußerst behutsam sein, bei Ablichtungen in bebautem Umfeld nicht auf Brücken, Wassertürme, Fabrikanlagen, Militär- oder Polizeigebäude, Generatorstationen usw. zu zielen. Die Liste der heiklen Dinge in diesem Zusammenhang ist umfassend. Ich wurde nur einmal in Libyen verhaftet, das aber, weil ich die eingerüstete Moschee in Ghadames fotografiert hatte – ein Polizist in Zivil konnte sich einfach nicht vorstellen, was es da zu fotografieren gebe. Mein Interesse könne doch nur „secret places" im Umfeld der Moschee gelten. Groß war die Aufregung, der Film sollte mir aus der Kamera genommen werden. Mitarbeiter des Touristenoffice wurden zum Dolmetschen zugezogen. Letztlich wurde ich zum nicht zurechnungsfähigen Touristen erklärt und durfte Film und Kamera behalten.

Buchtipps:
- Helmut Herrman, **Reisefotografie**
- Volker Heinrich, **Reisefotografie digital**

Beide Bände Reise Know-How Praxis

Ein weiteres Beispiel: Das Ehrenmal für die deutschen Gefallenen des Afrika-Feldzuges steht hoch über dem Hafen von Tobruk; bei der Besichtigung desselben hatten wir innerhalb kürzester Zeit bewaffnete und uniformierte Militärs an unserer Seite, die uns erläuterten, dass wir zwar gerne in Richtung Ehrenmal, nicht aber in Richtung Hafen fotografieren dürften. Andernfalls hätten wir mit „big problems" zu rechnen ... Ich habe mir nach solchen Erfahrungen angewöhnt, in zweifelhaften Fällen den nächsten Polizisten (ein solcher ist in Ortschaften nie weit!) um Rat und Genehmigung zu fragen und am besten noch in seinem Beisein das gewünschte Bild zu machen.

069a Foto: gg

Fotografierverbote sollten Sie unbedingt respektieren. Verlassen Sie sich keinesfalls darauf, in einem vermeintlich unbeobachteten Moment doch auf den Auslöser drücken zu können! Es könnte Ihnen sonst so ergehen, wie jenem Touristen, der ein Foto von einem beladenen Militär-LKW mit zwölf Tagen Gefängnis bezahlen musste!

Material und Ausrüstung

Die Qualität von Foto- und Filmmaterial richtet sich nach Ihren Ansprüchen. Nehmen Sie genügend Filmmaterial/Speicherplatz mit; in Libyen selbst erhalten Sie (mit etwas Glück) nur einfache Farbnegativ-Filme. Denken Sie auch an die Mitnahme von Ersatzbatterien für Kamera und ggfs. Blitzlicht. Die Filme sollten unbelichtet und erst recht belichtet immer an einem möglichst kühlen Platz gelagert werden. Die Kamera und die übrige Ausrüstung sollten gut vor Staub und direkter Sonneneinstrahlung geschützt werden. Die Original-Bereitschaftstasche ist hier ebenso anzuraten wie eine zusätzliche Fototasche, die die Geräte vor Stößen und Staub schützt. Zu allen Details und weiteren Informationen rund ums (Digital-) Fotografieren seien die beiden unten genannten Praxis-Ratgeber empfohlen.

Motivwahl

Die Gratwanderung zwischen Klischee und einer landestypischen, interessanten Aufnahme zu bestehen, erfordert oft einfach nur eine gewisse Konzentration. Haben Sie genügend Filmmaterial/Speicherplatz dabei, können Sie üppig aufnehmen und entsprechend aussortieren!

Einer der wichtigsten Ratschläge ist noch immer, ans Motiv ranzugehen, möglichst das Format zu füllen. Ein Teleobjektiv kann hier hilfreich sein; gerade bei Porträt-Aufnahmen trägt es zudem seinen Teil dazu bei, unschöne Verzerrungen zu vermeiden. Auch das fotografierte „Opfer" wird dankbar sein, wenn ihm die Kamera nicht allzu dicht auf die Pelle rückt.

Vergessen Sie auch nicht, in Stresssituationen mal ein Bild zu machen (Authentizität!). Falls die Kamera einen Selbstauslöser hat, lässt sich mit einem Stativ oder etwa einem Kanister als Auflageplatz auch der eigentliche Fotograf mit aufs Bild bannen.

Suchen Sie nach ungewöhnlichen Perspektiven, etwa die Nahaufnahme eines Kamelmaules (Vorsicht! Bissig!), die Struktur eines Palmstammes oder die Zusammensetzung des Sandes aus Quarzkörnchen. Überhaupt können Detail-Aufnahmen sehr reizvoll sein. Weitwinkelobjektive liefern im Nahbereich Verzerrungen, die sich u.U. wirkungsvoll gestalterisch einsetzen lassen: Das Alu-Sandblech übergroß und verzerrt vor blauem Wüstenhimmel oder vor gelber Sanddüne, die breite Auflage eines Kamelfußes ...

Buchtipp:
- Rainer Höh
Wildnis-Ausrüstung
REISE KNOW-HOW Praxis

069 Foto: ed

Reisevorbereitungen

Kleidung

Vor Jahren wartete ich einmal bei brütender Hitze in einer saharischen Grenzstation auf die Abfertigung durch die Polizei, als sich eine Explosion ereignete: Ein nach mir ankommender Tourist hatte den Raum betreten – nur bekleidet mit einer Unterhose! Wirklich, nur das Wort „Explosion" vermag die (laute) Reaktion der Beamten zu veranschaulichen ... Ich muss gestehen, dass ich in Libyen auch schon unangenehm aufgefallen bin: Auf einsamer Straße hatte ich im Fahrzeug nur Shorts an, immerhin knielang und sogar mit Bügelfalte versehen – eine nach unseren Vorstellungen wohl halbwegs korrekte Kleidung bei Hitze außerhalb einer Ortschaft. Der kontrollierende Polizist war da anderer Meinung. Obwohl ich das Auto nicht zu verlassen hatte, musste ich dennoch eine lange Hose anziehen. So streng sind die libyschen Sitten! Dabei ist natürlich zu bedenken, dass in der arabischen Welt ganz grundsätzlich kurze Hosen Unterhosen sind!

Sie sollten also für Ihre Libyen-Reise darauf achten, nicht nur zweckmäßige, sondern auch möglichst **den Landessitten angemessene Kleidungsstücke** einzupacken. Hierzu zählt alles, was im Bereich des Unterkörpers bis zu den Knöcheln und im Bereich des Oberkörpers bis zu den Ellbogen reicht. Auch sollten Sie nicht rumlaufen wie ein Papagei – knallbunte Hawaiihemden wirken provozierend auffällig.

Baumwolle ist in Libyen **angesagt** – auf Kunstfasern sollten Sie trotz der weitgehend vorherrschenden Trockenheit verzichten, schwitzen wird Ihr Körper nämlich dennoch. Für kühle Abende und kalte Nächte ist ein **Pullover** mitzunehmen. Wolle ist dabei leichter und wärmer als Baumwolle. Ein **Anorak** bietet Schutz bei schlechtem Wetter und Wind, vor allem dann, wenn er eine ausreichend große Kapuze hat.

Ihre **Schuhe** sollten leicht und luftig sein; knöchelhoch ist angesagt, wenn Sie zwischendurch auch mal im Gelände zu Fuß unterwegs sein wollen. Sandalen sind bei dem überall vorhandenen Staub nicht so geeignet; Füße oder Socken verschmutzen in solchem Schuhwerk extrem schnell. Im Auto, im Haus oder auf befestigten Wegen allerdings sind sie sehr angenehm.

Für Behördengänge und/oder Einladungen sollten sie eine ausreichend **formelle Garnitur** in Reserve halten, vorausgesetzt, Ihr Reisestil erlaubt die Mitnahme solcher Dinge. Als Motorradfahrer z.B. haben Sie hier mit Sicherheit schlechte Karten, weshalb Sie sich im Falle des Falles höflich für Ihr Äußeres entschuldigen sollten. Ein schlampiges, schmutziges Auftreten wird jedoch nirgendwo gerne gesehen, und nach meinem Dafürhalten ist es auch durch nichts zu entschuldigen.

Gesundheitsvorsorge

Vorbereitung

Sofern Sie nicht mit dem Fahrrad oder zu Fuß in Libyen unterwegs sein wollen, stellt eine solche Reise keine besonderen Ansprüche an Ihre **Kondition.** Es empfiehlt sich natürlich, in möglichst guter körperlicher Verfassung abzureisen. Sofern Sie nicht gerade in der kalten Winterszeit reisen, sollten Sie Hitze ertragen können und sich auch schon etwas „Farbe" zugelegt haben. Besuche in Sauna und Solarium können bei empfindlichen Naturen durchaus ihren Sinn haben – im ersten Fall trainiert

Reisegesundheitsinformationen zu Libyen auch im Anhang.

man Schwitzen, im anderen vermeidet man heftige Sonnenreaktionen.

Ein vorheriger **Besuch beim Zahnarzt** erscheint mir sinnvoll. Zahnprobleme unterwegs könnten Ihnen sonst die ganze Reise verderben.

Impfungen

Irgendwelche **Impfungen sind für die Einreise nach Libyen nicht vorgeschrieben.** Dies kann sich jedoch mitunter ändern, wenn Sie z.B. aus einem Seuchengebiet kommen. Nicht immer ist eindeutig, was ein Seuchengebiet ist, und oft genug sind es eher politische Gründe, die eine solche Einstufung bedingen. Vor Jahren war dies z.B. mit Tunesien der Fall, wo nach einigen Cholerafällen im Gefolge einer Hochwasserkatastrophe kurzerhand das Land zum Seuchengebiet erklärt und eine Cholera-Impfung für die Einreise obligatorisch wurde. Ihr zuständiges Gesundheitsamt sollte auf dem jeweils aktuellsten Stand sein.

Anhand Ihres Impfbuches oder Impfausweises (Sie benötigen diese Papiere allerdings für die Einreise nach Libyen nicht) sollten Sie Impfungen überprüfen. Nehmen Sie hierfür rechtzeitig mit Ihrem Hausarzt, einem Tropenarzt oder direkt mit dem Gesundheitsamt Kontakt auf; sechs Wochen gelten als äußerste Frist; dann lassen sich noch alle eventuell erforderlich werdende Impfungen durchführen.

Überprüfen sollten Sie vor allem Ihren Schutz hinsichtlich **Wundstarrkrampf (Tetanus), Kinderlähmung (Polio)** und – aktuell – **Diphterie (Basis-Impfschutz).** Als Rucksacktourist sind Sie im Vergleich etwa zum Autotouristen einem höheren Risiko ausgesetzt: In diesem Falle ist eine Vorsorge gegen **Typhus** anzuraten.

Malaria-Prophylaxe ist entbehrlich, auch wenn ein geringes saisonales Risiko besteht (Februar bis Oktober); in den letzten Jahren sind keine Malaria-Fälle aus Libyen bekannt geworden. Sie sollten allerdings Anti-Mücken-Mittel mitnehmen, da in bestimmten Gebieten diese Freunde der Menschheit doch eine erhebliche Plage darstellen (z.B. an den Mandara-Seen).

Eine hervorragende Informationsquelle bietet das Internet mit den Adressen **www.travelmed.de** (Centrum für Reisemedizin), **www.fit-for-travel.de** (reisemedizinischer Infoservice des Tropeninstitutes München) sowie **www.reisevorsorge.de.**

Buchtipps:

Zum Thema Gesundheit bzw. Krankheiten auf Reisen hat Reise Know-How nützliche Ratgeber im Programm:

- Dr. Dürfeld, Dr. Rickels
Selbstdiagnose und -behandlung unterwegs
- David Werner
Wo es keinen Arzt gibt, Gesundheitshandbuch zur Hilfe und Selbsthilfe
- Armin Wirth
Erste Hilfe unterwegs effektiv und praxisnah
- Werner und Jeanette Lips
Schwanger reisen

Recht teuer sind die Impfungen gegen **Gelbsucht (Hepatitis)** in ihren verschiedenen Formen. Für eine einmalige Libyen-Reise wird sich der Aufwand vermutlich nicht lohnen; ein gewisses Risiko besteht hinsichtlich Hepatitis A. Wichtiger wird diese Impfung, wenn Sie sich längere Zeit in Afrika aufhalten wollen, oder wenn Sie zusätzlich Malaria-Gebiete bereisen; eine Hepatitis-Infektion führt bei gleichzeitiger Malaria oft zu gefährlichen Komplikationen.

Bilharziose ist eine Wurmkrankheit, die man sich in verseuchten stehenden Gewässern zuziehen kann. Die Vermehrung der Würmer (Schistosomen) erfolgt durch Süßwasserschnecken als Zwischenwirt: In Salzwasser kann man sich folglich keine Bilharziose zuziehen. In Libyen kommt Bilharziose nur im Fezzan, insbesondere im Wadi Adjal vor. Auch in Derna und in Taurgha sind gewisTetanusse Risiken bekannt. Seit wenigen Jahren gibt es gegen diese früher tödlich verlaufende Krankheit ein effektives Medikament; die Bilharziose hat seither ihren Schrecken verloren.

Auf telefonische Anfrage erhalten Sie gegen eine Schutzgebühr von 9 Euro vom **Centrum für Reisemedizin** in Düsseldorf einen **„Reisegesundheitsbrief";** in eiligen Fällen wird dieser auch per Fax gegen ca. 3 Euro Zuschlag übermittelt (s.u.). Dazu gibt es in vielen Städten Deutschlands Tropeninstitute, die kostenlos und detailliert über die erforderlichen Impfungen beraten und sie (gegen Bezahlung) auch durchführen. Dies gilt ebenso für die verschiedenen Gesundheitsämter, die Ihnen auf alle Fälle mit Rat weiterhelfen.

Allgemeines

Mücken (Schnaken) sind ungemein lästige Quälgeister. Überall in den Oasen kommen sie in eher geringen Zahlen vor, auch an der Küste nerven sie des Nachts mit ihrem Gesirre. Richtig schlimm können lokal begrenzte Mücken-Heere werden, die vor allem in der Dämmerung über Sie herfallen. In Wau an Namus („Mückenkrater"!), mitten in der Extremwüste, können Hunderttausende von Mücken leben, weil Wasser vorhanden ist. Sie freuen sich über Ihren Besuch: Endlich Frischblut! Auch im Bereich der Mandara-Seen werden sie mitunter zur Qual. Sollten Sie die Absicht haben, sich gerade in letzterem Gebiet aufgrund der landschaftlichen Schönheit einige Zeit aufzuhalten, ist ein Moskitonetz sehr zu empfehlen. Ansonsten genügt es, sich gut anzuziehen und alle freien Körperstellen oder solche, die von dünnen Stoffen bedeckt sind, mit Mückenschutzmitteln einzureiben.

Auffallend weniger lästig im Vergleich zu allen anderen saharischen Ländern empfand ich in Libyen die **Fliegen** (Stubenfliegen). Natürlich gilt auch in Libyen die alte Saharier-Regel „Wo immer du hinfährst, die Fliegen sind schon da", ich habe sie hier aber nie in solchen Mengen erlebt wie anderswo. Wer aber empfindlich ist, sollte einen Moskito-Kopfschutz mitnehmen; das kleine Tüll-Netz bringt kaum zusätzliches Gewicht und beansprucht wenig Raum. Fliegen übertragen die Augenkrankheit Trachom, eine infektiöse Bindehautentzündung, die vor allem in Verbindung mit einer bakteriellen Augenentzündung gefährlich werden kann.

Die nach wie vor sicherste Vorsorge gegen **Durchfallerkrankungen** ist die Verwendung einwandfreien Wassers. Da aufwendiges Kochen für die benötigten Mengen nicht in Frage kommt, bleibt nur die ausschließliche Verwendung von (Mineral)-Wasser aus Flaschen oder die chemische Desinfektion. Ich hatte schon erwähnt, dass ich jedes Wasser grundsätzlich mit einem chlorfreien Mittel (des Geschmackes wegen) desinfiziere. Eine weitere hygienische Maßnahme besteht im häufigen Waschen der Hände und einer allgemein großen Reinlichkeit. Unterwegs gekauftes Obst und Gemüse wird sorgfältig gewaschen, eventuell auch geschält. Grundsätzlich esse ich in Afrika weder Eier noch Mayonnaise, kein Eis und kein getrocknetes Fleisch – aber sonst alles. In Restaurants achte ich darauf, dass heiße Getränke zunächst den Glasrand erhitzen, bevor ich dann die Lippen ansetze; kalte Getränke nehme ich grundsätzlich nicht aus Bechern, Tassen, Gläsern etc. zu mir, aus denen vor mir schon andere getrunken haben. Ansonsten bin ich der Meinung, dass ausgewogenes Ess- und Trinkverhalten stabile Abwehrkräfte fördert. Ebenso glaube ich an die ungeheure Abwehrkraft meines Magens, dem ich zur besseren Salzsäureproduktion sehr viel Salz bei jeder Gelegenheit zuführe. Soll ich diese Tipps verallgemeinern? Ich kann nur feststellen: Toi, toi, toi, ich bin seit Jahren auf vielen Afrika-Reisen nicht mehr krank geworden.

Kaum waren diese Zeilen geschrieben, holte ich mir an verdorbenem Essen im Flugzeug (auf dem Heimflug von Westafrika allerdings) Typhus (der

Kleine Checkliste für die Reiseapotheke (siehe auch im Anhang)

- **Verbandsmaterial:** ein kompletter Kfz-Verbandskasten genügt
- **Wunddesinfektion:** desinfizierendes Puder oder Salbe, wichtig: Brandsalbe
- **Schmerzmittel:** ein harmloses wie Aspirin für alle Fälle, ein rezeptpflichtiges für den Notfall
- **Fieberthermometer**
- **Durchfallmittel:** Kohle für alle Fälle, einen Blocker im Notfall
- **Antiallergika:** Auf den Bedarf abstimmen – gegen Mückenstiche, Sonnenallergie, Sonnenbrand usw.
- **Mittel gegen Erkältungskrankheiten:** Ohrentropfen, Halstabletten, Hustenmittel
- Augenprobleme: Augentropfen, Augensalbe, Augenwanne, seitlich geschlossene Sonnenbrille (Gletscherbrille)
- **Breitbandantibiotika,** Elektrolyt-Pulver
- Reise- und Seekrankheit: Membranpflaster
- **Einweg-Spritzen**
- Medizinischer Ratgeber (siehe Literaturverzeichnis)
- Wenn Kinder mitreisen, alles auch auf deren Bedürfnisse abstimmen!

Krankheitsursprung ließ sich gut lokalisieren: Von diesem Flugzeug ging eine kleine Epidemie aus!). Bereits auf der nächsten Reise dann zog ich mir irgendwo in der Sahara zwischen Tunis und Agadez Hepatitis A zu, wogegen ich mich längst immun glaubte; diese sonst eigentlich harmlos verlaufende Krankheit warf mich monatelang nieder, ein Grund, warum Sie eventuell längere Zeit auf eine Neuauflage dieses Buches warten mussten. Mein Fazit: **Treffen Sie rechtzeitig durch Impfung Vorsorge!**

Was sich, bei mir wie bei Mitreisenden, nie ganz vermeiden ließ, waren **Ohrenschmerzen.** Über dieses Phänomen klagen so viele andere Sahara-Reisende, dass ich mir schon oft den Kopf darüber zerbrochen habe, wo die Ursache liegt: Ich meine, dass dies auf den permanent wehenden Wind zurückzuführen ist. In der Sahara zieht und bläst es ständig, und selbst im Auto, geschützt vor äußeren Winden, öffnen wir der Hitze wegen das Fenster, schalten Gebläse oder Klimaanlage ein und blasen uns auf diese Weise kühlende Luft zu. Mag meine Theorie nun stimmen oder nicht, sie erklärt m.E. auch häufige Erkältungskrankheiten während einer Sahara-Fahrt.

Für **äußere Verletzungen** sollten Sie Ihren Autoverbandskasten auf Vollständigkeit hin überprüfen. In ihm ist eigentlich alles enthalten, was in harmloseren Fällen erforderlich wird. Sollten Sie bestimmte Dinge daraus entnehmen, müssen Sie darauf achten, den Fehlbestand zu ergänzen. Vielleicht kaufen Sie sich ja auch aus Anlass Ihrer Libyen-Fahrt zur Abwechslung wieder mal einen neuen Erste-Hilfe-Kasten – das gibt ein Gefühl der Sicherheit und beruhigt, und mit sanftem Gewissen schläft und fährt sich's besser, und schon hat man auch das Unfallrisiko gesenkt – alles nur wegen des neuen Verbandskastens.

Schlangen und Skorpione – Trauma vieler Wüstenfahrer – sind eher selten. Skorpion-Stiche sind für Erwachsene mit europäischer Kondition nicht bedrohlich. Schlangen habe ich höchstens auf jeder zehnten Wüstenreise zu Gesicht bekommen. Damit will ich aber auf keinen Fall gesagt haben, dass man mit dieser seltenen Gefahr leichtsinnig umgehen sollte, ganz im Gegenteil!

075 Foto: gg

Höchst gefährlich: Hornviper

Schlafen Sie nicht im Freien einfach so auf dem Boden! Glauben Sie nicht, dass Sie mit heftigem Auftreten abends die seltenen Schlangen verjagen können – vielleicht fühlt sich die eine oder andere dadurch nur ermuntert, Sie nachts zu besuchen. Glauben Sie auch nicht daran, dass Schlangen in der kalten Jahreszeit nicht aktiv sind – wir hatten nachts bei Temperaturen um null Grad Besuch von einer Schlange! Bestimmte Schlangenarten sind sehr klein und dennoch enorm giftig – ein Besuch in einem der Wüsten-Zoos in Tunesien wirkt hier aufklärend. In bestimmten Regionen sind Schlangen häufiger: Dort wo Müll liegt, z.B. weil Touristen unterwegs waren, leben bald Mäuse, und diese wiederum werden – noch vor dem Sahara-Touristen – von Schlangen geschätzt. Sehr viele Schlangen leben im Akakus und im Mathendous. Sollte der ungewöhnliche Fall eintreten, dass Sie doch gebissen werden: Prägen Sie sich das Aussehen des Reptils ein (nur dann kann gezielt ein Serum eingesetzt werden), und dann – so rasch wie möglich ins nächste Krankenhaus!

Gut zu wissen ...

Die **hygienische Situation ist in Libyen gut,** besser jedenfalls als in allen anderen afrikanischen Ländern, die ich bisher bereist habe. Nach den Informationen aus medizinischen Datenbanken ist auch das allgemeine **Infektionsrisiko sehr gering.** Zudem gibt es in jeder größeren Ortschaft **Apotheken;** über deren Versorgungsstandard kann ich mir allerdings kein Urteil erlauben. In Städten gibt es überall **Krankenhäuser.** Die telefonischen Verbindungen nach Deutschland funktionieren oft überraschend gut – im schlimmsten aller anzunehmenden Fälle ist also auch die Rettungsflugwacht rasch informiert. Nur Positives in Bezug auf **Hilfsbereitschaft** habe ich bisher auch von **der Deutschen Botschaft in Tripolis** vernommen – alles also beste Voraussetzungen, um Ihre Libyenreise heil zu überstehen.

Centrum für Reisemedizin

- Oberrather Str. 10, D-40472 **Düsseldorf,** Tel. 0211/904290, **www.travelmed.de.**

Nach telefonischer Anforderung wird gegen eine Gebühr ein individueller „Reise-Gesundheitsbrief" zusammengestellt und zugeschickt, der genau auf die geplante Reise und die zu besuchenden Regionen im Zielland eingeht. Es wird der jeweils neueste Stand bezüglich Malariaprophylaxe, Impfempfehlungen, medizinischer Vorortsituation und Zusammenstellung einer Reiseapotheke genannt (siehe auch im Anhang).

An- und Weiterreise

Flugzeug

Nonstopverbindungen aus dem deutschsprachigen Raum nach Libyen bieten derzeit nur Lufthansa von Frankfurt nach Tripolis, Austrian Airlines und Libyan Arab Airlines von Frankfurt und Wien nach Tripolis und Swiss von Zürich nach Tripolis und Benghasi an (ca. 3 Stunden Flugzeit). Wer in Grenznähe zu den Niederlanden wohnt, kann auch nonstop mit der KLM ab Amsterdam fliegen (3½ Stunden Flugzeit).

Auch **libysche private Fluggesellschaften** konnten sich mittlerweile etablieren, vor allem die Afriqiyah Airways (www.flyafriqiyah.com) und die Gesellschaft Al Buraq (www.buraqair.com). Die Gesellschaften verbinden vor allem afrikanische Flugziele in West- und Zentralafrika mit Europa und bedienen Inlandslinien. Die staatliche Libyan Arab Airlines, der von höchsten Regierungsstellen Misswirtschaft vorgeworfen wird, soll demnächst privatisiert werden, ohne dass hierfür ein konkretes Datum genannt wurde.

Unzählige Verbindungen gibt es mit mindestens einem **Zwischenstopp** im Heimatflughafen der jeweiligen Airline, die zwar billiger sein können als Nonstopflüge, bei denen man aber auch eine längere Reisedauer einkalkulieren muss. Die Alitalia fliegt von Deutschland, Österreich, Belgien, den Niederlanden und der Schweiz aus also erst einmal „zurück" nach Mailand (oder Rom) und von dort weiter nach Tripolis, während man mit Flugzeugen von British Airways in London umsteigen muss. Egypt Air steuert auf dem Weg nach und von Tripolis zunächst Kairo an, die ungarische Malev den Heimatflughafen Budapest, die CSA Prag.

Internationale Flughäfen in Libyen sind Tripolis und Bengasi.

Charterflüge

Charterflüge bietet gegenwärtig nur die französische Agentur Point-Afrique an und auch nur während der Wintersaison ab Paris nach Sebha (www.point-afrique.com).

Fluggesellschaften

Dies sind die wichtigsten Fluggesellschaften von Mitteleuropa nach Tripolis mit ihrem Heimatflughafen und ihrer Website.

- **Alitalia**
Mailand und Rom, www.alitalia.com
- **Austrian Airlines,** Wien, www.aua.com
- **British Airways**
London, www.britishairways.com
- **CSA,** Prag, www.czechairlines.de
- **Egypt Air,** www.egyptair.de
- **KLM,** Amsterdam, www.klm.nl
- **Libyan Arab Airlines**
Tripolis, www.aaco.org/airlines_libyan.asp (nur Infos, keine Buchungsmöglichkeit)
- **Lufthansa,** Frankfurt, www.lufthansa.de
- **Malev,** Budapest, www.malev.hu
- **Swiss,** Zürich, www.swiss.com
- **TunisAir,** Tunis, www.tunisair.com
- **Turkish Airlines,** www.turkishairlines.de

Flugpreise

Je nach Fluggesellschaft, Jahreszeit und Aufenthaltsdauer in Libyen ist ein Hin- und Rückflug von Mitteleuropa **ab rund 650 Euro** zu haben. Hauptsaison ist in den Sommerferien sowie rund um Weihnachten und Neujahr. Am niedrigsten sind die Flugpreise von Mitte Januar bis Ende Juni und von September bis Mitte Dezember. Preiswertere Flüge sind mit **Jugend- und Studententickets** (je nach Airline junge Leute bis 25 und Studenten bis 34 Jahre) möglich. Außerhalb der Hauptsaison gibt es einen Hin- und Rückflug von Frankfurt nach Tripolis ab etwa 400 Euro.

Von Zeit zu Zeit offerieren die Fluggesellschaften befristete **Sonderange-**

bote. Dann kann man beispielsweise mit Malev für etwa 350 Euro von vielen Flughäfen in Deutschland, Österreich und der Schweiz nach Tripolis und zurück fliegen. Preiswerter sind oft auch Tickets mit nur 30 oder 45 Tagen Gültigkeitsdauer. Andere Tickets sind deshalb günstiger, weil die einmal gebuchten Reisetermine nicht mehr geändert werden können. Solche Tickets sollte man eher früher als später kaufen, da die billigsten Kontingente als erstes verkauft werden.

In Deutschland gibt es von Frankfurt aus die häufigsten Verbindungen nach Tripolis. Tickets von anderen deutschen Flughäfen sind oft teurer.

Da kann es attraktiver sein, mit einem **Rail-and-Fly-Ticket** (kostet meist nur 30 bis 60 Euro extra) per Bahn nach Frankfurt zu fahren und von dort aus zu fliegen. Inhaber der deutschen Bahncard und Schweizer Halbtax-Abonnenten bekommen es eventuell noch günstiger.

Man kann auch einen preiswerten Zubringerflug der gleichen Airline von einem kleineren Flughafen buchen.

Empfehlenswerte Reisebüros

Die Preise für Tickets ein und derselben Airline können in den verschiedenen Reisebüros stark variieren. Ein Vergleich (auch über das Internet oder als Anfrage per Telefon) lohnt sich also durchaus. Folgende zuverlässigen Reisebüros haben meistens günstigere Preise als viele andere:

- **Jet-Travel,** Buchholzstr. 35, D-53127 Bonn, Tel. 0228/284315, Fax 284086, E-Mail: info@jet-travel.de, www.jet-travel.de. Auch für Jugend- und Studententickets.
- **Air Fair,** Rokin 52, NL-1012 KV Amsterdam, Tel. 020/6205121, Fax 6205306, E-Mail: info@AirFair.nl, www.AirFair.nl. Ideal für Tickets ab den Niederlanden oder Belgien.

Die vergünstigten Spezialtarife oder befristeten Sonderangebote kann man nur bei wenigen Fluggesellschaften direkt auf ihrer Website buchen; diese sind jedoch immer auch bei den oben genannten Reisebüros erhältlich.

Last-Minute-Flüge

Wer sich erst im letzten Augenblick für eine Reise nach Libyen entscheidet oder gern pokert, kann Ausschau nach Last-Minute-Flügen halten, die von einigen Airlines mit deutlicher Ermäßigung ab etwa 14 Tage vor Abflug angeboten werden, wenn noch Plätze zu füllen sind. Diese Flüge lassen sich nur bei Spezialisten buchen (bei den Rufnummern werden 0,12–0,20 Euro bzw. 0,12 SFr pro Minute berechnet):

- **L'Tur,** www.ltur.com; D: Tel. 01805/656265; A: Tel. 0820/600800, CH: Tel. 0848/808088, NL: 0900/2023008, sowie 140 Niederlassungen europaweit. Unter „Super Last Minute" gibt es Angebote für den Abflug innerhalb 72 Stunden.
- **Lastminute.com,** www.de.lastminute.com, D: Tel. 01805/777257, NL/B: Tel. 0900/4050607.

Anreise mit dem Flugzeug via Tunesien

Diese aktuell preisgünstigste Möglichkeit wird vor allem von Touristen, Einzel- wie Gruppenreisenden, genutzt. Flugverbindungen nach Tunesien bestehen wegen dessen Bedeutung für den Tourismus in großer Zahl. Außer **Tunis** selbst verfügen folgende regionale

Flugplätze über internationale Anschlüsse: **Djerba (Mellita), Monastir, Sfax, Tabarka** und **Tozeur.** Diese Flugplätze werden von vielen Fluggesellschaften angeflogen (Hin- und Rückflüge schon zu Preisen unter 200 Euro), allen voran natürlich TunisAir. Direktverbindungen bestehen von Deutschland, Österreich und der Schweiz aus; natürlich existieren auch vielfältige Flugverbindungen mit dem nichtdeutschsprachigen Ausland. Die Flugzeit nach Djerba von Europa aus beträgt etwa 3½ Stunden. Wer beabsichtigt, via Tunesien auf dem schnellstmöglichen Weg nach Libyen einzureisen, ist mit dem Zielflughafen **Djerba (Mellita)** am besten bedient; andere Flughäfen bieten dagegen oft Niedrigsttarife. In Djerba stehen am Flugplatz in großer Zahl **Taxis** mit libyschen Kennzeichen und größere Überlandbusse für die Fahrt nach Tripolis bereit. Diese Taxis fallen am Flugplatz wegen ihrer schwarz-weißen Farbe auf und dann auf der Straße wegen ihrer äußerst aggressiven Fahrweise: Ein guter Taxifahrer ist bemüht, die 350 km **von Djerba nach Tripolis** in 4 Stunden zurückzulegen, inkl. Grenzübertritt (Kosten: 50 Euro)!

Preisgünstig ist auch folgende Möglichkeit: Vom Flugplatz Djerba/Mellita aus fährt man mit einem Taxi zunächst nach Houmt Souk, dem Hauptort der Insel Djerba (½ TD, 1 TD = ca. 0,80 Euro). Von hier geht es via Zarzis ebenfalls mit Taxi nach Ben Guerdane (6 TD) und dann weiter bis zur Grenze (2 TD). Die Grenzstrecke ist zu Fuß in 10 Min. bewältigt (ohne Formalitäten!). Drüben, d.h. in Libyen, stehen Taxis (elfenbeinfarben mit gelbem Streifen), die bis Tripolis offiziell 10 LD kosten, deren Fahrer vom Greenhorn-Touristen jedoch gerne den doppelten Preis fordern! Auch für den Rückweg ist dies die preisgünstigere Möglichkeit; Taxis direkt von Tripolis nach Gabès oder nach Tunis sind dagegen sehr teuer.

Auch **ab Tunis** besteht ein direkter Anschluss: Ab hier fährt täglich morgens um 7 Uhr ein Bus der staatlichen tunesischen Busgesellschaft direkt nach Tripolis (Abfahrt am Gare Routière Sud, Fahrtzeit 8–10 Std., 36 TD). Täglich um 11 und 20.40 Uhr fahren von diesem Busbahnhof auch Busse nach Ben Guerdane (TD 20, Kinder bis 5 Jahre frei, Fahrzeit 9 Std.). Dort lassen sich LD gegen Devisen eintauschen (diese Möglichkeit besteht bei der direkten Busverbindung Tunis – Tripolis nicht). Die verbleibenden ca. 30 km zur tunesisch-libyschen Grenze lassen sich im Sammel-Taxi zurücklegen (5 TD). Die Grenzformalitäten werden zu Fuß erledigt. Weiter per Sammeltaxi nach Sabrata (10 LD) oder Tripolis (12 LD).

Buchtipps:
- Erich Witschi,
Clever buchen – besser fliegen
- Frank Littek
Fliegen ohne Angst
Beide Bände Reise Know-How Praxis

Rückflug

Bei den meisten Airlines ist heutzutage die **Rückbestätigung** des Rückfluges nicht mehr notwendig. Allerdings empfehlen alle Airlines, sich dennoch telefonisch zu erkundigen, ob sich an der Flugzeit nichts geändert hat, denn kurzfristige Änderungen der genauen Abfluguhrzeit kommen beim zunehmenden Luftverkehr heute immer häufiger vor. Wenn die Airline allerdings eine Rückbestätigung *(reconfirmation)* 72 Stunden vor dem Rückflug verlangt, sollte man dort auf jeden Fall kurz anrufen, sonst kann es passieren, dass man im Computer der Airline gestrichen wird – der Flugtermin ist dahin. Das Ticket verfällt aber nicht dadurch, es sei denn, der Gültigkeitstermin wird überschritten, aber unter Umständen ist in der Hochsaison nicht sofort ein Platz in einem anderen Flieger frei.

Die Rufnummer kann man im Hotel, dem Telefonbuch oder auf der Website der Airline erfahren.

Das Ticket

Es gibt Gültigkeitsdauern von **30 oder 45 Tagen, 3, 6 und 12 Monaten.** Nach Ablauf der Frist (siehe Gültigkeitsdauer in der Mitte des Tickets über der Flugstreckenangabe) ist keine Verlängerung möglich, das Ticket verfällt dann. Sonst kann der Flugtermin innerhalb der Geltungsdauer beliebig oft verschoben werden, wofür aber fast immer Gebühren erhoben werden. Aber Achtung, in der Hochsaison sind alle Plätze oft auf Wochen ausgebucht! Und die Änderungsmöglichkeit gilt nicht für Billig-Tickets mit fixem Termin.

Geht ein Ticket verloren, das schon rückbestätigt wurde, hat man gute Chancen, einen Ersatz dafür zu erhalten. Einige Airlines kassieren dafür aber noch einmal 50 bis 100 Euro, und bei manchen läuft gar nichts mehr. Gut ist es, deutliche Fotokopien des Tickets zu machen und bei einer Vertrauensperson zu hinterlegen. Dies hilft enorm bei einer Neuausstellung des Tickets.

Gepäck

In der **Economy Class** darf man in der Regel nur **Gepäck bis zu 20 kg** pro Person einchecken (steht auf dem Flugticket) und zusätzlich ein **Handgepäck von 7 kg** in die Kabine mitnehmen, welches eine Größe von 55 x 40 x 23 cm nicht überschreiten darf. In der Business Class sind es meist 30 kg pro Person und zwei Handgepäckstücke, die insgesamt nicht mehr als 12 kg wiegen dürfen. Man sollte sich beim Kauf des Tickets über die Bestimmungen (auch hinsichtlich der **Sicherheitsvorschriften!**) der Airline informieren.

Übersteigt das Gepäck das Gewichtslimit, ist die Airline nicht verpflichtet, es auf dem gleichen Flug zu befördern, und man trägt die Mehrkosten für die Versendung als Cargo oder die Zulassung als **Extragewicht.** Hat man Glück, wird ein Auge zugedrückt. Gepäckstücke, die mehr als 32 kg wiegen, können nicht normal eingecheckt werden – zum gesundheitlichen Schutz des Personals, das das Gepäck heben muss.

Sperrige Gepäckstücke müssen der Fluggesellschaft vorab gemeldet werden. Deren Beförderung kann mit Zusatzkosten verknüpft sein, die je nach Airline unterschiedlich sind.

Check-in

Bei den meisten internationalen Flügen muss man 2–3 Stunden vor Abflug

078 Foto: gg

am Schalter der Airline eingecheckt haben. Viele Airlines neigen zum Überbuchen, d.h., sie buchen mehr Passagiere ein, als Sitze im Flugzeug vorhanden sind, und wer zuletzt kommt, hat dann möglicherweise das Nachsehen.

Wenn ein vorheriges Reservieren der Sitzplätze nicht möglich war, hat man die Chance, einen Wunsch bezüglich des Sitzplatzes zu äußern.

Bahnreisen

Wenige Reisende wählen diesen Weg. Machbar ist er dennoch. Mit dem Zug geht es zunächst nach Italien, entweder nur bis Genua und dann von dort aus auf die Fähre, oder bis hinab nach Süditalien oder gar Sizilien und dann dort erst zur Fähre oder zu einem Schiff. In Tunis angekommen, nimmt man den Zug bis nach Gabès. Bis zur Grenze bleiben dann allerdings noch 200 km mit dem Bus oder Taxi – insgesamt sicher eine interessante Reise. Angesichts sehr günstiger Flugangebote dürfte sich diese Anreise unter Kostengesichtspunkten allerdings nur dann lohnen, wenn man noch Anspruch auf ein Interrail-Ticket hat.

Seit etlichen Jahren ist eine **Trans-Maghreb-Eisenbahnlinie** geplant, die von Mauretanien über Marokko, Algerien und Tunesien nach Libyen und weiter bis nach Agypten führen soll. In vielen Gegenden Tunesiens wurden hierfür schon die Bahndämme gebaut. Auf libyscher Seite ist allerdings davon nicht viel zu sehen: Ab und zu ein hübsches Schild mit Werbung für diese panarabische Linie, westlich von Tripolis und bei Sirte auch geschobene Trassen; in Tripolis wird demnächst der Thulata-Markt abgerissen, weil dort ein Bahnhof entstehen soll. Sie werden sich demzufolge noch lange, lange gedulden müssen, bis Sie auf dieser Linie im Zug unterwegs sein können.

Mit Auto oder Motorrad

Die zweifellos flexibelste Art anzureisen und dann im Land weiterzureisen ist die Fahrt mit eigenem Kfz oder Motorrad. Von Europa kommend, heißt das immer, dass das Mittelmeer umfahren oder überquert werden muss. Auch die Umfahrung kommt nicht ganz ohne Fähren aus, entweder – für ganz Abenteuerlustige – via Naher Osten und Ägypten zur libyschen Ostgrenze oder via Spanien, Marokko oder Algerien und Tunesien bis zur libyschen Westgrenze. Auf diese Möglichkeiten der Anreise gehe ich hier nicht weiter ein: Die wenigen Einzelgänger, die sich das zumuten, kennen sich hier vermutlich besser aus als ich, der ich diese weiten Umwege nie auf mich genommen habe. Auch eine Anreise aus dem Süden, etwa via Sudan, Tschad, Niger oder über die Südgrenzen Ägyptens und Algeriens, will ich nicht weiter ausarbeiten: Hier bestehen offizielle Einreiseverbote für Nicht-Araber, auch wenn im Einzelfall – wie so oft in Libyen – die Handhabung anders ausfällt und dem ein oder anderen doch legal der Grenzübertritt gelingt.

Existiert nur auf dem Papier bzw. Plakaten: die Trans-Maghreb-Bahnlinie

Mit der Autofähre über das Mittelmeer – via Tunesien

Tunesien ist mit der Autofähre aus Europa sehr schnell erreicht – ich schätze den Anteil der Selbstfahrer, die diesen Weg wählen, auf über 90%. Bestens ausgebaute Autobahnen führen zu den beiden **wichtigsten Fährhäfen im Mittelmeer,** nach **Genua** und **Marseille.** Ab Deutschland ist Genua näher, Treibstoffkosten und Autobahngebühren sind entsprechend niedriger. Zudem ist die Überfahrt billiger. Die Überfahrt von diesen beiden Häfen nach Tunis stellt sicher die eleganteste, preisgünstigste, schnellste, komfortabelste und deshalb auch am häufigsten genutzte Möglichkeit der Anreise dar. Vergnügliche und erholsame 24 Stunden dauert die Überfahrt – viele Mitreisende haben wie Sie das Ziel Libyen. Andere Gesellschaften verkehren ab Civitavecchia oder ab Livorno, einige auch nur während der wichtigsten Reisemonate zwischen Juni und September. Einen Überblick bietet die Seite www.ferrylines.com/de in deutscher Sprache.

Weitere Fähren verkehren ab Neapel oder Trapani. Sie kosten zwar deutlich weniger, der Aufwand für Treibstoff, Autobahngebühren und der große Zeitbedarf für die weite Anreise machen diesen Vorteil jedoch schnell zunichte. Wer allerdings mit einem außergewöhnlich großen/hohen Fahrzeug unterwegs ist, sollte einen Preisvergleich anstellen. Bei Fahrzeugen, die auf den Marseille/Tunis- bzw. Genua/ Tunis-Fähren nur als Fracht zu entsprechend hohen Preisen befördert werden, mag das Kalkül anders aussehen – sofern man die Zeit der Anreise nicht als Kostenfaktor miteinbezieht. Ein Hanomag-Fahrer, den ich unterwegs getroffen habe, rechnete mir vor, dass seine Reise von Genua via Korsika, Sardinien und Palermo nach Tunis 1,50 Euro (!) günstiger war als die direkte Fährverbindung von Genua nach Tunis – und die beiden Mittelmeer-Inseln Korsika und Sardinien habe er zusätzlich „mitgenommen"!

Fährverbindungen gibt es auch von/nach Tripolis via Tunis und Malta. Ebenso wurden Alexandria, Beirut, Pyräus (Griechenland), Casablanca, Tanger, Latakia (Syrien) sowie Catania (Sizilien) als Fährziele angegeben. Für einen PKW mit Fahrer wurden als Preise genannt: Marokko einfach 160 LD, hin und zurück 285 LD. Fahrzeugtarife für Malta wurden nicht angegeben. Je Person wurden hin und zurück 35 LD verlangt. Die Schiffe der libyschen Staatsreederei GNMTC machen äußerlich einen hochmodernen Eindruck; auch die Abfertigungsgebäude sahen bestens aus. Die Fähren verkehren ca. dreimal pro Monat von Tanger aus (nicht von Casablanca) und jeweils Montag und Freitag von Malta aus. Auskunft über Herrn *Dir. Mohamed Haddudi* (spricht Englisch), Tel. 00218-21-3334089. Seit Juli 2005 scheint die Gesellschaft jedoch nicht mehr aktiv zu sein.

Frühzeitige **Fährbuchung** (einige Monate im voraus) ist dann erforderlich, wenn Sie entweder in der Hauptsaison (Weihnachten, Ostern, Sommermonate oder vor wichtigen muslimischen Feiertagen) unterwegs sein wollen, oder wenn Sie außerhalb der Hauptsaison mit dem Kfz reisen und Kabinenklasse für unverzichtbar halten. Motorradfahrer, die sich mit einem Deckplatz zufriedengeben, finden in der Nebensaison immer einen Unterschlupf; sie können demzufolge erst in Genua das dort etwas preisgünstigere Ticket erwerben.

Preisunterschiede, die früher zwischen in- und ausländischen Buchungsstellen üblich waren, gehören der Vergangenheit an: Sie zahlen heute überall denselben Preis. Auch eine Buchung erst im Hafen bringt keinen Preisvorteil mehr. Der früher relativ großzügig gehandhabte Umgang mit der gemeldeten Fahrzeuglänge gehört der Vergangenheit an: Geben Sie die Daten korrekt an; wenn Sie im Hafen nachzahlen müssen, ist dies u.U. deutlich teurer.

Beim ADAC gibt es ein **Merkblatt** „Kraftfahrzeug-Fähren in Nordafrika". Dort finden Sie alle wichtigen Informationen und eine übersichtliche Landkarte mit den existierenden Verbindungen.

CTN – Compagnie Tunisienne de Navigation

Diese tunesische Staatsgesellschaft (www.ctn.com.tn) bedient vor allem mit ihrem Flaggschiff „Carthage" (in der Hochsaison auch mit der alten „Habib" und mit weiteren gecharterten Schiffen) die Linien von Genua und Marseille nach Tunis. Die „Carthage" ist d a s Schiff der Sahara-Reisenden. Im Sicherheitstest „Fähren" des ADAC hat das

Schiff mit „Sehr gut" abgeschnitten. Kenner wählen **Kabinenklasse,** auch wenn die Mahlzeiten nicht mehr im Preis inbegriffen sind: VP 20 Euro/Erw., Wein 5 Euro. Immerhin dauert die Überfahrt etwa 24 Stunden. Wer sich diesen Luxus nicht leisten will, muss wohl oder übel auf die **Touristenklasse** zurückgreifen. In diesem Fall ist zu überlegen, Schlafsack, Isomatte und vielleicht sogar ein kleines Kuppelzelt aus dem Auto heraus (die Fahrzeuge sind während der Überfahrt nicht zugänglich) und mit an Deck zu nehmen. Dies eröffnet die Möglichkeit, sich zur Nachtruhe in einen stillen Winkel oben an Deck zurückzuziehen und nicht in den oft sehr stickigen und lauten Liegen-Räumen nächtigen zu müssen. Stellen Sie sich aber an Weihnachtsterminen auf absolut chaotische Verhältnisse vor allem bei der Abfahrt in Genua ein.

Weitere Details und übersichtliche Fahrpläne finden Sie im Internet bei www.gruppotirrenia.it (dort dann in der Randleiste die Compagnie Tunisienne de Navigation anklicken; Tirrenia ist Generalagent für die CTN).

- **Genua – Tunis mit der „Carthage"**

Von Ende Oktober bis Ende Mai einmal wöchentlich (Hinfahrt Sa, Rückfahrt Fr), von Juni bis Ende Oktober unregelmäßige Abfahrtstage bis dreimal wöchentlich (Zusatzfähren). Fahrtdauer ca. 24 Stunden, 2- und 4-Bett-Kabinen unterschiedlicher Preisklassen und Touristenklasse (Sitzplatz oder einfacher Liegesessel). Restaurants, Bars, Nachtclub, Schwimmbad, Kinderparadies, Duty-Free-Shop etc. Bordwährung ist der Euro.

- **Marseille – Tunis mit der „Carthage"**

Von Mitte Oktober bis Ende Mai einmal wöchentlich (Hinfahrt Mi, Rückfahrt Mo), von Juni bis Mitte Oktober unregelmäßige Abfahrtstage bis dreimal wöchentlich (Zusatzfähren). Alles weitere wie Genua – Tunis. **Preisbeispiel:** Pauschaltarif (Hin- und Rückfahrt) für PKW mit zwei Insassen ab ca. 600 Euro (Genua) bzw. ca. 780 Euro (Marseille). Motorrad (einfach) ca. 70 Euro (Genua) bzw. ca. 110 Euro (Marseille). Preise für Wohnmobile etc. je nach Länge und Höhe.

- Auf der Homepage www.seetour24.de findet sich der Hinweis auf eine Fährverbindung **von Genua nach Sousse** mit der CTN. Erfahrungen mit dieser Verbindung liegen mir zum gegenwärtigen Zeitpunkt nicht vor. Sie erscheint auch nicht auf der Website der CTN.

Agenturen

- **Deutschland: Alpha-Tours GmbH**
60596 Frankfurt/Main, Stresemannallee 61
Tel. 069/63300036, Fax 63300031
- **Italien: Tirrenia Navigazione**
Genua, Ponte Colombo (Stazione Maritime)
Tel. 0039/10/269801, Fax 2698255
- **Tunesien: CTN**
122, Rue de Yugoslavie, Tunis
Tel. 00216/1/242801, Fax 354855
- **Frankreich: SNCM**
Marseille 61, Bd des Dames
Tel. 0033/91/563200, Fax 563636
- **Schweiz: Avimare**
Oerlikoner Str. 47, CH-8057 Zürich
Tel. 0041/1/3117650, Fax 3112078
- **Österreich: Universal Reisen GmbH**
Schubertring 11, A-1010 Wien
Tel. 0043/1/71363480, Fax 71363407

SNCM – Société Nationale Maritime Corse Méditerranée

- **Marseille – Tunis**

In einer Art Verbund mit der CTN bedient diese Gesellschaft mit den Fährschiffen „Liberté", „Esterel" und „Corse" ausschließlich die Linie Marseille/Tunis. Die Ausstattung der Schiffe und alles weitere entspricht der „Carthage". Unregelmäßige Abfahrtstage ein- bis viermal wöchentlich.

Agenturen

- **Deutschland: SNCM Germany GmbH**
Berliner Str. 31–35, 65760 Eschborn
Tel. 06196/42911/13, Fax 483015

- **Frankreich:** wie **CTN**
- **Italien:** wie **CTN**
- **Tunesien: SNCM**
47, Av. Farhat Hached, Tunis
Tel. 00216/1/336536, Fax 330636
- **Österreich:** wie **CTN**
- **Schweiz: Voyages Wasteels SA**
Eigerplatz 2, CH-3007 Bern
Tel. 0041/31/3811555, Fax 3813230

Tirrenia

Die italienische Tirrenia (www.gruppotirrenia.it) bedient Tunis mit verschiedenen Fährschiffen von Sardinien via Trapani. Für Touristen aus Mitteleuropa spielen diese Schiffe wegen der weiten Anfahrtswege eine untergeordnete Rolle, es sei denn, man hat ein sehr großes Fahrzeug oder plant eine außergewöhnliche Reise. Die Schiffe sind gepflegt, die Überfahrtskosten relativ niedrig. Abfahrt jeweils So., Fahrtdauer 22 Std.

Deutschsprachige Agenturen

- **Deutschland: Armando Farina GmbH**
Lyonerstr. 15, 60528 Frankfurt
Tel. 069/6668491, Fax 6668477
- **Schweiz:** wie **CTN**
- **Österreich: Armando Farina**
Kärntner Str. 23, A-1070 Wien
Tel. 0043/1/5121936, Fax 512465637

Weitere Verbindungen bestehen auf den **Linien Genua/Palermo/Tunis** und **Livorno/Palermo/Tunis.** Auch diese Verbindungen spielen für den Nordafrika-Tourismus kaum eine Rolle, da sie auch unter Kostenaspekten wenig Vorteile bieten. In den letzten Jahren haben mehrfach sowohl die Agenturen als auch die Reedereien gewechselt, die diese Linien bedienten. Derzeit ist die Grimaldi-Group engagiert. Informationen erhalten Sie am zuverlässigsten über die deutsche General-Agentur:

- **Seetours International GmbH**
Seilerstraße 23, 60313 Frankfurt
Tel. 069/1333260, Fax 1333254

Grandi Navi Veloci

Grandi Navi Veloci ist eine junge Schifffahrtsgesellschaft der Grimaldi-Gruppe. Sie bietet 2 x wöchentlich Verbindungen von Genua nach Tunis an, wobei der Rückweg über Malta führt. Die Schiffe sind Berichten von Lesern zufolge in gutem Zustand und (wegen nicht sehr effektiver Buchungsmöglichkeiten) oft eher leer und dabei eher preisgünstig (www.gnv.it und wegen Buchung auch www.neptunia.de).

Fährbuchungen nehmen auch Reiseveranstalter und manche Reisebüros vor, die sich auf Sahara-Reisen spezialisiert haben. Genannt seien die Firma SARO (siehe „Reiseveranstalter") und der Rohrwick Fähr- & Reise-Service, Tel./Fax 06242/915829, E-Mail: rohrwick@t-online.de, www.rohrwick.de.

Grenzübergänge auf dem Landweg

Die beiden einzigen derzeit für Nicht-Araber offenen Grenzübergänge (Ein- und Ausreise) sind die an der Mittelmeerküste: von Tunesien aus bei **Ras Ajdir** und von Ägypten aus bei **Amsaad/Soloum.** Alle anderen Grenzübergänge, das sei hier noch einmal betont, sind offiziell für Nicht-Araber geschlossen. Da in Libyen vieles anders gehandhabt wird, als es den offiziellen Regeln entspricht, können Sie natürlich immer und überall Ihr Glück versuchen. In einem Schreiben der Deutschen Botschaft zu diesem Problemkreis heißt es dazu: *„Im Übrigen ist es nicht zu empfehlen, unter Ausnutzung der Großzügigkeit der Grenzbehörden in Gatrun in den Niger oder Tschad auszureisen, wenn man darauf angewiesen ist, auf dem selben Wege wieder zurückzukehren."* Eine Ausreise ist zum gegenwärtigen Zeitpunkt möglich in Ghat Richtung Algerien (Grenzort dort Tin Alkoum, nächste Stadt mit Bank u.a. ist Djanet), eine Wiedereinreise ist hier aber nicht möglich. Wesentliche Erleichterungen scheinen auch zum Tschad zu bestehen (Grenzübergang Ma'aten as Sarah), und auch Richtung Sudan öffnet sich anscheinend der „sandige Vorhang". Aktuellste Informationen zu solchen Grenzübergängen erhalten Sie üblicherweise bei den Sprechstunden des Expeditonsservice Därr in München, jeweils Do. und Fr. von 15 und 18 Uhr (Tel. 089/282032).

Fazit: Sie sollten sich in punkto Grenzübergänge nicht auf unsichere Routenplanungen einlassen, die Ihnen dann, wenn sie nicht einzuhalten sind, größte Probleme bereiten können.

Reiseveranstalter

Wollen Sie nicht allein nach Libyen reisen, können Sie auch eine Pauschalreise buchen. Fast alle Reiseveranstalter haben die saharischen Gebiete des Südwestens in ihrem Programm, andere Gebiete – und das ist dann beispielsweise der ganze Osten und Südosten – werden nur von einigen wenigen Veranstaltern als Zielregion angeboten. Angesichts der lückenhaften touristischen Infrastruktur sollten Sie sich aber darüber im klaren sein, dass auch eine Pauschalreise in Libyen immer Abenteuer-Charakter hat – „aktives" Reisen ist hier gar nicht zu vermeiden! Verschiedene der aufgeführten Veranstalter bieten nur Motorrad-Reisen an; dies ist dann jeweils vermerkt. Einige Veranstalter sind bei der Beschaffung des Visums auch dann behilflich, wenn man kein Reisearrangement bei ihnen bucht.

Deutschland

- **Abenteuer u. Exotik Fernreisen**
  Wentzelstr. 8, 22301 Hamburg
  Tel. 040/27878870, Fax 27878875
  www.ae-reiseteam.de
- **Afrika-Büro**
  (früher: „Die grüne Oase")
  Ali Menhel, Laufenbergstr. 3, 53173 Bonn
  Tel./Fax 0228/313013
  Tel. mobil 0170/2439360
  ali.menhel@afrika-buero.de
- **Afrika Welt Reisen**
  Tel. 09131/304650, Fax 304605
  www.afrika-welt-reisen.de
- **Bedu Expeditionen**
  Peter Franzisky, Neureuther Str. 10
  80799 München, Tel. 089/62439791
  Fax 62439885, www.bedu.de
- **Dabuka Expeditions**
  Tarek El-Mahdy, Feldwiesenstr. 1
  35647 Waldsolms, Tel. 06085/987 98 96
  Fax -55, www.dabuka.de
- **Djoser Reisen**
  Kaiser-Wilhelm-Ring 20, 50672 Köln
  Tel. 0221/920 158 0, Fax -158 58
  www.djoser.de
- **Explo-Tours**
  (nur Motorrad-Reisen)
  Postfach 1150, Ostermünchen
  Tel. 08065/9150, Fax 9152
  www.explo-tours.de
- **GEO-TOURS Wüsten-Expeditionen**
  Schopstr. 17, 20255 Hamburg
  Tel. 040/4919832, Fax 4903227
  www.geotours.de
- **Globtours**
  Flinsweg 3, 91596 Burk
  Tel. 09822/10740, Fax 83241
  www.globtours.de
- **Gordion Kulturreisen**
  Königsalle 43, 71638 Ludwigsburg
  Tel. 07141/488 72 30, Fax -32
  www.kulturreisen-gordion.de
- **GTO-Tours**
  Neuer Wall 14, 78315 Radolfzell
  Tel./Fax 07732/6600, www.gto-tours.de

- **Hauser-Exkursionen**
Marienstr. 17, 80331 München
Tel. 089/2350060, Fax 2913714
www.hauser-exkursionen.de
- **Ikarus Tours GmbH**
Am Kalten Born 49, 61462 Königstein/Taunus
Tel. 06174/2902-0, Fax 22952
www.ikarus.com
- **Jonathan Ballooning**
(mit Heißluftballons und Gleitschirmen über Libyen)
Im Jonathan, 83339 Chieming/Hart
Tel. 08669/79090, Fax 790970
www.jonathan-ballooning.de
- **Langer & Bock**
(Expeditionsmobile)
Kuhnbergstr. 27, 73037 Göppingen
Tel. 07161/811460, Fax 817969
www.langerundbock.com
- **Libyen-Tours.de**
Ludger Trier, Tannenbergerstr. 5
51465 Bergisch-Gladbach
Tel. 02202/50483, Fax 9599439
www.libyen-tours.de
- **New Adventure Erlebnisreisen**
Steinbachweg 13, 69118 Heidelberg
Tel. 06221/809151, Fax 80993
www.new-adventure.de
- **Nomad-Reisen**
Weißhausstr. 25, 50939 Köln
Tel. 0221/4200364, Fax 4202149
www.nomad-reisen.de
- **Oase-Reisen**
Wieblinger Weg 81/1, 69123 Heidelberg
Tel. 06221/7500 456, Fax -458
www.oasereisen.de
- **overcross Abenteuerreisen**
(nur Motorrad-Reisen)
J. Georg Küster
Haaggasse 26, 72070 Tübingen
Tel. 07071/770060, Fax 760436
info@overcross.de, www.overcross.de
- **Road Star – KTM**
(nur Motorrad-Reisen)
Benno-Strauß-Str. 19, 90763 Fürth
Tel. 0911/974787, Fax 974788
www.roadstar-motorcycles.de
- **Rolling Mia Tours**
Ittelshofen 1, 91238 Offenhausen
Tel. 09158/958169, Fax 958173
www.rolling-mia-tours.de
- **Rotel-Tours**
Herrenstr. 11, 94104 Tittling
Tel. 08504/4040, Fax 4926
www.rotel-tours.de
- **Sarafea**
Postfach 810247, 81902 München
Tel. 089/54809-0, www.sarafea.de
- **Saro-Expedition**
Innstr. 38, 83022 Rosenheim
Tel. 08031/32758, Fax 32777
www.saro-expedition.de
- **Studiosus-Reisen**
Riesstr. 25, 80992 München
Tel. 089/500600, Fax 50060100
www.studiosus.de
- **SUNTOURS GmbH**
Dorfstr. 14, 35428 Langgöns
Tel. 06447/92103, Fax 92104
www.suntours.de
- **The Rolling Rover**
Siegerer Str. 4, 81249 München
Tel. 089/8642156, Fax 8642987
www.rolling-rover.de
- **Tour Extrem/Tour Off-Road**
Würzburger Str. 8a, 63500 Seligenstadt
Tel. 06182/92191-0, Fax 21549 und 07163/530585, www.tour-off-road.de
- **Travel-Adventure-Event**
(nur Motorrad-Reisen)
Christoph del Bondio, www.delbondio.de
- **Tropical Tours GmbH**
Heiliggeistgasse 16, 85354 Freising
Tel. 08161/91403, Fax 91280
www.tropical-tours.de
- **TRH Trekking Tours Hoffmann**
Nagelshof 24, 22559 Hamburg
Tel. 040/81962129, Fax 81962130
www.trh-reisen.de
- **WD-Adventure-Tours**
(nur Motorrad-Reisen)
Hauptstr. 31, 86641 Rain/Lech
Tel. 09090/920866, Fax 920867
www.wd-adventure-tours.de
- **Wikinger-Reisen**
Kölner Straße 20, 58135 Hagen
Tel. 02331/904742, Fax 904704,
www.wikinger.de
- **Windrose Fernreisen Touristik GmbH**
Neue Grünstr. 28, 10179 Berlin
Tel. 030/201721-0, Fax 201721-17
www.windrose.de

- **WÜSTENFAHRER Reise GmbH**
(nur Enduro-Motorrad-Reisen)
Thomas Troßmann
Eichbergstr. 28, 86935 Rott/Lech
Tel./Fax 08869/912622
www.wuestenfahrer.com

Italien

- **Bergsteigerschule Meran**
Postfach 155, I-39012 Meran
Tel. 0039/0473/563845, Fax 563845
www.bergsteigerschule.com
- **Spazi d'avventura**
Piero Rava, Via Cadranica 16
I-20100 Milano
Tel. 0039/02/70637038, Fax 70637272
www.spazidavventura.com

Schweiz

- **Arabica Orient-Reisen**
Dornhaldestr. 79, CH-3627 Heimberg
Tel. 079/3351100, Fax 0041/33/4383839
www.arabica-orientreisen.ch
- **Atlas Travel Shop**
– Schauplatzgasse 21, CH-3011 Bern
Tel. 0041/31/3119044, Fax 3125405
– Bahnhofstr. 76, CH-3232 Ins
Tel. 0041/32/3134407, Fax 3134408
www.atw.ch
- **Desert Team**
Jubiläumstr. 91, CH-3005 Bern
Tel. 0041/31/3184878, Fax 3184859
www.desert-team.ch
Vertretung in Deutschland:
79100 Freiburg i. Br., Wippertstr. 2
Tel. 0761-8814189, www.desert-team.de
- **FSO Foreign Services Office**
Staffelbacherstr. 34, CH-5056 Attelwil
Tel. 0041/62/7262570
Fax 7262635, www.fsolu.ch
- **Sahara-Team GmbH**
Regula und *Mathias Heusser*
Roswiesenstr. 48, CH-8051 Zürich
Tel./Fax 0041/1/3223260
www.sahara-team.ch

Österreich

- **Kneissl Touristik**
Linzer Str. 4-6, 4650 Edt bei Lambach
Tel. 0043/7245/20700, Fax 20700-19
www.kneissltouristik.at
- **Sahara-Club Austria**
M. Leischner, Uhlandstr. 28
A-9500 Villach, Tel. 0043/4242/33366
www.leischner.at
- **Team Hinterreiter**
(v.a. begleitete Motorrad- und Allrad-Reisen, Mitfahrer möglich)
A-6706 Bürs, Tel. 0043/664/3400603
Fax 5552/66707, www.hinterreiter.com

046 Foto: gg

Wegweiser in Wau el Kebir

lib_010b Foto: gg

Praktische Tipps für unterwegs

lib-p Foto: ed

lib-u Foto: ed

Bilderbuchoase Um el Ma im Edeyen Ubari

Rast in einem Restaurant auf dem Weg nach Sebha

Hotel El Kebir in Tripolis

Ein- und Ausreise

Einreise auf dem Luftweg

Eine Ein- oder Ausreise auf dem Luftweg ist seit der Suspendierung des Luftverkehrsembargos am 5. April 1999 wieder mit verschiedenen Gesellschaften möglich. So fliegt z.B. die Deutsche Lufthansa fünfmal wöchentlich ab Frankfurt Tripolis an. Auch andere Airlines haben ihre Flugverbindungen wieder aufgenommen. Näheres dazu im Kapitel „An- und Weiterreise".

Der **internationale Flughafen Tripolis-Bin Ghashir** scheint aus seinem erzwungenen Dornröschendasein zu erwachen: Überall sind Bauarbeiten im Gange oder bereits abgeschlossen. Nach anfänglich etwas problematischen Einreiseverhältnissen hat sich die Situation normalisiert; Ein- und Ausreise scheinen internationalen Gepflogenheiten zu entsprechen und verlaufen wohl ähnlich unproblematisch wie der Grenzübergang auf dem Landweg. Dem am Flugplatz ankommenden Reisenden stellt sich dann in Tripolis das **Unterkunftsproblem.** „Die Hotelkapazitäten bleiben quantitativ und qualitativ beschränkt", vermerken hierzu die Reisehinweise des Auswärtigen Amtes. Gerade in Messezeiten oder an offiziellen Fest- und Feiertagen sind alle besseren Hotels hoffnungslos ausgebucht. Dann bleibt nur das Ausweichen in einfachere Quartiere und eventuell gar in weiter entfernt liegende Ortschaften.

Vor der **Ausreise** müssen Sie sich in einem Immigration-Office den berühmten dreieckigen und üblicherweise grünen Registrierungsstempel besorgt haben (s.u. „Ausreise, Landweg").

Einreise auf dem Landweg

Einreise nach Tunesien

Der Landweg nach Libyen ist der Landweg nach und über Tunesien. Falls Sie noch nie in ein afrikanisches Land eingereist sind, werden Sie die **Einreise nach Tunesien** vermutlich als **chaotisch** empfinden. Trösten Sie sich dann mit der Information, dass Ihnen eine schlimmere Einreise als die im Hafen von Tunis auf Ihrer Reise nicht mehr wiederfahren wird. Immer wieder erlebe ich im Hafen von Tunis ungläubig staunende Touristen auf ihrer ersten Einreise, die ob dieses Durcheinanders nur noch mit offenem Munde dastehen – und so von allen anderen überrundet werden. Solche „Greenhorns" werden dann auch rasch das Opfer von sog. *Porteurs,* die sich anbieten, bei der Abfertigung behilflich zu sein. Eigentlich bevölkern sie aber den Hafen, um Koffer zu schleppen; hat man sich von ihnen allerdings zur Formalien-Hilfe überreden lassen, verlangen sie für diesen „Schwersteinsatz" im nachhinein mit frechem und lautem Auftreten oft eine Entlohnung, die einem ganzen tunesischen Monatslohn entspricht! Doch auch mit ihrer mehr als zweifelhaften Hilfe kann sich die Prozedur hinziehen, v.a. dann, wenn das ankommende Schiff voll war. Verschiedentlich vorgetragene Proteste und Artikel in Reisezeitschriften haben jedoch begrenzt Wirkung gezeigt, und wenn Sie etwas

Glück haben, werden Sie zwar nicht höflich, aber doch zügig abgefertigt.

Auf Ihrem Weg nach Libyen müssen Sie also über Tunesien; Sie reisen mit Ihrem Wagen oder Motorrad (wie 95% der Libyen-Touristen). Der folgende **Leitfaden zur Einreise** soll Ihnen helfen, die Einreise nach Tunesien (ein wirklich empfehlenswertes Reiseland, sieht man von den Grenzabfertigungen einmal ab) so problemfrei wie nur möglich zu bewältigen.

Die Einreise beginnt schon auf dem Schiff! An Bord sind tunesische Grenzbeamte von Polizei („Police") und Zoll („Douane"). Die im Folgenden dargestellte Prozedur gilt für das wichtigste Schiff dieser Linie, die „Carthage". Auf den nur im Sommerhalbjahr zusätzlich eingesetzten Schiffen, allen voran die alte, gemütlichere „Habib", verläuft alles ganz ähnlich.

1) An einem Sortierpult an der Rezeption liegen die erforderlichen Einreisepapiere für Personen und Fahrzeuge aus. Diese füllen sie entsprechend aus.

2) Sie stellen sich ein Stockwerk unter der Rezeption mit allen (!) Papieren an einem Tresen an, an dem eine kleine Tafel anzeigt, dass hier die Polizei („Police") arbeitet. Vergessen Sie also keinesfalls, **alle Papiere einschließlich Kfz-Schein und Führerschein aus Ihrem Fahrzeug zu nehmen, wenn sie das Schiff betreten!** Während der Überfahrt ist das Fahrzeug nicht zugänglich! Bedenken Sie auch schon zu Hause, dass Sie bereits hier auf dem Schiff eine z.B. vom ADAC **beglaubigte Vollmacht** benötigen, wenn das Fahrzeug, mit dem Sie unterwegs sind, nicht auf Ihren Namen zugelassen ist! Dies gilt auch dann, wenn der Kfz-Schein z.B. auf den Namen Ihrer Ehefrau lautet, diese aber nicht mitreist. An diesem Tresen in Schlange Nr. 1 erhalten Sie einen Stempel in den Pass und auf einen der ausgefüllten Zettel.

3) Mit allen Papieren stellen Sie sich ein weiteres Stockwerk tiefer als die Polizei an einem ganz ähnlichen Tresen an, an dem eine weitere kleine Tafel anzeigt, dass hier der Zoll („Douane") arbeitet. Auch hier erhalten Sie einen Stempel auf die Papiere. Ihr Fahrzeug wird in den Pass eingetragen.

4) An einem Tisch auf demselben Niveau, jedoch auf der anderen Schiffsseite, oder mitunter auch an einem Tresen oder gar im Restaurant sitzt ein weiterer Beamter vom Zoll (?) mit Laptop und Drucker, der Ihnen eine „Autorisation de circuler", eine Fahrerlaubnis, ausstellt. Erforderlich sind wieder alle Papiere. Für diese Fahrerlaubnis benötigen Sie zusätzlich eine Steuermarke, die 1 TD (ca. 0,70 Euro) kostet (erwerben Sie nach Möglichkeit zwei solcher Marken, dies erspart viel Zeit auf dem Rückweg). Es empfiehlt sich sehr, für diesen Zweck schon in Deutschland einige tunesische Dinare zu kaufen. Zwar ist eine Einfuhr von tunesischen Dinaren offiziell verboten (und deshalb wird Ihnen heute dieser eine Dinar fast immer erlassen bzw. erst bei der Rückreise eingefordert), aber bereits auf dem Schiff müssen Sie mindestens diesen einen TD verfügbar haben und niemand wird etwas dagegen einzuwenden haben, wenn Sie einige weitere, z.B. im Gegenwert von 25 Euro, mitführen.

Dies entledigt Sie der schlimmsten Geldsorgen etwa für die Autobahngebühr (ca. 2 Euro) und fürs Nachtanken. Weitere Dinare sollten Sie am besten sofort im Hafen eintauschen. Auf der „Carthage“ wie auch auf der „Habib“ ist Bordwährung der Euro. Tunesische Dinare (TD) sind dort nicht erhältlich.

5) Bei der Ausfahrt vom Schiff steht ein Beamter, der prüft, ob Sie sich die Stempel am Tresen geholt haben; falls nicht, wird er Sie zwar vom Schiff fahren lassen, Sie aber rügen und Ihnen sagen, wohin Sie sich an Land zu wenden haben. Das wird dann sehr aufwendig! Bei großem Andrang an der Ladeklappe entfällt mitunter diese Kontrolle.

6) An Land werden Sie von Uniformierten in einzelne Abfertigungsbahnen in einer offenen Halle eingewiesen. Am Ende dieser Bahnen steht jeweils ein Häuschen, in dem ein Polizist Ihre Papiere überprüft. Spätestens hier werden Sie losgeschickt, um Tresen-Versäumnisse irgendwo im Hafengelände nachzuholen.

7) Uniformierte (Zöllner?) weisen Sie in weitere Abfertigungsbahnen unter Überdachungen ein. Für „harmlose“ Touristen gibt es oft eine Schnell-Spur.

8) Wenn Sie in diesen zweiten Abfertigungsspuren stehen, ist eindeutig der Zoll für Sie zuständig. Versuchen Sie, den für Ihre Spur verantwortlichen Zöllner ausfindig zu machen; überzeugen Sie ihn, Ihr Fahrzeug abzufertigen, indem er es mehr oder minder intensiv durchsucht. Seien Sie behilflich, und

094 Foto: ed

verschaffen Sie ihm Überblick, ohne ihm allerdings besonders viel zu zeigen: Sie riskieren sonst, dass Sie wegen vieler Ausrüstungsdinge eine spezielle Liste anfertigen müssen, die wiederum von einem „Inspecteur" unterschrieben sein muss und in Ihren Pass eingetragen wird. Die Suche nach einem Inspektor kann aufwendig sein: Oft sitzen sie in irgendwelchen Büros (Aufschrift „Inspecteurs"), vor denen sich dann Schlangen bilden, oder sie sind irgendwo im Gelände unterwegs, und Sie müssen sich von Zöllner zu Zöllner durchfragen, wer den Inspecteur wo und wann gesehen hat. Der durchsuchende Zöllner bestätigt auf dem Fahrzeugpapier durch seine Unterschrift, dass die Durchsuchung Ihres Fahrzeugs durchgeführt wurde. Ohne diese Unterschrift können Sie das Hafengelände nicht verlassen! Gerade beim Warten auf den Zöllner machen sich die „Porteurs" an Sie heran. Wimmeln Sie sie ab, sie sind unnötig, teuer und oft noch frech dazu. Wenden Sie sich bei Problemen an einen Inspecteur; dies sind die einzig wirklich kompetenten Problem-Löser. Auch hier hat sich nach vielen Protesten einiges zum Besseren gewandelt; wenn Sie in die Touristen-Spur eingewiesen wurden (ich hoffe und wünsche dies für Sie ...!), verläuft die Abfertigung zügig und ohne große Durchsuchung Ihres Fahrzeugs. Evtl. gibt es Probleme, wenn Sie ein GPS-Gerät mit sich führen; für ein Satelliten-Navigationsgerät (GPS-Empfänger) wird nämlich eine Genehmigung erforderlich, die in einem speziellen Büro schnell und kostenlos erhältlich ist. Wartezeiten entstehen hier allenfalls, wenn viele Reisende gleichzeitig für die Genehmigung anstehen.

9) Nach erfolgter Durchsuchung und mit der Unterschrift steuern Sie die Ausfahrt an. Hier stehen weitere Kontrolleure, dreifach gestaffelt. Noch einmal werden alle Papiere überprüft, die Einreisepapiere teilweise einbehalten, und wenn dann alles seine Ordnung hatte, winkt man Sie zum Tor hinaus. Uff ...!

Ein Problem wurde bisher nicht angesprochen, und eigenartigerweise kümmern sich die Grenzbehörden im Hafen (die sonst so penibel alles überprüfen) darum nicht mehr: Ihre **Kfz-Versicherung muss Tunesien abdecken!** Prüfen Sie dies anhand Ihrer „Grünen Karte": Sie muss für Tunesien gültig sein, das „TN" auf ihr darf nicht ausgestrichen sein! Diese Überprüfung sollten Sie selbstverständlich schon zu Hause durchführen und im Falle des Falles die Grüne Karte von Ihrer Versicherung auch für Tunesien gültig schreiben lassen. Sollten Sie den Missstand erst im Hafen von Tunis entdecken, rate ich Ihnen sehr dringend (ich kann darauf gar nicht genug Nachdruck legen!), den Hafen keinesfalls zu verlassen, ohne zuvor in einem der Versicherungsbüros eine (preisgünstige) Grenzpolice für Ihr Fahrzeug abgeschlossen zu haben! Tunesien zeichnet sich auch dadurch aus, dass es umgerechnet auf die Zahl der Fahrzeuge eine etwa 10-fach höhere Unfallquote als Deutschland

Genua: Einfahrt in die Fähre
nach Tunis, wo das Chaos weitergeht

aufweist; wenn Sie ohne gültige Versicherung in einen Unfall verwickelt werden, sind Sie immer schuld! Das Gefängnis ist dann nicht weit vom Unfallort entfernt!

Bei der **Fahrt durch Tunesien** sind Überholverbote und Geschwindigkeitsbegrenzungen zu beachten, brettern Sie nicht durch Ortschaften hindurch – ein Unfall hätte schlimme Folgen für Ihre Libyen-Reise! Unterwegs gibt es viele „fliegende" Polizei-Kontrollen, nach Süden nehmen diese mehr und mehr zu. Fahren Sie hier besonders langsam, halten Sie die Papiere zur Überprüfung bereit. Gegenüber Touristen ist die Polzei meist ausnehmend freundlich und höflich – was Sie nach den Erlebnissen bei der Einreise kaum glauben werden.

Wie Sie im Kapitel „Geld" nachlesen können, sollten Sie noch in Tunesien einige Libysche Dinare eintauschen, am besten zwischen den tunesischen Ortschaften Medenine und Ben Guerdane.

Hinter Ben Guerdane beginnen dann die **tunesischen Ausreiseformalitäten.** In Abständen von teilweise mehreren Kilometern befinden sich fest installierte Kontrollstellen. Für Touristen sind diese jedoch von untergeordneter Bedeutung. Meist wird man durchgewunken, höchstens einmal der Pass kontrolliert. Erst unmittelbar an der Grenze fahren Sie in eine offene, mehrspurige Abfertigungshalle ein. Sie geben das **weiße Personen-Kärtchen** ab, dass Sie seit der Einreise in Tunis in Ihrem Pass liegen haben, evtl. erfolgt auch eine kurze Überprüfung des Wagens. Ihr Fahrzeug wird aus dem Pass ausgetragen. Dann werden Sie nach Libyen entlassen.

Einreise nach Libyen

Wenn Sie pünktlich zu dem mit der Sie betreuenden Reiseagentur vereinbarten Termin an der Grenze ankommen, steht ein Mitarbeiter dieser Agentur üblicherweise schon am ersten Posten: Er kennt Ihr Fahrzeug (Sie hatten ja die entsprechenden Formulare auszufüllen) und spricht Sie an, nimmt Ihre Papiere entgegen, weist Sie auf einen Parkplatz ein und – verschwindet für wenige Minuten. Dann kommt er mit allen erforderlichen Papieren zurück, übergibt Ihnen das, was sein muss, reicht Ihnen die Nummernschilder, die Sie an Ihr Fahrzeug montieren (nehmen Sie Draht oder Kabelbinder mit!) – und schon sind alle Formalitäten erledigt! Sie reisen innerhalb weniger Minuten nach Libyen ein! Den meisten Zeitaufwand erfordert das Montieren der Nummernschilder! Natürlich hängt dies auch von der Routine und der Erfahrung des jeweiligen Agentur-Mitarbeiters ab. Da derzeit wieder Gespräche stattfinden, ob auch für Individualreisende in kleiner Gruppe (max. fünf Personen und nicht mehr als zwei Fahrzeuge) eine solche Betreuung durch eine Agentur stattfinden m u s s, behalte ich vorsichtshalber die bisherige Einreisebeschreibung bei.

Die **Einreiseprozedur,** die nun beginnt, unterscheidet sich erheblich von dem, was Sie zuvor in Tunis erlebt hatten: Meist sind Sie alleine an Schaltern oder aber in kleinen Schlangen mit nicht mehr als fünf bis zehn anderen arabischen Reisenden. Im Problemfall ist immer jemand da, der Ihnen freundlich Auskunft gibt oder Ihnen auch beim Ausfüllen erforderlicher Formulare hilft.

An einem **Schalter in einem Container** links der Straße und vor einer großen Halle geben Sie Ihren Pass zusammen mit jener grünen Karte (bzw. die Zweitschrift des Antrages) ab, die Sie zusammen mit dem Visum von der libyschen Botschaft zurückerhalten haben. Sie haben diese doch hoffentlich mitgenommen? Die grüne Karte wird einbehalten; bei dieser Gelegenheit erhalten Sie den Einreisestempel in den Pass evtl. zusammen mit einem Hinweis, dass Sie sich innerhalb von sieben Tagen bei einer Immigrations-Polizei (nicht bei einer *Baladiya,* der Bezirksverwaltung!) **zur Registrierung zu melden haben (dreieckiger Registrierungs-Stempel;** siehe Infokasten rechts).

An dem genannten Container-Schalter entscheidet sich auch schon grundsätzlich das Ja oder Nein zu Ihrer Einreise: Bitte beachten Sie daher, dass die **Gültigkeitsdauer Ihres Visums** bereits mit dem Ausstellungstag läuft (nicht erst mit der Einreise!) und 30 Tage beträgt! Sie müssen hier noch innerhalb dieser Frist erscheinen. Sollte sie überschritten sein, brauchen Sie den Versicherungen der Grenzbeamten keinen Glauben schenken, Sie könnten das überzogene Visum auf dem libyschen Konsulat in Sfax oder der libyschen Botschaft in Tunis verlängern lassen! Sie verlieren bei solchen Versuchen nur unnötig Zeit und Geld. Nur die Botschaften bzw. Konsulate in Bonn, Wien und Bern (jeweils für Deutsche, Österreicher und Schweizer) sind dafür zuständig und niemand sonst!

Jetzt begeben Sie sich in die große Halle. Direkt am Eingang innerhalb der Halle sehen Sie zwei **Bank-Schalter.** Vermutlich werden die dort gerade anwesenden Schalter-Angestellten rasch auf Sie zukommen und Sie darauf aufmerksam machen, dass Sie einen bestimmten Betrag bei ihnen offiziell in libysche Dinare umzutauschen hätten. Sie benötigen 65 LD (Libysche Dinare) für die Nummernschilder (15 LD als

Die Meldepflicht oder Registrierung – der grüne Dreieckstempel

Spätestens sieben Tage nach Einreise müssen Sie sich im Lande registrieren lassen. Der Nachweis dieser Registrierung besteht in Form jenes berühmt-berüchtigten (es war jahrelang auch bei libyschen Behörden nicht unumstritten, ob diese Registrierungspflicht für Touristen überhaupt besteht) grünen Dreieckstempels, den Sie sich in einem Immigration-Office *(schurta dschau-as-sahd)* in den Pass stempeln lassen. Wenn Sie diese Arbeit selbst erledigen, kostet dies 10 LD für eine Steuermarke und bis zu 5 LD für das notwendige Formblatt. Beauftragen Sie damit aber z.B. in Ghadames, Ghat oder Sebha eine Reiseagentur, verlangt diese für den vergleichsweise kleinen, gelegentlich aber etwas zeitraubenden Service bis zu 30 LD. Den Dreieckstempel erhalten Sie in folgenden Orten: Zuara, Sabrata, Tripolis (GPS-Position: N 32°53,033′ / E 13°10,533′; oft auch im Hotel Kabir für Hausgäste), Nalut, Ghadames, Ghat, Sebha, Benghasi, Ubari, Gharyan, Bin Ghashir (beim Flughafen). Falls Sie Erfolg in anderen Ortschaften hatten, bitte ich um eine kurze Mitteilung. Die Meldebehörden sind meistens Donnerstagnachmittag und am Freitag geschlossen.

Kosten und 50 LD als Sicherheitsleistung dafür, dass Sie die Nummernschilder bei der Ausreise auch wieder abgeben)! Die Versicherung übrigens verlangt eine getrennte Wechselbescheinigung, die zu den Versicherungsunterlagen kommt und einbehalten wird. Der Bankmann wird Sie also bedrängen, einen entsprechenden Betrag bei ihm zu tauschen. Verlangt wird der Wechsel von ca. 150 Euro für Kennzeichen und ca. 15 Euro für die Versicherung. Halten Sie passende Scheine verfügbar, sonst werden höhere Beträge erforderlich.

Die Bankgeschäfte sind abgewickelt? Dann können Sie sich jetzt an einen Zöllner (?) wenden, der seinen Schalter am Hallentor hat, nicht zu übersehen wegen der Berge an Nummernschildern, die dort liegen. Bei diesem melden Sie an, dass Sie ein **Nummernschild** zu „erwerben" gedenken. Vermutlich wird er Sie daraufhin erst einmal zur Versicherung schicken, die sich in einem neuen großen Gebäude rechts der Straße etwa 300 m von dieser Halle entfernt in Richtung Osten, d.h. libysches Inland, befindet. Dorthin gehen Sie zu Fuß mit den Personal- und Fahrzeugpapieren und der Wechselbescheinigung und schließen eine **Haftpflichtversicherung** ab. Dass diese an der Grenze abgeschlossene Haftpflichtversicherung nur den Todesfall („Blutgeld-Versicherung") eines möglichen Unfallgegners deckt, hatte ich oben schon erwähnt (vgl. „Papierkram/Fahrzeugpapiere und Bestimmungen"); bitte widmen Sie auch meinen dort genannten Lösungsmöglichkeiten dieses Problems die erforderliche Aufmerksamkeit! Die Bescheinigung über die abgeschlossene Versicherung hat nicht nur während Ihrer Libyenreise Bedeutung: Wenn Sie dieses Papier zusammen mit Ihrem Pass mit den Ein- und Ausreisestempeln nach Rückkehr zu Hause Ihrer Kfz-Versicherung vorlegen, erstattet Sie Ihnen den für diesen Zeitraum bezahlten Versicherungsbeitrag.

Ebenfalls in der Halle hat der „Automobile and Touring Club of Libya" ein Büro aufgemacht und verkauft dort ein **Carnet de Passages en Douanes.** Es kostet 150 Euro für ein Motorrad, 200 Euro für einen PKW (auch Geländewagen), 220 Euro für einen „Medium-Transporter" (z.B. VW-Bus) und 300 Euro für einen LKW (in Devisen zu bezahlen!). Mit Carnet und Versicherungsbescheinigung kehren Sie jetzt zu dem oben erwähnten Zöllner zurück; dieser sucht Ihnen ein Paar Nummernschilder aus (in Stoßzeiten mitunter auch nur eines; dieses ist dann am Fahrzeug vorne zu befestigen), füllt die Papiere aus, lässt sich (natürlich gegen Quittung) 65 LD bezahlen und übergibt Ihnen dann Nummernschilder und Papiere wieder – damit ist normalerweise Ihre Einreise erledigt! Sie können die Halle verlassen, die Nummern montieren und dann ins Land fahren! In seltenen Fällen bittet man Sie höflich mit Ihrem Fahrzeug zu einer Durchsuchung, die aber sehr zurückhaltend vorgenommen wird, in die Halle hinein. Angesichts

Kopf des „Carnet de Passages en Douanes"

fehlender Erfahrung kann ich mich nicht dazu äußern, was passiert, wenn bei dieser Zufallskontrolle irgend welche nicht erlaubten Dinge bei Ihnen gefunden werden, Alkohol etwa. Von anderen Reisenden wurde mir aber berichtet, dass ihnen größere Mengen alkoholhaltiger Getränke (50 Büchsen Bier, mehrere Flaschen Wein), die nicht im Fahrzeug versteckt waren, sondern einfach offen bei den übrigen Vorräten lagen, gegen Quittung abgenommen wurden; sie hätten sie eigentlich bei der Ausreise wieder zurückbekommen sollen, doch war dann der für das Zolldepot zuständige Mann (angeblich) nicht anwesend – ein Schuft, wer Arges dabei denkt ...

Jetzt bleibt nur noch, sich mit Ihrem „Abholer" (sofern vorhanden) in Verbindung zu setzen, und dann geht es weiter in Richtung Osten.

Noch im Grenzbereich folgen entlang der Straße weitere Kontrollstellen, die jedoch für Touristen ohne Bedeutung zu sein scheinen – man wird jedenfalls regelmäßig durchgewunken.

Eine Anmerkung noch: Im gesamten Grenzbereich wurden umfangreiche Neubauarbeiten vor allem im Straßenbereich durchgeführt. Dies und die Container-Situation verschiedener Büros lässt erwarten, dass sich möglicherweise schon bei Ihrer Einreise einiges wieder geändert haben wird. Dies darf Sie nicht irritieren; es sollte Ihnen jedoch ein erster Hinweis auf meinen alten Merksatz sein, dass gerade **in Libyen die Beständigkeit in der Veränderung liegt.**

Ausreise nach Tunesien/Rückreise

Bei der Ausreise an diesem Grenzposten werden Sie vermutlich überrascht sein, wie schnell eine Aus- und Einreiseprozedur auch vonstatten gehen kann. Dabei staute sich hier früher der Verkehr auf Kilometer nach Libyen hinein: Tunesier nutzen das enorme Preisgefälle zwischen den beiden Ländern zum günstigen Einkauf; überhoch beladene Pritschenwagen standen dann zur Ab-

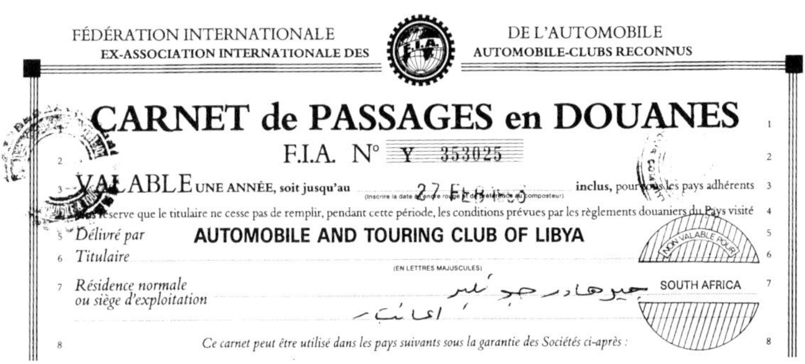
FÉDÉRATION INTERNATIONALE DE L'AUTOMOBILE
EX-ASSOCIATION INTERNATIONALE DES AUTOMOBILE-CLUBS RECONNUS

CARNET de PASSAGES en DOUANES
F.I.A. N° Y 353025
VALABLE UNE ANNÉE, soit jusqu'au 27 FEB ... inclus, pour tous les pays adhérents
(Inscrire la date à encre rouge et de préférence au composteur)
sous réserve que le titulaire ne cesse pas de remplir, pendant cette période, les conditions prévues par les règlements douaniers du Pays visité
Délivré par AUTOMOBILE AND TOURING CLUB OF LIBYA
NON VALABLE POUR
Titulaire
(EN LETTRES MAJUSCULES)
Résidence normale ou siège d'exploitation
SOUTH AFRICA
Ce carnet peut être utilisé dans les pays suivants sous la garantie des Sociétés ci-après :

Ausreise aus Libyen – ein echter Lacher

von *Frank F. Nowara*

„Nach der zweiten Gepäckkontrolle und mehreren Passkontrollen fahren wir mit unserem Servicetaxi am nächsten Checkpoint vor. Zuerst nur das Übliche: Pass, Gepäck ..., bis sich plötzlich ein Beamter für meine Devisen interessiert. Da bei der Einreise nach Libyen keine Devisenerklärung erforderlich ist, fange ich an zu grübeln, ob ich vielleicht schon in Ägypten bin, zumal am Gebäude keine libysche Beflaggung sichtbar war. Bei genauerem Betrachten des Beamten stelle ich allerdings fest, dass auch dieser nicht so genau weiß, auf welcher Seite er stehen soll, denn er trägt eine libysche Uniform mit Knöpfen, auf denen mir das ägyptische Staatswappen entgegenfunkelt. Er lässt sich in aller Ruhe sämtliche Devisen vorzählen und interessiert sich brennend dafür, wieviel Geld ich in welchem Land auf meiner Reise ausgegeben habe, wobei er keinerlei Interesse für mein libysches Geld an den Tag legt. Während er auf die Intervention meiner ägyptischen Mitreisenden hin den Chef holt, überlege ich immer noch, ob ich jetzt an der Ein- oder Ausreise bin. Der Chef gibt seinem Mitarbeiter recht, Ordnung muss sein, und fragt dann nach anderen Zahlungsmitteln und gibt sich erst zufrieden, als er meine Kreditkarte sieht. Nun bin ich mir sicher: Wer ein solch „kapitalistisches" Zahlungsmittel begrüßt, muss ein Ägypter sein ... doch dann: Lachend erklärt mir der Taxifahrer, dass wir immer noch in Libyen sind – man hatte sich wohl aus Langeweile nur einen Scherz erlaubt ...!"

fertigung über Tage an der Grenze. Als Tourist hatte man allerdings die Möglichkeit, an der Schlange vorbei ganz nach vorne zu fahren, wo man dann bevorzugt abgefertigt wurde. Diese Händler-Schlangen gehören der Vergangenheit an. Entweder hat Libyen die Ausfuhr oder Tunesien die Einfuhr erschwert. Nur noch große gewerbliche LKW stauen sich auf dem Seitenstreifen teilweise über Kilometer hinweg ins libysche Hinterland; Reisende fahren jedoch an diesen Staus einfach vorbei.

Wenn Sie mit dem Begleiter Ihrer Agentur hier ankommen, haben Sie wieder keine andere Arbeit, als die Nummernschilder zu demontieren, ihm zu übergeben ... und sich dann zurückzulehnen und zu warten, bis er mit Ihrem Pass zurückkommt – und schon fahren Sie los, hinüber nach Tunesien. Wirklich: Noch komfortabler kann sich ein Grenzübergang nicht bewältigen lassen.

Aber auch hier gilt das für die Einreise Gesagte: Man kann nie wissen, wie sich die Verhältnisse ändern und deshalb habe ich den alten, durchgesehenen Text hier beibehalten:

Nach dem ersten Schlagbaum geben Sie an einem unscheinbaren Häuschen rechts (das schwarz-weiße geradeaus beherbergt die Touristen-Polizei) das Carnet des libyschen Automobilclubs zurück und fahren dann vor bis an die Halle, die Sie von der Einreise her auf ihrer Südseite kennen. Von einem der Grenzbeamten, oft in Zivil, erhalten Sie

Nachtplatz vor der Kulisse des Msak Mellet (mit Führerfahrzeug)

eine gelbe Ausreisekarte. Diese füllen Sie mit Hilfe der vor dem Schalter Wartenden aus (die Beschriftung ist arabisch) und reichen sie mit Ihrem Pass dem Schalterbeamten; dieser stempelt Pass und Karte ab und behält letztere gleich ein. Jetzt fahren Sie vorsichtig weiter bis zur Halle und auf Handzeichen der Uniformierten dort auch in diese hinein. Drinnen montieren Sie die libyschen Schilder wieder ab, geben sie an dem Schalter zurück, an dem Sie sie bei der Einreise erhalten haben, kassieren gegen Unterschrift und Vorlage der libyschen Kfz-Papiere die Depotsumme von 50 LD (oft auch in Devisen; wenn Sie von einer Agentur betreut werden, entfällt diese Depotgebühr, Sie bekommen folglich auch kein Geld zurück) und fahren dann ohne jede weitere Kontrolle auf der Nordseite der Halle wieder hinaus in Richtung Tunesien. Damit ist dann Ihre Reise in Libyen definitiv beendet.

Auf tunesischer Seite reguliert an einer Art Schranke ein Uniformierter den Verkehr; er wird Sie nach einer kurzen Gesichtskontrolle in eine ihm richtig scheinende Spur einweisen. Von ihm erhalten Sie auch die schon von der Fähre auf dem Hinweg bekannten Einreisepapiere für Personen und fürs Fahrzeug. Sie füllen diese entsprechend aus und rücken – im Fahrzeug sitzend – weiter vor, bis Sie mit Ihrem Fenster/Fahrerseite vor einer kleinen Fensteröffnung am ersten Schalterhäuschen stehen: Sie reichen die ausgefüllten Papie-

093 Foto: ed

lib4_6 Foto: gg

re und Ihre Ausweise von Fenster zu Fenster und erhalten vom Beamten hinter dem Verschlag einen Einreisestempel in den Pass; mit diesem bekommen Sie auch den kleinen gestempelten Abschnitt des Formularkartons wieder zurück, den Sie bei der Ausreise in Tunis benötigen und deshalb sorgfältig aufbewahren sollten.

Sie rücken weiter mit Ihrem Fahrzeug vor und erhalten im zweiten Schalterhäuschen nach Vorlage der Personalpapiere und des Kfz-Scheins den bekannten Computer-Ausdruck **„Autorisation de circuler"**, die Erlaubnis also, mit Ihrem Fahrzeug in Tunesien reisen zu dürfen. (Da die Zollabfertigung Libyens und Tunesien teilweise zusammengelegt wurde, erhalten Sie diese Fahrgenehmigung bei Betreuung durch eine Agentur derzeit von deren Mitarbeiter!) Fordert man von Ihnen jenen berühmten einen Dinar für die Steuermarke, können Sie diese entweder – sofern Sie auf dem Hinweg eine zweite erworben haben – übergeben oder dem Beamten einfach klarmachen, dass Sie über keinen Dinar verfügen, schließlich ist die Einfuhr der tunesischen Währung ja ausdrücklich verboten und sie als Ausländer würden sich immer korrekt an die Regeln halten. Man wird Ihnen dann die Bezahlung erlassen.

Sind diese Hürden genommen, rücken Sie weiter vor bis ans Ende der Spur, wo sich meist rasch **Zöllner** mit Ihnen befassen und Ihr Fahrzeug mehr

Seidenweber in Tripolis

oder minder gründlich durchsuchen und Sie dann in die „tunesische Freiheit" entlassen. Diese – das kennen Sie dann aber bereits vom Herweg – endet schon wenige hundert Meter weiter und danach immer wieder an den gestaffelten Kontrollposten, die wieder nur überprüfen, was schon überprüft wurde, was schon überprüft wurde ...

Beherzigen Sie dann wieder meinen Rat von der Hinreise: Fahren Sie zurückhaltend, und gefährden Sie nicht durch einen riskanten Fahrstil ihr planmäßiges Heimkommen!

Die Prozedur im Hafen von Tunis ist Ihnen schon vom Herweg geläufig. Jetzt müssen Sie diese in Gegenrichtung über sich ergehen lassen. Das Verkehrs- und Warenaufkommen ist dabei um ein Vielfaches geringer; das schont nicht nur Ihre Nerven. Auch die Unlust der Diensttuenden ist erfreulich, bremst sie doch jeden Tatendrang. Sie können all dem gelassen entgegensehen: Wenn Sie rechtzeitig vor dem Hafentor stehen, fährt das Schiff nicht ohne Sie ab!

Offen zur Aus- und Einreise ist auch der Grenzübergang bei Nalut (Dehiba/Tunesien – Wazin/Libyen). Ich habe diesen Grenzübergang nur ein einziges Mal benutzt und das liegt viele Jahre zurück, als Grenzen noch nicht Formular- und Regularmauern glichen! Erkenntnisse aus jüngster Vergangenheit liegen mir von diesem Übergang leider nicht vor. (Unmittelbar vor Redaktionsschluss wird die Nachricht kolportiert, dieser Grenzübergang sei erneut geschlossen; Ihre libysche Agentur müsste eigentlich über die für Ihre Reise gültige Regelung informiert sein.)

Ausreise nach Ägypten

Der einzige derzeit geöffnete Grenzübergang ist **Umm Sa'id** bzw. **Soloum** auf ägyptischer Seite. Rucksackreisenden sei geraten, spätestens ab Tobruk ein durchgehendes Servicetaxi bis nach Marsa Matruh (30 LD), der größten Stadt zwischen Benghasi und Kairo, oder Soloum zu benutzen, da die Grenzorte ca. 30 km auseinander liegen. Andere Leser schwören darauf, die Taxi-Tour zu stückeln: 5 LD kostet die Fahrt im Sammeltaxi bis zur Grenze, dort sind 900 m zu Fuß zurückzulegen, drüben ist dann in ein Sammeltaxi nach Marsa Matruh umzusteigen; die Grenzformalitäten seien für Fußgänger rascher erledigt als für Passagiere in Fahrzeugen. Daneben gilt es zu beachten, dass an der Grenze keine Visa ausgegeben werden, der Pass also schon visiert sein muss.

Wenn Sie all dies beachten, dürfte eigentlich nichts mehr schiefgehen, es sei denn, man stößt auf Beamte, die einen Hang zur Überbürokratisierung haben und rechte Witzbolde sind, wie im Falle eines Erlebnisses, von dem *Frank F. Nowara* zu berichten weiß (vgl. „Ausreise aus Libyen – ein echter Lacher").

An der Grenze Umm Sa'id/Soloum erhalten Sie die 50 LD für die Nummernschilder ggfs. nur in LD zurück, Devisen sind hier kaum je vorhanden. Gleich im ägyptischen Grenzgebäude stehen aber Männer, die LD gegen £E **(Ägyptisches Pfund)** wechseln. Auf ägyptischer Seite ist dann eine Straßenbenutzungsgebühr zu entrichten, die sich nach dem Hubraum des Fahrzeugs

082 Foto: gg

richtet (z.B. 2000 ccm = 1000 £E); wie in Libyen sind Nummernschilder zu „erwerben“ (35 £E), eine Versicherung entsprechend der Gültigkeit des Visums ist abzuschließen (1 Monat = 24 £E) und für das Anfertigen von vielen Kopien eine Gebühr von 10 £E zu entrichten.

Zur Autoausreise nach Ägypten wäre noch zu sagen, dass diese keinesfalls leichter ist als nach Tunesien, denn die Ägypter sind noch um einiges bürokratischer als die Tunesier und die Vorschriften für eine Autoeinreise wesentlich komplizierter. So ist nicht nur in Deutschland das Carnet de passages für Ägypten gültig zu schreiben, was erheblich mehr an Garantiesumme kostet, sondern auch zusätzlich in Ägypten noch eine Straßenbenutzungsgebühr zu zahlen. Der Erwerb von ägyptischen Nummernschildern ist ebenfalls notwendig. Deshalb ist, sofern das Reiseziel vorwiegend Libyen sein soll, eine Weiterreise nach Ägypten nicht sinnvoll; näheres zur Einreise (nicht nur mit dem Fahrzeug) nach Ägypten im Reise Know-How-Führer „Ägypten“ von *Sigrid* und *Wil Tondok*.

Ausreise in den Sudan

Eine legale Ausreise in den Sudan ist zum gegenwärtigen Zeitpunkt nur mit einer **Sondergenehmigung** möglich, erhältlich z.B. bei SARI TRAVEL (siehe „Informationsstellen/Reiseagenturen“). Die Einreise aus diesem Sahel-Staat ist nicht möglich. Von Reisen im Süd- und Westsudan ist z.Z. dringend abzuraten.

Ausreise in den Tschad

Eine legale Ausreise in den Tschad von Kufra aus ist derzeit nur **mit einer speziellen Genehmigung** möglich, die einen Besuch der verschiedenen Polizeidienststellen in Kufra erforderlich macht; ob Sie dabei die erwünschte Genehmigung erhalten, ist fraglich. Aktuelle Informationen liegen mir dazu nicht vor; die wenigen Reisenden, die zurzeit in diese sahelische Krisenregion fahren, bevorzugen die „grüne Grenze“ (die hier eher von gelber Farbe ist)! Eine (Wieder-)Einreise ist definitiv legal nicht möglich. Über die Ausreise-Situation von Al Katrun aus (vgl. Route A 17 b) finden Sie weitere Informationen im Buch. Zum gegenwärtigen Zeitpunkt rate ich von einer Ausreise in Al Katrun in Richtung Tschad wegen der militärischen Auseinandersetzungen in dieser Region des Nord-Tschad dringend ab.

Ausreise in den Niger

Weitere Informationen finden Sie im Rahmen der Route A 17 c. Eine Einreise aus dem Niger ist nicht möglich.

Ausreise nach Algerien

Als „bedingt" offen kann auch der Grenzübergang (zur Ausreise, nicht zu Einreise) nach Algerien bei **Ghat** gelten. Bedingt bedeutet, dass die Situation unübersichtlich ist und sich widersprüchlich darstellt, möglicherweise auch davon abhängig, mit welcher Agentur Sie reisen. Weitere Angaben finden Sie in Route A 10. Unbedingt sollten Sie bei solcher Reiseplanung mit „Voll-Visum" (und nicht nur Einreise-Stempel) im Pass reisen. Auch auf algerischer Seite herrscht Begleiterpflicht; am sinnvollsten erscheint es, sich mit einer Reiseagentur aus Djanet zu arrangieren.

Geschlossen für Touristen ist seit vielen Jahren der Grenzübergang bei **Ghadames.**

Linke Seite: Freie Sicht voraus auf der „Habib"; rechts: Medusenhaupt am Neuen Forum in Leptis Magna

Geld

Die libysche Währung ist der **Libysche Dinar (LD).** Das Wichtigste vorweg: Er darf offiziellen Angaben zufolge weder aus- noch eingeführt werden! Er ist **nicht frei konvertierbar,** und das hat, wie bei so vielen Währungen, eine große Spanne zwischen offiziellem und inoffiziellem Kurs zu Folge – beim Libyschen Dinar ist (war) diese Differenz annähernd das 4- bis 5-fache! Weil das so ist, verlangen Länder mit nicht frei konvertierbarer Währung bei der Einreise eine Devisenerklärung – nicht jedoch Libyen bei der Einreise von Tune-

lib_113 Foto: gg

sien her! Reisen Sie dagegen nach Ägypten aus, verlangt der Beamte dort eine solche – die Sie aber nicht haben können, weil im Westen kein Grenzbeamter damit etwas zu tun haben will.

Das **Bankenwesen** in Libyen ist ein einziges Rätsel. Sie werden selten Geldhäuser entdecken, und wenn ja, werden Sie mit Verwunderung feststellen, dass diese im seltensten Falle Geld wechseln – ein Land mit nicht frei konvertierbarer Währung, und die Banken nehmen Ihre Devisen nicht!!! Finden Sie dann vielleicht doch eine wechselwillige Bank, verlangt diese möglicherweise Ihre Devisenerklärung, von der Sie ja schon wissen, dass Sie sie nicht haben. Das ist dann ein weiterer Grund, Ihr Geld nicht zu tauschen.

Bleibt der **Schwarzmarkt.** Wenn Sie auf diesem in Tunesien (wo er blüht!) Ihre Devisen in LD tauschen und dann beim Grenzübertritt bei der offiziellen Bank erneut die erforderlichen Beträge wechseln, werden Sie mit großer Verwunderung feststellen, dass Sie beim offiziellen Tausch mehr LD erhalten als auf dem Schwarzmarkt! Dies war nicht immer so, und weil die Befürchtung besteht, die Verhältnisse könnten wieder so werden, wie sie einmal waren, existiert der tunesische Schwarzmarkt noch immer. Wie gesagt, die Grenzkontrollen sind so locker, dass man nicht den Eindruck hat, die Einfuhr libyscher Dinare sei wirklich verboten. Die Einfuhr von Devisen jedenfalls ist es nicht. Wenn Sie jetzt innerhalb Libyens irgendwo in Ermangelung einer Bank im Hotel oder einfach so auf der Straße tauschen – ist dies dann illegal? Ich weiß es definitiv nicht. Auf eventuelle frühere Erfahrungen in Algerien sollten Sie jedenfalls nicht bauen: Die Nachfrage nach Ihren Devisen innerhalb Libyens ist gering. Sie werden sich schwer tun, jemanden zu finden, der Sie von sich aus darauf anspricht, ob Sie Geld tauschen wollen. Wenn ich dies dennoch erlebt habe, waren es stets in Libyen lebende oder arbeitende Ausländer. Um diesem Problem der geringen Nachfrage aus dem Wege zu gehen und nicht in die Gefahr zu geraten, selbst nach jemanden suchen zu müssen, dem Sie ein möglicherweise illegales Tauschgeschäft vorschlagen, sollten Sie ggfs. noch in Tunesien bei einem der vielen Geldhändler tauschen, die Sie auf der Anreise in Südtunesien auf Schritt und Tritt treffen werden. Überall südlich von Gabès stehen Tunesier am Wegesrand und winken mit einem Bündel libyscher Dinarnoten. Ist dies illegaler Tausch? Auch in Tunesien scheint die Situation nicht eindeutig. Aber so offen wie hier libysches Geld und libysche Waren angeboten werden, kann das Risiko beim Kauf nur sehr gering sein. Von schmutzigen Tricks beim Geldtausch habe ich in Tunesien selten gehört. Beim Tausch von Dollar-Noten immerhin sollten Sie vorsichtig sein: Bekannte hatten ihre Dollar-Scheine hingereicht, der Händler streckte blitzschnell einen Schein wieder zurück – Falschgeld! Aber war das wirklich ein Schein, den meine Bekannten ihm gegeben hatten ...?

Noch ein Wort zur **Marktlage:** Als die 1. Auflage dieses Buches 1995 erschien, erhielt man für damals 100 DM (ca. 50 Euro) noch bis zu 200 LD! Vor allem nach der Suspendierung des Embargos sank dann der Kurs der DM bzw. stieg der **Kurs des LD** rapide. War im August 1999 noch ungefähr die nominelle Parität erreicht (100 DM = 100 LD), sank der Wert der DM/des Euro seither immer mehr, und so mussten Sie froh sein, im Mai 2007 in Tunesien für 100 Euro etwa 150 LD, offiziell getauscht an der Grenze aber 165 LD, zu erhalten. Versuchen Sie Ihr Glück rechtzeitig; erscheint Ihnen der Kurs zu niedrig, fahren Sie zum nächsten Geldhändler weiter.

Bargeld – das ist vielleicht in den vorstehenden Abschnitten schon deutlich geworden – spielt auf einer Libyen-Reise eine zentrale Rolle. Alle anderen Finanzmittel, die Sie vielleicht aus anderen Ländern oder von anderen Reisen kennen, Euroschecks, Reiseschecks oder auch Kreditkarten, können Sie vielleicht auf der Anreise einsetzen – in Libyen werden Sie keine Verwendung dafür finden. Als Währung eignen sich **Euro** und auch **US-Dollar,** am besten 100er (50er-Schein mit schlechterem Kurs, kleinere Scheine werden akzeptiert). Auf die Probleme mit falschen Dollarnoten hatte ich schon verwiesen. 1996 war der US-Dollar zur Währung des Feindes erklärt und sein Besitz verboten worden; Libyer, die damit handelten, machten sich des Hochverrats schuldig. Aber, wie schon erwähnt, das libysche Finanzwesen ist ein einziges Rätsel. Dies veranschaulicht eine Reuters-Meldung vom März 1997: *„Staatschef Muamar Al Gadhafi meinte, der libysche Dinar wäre überbewertet und empfahl den libyschen Auslandsreisenden, den US-Dollar zum Schwarzmarktkurs zu tauschen. „Unter wirtschaftlichen Gesichtspunkten ist es nicht logisch, den Preis des Dinars weiterhin bei drei Dollar zu halten", so Al Gadhafi vor dem General People's Congress (Parlament) in der Samstagnacht. Libyens offizieller Kurs für den Dollar ist 0,363 Dinar. Al Gadhafi, dessen Rede im libyschen Fernsehen übertragen wurde, sagte, der Dollar sei auf dem Schwarzmarkt drei Dinar wert, und schlug vor, dass dieser Kurs für einige Devisengeschäfte angewandt werden sollte. Stellungnehmend zu der Forderung des Kongresses, die Zentralbank zu ermächtigen, wieder Devisen an Reisende zu verkaufen, sagte Al Gadhafi: „Das Volk drängt nach touristischen Möglichkeiten. Gut, lasst es uns versuchen. Ihr werdet drei Dinar für einen Dollar bezahlen"."* Diese heftige Abwertung wurde bereits im April 1999 wieder rückgängig gemacht, Anfang Juli jedoch erneut durchgeführt. Wie hatte ich oben geschrieben? Das Bankenwesen in Libyen ist ein Rätsel!

Die **LD-Scheine** haben folgenden Wert: **20, 10, 5, 1, ½ und ¼ Dinar.** Die Beschriftung ist arabisch, die Zahlen sind jedoch auch in unseren arabischen Ziffern aufgedruckt. Von denselben Werten existieren verschiedene Ausgaben, die jedoch alle Gültigkeit besitzen. Die Geldscheine sind unterschiedlich groß und von unterschiedlicher Farbe. Sie sollten darauf achten, keine Scheine zu akzeptieren, denen ein Stück fehlt oder die ganz durchgerissen und mit Tesaband wieder zusammengeklebt sind. Die ½- und ¼-Dinar-Scheine entsprechen 500 bzw. 250 **Dirham** (1 Di-

Preisliste

- Superbenzin: 0,150 LD/Liter (in Tunesien: 1300 Millimes)
- Normal: 0,124 LD/Liter (in Tunesien: 1100 Millimes)
- Diesel: 0,120 LD/Liter (in Tunesien: 740 Millimes)
- Motoröl: 20/50: 0,750 LD/Liter
- Flaschengas: 11-kg-Flasche 3 LD
- Führer ohne Auto in Ghat: 50–70 LD/Tag (Tarife stark saisonabhängig)
- Führer mit Auto in Ghat: 150–200 LD/Tag (Tarife stark saisonabhängig)
- Führer ohne Auto in Ghadames: 30 Euro/Tag (Tarife stark saisonabhängig)
- Führer mit Auto in Ghadames: 100–130 Euro/Tag (Tarife stark saisonabhängig)
- Hotel in Ghat oder in Ghadames: 40–65 LD/Nacht/Doppelzimmer
- Hotel in Tripolis: 50–150 LD/Nacht und Doppelzimmer, Corinthia 420!
- Hotel in Tripolis (einfacher): 30 LD/Nacht und Doppelzimmer
- Hotel in Benghasi: 25 LD/Nacht und Doppelzimmer, bis zu 150 LD
- Jugendherberge ohne Ausweis: 10 LD/Nacht/Person;
- Jugendherberge mit Ausweis: 5 LD/Nacht/Person
- Tee: 0,250–0,500 LD, Kaffee 0,500–1 LD
- Sandwich: 1 LD
- Flasche Wasser 1,5 l: 1–1,500 LD
- Essen in einfachem Restaurant: 5–10 LD
- Essen in städtischem Hotel: 15–25 LD
- Büchse Pepsi/Bluna: 0,500–1 LD, Bier alkoholfrei 0,5 l: 1,250 LD
- Nescafé (brasilianisch): 3,500 LD/100 g
- Oliven im 1-l-Glas: 500 g 3,500 LD
- 24 Mars-Riegel (ägyptisch): 6 LD
- Zigaretten (Stange): 5–25 LD
- Eintritte Sabrata, Leptis Magna u.a.: 3 LD, Fotoerlaubnis: 5 LD, Videoerlaubnis: 10 LD
- 10 Ansichtskarten: 1 LD (Volksmuseum Tripolis), Porto Postkarte nach Europa: 0,200 LD
- Frisör (Herrenschnitt mit Waschen): 5 LD
- 5 Brote (ähnlich Baguette): 0,250 LD; 1 Fladenbrot (dick): 0,150 LD
- 1 kg Orangen: 0,500–1 LD, 1 kg Äpfel: 3 LD, 1 kg Bananen: 2 LD; 1 kg Kartoffeln: 0,800 LD, 1 kg Tomaten: 0,750 LD
- 1 Packung franz. Schmelzkäse: 1 LD; Honig 500 g: 8 LD
- Telefon (Post): 1 LD/Min., Internet: 1 LD/Std.
- Reisegenehmigung in Ghat: 5 LD/Person (Passbild erforderlich!)
- Dreieckstempel in Sebha: 10 LD/Person; Formular: 5 LD
- Dreieckstempel in Tripolis: 10 LD; für Schrift (Formular): 3 LD
- Taxi: Djerba - Tripolis (Sammeltaxi): 150 LD oder 150 US$; Grenze Tunesien - Tripolis: 8 LD; Tripolis - Leptis Magna: 3 LD; Tripolis - Ghadames: 25 LD
- Bus von Sebha nach Ghat: 20 LD
- Staatliche Busse: 1 LD (jew. je 100 km)
- Flug Tripolis - Sebha: 17,500 LD

Anmerkung: Die **Preise der Verkehrsmittel scheinen extrem zu variieren,** wie Leserzuschriften erkennen lassen. So reicht die Spanne bei der Taxifahrt von Tripolis nach Leptis Magna von 3 bis 70 LD, für die Fahrt von Tripolis nach Ghadames von 25 bis 260 (!) LD. Der Leser *A. Unverzagt* gibt eine Art Kilometerpauschale an: Sammeltaxi 2,500 LD für 100 km, Bus 2 LD, Flugzeug 4 LD.

nar = 1000 Dirham), und wenn Sie zum ersten Mal beim Bäcker bezahlen müssen, werden Sie mit Erstaunen feststellen, dass es auch Münzen zu 1, 5, 10, 20, 50 und 100 Dirham gibt – nur beim Bäcker spielen diese Münzen eine Rolle, sonst wird praktisch ausschließlich in Scheinen gerechnet und bezahlt – großzügig rundet man so lange auf und ab, bis der Minimum-Betrag des kleinsten Scheines, eben ¼ Dinar bzw. 250 Dirham erreicht ist. Wundern Sie sich nicht, dass man Ihnen ggfs. nur auf diesen Betrag, auch zu Ihren Ungunsten, Wechselgeld herausgibt: Damit sollen Sie nicht übers Ohr gehauen werden, man will Sie nur nicht unnötig mit dem schweren Metallgeld belasten – sich selbst natürlich auch nicht ...

Um Ihnen die Möglichkeit zu geben, Ihren **Finanzbedarf** wenigstens grob zu kalkulieren, nennt die nebenstehende Preisliste einige Preisbeispiele. Die Inflation ist hoch, einzelne Waren können sich dabei deutlich schneller verteuern als andere. So ist etwa Superbenzin relativ preisstabil geblieben, Diesel hingegen wurde teurer.

Sofern Sie nicht planen, schon bald nach Ihrer Ausreise erneut nach Libyen zu reisen, bleibt nur noch die Frage, **was** Sie **mit der** zurückerstatteten **Depot-Gebühr von 50 LD** (die Depot-Gebühr wird in letzter Zeit immer wieder auch in Devisen zurückerstattet) **in Tunesien anfangen** können. Ganz einfach: Sie halten bei einem der „Geldbündelwinker" und fragen ihn, was er bereit ist, für ihre Libyschen Dinare zu zahlen. Sie können nicht damit rechnen, von diesen Geldwechslern Devisen zu bekommen (und vor dem Dollar sollten Sie sich ohnehin hüten), wohl aber tunesische Dinare – und die können Sie auf Ihrer Rückreise ja noch „verbraten".

Post, Telefon und Internet

In jedem größeren Ort in Libyen finden Sie **ein Postamt.** Fast immer ist es dort, wo der große Richtfunkmast steht. Sie können in jedem größeren Ort telefonieren und Briefmarken kaufen – schwieriger ist es, die passenden Postkarten zu finden. Deshalb an dieser Stelle der Tipp: Sollten Sie irgendwo Postkarten sehen, decken Sie sich gleich mit einer größeren Menge ein. Die Postlaufzeiten sind für ein afrikanisches Land erstaunlich kurz. Sie können immerhin damit rechnen, dass Ihre Postkarten schon da sind, wenn Sie wieder nach Hause kommen. Alle von mir bisher abgesandten Postkarten haben auch ihren Empfänger in Europa oder in den USA erreicht. Die Meinung, wie hoch denn nun das Porto für eine Postkarte nach Europa sei, differiert von Postamt zu Postamt, mal sind es 200 Dirham, dann wieder 500 (0,2 LD bzw. 0,5 LD).

Das Telefonieren hat seine Haken: Sie müssen – mangels Telefonzellen – das Gespräch nämlich im Postamt anmelden. Wie lange Sie dann auf eine Verbindung warten, steht in den Sternen. Ich bin ein ungeduldiger Mensch und schaffte es nur selten, das Zustandekommen der Leitung abzuwarten. Das war dann nach fünf Minuten der Fall. Andere Reisende berichteten jedoch, es gehe relativ zügig und die Verbindungen seien gut. Letzteres kann ich für Telefonate von Deutschland nach Libyen bestätigen.

Auf dem Postamt geben Sie am besten die Nummer, die Sie anwählen wollen, auf einem Zettel ab. Dabei sollten Sie die Vorwahl von Deutschland zusammen mit der um Null verkürzten Ortsnetzvorwahl nennen. Den Zettel legen Sie in Ihren Pass an die Stelle, wo sich die arabische Übersetzung befindet. So kann der (die) Schalterbeamte (in) ohne lange Sucherei Ihren Namen auf die Quittung schreiben. Die Kosten für Telefonate sind im Vergleich zu Europa niedrig. Die Postämter haben erstaunlich lange Öffnungszeiten; viele sind auch abends nach 18 Uhr noch geöffnet. Nur über Mittag von 12–15 Uhr, bei manchen offensichtlich auch bis 16 Uhr, gibt's eine längere Siesta. Ich habe den Eindruck, dass dies örtlich unterschiedlich gehandhabt wird. Natürlich ist Freitag geschlossen (s.u.), außer in großen Städten.

Handys sind mittlerweile auch in Libyen weit verbreitet. Auf die rund sechs Millionen Einwohner des Landes sollen heute schon drei Millionen Mobiltelefonabonnenten kommen. In manchen Ortschaften wimmelt es nur so von Telefon-Läden! Netz- und Ladegeräte können Sie hier zu günstigen Preisen erwerben. Empfang ist im Umfeld aller größeren Ortschaften möglich, nicht alle Provider verfügen jedoch über ein Roaming-Abkommen; O_2 z.B. funktionierte Anfang 2007 landesweit, nicht jedoch T-Mobile.

Ein Zugang ins **Internet** ist erst seit 2001 legal möglich. Seither wurden von privaten Anbietern hier und da Internet-Cafés eingerichtet; ihre Zahl ist insgesamt eher gering. Angesichts der oft schlechten Verbindungen gestaltet sich das Surfen zudem zu einem eher zähen Vergnügen. Schnelle Verbindungen gibt es eigentlich nur in den Ortschaften im Küstenbereich. Fragen Sie ggfs. in größeren Ortschaften junge, westlich gekleidete Leute nach einer Zugangsmöglichkeit, die kennen sich damit am ehesten aus. 30 Minuten online kosten in der Regel 0,5 LD.

Öffnungszeiten

Ich kenne kein afrikanisches Land, das ingesamt so **uneinheitliche Öffnungszeiten** hat: Sie wissen nie, was gerade wann und warum geöffnet hat. Da finden Sie Geschäfte oder Behörden mit ewig langen Mittagspausen, während andere durcharbeiten. Schließen die einen Ihren Laden abends um 18 Uhr, schieben wieder andere um diese Uhrzeit gerade den Rolladen hoch. Mein Eindruck ist, dass die Öffnungszeiten deutlich kürzer sind als die Schließzeiten. Lange Mittagspausen sind üblich, dann wirken Städte und Ortschaften oft wie ausgestorben. Am Nachmittag gegen 17 Uhr ist es am lebhaftesten. Um

18 Uhr allerdings gehen die ersten Rollläden schon wieder herunter, und die Suks in den Städten sind bereits geschlossen! Man nimmt sich also insgesamt nicht viel Zeit, Kunden zu bedienen. Aber keine Regel ohne Ausnahme: Viele **Tankstellen** sind rund um die Uhr geöffnet! Als „offizielle" Öffnungszeiten der Geschäfte gelten: So. bis Mi. 7.30–12.30, 14.30–17.30, Do. 7.30–15 Uhr (im Winter jeweils 30 Minuten später), Fr geschlossen.

Wie in allen muslimischen Ländern entspricht der Donnerstagnachmittag unserem Samstagnachmittag und der Freitag unserem Sonntag. Das bedeutet, dass **Freitag Ruhetag** ist – von Ausflugszielen wie Museen und Ruinenorten einmal abgesehen – und am Donnerstagnachmittag die Möglichkeit für Erledigungen nur noch sehr eingeschränkt besteht.

Im Winterhalbjahr, zur besten Sahara-Reisezeit also, haben viele Museen deutlich längere Schließzeiten. Viele haben sogar ganz geschlossen; so steht der ruhigen und von anderen Besuchern kaum gestörten Besichtigung verschiedener Ausgrabungsstätten die Tatsache entgegen, dass die im Gelände integrierten Museen oft geschlossen haben. Auch ist das Angebot an Büchern, Führern und Postkarten in den angeschlossenen Boutiquen deutlich reduziert oder gar nicht vorhanden; Cafés und Restaurants haben ihren Betrieb ebenfalls eingestellt.

Die libysche Zeit ist gegenüber unserer im Winter um eine Stunde voraus, d.h. 18 Uhr in Deutschland (Österreich, Schweiz) entspricht 19 Uhr in Libyen.

Medien

Den Antennen nach zu schließen, ist heute auch im kleinsten libyschen Dorf TV-Empfang (nur staatlicher Rundfunk und Fernsehen!) möglich. Wer des Arabischen nicht mächtig ist, wird wenig Freude an den Sendungen haben: Nur zu oft, im Restaurant und in der Hotel-Halle, lärmt es dann unverständlich und ununterbrochen aus der Flimmerkiste. Häufig aber ist das Gerät zwar optisch und akustisch präsent, aber keiner im Raum schaut wirklich hin.

Die **Presse ist verstaatlicht.** Die staatliche Presse-Agentur ist die Jamahiria News Agency (JANA), die größte Tageszeitung „Al-Fajr al Jadid" (= Neue Morgenröte). Presseerzeugnisse finden sich meist an Kiosken in den Zentren größerer Ortschaften oder in der Nähe von Bushaltestellen – das ist nicht anders als bei uns. Die angebotenen Zeitschriften sind ausschließlich arabisch. Ich habe nie eine Zeitung in einer anderen Sprache bzw. Schrift gesehen.

In den bereits angesprochenen Museums-Boutiquen finden Sie immer wieder auch englischsprachige Führer des jeweiligen Museums, aber auch von anderen Museen oder Ruinenstätten. Einige wenige solcher Führer liegen auch in französischen oder italienischen Versionen vor. Nur in Tripolis in der Umgebung des „Grünen Platzes" werden Sie auch Buchhandlungen mit einem interessanten Angebot an nichtarabischen Büchern und auch Landkarten (z.B. die schon genannte Libyen-Karte im Maßstab 1:3,5 Mio) finden. Ich habe mich immer wieder erfolglos auch in anderen Städten, z.B. in Sebha, Ghat, Ghadames, in den Buchhandlungen umgesehen.

Verpflegung

Restaurants und Cafés

Die von politischer Seite gewollte Lockerung in den Zulassungsbestimmungen für das Kleingewerbe hat in den letzten Jahren eine große Zahl kleiner Restaurants entstehen lassen. Von Tunesien her kommend werden Sie jedoch sehr enttäuscht sein: Nette Straßenrestaurants oder auch Cafés sind immer noch seltene Erscheinungen. Und dann das Angebot ... Ich habe es tatsächlich erlebt, dass die Tische piekfein und sauber gedeckt waren – es gab aber nichts zu essen. Allenfalls konnte eine Büchse Cola bestellt werden! Verwöhnt von anderen Reiseländern, müssen Sie sich hier also auf deutliche Abstriche gefasst machen. Diese Form der gepflegten Gastlichkeit ist Libyen noch fremd. Aber wie gesagt: Die Veränderungen der letzten Jahre gerade in diesem Bereich sind ganz enorm, und vielleicht erleben Sie auf Ihrer Reise ja auch schon alles ganz anders ...

Erstaunen wird Sie, dass es immer wieder „Hendl-Bratstationen" und so-

129 Foto: gg

gar Kebab-Grills (in Libyen „schavurma“ genannt) gibt. Oft finden Sie diese in Straßen etwas abseits des Zentrums, gerade dort, wo man sie am allerwenigsten vermutet, immer aber in der Nähe der Taxi-Standplätze oder bei der Abfahrtstelle der Überland-Buslinien.

Wirklich typische Gerichte für Libyen sind mir nicht begegnet. Oft wird Hammelragout mit Reis angeboten. Auch Nudeln mit undefinierbarer Fleischsoße (ohne Fleisch) sind als Einheitsgericht in den einfachen Restaurants üblich. Diese Art der Gastronomie wird oft von Ausländern (Tunesier, Ägypter, Marokkaner) betrieben. Immer und überall bekommen Sie auch den typischen süßen Grüntee mit Minze oder starken süßen Kaffee arabischer Zubereitung.

Selbstversorger

Als Selbstversorger sind Sie vermutlich auch enttäuscht, wenn Sie libysche Ortschaften mit z.B. tunesischen vergleichen. Natürlich finden Sie überall Lebensmittelgeschäfte, aber das **Angebot** besteht hier doch **überwiegend aus abgepackten Produkten** unterschiedlichster Provenienz. Selten finden Sie Märkte mit einem wirklich üppigen Angebot an Frischwaren, Gemüse, Salaten oder auch Obst. Ein Angebot an lokaltypischen, frischen und wohlschmeckenden Produkten existiert schlichtweg nicht: Getrocknete und abgepackte Aprikosen kommen aus Syrien, viele gesüßte Speisen in Dosen oder auch Kekse und Pausen-Snacks aus Ägypten, Streichkäse gar aus Finnland, Nescafé aus Brasilien, Corned-Beef aus Holland, kurz, es ist alles vorhanden und in der Qualität und Aufmachung kaum von unseren Aldi-Produkten zu unterscheiden. Deshalb gilt: Wo immer Sie frische Artikel finden, sollten Sie kaufen. Ähnlich wie bei Restaurants gilt aber auch in diesem Bereich, dass offensichtlich ein Umdenken in Gang gekommen ist. Der Kleinhandel nimmt mehr und mehr zu, und offensichtlich wird auch in kleinem Maßstab wieder mehr für den lokalen Endverbraucher produziert.

Brot erhalten Sie oft als Handelsartikel in Lebensmittelläden, frisch allerdings nur in den Bäckereien, die oft als solche nicht zu erkennen sind. Als billiges, subventioniertes Nahrungsmittel ist es zudem stets **rasch ausverkauft,** sobald der Bäcker-„Laden“ offen ist.

Fleisch wird **selten** angeboten; mit irgendwelchen Wurstwaren können Sie überhaupt nicht rechnen. Hier bleibt Ihnen nur die Möglichkeit, entsprechende Dauerprodukte von zu Hause aus mitzuführen. Kontrollen (z.B. wegen Schweinefleisch in Dosen) haben Sie nicht zu befürchten.

Dass **Alkohol,** egal in welcher Zubereitung, nie und nirgendwo angeboten wird und nach meiner Kenntnis auch keinerlei Schwarz- oder Graumarkt existiert, soll hier nur der Vollständigkeit halber noch einmal erwähnt werden. Gleiches gilt für Schweinefleisch – auf solche Dinge sollten Sie also eine Zeitlang verzichten können.

Eigentlich verläuft die Straße nach Tobruk doch schnurgerade ...

Selbstverständlich haben all diese Verpflegungseinrichtungen im **Fastenmonat Ramadan** tagsüber geschlossen. Überhaupt ist es in dieser Zeit schwierig, vor dem Abend irgend etwas Essbares zu bekommen. In diesem Falle sollten Sie rechtzeitig Vorsorge treffen. Umso lebhafter dann aber abends und kurz vor Fastenbrechen der Handel mit Lebensmitteln. Nie werden Sie ein größeres Angebot finden, nie werden Sie Menschen mit einer vergleichbaren Intensität und Hektik beim Einkauf der alltäglichsten Lebensmittel erleben wie in der letzten Stunde vor Sonnenuntergang. Wenn Sie es vermeiden können, sollten Sie sich in dieser Zeit nicht gerade ins Gewühl stürzen!

Souvenirs

In Libyen kann von einem Angebot an Souvenirs nicht die Rede sein. Nirgendwo werden die typischen Produkte einheimischen Kunsthandwerkerfleißes angeboten. Was Sie in den Läden überwiegend finden werden, sind importierte Produkte industrieller Massenfabrikation von einer mehr als zweifelhaften Qualität. Nur im Einzelfall können Sie vielleicht einmal Glück haben: Mancher Silberschmied oder Juwelier hat beim Verkauf des neumodischen filigranen vergoldeten Silberschmucks vielleicht ein altes Stück in Zahlung genommen; dieses sehen Sie dann zufällig verstaubt und dunkel angelaufen irgendwo lieblos hingeworfen im Schaufenster liegen. Ein einziges Mal auch habe ich grob irdene Töpferwaren aus einheimischer Produktion gesehen. Sorglos getöpfert und schlecht gebrannt machten die großen Töpfe den Eindruck, als würden sie selbst einen sorgfältigen Transport nach Europa nicht heil überstehen – ich habe deshalb das Angebot nicht in Anspruch genommen. In der Medina von Tripolis fand ich Händler, die in bescheidenem Umfange verinnerlicht hatten, was die Dinge sind, die ausländische Besucher gerne kaufen und als Souvenir mit nach Hause nehmen. Ein bescheidenes Angebot finden Sie auch in Ghadames und Ghat, hier vor allem (neuen) Tuareg-Schmuck, feilgeboten von Händlern und Schmieden vor allem aus dem Niger. Ein besonders üppiges Angebot an Schmuck und anderen Dingen aus den Sahel-Ländern wird von etlichen Tuareg an den Mandara-Seen angeboten. Wenn Sie Freude an solchen Dingen haben – hier finden Sie das mit Abstand größte Angebot. Ganz umsonst können Sie andere Souvenirs einpacken: Sand von der Küste oder von den Dünen bei Mandara, bizarr geformte Lava-Stücke aus der Harudj, Sandsteinstücke aus dem Akakus oder Jaspisknollen aus den Bergen bei Zilla, Vulkanasche vom Wau en Namus oder Kies aus dem Jabal as Sawda. Hüten Sie sich aber davor, **Antiquitäten** (auch Tonscherben), **Artefakte** (auch selbst gefundene), Fossilien oder bestimmte Steine wie z.B. Teile von Meteoriten mitzunehmen: Deren Ausfuhr ist verboten (s.a. „Papierkram/Ein- und Ausfuhrbestimmungen")!

109 Foto: gg

Auch wenn Sie all diese Dinge nicht bezahlen müssen, gehört das Thema **Handeln und Feilschen** so untrennbar zum Thema Souvenirs, dass Sie vielleicht an dieser Stelle einige Zeilen dazu erwarten. Immer wieder liest man dabei über Libyen, dass Handeln nicht üblich sei. Ich bin jedoch der Meinung, dass diese Aussage in ihrer Verallgemeinerung nicht richtig ist. Natürlich entfällt in Libyen in Ermangelung eines touristischen Warenangebotes das in vielen anderen Ländern so typische Geschachere. Aber ganz ohne geht es auch nicht! Gerade im Norden, an der Küste, wo viele Tunesier einkaufen, ist es durchaus üblich, ein Preisgespräch zu führen. Maßlos überhöhte Fantasiepreise, die im touristischen Sektor anderer Länder oft das zehnfache oder mehr des üblichen Preises ausmachen, sind mir allerdings in Libyen nie begegnet. Aber für eine Stange Zigaretten, die definitiv 15 LD kostet, werden schon einmal 20 LD verlangt. Nicht ohne Handeln sollten Sie sich auch auf Führerverträge in Ghadames oder Ghat einlassen. Gerade dort, wo Touristen auftreten, sollte man nie einen Preis unbesehen akzeptieren.

Sollten Sie nicht ohne saharisch-nordafrikanische Handwerksprodukte zurückkehren wollen, seien Ihnen entweder die Medinas der beiden Großstädte Tripolis oder Benghasi empfohlen, oder – mehr noch – der **Einkauf** solcher Dinge auf dem Heimweg **in Tunesien.** Gerade in diesem Land finden Sie eine un-

Natur-Souvenirs:
Gipsbrocken vor Wau an Namus

glaubliche Fülle guter Dinge zu günstigen Preisen, vom Teppich über „typisch orientalische" Lampen bis zum Silberschmuck. Zudem können Sie in diesem Land die Dienste einer staatlichen Kontrollbehörde für die Qualität solcher Erzeugnisse in Anspruch nehmen, wenn Sie sich Ihres eigenen Urteils nicht ganz sicher sind: Das ONAT (Office Nationale de l'Artisanat Tunisien) hat in vielen Ortschaften Filialen und verkauft zwar nicht gerade am billigsten, aber doch mit Garantie für gute Qualität alle Produkte heimischer Kunsthandwerker.

Auch in Ägypten finden Sie ein breites Angebot solcher typischen Produkte, eine Behörde wie das ONAT existiert hier aber meines Wissens nicht.

Führer

Wieder muss der Vergleich mit den anderen nordafrikanischen Ländern angestellt werden. Die Rede soll hier zunächst sein von jenen überwiegend jugendlichen Burschen (die Mädchen sind ja in all diesen Ländern von solchen Verhaltensweisen ausgeschlossen) im Schüleralter, die überall in Tunesien, Ägypten und ganz besonders in den Touristen-Gebieten Marokkos dem Touristen „auflauern" und sich ihm als Führer anbieten. Für diese Führerdienste verlangen sie einerseits eine Entlohnung, andererseits verfolgen sie in aller Regel das Ziel, die Geführten in irgendein Geschäft (oft die sprichwörtliche „Teppichknüpferei meines Bruders") zu locken, um dann an den dort (hoffentlich) getätigten Einkäufen Provisionen zu verdienen; derartiges gibt es in Libyen nicht! Nirgendwo wird jemand versuchen, sich „ganz zufällig" und „unauffällig" an Sie heranzumachen, und Ihnen mit mehr oder minder großem Nachdruck irgendwelche Angebote unterbreiten – eine höchst angenehme Reisesituation!

Müssen Sie allerdings einen Führer **für bestimmte Pisten oder Geländestrecken** engagieren, weil dies dort Vorschrift oder gängige Praxis ist, sieht die Situation anders aus. Jetzt sind Sie derjenige, der suchen muss und auf einen solchen Begleiter angewiesen ist. In Ghadames und Ghat (nur in diesen beiden Ortschaften besteht einerseits die Pflicht, für bestimmte Routen Führer zu engagieren, und sind andererseits seriöse Agenturen vorhanden, die solche zur Verfügung stellen) sollten Sie sich zum Tourismus-Office bzw. zu den entsprechenden Reiseagenturen begeben und dort per schriftlichem Vertrag einen entsprechend ortskundigen und für die jeweilige Route zugelassenen Führer verpflichten – auf andere Angebote, von denen Sie eventuell hören, sollten Sie sich nicht einlassen.

Unabhängig von den führer- bzw. genehmigungspflichtigen Strecken (ich vermerke dies bei den jeweiligen Routenbeschreibungen) sind noch folgende Punkte anzumerken:

Ehemaliger Führer in Ghadames
(mittlerweile verstorben)

1) Handeln Sie die Preise eindeutig aus, vermerken Sie auch die Zahlungsmodalitäten, z.B. eine Hälfte bei Abfahrt, die andere Hälfte bei Ankunft.

2) Legen Sie die Strecke und den Zeitbedarf **eindeutig fest.**

3) Verpflichten Sie den Führer ausschließlich für sich selbst; er darf unterwegs keine anderen Engagements irgendwelcher Art eingehen.

4) Beachten Sie, dass auch in diesem Bereich Libyen noch touristisches Neuland ist: Die Führer wissen oft noch nicht so recht, wie sie mit den ihnen Anvertrauten umzugehen haben, was diese von ihnen erwarten. Üben Sie also Nachsicht. Sie müssen andererseits – und das sehe ich als einen großen Vorteil – auch noch nicht damit rechnen, einen im Umgang mit Touristen über Jahre erfahrenen und ziemlich skrupellosen Typen zu engagieren, der nur darauf aus ist, Sie bei jeder sich bietenden Gelegenheit über den Tisch zu ziehen. Hier in Libyen herrscht eher noch eine symphatische Ursprünglichkeit, die dann wieder den Nachteil mit sich bringt, dass die Führer – abgesehen von wenigen englischen oder französischen Worten – nur Arabisch sprechen. Die Verständigung ist deshalb auf ein Minimum reduziert, und ausführliche Erläuterungen beispielsweise zu Felszeichnungen- und Gravuren dürfen Sie nicht

111 Foto: ed

erwarten; einen Minimalwortschatz in Arabisch sollten Sie sich auf jeden Fall aneignen (vgl. Anhang).

Wenn Sie einen Führer mit seinem eigenem Fahrzeug engagieren, sollten Sie das betreffende Fahrzeug zuvor gesehen haben. Was Sie nicht erwarten dürfen, sind Autos, die in technischer Hinsicht Ihrem eigenen auch nur entfernt entsprechen oder solche, bei denen unsere TÜV-Mechaniker nicht alle verfügbaren Hände über dem Kopf zusammenschlagen würden ... Sie werden sich dann aber vielleicht wundern, wie geschickt die Sahariens mit solchem „Material" noch umgehen können.

Sicherheit

Weder dürfen Sie aus dem finsteren Gesichtsausdruck eines Menschen auf dessen kriminelle Veranlagung schließen, noch können Sie aus der Tatsache, in einer bestimmten Region nicht behelligt worden zu sein, schlussfolgern, es handele sich überhaupt um ein friedliches und sicheres Gebiet.

Im Vergleich zu den anderen saharischen Reiseländern gilt Libyen derzeit als **sicher.** Diese Meinung vertrete ich nicht mit dem Interesse, Ihnen dieses Land als Reiseziel unbedingt schmackhaft zu machen. So sehen die aktuellen Sicherheitshinweise des deutschen Auswärtigen Amtes die Situation: *„Gelegentlich kommt es in Libyen zu Vermögensdelikten gegen Ausländer. In der Vergangenheit sind Raubüberfälle mit Waffengewalt in der Küstenregion und in der Gegend von Sebha bekannt geworden. Einzelreisenden wird davon abgeraten, in der Dunkelheit zu fahren und/oder im Auto zu übernachten."* Bis auf das Fahren in der Dunkelheit könnten diese Aussagen auch für eine Übernachtung auf einem Autobahnparkplatz in Frankreich oder Spanien gelten. Ich halte Libyen für eines der sicheren Reiseländer – was aber kein Grund zu leichtsinnigem Verhalten ist!

Im Folgenden einige **Vorsichtsmaßregeln:** Stellen Sie Ihren „Reichtum" nicht zur Schau; zeigen Sie Geld und Wertgegenstände nicht unnötig herum, auch nicht beim Bezahlen. Verwahren Sie wichtige Dinge gut, z.B. in einem Brustbeutel, einem Wadenbeutel usw. Gewähren Sie keine Einblicke in die Fülle Ihrer Ausrüstung z.B. im Wagen; decken Sie alles ab, was „gut und teuer" aussieht. Ich bin außerhalb Libyens auf Reisen zweimal gezwungen worden, mein Geld herauszugeben: Zum Glück hatte ich plausible kleinere Beträge griffbereit; teilen Sie also Ihr Geld in Portionen auf, damit Sie im Falle des Falles möglichst viel behalten können. Verzichten Sie auf unnötige Gegenwehr: Wer „nur" Geld von Ihnen will, tötet Sie nicht, wenn Sie ihm welches aushändigen.

Suchen Sie Rast- und Nachtplätze so auf, dass Sie nicht von allen Seiten dabei beobachtet werden können. Übernachten Sie weder an der Küste noch im Umfeld einer größeren Stadt. Suchen Sie Ihren Nachtplatz am besten dort, wo sich Fuchs und Hase „Gute Nacht" sagen, und keinesfalls in Sichtweite der Straße: Der Bauer oder der

Nomade kann sich an seine Schafe halten, wenn er jemand das Fell über den Kopf ziehen will; aber das Gelichter, das eventuell nachts auf der Straße an Ihnen vorbeifährt, ohne dass Sie es auch nur sehen, besitzt keine Schafe und hält sich deswegen an Sie!

Das **Reisen in einer Gruppe** von mehreren Fahrzeugen und Personen ist immer ein wichtiges Sicherheitsargument, auch wenn dies – wie die Erfahrungen der letzten Jahre zeigen – eher dem Gefühl als den Tatsachen entspricht. Reisepartner finden Sie – sollten Sie allein losgereist sein – möglicherweise auf dem Schiff. Seien Sie deshalb hinsichtlich Ihrer Termin- und Routenplanung flexibel, das erleichtert das gegenseitige Anpassen solcher Pläne. In Libyen selbst erscheint **Ghadames** als ein möglicher **Treffpunkt**: Hier kommen immer wieder Touristen an, die dann auf Gleichgesinnte warten, um mit diesen zusammen die Piste bzw. das Gelände entlang der algerischen Grenze nach Ghat in Angriff zu nehmen. Dabei spielt allerdings oft der Kostenfaktor die ausschlaggebende Rolle: Gerade ab Ghadames sind die von den Führern geforderten Preise doch sehr hoch und verteilen sich so auf mehrere Köpfe. Ein weiterer Treffpunkt wäre Ghat; auch im Bereich Germa wird man immer wieder auf Touristen stoßen, die nicht abgeneigt sind, sich für bestimmte Strecken mit anderen Reisenden zusammenzutun. Früher bildeten die Reisenden überall in der Sahara **Karawanen;** wussten Sie, dass dieses Wort aus dem Persischen stammt und „Handelsschutz" bedeutet? Auch wenn Sie nicht als Kaufmann unterwegs sind, Schutz bietet Ihnen ein solcher Zusammenschluss allemal!

Die Fenster an Ihrem Wagen sollten immer geschlossen sein, wenn Sie ihn irgendwo parken. Meiden Sie hierfür dunkle, schwer einsehbare Ecken. Lassen Sie keine Gegenstände von Wert zurück. Als Rucksacktourist sollten Sie sich nicht von Ihrem Gepäck trennen, auch wenn das mitunter mühsam ist, es sei denn, Sie können es irgendwo sicher in Aufbewahrung geben. Ingesamt kann aber für Libyen gelten: Das Diebstahlrisiko ist sehr gering.

Die **vielen Polizeikontrollen** in Libyen sollten Sie nicht als Indiz für Unsicherheit im Lande werten. Sie tragen vielmehr dazu bei, dass das Reisen in diesem nordafrikanischen Land sicher bleibt; unter diesem Aspekt sollten Sie die Kontrollen betrachten und sich den Kontrolleuren gegenüber entsprechend höflich und zuvorkommend verhalten.

Ein unter Sicherheitsaspketen **spezifisch libysches Problem** möchte ich noch ansprechen: Sollte Ihnen wirklich schlimmes Unrecht zustoßen, dürfen Sie in Libyen selbst keinesfalls darauf beharren, einem Libyer die Schuld daran zuzuweisen; die Behörden wären versucht, Sie einfach zum Schweigen zu

Buchtipp:
- Matthias Faermann, **Schutz vor Gewalt und Kriminalität unterwegs** Reise Know-How Praxis

bringen, um diesen Schuldvorwürfen zu entgehen. Dies ist per se kein spezifisch libysches Problem, ich kenne solche Vorkommnisse aus anderen Ländern nur zu gut. In Ländern jedoch, die auf Touristen angewiesen und die wirtschaftlich von uns abhängig sind, wird man in diesem Punkt deutlich mehr Zurückhaltung üben. Für Libyen gilt aber weder das eine noch das andere und das sollte Sie in einem solchen, sicher extrem seltenen, Fall besonders vorsichtig und zurückhaltend sein lassen.

Rauschgift

Auf meinen Reisen in Afrika bin ich nur selten mit Rauschgift in irgendeiner Form konfrontiert worden, vermutlich sehe ich nicht aus wie der „typische" Drogenkonsument. Die wenigen Fälle ereigneten sich überwiegend in Marokko. In Libyen dagegen hatte ich nie auch nur andeutungsweise den Eindruck, dass hier irgendetwas mit Rauschgift „läuft". Auch andere Reisende, die ich befragte, kamen zu ähnlichen Urteilen. Fazit: In Libyen stellt Rauschgift – für alle, die es nicht brauchen – keinerlei Problem dar.

Die Polizei in Libyen – Dein Freund und Helfer?

Während einer Reise in einem westafrikanischen Sahel-Staat hatte mein Reisebegleiter einen Streit mit Einheimischen. Die Auseinandersetzung eskalierte, mein Freund sah schließlich keine andere Möglichkeit mehr, als sich hilfesuchend an die Polizei zu wenden. Diese griff jedoch mitnichten in den Streit ein – sie nahm ihm einfach alle Personalpapiere ab! In dieser Situation blieb ihm nur noch ein Anruf bei der Botschaft in der weit entfernten Landeshauptstadt. Ihr Rat: „Vermeiden Sie jeden weiteren Kontakt zur örtlichen Polizei – Sie sind hier in keinem Rechtsstaat!"

Auf vielen Reisen in Libyen habe ich selbst stets nur positive Erfahrungen mit der Polizei gemacht. Dennoch würde ich obigen Rat uneingeschänkt auch in Libyen beherzigen. Zur mangelnden Rechtssicherheit und einem gewissen unguten Gefühl beim Reisenden trägt auch die Vielzahl verschiedener Polizeigruppierungen bei: Da ist nicht nur die stets korrekt uniformierte Verkehrs(?)-Polizei (sie fährt häufig Mercedes oder Audi neuester Baureihen); auch verschiedene andere Polizeibeamte, mal mehr, mal weniger korrekt uniformiert, werden Sie unterwegs immer wieder anhalten und kontrollieren. Bestimmte Dienste sind vielleicht noch an einer Ärmelbinde (z.B. rot mit Waagschalen-Symbol für die Justiz) zu erkennen, während andere ganz in Zivil auftreten, sich aber wie Polizisten gebärden: Die Spanne von den „Revolutionären Garden" über Militär bzw. Militär-Polizei bis zu Sicherheitsdiensten oder auch Geheimpolizei ist offensichtlich weit, und nicht immer ist dem unbedarften Reisenden klar, wer Polizeirechte hat und wer sich solche nur anmaßt. Ich wiederhole: Auf vielen Libyen-Reisen bin ich stets korrekt behandelt worden. Wegen der Berichte anderer Reisender und nach eigenen Erfahrungen in anderen Ländern erscheint es mir dennoch sehr wichtig, einige Ratschläge gerade auch für Libyen in Bezug auf den Umgang mit der dortigen Polizei zu geben; richtiges Verhalten und Wissen infolge guter Vorbereitung kann ganz wesentlich dazu beitragen, schlimme Probleme unterwegs zu vermeiden.

Grundrat ist, wie oben schon erwähnt: Vermeiden Sie überflüssige Kontakte mit der Polizei! Keine Tricks, sondern ein stets unauffälliges, korrektes und zurückhaltendes Verhalten sind oberste Touristenpflicht! Bei den häufigen Kontrollen im Lande sollten Sie „gesittet" angezogen sein und sich respektvoll verhalten. Wer sich als Polizist an einer Kontrollstelle aufhält, hat nicht nur ein Recht, Sie zu kontrollieren, sondern auch die Pflicht dazu, egal ob er nun Uniform trägt oder nicht. Außerhalb von Kontrollstellen ist schon das Tragen einer Waffe oder das Benutzen eines offensichtlich dienstlichen Wagens usw. oft hinreichender Ausweis der Kontrollbefugnis. Lassen Sie sich im Zweifelsfall nicht auf lange Auseinandersetzungen ein; aus kleinen Missverständnissen können rasch große Probleme werden.

Libyen gibt sein Geld zu einem nicht geringen Teil für militärische Rüstung aus, die es, wie auch immer, zu verbergen gilt – Rabta ist ja hinlänglich bekannt. Sollten Sie das Pech haben, aus Unwissen in heikles Terrain zu geraten (wo immer mir solches bekannt ist, weise ich im Rahmen der Routenbeschreibungen darauf hin!), muss Ihnen klar sein, dass Sie verhaftet werden – Absicht oder nicht, das will die Polizei dann klären. Sie müssen damit rechnen, dass Sie von Ihren Reisebegleitern getrennt und auch getrennt verhört werden. Trösten Sie sich in solchen höchst unangenehmen Situationen mit dem Gedanken, dass die Verhörenden ihre Pflicht tun; wirkliche Spione werden u.U. kaum anders unterwegs sein als Sie selbst. Und wie gesagt: Gerade in Libyen ist die auch sonst so weit verbreitete Paranoia ja durchaus begründet.

Vermeiden Sie Auseinandersetzungen mit Einheimischen. Sollten Sie einen Unfall haben, versuchen Sie in Ruhe die Schuldfrage zu klären; ziehen Sie andere Einheimische zur Beurteilung noch vor der Polizei hinzu. Verzichten Sie in einfacheren Fällen lieber auf Ihr Recht und eine Entschädigung, als dass Sie sich durch Halsstarrigkeit ungeahnte Probleme aufladen.

In schlimmeren Fällen sollten Sie so rasch wie nur irgend möglich die Deutsche Botschaft in Tripolis informieren. Gerade im schlimmsten aller denkbaren Fälle, einem Überfall mit Verletzten oder Toten, müssen Sie unbedingt vorsichtig hinsichtlich Ihrer Aussagen gegenüber der Polizei sein: Beharren Sie in keinem Fall darauf, eindeutige Schuldzuweisungen gegen Libyer auszusprechen, auch wenn Sie sich Ihrer Sache noch so sicher sind; ich weiß von Fällen, in denen die standhafte Beschuldigung Einheimischer, erst recht natürlich, wenn man sie auch gegenüber Polizei oder Militär aufrechterhält, zu übelsten Misshandlungen der bereits geschädigten Touristen geführt hat ...

Aber, wie schon gesagt: Angst will ich Ihnen für Ihre Libyen-Reise keineswegs machen! Es geht mir nur darum, dass angemessenes Verhalten und das Wissen um die Problematik ganz wesentlich dazu beitragen, unangenehme Vorkommnisse unterwegs zu vermeiden. Ihre Reise geht ja nicht in die Schweiz. Und wenn Sie jemals einen Unfall in der Schweiz hatten, dann wissen Sie, dass Sie schon hier, im europäischen Nachbarland, als Ausländer anders behandelt werden wie der Schweizer in gleicher Situation ...

117 Foto: gg

Übernachtung

Hotels (Funduk)

Hotels sind in Libyen Mangelware! Diese Aussage gilt sowohl für die nördlichen Küstenregionen als auch für die saharischen Gebiete des Südens. Zwar lassen sich im Norden in erträglichen Etappen Hotels finden, aber das bedeutet nicht, dass es dann auch freie Zimmer gäbe. Die Bettenkapazität im Lande ist offensichtlich insgesamt so knapp bemessen, dass schon geringe Anlässe (Messen, Kongresse) genügen, um das vorhandene Kontingent auszuschöpfen. Dabei muss ich gestehen, dass ich selbst mit diesem Problem außer in Tripolis nie konfrontiert war. Wann immer ich in Libyen in einem Hotel übernachten wollte, war ein Zimmer zu haben, mehr noch: Ich habe es oft genug bedauert, in riesigen Bettenburgen fast alleine wohnen und in riesigen, ungemütlich leeren Sälen allein speisen zu müssen; nichts gegen die „Leere" der Sahara, aber ein ausgestorbenes Groß-Hotel hat etwas bedrückendes ... Nach Aussagen anderer Reisender gibt es jedoch immer wieder auch die Situation, dass man von Hotel zu Hotel abgewiesen wird, weil eben alles bereits belegt ist.

Die Hotels sind **nicht offiziell klassifiziert,** und auch in den besten Nobel-Herbergen – vielleicht von Tripolis abgesehen - kann man nicht sicher sein, dass die Zahl der Sterne dem wirklichen Standard entspricht: Da funktionieren die Lifte nicht, das Wasser kommt immer wieder mal nur tröpfchenweise, die Fenster lassen sich nicht öffnen oder - oft noch unangenehmer - nicht schließen, der Schlüssel zur Tür fehlt ... Kurz: Gemessen an heute üblichen Ansprüchen könnte kein Reiseveranstalter diese Hotels in sein Programm aufnehmen, wollte er nicht Reklamationen und Preisnachlassforderungen en masse provozieren.

Wollen Sie also in Libyen in Hotels übernachten, müssen Sie ein gewisses Quantum Nonchalance mitbringen: Da funktioniert vieles nicht so, wie wir es von Europa her gewohnt sind. Die Libyer sehen dies selbst wohl auch so: Viele von Ihnen verbringen Ferien und Urlaube in Tunesien ...

Ein weiteres Problem - die **Preise!** Sie stehen oft in keinem erkennbaren Zusammenhang mit Service, Komfort und Ausstattung. Ein Zimmer für 80 LD muss nicht unbedingt besser sein als ein solches für 40 LD! Rechnen Sie auch nicht damit, Ihre Hotelrechnung mit einer Kreditkarte bezahlen zu können. Abgesehen von einigen wenigen sehr großen Hotels in Tripolis oder Benghasi ist überall Bargeld gefordert - Sie können die Zahl der mir bekannten an einer Hand abzählen!

Natürlich gibt es auch in jeder größeren Ortschaft (mit Ausnahme des Südens) ausgesprochen **billige Hotels** (wie überall auf der Welt), die bereits vom Preis her keinerlei Ansprüche zulassen. In solchen Schmuddelherbergen pflege ich nicht zu übernachten - da ziehe ich das freie Gelände auch bei schlechtem Wetter vor!

Ruhige Rastplätze wenige Kilometer östlich von Timsah

Jugendherbergen (Beit Shabaab)

Für das 1991 ausgerufene „Jahr der Jugend" wurde ganz Libyen mit einem dichten Netz von Jugendherbergen überzogen. Wer **günstig und meist auch sauber** unterkommen will, ist hier gut aufgehoben. Die Herbergsväter sind oft freundliche, hilfsbereite Leute, die auch immer wieder gut über Land und Leute Bescheid wissen. Mit einem Jugendherbergsausweis verbilligen sich die Übernachtungsgebühren auf fast die Hälfte. Verständlich, dass in diesen Jugendherbergen der Komfort gering ist. Sie werden deshalb überwiegend von den (sehr seltenen) Rucksacktouristen besucht, mitunter auch von Motorradfahrern bei schlechtem Wetter. In Jugendherbergen bei den bekannten Ruinenstädten trifft man evtl. auch Studentengruppen.

Nach meinen eigenen Erfahrungen sind die Jugendherbergen im Winterhalbjahr nur sehr schwach besucht. Fast immer war ich dort als einziger Besucher, allenfalls in Sabrata oder Alfejeaji fanden sich auch andere Touristen als Gäste. Auch von anderen Reisenden, die im Gegensatz zu mir häufiger in Jugendherbergen übernachtet hatten, wurde mir Ähnliches berichtet.

Campingplätze

Organisierte Campingplätze entstanden in den letzten Jahren an fast allen von Touristen besuchten Orten, mitunter sogar in reicher Auswahl und ganz besonders viele im Gebiet der Mandara-Seen. **Auch im freien Gelände** findet sich immer eine Möglichkeit, sein Zelt aufzubauen oder sein Fahrzeug abzustellen. Achten Sie besonders im Norden darauf, bei der Nachtplatzsuche nicht versehentlich in kultiviertes Gelände einzudringen; ein nur lückenhaft bewachsenes Getreidefeld sollte nicht zu der Vermutung verleiten, dass hier lediglich eine halb vertrocknete Wiese vorliegt ...

In Absprache mit den jeweiligen Herbergsvätern ist es oft auch möglich, im Hof oder Garten einer Jugendherberge zu nächtigen. Dies kostet aber fast immer denselben Preis wie in der Herberge selbst.

Wild campen

Auf allen meinen Libyen-Reisen habe ich so oft wie nur möglich im freien Gelände geschlafen. Das ist relativ unproblematisch, solange man sich **im Süden und in der Sahara** aufhält: Hier ist genug Platz, um sich in möglichst großer Entfernung von der Straße oder der Piste einen hübschen und möglichst geschützten Nachtplatz zu suchen. Nichts schöneres als ein wildromantischer Platz an Dünen mit Palmen oder mit Tamariskenbüschen: dann ist auch noch gleich ausreichend Holz fürs abendliche Lagerfeuer vorhanden. Und erst die Sternennacht unter dem Wüstenhimmel – wer träumt nicht vor seiner Sahara-Reise davon?

Im kultivierten Norden ist es nicht ganz so einfach. Aber auch hier finden sich immer wieder Freiräume zwischen den bebauten Zonen, die Schutz und ausreichend Entfernung zur nächsten Siedlung bieten. Sie sollten allerdings darauf achten, in solchen Fällen Ihren Nachtplatz möglichst früh und noch bei Tageslicht aufzusuchen, um die Situation wirklich eindeutig zu klären.

Von einer Übernachtung **an der Küste** rate ich ab. Wie überall auf der Welt ist die Küste auch in Libyen Treffpunkt recht zwielichtiger Elemente. Zudem wird die Küste in vielen Bereichen militärisch überwacht. Nicht immer sind die Posten dieser Bewacher – da teilweise getarnt – auch zu erkennen. Werden Sie dann entdeckt, müssen Sie mit entsprechenden Überprüfungen und anderen unangenehmen Kontrollen rechnen – wo Sie doch eigentlich nur den Abend am Meeresufer genießen wollten ...! Eine Möglichkeit, die ich selbst auch schon wiederholt genutzt habe, besteht darin, einen der Bewacher ausdrücklich um die Erlaubnis zur Übernachtung in diesem Bereich zu fragen. Mir wurde dies stets gestattet. In einem Fall notierte sich unser Beschützer die Pass-Nummern, um anderntags der Polizei unsere Übernachtung dort zusammen mit unseren Pass-Nummern mitzuteilen! Besuch bekamen wir bei solchen Übernachtungen nie.

Auf Pisten- oder Geländestrecken, auf denen man über Tage hinweg unterwegs ist, besteht ohnehin gar keine andere Möglichkeit, als wild zu campieren. Aber dies ist ja gerade die Art des Lebens und Reisens, die Sehensucht nach diesem bestimmten Gefühl der Freiheit, die viele dazu veranlasst, in die Sahara zu reisen. Man übernachtet weit weg von einer Oase, besucht diese eventuell anderntags - und entfernt sich für die nächste Nacht wieder so weit von ihr, dass man sicher ist, keinen zu stören und selbst nicht gestört zu werden.

Im schutzlosen flachen Gelände ist es oft nicht einfach, einen Nachtplatz zu finden. Ich empfehle deshalb, sich geschützte Stellen in Wadis, trockenen Flußbetten usw. zu suchen. Dabei muss der Platz so ausgewählt werden, dass man sich im Falle eines rasch herankommenden Hochwassers rechtzeitig auf sicheres Gelände zurückziehen kann. Beobachten Sie abends die Wettersituation und achten Sie auf Veränderungen während der Nacht. Wasserfluten, ausgelöst durch in weiter Entfernung gefallenen Regen, habe ich auf mittlerweile mehr als hundert Sahara-Reisen nie erlebt.

Beim Übernachten im freien Gelände sollten Sie sich darüber im Klaren sein, dass Sie sich in der Sahara befinden! Die Erfahrung zeigt, dass **nächtliche Ausflüge** (auch z.B. der Gang zur Toilette) nicht ohne Risiken sind: Sie wären nicht der Erste, der sich nach einem „kleinen Spaziergang“ fast hoffnungslos verirrt und dem es u.U. erst nach Stunden gelingt, durch lautes Rufen oder Pfeifen seine Reisebegleiter auf sich aufmerksam zu machen und darauf, dass man nicht mehr zum Nachtlager zurückfindet. Ich habe hier selbst schon schlechte Erfahrungen in einem - wie ich meinte - eindeutig strukturierten Gelände gemacht, das beim Aufziehen nächtlicher Wolken auf dem Rückweg nicht wieder zu erkennen war. Von einem Gruppenreisenden habe ich gar gehört, dass er die Nacht im Freien verbringen musste und erst am anderen Tag wieder zum Camp zurückfand. Bedenken Sie bei abendlichen Ausflügen im letzten Tageslicht auch, dass die Nacht sehr rasch hereinbricht und die Dämmerungsphase Ihnen nur wenig Zeit für den Rückweg bei Helligkeit lässt.

Verkehrsmittel

Allgemeines

Wer Libyen schon einmal mit dem eigenen Fahrzeug bereist hat, wird sich fragen, was einen dazu bringt, das Land mit öffentlichen Verkehrsmitteln zu bereisen oder, in Anbetracht der zurückzulegenden Entfernungen, sprichwörtlich zu „er-fahren“. Jeder, der Libyen kennt, sieht plötzlich wieder die alle hundert Kilometer aus dem Nichts auftauchenden Straßenkontrollen vor sich sowie die Reisenden, die dort gerade wieder einmal ihr Gepäck aus dem Bus laden und sich mit ihren Ausweisdokumenten in einer langen Schlange einreihen. Oder man erinnert sich an all die Servicetaxen, die wohl nur noch mit Gottes Hilfe auf den Straßen unterwegs sind. Doch wenn man selbst (wie die

Leser *Frank F. Nowara* und *A. Unverzagt,* aus deren Erfahrungsberichten die folgenden Zeilen stammen) in solchen Gefährten unterwegs ist, stellt man fest, dass die Busse plötzlich durchbrausen bzw. weitergewunken werden, sobald ein Beamter feststellt, dass Europäer an Bord sind. Auf den Nebenstrecken wird auf eine Kontrolle natürlich Wert gelegt, doch zumeist besteht diese nur aus freundlichen Fragen nach dem Woher und Wohin – schließlich kann es an einem einsamen Kontrollposten ziemlich langweilig sein ...

Es gibt also keinen Grund, öffentliche Verkehrsmittel zu meiden, zumal hier sehr nette Freundschaften entstehen können und man mehr über Land und Leute erfährt, als wenn man nur im eigenen Jeep durchs Land braust.

Inlandsflüge

Das relativ dichte Inlandsflugnetz der **Libyan Arab Airlines** funktionierte in den letzten Jahren wieder besser (angeblich soll die Staatslinie demnächst privatisiert werden). Die wichtigsten Inlandsverbindungen werden jeden zweiten, dritten Tag bedient. Die Flüge sind sehr preisgünstig und nur in Ausnahmefällen (auf bestimmten Verbindungen) ausgebucht. Um sehr große Entfernungen, z.B. in den äußersten Süden, zu überbrücken, stellen Sie m.E. das beste öffentliche Verkehrsmittel dar. Mit dem Ende des Embargos, das Libyen neben vielem anderen auch Ersatzteile für Flugzeuge vorenthielt, ist auf eine weitere Verbesserung zu hoffen. Verschiedene Landebahnen der Regional-Flug-

120 Foto: gg

plätze werden dem Vernehmen nach derzeit renoviert. Auch wird von Riesenaufträgen berichtet, die beim Besuch verschiedener hoher Regierungsvertreter europäischer Länder verhandelt wurden (22 Flugzeuge im Gesamtwert von 1 Milliarde US-Dollar). Vielleicht lässt sich schon bald Ghat im äußersten Südwesten im modernen Airbus der neuesten Baureihe erreichen ...

Eisenbahn

Der **Betrieb** der noch aus italienischer Zeit stammenden Schmalspurbahnen wurde **schon vor 30 Jahren eingestellt.** Auch der Bau der „Trans-Maghreb-Eisenbahn" blieb in den Anfängen stecken – mehr als einige Propaganda-Schilder zu diesem Thema werden Sie in Libyen nicht finden (siehe auch Kapitel „Anreise"). Eigentlich eine echte Traumstrecke, sollte diese Linie im „Vereinten Maghreb" von Mauretanien über Marokko, Algerien, Tunesien nach Libyen und dann bis Kairo bzw. Ägypten führen. In Südtunesien gediehen die Arbeiten immerhin bis zur Anlage der Bahndämme, in Libyen sind selbst solche Dämme kaum irgendwo zu sehen. Sie werden sich also noch lange gedulden müssen, bis Sie auf dieser Linie im Zug unterwegs sein werden.

Ein Elfjähriger am Steuer ...!?
Na denn – gute Fahrt!

Busse

Alle größeren Ortschaften sind mit einem funktionierenden Netz öffentlicher (und mehr und mehr auch privater) Bus-Linien zu erreichen. Größere Strecken werden mindestens einmal täglich (Sabha – Awbari – Ghat z.B. zweimal täglich) befahren. Die Busse verkehren recht pünktlich und sind in einem äußerlich ordentlichen Zustand. Was sie unbeliebt macht, ist die Tatsache, dass sie das Transportmittel der im Lande nicht sonderlich geschätzten Gastarbeiter sind. Wiederholt konnte ich an Polizei-Kontrollstellen eine recht unfreundliche Behandlung solcher Bus-Passagiere beobachten. Wie mir jedoch europäische Busreisende berichteten, genügte allein ihre Anwesenheit, um die Polizisten sofort viel freundlicher zu stimmen. Ein wirklich deutlicher Preisvorteil solcher Busse gegenüber Inlandsflügen oder Sammeltaxis besteht nicht; deshalb sprechen eher andere Argumente, z.B. die Sicherheit, für dieses Verkehrsmittel.

Laut Angaben des Lesers *A. Unverzagt* ist in vielen Orten das Beförderungsentgelt für Busse und/oder Taxis an einem Schalterhäuschen zu entrichten. Von den Beamten werden Namen, Nationalität und Pass-Nr. der Fahrgäste notiert und der Fahrer bzw. das Fahrzeug zugewiesen. Der korrekte Fahrpreis ist somit gesichert. Doch auch sonst wird in der Regel richtig abgerechnet. Nur am Busbahnhof von Sebha versuchte man, Reisende zu übervorteilen. Zahlreiche Schlepper und Reiseagenten möchten ihr Geschäft machen. Darum hier die drei wichtigsten Langstrecken mit den regulären Preisen: Ghat 20 LD, Tripolis 20 LD, Benghasi 25 LD (vgl. auch Preisliste im Kapitel „Geld“).

Taxis

Taxis mit schwarzer Karosserie und weißen Kotflügeln verkehren vor allem im **Großraum Tripolis.** Im Unterschied zu andern Taxis verfügen sie über einen Fahrpreisanzeiger.

Überland- und Sammeltaxis

Überall verkehren in Libyen Überland- und Sammeltaxis; auch kleine Ortschaften lassen sich mit diesem Verkehrsmittel erreichen. Eingesetzt werden vor allem Peugeots der Typen 504 und (seltener) auch 505 in der „Familiale“-Version (beige mit gelben Kotflügeln).

Während für die Busse grundsätzlich feste Abfahrtszeiten gelten, fahren die Taxis erst dann ab, **wenn alle Plätze besetzt sind.** Sie sollten aus Sicherheitsgründen versuchen, einen der hinteren Plätze zu belegen. Bedenken Sie auch, dass die Taxis jeweils nur bestimmte Linien bedienen. Die Preise sind fest; ein Trinkgeld wird nicht erwartet. Für Gepäck wird ein Zuschlag gefordert, der dann u.U. Anlass zu einer Preisdebatte sein kann.

Diese Überlandtaxen verkehren auch nach Djerba bzw. Tunesien. In Richtung Ägypten fahren weniger die sonst so üblichen Kombifahrzeuge der Marke Peugeot; hier werden Kleinbusse (weiß mit gelben Seitenstreifen) eingesetzt.

Trampen

Leider ist mir bisher nie jemand begegnet, der auf diese Art in Libyen unterwegs war. Da ich selbst nicht per Anhalter reise, kann ich zu diesem Thema nichts weiter sagen. Ein radelnder Leser berichtet jedoch von guten Erfahrungen: Angebote, ihn mitzunehmen, kamen wohl immer wieder unaufgefordert auch von den Libyern selbst.

Reisebüros

In den Vor-Embargo-Zeiten waren die Libyer selbst sehr reisefreudig. Aus dieser Zeit finden Sie überall in größeren Ortschaften noch Reisebüros, die Ihnen heute bei allen Reisefragen mit Rat und (soweit möglich auch) Tat behilflich sind. Sie sollten nur bedenken, dass auch Freundlichkeit und Hilfsbereitschaft keine Wunder vollbringen können! Mittlerweile etabliert sich – ein Zeichen des zunehmenden Tourismus – in Tripolis, Ghat und Ghadames eine wachsende Zahl an Reisebüros.

Rund ums Auto

Mietwagen

Mietwagen in unserem Sinne, also Autos für Selbstfahrer, finden Sie nach meiner Kenntnis in Libyen **nur in Tripolis.** Fahrzeuge lassen sich mieten im **Tripoli Office For Rent A Car,** Grand Hotel, Tel. 00218-44-45941/58, Fax -44-45959, Tel. direct -44-47208, P.O.B. 1628, Tripoli/Libya. Eine Reservierung per Fax ist möglich. Die Fahrzeuge befinden sich z.T. in desolatem Zustand.

Preisbeispiele: Mazda 323 pro Tag 45 LD, pro km 0,250 LD; bei unbegrenzter km-Zahl: pro Tag 70 LD, pro Woche 450 LD; Peugeot 505: 80 LD/0,300 LD/110 LD/650 LD.

Am **Flughafen Tripolis** (International Airport) unterhält **Europcar** eine Filiale, Tel. 00218/21/478 0906, Fax -0869.

Nur in einigen wenigen Ortschaften ist es für bestimmte Geländestrecken möglich, **Geländewagen** (jeweils aber auch nur mit Fahrer) zu mieten. Dies sind:

- **Ghadames,** für die Strecke entlang der algerischen Grenze nach Ghat;
- **Ghat** und **Serdeles/Al Awaynat,** für Ausflüge ins Akakus-Gebirge und bis hinüber ins Mathendous, auch für Fahrten ins Tassili-Gebirge und (außerhalb der Legalität?) hinein nach Algerien;
- **Terkiba, Germa** und **Ubari,** für Fahrten zu den Seen des Mandara-Gebietes und ins Mathendous.

In Sebha und selbstverständlich in der Hauptstadt Tripolis finden Sie Reisebüros und Agenturen, die Ihnen den Kontakt zu solchen Geländewagen-Firmen vermitteln.

Kraftstoffversorgung

Überall in Libyen finden Sie Tankstellen; das **Tankstellennetz** ist auch im Süden so **dicht,** dass die Mitnahme eines Reservekanisters auf Asphaltstraßen eigentlich nicht erforderlich wird. In den letzten Jahren wurden Tankstellen innerorts aus Sicherheitsgründen geschlossen und neue an den Ortsrändern geöffnet. Die Versorgung mit den üblichen Treibstoffen Super- (kenntlich an der Zahl 98 an der Zapfsäule) und Normal-Benzin (kenntlich an der Zahl 94) und Diesel (kenntlich an der Riesenpfütze um die Zapfsäule) ist meist gut (Ausnahmen s.u.). Bleifreies Benzin ist nicht immer vorrätig! Sie erkennen solche Zapfsäulen an der Zahl 95. Führen Sie auch im Norden immer einen Reservekanister mit sich, wenn Sie auf bleifreies Benzin angewiesen sind. Die Versorgung mit anderen Betriebsstoffen, z.B. Öl und Bremsflüssigkeit, ist eher lückenhaft. Sie sollten sich hier rechtzeitig einen Vorrat zulegen, falls Sie diesen nicht schon von zu Hause mitführen. Die Zapfsäule für Diesel befindet sich bei neueren Tankstellen fast immer hinter dem Tankstellengebäude. Die Öffnungszeiten sind großzügig bemessen, im Norden sind die Tankstellen fast immer 24 Stunden geöffnet. An vielen Tankstellen können Sie auch Wasser erhalten (Sie sollten höflich darum bitten, bevor Sie Ihre Kanister füllen). Luft für die Reifen dagegen erhalten Sie praktisch nie; hierzu ist nach einem der privaten Reifenreparateure Ausschau zu halten. Viele Tankstellen bieten aber einen Ölwechsel-Service. Bevor Sie das Altöl ablassen, sollten Sie aber klären, ob das richtige frische Motoröl wirklich verfügbar ist.

Der Tankwart drückt Ihnen meistens die Zapfpistole in die Hand, damit Sie sich selbst bedienen. Tut er dies nicht, brauchen Sie dennoch keine Angst zu haben, dass Sie betrogen werden. Niemand in Libyen wird versuchen, Sie beim Tanken übers Ohr zu hauen. Beim Bezahlen sollten Sie allerdings stets einen Viertel-Dinar gerade sein lassen: Münzgeld wird man Ihnen nicht herausgeben! Auch dies geschieht sicher wieder nicht, um Sie zu übervorteilen, sondern nur deshalb, weil man sich mit diesem Münzgeld nicht abgeben will. Hier sollten Sie sich beizeiten eine gewisse Großzügigkeit angewöhnen, ebenso in der Hinsicht, dass Volltanken grundsätzlich Überschwemmung bedeutet ... Wenn Sie weder das eine noch das andere wollen, müssen Sie eigenhändig tanken und dann auf die entsprechenden runden Beträge und den vollen Tank oder die vollen Kanister achten.

Ein (möglicherweise bewusst herbeigeführter) **Treibstoffengpass** bestand wiederholt in den Ortschaften des äußersten Südens, insbesondere im Gebiet von Kufra und Gatrun. Hier wurden zunächst die Tankstellen bis auf eine einzige geschlossen, und diese wurde dann noch unregelmäßig versorgt. Sehr lange Warteschlangen vor den offenen Zapfsäulen waren die Folge. Der Grund für die Verknappung ist möglicherweise darin zu sehen, dass Libyen verhindern will, dass Treibstoff in großen Mengen von LKWs außer Landes (z.B. in den Sudan oder den Tschad) gebracht wird. Diese Begründung ist jedoch eine Vermutung. Sowohl Polizei als auch LKW-Fahrer, einmal gar der Tankwagen, der die Tankstelle zu versorgen hatte, waren uns mit Treibstoff behilflich. Ein Nachteil ist in solchen Situationen, dass man Ihnen den Treibstoff schenkt, dieser aber nicht reicht, um Reservekanister zu füllen, die Sie randvoll benötigen, wenn Sie im Umfeld von Kufra und Gatrun Pisten befahren wollen, z.B. zum Wau an Namus oder zum Jabal al Awaynat. Wenn Sie sich mit solchen Plänen in den Süden begeben, sollten Sie also rechtzeitig für Reserven sorgen. Die Qualität der Treib- und Schmierstoffe gehört zum besten, was weltweit angeboten wird. Dies hat ein von der Firma Shell durchgeführter internationaler Test vor einiger Zeit ergeben.

Die **Spritpreise** an den Tankstellen sind im ganzen Land einheitlich (in den Verknappungsregionen wurde uns allerdings Treibstoff fassweise zu einem mehrfach höheren Preis angeboten). Im Jahr 2007 kostete der Liter:

- **Super** – 0,150 LD
- **Bleifrei** – 0,150 LD
- **Normal** – 0,124 LD
- **Diesel** – 0,120 LD

Tankstelle bei Zuara

Angesichts solch lächerlicher Preise werden Sie sicher vor Ihrer Rückreise noch alle verfügbaren Tanks füllen. Für Reservekanister sollten Sie aber die zollrechtlichen Vorschriften bei der Rück- bzw. Einreise in die EU-Länder beachten; bei Rückreise im Winter sollten Sie als Dieselfahrer bedenken, dass nordafrikanischer Diesel keinen Winterzusatz enthält. Tanken Sie bei strengem Frost rechtzeitig einige Liter Benzin hinzu, sonst bleiben Sie evtl. auf der Rückreise wegen versulztem Diesel stehen.

Straßennetz

Libyen besitzt ein bestens ausgebautes Straßennetz. Die Straßen sind über weite Distanzen in gutem Zustand, oft gar mit Mittel- und Randstreifen oder Leuchtpfosten versehen. Innerhalb von Ortschaften ändert sich dies: Im Prinzip gute Straßen wurden oder werden oft zur Verlegung von Leitungen aufgebrochen und dann nicht wieder ordnungsgemäß verfüllt und der Belag nicht erneuert. In Ortsbereichen sollten Sie daher stets mit tiefen Querrinnen und heftigen Schlaglöchern oder auch ausgefransten Straßenrändern und Speedbreakers rechnen. Soweit die Straßen außerorts in schlechtem Zustand sind, verweise ich darauf in den jeweiligen Routenbeschreibungen; schlechte Straßen sind insgesamt jedoch selten.

Viele Strecken sind vierspurig, oft mit getrennten Fahrspuren, innerhalb von Ortschaften oder in besiedelten Berei-

123 Foto: kd

chen auch mit Straßenlampen versehen, die dann meist auf dem Mittelstreifen stehen. Die Straßen sind – von wenigen Ausnahmen abgesehen – meist (sehr) breit, das Verkehrsaufkommen ist außerhalb des Küstenbereiches gering bis sehr gering. Oft werde ich in den Routenbeschreibungen die Bezeichnung **„libysche Autobahn"** verwenden: Hierunter verstehe ich vierspurige Straßen mit getrennten Richtungsfahrbahnen, auf denen jedoch die geltenden Fahrregeln nicht eingehalten werden, d.h. der Mittelstreifen wird überfahren oder zum Wenden benutzt, auf Ihrer Spur kommen Ihnen Fahrzeuge entgegen, die dann womöglich vor Ihnen und gegen die Fahrtrichtung wenden, im Umfeld eines lebhaften Marktes kann es auch vorkommen, dass die gesamte Fahrbahn einschließlich Überholspur einfach so vollgeparkt wird, dass Sie nur noch über den unbefestigten Mittelstreifen weiterkommen – wenn nicht dieser auch schon zugeparkt ist ... Eine Autobahn ja, aber eben mit libyschen Verkehrsverhältnissen.

Wegweiser und ähnliche Hinweisschilder finden Sie **nur in arabischer Schrift.** Sie sollten mit der Zeit wenigstens arabische Ziffern lesen können. Über die Entfernungsangaben lässt sich dann oft auch der Ortsname enträtseln; im Zweifel können Sie auch die **Namensliste der Orte und Städte** im Anhang des Buches zu Rate ziehen, sofern Sie sich nicht einfach an die Routenbeschreibungen halten können/wollen.

Landkarten, die den Verlauf der Straßen, die Qualität der Pisten und die Entfernungen durchgehend zuverlässig angeben, gibt es für Libyen nicht: Alle enthalten mehr oder weniger große Fehler. Sehr zuverlässig ist die Michelin-Karte, aber auch die Libyen-Karte von REISE KNOW-HOW, Bielefeld, ist zu empfehlen (vgl. im Anhang). Der Geoproject-Karte sollten Sie ganz besonders bei den Pisten misstrauen: Was hier eingetragen ist, entspricht kaum der Wirklichkeit. Möglicherweise wurde ja auch alles, was hier als Pisten-Wegstrecken eingetragen ist, einmal in einem Ausbau-Programm vorgesehen. Sie dürfen mir aber glauben: Davon wurde so gut wie nichts realisiert! Wenn Sie sich auf diese Karte im Bereich der Pisten verlassen, gehen Sie ein großes Risiko ein!

Auch in den Bergregionen sind die Straßen bestens ausgebaut, die Kurven weit und mit der richtigen Neigung versehen und fast immer auch mit einer Mittellinie ausgestattet. Auch wenig routinierte Autofahrer sollten hier keine Probleme haben.

Anders verhält es sich mit den **Pisten:** Sie sind im gesamten Libyen nur sehr schwach befahren, jeder benutzt die überall verfügbaren Asphaltstraßen, auch wenn dies einen sehr weiten Umweg bedeutet. Einheimische bringen nur Unverständnis dafür auf, dass man z.B. von Darj nach Brak die Piste über die Hamadat al Hamrah nach Idri wählt und nicht die Straße über Gariyat und Shwayrif. Die Pisten benutzt nur, wer gar keine andere Möglichkeit hat. Sobald Asphaltstraßen zur Verfügung stehen, werden Pisten auch nicht mehr gepflegt. Alte Pisten verfügen zwar aus der Vor-Straßen-Zeit oft noch über Markierungen, es fehlen aber immer irgendwelche Hinweisschilder oder Wegweiser. Auf alle Fälle sollten Sie gerade in Libyen nur gut vorbeitet Pisten befahren: Die Entfernungen sind teils riesig, der Verkehr ist, wie gesagt, gering. Auch eine Piste, die zunächst über Hunderte von Kilometern sehr einfach und zügig befahrbar ist, kann sich in ihrem Verlauf, vielleicht erst auf den letzten Kilometern, in einen üblen Sturzacker verwandeln, der Sie nicht nur einen weiteren Fahrtag kostet, sondern Ihnen auch noch die letzten Kraftreserven abverlangt – gerade als Motorradfahrer sollten Sie einen solchen Aspekt immer berücksichtigen. Die Piste von Darj nach Idri ist übrigens hierfür wieder ein gutes Beispiel. Sie sollten also die **Pistenbeschreibungen sehr aufmerksam lesen und Warnungen keinesfalls in den Wind schlagen.**

In den Städten

Alte Ortschaften existieren in Libyen in bewohnter Form nicht mehr. Die neuen Orte verfügen über breite Umgehungsstraßen, groß ausgebaute Kreuzungen und auf allen wichtigen Straßen über einen Mittelstreifen. Autofahrers Eldorado! Eingeschränkt wird die Freude nur durch die Tatsache, dass in Ortsbereichen natürlich auch der Verkehr deutlich stärker ist und die libyschen Autofahrer eine außergewöhnlich undisziplinierte Fahrweise an den Tag legen. Allerhöchste Aufmerksamkeit ist hier gefragt und ein defensiver, zurückhaltender Fahrstil. Schlechte Fahrgewohnheiten sollten Sie zu Hause lassen: Wenn Sie etwa dreist eine momentane Verkehrslücke nutzend vor einem anderen Autofahrer rasch noch die Hauptstraße überqueren wollen, darauf bauend, dass dieser im Zweifel schon bremsen wird, sollten Sie sich immer darüber im klaren sein, dass dieser Sie vielleicht mangels Brille erst sehr spät erkennt und an seinem Fahrzeug schon seit langem nur noch das linke Hinterrad über eine Bremse verfügt ...

Verkehrsbestimmungen

Es herrscht – trotz zeitweise englisch beeinflusster Vergangenheit – **Rechtsverkehr!** In Ortschaften gilt generell Tempo 50 km/h für PKW und Motorräder und 30 km/h für LKW. Außerorts dürfen Sie 100 km/h auf Schnellstraßen, 85 km/h auf Haupt- und 70 km/h auf Nebenstraßen fahren – so jedenfalls sehen es die Regeln vor. Alle anderen Verkehrsvorschriften gleichen den europäischen. Die Reglementierung ist eher gering, entsprechend chaotisch sind oft die Verkehrsverhältnisse in größeren Ortschaften.

Es herrscht **Gurtpflicht** auf den Vordersitzen.

Autokennzeichen

Als Tourist mit eigenem Fahrzeug erhalten Sie an der Grenze ein libysches **„Zoll"-Kennzeichen.** Dieses Kennzeichen ist weiß, die Schrift grün. Schon nach kurzem Aufenthalt in Libyen werden Ihnen weitere, andersfarbige Kennzeichen auffallen. An den unterschiedlichen Farben erkennen Sie die jeweilige Nutzer der Fahrzeuge:

- **Private PKW:** Schwarze Schrift auf dunkelgrünem Grund, bei Inbetriebnahme ab 2000: schwarze Schrift auf weißem Grund.
- **Nutzfahrzeuge libyscher Nationalität:** Schwarze Schrift auf dunkelgelbem Grund.
- **Behörden- und Dienstfahrzeuge:** Schwarze Schrift auf weißem Grund.
- **Polizeifahrzeuge:** Schwarze Schrift auf blauem Grund.
- **Fahrzeuge von Ausländern, die in Libyen arbeiten:** Schwarze Schrift auf diagonal geteiltem grün-gelbem Grund, bei Inbetriebnahme ab 2000 schwarze Schrift auf weißblauem Quadrat.
- **Diplomatenfahrzeuge:** Schwarze Schrift auf rotem Grund.

Fahrzeugverkauf

Zu diesem Thema liegen mir keinerlei Informationen vor. Wiederholt habe ich jedoch an der Grenze beobachtet, dass Tunesier und Libyer Verkaufsaktionen tätigen. Sehr hoch ist die Zahl der Fahrzeuge, die offensichtlich als Gebrauchtwagen aus Europa kamen: An vielen PKWs kleben noch Nationalitäten-Plaketten aus Deutschland, der Schweiz oder aus den Niederlanden.

Sport

Nie konnte ich Libyer beim Sport beobachten, es sei den, irgendwo war ein einsamer Jogger unterwegs. Ein einziges Mal sah ich eine Gruppe von Jugendlichen beim recht talentierten Fußballspiel. Ansonsten: Fehlanzeige! Viele Sportanlagen waren – wann immer ich vorbeikam – verwaist. Andere waren in so erbarmungswürdigem Zustand, dass allein schon daran zu erkennen war, dass sich hier lange niemand mehr bewegt hatte; hinzu kam: Auf der Aschenbahn wuchs Gras – und das in dieser Klimazone! Dabei sind viele Libyer in sportlichem Outfit unterwegs: Jogginganzüge und entsprechende Sportschuhe erfreuen sich als Freizeitgewandung großer Beliebtheit! Warum dies so ist, können Sie auf der Internetseite www.algathafi.org nachlesen (bei Sprachen auf „dutch" klicken, dann auf „Soll die FIFA modifiziert oder abgeschafft werden").

Wenn Sie selbst Sport treiben wollen, müssen Sie das jeweilige Sportgerät mitbringen. Einiges allerdings können Sie getrost zu Hause lassen: Ski gehören dazu, da auch im Winter auf den höchsten Bergen kein Schnee liegt und der auf unseren Skiern übliche Belag nicht besonders geeignet fürs Sanddünenskilaufen ist. Langlaufski wurden allerdings schon recht erfolgreich zu längeren Wüstendurchquerungen zu Fuß (von Europäern) eingesetzt, da man im Sand dann weniger einsinkt. Riesige Tennisplätze finden Sie in bestimmten Regionen; was dabei fehlt, sind Netze und Seitenlinien. Scherz beiseite, Sie werden es bemerkt haben: Die Rede ist von den „brettelebenen" Serirflächen, die Sie in weiten Teilen Libyens finden. In solchen Gebieten wäre auch einmal der Versuch reizvoll, sich mit dem Strandsegler zu bewegen. Was allerdings der bei solchen Dingen wirklich gänzlich unerfahrene Zoll sagt, entzieht sich meiner Beurteilung.

Schwimmen können Sie überall im Meer. Als Frau sollten Sie dabei – auch außerhalb der Saison – nur mit T-Shirt und Rock ins Wasser gehen. Wähnen Sie sich nie unbeobachtet! Während der Bade-Saison halten Sie es am besten wie andere Badegäste auch. Je nach Wettersituation herrliche Bade- und Schwimmmöglichkeiten finden Sie auch am Gabroon-See und am Um el Ma, dem See hinter dem Mandara-See. Der Mandara-See selbst dagegen ist viel zu flach (z.Zt. ausgettrocknet); in seinen warmen Quellen könnten Sie es höchstens mit einem Thermalbad versuchen. Doch **Vorsicht:** Ich weiß nichts über deren Tiefe, und ob sie nicht womöglich auch mal kochend heiß sein können. Die anderen Seen in diesem Gebiet machen jedoch teilweise einen sauberen Eindruck, und der Salzgehalt ist so hoch, dass man sich vor irgendwelchen Infektionen nicht fürchten muss. Am Wau an Namus war ich nicht schwimmen: Diese Seen sind so stark von Schilf eingewachsen, dass ich mir den Weg vor bis zum Wasser nicht zumuten wollte; Wau an Namus, das heißt schließlich Mückenloch ...! Aber trotzdem haben es ein paar Unentwegte geschafft – das Bad im See ist nach einer Mückenattacke dann um so erfrischender.

Notfall

Diebstahl

Ein einziges Mal ist mir zu Ohren gekommen, dass ein Tourist in Libyen bestohlen wurde. Sollte dieser Fall eintreten, bleibt es Ihnen überlassen, wie Sie vorgehen; der Gang zur Polizei ist auf alle Fälle ein langwieriger. Kommen Ihnen aber Pass oder andere Papiere abhanden, bleibt Ihnen eine Verlustanzeige nicht erspart. In diesem Fall kommen Sie auch nicht umhin, sich mit der Botschaft in Tripolis in Verbindung zu setzen und das weitere Vorgehen mit dieser abzustimmen. Inwieweit und unter welchen Bedingungen Ihre eventuell abgeschlossene Reisegepäck- oder anderweitige Diebstahlversicherung auch in Libyen Gültigkeit hat, sollten Sie vor der Abreise zu Hause abklären.

Bei einem Unfall

Leider war ich zweimal in Libyen schuldlos in Unfälle verwickelt. Glücklicherweise gab es immer nur Blechschäden! Im ersten Fall war mein eigenes Fahrzeug gar nicht betroffen – drei Autos hinter uns war ein Fahrzeug auf ein anderes aufgefahren, weil das vorausfahrende unseretwegen gebremst hatte; der Fahrzeuglenker wollte sich bei uns Touristen nur nach unserem Befinden erkundigen! Leider war der Auffahrende der Chefarzt des örtlichen Krankenhauses, ein Pakistani, der sich ungeheuer wichtig nahm, uns mit lautem Geschrei die Schuld an allem zuwies und auf dem Gang zur Polizei bestand – sein PKW war auf einen Pritschenwagen aufgefahren und dadurch wirklich heftig lädiert worden; seine Bremsspur zeigte aber auch deutlich, dass nur ein einziges seiner vier Räder überhaupt blockiert hatte! Nach einigem Hin und Her, das sich immerhin zwei Stunden hinzog, nach weiteren lautstarken Vorwürfen von Seiten des Arztes und seiner mittlerweile versammelten Claquere, wurden wir schließlich von der Polizei als wirklich „nicht unfallschuldig" und freundlich verabschiedet. Dass wir sehr erleichtert waren, können Sie sich sicher vorstellen.

Im anderen Fall war mir ein chaotischer libyscher Jüngling in die Seite gefahren, angeblich, weil ihm die Sonnenbrille verrutscht war und er von der Sonne geblendet wurde. Obwohl meine Beifahrertür wirklich stark demoliert war, verzichtete ich auf den Gang zur Polizei – der nächste Posten wäre von der Unfallstelle wohl 100 km entfernt gewesen! Von meinem Unfallgegner war kein Dirham zu holen, und ob seine Versicherung jemals bezahlt hätte?

Bei einem **Unfall mit Verletzten** sieht die Sachlage sicher anders aus! Bereiten Sie sich gedanklich auf einen solchen Fall vor, das hilft, im Fall des Falles einen kühlen Kopf zu bewahren! Sichern Sie die Unfallstelle ab, leisten Sie wenn nötig erste Hilfe, und bemühen Sie sich darum, so rasch wie möglich die Polizei zu rufen und gleichzeitig die **Botschaft in Tripolis zu informieren!** Bedenken Sie, dass in solchen Fällen die Schuldfrage immer auch nach einem uns fremden **Prinzip der Daseins-Haftung** geregelt wird: Wären Sie nicht dagewesen, wäre der Unfall auch nicht passiert, also sind Sie (mindestens mit-) schuldig. Nach den (wenigen) Erfahrungen, die ich mit der libyschen Polizei gemacht habe, müssen Sie jedoch nicht davon ausgehen, dass diese von vornherein Partei für Ihren Unfallgegner ergreift – auch, wenn dies ein Libyer ist. Dennoch müssen Sie bei schweren Unfällen mit verletzten Personen auch mit einer Gefängnisstrafe rechnen!

Immer ist bei einem Unfall der Schutzbrief Ihres Automobil-Clubs eine wichtige Hilfe. Er gilt ja nicht nur in Libyen, sondern auch schon auf der Anreise! Sie sollten ihn für eine Libyen-Reise unbedingt erwerben.

Krankheit

In allen größeren Ortschaften im Bereich der Straßen (und zu allen größeren Ortschaften führen solche) gibt es Krankenhäuser und Ärzte. Wie schon erwähnt, sind Ärzte und Krankenhauspersonal oft aus dem Ausland, was die Verständigung teilweise erheblich erleichtert. Manchmal treffen Sie gar auf Krankenhausmitarbeiter, die in der ehemaligen DDR ausgebildet wurden und daher sogar deutsch sprechen.

Im Falle einer wesentlichen Erkrankung sollten Sie nach Möglichkeit und in Absprache mit dem Arzt die rasche Rückreise in Erwägung ziehen. Die Straßen ab einem Krankenhaus sind ja gut, und so können Sie rasch den Norden oder auch Tunesien erreichen. Setzen Sie sich vorsichtshalber mit der Botschaft in Verbindung. Werden Sie ernsthaft krank, sollten Sie die Möglichkeit in Betracht ziehen, einen Flugrettungsdienst in Anspruch zu nehmen. Dies setzt Ihre Mitgliedschaft in einem entsprechenden Dienst voraus. Lassen Sie sich aber von einem Arzt die Notwendigkeit eines solch teuren Rücktransportes bestätigen. Auch in vielen Schutzbriefen ist ein Heimflug im Krankheitsfalle vorgesehen. Die Flugambulanz des ADAC ist dabei recht kulant: Ihr genügt im Zweifel ein Attest über die Art der Krankheit; dann reicht allein die Tatsache aus, dass Ihre Heilungschancen unter heimischen (Pflege-)Bedingungen deutlich besser sind, um aus der Patsche geholt zu werden. Vgl. zur Thematik auch das Stichwort „Versicherungen“.

Sonstige Notfälle

Sollten Sie verhaftet werden oder andere bedrohliche Ereignisse über Sie hereinbrechen, sollten Sie unverzüglich die für Sie zuständige Botschaft in Tripolis verständigen (siehe „Informationsstellen“). Die Unterstützung, die Sie von der Botschaft erfahren, hängt natürlich ganz davon ab, welcher Form die Probleme sind oder waren, deretwegen Sie Hilfe benötigen. Sollten sie etwa wegen Drogenbesitz oder gar -handels verhaftet worden sein, können Sie sicher nicht mit einer weitreichenden Unterstützung rechnen.

1994 wurde die freie Advokatur weitgehend aufgehoben. Dabei wurde aber auch festgestellt, dass Ausländer den-

126 Foto: ed

Notfallplan

Nachfolgend Vorschläge für einen Notfallplan, dem Ideen von Frau *Petra Bracht* nach der monatelangen Entführung ihres Ehemanns *Rainer* zugrunde liegen:

1) Ernennen eines Paten
Bitten Sie eine Person Ihres Vertrauens (am besten jemanden, der sich in Ihrem Reisegebiet auskennt), für den Fall des Falles eine Art Patenschaft zu übernehmen. Bei diesem Paten hinterlegen Sie die geplante Reiseroute mit Zeitplan. Der Pate muss die Anschriften der nächsten Verwandten ebenso kennen wie diese die Daten des Paten.

2) Schlüssel und Vollmachten
Sämtliche Schlüssel für Haus, Wohnung, Büro usw. werden beim Paten (ggfs. alles in einem geschlossenen Umschlag) hinterlegt. Ebenso Vollmachten für Bankkonten, Kreditkarten, Schließfächer usw. Eine allgemeine Handlungsvollmacht, am besten beglaubigt, sollte alle Tätigkeitsbereiche umfassen, die der Reisende normalerweise während seiner Anwesenheit selbst ausfüllt. Eventuell empfiehlt es sich, einen Notar zu Rate zu ziehen.

3) Adressen und Telefonnummern wichtiger Kontaktpersonen
Um im Notfall schnell alle wichtigen Personen erreichen zu können, benötigt der Pate eine Liste der wichtigsten Vewandten, Freunde, Kollegen, Arbeitgeber usw. Hier können weiterhin die Adressen von Krankenversicherung, Haus- und Zahnarzt und Ähnliches vermerkt sein.

4) Kopien von Reisedokumenten
Der Pate sollte über Kopien des Reisepasses mit Visa, von Fahrzeugschein, Fähr- oder Flugticket, Impfpass, Schutzbriefnummer usw. verfügen. Zusätzlich können/sollten diese Daten auch von Mitreisenden notiert werden.

5) Regelmäßige Rückmeldungen vereinbaren
Legen Sie fest, ob und wie oft Sie sich von unterwegs melden wollen. Halten Sie die vereinbarten Zeitfenster ein. Geben Sie von unterwegs jeweils klar Ihren aktuellen Aufenthaltsort an und teilen Sie ggfs. Änderungen des Reiseplanes ebenso eindeutig mit.

6) Kontakt- und Hilfeadressen festhalten
Damit im Notfall schnelle und effektive Hilfe geleistet werden kann, sollte der Pate über eine Liste der entsprechenden Adressen verfügen. Dazu gehören etwa Polizei, Botschaften, Notrufnummer des Automobilclubs, Rettungsflugdienst oder wichtige Reiseausrüster. Wichtige Internet-Foren sollten ebenso gelistet sein. Nennen Sie Personen, die im Fall des Falles auch Hilfe vor Ort leisten können, etwa wichtige Reiseagenturen im Reisegebiet oder andere erfahrene Reisende. Ein weiterer Ansprechpartner ist der Weiße Ring, eine gemeinnützige Organisation zur Unterstützung von Kriminalitätsopfern (Opfernotruf Tel. 01803-343434, www.weisser-ring.de).

7) Finanzplanung
Klären Sie mit dem Paten ab, wie ggfs. eine durch einen Notfall verursachte finanzielle Schieflage kompensiert werden kann. Viele Gemeinden unterhalten einen Nothilfe-Fond (Bürgeramt, Bürgertelefon), der über das Gröbste hinweghilft.

selben Anspruch auf Beratung und Vertretung durch ein Mitglied der Volksanwaltschaft haben wie libysche Staatsbürger.

Notfax

Verschiedene Firmen unterhalten – aus dem „schlechten Gewissen" heraus, dass sie Sie mit Ihren Ratschlägen oder Ausrüstungen in die einsamsten und entferntesten Weltgegenden geschickt haben? –, einen Notfaxservice. Diesen sollten Sie natürlich erst dann in Anspruch nehmen, wenn Sie im Lande selbst keine Hilfe mehr bekommen. Folgende **Angaben** sollten Sie in Ihrem Notruf nicht vergessen:

- Ihren Namen und die Anschrift, an die evtl. benötigte Dinge (Medikamente, Ausrüstungs- oder Ersatzteile) zu versenden sind;
- Name und Anschrift des Empfängers bzw. desjenigen, an den der Auftrag gerichtet wird;
- Name und Anschrift desjenigen, der die Kosten der Beschaffung und des Versandes übernimmt.

Auf alle Fälle wird es in Libyen nur in großen Ortschaften möglich sein, ein Fax abzusenden. Fragen Sie in einem größeren Hotel, bei Reiseagenturen oder Flugbüros oder auch bei irgendwelchen Firmen. Sie können immer mit der Hilfsbereitschaft der Bevölkerung rechnen.

Folgende **Firmen** haben Notfaxe eingerichtet:

In Deutschland

- **Därr Expeditionsservice GmbH**
Fax 0049/89/282525
Tel. 0049/89/282032
- **Dr. Kneifel Fernreisen GmbH**
Fax 0049/89/553504
Tel. 0049/89/596601

In der Schweiz

- **Globetrotter Travel Service AG**
Fax 0041/1/2114339
Tel. 0041/1/2138010

Natürlich können Sie auch Ihr eigenes Notfax einrichten, indem Sie einen zuverlässigen Bekannten, Freund oder Verwandten dazu verpflichten, während Ihrer Reise präsent zu sein und Ihnen im Fall des Falles bei Ihren Problemen behiflich zu sein. Die „Profis" haben natürlich den Vorteil, dass sie sich auskennen und ggfs. auch gleich wissen, an wen sie sich, beispielsweise im Falle eines raschen Versandes, zu wenden haben.

Sicher ist es auch sinnvoll, zu Hause einen Zeit- und Routenplan mit Ihren persönlichen und ggfs. den Daten Ihres Fahrzeugs zu hinterlassen. Auch sollten Sie vereinbaren, ob Sie sich innerhalb eines gewissen zeitlichen Rahmens von unterwegs melden wollen oder nicht. Grundsätzlich möglich ist dies von Libyen aus ja immer.

lib-k Foto: gg

Land und Leute

lib-b Foto: gg

Kamelhirten aus dem Niger
am Brunnen Hassi el Hassi

Ein Bild aus vergangenen Tagen:
ein Tuareg hoch zu Kamel

Geografie und Geologie

Mit fast **1,8 Mio km²** ist Libyen annähernd so groß wie Deutschland, Frankreich, die Benelux-Staaten, Dänemark, Großbritannien, Italien, Griechenland, Schweiz und Österreich zusammen! Damit ist Libyen das **viertgrößte Land Afrikas,** nach dem Sudan, Algerien und der Demokratischen Republik Kongo (früher Zaire).

Über 90% dieses Gebietes **ist Wüste!** Damit nicht genug: Gerade der Südosten ist gekennzeichnet durch Extremverhältnisse, die weltweit ihresgleichen suchen. Statistisch gesehen fällt hier während eines Zeitraumes von zwanzig bis 25 Jahren kein messbarer Niederschlag! Solche hyperariden Verhältnisse stellen auch für den Wüstenkontinent **Sahara** absolute Extremwerte dar! Weite Gebiete Südlibyens und des Fezzan liegen dabei innerhalb der 30-mm-Niederschlagszone, d.h., dass stets mehrere regenlose Jahre vorkommen. Erst über dieser Niederschlagsmenge kann man statistisch jährlich mit wenigstens einem Niederschlag rechnen. Die (Trocken-)Wüste beginnt, wenn der Jahresniederschlag unterhalb einer Menge von 100 mm bleibt.

Nur wenige Regionen Libyens zählen nicht dazu: Im Nordwesten liegen die vom Regen begünstigten und deshalb fruchtbaren und kultivierten Ebenen der Jeffara, die sich bis nach Tunesien hineinziehen. Nach Süden werden Sie begrenzt durch den Bergrücken des Jabal Nafusah, der mit einer durchschnittlichen Höhe von 600–800 m eine merkliche Klimaschranke darstellt: Niederschlagsbegünstigt seine Nordseite, zur Küste hin, trocken dagegen seine Südseite, die allmählich in die rote Steinwüste, die Hamadat al Hamrah, und dann in die Vollwüste übergeht. In der geomorphologisch bedingten Abfolge schließen sich nach Süden die Sanddünengebiete (in Libyen „Edeyen" genannt, auf der Michelin-Karte und auch hier Idhan geschrieben) des Idhan Awbari und – getrennt durch die Schichtstufenfolge von Msak Mallat und Msak Mustafit – des Idhan Murzuk an. In ihren Randbereichen finden sich kleinere **Kieswüsten,** die **Serir.** Im äußersten Südwesten liegen die Bergländer Tassili und Akakus, deren Entstehung den Aktivitäten des zentralsaharischen Hebungszentrums Ahaggar im heutigen Algerien zuzuschreiben ist.

Im zentralen Bereich Libyens, den Regionen südlich der Sirteküste, reicht die Wüste teilweise bis fast ans Meer: Kein Gebirge wie der Jabal Nafusah im Westen oder der Jabal Akhdar bilden hier ein Klimascheide. Flache Salzsteppen dehnen sich längs der Küste aus und gehen im Hinterland in ebenfalls flache Kalksteppen über.

Das Gelände steigt dem Landesinnern zu kaum an; zwischen niedrigen tafelförmigen Erhebungen dehnen sich teilweise weite Kiesebenen. Überlagert werden diese von den basaltischen Ergussgebieten des Jabal as Sawda, des schwarzen Berglandes, und den vulkanisch eindrucksvolleren und besonders ausgedehnten Basalt- und Lavadecken

Libyen auf einen Blick

(Quellen: Verschiedene Datenbanken, vor allem Munzinger Archiv, BFAI u.a., Vergleichszahlen werden ab und zu genannt für Tunesien = TN, Algerien = DZ und Ägypten = ET)

Lage

Libyen liegt zwischen dem 22. und 32. Breitengrad und zwischen dem 10. und 25. Grad östlicher Länge. Im Norden bildet das Mittelmeer auf ca. 2000 km die Grenze. Nachbarn im Westen sind Tunesien und Algerien, im Süden Niger, Tschad und Sudan (letzterer Staat ist auch Grenznachbar im äußersten Süd-Osten) und im Osten Ägypten; hier markiert der 25. Längengrad auf weite Strecken den Grenzverlauf.

Von Europa ist Libyen im Westen durch 340 km Luftlinie getrennt (Malta), im Osten sind es nur 280 km (Kreta).

Oberfläche

1,759 Mio km², über 90% Wüste (TN 165.000 km² bei 31% Wüste, DZ 2,4 Mio km² bei 82% Wüste, ET 1,0 Mio km²)

Einwohner

5,8 Millionen (2004), Tripolis 1,2 Mio. (TN: 8,4 Mio, Tunis 1 Mio; DZ: 26,4 Mio, Alger 3 Mio; ET: 55,2 Mio, Kairo 12 Mio)

Wichtigste Städte

Angegeben ist jeweils die „Baladiya", d.h. die Stadt inkl. der Nebenorte, alphabetisch (in eckigen Klammern die Rangfolge nach der Einwohnerzahl):

Ajdabiya (100.000) [11], **Al Bayda/Jabal Akhdar** (120.000) [6], **Aziziyah** bei Tripolis (85.000) [13], **Benghasi** (620.000) [2], **Brak/Ash Shati** (46.000) [19], **Darnah** (105.000) [9], **Ghadames** (52.000) [17], **Gharian** (117.000) [7], **Khoms** (190.000) [5], **Kufra** (25.000) [21], **Misratah** (230.000) [4], **Murzuk** (42.000) [20], **Sebha** (76.000) [15], **Sirte** (110.000) [8], **Tarhuna** (84.000) [14], **Tobruk** (94.000) [12], **Tripolis** (1.200.000) Hauptstadt [1], **Ubari** (48.000) [18], **Yfren** (73.000) [16], **Zawiyah** bei Tripolis (280.000) [3], **Zeltan** (101.000) [10]

Bevölkerungsdichte

Sehr unausgewogen; flächenhaft besiedelt ist nur der Küstensaum. Rechnerisch kommen 3,3 Einwohner auf 1 km² (TN 48, DZ 10, ET 55). Hoher Anteil an Stadtbewohnern: 83% (TN 52,8%, DZ 42,6%, ET 45,2%). Riesige menschenleere Wüstengebiete.

Bevölkerungswachstum: 2,7% p.a. (1980–2001), 45% sind unter 15 Jahre alt.

Ethnien

Araber, stark arabisierte Berber, Berber, Tuareg, Schwarzafrikaner (als Gastarbeiter und Nachkommen ehem. Sklaven).

Sprachen

Offizielle Landessprache ist **Arabisch.** Im Jabal Nafusah und in der Umgebung von Zuara wird von bilingualen Sprechern auch der Berberdialekt Tanefusit gesprochen und in der Oasengruppe Awjila und Jalu Tawjilit (ebenfalls berberisch und noch in Siwa/Ägypten gesprochen). Im äußersten Westen wird auch Tamaschek (eine Tuareg- bzw.

Berbersprache) gesprochen. Andere Sprachen sind kaum geläufig; wenn, dann Englisch, im Südwesten auch Französisch.

Religion: Islam sunnitischer Prägung.

Ruhetag: Freitag, ab Donnerstagmittag eingeschränkte Arbeitszeit.

Feiertage
- **07.01.:** Erster General-Volkskongress, zusammengetreten 1976
- **02.03.:** Tag der Jamahiria-Ausrufung von Sebha 1977
- **08.03.:** Jahrestag der syrischen Revolution
- **28.03.:** Abzug der letzten britischen Truppen 1970
- **15.04.:** Tag des Bombardements von Tripolis durch US-Flugzeuge 1986
- **11.06.:** Abzug der letzten amerikanischen Truppen 1970
- **23.07.:** Jahrestag der ägyptischen Revolution
- **01.09.:** Jahrestag der libyschen „Großen Septemberrevolution" 1969
- **07.10.:** Ausweisung der italienischen Kolonisten 1970

(Als besonders wichtig – mit Paraden u.a. – gelten der 02.03., 11.06. und 01.09.)

Voraussichtliche Daten der religiösen Feste

Gregorianischer Kalender	**2007**	**2008**	**2009**
Islamischer Kalender	1428	1429/1430	1430/1431
● **Ras el Am** (Islamisches Neujahr)	20.01.07	10.01.08 + 29.12.08	18.12.09
● **Mulud-Fest** (Geburtstag des Propheten)	31.03.07	20.03.08	09.03.09
● **Ramadanbeginn** (Kein Feiertag!)	13.09.07	01.09.08	22.08.09
● **Aid es Seghir/Aid el Fitr** (Ramadan-Ende)	13.10.07	01.10.08	21.09.09
● **Aid el Kebir** (Großes Hammelfest, Opferfest)	20.12.07	08.12.08	27.11.09

Quelle: www.islam.de

Staatsform

Militär-Regierung. Staatschef „Führer der Großen Revolution" Oberst **Muammar al-Kadhafi,** geb. 1942, an der Macht durch Staatsstreich seit 01.09.1969. Nominell sozialistische Volksrepublik ohne Parteien (Dschamahirija = Volksherrschaft); Volkskongresse stellen Exekutive und Legislative, Vorsitzender des General-Volkskongresses ist *Zanati Mohamed al-Zanati.*

Währung

1 **Libyscher Dinar** = 1000 Dirham, nicht konvertibel, Ein- und Ausfuhr verboten, offizieller Kurs Mai 2007: 100 Euro = 165 LD.

Inflationsrate: 2% (2005)

Wirtschaft

- **BSP:** 49 Mrd. US$ (2002)
- **Pro-Kopf-Einkommen:** 9200 US$ (2002, geschätzt), eines der höchsten Afrikas
- **Außenhandelsbilanz** positiv, Saldo 5,5 Mrd. US$ (2002)
- **Auslandsverschuldung:** 4,2 Mrd. US$ (2002)
- **Deviseneinnahmen:** 11,8 Mrd. US$ (2002), über 90% aus Erdöl und Erdgas
- **Landwirtschaftliche Produktion:** Sie hat bis in die 1990er Jahre zugenommen, ihr Beitrag zum Export ist aber ohne Bedeutung. Auch der Tourismus ist wirtschaftlich unerheblich: 174.000 Besucher (2003), Einnahmen 28 Mio. US$.
- **Wichtigste Lieferländer** (2002): Italien 22,3%, Deutschland 12,8%, Großbritannien 8,9%, Frankreich 6,8%, Japan 5,4%, Tunesien 4,4%
- **Wichtigste Abnehmerländer** (2002): Italien 40,2%, Deutschland 12,2%, Spanien 9,9%, Türkei 4,9%, Frankreich 4,4%, Großbritannien 3,5%

Rangstellen bzgl. Deutschland: 39 bei deutscher Einfuhr, 62 bei deutscher Ausfuhr, 4. Rang unter Deutschlands Rohöllieferanten (12,3%) und damit wichtigstes außereuropäisches Land. Technische Zusammenarbeit: Schwerpunkt Rundfunkberatung, berufliche Bildung. Seit Ende der 1980er Jahre wird der private Sektor wieder gefördert.

Alphabetisierungsquote (2005): 87%, Männer 95%, Frauen 71%

Schulsystem

Schulpflicht von 6–15 Jahre. Verschiedene Fachschulen: Agrartechnik, Technik, Fernmeldewesen, Berufliche Weiterbildung. Staatliche Universitäten in Tripolis, Benghasi, Braygah und Sebha. Islamische Universität in Al Bayda (Zugangsberechtigung über Koranschulen).

Gesundheitswesen

Ein Arzt kommt auf 783 Einwohner (TN 2279, DZ 1405, ET 747), ein Krankenhausbett steht für je 254 Einwohner parat (TN 583, DZ 529, ET 625).

Militärausgaben

475 US$ je Kopf der Bevölkerung (1997)

Maßsystem: Metrisch

Uhrzeit

MEZ plus 1 Stunde; während der mitteleuropäischen Sommerzeit besteht kein Zeitunterschied.

Strom: 220 V

142 Foto: bg

Zeit-„zähler"

Land und Leute

der Haruj al Aswad. In der Haruj ragen einzelne Vulkane bis zu 1200 m auf, darunter Riesenkrater mit Durchmessern von mehreren Kilometern, aber auch Schild- und Schlackenvulkane. Lavaströme, darunter der sehr junge Mscheggheg, ziehen nach allen Seiten. Dieses Gebiet ist nur schwer zugänglich. Es ist (deswegen) eines der wenigen, etwas wildreicheren Gebiete Libyens. Täler fungieren als Wassersammler und bieten mitten in der Vollwüste mit ihrer Vegetation eine bescheidene Nahrungsgrundlage.

Weite Serirflächen schließen sich nach Süden an, an wenigen Stellen von Mergelstaubebenen, Gipskrusten und Vulkanen unterbrochen. Diese gehen schließlich in das Bergland des Tibesti im äußersten Süden über.

Im Nordosten nimmt das niederschlagsbegünstige und deshalb fruchtbarere **Jabal-Akhdar-Bergland** mit seinen beiden deutlich ausgeprägten Stufen (die untere bei 300 m Höhe, die obere bei 500–600 m) eine – auch siedlungsgeografische – Sonderstellung ein. Dieses „grüne Bergland" zählt seit den frühesten Zeiten zu den am dichtesten besiedelten Gebieten der afrikanischen Nordküste.

Nach Süden senkt sich der Höhenzug ab in flache Kalksteppenlandschaften. Hier liegen die Oasen von Awila und Jalu im Westen, seit alters Stationen an wichtigen Karawanenrouten, und das isolierte Jaqbub im Osten, das in einer Senke teilweise unter Meeresniveau liegt.

Auf riesigen Flächen erstreckt sich dann das, was immer wieder als **„Great sand sea"** Eingang in die Landkarten findet: Die schwer überschreitbare Gitterdünenwüste des Erg Jaqbub, eine nur wenig erforschte Sandwüste im Grenzgebiet zu Ägypten. Westlich dagegen schließt sich eine der größten innersaharischen Kiesebenen an, die Serir Kalanscho, oft auch nur As Sarir (Kiesebene) genannt. Ihre größte Breite beträgt in Nord-Süd-Richtung ca. 400 km, ihre Länge in Ost-West-Richtung 500 km. Fast in ihrer Mitte wurde Wasser erbohrt: Hier liegen heute die wichtigsten Brunnenfelder der östlichen Abschnitte des „Man-Made-River-Projekts" (vgl. Route B 10). Auch einige Dünen ziehen lang gestreckt durch diese Ebenen und reichen teilweise hinüber bis zur Haruj al Aswad. An ihrem Nordrand liegt das nur ungefähr 300 m hohe Tafelbergland von Zelten, Zentrum libyscher Erdölbohrungen. Im Süden schließt sich ein weiteres Sanddünengebiet an, der Ramlat Rabianah (Rebiana-Erg), der seinerseits bis zu den nordöstlichen Ausläufern des Tibesti-Gebirges vordringt, dem Jabal Nuqay.

Nördlich der Kufra-Oasen liegen die **Kufra-Bergländer,** Jabal al Gardah und Jabal al Hawaish. Diese, in einer der extremsten Wüstenregionen liegenden und deshalb auch in ihrem Innern pflanzenlosen, Bergregionen bestehen aus stark aufgelösten Sandsteintafeln. Auf den Reisenden machen Sie den Eindruck, als wären die Berge in einem Meer von Sand versunken. An ihrem Südrand liegen die verschiedenen ehemals kleinen Teilorte der Kufra-Oasen (Al Khofra) mit El Djof als Hauptort. Das einst von nomadischen Tubu besuchte

Kufra-Archipel Kebabo ist heute Dreh- und Angelpunkt des Verkehrs zum Sudan im Süden und (von geringerer Bedeutung) zum Tschad im Südwesten. Die Sudan-Piste führt durch eine der umstrittensten Sahara-Regionen, das Grenzgebiet Ägypten/Libyen/Sudan am Jabal al Awaynat. Das isolierte Wüstengebirge erreicht Höhen bis zu 1900 m und besteht aus Sandsteinen und Granit. Regen fällt hier statistisch alle sieben Jahre. Dies genügt jedoch, um in den tief eingeschnittenen Tälern, die als Wassersammler dienen, schütteren Bewuchs gedeihen zu lassen, der den Wildschafen und (früher) den Herdentieren der Nomaden als Weide dient(e) und das Vorhandensein spärlicher Quellen und Wasserlöcher wie die Gazellenquelle, Ayn al Gazal, erklärt.

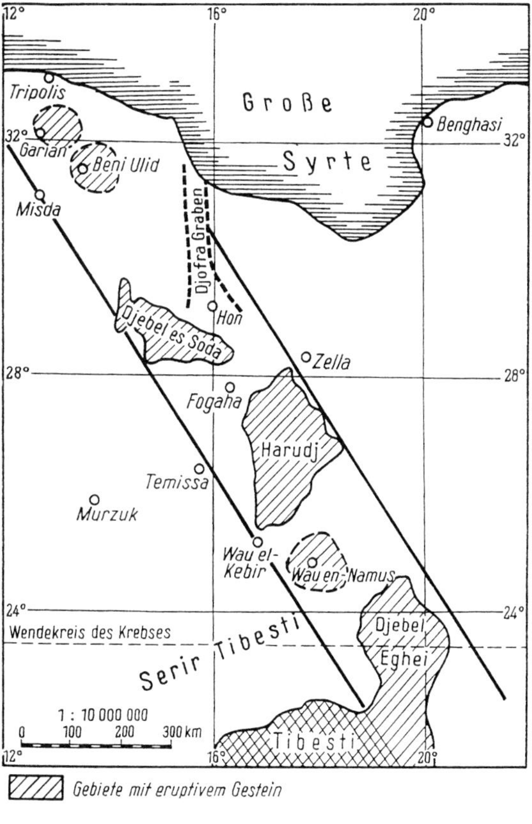

Die vulkanische Unruhezone in Libyen (nach *N.B. Richter*)

Tal- und Beckensysteme

Die Ostränder der Hamdat al Hamrah im Norden, Tassili und Akakus im Westen, die Msak-Tafeln im Süden und die zentralen Basaltregionen sind Ausgangspunkt einer Reihe von riesigen Trockental-Systemen, die sich als kultivierbare Zonen oder auch nur als mögliche Lebensräume inmitten einer saharischen Wüste oder einer mediterranen Steppe oft über Hunderte von Kilometern hinziehen und in ihrem gesamten Verlauf menschliche Siedlungen oder wenigstens Relikte früherer menschlicher Anwesenheit zeigen. Im Südwesten sei das von Süd nach Nord vor dem eindrucksvollen Idinen und der Steilstufe des Akakus verlaufende **Wadi Tanezzuft** genannt. Südlich der Msak-Tafeln auf ihrer flachen Seite liegt das **Wadi Aberho** mit dem Mathendous in seinem Oberlauf; der Verlauf des **Wadi Berdschudsch** endet über Oasen mit guten Süßwasser-Brunnen (z.B. Tesawa) in der Etba-Niederung. Nach Osten und Südosten setzt sich diese Senke im **Hofra-Becken** fort. Hier liegen große Oasen mit Murzuk als der bekanntesten. Siedlungsgeschichtlich interessant sind auch alle weiteren Oasen dieser Zone, über Traghan, Zuwaylah bis hinüber nach Timsah als letztem Ort im Osten, die aufgereiht wie an einer Perlenschnur einem östlichen Ausläufer des Idhan Murzuq, den Sanddünen des **Murzuk-Ergs** folgen.

Am Ostrand dieses Erg zieht sich eine weitere Oasengruppe in Nord-Süd-Richtung, auch sie folgt einem alten Talsystem, dem **Wadi Hekma:** Vom kleinen Weiler Bir Um el Adam (dem „Brunnen von Adams Mutter“) über den modernisierten Hauptort Gatrun (Al Katrun) zieht es sich nach Süden bis zur letzten Oase Tajarhi. Gespeist wird es von den spärlichen Regenfällen, die im östlichen Jebel Ben Ghanimah fallen. Diese Oasenkette war eines der wichtigsten Verbindungsglieder der größten Transsahara-(Handels-)Route, der „Bornu-Straße“, die zwischen Tripolis und Tschad-See die Sahara durchzog.

Am Nordrand des Msak Mustafit zieht sich ungefähr von Ubari bis kurz vor Sebha das 5–6 km breite **Wadi Adjal** mit seiner fast geschlossenen Oasenkette vor den hohen Sanddünen des Ubari-Ergs hin. Älteste Siedlungsspuren finden sich hier überall; zahlreiche Gräberfelder liegen am Fuß des südlichen Steilhanges. Den Nordrand dieses Ergs bilden auf weiten Strecken die Täler des Zellaf (etwas südlicher) und des Esc Sciati mit großen Oasen wie Idri, Bergen und Brak; diese Täler entwässern nicht nur die südliche Hamadat el Hamrah, die Talsysteme ziehen sich hinüber bis zu den Sawda- und den Aswad-Höhen im Osten bzw. Nordosten. Am Nordrand des Jabal as Sawda liegen schließlich im so genannten Dschofra-Graben die wegen ihrer besonders guten Datteln bekannten Oasen Sukna, Hun und Waddan. Nach Norden, der Küste zu, entwässern die Wadis Kebir (= das Große), Tamat, Harawa oder Bu Miras. Vom Ost- und Südrand der Hamdat el Hamrah schließlich ziehen sich die **Wadis Soffedschin** und **Zemzem** – beide wichtige römische Kultur-Gebiete (siehe Exkurs „Die römische Limeszone in Tripolitanien") – dem Meer zu, münden aber zuvor in den weiten Salzsümpfen von Taurgha, früher bekannt für ihr ungesundes Malaria-Klima.

Im äußersten Südosten Libyens liegt das Kufrabecken. Hier findet sich im Untergrund des Sandsteins gutes Wasser fossilen Ursprungs. Die erbohrten Brunnen erwiesen sich als so ergiebig, dass eines der größten Agrarprojekte ganz Libyens entstehen konnte – mitten in einer Wüste, die im Verlauf von zwanzig bis 25 Jahren keinen Regen kennt, Getreidefelder bis zum Horizont!

Klima

Vgl. zum Thema auch das Kapitel „Reisezeit" (Klimatabelle).

Nur ein 3 bis 5 km breiter Küstenstreifen hat in Libyen Anteil am gemäßigten Mittelmeerklima! 300–600 mm Jahresniederschlag fallen hier vor allem im Winterhalbjahr, während die Sommer trocken und warm sind. Nur die beiden Küstengebirge, der Jabal Nafusah im Westen und der Jabal Akhdar im Osten, erhalten – nicht nur wegen ihrer relativen Nähe zum Meer, sondern auch wegen ihrer nicht unbeträchtlichen Höhe (700–800 m) – weitaus höhere Niederschläge als alle übrigen Gebiete Libyens. Andere Gebirge aber, die einen Einfluss auf das Klima haben könnten, wie etwa die Atlas-Bergzüge in Marokko oder Algerien, fehlen in Libyen ganz. Die höchsten Erhebungen im Lande, mit weniger als 2000 m, finden sich dann bereits innerhalb der vollariden Wüstengebiete, was ihre klimaprägende Kraft unter Niederschlagsaspekten sehr gering ausfallen lässt.

In den Ebenen außerhalb der Bergländer schließt sich an den schmalen Küstenstreifen ein knapp 50 km breiter Steppenstreifen an, auf den weitere 50 km mit Vorwüstenklima folgen. Dann sind wir bereits in der Vollwüste – die Macht des Sandes wird allgegenwärtig! Als libysche Besonderheit findet sich im Südosten eine große Zone Extremwüste, riesige hyperaride Gebiete, in denen statistisch über einen Zeitraum von zwanzig oder mehr Jahren kein messbarer Niederschlag fällt.

In den Küstengebieten erreichen die **Temperaturen** im Sommer 27–32 °C. Nur die Djeffara-Ebenen, der tunesischen Grenze zu, erreichen Temperaturen, die darüber liegen: Hier werden in der durch den Djabal Nafusah verursachten Windschattensituation Temperaturen von 40 °C und mehr erreicht. In der Sahara selbst werden solche Werte leicht übertroffen: Bis zu 58 °C wurden im Fezzan gemessen! Auch hier spielen besondere Wind-Abschattungslagen die ausschlaggebende Rolle. Die relative **Luftfeuchtigkeit,** die im Winter auch in der Sahara noch 40–50% beträgt, fällt im Sommer auf 20–30%, teilweise auch darunter. Bei bestimmten Wettersituationen wurden Extremwerte von 5% gemessen.

Diese geringe Luftfeuchte ist für den hohen **Temperaturgradienten** verantwortlich, d.h. den Temperaturunterschied zwischen Tag und Nacht einerseits und auch zwischen Sommer und Winter andererseits. Natürlich sind solche großen Unterschiede charakteristisch für alle Trockengebiete der Welt, aber in Libyen sind auch in diesem Punkt extreme Werte die Normalität. So sind Unterschiede von 25°C im Tagesverlauf und 50°C im Jahresverlauf durchaus keine außergewöhnlichen Werte! Für Tripolis etwa wird der höchste gemessene Wert mit 48°C angegeben, die tiefste Temperatur mit minus 1°C! Dabei hatten wir doch davon gesprochen, dass gerade die Küste durch ein relativ „gemäßigtes" Klima charakterisiert sei ...

Extrem niedrige und seltene **Niederschläge** sind ebenso ein Kennzeichen aller Wüsten. Kommt es dann aber zu Regen, fällt dieser oft genug als verheerender Starkregen. Da der Boden wegen der fehlenden oder sehr schütteren Vegetation und wegen seiner oft geringen Aufnahmefähigkeit (Fels- oder Tonflächen, Verkrustungen) die in kurzer Zeit niedergehenden Niederschlagsmengen nicht aufnimmt, führen Regenfälle häufig auch dann zu richtigen Flut- und Überschwemmungskatastrophen, wenn dies die absolute Niederschlagsmenge gar nicht erwarten lässt. Die Erosion erreicht dabei gigantische Ausmaße. Nur Sand- und Sanddünengebiete sind davon ausgenommen: Sie nehmen die Wassermassen auf und fungieren deshalb oft als regelrechte Wasserspeicher.

Die **Sahara** verdankt ihre Entstehung auch der Tatsache, dass hier beständige Winde wehen, die Passate. Luftmassen steigen über dem Äquator auf, regnen sich dabei ab, strömen als Höhenströmung den Polen zu, sinken über der Sahara wieder ab und strömen zu einem neuen Kreislauf dem Äquator zu. Die Folge: Die absteigenden Luftmassen verursachen eine dauerhafte Hochdrucklage über der Sahara mit Wolkenauflösung und – denken Sie an Föhn – Erwärmung und dabei Absenkung der relativen und absoluten Luftfeuchte. Da sich die Erde aber nach Osten dreht, werden die Luftmassen bei dieser Zirkulationsbewegung über Grund abgelenkt: Sie strömen bodennah aus Nordost in Richtung Äquator zurück. Dies ist der typische Sahara-Wind, ein trockener **Nord-Ost-Passat,** der tagsüber, wenn die Sonne scheint, weht und am Abend nachlässt, um mit großer Sicherheit anderntags mit der nötigen Erwärmung wieder einzusetzen. Nur bei Wetterstörungen wehen auch einmal andere „Lüfte", die es dann allerdings u.U. in sich haben: Gefürchtet ist etwa der **Ghibli,** ein trockenheißer sturmartiger Wind, der aus der Sahara heraus durch die Palmpflanzungen an der Küste fegt. Im Sommer kann auch einmal der **Monsun** mit der äquatorialen Regenzeit weit von Süden her in die Sahara vordringen und hier heftige Staubstürme, verbunden mit ebenso heftigen Gewittern verursachen. Die häufigsten Sandwinde sind jedoch die als **Harmattan** bezeichneten heftigen Nord-Ost-Passatwinde, d.h. eigentlich der „Alltagswind" der Sahara: Dieser bläst besonders häufig in der kalten Jahreszeit, wenn die oben geschilderten luftmassendynamischen Vorgänge wegen der größeren Temperaturunterschiede besonders heftig sind: Trockenkalte Sandwinde sind die Folge.

Flora und Fauna

Kulturpflanzen

Die in Libyen kultivierten Pflanzen unterscheiden sich nicht von dem, was auch sonst in der Sahara angebaut wird. In den gemäßigten Bereichen und den beiden Bergländern der Küstenregion Nafusah und Akhdar spielt der **Olivenbaum** (Ölbaum) eine zentrale Rolle, in den saharischen Oasen und auch im ganzen übrigen Libyen zudem die **Dattelpalme.** In den Oasen wird der traditionelle Stockwerksbau gepflegt, d.h. unter dem schützenden Schattendach der Palmen gedeihen **Obstbäume** (Zitrusfrüchte, Feigen, Mandeln, Pfirsiche und Maulbeeren); unter diesen schließlich werden Weizen, Gerste, Luzerne und Gemüse (Tomaten, Karotten, Zwiebeln, Kartoffeln) angepflanzt. Als Straßenbäume oder auch als schützender Randbewuchs an den bestellten Feldern finden sich Eukalypten, Mimosen und Oleander, im Süden sehr häufig auch Tamarisken. Nur in den Küstengebieten und dort vor allem in den Talungen der Bergländer finden sich Kiefern, die mit anderen robusten Bäumen wie Eukalypten heute auch für Aufforstungsprogramme („Grüner Wall") benutzt werden.

Was sich im Bereich der Kulturpflanzen in Libyen von anderen saharischen Ländern unterscheidet, sind die gigantischen Bewässerungsflächen, auf denen – finanziert durch die Einnahmen aus dem Erdöl – aus größten Tiefen erbohrtes fossiles Grundwasser auf Flächen verregnet wird, die überwiegend dem Anbau von Getreide dienen. Nirgendwo in der Sahara wird dieses Prinzip der Lebensmittelerzeugung in einem so großen Umfang angewendet wie in Libyen – nirgendwo sonst allerdings stehen dem normalen Regenfeldbau so geringe Flächen zur Verfügung wie in diesem Staat, und nirgendwo sonst auch ist die Relation der Erdöl-Einnahmen zur Zahl der Staatsbürger so günstig wie hier. Erst mit den verschiedenen Krisen des Erdölgeschäfts scheint hier eine Rückbesinnung stattzufinden. Jetzt sieht man statt der gigantomanischen Großprojekte überall auf familiäre Größenordnungen reduzierte Anbauprojekte. Auch diese produzieren mit maschinellem Einsatz, geben aber auch der Hacke und dem einfachen Bewässerungsgraben wieder ihren Platz. Im Bereich der Olivenproduktion wurde in den letzten Jahren eine erstaunlich große Zahl neuer Dammkulturen (Djessur) angelegt, die nur den Schluss zulassen, dass die Politik jetzt wohl auf Erdöl und Olivenöl setzt.

Wildpflanzen

Libyen ist nicht nur ein Wüstenland: Es ist ein Wüstenkontinent! **Vegetationsarmut** ist eines der auffallendsten Charakteristika dabei. Fehlende Bergländer im saharischen Bereich wie etwa das Hoggar-Gebirge in Algerien oder solche, die in den regenbegünstigteren Randlagen zu finden sind, etwa das Aïr-Bergland im Niger oder das Atlas-Gebirge in Marokko und Algerien, tragen neben der ausgeprägt hohen Aridität ihren Teil dazu bei, dass außerhalb kultivierter Oasen wildwachsende Pflanzen eine Rarität sind. Dies gilt selbst für die Täler in den wenig markanten Bergregionen; auch in diesen sind Pflanzen selten. Selbst die ausdauerndsten Sahara-Arten, z.B. Akazien, machen sich in Libyen ausgesprochen rar. Nur in den Übergangsbereichen zur mediterranen Region finden sich Steppen mit einem weidefähigen Bewuchs. Das großflächige Vorkommen schlechter Böden, insbesondere Kalkkrusten, trägt sicher seinen Teil zur auffallenden Armut der Vegetation auch in diesen Räumen bei.

Wildtiere

Wildtiere werden Sie auf Ihrer Libyen-Reise vermutlich nicht zu Gesicht bekommen. Auch in freier Wildbahn sind Tiere extrem selten, sieht man einmal von kleineren Lebewesen wie Käfern u.Ä. ab. Libyen ist ja auch gekennzeichnet durch weite freie Flächen. Hier haben Tiere, zumal **Säugetiere,** keine ausreichende Ernährungsbasis und kaum Schutzmöglichkeiten. Es kann deshalb nicht überraschen, dass sich ausgerechnet dort, wo sich solche Schutzmöglichkeiten bieten, nämlich in den von vulka-

150 Foto: gg

nischem Oberflächengestein bedeckten Harudj-Flächen im Herzen Libyens, die reichste Tierwelt entfalten und erhalten konnte. Es ist deshalb früher schon der Vorschlag gemacht worden, diese Region als Nationalpark auszuweisen, wobei auch die geografisch-geologischen Besonderheiten eine Rolle spiel(t)en.

Reptilien, einschließlich der von vielen Touristen so sehr gefürchteten Schlangen, kommen vor allem in der Nähe menschlicher Siedlungen vor. Die vorhandene Nahrungskette (Abfälle – Mäuse, Mäuse – Schlangen oder Abfälle – Fliegen, Fliegen – Eidechsen) oder auch nur das Nahrungsangebot für andere Tiere (z.B. Skorpione) mögen der Grund dafür sein – in der freien Wüste jedenfalls finden Sie kaum jemals eine Spur von ihnen. Schildkröten leben in den Gebieten der Küstenbergländer, die noch nicht kultiviert worden sind.

Vögel fallen in einem deckungslosen Gelände rasch auf. Im Winter trifft man überall auf verschiedene unserer Zugvögel, z.B. Schwalben in den Oasen oder Mauersegler in den Städten. In Oasengärten sind immer wieder Wiedhopfe zu sehen; Grasmücken suchen in Sträuchern und im Buschwerk nach Insekten. Auffallend viele Spießflughühner sind in manchen Gebieten zu beobachten, möglicherweise finden sie in den Beregnungsflächen ideale Ersatzlebensräume. Relativ häufig sind auch verschiedene Greifvögel, vor allem Falken. Auch Raben sind immer wieder zu sehen, sobald irgendein Hügel, ein Berg oder dergleichen das Gelände etwas strukturieren. Auf den Seen des abgelegenen Wau an Namus leben Blesshühner, wobei es eigentlich kaum vorstellbar ist, wie diese jemals dorthin gekommen sind.

Als charakteristischer Sahara-Vogel kann der **Weißbürzelsteinschmätzer,** Mula-Mula, gelten. Besonders häufig ist er in den Tuareg-Gebieten zu sehen, also z.B. im Akakus oder auch im Mathendous-Tal: Er gilt der berber-sprachigen Bevölkerung als „Künder des Guten"; als solcher wird er kaum verfolgt, entsprechend zutraulich ist sein Verhalten dem Reisenden gegenüber. Seine Kontrastfärbung ist eigentlich eine Tarnfärbung: Im harten Schlagschatten von Felsen oder Bäumen lösen sich die Konturen des Vogels wie von Zauberhand auf. Interessant auch seine Bruttechnik: Über Wochen hinweg liest der zierliche Vogel poröse Steine bis zur Hälfte seines Eigengewichtes auf und schichtet sie zu einer kleinen Pyramide auf; an deren Spitze baut er sein Netz, geschützt von der Bodenhitze, umfächelt vom ewig wehenden Wüstenwind.

Natürlich gibt es überall **Insekten.** Aber selbst der Schwarzkäfer, in Algerien manchmal eine Plage, kommt selten vor. Mücken (Stechmücken!) sind in bestimmten Regionen unerfreulich häufig, etwa im Wau en Namus oder auch an den Seen des Mandara-Gebietes. In den Seen selbst, besonders im Gabroon- und im Mandara-See leben massenhaft Salinen-Krebschen, die früher von den Bewohnern gefangen und gegessen wurden.

Dorkas-Gazellen

Haustiere

Eine der augenfälligsten Entwicklungen bei den Haustieren ist die **„Rückkehr des Kamels“.** In der Phase der Erdöl-Euphorie waren wohl alle Kamele in den Kochtöpfen gelandet. Auf einer meiner frühen Libyen-Reisen jedenfalls suchten wir lange fast verzweifelt nach einem Kamel! Im ganzen Wadi Adjal soll es damals eine einzige Kamelstute gegeben haben, und die war weithin bekannt – ihr Hüter bekam damals einen Monatslohn von 1500 Euro, und als die Stute ein Fohlen verwarf, war dies jederman im Umkreis von 100 km bekannt! Heute sehen Sie wieder überall Herden. Ihre Besitzer aber sind oft Städter (sofern man etwa einen Bewohner von Sebha als solchen bezeichnen kann), die Lohnhirten zur Betreuung der Herden anstellen und bezahlen. Diese Lohnhirten sind oft verarmte Tuareg aus dem Niger oder (seltener) auch aus Mali. Die Herdeneigentümer besuchen ihre Tiere ab und zu mit dem Geländewagen, setzen sich im Schatten einer Palme mit den Hirten zusammen und betrachten voll Wohlgefallen ihre schmucken Tiere. Das hat so gar nichts mit der ehemals nomadischen Tierhaltung zum Zwecke der Milchgewinnung zu tun, und tatsächlich „produziert“ man die Tiere heute überwiegend für den Schlachthof.

Gewaltige Veränderungen auch bei den anderen traditionell saharischen Herdentieren; **Schafe** z.B. transportiert man mit LKWs in Gebiete hinein, von denen man gehört hat, dass dort Regen gefallen sei. So erreicht man auch Weiden, die fernab von Brunnen liegen. Das Tränkeproblem löst man wieder mit dem LKW. Nahe der Weiden werden riesige „Wasserkissen“ deponiert, die man mit einer Art Pendelverkehr zwischen Brunnen und Herde immer wieder füllt. Dabei werden Tank-LKWs eingesetzt, deren Preis mehrere hunderttausend Euro beträgt. Wie die ökonomische Rechnung einer solchen Viehhaltung aufgeht, ist mir ein absolutes Rätsel. Alle Herden, die ich dabei bisher gesehen habe, machten einen hervorragenden Eindruck: Auch Kraftfutter bringt man den Tieren mit dem LKW!

Wo immer noch ein Rest traditionellen Nomadenlebens im modernen Erdölstaat vorhanden ist, bleibt die Ziege wichtigstes Haus- oder besser Herdentier nach dem Kamel. Neben diesem ist sie das einzige Tier, das ohne moderne Hilfsmittel die spärlichen Weideverhältnisse, extreme Hitze und Temperaturunterschiede sowie das geringe Wasserangebot überleben kann. Gezüchtet werden vor allem kleine, schwarze Langhaar-Rassen. Dem arabischen Nomaden liefert das tierische Haarkleid die Wolle für sein Zelt, dem berberischen Tuareg den Grundstoff für Seile und allerhand Zierrat am Zaumzeug seiner Reitkamele. Beiden Nomadengruppen liefert sie als Herdentier Milch und, daraus produziert, Butter und Käse, als Schlachttier Fleisch und Leder. Aus dem Balg des Tieres werden (wurden!) die Wasserbehälter hergestellt, mit denen das lebensnotwenige Wasser über weite Entfernungen vom Brunnen zum Lagerplatz transportiert wurde.

Wenig ist sonst geblieben vom traditionellen Nomadenleben; selten sah ich in Libyen ein Nomadenzelt, mit dem Hirten unterwegs gewesen wären. Eier und Hühner produziert man in Legebatterien; Rinder werden in Farmen gehalten, deren Ställe z.T. klimatisiert sind: Die aus Europa importierten schwarzbunten Rinder sind dem saharischen Klima anders nicht gewachsen; dafür liefern sie viel Milch und sicher auch zartes Fleisch. Die überall im vorsaharischen Bereich entstandenen modernen Betonortschaften, in denen ein Haus wie aus dem Baukasten dem nächsten gleicht, sind umgeben von einem Gürtel kleiner, primitiv-provisorischer Stallungen aus allem möglichen Abfall- oder Bauholz: Hier hält sich jeder sein Schaf, seine Ziege, mästet vielleicht auch ein Kalb oder ein junges Kamel.

Geschichte und Politik

Prähistorie

Die frühesten Spuren menschlicher Existenz in Libyen finden sich im Bereich der heutigen Vollwüste: In einer Fülle von **Felsmalereien** und vor allem auch **Felsgravuren** haben Menschen, die dort einstmals lebten oder auch nur durchzogen, all die Dinge „zu Fels gebracht", die ihnen wichtig waren. Die Sahara war damals (die Forscher datieren die Bilder bis aufs Jahr 9000 v.Chr. oder gar älter) vergleichbar mit den heutigen Wildreservaten in Ostafrika; Elefanten, Nashörner, Flusspferde, Giraffen u.a. sind immer wieder vorkommende Motive. Daneben finden sich Menschen, oft inmitten von Jagdszenen, oder auch kultische Zwitterwesen, halb Mensch, halb Tier. Auffallend auch eine Vielzahl von Szenen mit Fruchtbarkeitsbeschwörungen. Über die Menschen, die all diese Bilder vor der Austrocknung der Region hinterlassen haben, ist nichts bekannt.

Dies ändert sich erst in den jüngeren Phasen der Felsbildkunst: Mit beginnender Austrocknung etwa um das Jahr 2000 v.Chr. lassen vor allem Felsmalereien eine Reihe von Details erkennen, die sich teilweise mit dem decken, was uns heute von Völkern in Westafrika bekannt ist. Demnach wurden die Bilder evtl. von frühen Vorfahren der heutigen Fulbe-Rindernomaden gemalt. Viele Motive sind nur aus der Kenntnis der aktuellen Sagen dieser Hirten interpretierbar. Andere Darstellungen erklären sich aus den Angaben, die uns der griechische Geschichtsschreiber *Herodot* ums Jahr 500 v.Chr. schriftlich überliefert: Etwa um das Jahr 1500 v.Chr. wohnten im heutigen Fezzan die **Garamanten,** ein kriegerisches Volk, das mit Hilfe von pferdebespannten Streitwagen benachbarte Völker in Schach hielt. Noch jüngeren Datums sind dann die Darstellungen von Kamelen und Schriften, die sich eines altlibyschen Alphabetes bedienen: Sie gehen auf die unmittelbaren Vorfahren der heutigen Wüstenbewohner dieses Teiles der zentralen Sahara zurück, die Tuareg.

Griechisch-archaische Periode

Nach einem Spruch des Apollo-Orakels von Delphi segelten um 640 v.Chr. wenige hundert Dorer von der Cycladen-Insel Santorin über das Mittelmeer gen Süden, einem versprochenen „Gold-Land" zu. Bei ihrer Ankunft an nordafrikanischen Gestaden nahe Bomba mussten sie jedoch erkennen, dass das erhoffte Gold nichts weiter als goldfarbener Sand war. Der Küste entlang über Jahre hin weiter nach den versprochenen Schätzen suchend, fanden sie dann doch noch ihr Paradies: Am Jabal Akhdar, dem grünen Gebirge, gründeten sie 631 das quellenreiche Cyrene. Nahebei fanden sie einen idealen Naturhafen, stellten den Platz unter den Schutz ihres Gottes Apollo und gaben der Stadt den Namen dieses Gottes: *Apollonia*.

Das Delphi-Orakel erneuerte seine Versprechungen. Der daraufhin verstärkte Zuzug weiterer Siedler führte rasch zu weiteren Stadt-Gründungen im Gunst-Bereich des Küstengebirges: Teuchira-Tocra, Ptolemaïs-Tolmetha, Hafenstadt des landeinwärts entstehenden Barka, Euhesperides (Berenike, das heutige Benghasi); zusammen mit Apollonia/Cyrene bildeten sie später die **Pentapolis,** den **Fünf-Städte-Bund.** Die einheimischen Stämme wurden nach und nach unterworfen; der gesamte Ostteil des heutigen Libyen wurde im küstennahen Bereich griechisches Kulturland.

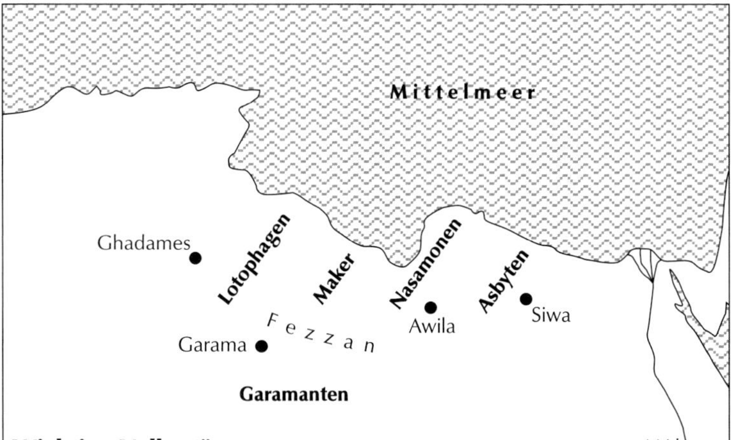

Wichtige Volksstämme im 5. Jahrhundert n. Chr. (nach Herodot)

Die Phönizier

Die Entwicklung im Westen verläuft unter ganz anderen Vorzeichen. Hier sind es nicht die von einem Orakel herbeigesandten Völker benachbarter Küstengestade, sondern gewiefte, weitgereiste See-Händler, die die Landnahme initiieren: Die Phönizier, ursprünglich im Gebiet des heutigen Libanon ansässig, treiben zunächst nur Handel mit der Bevölkerung des Hinterlandes über ihre Küstenstützpunkte. Machtpolitische Ereignisse im Vorderen Orient führten 814 v.Chr. zur Gründung von Karthago (punisch = Neustadt) im heutigen Tunesien. Von diesem Ort als Machtbasis aus kommt es zur Gründung weiterer phönizischer Handelstützpunkte die Küste entlang, sowohl nach Westen als auch nach Osten, zum heutigen Libyen hin: Neben anderen sind dies vor allem Sabrata, Oea (das heutige Tripolis) und Leptis Magna, aus denen die später machtvolle **Tripolis,** also der **Dreistadt-Bund,** hervorgehen sollte.

Es konnte nicht ausbleiben, dass dieser Bund im Zuge seiner Ausdehnung nach Osten irgendwann an die Grenzen des Fünfstadt-Bundes stieß – über viele Jahre zogen sich die Kriege zwischen dem phönizischen Machtzentrum im Westen und dem griechisch-ägyptischen im Osten hin, ohne dass die eine oder andere Seite die Oberhand behielt. Schließlich einigten sich die streitenden Parteien auf eine Lösung von wahrlich olympisch-salomonischer Dimension: Ein Läuferwettbewerb wurde organisiert (um 450 v.Chr.). Zum gleichen Zeitpunkt sollte von Karthago respektive Cyrene aus eine aus zwei Läufern bestehende Mannschaft aufbrechen. Die Grenze der umstrittenen Machtsphären sollte dann dort gezogen werden, wo sich die beiden Gruppen trafen. Schreit da jemand Betrug angesichts der Tatsache, dass dieses Zusammentreffen ungefähr 1500 km östlich von Karthago, aber nur 500 km westlich von Cyrene erfolgte? Die siegreiche Mannschaft jedenfalls, ein Geschwisterpaar, gab sich zum Beweis ihrer Redlichkeit dem Opfertod hin. Wo beginnt hier die Legendenbildung, wo endet die geschichtliche Wahrheit ...?

Die Römer in Nordafrika

Geschichtliche Tatsachen schufen andere, auch sie Mittelmeer-Anrainer, tüchtige Händler und noch tüchtigere Krieger, Kolonisatoren und Baumeister: Die Römer hatten ihre Einflusssphären zunächst im italienischen Bereich gefestigt und nutzten dann die Auseinandersetzungen im phönizisch/griechischen Machtpoker immer wieder zu ihren Gunsten aus: Wechselseitige Allianzen, kriegerische Auseinandersetzungen, politische Intrigen führten letztendlich dazu, dass Rom mehr und mehr den westlichen Teil dieses nordafrikanischen Küstensaumes seinem Imperium einverleibte: Im Jahre 146 v.Chr. kommt es schließlich mit der Zerstörung Karthagos zur Gründung der römischen **Provincia Africa.** 111 v.Chr. verbünden sich Leptis Magna und vermutlich auch die beiden anderen Städten des Tripolis-Bundes mit Rom, um Thronfolge-

Wirren durch diese Anlehnung an das erstarkende Weltreich zu vermeiden. 96 v.Chr. vererbt der letzte aus dem Geschlecht der Ptolemäer-Fürsten, *Ptolemäus VII.*, die Cyrenaika, d.h. die östlichen Regionen an Rom.

In der letzten Generation vor der Zeitenwende schließlich wird ganz Nordafrika im Bereich des heutigen Libyen verwaltungsmäßig neu aufgeteilt und dem mächtigen römischen Weltreich tributpflichtig. Weitere Stichzahlen: 46 v.Chr.: Tripolitanien wird der Provincia Africa angegliedert; 27 v.Chr.: Bildung der Senatsprovinz Cyrenaica und Vereinigung mit Kreta. Nur kurz zuvor (30 v.Chr.) war Ägypten nach dem Sieg *Oktavians* über *Markus Antonius* römische Provinz geworden. Damit war der gesamte Küstensaum vom Nil-Delta bis zu den Aurès-Bergen fest in römischer Hand.

Garamanten-Reich

Während all dieser Jahre und Jahrhunderte war das Hinterland des heutigen Libyen eine weitgehend unkontrollierbare Größe geblieben, allenfalls gut, um Handel mit den dort lebenden Menschen zu treiben. Unter den dort ansässigen **Libu-Völkern,** gewissermaßen die Ur-Libyer, auf die viele der Felsmalereien und Felsgravuren zurückzuführen sind, gelang es vor allem dem Volk der Garamanten, schon vor dem Jahr 1000 v.Chr. ein mächtiges Reich zu etablieren. Hauptstadt war Garama, im Wadi Adjal unweit der Stadt Ubari im Fezzan gelegen. In den schriftlich überlieferten Quellen ist nur wenig Konkretes über die Garamanten geschrieben. Es gilt heute jedoch als weitgehend gesicherte Lehrmeinung, dass diese die Stammväter der heutigen Tuareg sind; ihre Schrift, das auf alt-libysche Schriftzeichen zurückgehende Tifinar, war ähnlich auch bei den Garamanten in Gebrauch und gilt als eines der wichtigsten Indizien für die erwähnte Abstammungslinie.

Garamanten-Kopfschmuck

Etwa um die Zeitenwende herum war nun dieses Garamantenreich im Herzen der Sahara so stark, dass es nach Meinung der im Küstenbereich herrschenden Römer eine echte Bedrohung für ihr eigenes koloniales Machtgefüge darstellte. Der verstärkte Zuzug ausgedienter Legionäre, die mit Ländereien in den afrikanischen Provinzen entschädigt wurden, verschob die Grenzen mehr und mehr nach Süden zu Ungunsten der dort lebenden berberischen Bevölkerung. Aufstände waren die Folge. So wurde unter Proconsul *Cornelius Balbus,* kampferprobter Haudegen unter Cäsar, 20–19 v.Chr. ein Feldzug über 800 km durch wüstenhafte Gebiete über Ghadames gegen die Garamanten mit dem Ziel ihrer Unterwerfung geführt. Man kommt auch heute nicht umhin, die „sportliche" Leistung dieser Truppe zu würdigen, wenn man im modernen Geländewagen auf bestens ausgebauten Straßen von der Mittelmeerküste in die Tiefe der Sahara bis ins Wadi Adjal fährt ... Für die Garamanten war die Ankunft der durchtrainierten und kampferprobten Heerscharen eine Katastrophe: Garama (beim heutigen Djerma) wurde zerstört, die Macht des Garamanten-Reiches fürs erste gebrochen. In Rom wurde die Bedeutung des Feldzuges so hoch eingeschätzt, dass dem Proconsul *Balbus* als erstem nichtrömischem Bürger (er kam aus Cadiz) ein Triumphzug veranstaltet wurde.

Blüte und Niedergang des römischen Imperiums

Das Interesse Roms beschränkte sich in der Folge vor allem auf die fruchtbaren Küstenstriche. Diese Teile Nordafrikas entwickelten sich rasch zur „Kornkammer Roms", aus der schätzungsweise immerhin die Hälfte des im Mutterland benötigten Mehlgetreides stammte. Die im saharischen Hinterland lebenden berberischen Volksgruppen stellten keine Gefahr dar. Mit ihnen konnte ein schwunghafter Handel betrieben werden, ohne dass sie mächtig genug gewesen wären, die im Küstenbereich gültige „Pax Romana", den römischen Frieden, zu gefährden. Grenzbefestigungen *(limes)* oder eine Kette von Wehrhöfen grenzten die kultivierten von den „barbarischen" Gebieten ab.

Zu kriegerischen Auseinandersetzungen kam es erst wieder, als die Garamanten sich erneut mit anderen Berbern gegen Rom verbündeten und ein weiteres Mal, als die Stadt Oea (heute Tripolis) sie gegen ihre Rivalin Leptis Magna zu Hilfe rief. Erneut drang eine römische Legion bis in den Fezzan vor und schlug die Garamanten zurück. Diese Niederlage scheint das Garamanten-Schicksal endgültig besiegelt zu haben: Fürderhin werden sie nur noch als kriegerische Verbündete römischer Truppen erwähnt. In Garama selbst erinnert bis auf den heutigen Tag ein Denkmal an den Triumph der römischen Militär-Maschinerie: Von manchen Historikern als **„Grab der Prinzessin Lucilla"**, bei Kanter als „Grabmal der Caecilia Plautilla" bezeichnet, von anderen nur als Mausoleum für einen reichen römischen Kaufmann gedeutet, ist es jedenfalls eines der südlichsten Monumente römischer Baukunst und vielleicht das einzige, auf dem sich neben römischen Inschriften auch solche in Tifinar, der Schrift der Tuareg finden.

Das römische Nordafrika im heutigen Libyen erlebte danach eine lange Friedensperiode. Libysche und römische Bauern wurden angesiedelt. Vor allem Ölbaum und Weinrebe bildeten außerhalb der mit Getreide bestandenen Ebenen die wirtschaftliche Basis der großen Güter. Die Küstenstädte dagegen kamen vor allem durch den Transsahara-Handel zu einer erstaunlichen

157 Foto: gg

Septimius Severus

Blüte. Noch heute belegen die Ruinenstädte mit ihren ausgedehnten Tempel- und Badeanlagen, mit ihren fast luxuriösen Marktplätzen den außergewöhnlichen Reichtum der Afrika-Römer.

Einen absoluten Höhepunkt erlebte das libysch-römische Nordafrika, als einer der Söhne des Landes im Jahre 193 Kaiser wurde: **Septimius Severus** (146–211) ließ seine Geburtsstadt Leptis Magna (zu jener Zeit 100.000 Einwohner) auf jede nur erdenkliche Weise ausschmücken. Das Theater von Sabrata ist ein Geschenk von ihm an die Region, aus der seine Familie hervorging. In unermüdlicher und zäher Arbeit wurde auch das Hinterland bis weit hinein in die Sahara „in Wert gesetzt“: Bis heute finden sich hier überall die Spuren römischen Landbaus (Dammkulturen), römischer Bewässerung (Gräben, Dämme und Zisternen) und römischer Bau- und anderer Technik (festungsartige Wohnbauten, Ölmühlen und -pressen, Meilensteine u.a.). Die allein für die öffentlichen Bäder Roms jährlich benötigten 3 Mio. Liter Olivenöl kamen größtenteils aus Nordafrika. Eine vor allem auf Baden und Salben begründete Lehre von der richtigen Lebensweise und Ernährung stand in voller Blüte. Der Seehandel mit dem italischen „Mutterland“ war wichtigste Einkommensquelle. In Oea entstand der Triumphbogen des *Marc Aurel* (163).

Von Rom kam das **Christentum** nach Nordafrika und breitete sich überall aus. Besonders in den östlichen Regionen, in der Cyrenaika, hatten sich **Juden** niedergelassen (bes. nach der Verwüstung des Tempels in Jerusalem 70 n.Chr.). Beide Glaubensgemeinschaften bekämpften sich (Judenaufstand 115 und dabei Zerstörung des Apollo-Tempels in Cyrene) und verhinderten dadurch eine Tripolitanien vergleichbare wirtschaftliche Blüte der östlichen Landesteile.

In dieser Zeit vollzog sich mit der **„Renaissance des Kamels“** gleichzeitig eine Revolution ganz anderer Art. War das genügsame Wüstentier zu *Cäsars* Zeiten noch eine vielbestaunte Kuriosität gewesen, kamen bereits im 3. Jh. n.Chr. Tausende dieser Tiere bei militärischen Operationen zum Einsatz. In den Grenzregionen begannen überall Kämpfe mit den kamelzüchtenden Nomaden, für die die Wüste durch den Umgang mit diesen Tieren einiges an Schrecken verloren hatte. Neue soziale und politische Konstellationen und Problemlagen waren die Folge.

Über die Menschen südlich des nordafrikanischen Limes *(limes tripolitanus)* ist dann für einen größeren Zeitraum nur wenig Gesichertes bekannt. Das Schlagwort von den „siècles obscurs", den finsteren Jahrhunderten, kennzeichnet den Kenntnisstand der Wissenschaft über den Zeitraum zwischen dem Niedergang der Ordnungsmacht am Mittelmeer und der Rückkehr orientalischer Traditionen mit dem Einfall der Araber ab dem 7. Jahrhundert (s.u.).

Inwieweit der wirtschaftliche Niedergang eine unmittelbare Folge der klimatischen Verschlechterungen war, muss offen bleiben. Dass die reichen Städte über ihre Verhältnisse gelebt hatten, zeigte sich in unausgesetzten sozialen Spannungen, derer sich wiederum die religiösen Wortführer (Donatisten gegen röm. Katholizismus) bemächtigten. Ein schweres Erdbeben fügte der Cyrenaika Schäden zu; die Städte wurden teilweise zerstört. Nomaden aus der Syrte-Region nutzten den Niedergang des Reiches: Sie plünderten zwischen 363 und 405 wiederholt das Hinterland. Das flache Land wurde verwüstet, der Landbau unwiderruflich geschädigt.

Im Zuge der Teilung des römischen Weltreiches in der Nachfolge *Theodosius d. Gr.* in einen Ost- und einen Westteil kam Tripolitanien 395 zu Westrom, die Cyrenaika zu Byzanz (Ostrom).

Vandalen und Byzantiner

Beim Einfall der germanischen Vandalen und Alanen (429 mit 80.000 Kriegern und Mannschaften in Tanger) befindet sich das gesamte römische Nordafrika in einem Zustand innerer Zerrissenheit. In Tripolitanien verbünden sich die christlichen Donatisten mit dem Führer der Eroberer, **Geiserich.** Mit Schwerpunkt im heutigen Tunesien gründet dieser sein „Germanenreich", von dem aus er sogar Rom plündern konnte (455). Bis hinüber nach Ägypten überfällt seine Flotte die Küstenstädte und versetzt so den letzten Resten einer (west-)römisch beeinflussten Verwaltung den Todesstoß. Sein Reich zerfällt nach seinem Ableben 477 rasch. Unter seinen Nachfolgern kommt es zu Auseinandersetzungen mit den Berbern. Schließlich wird das Vandalenreich 533 n.Chr. von einem byzantinischen Heer unter *Belisar,* Feldherr Kaiser *Justinians,* erobert.

Nach der Vernichtung des Germanenreiches sahen sich Belisar und seine Nachfolger den wilden Angriffen von Kamelnomaden aus dem Landesinnern ausgesetzt, die in dieser Phase des Übergangs ihre Chance sahen, frühere Einflusssphären zurückzugewinnen. Zeitweise bestand die Gefahr, dass Ostrom seine gesamten Besitzungen in Nordafrika verlor. Erst 548 gelang ein entscheidender Sieg über die Kamelkrieger; eine erneute, fast hundertjährige Friedensperiode begann, und mit ihr kehrte die klassische Kultur zurück an die Küste Libyens. Eine **Phase der Konsolidierung** begann. Die neu errichteten Stadtmauern in Sabrata und Leptis Magna zeigen beispielhaft, dass die Städte trotz des blühenden Seehandels nicht mehr ihre alte Größe erreichten.

Nur noch ein Bruchteil des Stadtgebietes war nun umwehrt. Basis der byzantinischen Flotte wurde jedoch Oea; aus dieser Zeit datiert auch der heutige Name Tripolis. Unter Kaiser Justinian wird ein umfassendes Bauprogramm verwirklicht, dem zahlreiche Kirchen- und Festungsbauten ihre Entstehung verdanken.

Eroberung durch Araber und den Islam

Die Macht Ostroms war im 7. Jahrhundert im Niedergang begriffen. Interne Probleme wie Dynastiestreitigkeiten und Religionsprobleme gingen Hand in Hand mit externen Auseinandersetzungen. Die entscheidende Schwächung erlitt dieses Reich durch den raschen Aufstieg der Araber und insbesondere des Islam mit seinem politisch-religiösen Sendungsbewusstsein. **Nach dem Tode des Propheten Mohammed 632** waren sie in mehreren Heeresgruppen von der arabischen Halbinsel zur Eroberung nach Norden losgezogen. Bereits unter *Omar d. Großen* werden Syrien, Palästina und Persien erobert. Omars Feldherr *Amr Ben Al-As* unterwirft 642 Ägypten; von hier aus wenden sich die Heerscharen nach Westen (Maghreb = Sonnenuntergang). Der Heilige Krieg *(Djihad)* überzieht den Küstensaum wie ein Wüstensturm. In der Cyrenaika zieht sich die Armee Ostroms nach Teuchira zurück – und wird hinweggefegt (643). Nur wenige Jahre später trifft dieses Schicksal auch Tripolitanien. In Verbindung mit der kriegerischen Tradition der Nomaden verschaffte das religiöse Sendungsbewusstsein den im Prinzip schlecht gerüsteten arabischen Heeren eine bisher nicht gekannt Schlagkraft, der das geschwächte Byzanz nichts entgegenzusetzen hatte. Die wüstenhaften Ebenen des Syrte-Hinterlandes waren wie geschaffen für die kühnen Beduinen-Reiterscharen.

Tripolis (fortan Trabulus) wurde 647 im Überraschungsangriff genommen, bereits am Folgetag fiel Sabrata. Neben den an der Küste vordringenden „wilden Horden" zogen andere Wellen gen Süden, drangen über den Fezzan bis zu den Kaouar-Oasen im heutigen Niger vor. Vermutlich zu diesem Zeitpunkt hörte das alte Garamanten-Reich endgültig auf, als Staat zu existieren. An seine Stelle trat ein anderes Reich, das in die Sahara abgedrängte **Berber** in Zuila gründeten. Fast zwei Jahrhunderte regierten in diesem Saharagebiet Berberfürsten vom Stamme Beni Chattab – ihre Grabtürme stehen noch heute am Ortsrand. Wirtschaftlich gründeten sie ihre Macht vor allem auf dem Sklavenhandel, der immer noch an Bedeutung gewann. Erst mit dem Erstarken des Kanem-Bornu-Reiches fand dieses Berberreich sein Ende.

Die zunächst stürmisch verlaufenden Eroberungen der arabisch-islamischen Heere waren später gekennzeichnet durch anhaltende Auseinandersetzungen mit berberischen Gruppen. Während der byzantinische Widerstand nur schwach geblieben war, standen die Stämme der Syrte und des tripolitanischen Hinterlandes den Eindringlingen in Kampfeswillen kaum nach – berühmt geworden ist der Aufstand der Berberfürstin *Kahena* im Aurès-Gebirge (heute algerisch-tunesisches Grenzgebiet).

Die klare Strenge der neuen Religion muss aber auf die rebellischen Berbergruppen durchaus ihren Reiz ausgeübt haben. Jedenfalls scheinen sie weit weniger abgeneigt gewesen zu sein, sich bekehren als unterjochen zu lassen. Besonders im Westen Nordafrikas entwickelten sich aus den konvertierten Berbern und sie immer wieder überlagernden und abdrängenden Beduinen die Speerspitze des Heiligen Krieges: Sanhadscha-Berber unterwarfen und bekehrten das heutige Marokko bis hinab nach Mauretanien und in den Senegal, wandten sich dann nach Norden und eroberten die gesamte iberische Halbinsel bis hinauf zum Ebro. Hundert Jahre nach Mohammeds Tod kamen die Eroberungszüge der jetzt arabisch-berberischen Heergruppen im Reich der Franken im Westen (732 Schlacht von Tours und Poitiers) und an den Grenzen Chinas im Osten zum Stehen.

Im Gebiet des heutigen Libyen beschränkte sich die Arabisierung auf die Städte der Küste. Die militärischen Stoßtrupps, die im Verlauf der Jahre durchgezogen waren, ließen jeweils nur eine geringe Besatzung zurück. Dies änderte sich erst mit dem Stillstand der Eroberungszüge: Jetzt versuchten die einzelnen Befehlshaber, in ihrem Bereich die Macht abzusichern. Kleine Gruppen von religiösen und zivilen Beamten oder auch Kaufleute nahmen die Territorien in Besitz. Die Islamisierung wurde durch die Abschaffung der Kopfsteuer für Gläubige beschleunigt. Der Widerstand der Berber gegen die neuen Machthaber überzog das Land mit einer Fülle von Revolten und Kleinkriegen. Tripolitanien geriet dabei über lange Jahre unter den Einfluss von Herrscherhäusern, die ihren Sitz schwerpunktmäßig in Tunesien hatten (z.B. die Aghlabiden, später die Fatimiden), wohingegen die Cyrenaika vor allem von ägyptisch-orientierten Herrscherhäusern (beispielsweise den Tuluniden) dominiert wurde. Noch immer aber waren die Araber eine Minorität unter den Berbern.

Dies änderte sich entscheidend mit dem **Einfall der Beni Hilal und der Beni Sliman:** Um die abtrünnigen Berbergruppen des Maghreb zur Raison zu bringen, hatten Fatimiden-Herrscher im Jahre 1050 die beiden Gruppen zu einem wilden Glaubenskampf aufgestachelt. Von Ägypten aus stießen sie nach Westen vor, die Beni Hilal voraus bis weit ins heutige Tunesien hinein, die Beni Sliman etwas langsamer nachrückend, dabei auch den Süden bis hinab in den Fezzan einbeziehend. Wie *Ibn Khaldun* berichtet, fielen diese Beduinen, die jetzt als ganze Stammesverbände (eine Zahl von immerhin 150.000 Menschen wird genannt) und nicht mehr nur als militärische Stoßtruppen unterwegs waren, wie Heuschrecken in die Länder ein, zerstörten und plünderten alles, was ihnen in den Weg kam. Die letzten Reste römischer Kultur(stätten) wurden zerstört, das Christentum war gebrochen. Pflanzungen und Äcker lagen verlassen, die Städte entvölkert. Ein Erdbeben tat ein Übriges: 20.000 Tote soll es allein in Tripolis gegeben haben.

Die massenhafte Invasion der neuen arabischen Stämme brachte eine rasche **Verschmelzung zwischen Arabern und Berbern;** bis zum heutigen Tag ist das arabo-berberische das stärkste Bevölkerungselement geblieben. Das Nomadentum wird über Jahrhunderte hinweg bestimmendes wirtschaftliches Element.

Neue Mächte im Mittelmeer

Gestützt auf ihre Machtbasis Sizilien, wo sie zunächst die Muslime vertrieben hatten, begannen in der ersten Hälfte des 12. Jahrhunderts die **Normannen** einen Brückenkopf an der nordafrikanischen Küste auszubauen. Der Normannenkönig *Roger II.* eroberte zunächst Djerba und nur wenige Jahre später auch Tripolis. Nach dem Tode Rogers fiel der nordafrikanische Besitz jedoch rasch an die maurisch-spanische Dynastie der Almohaden, die ihrerseits die östlichen Landesteile bald den tunesischen Hafsiden-Herrschern übereigneten. An der Küste gelangte die Seeräuberei zu ungeahnter Blüte, aus dem Landesinnern heraus machten verschiedene arabische Stämme und isolierte Berbergruppen die Landwege unsicher.

Wechselnde Herren und Herrschaften folgten: Zunächst waren es einflussreiche Berberfamilien, die in Tripolis eine Herrschaft aufbauten, um dann für kurze Zeit von tollkühnen Genueser Seefahrern verdrängt zu werden; **Genua** war im westlichen Mittelmeer zu einer wichtigen Handelsmacht geworden, und ihr war das von der nordafrikanischen Küste ausgehende Seeräubertum ein ewiger Dorn im Auge. Tripolis wurde geplündert, und bei dieser Gelegenheit kamen einige tausend christliche Sklaven frei.

Die **Aragonen von Sizilien,** von Berberfürsten zu Hilfe gerufen, lassen sich ihrerseits die Chance nicht entgehen, Ende des 14. Jh. einige Jahre hier die Macht auszuüben. Immer wieder machen bis zum 15. Jh. auch die **Hafsiden** aus Tunesien ihren Einfluss geltend, und nach Osten zu verstärkt sich die osmanische Einflussnahme.

1510 bemächtigt sich gar eine spanisch-habsburgische Heeresgruppe der Küste, wird aber unablässig von den im Hinterland ungeschlagenen Arabern bedrängt. Es war dies eine Zeit ständiger Unruhen, das Land versank in Anarchie und Armut. Tripolis wird schließlich 1530 von den Spaniern unter *Karl V.* den **Malteserrittern** übereignet, die Hafen und Burg ausbauen, bereits 1551 aber von der osmanischen Flotte unter *Barbarossa* geschlagen werden: Für fast vier Jahrhunderte erlischt damit das Christentum in Tripolitanien. Nachdem die Cyrenaika schon Jahre zuvor unter türkische Herrschaft geraten war, kommt jetzt die gesamte Küste bis Tunesien unter den unmittelbaren Einfluss des osmanischen Reiches.

Türkische Herrschaft

Unter den ersten türkischen Paschas als Vertreter des türkischen Sultans kam es zu einer regelrechten Blüte des **Seeräu-**

Alte Berberdörfer bei Ban Walid

bertums zu Lasten der christlichen Nationen. Das gesamte Mittelmeer wurde unsicher, in kühnen Aktionen wurden selbst Häfen und Ortschaften an der europäischen Küste überfallen und geplündert. Strafexpeditionen z.B. unter Führung der Malteserritter gegen die „Barbaresken" brachten nicht den gewünschten Erfolg und scheiterten teils kläglich - berühmt geworden ist die Niederlage einer solchen christlichen Expedition gegen den Korsaren *Torgut Rais* vor Djerba: Einer seiner Widersacher war *Andrea Doria,* Admiral unter *Karl V.;* aus den Schädeln von 5000 niedergemetzelten Christen wurde damals ein Turm als makabres Siegesdenkmal vor Houmt Souk errichtet. Auch die zwischenzeitlich erstarkten Seemächte England und Holland operierten eher glücklos. Wiederholt kam es durch ihre und andere Flottenverbände zu Bombardierungen von Tripolis (1654 durch Engländer, 1662 durch Niederländer, 1660 und 1671 durch die Franzosen). Über mehr als 150 Jahre gelang es den christlichen Seemächten definitv nicht, Herr der Situation zu werden. Erst mit dem Auftrag des Wiener Kongresses an England und Frankreich, der Sache ein Ende zu setzen, schlägt der Piraterie die Stunde. Als 1830 die Franzosen Algier besetzen, kehrt das christliche Abendland an die nordafrikanisch-maghrebinische Küste zurück.

Etwas friedfertiger verlief die Geschichte in der Cyrenaika und in der Syrte-Region. Hier gab es weder wich-

Land und Leute

160 Foto: gg

tige Bastionen des Christentums, die es niederzuwerfen und zu versklaven galt, noch wirtschaftlich bedeutende Städte, die erobert und geplündert werden konnten.

Besondere Vorrechte genoss unter den Paschas eine spezielle Truppe, die **Janitscharen.** Diese wurden aus gefangenen Christenkindern gebildet, die auf besonders martialische Weise zum Islam und zum grausamsten Kampf für diese Religion erzogen worden waren. Ihre Bevorzugung führte immer wieder zu Unbotmäßigkeiten, und so wurden diese Spezialeinheiten bald immer wieder zu einer Gefahr für die Machthaber. Eine ähnliche Rolle spielten in der Cyrenaika die **Mamelucken:** Diese Spezialeinheiten rekrutierten sich im türkischen Ägypten aus aufgekauften Sklaven, waren wegen ihrer kriegerischen Tüchtigkeit gefürchtet und konnten durch ihre Macht zu einer völligen Abhängigkeit der Regierenden von ihren eigenen Elitetruppen führen. Diese Machtelemente bestimmten über den Diwan, d.h. den Rat der höheren Offiziere, die politischen Entscheidungen des Korsarenstaates.

Die räumliche Distanz – immerhin waren zwischen Tripolis und Istanbul 1800 km zu segeln – und eine laxe Staatsführung auf Seiten der Hohen Pforte ermöglichten es tatkräftigen und risikofreudigen Statthaltern, eigene Wege zum eigenen Nutzen zu beschreiten. Zu Beginn des 18. Jh. wurde die Macht über Tripolis in der **Familie Karamanli** erblich. Einer der ihren, *Yusuf Karamanli,* hatte 1795 die Herrschaftsgewalt an sich gerissen. Während seiner relativ langen Herrschaft (bis 1832) kam es zu tiefgreifenden Veränderungen im politischen und wirtschaftlichen Gefüge des Landes. Zunächst brachte er die Stämme des Hinterlandes unter Kontrolle und band damit den Fezzan, der zuvor lange unter marokkanischem Einfluss gestanden hatte, wieder an die Küstenregionen. Auch die Cyrenaika wurde unter seinem Einfluss wieder ein sicheres Territorium. Bezüglich der Piraterie verlegte sich *Yusuf Karamanli* eher aufs „Prisengeschäft": Die Schiffe der Staaten, die bereit waren, einen Schutzzoll zu entrichten, wurden (wenigstens theoretisch) von Kaperungen ausgenommen. Über diese Form der „Besteuerung" gelangte Tripolis zu einem beträchtlichen Wohlstand. Arabische Geschichtsschreiber preisen Karamanlis Regentschaft als eine der erfolgreichsten der ganzen Epoche.

Um 1800 ereignete sich dabei ein Zusammenstoß Yusufs mit den damals gerade „volljährig" gewordenen USA. Yusuf hatte die Schutzzölle ein weiteres Mal kräftig erhöht. Aus einer Gruppe von Schiffen, die die USA daraufhin zur Hafenblockade entsandten, konnten die Korsaren die Fregatte „Philadelphia" erbeuten – sie war auf Grund gelaufen; Kapitän und Mannschaft gerieten in Gefangenschaft. Ein junger US-Leutnant kaperte daraufhin außerhalb des Hafens ein Türkenschiff, drang mit diesem in den Hafen ein und setzte in der Nacht des 16.2.1804 die „Philadelphia" in Brand. *Admiral Nelson* soll dies als die „kühnste Tat des Jahrhunderts" bezeichnet haben. Doch damit nicht genug: Seine Flucht gelang, das Türken-

schiff wurde mit Sprengstoff gefüllt und erneut als Zeitbombe in den Hafen geschleust, um die Türkenflotte in die Luft zu jagen. Dieser Coup misslang jedoch. Daraufhin besetzten amerikanische Expeditionskorps in kombinierten Land-See-Operationen von Tunis und Alexandria aus Benghasi und Derna. Yusuf musste Frieden schließen, erhielt aber ein hohes Lösegeld für die Freilassung der Seeleute der „Philadelpia".

Die weitere Entwicklung verlegte dann die Handelsrouten zum Atlantik hin; das Prisengeschäft war rückläufig. 1830 besetzen die Franzosen Algier, Ägypten erlangte praktisch seine Unabhängigkeit, der Wiener Kongress untersagte den Sklavenhandel und ächtete die Seeräuberei. Ständiger Geldmangel, Aufstände in der Cyrenaika und Revolten im Fezzan führten schließlich 1835 zum Sturz der Karamanlis. Um diese Region nicht in die Hände der Europäer fallen zu lassen, beschloss der türkische Sultan, Tripolitanien wieder selbst zu besetzen. Nach 120 Jahren einer relativen Autonomie gerät damit dieser nordafrikanische Küstenabschnitt ein zweites Mal unter türkische Herrschaft.

Die Senussia entsteht

An den Beginn dieser zweiten türkischen Periode (1835–1911) fällt die Gründung des **Ordens der Senussi** im Jahre 1837: Ein gebürtiger Algerier namens *Muhammad Ben Ali as-Sanus,* ausgebildet in Koranschulen und der Moscheeschule in Fez (Marokko), weit ge-

Türkische Festung bei Tripolis

reist und schließlich bekannt geworden als der „Große Senussi“, begründete diese **religiös-politische Bewegung mit sozialreformerischen Tendenzen** in Mekka. Über Kairo und Siwa gelangte er nach Tripolis. Unter seiner Führung widersetzten sich die Stämme des libyschen Hinterlandes und ganz besonders der Cyrenaika dem weiteren Vordringen der Türken; dem Einfluss der Senussia ist es im Wesentlichen zuzuschreiben, dass sich die Kontrolle der Türken weitgehend auf die Küste, im Landesinnern allenfalls auf die großen Orte wie Murzuk und Ghadames beschränkte.

Mit der Verlegung des Hauptsitzes 1856 aus dem Jabal Akhdar in den außerhalb türkischer Kontrolle liegenden Oasenort Dscharabub vergrößerte sich der Einfluss des „Großen Senussi“. Er setzte alles daran, sowohl mit diplomatischen als auch kriegerischen Mitteln die Reisen von Europäern in die Wüste zu verhindern, denn, so zeigte die Erfahrung z.B. in Algerien, der Spur, die der Forscher setzte, würde immer der Soldat folgen. Vor der expandierenden kolonialen Einflussnahme der technisch hochentwickelten und kapitalkräftigen europäischen Mächte zog sich der Orden schließlich 1895 in die Kufra-Oasen und 1899 vorübergehend bis nach Gouro (heute im Tschad) auf der Südostseite des Tibesti-Gebirges zurück. Sein weit reichender geistiger und militärischer Einfluss in den Jahren der kolonialistischen Aufteilung des afrikanisch-arabischen Raumes wurde von den imperialistischen Mächten stets berücksichtigt: Zunächst versuchten sie, durch ihn Einfluss und Macht zu gewinnen, gelang das aber nicht, führten sie Krieg gegen die gut organisierte Bruderschaft.

Europäische Forschungsreisende

Vor allem das 19. Jh. brachte den Höhepunkt europäischer Forschungsreisen in Afrika. Libyen und die libysche Sahara waren dabei eher „Aufmarsch-Basis“ denn Ziel der Reisen: Das Interesse galt vor allem den Ländern hinter der Wüste, hinter der Sahara, in denen sagenhafte Goldschätze vermutet wurden. Ausgangspunkt vieler dieser transsaharischen Forschungsreisen war Tripolis, Endziel jenseits der großen Wüste der Tschad-See – die alte Sklaven- und Karawanenroute über den Fezzan war damals als „Durchlass“ ähnlich bekannt wie unseren heutigen Reisenden etwa der Gotthard-Tunnel. Als **„Bornu-Straße“**, benannt nach einem alten Königreich im Tschad-See-Gebiet, ist diese zentralsaharische Route in die Sahara- und Sudanforschung eingegangen.

Ausgangspunkt war Tripolis. Die Küstenstadt mit ihrem umfassenden Warenangebot war geeignet, den „Expeditions-Ausrüster“ zu spielen; auch Führer konnten hier angeworben werden. Bis hierher gelangten ja auch regelmäßig die Karawanen aus dem Süden, so dass nicht nur alles an Material, sondern auch die notwendigen Informationen zur Verfügung standen. Über die Djofra-Oasen Waddan, Hun und Suknah erreichte die Route Murzuk, über Jahrhunderte einer der bedeutendsten

Handelsplätze und auch einer der größten Sklavenmärkte der gesamten Sahara. Über die Tümmu-Brunnen, heute die Grenze zwischen Libyen und der Republik Niger markierend, wurden schließlich die Kaouar-Oasen um Bilma erreicht, heute Zentren des Salzhandels, schließlich das Endziel, die Stadt Kuka am Tschadsee. An verschiedenen Orten kreuzten Pilgerstraßen praktisch rechtwinklig die in Süd-Nord-Richtung verlaufende Handelsroute.

In weiten Bereichen der libyschen Sahara finden sich bis heute die Spuren dieses uralten Karawanenweges durch die Wüste, tief in den Untergrund eingeprägte „Gleise", Spuren von Tausenden von Füßen von Menschen und Tieren, die freiwillig oder gezwungen auf dieser Straße des Leidens durch die Wüste gegangen sind.

Der deutsche Geograf **Friedrich Hornemann** war 1798 einer der ersten Wissenschaftler, die die Sahara durchquerten. Ziel seiner Expedition war, das so genannte Nil-Problem zu klären: Klassischen Karten zufolge hielt man den Niger noch immer für einen Seitenarm des ägyptischen Flusses. Er war als Muslim getarnt und des Arabischen kundig im Auftrag der englischen African Association von Kairo aus aufgebrochen und folgte dann der Pilgerstraße über Siwa und Audjila nach Murzuk in den Fezzan. Wegen unsicherer Zeiten auf der weiter nach Süden führenden Handelsroute kehrte er zunächst zurück nach Tripolis und verfasste dort ausführliche Berichte für seine Auftraggeber; besonders über die Tuareg hat er dabei nur Gutes mitzuteilen. Dann brach er erneut nach Murzuk auf; von hier stammt dann auch für lange Zeit die letzte Nachricht von ihm. Erst nach seinem Tod wird bekannt, dass er über Bornu und den Tschad-See tatsächlich 1801 den Niger erreichte. An dessen Unterlauf stirbt er an der Ruhr, nur unweit von der Stelle entfernt, an der 1805 auch den Niger-Erforscher *Mungo Park* der Tod ereilen sollte.

Da *Hornemann* über seine Forschungen nicht mehr berichten konnte, wurde erneut eine Expedition auf dessen Spuren auf die Suche nach dem Niger-Verlauf gesandt: Der Schotte **Clapperton** und die beiden Engländer **Denham** und **Oudney** durchquerten über Murzuk die Sahara bis zum Tschad-See; als erste Europäer standen sie an den Ufern des legendären Sees. Die Verbindung Nil – Niger fanden sie hier zwar nicht, aber die Widerlegung des klassisch-irrtümlichen Verlaufes war Erfolg genug. Jetzt galt es nur noch zu klären, woher der Niger kam und welche Rolle und Bedeutung Timbuktu zukam. Auch der Weg dorthin schien vorgezeigt: Er führte durch die zentrale Sahara von Tripolis nach Bornu.

Der bereits afrika-erfahrene Schotte **Laing** war dazu ausersehen, weitere Beiträge zur Lösung der offenen Fragen zu liefern: Auch er brach von Tripolis auf, zog dann aber über Ghadames nach Westen, erreichte die Ausläufer des Hoggar-Berglandes und im Jahr 1826 schließlich tatsächlich Timbuktu. Seine Aufzeichnungen allerdings blieben nach seinem Tode unweit der Stadt verschollen und Timbuktu damit weiterhin ein Rätsel. Erst dem Franzosen **Cail-**

lié sollte es 1828 als erstem Europäer gelingen, die Stadt zu erreichen und von dort auch zurückzukehren; von der Westküste aus hatte er den Niger erreicht, seine Rückkehr vollzog er über Marokko. Anerkennung brachte ihm die gefahrvolle Reise nicht ein: Seine negative Darstellung, wo doch jeder von einem Eldorado träumte, wurde in Zweifel gezogen, man verdächtigte ihn gar, Laings Unterlagen gefunden und unterschlagen zu haben.

Nach Denham, Clapperton und Oudney war dann **Heinrich Barth** der nächste Europäer, der den Tschad-See erreichte. Zusammen mit dem Engländer *Richardson* und dem Deutschen *Overweg* (von seinen Begleitern trennte er sich über weite Strecken, und beide starben im Verlauf der Reise) brach auch er in englischem Auftrag von Tripolis auf, erreichte über den Fezzan das Aïr-Bergland im heutigen Niger, durchquerte ungefähr dem Niger-Verlaufe folgend die westafrikansichen Savannen bis nach Timbuktu; von hier zog er wieder dem Fluss folgend zurück zum Tschad-See und durchquerte die Sahara auf der Bornu-Straße bis nach Tripolis. Mit Heinrich Barth erreicht die Zeit der klassischen Forschungsreisen unzweifelhaft ihren Höhepunkt. Barth brachte von seiner großen Reise eine solche Fülle detailreicher und mit akribischem Eifer zusammengetragener Aufzeichnungen mit, dass man – angesichts der Umstände, unter denen dieser unfaßbar zähe und gleichzeitig humane Gelehrte unterwegs war –, an eine fast übermenschliche Kraft und Ausdauer zu glauben geneigt ist. Sein fünfbändiges Werk „Reisen und Entdeckungen in Nord- und Zentralafrika 1849–1855“ gilt auch heute noch als Standardwerk der Sahara- und Westafrika-Forschung. In vielen Kapiteln darin beschreibt Heinrich Barth auch seine Route und seine Erlebnisse im Bereich des heutigen Libyen. Auch dem Sahara-Reisenden im ausgehenden 20. Jh. sei die Lektüre sehr ans Herz gelegt.

Forschungsreisende nach Barth bauen teilweise auf dessen Reisewerk auf. Der Franzose **Duveyrier** etwa bereist 1860 in Barths Spuren die östlichen Tuareg-Gebiete und besucht bei dieser Gelegenheit Ghadames, Ghat und Murzuk. Der Franzose litt sehr darunter, dass der „Zeitgeist“ aus jeder wissen-

Heinrich Barth (1821–1865)

schaftlichen Forschungsreise zunehmend eine koloniale Erkundungsexpedition werden ließ.

Mehr aus Abenteuerlust war **Gerhard Rohlfs** aus Vegesack bei Bremen 1861 nach Nordafrika gezogen: Er hatte davon gehört, dass der Sultan von Marokko Ärzte suche, und immerhin hatte er einige Zeit medizinische Vorlesungen gehört – also auf nach Marokko. Er trat zum Islam über und begann seine Reisen als wandernder Arzt. Die äußeren Umstände verhinderten, dass er sein Ziel Timbuktu ansteuern konnte. Also entschloss er sich zu einer West-Ost-Querung über Ghadames nach Tripolis. Von hier kehrte er nach Europa zurück und hatte nun genug Renommé, um Mittel für eine weitere Expedition zu sammeln, die ihn von Tripolis aus über die Bornu-Straße zum Tschad-See bringen sollte. Dann zog er weiter nach Süden und trat erst von Lagos aus per Schiff die Heimreise an.

Natürlich verschaffte ihm dieser Erfolg erneut Mittel für weitere Reisen, und so befand er sich 1869 schon wieder in Tripolis: Diesmal war es das geheimnisvolle Kufra, das ihn in seinen Bann zog. Zunächst errreichte er jedoch „nur" Audjila und Siwa, auf einer weiteren Reise 1873 von Siwa aus Dakhla und Kharga und endlich 1879 Kufra. Immer wieder stößt er dabei auf den Widerstand der Senussi, die in ihm einen Spion im Auftrag der Kolonialmächte sehen. Es gelingt Rohlfs jedoch wiederholt, seine Gegner von seinen rein wissenschaftlichen Interessen zu überzeugen. Dass er jedoch schon ganz dem Denken der Imperialisten verbunden war, zeigt sich an seinen schriftlichen Äußerungen: *„Warum zaudert man mit dem Zurückdrängen der Eingeborenen, nachdem eine mehr als 40-jährige Erfahrung gelehrt hat, dass sie sich nicht zu Franzosen machen lassen, dass sie das französische Gesetz nicht achten und lieben, dass sie keine Zivilisation wollen. Warum befolgt man nicht den Rat ..., die Araber nach der Wüste zurückzujagen, woher sie gekommen sind?"*

Ein Lungenleiden hatte den jungen Arzt **Gustav Nachtigal** nach Nordafrika getrieben. Hier war er 1862 bis 1868 als Leibarzt für den Bey von Tunis tätig; er kam so auch in Kontakt mit Rohlfs. Dieser berichtete ihm von einem Auftrag des Königs von Preußen: Eine Ladung Geschenke sollte quer durch die Sahara dem Sultan von Bornu überbracht werden, darunter Gemälde, die König, Königin und Kronprinzen lebensgroß darstellten, und ein „würdiger" Thronsessel, von deutschen Schreinern gefertigt. Gipfel der Skurrilitäten war ein Harmonium, hingegen versprachen einige moderne Gewehre eine eindeutige Nutzanwendung ...

Nachtigal übernahm den Auftrag mit Begeisterung. Durch Rohlfs Vermittlung konnte er den alten Diener Barths, der später auch Rohlfs Begleiter war, *Mohammed el Gatrun,* in seine Dienste nehmen. Die Reise führte zunächst nach Murzuk. Unsicherheiten hinsichtlich der Situation auf der weiteren Strecke ließen hier eine Pause angeraten erscheinen, die Nachtigal dazu nutzte, das nur vom Hörensagen bekannte Tibesti-Gebirge aufzusuchen. Er machte sich im Sommer 1869 auf den Weg und entkam auf dem Hinweg nur knapp dem Dursttod. Als erster europäischer Reisender nahm er Kontakt mit dem geheimnisvollen Volk der Tibbu auf; seine Berichte sind wenig schmeichelhaft und sicher auch damit zu erklären, dass die Gruppen, die er bei dieser Gelegenheit traf, kaum über das Allernötigste zum Überleben verfügten. Nachtigal betritt als erster Europäer das Tibesti-Gebirge und erreicht dort den Ort Bardai. Seine Aufzeichnungen bleiben über lange Jahrzehnte einzige zuverlässige Unterlagen über das noch immer kaum erforschte Bergland.

Erst im Frühjahr 1870 bot sich Nachtigal die Möglichkeit zur Weiterreise. Er schloss sich einer türkischen Gesandtschaft an, die gleich ihm die Absicht hatte, Bornu aufzusuchen. Er übergab dort seine Geschenke dem Sultan und reiste weiter nach Osten in die Landschaft Wadai, um die Schicksale der ermordeten Landsleute *Vogel* und *v. Beurmann* aufzuklären. Über Darfur und Kordofan erreichte er Ende 1874 Kairo. Als deutscher Generalkonsul kehrte er 1882 nach Tunis zurück und sicherte als Reichsbeauftragter 1884 durch Verträge und das Hissen der Flagge die deutschen Ansprüche auf Togo, Kamerun und Südwestafrika (Lüderitzland).

Zeitgleich mit Nachtigal hielt sich auch die erste Europäerin in Murzuk auf: **Alexandrine Tinné,** Tochter einer reichen holländisch-englischen Kaufmannsfamilie, war mit so großem Gefolge bis ins Innerste der Wüste vorgedrungen, dass sie den Beinamen „Königstochter" erhielt. Südlich von Murzuk wurde ihre Karawane im Jahre 1869 überfallen und ausgeplündert – ihre eigenen Führer waren an dieser Aktion beteiligt. Erst 29 Jahre alt, fand *Alexandrine Tinné* dabei einen grausamen Tod. Nachtigal schildert nach Zeugenberichten sehr ausführlich den Ablauf des Überfalls und die vergebliche Suche nach den Mördern.

Ein letzter Forscher-Name verbindet sich noch mit dem heutigen Libyen und gleichzeitig, entsprechend der hier gewählten Abfolge, mit den Entwicklungen in dieser Umbruchphase kolonialen Denkens: Der Münchner Arzt **Erwin von Bary** war 1876, beseelt von der Idee, *„... in Afrika irgendwo festen Fuß zu fassen"*, über Malta nach Tripolis gereist. Sein Interesse galt geologischen Fragen sowie Flora und Fauna. Wohlversehen mit Ratschlägen seiner ärztlichen Kollegen Rohlfs und Nachtigal sowie den von H. Barth gezeichneten Karten und getarnt als maltesisch-türkischer Arzt islamischen Glaubens, erreichte er Ghat im äußersten Südwesten des heutigen Libyen. Er unternahm einen ausführlichen Kamelritt ins Wadi Imirhou, doch sein Versuch, von Ghat aus gleich Barth bis Agadez und weiter vorzudringen, scheiterte: Ausgeplündert und erschöpft kehrte er nach Ghat zurück und stirbt nach einer Einladung beim türkischen Gouverneur der Oasenstadt – vermutlich vergiftet.

1911: Im Kampf gegen die Italiener

Die Phase des kolonialen Wettlaufs

Ein wahres Fieber schien jetzt unter den europäischen Mächten auszubrechen: Alle gierten nach kolonialem Besitz, jeder sah in überseeischen Besitztümern die Quelle schier unerschöpflicher Reichtümer. Es begann ein regelrechter Sturm auf „weiße Flecken", und ganz selbstverständlich hatte man ja ein natürliches Recht, durch Hissen einer Flagge und über windige Verträge mit eingeborenen Stammeshäuptlingen riesige Landstriche zu eigenem Territorium zu erklären – und fehlten der Wille und die Einsicht bei den Einheimischen, so gebrauchte man eben militärische Gewalt.

Insbesondere **Frankreich** drang von allen Seiten gegen die Sahara vor. **England** hatte seine Interessensphäre im Niltal weitgehend konsolidiert, und dort, wo im Wettstreit zwischen diesen beiden Großmächten Unklarheiten bestanden, einigte man sich in Verhandlungen auf Grenzlinien, die mit dem Lineal auf Afrika-Karten gezogen wurden.

Auch **Italien** versuchte zu seinem „Recht" zu kommen. Träume von einem italienischen Tunesien hatten sich zerschlagen, da Frankreich (im Berliner Kongress 1878 traten England und das Deutsche Reich ihre Ansprüche auf tunesisches Gebiet an Frankreich ab und wurden dafür anderweitig abgefunden) mit der Besetzung 1881 schneller gewesen war; gleichzeitig war Zypern von

Land und Leute

171 Foto: gg

den Engländern in Besitz genommen worden. Das italienische Interesse wandte sich jetzt Libyen zu, lag dieses Land doch nur wenige hundert Kilometer von Sizilien entfernt. Dem „kranken Mann am Bosporus", der Türkei, sollten seine nordafrikanischen Besitzungen genommen werden. Dazu versuchte man zunächst, sich über diplomatische Kanäle der Senussia zu bedienen, die mit der Türkei eine Art Stillhalteabkommen getroffen hatte. Als sich diese Bemühungen als nutzlos erwiesen, schlug man bei anderer Gelegenheit zu: Den deutsch-französichen Marokko-Konflikt einerseits und eine Auseinandersetzung der Türkei mit den Balkan-Staaten andererseits nutzend, überreichte Italien am 28.9.1911 der Türkei eine diplomatische Note von gnadenloser Offenheit, jede Zeile ein Triumph aggressiv-imperialistischer Mentalität: Da steht zunächst, die Türkei halte die libyschen Küstenländer in einem Zustand der Unordnung und des Elends. Und dann: *„Die italienische Regierung, gezwungen, für den Schutz ihrer Würde und ihrer Interessen zu sorgen, hat beschlossen, zur militärischen Okkupation von Tripolis und der Cyrenaika zu schreiten."* Der Kriegsbeginn wird in italienischen Dokumenten auf den 29.9.1911, 14.30 Uhr, datiert. Die Türkei hatte zu diesem Zeitpunkt gerade noch 7000 Mann in Nordafrika stehen, das italienische Expeditionskorps dagegen 34.000 (erstmalig wurden in diesem Konflikt auch Flugzeuge zur Aufklärung eingesetzt); das Ergebnis konnte kaum anders ausfallen: Die Türkei stimmte einem Vertrag zu, der die italienische Okkupation anerkannte. Der italienische Premierminister sah die „historische Bestimmung" seines Landes erfüllt. Insgeheim hatte Frankreich bereits zuvor die jeweiligen Interessensphären mit Italien abgesprochen. So nahm es jetzt ohne weitere militärische Aktionen all die Stellungen ein, die heute auf algerischem Territorium liegen (z.B. Djanet): Die heutige Grenze zwischen Libyen und Algerien ist Ergebnis dieser Geheimvereinbarung zwischen Italien und Frankreich. Die italienisch besetzten Gebiete werden **Marmarica** genannt.

Der **Senussi-Orden** jedoch, den Italien als Bündnispartner zu gewinnen hoffte, war keinesfalls bereit, sich den neuen Herren zu unterwerfen. Es kam zu islamischen Kampfgemeinschaften von im Land verbliebenen türkischen Freischärlern und Senussi-Kriegern. Es begann ein für die Italiener überaus verlustreicher Guerillakrieg.

Nach Ausbruch des Ersten Weltkrieges und der Kriegserklärung Italiens an das Deutsche Reich hatte die Senussia einen neuen Bundesgenossen: Das mit der Türkei verbündete **Deutsche Reich.** Deutsche, österreichische und türkische U-Boote landeten an der libyschen Küste in dem von den Italienern aufgegebenen Misratah und versorgten die Senussi-Kämpfer mit Waffen. Italien musste fast alle seine schwer erkämpften Regionen wieder aufgeben. In einer deutschen diplomatischen Note zum Thema Senussia heißt es dazu: *„Es steht fest, dass die Italiener ihres Besitzes in Tripolis und in der Cyrenaika nicht froh werden unter dem Druck der Freiheitsbestrebungen der Araber."*

Der Widerstand der Senussia-Kämpfer war ein Fanal für die ganze Sahara: Überall erhoben sich die Stämme gegen die kolonialen Unterdrücker, der „Heilige Krieg" wurde allerorten ausgerufen.

Mit dem Frieden in Europa wendete sich das Blatt wieder zugunsten der Kolonialmächte. Seiner Sorgen in Europa enthoben, konnte sich Italien an die Rückeroberung der verlorengegangenen Gebiete machen. Abmachungen mit verschiedenen Stammesfürsten und den Führern der Senussia gestanden diesen eine gewisse Autonomie, den so genannten **Statuto,** zu, dienten jedoch in Wahrheit nur der Festigung der italienischen Position. Vereinbarungen zwischen Italien und England taten ein übriges, die Stellung des Senussi-Ordens zu schwächen, der den Fehler begangen hatte, mit einem Angriff auf die Engländer in Ägypten eine zweite Front zu eröffnen. Auf einem deutschen U-Boot wurde der verantwortliche Große Senussi in die Türkei exiliert. Sein Nachfolger, der Ordensführer **Idris,** wurde von den Italienern zum Emir ernannt und die Gültigkeit der islamischen Gesetze für die einheimische Bevölkerung anerkannt. Zerrieben zwischen Scharfmachern innerhalb des Ordens und seiner eigenen, auf Ausgleich bedachten Lebenshaltung, ging er 1922 ins ägyptische Exil.

Italienische Faschisten gelangen an die Macht

Die missionarisch-nationalistische Massenideologie **Mussolinis,** mit dem Sendungsbewusstsein aufgeladen, an Roms imperialen Glanz in der Antike anzuknüpfen, leitete eine neue Etappe imperialistsicher Kolonialpraxis in Libyen ein. Die Steppengebiete im Norden des Landes sollten zu einem großartigen Siedlungsgebiet für das italienische Volk ausgebaut werden, blühender als zu Zeiten der Römer.

Es begannen Feldzüge von unerbittlicher Grausamkeit gegen die zahlenmäßig und militärtechnisch weit unterlegenen Stammeskrieger. Zusätzlich zu den regulären Truppen kamen Kolonialtruppen aus Eritrea und Somalia zum Einsatz; um den Widerstand zu brechen, führten sie regelrechte Ausrottungsfeldzüge auch gegen die Zivilbevölkerung durch. Unter dem italienischen Gouverneur *Volpi* und Armeeführer *Graziani* (beide hinfort klassische „Feindbilder" in der Saga der libyschen Befreiungsbewegung) brach der Widerstand im Norden nach und nach zusammen. Entlang der Grenze zu Ägypten entstand von der Küste bis hinab nach Jaqbub (Giarabub) eine Stacheldrahtsperre (50.000 Kilometer Stacheldraht werden dabei verwendet; sie existiert in weiten Bereichen bis heute!), die die Waffen- und Munitionszufuhr wirksam unterbinden sollte: England unterstützte die Aufständischen im Sinne seiner eigenen kolonialen Interessen vor allem im Nahen Osten. Im Landesinnern und lange auch noch in der Cyrenaika ging der **Unabhängigkeitskampf** weiter. Organisator des Widerstands war der 65-jährige Senussi-Scheich **Omar Mukhtar,** später der „Held" der Saga. Erst 1930 konnten die Italiener den Fezzan zurückerobern; dann rüstete die Kolonialarmee zum Schlag gegen das entlegene legendäre Kufra, letzte Bastion des Senussi-Ordens. *Omar Mukhtar* wurde hier 1931 gefangengenommen und wenig später bei Benghasi öffentlich durch den Strang hingerichtet. Seiner letzten Bastion und seines charismatischen Führers beraubt, brach der Widerstand rasch zusammen – Anfang 1932 rief Graziani die „Pax Romana" aus.

In den Mittelpunkt der „Inwertsetzung" rückte jetzt die **Agrarkolonisation.** Tausende von Hektar des fruchtbaren Landes wurden enteignet und italienischen Siedlern überschrieben. Nichtfruchtbares Land fiel in den Besitz des Staates, Libyer wurden in aride Zonen vertrieben. Besonders verdiente Faschisten wurden großzügig mit Ländereien bedacht: Allein der Gouverneur Graf Volpi soll 55.000 ha besessen haben. Libyen sollte einerseits Kornkammer und Rohstofflieferant, andererseits Absatzmarkt für die Massenwaren der sich schwungvoll entwickelnden italienischen Industrie werden. 1932 wird die „Ente Di Colonizzazione per la Cirenaica", später auch die „... della Libia" gegründet, teilweise staatsunabhängige Organisationen, deren primäres Ziel es war, kleine bäuerliche Familien aus Italien als Kolonisten dort anzusiedeln. Ihre Produktion sollte die italienische Autarkie sichern helfen, da der Völkerbund nach der italienischen Besetzung Äthiopiens Sanktionen gegen Italien verhängt hatte. Bis zum Ausbruch des Zweiten Weltkrieges waren 110.000 Italiener in Libyen eingewandert. Die faschistische Propaganda nennt 1940 Zahlen von 3 Millionen gepflanzten Mandel-, 3 Mio Oliven-, und 1,5 Mio Obstbäumen, dazu 27 Mio Rebstöcke; Tausende von Brunnen werden gegraben. Tripolis mit seiner Messe, seinen Hotels und seinem „Grand Prix Automobile" wird zur lebhaftesten und mondänsten Stadt der afrikanischen Küste. In Leptis Magna, Sabrata und Cyrene finden umfangreiche Ausgrabungen der römischen Ruinen statt. Die Küstenstraße, die Tunesien mit Ägypten verbindet, wird 1937 vom Duce persönlich eröffnet.

Im Jahre 1939 wird die Kolonie Libyen dem faschistischen Italien eingegliedert. Libyern, die im Landesinnern leben, wird eine besondere italienische Staatsbürgerschaft zuerkannt, die allerdings nur hier in Libyen Gültigkeit hat und die Befähigung zum Lesen und Schreiben des Italienischen voraussetzt ... Nur diesen „Italo-Libyern" und den Italienern bleiben alle politischen und de facto alle anderen Rechte vorbehalten. An der allgemein gestiegenen wirtschaftlichen Wohlfahrt nimmt die einheimische Bevölkerung kaum teil. So kommt auch der Widerstand nie ganz zur Ruhe; die südlichen Oasengruppen und die gesamte Cyrenaika bleiben unter Militärverwaltung und Kriegsrecht.

Von Kairo aus und mit der zunächst eher zurückhaltenden Unterstützung der Briten begann Idris (s.o.) einen neuen Befreiungskampf gegen Italienisch-Libyen. Die zahlenmäßige Stärke der italienischen Truppen ließ jedoch alle Aktionen rasch scheitern. Erst als England seine kolonialen Positionen durch die Aktivitäten Italiens am Horn von Afrika mehr und mehr in Frage gestellt sah, wurden – gemeinsam mit Frankreich – auf der Konferenz von Rabat detaillierte Maßnahmen zur Unterstützung der libyschen Stämme gegen die italienische Kolonialmacht beschlossen. Am 10.6.1940 erklärte Italien aufgrund dieses Verhaltens Großbritannien den Krieg.

Libyen im Zweiten Weltkrieg

Bis zum Frühsommer des Jahres 1940 war die Lage im und am Mittelmeer relativ ruhig. Nach dem schnellen Erfolg der deutschen Westoffensive wurde die französische Mittelmeerflotte unter italienischer Aufsicht interniert. Mit Malta als See- und Luftstützpunkt kontrollierte Großbritannien den Seeweg von Gibraltar über Suez zu seinen Besitzungen im Fernen Osten und in Ostafrika. Italien stand vor dem Problem, seine kolonialen Gebiete in Nord- und Ostafrika trotz dieses Bollwerkes zu halten.

Im September griff Marschall *Graziani* von Libyen aus die englischen Truppen in Ägypten an. Nach anfänglichen Erfolgen traf die Gegenoffensive die italienschen Truppen bis zur fast völligen Vernichtung: Am 21.1.1941 war Tobruk, stärkste Festung des italienischen Libyen, in englischer Hand; am 6. Februar fiel Benghasi und damit der wichtigste Mittelmeerhafen der Cyrenaika. Nur zwei englische Divisionen, darunter die später zur Legende gewordenen „Wüstenratten" der 7. Panzerdivision, hatten zehn italienische Divisionen vernichtend geschlagen und 130.000 Gefangene genommen. Selbst die Hauptstadt Tripolis galt als gefährdet. In dieser Situation rief man den Bundesgenossen zur Hilfe; das **„Deutsche Afrikakorps"** wird gegründet. Kommandierender General wird **Generalmajor Rommel.** Der Afrikafeldzug sollte ihn als „Wüstenfuchs" weltberühmt machen und gleichzeitig das Ende seiner militärischen Karriere bringen.

Noch mancherlei Verklärung erfährt bis heute der Afrikafeldzug unter Generalfeldmarschall Rommel

Zunächst wird der Süden gegen freifranzösische Verbände im Fezzan abgesichert. Dann greifen die italienischen und deutschen Truppen die Engländer bei Marsa el Brega erfolgreich an. Bereits am 4.4.1941 ist Benghasi zurückerobert. Rasch fallen auch Derna und Bardia wieder in italienisch-deutsche Hand; bereits am 11.4. ist die Grenze nach Ägypten überschritten. Ein Bollwerk jedoch ist nicht im Handstreich zu nehmen: Tobruk. Die Kämpfe um diese Festung nehmen ein Ausmaß an, das ihnen den Namen „Verdun von Afrika“ eintrug, mit Bezug auf die verlustreichen und erbitterten Kämpfe um den französischen Ort im Ersten Weltkrieg. Bis ins Frühjahr 1942 wechseln sich auf beiden Seiten Siege und Niederlagen, Offensiven und Rückzüge ab.

Als am 27.5. das von freifranzösischen und jüdischen Verbänden verteidigte Bir el Hacheim fällt, ist der Weg in Richtung Tobruk für Rommel frei. Nahezu im Handstreich wird Tobruk genommen. Der nunmehrige Generalfeldmarschall Rommel und seine Soldaten stehen auf dem Höhepunkt ihres Erfolges.

Der englischen Armee bleibt nur der Rückzug nach Ägypten. Rommel trifft eine schicksalsschwere Entscheidung: Er entschließt sich zum Nachsetzen. In den letzten Junitagen stößt die Panzerarmee bei **El Alamein** auf überraschend heftigen Widerstand. Der Heeresführung war nicht bekannt, dass westlich Alexandrias noch eine stark ausgebaute Stellung bestand! Beide Seiten waren jedoch so schwach, dass keine die Initiative an sich reißen konnte. Rommels Entscheidungen hingen allein vom Nachschub ab; auf (wie sich später zeigte) unerfüllbare Zusicherungen der beteiligten Heeresgruppen vertrauend, entschied er sich zu einem Angriff gegen die Mitte der englischen Front in der Nacht vom 30. auf den 31. August.

Der Durchbruch glückte, doch bereits sechs Tage später fanden sich die Truppen bewegungsunfähig den konzentrierten Luftangriffen des Gegners ausgesetzt. Mit den geringen Mengen durchkommender Betriebsstoffe gelang es gerade noch, sich in die Ausgangsstellungen zurückzuziehen. Die Lagebeurteilung durch Rommel war realistisch: *„Wenn es nicht gelingt, der Panzerarmee den unbedingt notwendigen Nachschub zuzuführen, ist sie nicht in der Lage, den vereinigten Kräften zweier Weltreiche, des britischen Empire und der USA, auf die Dauer zu widerstehen.“*

Fast täglich wurde die britische Offensive erwartet. **General Montgomery** eröffnete den Großangriff am 23. Oktober 1942. Die deutsche Stellung konnte – gegen einen übermächtigen Gegner – mehr als eine Woche gehalten werden, dann entschied sich Rommel – gegen *Hitlers* Befehle – am 4.11. zum Rückzug. Am 8.11. landeten die Alliierten mit starken Kräften in Marokko und Algerien; mit weiteren gegnerischen Verbänden im Rücken kam Rommel zu dem Ergebnis, dass es nur noch darauf ankam, möglichst wenige seiner Soldaten in Gefangenschaft geraten zu lassen. Am 22.1.1943 wurde Tripolis geräumt. Anfang Februar standen die deutschen Truppen an der Mareth-Linie an der libysch-tunesischen Grenze. Am 9.3. wurde Rommel von seinen Aufgaben entbunden und durch Generaloberst *v. Arnim* ersetzt. Am **10.5.1943** nahm die **bedingungslose Kapitulation** ihren Anfang. Fast 140.000 deutsche und mehr als 100.000 italienische Soldaten traten den Weg in die Kriegsgefangenschaft an. Der Krieg in Nordafrika war beendet.

In den Fezzan rückten freifranzösiche Verbände ein; Tripolitanien und die Cyrenaika wurden britische Besatzungzone. Nach 1947 verwalteten diese Besatzungsmächte ihre jeweiligen Regionen im Auftrag der UN als Treuhandschaftsgebiete. In diesem Zeitraum erfolgte eine Grenzkorrektur: 1935 hatten die Italiener eine Verschiebung der Südgrenze zu Lasten französischer Interessen in den Tschad hinein durchsetzen können. Diese Grenzverschiebung korrigierten jetzt die Franzosen wieder in ihrem Sinne und sorgten damit für Spannungen und kriegerische Auseinandersetzungen im libysch-tschadischen Saharaaraum, die bis heute andauern.

Die Unabhängigkeit

Die noch unter Idris diskutierten Unabhängigkeitspläne kamen relativ rasch voran. Ende 1949 beschloss eine Mehrheit in den Vereinten Nationen, Libyen am 1.1.1952 als unabhängigen Staat entstehen zu lassen. Der Niederländer **Adrian Pelt** wurde als Hochkommissar der Vereinten Nationen mit der Durchführung der erforderlichen Maßnahmen beauftragt. Eine repräsentative Versammlung der Einwohner, die Nationalversammlung, deren Mitglieder zu gleichen Teilen aus der Cyrenaika, aus Tripolitanien und dem Fezzan kamen, wählte die konstitutionelle Monarchie als Staatsform. Als **König Idris I.** konnte am **24.12.1951** *Mohamed Idris es-Senussi,* der Enkel des Gründers der Senussi-Brüderschaft, das Vereinigte Königreich Libyen ausrufen. **Libyen war** damit **der erste saharische Staat, der unabhängig wurde.**

Mit Großbritannien und den USA wurden Abkommen unterzeichnet, die diesen Mächten gegen die Bezahlung stattlicher Summen für zwanzig Jahre das Recht auf Militärstützpunkte einräumten – der Kalte Krieg hatte bereits begonnen. Ökonomisch war der junge Staat auf Hilfe von außen angewiesen: Die Analphabeten-Rate wurde damals mit fast 95% angegeben, das jährliche Pro-Kopf-Einkommen lag bei gerade einmal 15 Dollar.

Im Sommer 1952 folgt die ägyptische Revolution; Ende 1954 beginnt der Aufstand in Algerien; Anfang 1956 werden Sudan, Marokko und Tunesien unabhängig. In der Arabischen Liga, in der das Königreich seit 1953 Mitglied ist, hält es sich auf Distanz zu **Nassers** progressivem panarabischen Kurs. Dabei stellt sich das Königshaus jedoch in vielen Belangen nicht auf die Seite des Volkes, das einen arabischen Kurs dem prowestlichen vorgezogen hätte. Im Rahmen der Suez-Krise 1956 wird es für den jungen Staat zu einem großen Problem, dafür Sorge zu tragen, dass die englischen Basen im Land nicht gegen Ägypten benutzt werden.

Eine Reihe innerer Krisen erschüttert das Land; teilweise sind sie auf die alten Rivalitäten zwischen den drei wichtigen Landesteilen zurückzuführen, teilweise auch auf Intrigen innerhalb der Herrschaftscliquen. Da Idris ohne Sohn bleibt, bestimmt er seinen Bruder und nach dessen frühem Tod dessen Sohn als Nachfolger.

1. Revolution: Erdöl wird gefunden

Schon vor dem Ersten Weltkrieg hatte man in der Sahara damit begonnen, nach Erdöl zu bohren. Noch 1952 wur-

lib4_7 Foto: gg

de auf einem internationalen Geologen-Kongress die Meinung vertreten, dass größere Erdölfunde in der Sahara nicht zu erwarten wären. Dann jedoch waren Ölfunde unweit der algerisch-libyschen Grenze Anlass zu Hoffnung. Die Folge: 1955 war praktisch ganz Libyen unter den wichtigsten Ölgesellschaften, allen voran amerikanische, aufgeteilt. Die Suez-Krise, deutliches Zeichen der Abhängigkeit der Industrieländer vom arabischen Erdöl, verschärfte den Wettlauf in Nordafrika weiter. **1959** bohrte Esso-Libya bei Bir Zelten einen „Springer" (Öl fließt – unter Überdruck stehend – ganz von alleine und muss nicht gepumpt werden). Dies war der Startschuss für die erste libysche Revolution – die Revolution durch das Erdöl.

Antiamerikanisches Plakat in Tripolis

Quelle um Quelle wird gebohrt, Pipeline reiht sich an Pipeline: Das libysche Erdöl ist von guter Qualität, schwefelarm, die Küste nicht einmal 200 km weit entfernt – die Gestehungskosten betragen nur ein Bruchteil des Üblichen. Praktisch mit dem 10. Jahrestag der Unabhängigkeit **1961** weiht König Idris den ersten **Ölterminal Braygah** an der Küste ein; Libyen wird regelrecht ins Erdölzeitalter hineinkatapultiert: Die politischen, wirtschaftlichen und sozialen Lebensbedingungen erfahren eine so rapide Veränderung, dass man nur von einem „Umsturz" reden kann.

Vor dem Hintergrund des sich abzeichnenden wirtschaftlichen Aufschwungs kam es **1963** zu einer wichtigen Verwaltungsreform: Der zunächst föderative Aufbau, bestehend aus den drei Ländern Cyrenaika, Tripolitanien und Fezzan, wurde in einen **Einheitsstaat** umgewandelt. Neben der Minderung der Rivalitäten zwischen den drei Regionen brachte diese Reform auch eine bedeutende Stärkung der Monarchie mit sich. Idris verlegt den Regierungssitz in die „neutrale" Hauptstadt El Beida.

Die steigenden Einnahmen aus der Erdölförderung führten rasch zur Unabhängigkeit von ausländischer Hilfe; ein Mangel an Fachkräften (noch 1964 gab es nur vier libysche Ärzte) brachte aber einen enormen Zuzug von Gastarbeitern. Mit der wirtschaftlichen Autonomie wurden gleichzeitig die Rufe nach einer politischen und kulturellen Loslösung von den westlichen Nationen immer lauter. Proarabische Demonstrationen häuften sich. Besonders Nasser wirkte bei den jungen Leuten mit seinen Forderungen nach panarabischer Einheit und Souveränität als Vorbild.

Im israelisch-arabischen Krieg **1967** („Sechs-Tage-Krieg") brachen in vielen Städten **Unruhen** aus: Britische und amerikanische Einrichtungen wurden ebenso zur Zielscheibe der wütenden Massen wie die in Libyen lebenden Juden, die daraufhin in großer Zahl das Land verließen. Die Ölgesellschaften zeigen sich unbeeindruckt und machen weiterhin Superprofite. Erdöl wird mit einem Anteil von 99,6% an der Exportstatistik 1969 (gegenüber 63% 1961) zum alles bestimmenden wirtschaftlichen Faktor, die Erdölgesellschaften zum Staat im Staate. Die Produktion traditioneller Produkte kommt praktisch zum Erliegen. Die Schwäche des Staatsapparates bringt Korruption auf allen Ebenen der Verwaltung mit sich.

2. Revolution: Muammar al-Kadhafi übernimmt die Macht

Während eines längeren Kur-Auslandsaufenthaltes von König Idris im Sommer 1969 halten sich hartnäckig Umsturzgerüchte; ein Komplott wird auch dem amerikanischen Geheimdienst unterstellt. Dennoch ist die Überraschung groß, als im Morgengrauen des **1.9. 1969** das Heer in einem unblutigen **Staatsstreich** die Macht ergreift und einen „Revolutionären Kommandorat", bestehend aus „freien Offizieren", zum ausführenden Regierungsorgan ausruft. Nach anfänglichem Zögern wird der Umsturz durch die Massen auf den Straßen enthusiastisch gefeiert.

In ersten Erklärungen bekennt sich der „Revolutionäre Kommandorat" zu einer revolutionären, arabischen Republik Libyen und versichert gleichzeitig, das Eigentum von Personen und ausländischen Gesellschaften nicht anzutasten. Von anderen arabischen Staaten, allen voran *Nassers* Ägypten, kommen Glückwunschadressen; die Großmächte, offenbar überrascht, reagieren zurückhaltend. Erst als nach zwei Wochen der Umsturz als wirklich gelungen gelten kann, werden auch die Namen der Personen bekannt, die an der Spitze des Kommandorates stehen und fortan die Regierung bilden: **Oberst Muammar al-Kadhafi** (die Transkription des arabischen Namens schwankt erheblich, so wird etwa auf der Homepage des Staatschefs sowohl *Algathafi* als auch *Gadafi* geschrieben) und **Major Dschallud.**

Kadhafi wurde 1942 als Sohn nomadisierender Beduinen im Hinterland der Großen Syrte geboren. Die Grundschule besuchte er in der damaligen Kleinstadt Syrte. Schon während seiner Zeit auf den weiterführenden Schulen in Sebha galt er als Aufrührer, weil er Diskussionen über die „Ausländerherrschaft" in Libyen organisierte. 1963 bestand er das Abitur und trat kurz darauf in die Armee ein. Seine Ausbildung erhielt er u.a. auch auf Offiziersschulen in England. Schon während dieser Zeit auf den Militärakademien versammelte er eine Gruppe von freien Offizieren um sich, die sich gleich ihm den panarabischen Ideen Nassers, seinem leuchtenden Vorbild, verpflichtet fühlten. In vielen Geheimtreffen erarbeiteten sie ihr revolutionäres Programm und eine Strategie der Machtübernahme, die dann ihren vorläufigen Abschluss in der September-Revolution fand – ein 27-Jähriger ohne jede Erfahrung in Verwaltung und Politik kommt damit an die Spitze des prosperierenden Erdölstaates.

1970 mussten die Briten und Amerikaner ihre Militärstützpunkte räumen; Juden und Italiener wurden enteignet. Ein neues Gesetz verfügte zudem, dass Ausländer in hohen Positionen durch Libyer oder andere Araber zu ersetzen seien. Religiöse Prinzipien, etwa das Alkoholverbot, werden gültiges staatliches Recht. Die Vertriebsgesellschaften der ausländischen Erdölfirmen werden verstaatlicht.

1973 begann dann Kadhafis **Kulturrevolution:** Dahinter steckt die Idee einer sich selbst über Revolutionskomitees organisierenden islamisch-sozialistischen Gesellschaft. **1976** erscheint **„Das Grüne Buch"**, die „dritte Universaltheorie", in der Kadhafi seine grundlegenden Ideen als eine Art Mittelweg zwischen traditionell-islamischen und sozialistischen Gesellschaftsmodellen formuliert. Als praktischer Leitfaden soll Das Grüne Buch Lösungen für alle sozialen und politischen Fragen bieten (www.greenbookstudies.com).

Obwohl er in diesem Werk religiöse Themen in nur ganz bescheidenem Umfang anspricht, nennt er doch gegenüber Interviewpartnern den Islam als „seinen Leitstern aller Dinge". Dabei schwebt ihm keine staatstragende Theokratie wie etwa im Iran Chomeinis vor. Der Koran ist ihm mehr „Rohmasse", die in der jeweiligen politischen Entwicklungsphase (verschieden?) interpretiert werden muss. Solche Meinungen brachten ihn rasch in Konfrontation mit dem religiösen Establishment. Die von ihm initiierten jugendlichen „Volkskomitees" fordert er auf, Moscheen mit „heidnischen Tendenzen" zu stürmen und „ketzerische Imame" zu entfernen. Wann immer sich andere in Gegensatz zu ihm stellen, überrascht er durch eine skrupellose Härte: Politische Gegner landen nicht selten im Gefängnis, müssen ins Exil gehen oder verschwinden auf unerklärliche Weise. 1975 werden 22 aufständische Offiziere zum Tode verurteilt und trotz internationaler Proteste hingerichtet. Über diese Radikalität in der Durchsetzung politischer Ziele kommt es zu Auseinandersetzungen mit den alten Mitstreitern: Mehrere Mitglieder des Revolutionären Kommandorates scheiden aus; hinter ihnen sammelt sich die Opposition, die vor allem von Ägypten aus gegen Kadhafi agiert.

Einen weiteren Höhepunkt markiert die Revolution nach einer Sondersitzung des Volkskomitees in Sebha im Frühjahr **1977:** Es wird der Beschluss gefasst, die Libysche Arabische Republik als **Sozialistische Libysche Arabische Volks-Jamahiria** auszurufen.

Kadhafi und die Ära der Volks-Jamahiria

Der Begriff „Jamahiria" versteht sich als eine Kurzbezeichnung für den libyschen Staat in der vorliegenden Rechtsform und bringt eigentlich nichts anderes als „Volksherrschaft" zum Ausdruck. Nach libyschem Verständnis soll damit – entsprechend den Ausführungen des Grünen Buches – gesagt werden, dass die Repräsentationsform der (westlichen) Demokratie, das Parlament, überflüssig ist: Das Volk ist in Basisvolkskonferenzen organisiert und bestimmt von dieser Grundorganisation aus über sich selbst. Hierzu heißt es im Grünen Buch: *„Die bloße Existenz eines Parlaments bedeutet die Abwesenheit des Volkes, denn wahre Demokratie besteht nur durch die Beteiligung des Volkes, nicht durch die Aktivität seiner Repräsentanten".* Und an anderer Stelle: *„Repräsentation ist Betrug".* Wer heute allerdings durch Libyen reist, wird unschwer feststellen können, dass die Libyer an der Selbstverwaltung offensichtlich wenig Interesse haben: Sofern die entsprechenden Volkskongress-Gebäude nicht aus irgendwelchen repräsentativen Gründen gepflegt und unterhalten werden, sind sie in einem äußerst desolaten Zustand und scheinen nicht benutzt zu werden (www.duei.de/doi/de/content/forschung/libyen/libyen.html).

Libyens Bedeutung innerhalb der arabischen Welt wurde nach dem Tode Nassers wichtiger. Mehrfach wurden Zusammenschlüsse mit anderen Staaten angekündigt. Zum ersten mal scheitert eine solche Union mit Sudan und Ägypten 1969, dann eine weitere ergänzt um Syrien 1971. Von besonders kurzer Dauer war die Vereinigung mit Tunesien 1974: Schon nach zwei Tagen rückte der tunesische Staatspräsident *Bourgiba* wieder von der Fusion ab; von beiderseitigen Missverständnissen war die Rede. Kadhafi dagegen bezeichnete Bourgiba öffentlich als einen Feigling. Auch der Zusammenschluss mit der Republik Tschad 1981 scheiterte ebenso

الجماهيرية العربية الليبية
الشعبية الاشتراكية
العظمى

Offizieller Staatsname:
„Al Jamahiriya al Arabiya al Libiya ash Shabiya al Ishtirakiyab al Uzma"

wie der mit Marokko 1985. Längerer Bestand scheint bisher nur der **Maghreb-Union** beschieden. 1989 wurde ganz im Geiste Nassers und auf beharrliches Betreiben Kadhafis hin dieser lose Interessen-Verband zwischen Libyen, Tunesien, Algerien, Marokko und Mauretanien gegründet. Dem aufmerksam Reisenden werden in Libyen immer wieder die Symbole dieser Union auffallen, die hervorgehobenen Länderumrisse der fünf Staaten.

Kadhafis oft von unverhohlener Ungeduld geprägtes Bemühen, die Bedeutung seines Landes und mit ihm die der arabischen Nachbarstaaten gegenüber allen anderen Ländern der Weltgemeinschaft aufzuwerten, brachte ihn immer wieder in **Konfrontation** mit anderen Staaten. Scheinbar wahllos unterstützte er die Feinde seiner Gegner. Im Westen etwa die Polisario, im Osten die PLO, in Eritrea und im Tschad die jeweiligen Rebellengruppen, und selbst die IRA in Irland und die RAF in Deutschland konnten sich ebenso wie Ugandas Diktator *Idi Amin* seiner Hilfe sicher sein. Dass Kadhafi für sein Land bzw. ein arabisches Bündnis auch das Recht einforderte, über Atomwaffen zu verfügen, ließ sich mit dem Argument eines erforderlichen Gegengewichts zur „zionistischen" Macht Israel vielleicht gerade noch begründen, schürte jedoch weltweites Misstrauen gegen ihn. Auch die Herstellung chemischer und biologischer Waffen – getarnt als Pharma- oder Chemieproduktion –, über die immer wieder berichtet wird, verstärkten die Abneigung, sich mit diesem Land einzulassen. Seine Islamisierungskampagnen in den südlichen Nachbarländern waren nicht immer wohl gelitten; bereits vorhandene Probleme wurden so akzentuiert, und die oft direkte Einmischung tat ein übriges, die Ablehnung libyscher Politik zu forcieren.

Im Tschad führte dies in eine direkte militärische Konfrontation mit Frankreich, die schließlich mit der Niederlage Libyens endete; damit verbunden war die Aufgabe historisch begründeter Ansprüche auf den so genannten Aouzou-Streifen (vgl. Exkurs rechts).

Die nadelstichartige, unablässige Provokation der USA zu Zeiten *Ronald Reagans* führte schließlich im April **1986** zu einem **Bombenangriff auf Tripolis** (und Benghasi), der auch darauf ausgerichtet schien, Kadhafi zu töten; die Bomben zerstörten jedoch „nur" sein Hauptquartier und das Leben seiner Adoptiv-Tochter und 37 weiterer unbeteiligter Personen. Der Schock saß jedoch tief: Nach Presseberichten war Kadhafi über Monate nicht ansprechbar; noch immer soll er unter starken depressiven Phasen leiden.

Lockerbie und die Folgen eines Attentats

Am 21. Dez. 1988 explodiert über dem südschottischen Dorf Lockerbie im Pan-Am-Jumbo „Maid of the Seas" eine Bombe. 270 Menschen, v.a. Amerikaner auf dem Heimflug zum Weihnachtsfest, werden in den Tod gerissen. Der Schock ist ungeheuerlich; der Name des südschottischen Dorfes wird zum Synonym für wahnwitzigen Terror. Amerikanische und britische Ermitt-

Ende des Krieges um den Aouzou-Streifen

Seit 1973 stritten sich **Libyen** und **Tschad** um den „Aouzou-Streifen“, ein riesiges Gebiet zwischen ihren beiden Ländern. Libyen begründete seine Ansprüche mit Rechten und Titeln des Senussi-Ordens, als dessen unmittelbarer Nachfolger sich die Jamahiria verstand. Der Tschad berief sich auf ein 1955 zwischen Frankreich und dem libyschen Königreich geschlossenes Abkommen. Die Karte unten macht das Ausmaß der unterschiedlichen Vorstellungen deutlich; das gesamte Tibesti-Gebirge wäre nach libyschem Verständnis dessen Territorium. Die Entscheidung über die territorialen Ansprüche wurde schließlich nach zähen diplomatischen Verhandlungen an den Internationalen Gerichtshof der UN übertragen. Dessen am 3.2.94 bekannt gegebene Entscheidung unterstützte praktisch in seiner Gesamtheit die Meinung des Tschad. Deshalb verpflichtete sich die Jamahiria in einem weiteren Abkommen am 4.4.94, seine zivile und militärische Verwaltung aus dem umstrittenen Gebiet zurückzuziehen, Kontrollposten dort abzubauen, verlegte Minen zu entfernen, die vom Gerichtshof festgelegte Grenze zu kennzeichnen und ein gutnachbarschaftliches Verhältnis mit dem Tschad zu pflegen. Eine Beobachtergruppe der UN, die UNASOG (United Nations Aouzou Strip Observer Group), sollte die Einhaltung der Vereinbarungen überwachen; ein Zeitraum von nur vierzig Tagen zu ihrer Erfüllung wurde festgelegt.

Bereits am 30.5.94 konnten alle beteiligten Seiten deshalb eine Erklärung unterzeichnen, nach der die Vertragsbedingungen zur Zufriedenheit aller Beteiligten erfüllt wurden. In seinem Report vom 6.6.94 konnte der UN-Generalsekretär mitteilen, dass die UNASOG den Aouzou-Streifen nach erfolgreicher Erfüllung ihrer Aufgaben am 5.6.94 verlassen habe. In der Resolution 926 vom 13.6.94 legte der Sicherheitsrat deshalb die Beendigung des Mandates fest.

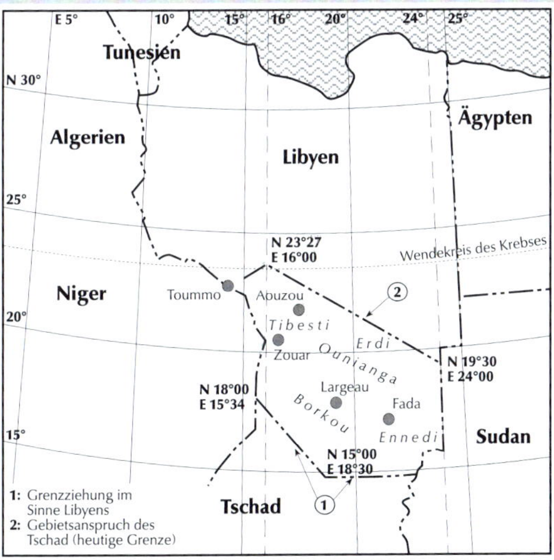

lungsbehörden sind überzeugt, dass libysche Gemeindienstler hinter dem Attentat stecken. Noch immer aber gibt es Zweifel, ob sie die alleinigen Täter waren. Da die Maschine in Frankfurt gestartet war, ist auch die deutsche Justiz in den Fall involviert. Hier ist die Akte noch nicht geschlossen.

Auf Initiative der USA wird 1992 ein **Handelsembargo** verhängt (es wird erst im April 1999 suspendiert). Das umfangreiche Auslandsvermögen ist blockiert; auf dem Luftweg ist Libyen (auch für Frachttransporte) nicht erreichbar; offene Grenzen gibt es nur auf dem Landweg. Deshalb wird der Bedarf derzeit überwiegend via Tunesien bzw. Ägypten gedeckt. Auch wurden dem Kleinhandel wieder größere Freiheiten gegeben, was die Versorgung mit Konsumartikeln zusätzlich erleichtert. Weitere Maßnahmen sollen verhindern, dass notwendige Artikel außer Landes geschafft werden; so wurde etwa der Export von Treibstoff in die südlichen Nachbarstaaten ebenso eingeschränkt wie der von Artikeln des täglichen Bedarfs in die Lieferländer Tunesien und Ägypten.

Der **wirtschaftliche Niedergang** ist erst in Ansätzen bemerkbar. Die staatlichen Großprojekte, allen voran das „Man-Made-River-Projekt", werden unverändert fortgeführt, andere Projekte dagegen „auf Sand gelegt". Seinen Zahlungsverpflichtungen kommt der Staat nur noch zögerlich nach. Auffallend ist, dass landwirtschaftliche Kleinprojekte, die der Eigenversorgung dienen, wieder hoch im Kurs stehen. Auch die Viehhaltung erfreut sich einer erstaunlichen Renaissance, war es doch für das Ölexport-verwöhnte Libyen bis vor kurzem selbstverständlich, Artikel aus bäuerlicher Produktion oder aus der Viehhaltung über große Staatsbetriebe aus dem Ausland zu importieren. Eine weitere Embargo-Folge ist die sehr hohe **Inflation** (bis zu 45%). Auch der Kurs des libyschen Dinar ist entsprechend gesunken. Auffallend auch das immer stärker werdende Auseinanderklaffen zwischen offiziellem Kurs und dem des „Parallel-Marktes": Betrug das Verhältnis im Jahr 1993 noch 1:6, sank es zwischenzeitlich auf 1:10.

Im Gegenzug scheinen **Reisen in das saharische Wüstenland** erleichtert worden zu sein. Kadhafi propagiert, getreu seiner Devise im „Grünen Buch", dass *„dauerhafte Beziehungen zwischen Menschen und nicht zwischen Regierungen geschlossen werden"*, er fordert einen *„Dialog zwischen den Völkern"*, worunter man ja durchaus auch die Aufforderung verstehen kann, Libyen zu besuchen. Visa werden jedenfalls rasch und problemlos erteilt.

Seit 1989 sind die **Grenzen** zu Ägypten für Touristen wieder geöffnet; etwas unübersichtlich gestaltet sich die Situation an den südlichen Grenzen: Offiziell bleiben hier die Schlagbäume weiterhin für alle Nichtaraber unten (vgl. hierzu auch Route A 17 b). Der wichtigste libysche Grenzübergang überhaupt bleibt der von Ras Ajdir an der Mittelmeerküste nach Tunesien. Seit 1997 scheinen die **arabischen Nachbarländer** ihre Wirtschaftskontakte zu Libyen wieder zu intensivieren. Am spektakulärsten ist der Auftrag, den Ägypten erhielt: Von

Soloum an der ägyptischen Grenze über Benghasi bis nach Tripolis soll eine Eisenbahnlinie entstehen, die das Land wieder an die Außenwelt anbinden würde. Das Projekt soll über 10 Milliarden Euro kosten. Zwischen der Türkei und Libyen soll das Handelsvolumen von 700 auf fast zwei Milliarden Dollar gesteigert werden, eine Zusammenarbeit im Tourismusbereich ist ebenfalls anvisiert. Auch Tunesien verstärkt sein wirtschaftliches Engagement: So sollen neu entdeckte libysche Erdölfelder mit Hilfe tunesischer Konzerne ausgebeutet werden, außerdem wird an die Gründung von Joint Ventures gedacht, ein wichtiger Schritt in Richtung einer Teilnahme Libyens am internationalen Handel. Das Kooperationsabkommen zwischen Tunesien und der EU, das die freie Ausfuhr von Industriegütern in die Gemeinschaft regelt, könnte dazu führen, dass in nicht allzu ferner Zeit auch libysche Produkte wieder Zugang zum europäischen Markt finden.

Im Verlaufe des Jahres 1998 ist immer wieder von Verhandlungen zu hören und lesen, mit denen der libysche Staat so weit gebracht werden soll, die beiden Staatsbürger nach Holland auszuliefern, die des Anschlags auf den Jumbo-Jet verdächtigt werden. Beide Seiten bringen immer wieder neue Bedingungen vor, unter denen diese Auslieferung erfolgen soll. Strittige Punkte sind vor allem der Übergabeort (die USA verlangen diese eigenartiger Weise auf ihrem ehemaligen Luftwaffenstützpunkt), die Zusammensetzung des urteilenden Gerichtes (man einigt sich auf schottische Richter und schottisches Recht) und der Ort, an dem die möglicherweise Verurteilten ihre Haftstrafen abzusitzen hätten (Libyen besteht auf einer Inhaftierung in Libyen, was wiederum die amerikanische Seite ablehnt). Kadhafi wird unterstellt, immer neue Gründe für die Nichtauslieferung vorzuschieben, weil die Hauptverdächtigen einem einflussreichen Stamm angehören, der seine Macht gefährden könnte. Es drängt sich jedoch auch wiederholt der Eindruck auf, dass der englische bzw. amerikanische Widerpart Forderungen aufstellt, die der libysche Staat – um den Schutz seiner ja noch nicht verurteilten Bürger bemüht – schlicht nicht erfüllen kann. Saudi-Arabien und vor allem der südafrikanische Präsident Nelson Mandela mühen sich um Kompromisse.

Das **Ende der Lockerbie-Affäre** gerät in greifbare Nähe, als Libyen die Verdächtigen über zehn Jahre nach dem Anschlag am 5.4.99 in den Niederlanden an die UNO übergibt. Deren Generalsekretät *Kofi Annan* meldet die erfolgte Übergabe an den UNO-Sicherheitsrat, der damit die Sanktionen gegen Libyen aussetzt. Selbst der britische Außenminister bezeichnet diesen Vorgang als einen „historischen Moment." 90 Tage bleiben vereinbarungsgemäß, die suspendierten Sanktionen endgültig aufzuheben. Die eingefrorenen libyschen Auslandsguthaben wären dann wieder zu verflüssigen, das Einfuhrverbot für wichtige Ersatzteile für die Erdölwirtschaft und den Luftverkehrssektor aufzuheben. Als erste Flug-Gesellschaft landete Alitalia mit dem italienischen Außenminister Dini nur einen Tag nach erfolgter Auslieferung in Tripolis. Der

Politiker betonte, Libyen solle in den „Dialog der Mittelmeerländer für Frieden und Kooperation“ eintreten. Nichts könnte das Interesse Italiens an seiner ehemaligen Kolonie, für das vice versa der ehemalige Kolonisator heute wichtigster Wirtschaftspartner ist, deutlicher unterstreichen, als dieser so rasch erfolgte Besuch.

Schon wenige Tage (am 10.4.99) später wird bekannt, dass sich auch die USA darum bemühen, 18 Jahre nach Abbruch der diplomatischen Beziehungen zu Libyen mit dem nordafrikanischen Staat wieder ins Gespräch zu kommen. Auch hier wird wieder der UN-Generalsekretär *Kofi Annan* um Vermittlung gebeten.

Der in der Rechtsgeschichte einzigartige Prozess – libysche Angeklagte vor einem schottischen Gericht in den Niederlanden – findet dann aus Sicherheitsgründen auf dem ehemaligen amerikanischen Luftwaffenstützpunkt Camp Zeist bei Utrecht/Holland statt (s.u.).

Politik seit 1999

Kadhafi nutzt im Frühsommer 1999 das Ende der Isolierung zu einer intensiven **Afrika-Diplomatie.** Während des OAU-Gipfels in Algier, an dem er zum ersten Mal seit Jahren teilnahm, weigerte er sich, im Sheraton-Hotel zu übernachten, und schlug stattdessen sein Zelt im Garten des Hotels auf. Die versammelten Gipfelteilnehmer kamen auf seinen Vorschlag hin überein, vom 6. bis 9. September ein Sondertreffen in Libyen zu veranstalten, das die Einführung wirksamer Maßnahmen zur Regelung und Verhinderung bewaffneter Konflikte in Afrika zum Thema haben sollte. Dieses Treffen fand im Rahmen der Feierlichkeiten zum 30. Jahrestag der Fatah-Revolution statt. Am **1. September 1999** feierte Libyen also sein **30-jähriges Revolutionsjubiläum.** Seit dem 1.9.1969 ist Oberst Kadhafi de facto Regierungschef. Dass nun die Öffnung gerade zu diesem Jubiläum erfolgt, ist vielleicht kein Zufall. Die Hoffnungen, die sich damit verknüpfen, sind geprägt von der jeweiligen Interessenslage. Auch vom touristischen Sektor erwartet das Land einiges. Eine neu gegründete Tourismusbehörde will Investoren für 60.000 Betten finden. Derzeit stehen nur etwa 10.000 Übernachtungsplätze zur Verfügung, die jedoch in ihrer großen Zahl für den Tourismus nicht geeignet sind.

Beim Treffen afrikanischer Staatschefs im Anschluss an die Revolutionsfeierlichkeiten aus Anlass des 30-jährigen Jubiläums in Tripolis wird am symbolträchtigen **9.9.1999** auf Betreiben Kadhafis eine **„Afrikanische Union“** nach Vorbild der EU ins Leben gerufen. Bereits auf dem nächsten Gipfeltreffen der OAU (Organisation für Afrikanische Einheit) im Frühsommer 2000 erteilen die versammelten Staatschefs dieser Idee jedoch eine Absage; nach dem jahrelangen Bemühen Kadhafis um eine panarabische Einigung scheitert damit auch sein Einsatz, die afrikanischen Länder zu einer Einheit unter seiner Führung zu verschmelzen.

Die Hinwendung des libyschen Staatschefs zu den Schwarz-Afrikanern (für die er auch im „Grünen Buch“ eintritt) teilen seine Landsleute jedoch nicht: Ausgehend von der Stadt Zawiya (40 km westlich von Tripolis) kommt es im **September 2000** zu pogromähnlichen **Hetzjagden auf afrikanische Migranten** im Land; mehrere Dutzend (nach anderen Zählungen weit über hundert) Einwanderer vor allem aus dem Tschad, dem Niger und dem Sudan sollen dabei ums Leben gekommen sein. Nigeria, Ghana und Niger repatriieren daraufhin einen Teil ihrer Immigranten auf dem Land- und Luftweg.

Ins Licht der europäischen Öffentlichkeit rückt Libyen im Gefolge eines **Geisel-Dramas auf der philippinischen Insel Jolo** im **Sommer 2000;** von der islamistischen Rebellengruppe *Abu Sayaf* werden dort u.a. auch deutsche Geiseln festgehalten. Das Schicksal der Göttinger Lehrerfamilie Wallert beherrscht über Wochen und Monate die deutschen Medien. Durch Vermittlung Kadhafis und vor allem seines Sohnes *Saif al Islam* gelingt es nach überaus zähen und langwierigen Verhandlungen, die Geiseln körperlich unversehrt freizukaufen; Bundesaußenminister Fischer fliegt im September nach Tripolis, um sich für die erfolgreichen Bemühungen zu bedanken.

Die ganze Welt blickt auf Libyen, als im **Februar 2001 einer der aufwendigsten Prozesse der Geschichte** zu Ende geht: Auf mehr als 250 Mill. Euro werden die Kosten des Verfahrens geschätzt, bei dem seit Mai 2000 von einem schottischen Gericht im ehemaligen amerikanischen Luftwaffenstützpunkt **Camp Zeist in Holland** gegen die Libyer *Abd al-Bassit Ali Mikrahi* und *Amin Khalifa Fuheima* verhandelt wird: Sie sind des Terror-Anschlags auf den PanAm-Flug 103 (s.o.) über dem schottischen Dorf Lockerbie angeklagt. Der freigesprochene Fuheima kehrt noch am Tag des Urteilsspruchs nach Tripolis zurück, wo ihm in Anwesenheit Kadhafis ein triumphaler Empfang bereitet wird. Der schuldig gesprochene Mikrahi wird zu lebenslanger Haft verurteilt; zur allgemeinen Überraschung akzeptiert Libyen den Schuldspruch sofort, was Presseberichten zufolge zu Unruhen bei den Sicherheitsdiensten führt: Sie fordern vor allem die Repatriierung Mikrahis. Unzufrieden zeigen sich auch die Angehörigen der 270 Opfer: Sie sehen in der Verurteilung nur ein Bauernopfer, das der westlichen Welt und allen voran London und Washington gebracht worden ist, um wieder ungestört Geschäfte mit dem Erdölstaat Libyen machen zu können. Nur etwa eine Woche nach Urteilsverkündung legt Mikrahi jedoch Berufung ein; Libyen erklärt sich daraufhin bereit, an die Hinterbliebenen den geforderten Schadensersatz in Höhe von 2,7 Milliarden Euro zu bezahlen, sofern der Verurteilte auch im Berufungsverfahren schuldig gesprochen wird.

Am **11. September 2001** erschüttern die **Anschläge auf das World Trade Center** in New York die westliche Welt bis auf die Grundfesten. Über 3000 Menschen verlieren das Leben. Die Verbindung zwischen den Attentätern um *Osama Bin Laden* und seiner Terrorgruppe Al-Qaida und dem Taliban-Regime in Afghanistan ist offenkundig; es gelingt der US-Regierung in knapp einem Monat, eine fast weltweite Koalition gegen die Drahtzieher des Terroranschlages zusammenzubringen. Auch von Libyen werden die Anschläge aufs schärfste verurteilt. Niemals habe die Welt eine grässlichere, erschreckendere Tat gesehen, äußert sich Kadhafi anlässlich des libyschen Nationalfeiertages in Sebha.

Bereits am **7. Oktober 2001** beginnt offiziell der **Krieg gegen Afghanistan.** Von den USA überwiegend als Luftkrieg geführt, sorgen Bodentruppen der verbündeten „Nordallianz" für Erfolge im Gelände. Das Ende des Taliban-Regimes ist rasch besiegelt. Auf dem Petersberg bei Bonn wird eine Übergangsregierung gebildet, die UN entsendet Schutztruppen (ISAF). Das wichtigste Kriegsziel jedoch, Bin Laden zur Strecke zu bringen, ist bis zum heutigen Tag nicht erreicht. Die führenden Köpfe des Al-Qaida-Netzwerkes zerstreuen sich im weltweiten Untergrund.

In den internationalen Beziehungen gewinnt die Bekämpfung des Terrors oberste Priorität. Es gelingt den USA erneut, eine fast weltweite „Allianz gegen den Terror" zustande zu bringen. Mit dem Ziel, das weltweite Terrornetzwerk von *Osama Bin Ladens* Al-Qaida niederzuschlagen, geraten die Länder Irak, Iran und Nordkorea ins Visier der USA; die Bush-Administration spricht von der „Achse des Bösen". Auch Libyen wird immer wieder in die Nähe dieser „Schurkenstaaten" gerückt. Im **März 2003** schließlich beginnen die USA den **Krieg gegen** *Saddam Husseins* **Irak;** ein Präventivschlag („preemptive strike") soll gegen das Land geführt werden, dem der Besitz von Massenvernichtungswaffen unterstellt wird. Während vor allem Deutschland und Frankreich weiterhin auf eine Verhandlungslösung setzen und deshalb als „altes Europa" verspottet werden, gar in die Nähe zu Libyen und Kuba als Terrorunterstützer gestellt werden, schließen sich u.a. Briten, Australier, Spanier und Polen der Kriegskoalition an. Viele sehen als wahren Kriegsgrund das Ziel des größten Energieverbrauchers der Welt, die Kontrolle über die zweitgrößten Energiereserven der Welt zu erlangen. Am 6. April fällt Bagdad. Und nur sechs Wochen nach Kriegsbeginn verkündet US-Präsident *Bush* am 1. Mai 2003 im Rahmen einer groß inszenierten Show auf dem Flugzeugträger „Abraham Lincoln" das Ende der Kampfhandlungen.

In dieser Zeit muss sich bei *Kadhafi* ein fundamentaler Wandel vollzogen haben. War es die Einsicht, dass auch sein Land ein leichtes Ziel eines wie auch immer motivierten Präventivschlages werden könnte? Nach monatelangen Geheimverhandlungen, die schon vor Beginn des Irakkrieges geführt wurden, verkündet *Kadhafi* Ende 2003 überraschend seinen Verzicht auf Massenvernichtungswaffen: *„Libyen wird von jetzt an an der Spitze der Staaten stehen, die sich aktiv für eine friedliche Welt ohne Terror und ohne Massenvernichtungswaffen einsetzen"*. Im **März 2004** lief dann ein Schiff mit den kompletten Beständen des libyschen Atomwaffenprogramms (zuvor weitgehend von Pakistan zur Verfügung gestellt) in einem amerikanischen Hafen ein, wo es anschließend in einer Art Triumphzug der versammelten Presse präsentiert wurde. Dass diese Vorführung bei Libyen keine Freude auslöste, ist leicht vorstellbar, sah sich das Land in diesem Punkt doch nicht von den USA „besiegt", sondern als friedfertigen Partner internationaler Verhandlungen. Dennoch unterzeichnete es wenig später das Zusatzprotokoll zum Atomwaffensperrvertrag.

Parallel zu diesen Vorgängen bewegten sich auch die Verhandlungen hinsichtlich der **Entschädigungszahlungen** an die amerikanischen, britischen und französischen Opfer des Lockerbie- und des UTA-Anschlages weiter. Daraufhin kam es am 23. März 2004 zu einem ersten von als „historisch" bezeichneten **Besuchen internationaler Spitzenpolitiker:** Washingtons Nahost-Gesandter *William Burns* traf in Tripolis ein, womit erstmals seit mehr als 30 Jahren wieder ein amerikanischer Regierungsvertreter libyschen Boden betrat. Zwei Tage später war es der britische Premier *Tony Blair,* der dem früheren „Erzschurken" seine Aufwartung machte; die (im Fernsehen übertragene) irgendwie unsicher wirkende Begegnung der beiden Männer in einem Beduinenzelt am Rande der Hauptstadt Tripolis sprach trotz eines demonstrativen Händedrucks Bände über die noch immer heiklen Beziehungen der beiden Länder zueinander. Anlässlich dieser Staatsvisite wurde Zusammenarbeit in der Bekämpfung des Terrorismus vereinbart, libysche Soldaten sollten wieder auf britischen Offiziersschulen ausgebildet werden, Beamte von Scotland Yard auch in Libyen ermitteln dürfen. Gleichzeitig schloss der Ölriese Shell einen Vertrag mit Libyen über Öl- und Gasförderung ab, dessen Wert mit 820 Mill. Euro beziffert wurde. Auch der britische Rüstungs- und Flugzeugkonzern BAE scheint mit viel versprechenden Verhandlungen über umfangreiche Geschäfte begonnen zu haben.

Bewegung gibt es auch abseits solcher spektakulärer Ereignisse. Erneut bietet Libyen seine Hilfe in einem **Geiseldrama** an: Bei der Befreiung von in der algerischen Sahara entführten europäischen Geiseln im **Sommer 2003** bleibt die Rolle Libyens hinsichtlich einer möglichen Lösegeldzahlung unklar; sicher ist nur, dass der algerische Präsident *Bouteflika* anlässlich eines Besuches in Tripolis mit *Kadhafi* mögliche Problemlösungen besprochen hat. Auch bei der Schaffung der neuen Afrikanischen Union zeigt der libysche Staatschef ein bemerkenswertes Engagement. Ende Februar 2004 unterzeichnen die Vertreter der 50 Mitgliedsstaaten zum Abschluss ihrer Konferenz in Sirte auf Drängen Kadhafis ein Abkommen, das die Schaffung einer gemeinsamen Eingreiftruppe zur Beilegung regionaler Konflikte vorsieht. Bemerkenswert auch die Bemühungen um eine Annäherung an die EU: Libyen soll Mitglied in der Union der Mittelmeerländer (Barcelona-Abkommen) werden.

Ende **April 2004** kommt es zu einer weiteren denkwürdigen Begegnung: Bei seinem ersten Europa-Besuch seit 15 Jahren wird *Kadhafi* von EU-Kommissionspräsident *Romano Prodi* in Brüssel empfangen, der ihn gegen protokollarische Regeln sogar am Flugplatz abholt und ihn mit Wangenkuss und lang anhaltendem Handschlag begrüßt. Nur wenige Tage später kommt die Meldung, dass jetzt auch die USA ihre Handelssanktionen aufheben. Die diplomatischen Beziehungen zwischen beiden Ländern sollen wieder aufgenommen werden (bisher hatte Belgien die Interessen der USA in Libyen vertreten). Für den Juni des Jahres 2004 wird auch ein Besuch des französischen Präsidenten *Chirac* angekündigt – das Rennen um die Milliardenaufträge aus Libyen hat damit voll begonnen. Auch der damalige Bundeskanzler *Schröder* soll Tripolis seinen Besuch in Aussicht stellen. Gedacht ist die Ankündigung offensichtlich als Anreiz: Die Regierung hofft, dass der auf Annäherung an Europa bedachte libysche Staatschef die Entschädigung für die Opfer des Anschlags auf die Diskothek „La Belle" in Berlin 1986 beschleunigt.

Die erstaunliche Entwicklung setzt sich Anfang **Mai 2004** fort: Libyen erklärt offiziell seinen Verzicht auf den Waffenhandel mit Staaten, die Massenvernichtungswaffen produzieren; namentlich werden dabei von Außenstehenden Nordkorea, Syrien und der Iran genannt. Nie zuvor in der modernen Geschichte wurde von einem Staatschef ein derartig rascher Ideologiewechsel vollzogen. Angeblich hofft Kadhafi auf den Friedensnobelpreis.

Die USA heben ihre Handels-, Wirtschafts- und Reisesanktionen gegen Libyen auf, und kurz darauf entscheidet die EU auf einer Sitzung im **Oktober 2004,** ihre seit 18 Jahren geltenden Sanktionen ebenfalls aufzuheben.

In dem dann erfolgten Besuch von Bundeskanzler *Schröder* im Oktober 2004 sehen die Beteiligten vor allem den Beginn des Ausbaus der bilateralen Beziehungen in allen Bereichen. Allerdings wurde der Kanzler dann noch überraschend mit der Forderung Kadhafis konfrontiert, die Verantwortung für die von der deutschen Wehrmacht im Zweiten Weltkrieg vorgenommene Verminung weitläufiger Regionen Libyens zu übernehmen; vor allem im Grenzbereich zu Ägypten sind bis heute noch riesige Flächen minengefährdet. Der weiteren Beziehungspflege dient dann auch der Besuch von Bundesaußenminister *Frank-Walter Steinmeier* in Benghasi im November 2006.

Libyen mit seinen reichen Öl- und Gasreserven wird mehr und mehr zum **hofierten Partner der westlichen Staaten;** die großen Erdölgesellschaften geben sich die Klinke in die Hand. Und selbst um die brisante Lieferung von ziviler Atomtechnologie entbrennt ein Wettlauf, als US-Präsident *Bush* in Indien ein Abkommen über nukleare Zusammenarbeit unterzeichnet: Frankreich steht bereits in den Startlöchern und beginnt mit bilateralen Verhandlungen über eine nukleare Kooperation.

Auf politischer Ebene dagegen wird Druck ausgeübt, damit Libyen sein Engagement im Kampf gegen die heimliche Migration (vor allem in Richtung Italien) verstärkt. Beim Besuch des damaligen italienischen Staatschefs *Berlusconi* gibt Kadhafi eine weitere überraschende Entscheidung bekannt: Alle Italiener, die am 7. Oktober 1970 enteignet und des Landes verwiesen wurden – ein Beschluss, den Kadhafi damals als „Vendetta (Rache) an Italien“ bezeichnet hatte –, erhalten wieder das Recht, Libyen zu besuchen. 20.000 in Libyen geborene Italiener sind von dieser lange erhofften Entscheidung betroffen. Und schließlich sagt im **März 2006** Italien Libyen den Bau einer Küstenautobahn zu, ausdrücklich – wie der damalige Ministerpräsident *Berlusconi* zitiert wird – um die Beziehungen zu Libyen nicht weiter zu gefährden.

Kadhafis Sohn *Seif al-Islam al-Kadhafi* macht im Jahresverlauf 2005 mehr und mehr von sich reden; politische Beobachter munkeln, er könne als Nachfolger seines Vaters dereinst die Regierungsgeschäft übernehmen. Immer wieder ist aber auch von Disputen zwischen dem Vater und seinem ältesten Sohn die Rede, was dahingehend interpretiert wird, dass der Vater seinen Sohn zu mehr Ehrgeiz anspornen will.

Anfang des Jahres 2006 kommt es in der gesamten islamischen Welt zu gewaltsamen Protesten wegen der so genannten **Mohammed-Karikaturen,** die zunächst in dänischen Zeitungen publiziert und dann von weiteren Medien verbreitet wurden. Bei Demonstrationen in Benghasi sterben bei den gewalttätigen Auseinandersetzungen mit der Polizei elf Menschen – offensichtlich war die Situation außer Kontrolle geraten. Der libysche Innenminister quittiert daraufhin seinen Posten.

Eine **Sonnenfinsternis Ende März 2006,** die in Ost- und Süd-Libyen besonders gut zu beobachten ist, weckt bei den libyschen Tourismusverantwortlichen Hoffnungen auf ein besonders hohes Touristen-Aufkommen und entsprechend hohe Einnahmen; von 1,5 Millionen Besuchern ist die Rede! Über Wochen hinweg wird eine besondere „Sofi-Steuer“ (Sonnenfinsternis-Steuer) debattiert: Jeder Einreisende soll 300 Euro entrichten, ein Betrag, der dann auf 120 Euro reduziert und später – als die Buchungen nicht wie erhofft eingehen – ganz gestrichen wird. Und aus 1,5 Millionen werden gerade noch geschätzte 5000. Dem libyschen Tourismus wurde damit ein Bärendienst erwiesen!

Im **Mai 2006** nehmen die **USA** wieder komplette **diplomatische Beziehungen** zu ihrem langjährigen (Erz-) Feind Libyen auf, das Land wird von der Terrorliste der amerikanischen Regierung gestrichen. Die US-Botschaft war 1979 geschlossen worden, nachdem die Amerikaner dem Land die Unterstützung des internationalen Terrorismus vorgeworfen hatten.

Weltweites Entsetzen löst **Ende des Jahres 2006** die Bestätigung der **Todesurteile** gegen fünf bulgarische Krankenschwestern und einen palästinensischen Arzt aus. Die Beschuldigten sollen auch nach Meinung des Gerichtes im Berufungsprozess für den Tod von 50 libyschen Kindern verantwortlich sein, denen sie angeblich wissentlich HIV-verseuchte Bluttransfusionen verabreicht hatten. Nach Meinung westlicher AIDS-Experten sprach jedoch alles dafür, dass die schlechten Hygienezustände in dem betroffenen Kinderkrankenhaus schon lange vor Eintreffen der Verurteilten vorhanden waren, sie mithin für die Infektionen bei 426 Kindern nicht verantwortlich waren. Auch seien die Geständnisse teilweise unter Folter erzwungen worden. Bedenklich stimmen muss an diesem Fall auch, dass Bulgarien seit dem 1. Januar 2007 der EU angehört und von Libyen angeblich ein Angebot vorgelegt bekam, den Fall gegen eine Zahlung von 2,7 Milliarden Euro – genau die Zahl, die das Land als Entschädigung für die Lockerbie-Opfer ohne Anerkennung einer eigenen Schuld überwiesen hatte – zu Gunsten der Angeklagten abzuschließen. Der Fall wurde dann ans Oberste Gericht von Libyen als letzter Instanz verwiesen.

Wirtschaft

Libyen ist das **reichste Land Afrikas.** Dass es diesen Reichtum nicht seiner Landwirtschaft verdankt, dürfte mittlerweile klar geworden sein: Gerade 2% des Landes sind bestellbar, eine Fläche in ähnlicher Größenordnung könnte man noch als agrarisch „nutzbar" bezeichnen, etwa durch extensive Beweidung nach Nomadenart. Die agrarischen Anstrengungen kosten auf alle Fälle mehr, als sie einbringen. Wäre nicht der Autarkiegedanke, wäre Libyen unter ökonomischen Gesichtspunkten besser beraten, seine Lebensmittel komplett einzuführen, allenfalls ein paar Datteln für den Nachtisch im eigenen Oasengarten zu produzieren.

Die **Wasserversorgung** ist in diesem Land die Achilles-Ferse. So entstand 1983 – als die Einnahmen noch so rege sprudelten wie die Erdölquellen – die vor allem auf Kadhafi selbst zurückgehende Idee, mittels eines gigantischen Projekts, das mit 25 Milliarden Dollar eines der teuersten Wirtschaftsprojekte weltweit ist, fossile Grundwasservorkommen mitten in der Wüste anzuzapfen und durch riesige Pipelines zu den Verbrauchern zu pumpen. **„Great Man-Made-River (GMMR)"** (teilweise auch „Great Artificial River") wurde das Projekt genannt, die Grenzen zum Weltwunder sah man erreicht. 1000 km Wüste liegen zwischen den „Water fields" und der Küste, auf 50 Jahre sollen die fossilen Grundwasservorräte genutzt werden können – und dann ...?

Das GMMR-Projekt ist eines der wenigen Projekte, die auch unter der schweren Last des UN-Embargos dem Anschein nach unverändert weiterverfolgt wurden. Libyen konzentrierte zu Lasten anderer Vorhaben alle Mittel darauf, dieses ehrgeizige Projekt nicht scheitern zu lassen. Dass es dabei auch seine Zahlungsverpflichtungen gegenüber dem Ausland nur zögerlich erfüllt – wer wollte das kritisieren, angesichts etwa der Klagen der UN über ihre Zahlungsunfähigkeit als Folge der schlechten Zahlungsmoral der reichen Industrieländer? Libyen jedenfalls steht bei ausländischen Firmen derzeit mit 500 Millionen US-$ im Soll. Auch die „Organisation für afrikanische Einheit" (OAU) mahnt vergeblich Beitragszahlungen an. Aus Verärgerung über die Säumigkeit Kadhafis blieb ihr Generalsekretär

Röhrenteilstück des „Great Man-Made-River"

1994 demonstrativ den Feierlichkeiten zum 25. Jahrestag der Septemberrevolution fern.

Die bisher großzügig verteilten staatlichen Gaben werden rigoros gestrichen. Die Libyer lernen, den Gürtel wieder enger zu schnallen. Die Folgen solcher Selbstbesinnung stellen sich jedoch nicht nur positiv dar; die Unzufriedenheit wächst, wer weniger bekommt, klagt. Nach Kritik am politischen Kurs wurde der alte Mitstreiter Kadhafis, *Major Abd el-Salam Dschallud,* bisher zweiter Mann im Staat, weitgehend entmachtet. Im Mai 1995 meldete die Presse dann einen Attentatsversuch auf Kadhafi, der Dschallud angelastet wurde; er wurde unter Hausarrest gestellt, 44 Armeeoffiziere wurden bei einer Säuberungswelle verhaftet.

Die von Washington und London betriebene Verschärfung des Embargos durch ein Verbot des Erdölexports wurde wegen des Widerstands der deutschen und italienischen Seite nie realisiert. Beide Länder decken ihren Bedarf in großem Umfang in Libyen. Das dort produzierte Erdöl bzw. Erdgas ist zudem sehr schwefelarm. Sein Ersatz durch Importe aus anderen Ländern wäre demzufolge unter Umwelt-Aspekten sehr schädlich gewesen.

Aus marktwirtschaftlicher Sicht hatte das Embargo auch positive Seiten: Eine schrittweise **Liberalisierung der Wirtschaft** kam in Gang, der private Kleinhandel und private Beteiligungen an der Produktion wurden wieder erlaubt, das staatliche Importmonopol wurde eingeschränkt. Auch das Wiederaufleben landwirtschaftlicher Kleinproduktion wird staatlich gefördert. Mit solchen Maßnahmen ist es bisher gelungen, aufgetretene Versorgungsengpässe we-

185 Foto: gg

nigstens teilweise zu kompensieren. Vor allem mit tunesischer Hilfe wurden auch Bemühungen unternommen, den Fischfang zu aktivieren; gerade dieser Bereich war in den Jahren des Erdöl-Booms sträflich vernachlässigt worden.

Nach wie vor zählt Deutschland zu den wichtigsten Handelspartnern Libyens: Nach Italien steht es an zweiter Stelle in der Warenaustauschbilanz. Alleiniges Importgut ist dabei Erdöl (immerhin beziehen wir 12% dieses Rohstoffs aus Libyen). Maschinen und technische Artikel jeder Art machen die Exportseite aus; das Embargo hatte hier einen Rückgang um 80% gebracht. Im Hoch- und Tiefbau, früher ein Domäne deutscher Firmen in Libyen, war schon in den Jahren zuvor ein erheblicher Rückgang zu verzeichnen. Hier sind derzeit griechische und türkische Firmen stark engagiert, der Bau des GMMR-Projektes liegt überwiegend in koreanischer Hand.

Gesundheitswesen

Die medizinische Versorgung ist in allen größeren Ortschaften auch außerhalb der Küstenzone gewährleistet. Das bedeutet nicht, dass auch noch in der abgelegensten Oase ein Krankenhaus wäre – aber solche Oasen, die zudem noch besiedelt sind, gibt es in Libyen nicht mehr! Jede größere Ortschaft – wirklich jede – ist heute mit einer Asphaltstraße erreichbar und somit auch rasch das nächste Krankenhaus. Die vorliegenden Zahlen sind theoretisch veraltet, sagen aber dennoch sehr viel aus über den Stand der Versorgung gerade auch im Vergleich mit anderen nordafrikanischen Ländern. Was fehlt, sind einheimische Ärzte: Wie ich schon wiederholt bemerkt habe, rekrutiert sich das ärztliche Personal überwiegend aus Ausländern. Das hat den Vorteil, dass dadurch eine bessere Verständigung gewährleistet ist, spricht doch fast jeder dieser medizinisch tätigen Ausländer englisch oder französisch. Viele, die in der früheren DDR ausgebildet wurden, sprechen sogar deutsch.

Die Behandlung ist immer kostenlos. Vor dem Embargo konnten sich Libyer auf Wunsch hin sogar im Ausland behandeln lassen; für die Kosten kam der Staat auf.

Überall gibt es **Apotheken,** zu erkennen an einem roten Halbmond mit grüner Schrift. Die Versorgung mit Medikamenten soll infolge des Embargos schlechter geworden sein; von anderen Informanten wiederum wurde mir bedeutet, dass alle Arzneimittel wie bisher via Ägypten verfügbar wären.

Ethnische Gruppen

In Libyen hat der wirtschaftliche Boom zu einem **Verlust an ethnisch-kultureller Identität** geführt. Es wird Ihnen kaum gelingen, im Lande jemanden zu sehen, der sich über seine Tracht ethnisch einordnen lässt. Allerdings fehlten starke ethnische Ausprägungen immer schon: In fast allen Regionen Libyens lebten auch vor dem Wirtschaftsboom Araber und stark arabisierte Berber. Mit dem Wegfall der alten Ortschaften (sie stehen heute alle (!) leer) und dem Umzug in neue Beton-Siedlungen mag ein weiteres Ablassen von alten Sitten und Gebräuchen einhergegangen sein. Kurz: Dem Interesse des Völkerkundlers bietet sich praktisch kein Betätigungsfeld mehr, es sei denn, er interessiert sich eben genau für diese kulturelle Nivellierung.

Araber und arabisierte Berber

Sie stellen den größten Anteil der Bevölkerung. Vom Nomadentum sind sie längst abgekommen, auch wenn Staatschef Kadhafi anlässlich von Empfängen und vor Besuchern gerne im Nomadenzelt residiert. Vom Beduinenleben im Zelt ist den Menschen in Libyen nur noch die Erinnerung geblieben – und die Freude, anlässlich einer Hochzeit sich wieder einmal in einem solchen Zelt zu versammeln. Dann nämlich ist es üblich, auf der Straße ein Zelt im alten Stil, aber von neuer Bauart aufzustellen und hierin die geladene Verwandtschaftsgruppe zu empfangen. Außer solchen „Reminiszenz-Zelten" habe ich seit 1981 auf meinen Reisen in Libyen höchstens zwei oder drei Mal ein echtes Zelt in der freien Landschaft gesehen! Auch in den Oasen der Sahara wohnt niemand mehr in Zeriba-Hütten oder den alten, aus Lehmziegeln erbauten Häusern; auch hier hat sich nicht nur westliche Kleidung, sondern ebenso westlicher Betonplattenbau vollständig durchgesetzt. Im Übrigen man mag dies begrüßen oder nicht –

Altersverteilung in Libyen

Alter	Bev.-Anteil in % (Männer)	Bev.-Anteil in % (Frauen)
70+	1,7%	1,5%
60-69	1,5%	1,7%
50-59	3%	2,7%
40-49	4,2%	3,6%
30-39	5,2%	4,8%
20-29	7,7%	7,3%
10-19	12,4%	10,7%
0-9	16,8%	15,2%

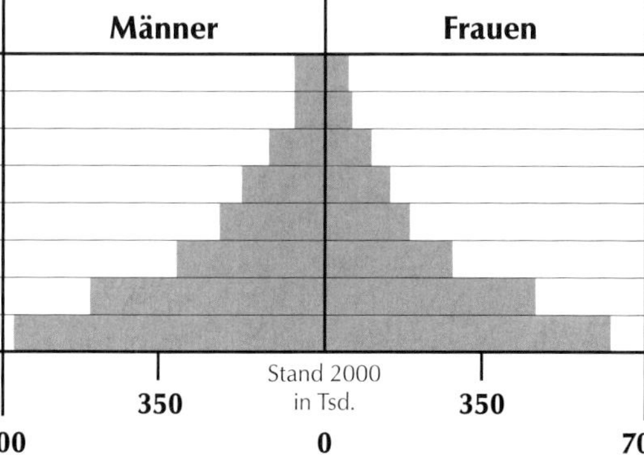

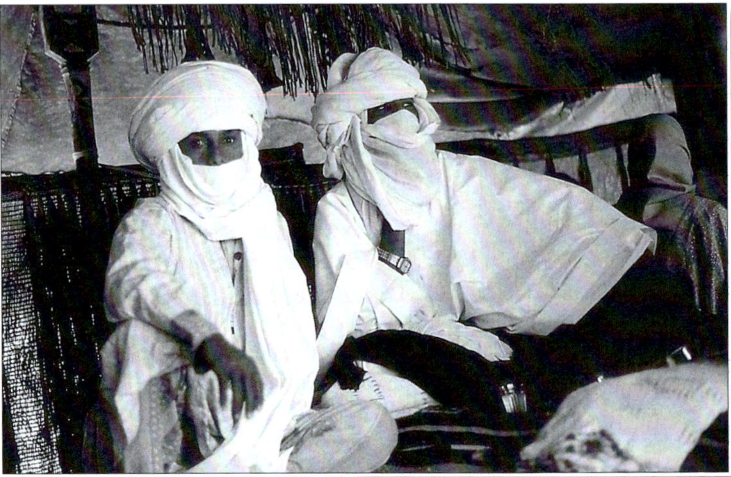

189 Foto: gg

die hygienischen Verhältnisse haben sich dadurch entscheidend gebessert.

Schwer vorstellbar auch, dass hinter der modernen Fassade noch immer die alten Stammesstrukturen die Machtverhältnisse im Lande bestimmen (sollen)! Kadhafi selbst ruft in seinem Grünen Buch zum Kampf gegen undemokratische Stammesstrukturen auf. Wird aber in unserer Presse von Machtkämpfen berichtet, findet sich immer wieder auch der Hinweis auf Rivalitäten zwischen einflussreichen Stammescliquen; dem Touristen jedenfalls bleibt der Blick auf solche internen ethnischen Auseinandersetzungen üblicherweise verstellt.

Tuareg (m.: Targui, f.: Targia)

Berber

Eine Zufluchtsregion berberischer Bevölkerungsgruppen waren schon immer die Bergregionen des Nafusah. Wo sich dieses Bergland nach Westen zu in den tunesischen Dahar fortsetzt, werden Sie berberische Kulturelemente noch in großer Zahl finden, wenig davon jedoch im libyschen Teil: Leer und unbenutzt, häufig dem Verfall preisgegeben, liegen die alten Speicherburgen auf den Felsspornen. Allenfalls eine alte Frau mit einem *Bakhnoug-Umhang* bekommen Sie kurz zu Gesicht. Auch hier ist mittlerweile eine Rückbesinnung auffallend: Verschiedene der alten Speicher- und Wohnburgen werden derzeit restauriert und zu museumsähnlichen Anlagen umgebaut. Wenigstens dem Verfall ist so Einhalt geboten.

Die Tuareg

Die Tuareg sind die bekanntesten Vertreter der Sahara-Berber. Diese Volksgruppe hat m.E. als einzige in Libyen ihre **kulturelle Identität bewahrt.** Insgesamt verteilt auf fünf Länder (Niger, Mali, Algerien, Burkina-Faso und Libyen), leben einige Zehntausend von ihnen im äußersten Westen Libyens. Ghadames und vor allem Ghat sind die städtischen Zentren ihres Verbreitungsgebietes auf libyschem Territorium; die Mehrzahl lebt jedoch in Algerien mit der Ortschaft Djanet als Zentrum. Über die Grenze hinweg bestehen vielfältige verwandtschaftliche Beziehungen; alle rechnen sich zur Großgruppe der Kel Ajjer. Ihre Sprache ist das Tamaschek, sie verfügen über eine eigene Schrift, das Tifinar (vgl. Anhang).

Die libyschen Tuareg leben vor allem in den Tälern der Bergregionen. Unter allen Tuareg gelten sie als diejenigen, die am stärksten arabisiert sind. Auch das Nomadentum dürfte bei dieser Gruppe nie sehr stark ausgeprägt gewesen sein: Von bestimmten Ortschaften mit einfachen und mobilen Schilf- oder Palmblatthütten *(Zeribas)* aus, wurden kleinräumige Wanderungen mit den Viehherden (vor allem Ziegen und Schafe) innerhalb der Bergländer durchgeführt. Die Bestellung der Oasengärten und die Pflege der Palmhaine übertrug man dunkelhäutigen Abhängigen. Der Karawanenhandel mit Kamelen als Transporttieren vollzog sich über Ghadames hinauf zur Küste bis nach Tripolis, nach Süden zu bis ins Aïr-Bergland und bis nach Agadez. Gehandelt wurde auch mit dem Salz aus der Saline von Amadror in einer Ebene zwischen dem Hoggar- und dem Tassili-Bergland. Regelmäßig besuchten Tuareg-Karawanen auch die Mandara-Seen, um die dort hergestellte Dud-Paste zu erwerben. Ein weiteres Produkt dieser Region war Natron.

Neben ihrer Berbersprache, die sie deutlich von den Arabern unterscheidet, ist die **Gewandung der Tuareg** ein noch immer charakeristisches Merkmal: Die Männer tragen einen Gesichtsschleier, den *Tugulmust.* Dieser ist auch für die Tuareg ein so wichtiges Merkmal, dass sie sich selbst als *Kel Tugulmust* bezeichnen, als „die Leute mit dem Gesichtsschleier" – „Tuareg" ist ja möglicherweise eine arabische Fremdbezeichnung und bedeutet abwertend „die (von Gott) Verstoßenen"; nach Meinung der Araber leisteten demgemäß die Tuareg den Regeln des Islam nicht gebührend Folge. Eine andere Interpretation allerdings führt „Tuareg" auf die alte Bezeichnung „Targa" für „Fezzan" zurück. Dann würde Tuareg nicht mehr und nicht weniger bedeuten als „die Fezzaner".

Die Frauen bei den Tuareg gehen unverschleiert, ein weiteres Merkmal dieser ethnischen Gruppe, das oft zur Unterscheidung von Arabern herangezogen wird. Dabei muss allerdings gesagt werden, dass auch die Libyerin nur sehr selten verschleiert geht; allenfalls trägt sie in der Öffentlichkeit ein Kopftuch; ebensolches, wenn auch von anderem Zuschnitt, ist auch bei den Tuaregfrauen üblich. Offene Haare trägt und zeigt man nicht – auch in unseren Breitengraden war dies auf dem flachen Land bis etwa zum Zweiten Weltkrieg ein Zeichen von Unanständigkeit.

Karawanen gehören in Libyen der Vergangenheit an. Geblieben ist die Mobilität über Grenzen hinweg – der Geländewagen ersetzt heute überall das Kamel. Als Tourist können Sie möglicherweise davon profitieren: Es scheint Absprachen zwischen den Tuareg-Fremdenführern und algerischen und libyschen Grenzpolizisten zu geben, dass Touristen in Tuareg-Begleitung die Grenze überschreiten können. Inwieweit das legal ist, entzieht sich meiner Kenntnis.

Ganz sicher illegal sind die Waffentransporte, die von den Tuareg dieser Region im Dreiländergebiet Libyen, Algerien und Niger für ihre „Brüder in Rebellion" ins Aïr-Gebirge hinab durchgeführt werden – die alten Karawanenwege kommen dabei wieder zu Ehren. Libyen spielt im Zusammenhang mit der Erhebung der Tuareg in Niger und Mali gegen ihre jeweils von Schwarzen dominierte Regierung eine bedeutende Rolle: Manche der „Freiheitskämpfer" erfuhren in Libyen eine militärische Ausbildung; die Rebellengruppen hatten ihre logistische Basis teilweise auf libyschem Territorium. Bei Verhandlungen zwischen den Staatschefs der fünf Tuareg-Länder trat Oberst Kadhafi gar im Tuareg-Gewand auf und hieß die Tuareg aller Länder bei sich willkommen. Wohl wissend um die historische Vergangenheit – die wahrscheinlichen Vorfahren der heutigen Tuareg, die Garamanten, sind ja die Ureinwohner des Fezzan – erklärte er kurzerhand alle Tuareg zu Libyern. Viele leisteten in der Vergangenheit diesem Ruf Folge; der Reichtum des Erdöllandes übte ohnehin eine starke Anziehungskraft auf die verarmten Kamelhirten der Sahelregionen aus. Dann jedoch kam auch für den reichen Staat Libyen die Krise: Die militärische Unterstützung für die Rebellengruppen musste mangels Finanzmasse gekürzt werden, die Kämpfer wurden in ihre Heimatländer „entlassen"; abgeschoben oder ausgewiesen wurden auch die als Wirtschaftsflüchtlinge gekommenen Nigerer oder Malier, unter ihnen viele Tuareg. Bis heute aber leben viele von ihnen – teilweise wohl in der Illegalität – als Gartenarbeiter in den Oasengärten des Fezzan oder als Kamelhirten in den Sandwüsten; billige Arbeitskräfte sind auch in Libyen gesucht ...

Daouadas

Sie existieren nicht mehr! Leer stehen ihre Dörfer an den Ufern von Mandara- und Gabroon-See! In einer Nacht- und Nebelaktion – niemand konnte mir bisher genau sagen, was da vorgefallen ist – wurden die Daouadas aus ihren bisherigen Siedlungsgebieten, dem Ramlet az-Zellaf, dem Sanddünengebiet zwischen Awbari, Sebha, Brak und Idri, evakuiert und in neu und speziell für sie erbaute Dörfer im Wadi Adjal bei Maknusa „umgesiedelt". Lange muss sich die Entscheidung für diese Evakuierung hingezogen haben; die neuen Dörfer waren schon lange fertig – ich durfte einmal in einem der mit Teppichböden und richtigen Badewannen ausgestatteten Häuser übernachten –, als noch einmal europäische Firmen von der libyschen Regierung mit Untersuchungen beauftragt wurden, ob nicht die alten Ortschaften innerhalb des Ergs modernisiert werden könnten; eine Straße wurde projektiert, ein Telefon-Richtfunkmast und eine Generator-Station – (nur) als Touristen sollten wir vielleicht froh sein, dass all dies an den idyllischen Seen nie entstanden ist!

Daouada bedeutet „Wurm-Esser". Dabei essen diese dunkelhäutigen Leute, die möglicherweise eine eigenständige uralte saharische Rasse sind, die nichts mit den Schwarzen des Afrika südlich der Sahara zu tun hat, beileibe keine Würmer – nur ein zoologisches Missverständnis kann Ursache für diese Bezeichnung sein, ihre Nahrung ist nämlich eine Art Garnele, die mit wissenschaftlichem Namen als „artemia salina", Salinen-Krebs, bezeichnet wird. Dieser lebt in großen Mengen in den Seen; um sein Gedeihen zu fördern, opferten die Daouadas alljährlich ein Kamel, dessen Blut in den See zu fließen hatte. In Fisch-Zügen, stark rituell geprägt, wurden die „Garnelen" mit einer Art feinem Schmetterlingsnetz nur von den Frauen gefangen. Aus den Fischen wurde eine Paste hergestellt, die dann in Form kleiner Bällchen getrocknet wurde. Gelegentlich kamen Karawanen von Tuareghändlern über die rasiermesserscharfen Dünen, um den *Dud* (er galt als wirksames Aphrodisiakum, entsprechend groß war die Nachfrage) gegen andere Waren einzutauschen: Olivenöl, Tabak, Baumwolle, Kleider, Mehl – es fehlte an allem hinter den Dünen.

Die Händler kauften auch das hochwertige **Natron** (Sodacarbonat), das einem der Daouada-Dörfer, Trouna, den Namen gegeben hat. Dieses Natron wird und wurde in diesen Ländern einerseits dem Kautabak zugegeben, andererseits zum Gerben und Färben verwendet.

Während das Fischen Sache der Frauen war, oblag den Männern die Produktion des Natron. Drei Seen liefern Natron, der Trouna, Fredra und Nesch Nunia. Natron entsteht in diesen stark salzhaltigen Seen (aber auch in anderen Sebkhas) durch natürliche Verdunstung: Besonders im Sommer bildet sich an den Seerändern oder – bei Austrocknung – auf dem Grund eine grauweiße Kruste, eben das Natron.

Ungefähr zwanzig Seen sollen in diesem Gebiet bestehen, und noch immer – selbst in Zeiten des GPS – ist weder ihre genaue Zahl noch ihre genaue Lage bekannt oder gar in den Karten vermerkt. Manche trocknen im Sommer ein, vielleicht ist hierin ein Grund zu sehen. Eine andere Ursache nennen die Douadas: Sie halten manche der Seen nicht nur für bodenlos (z.B. Um el Ma), sondern auch für verhext. Gewässer mit einem schlechten Ruf hatten nie eine Ansiedlung an ihren Ufern, so etwa Amuna und Um el-Hassan. Niemand nähert sich ihnen freiwillig. Vor einigen Jahren habe ich ein kleines Schlauchboot und ein Senkblei mit zu den Seen genommen: Im Um el Ma maß die tiefste Stelle neun Meter ... Davon abgesehen: Es ist kaum vorstellbar, wie sich dieser schmale, lang gestreckte See inmitten hoher Dünen halten kann; unab-

192 Foto: gg

lässig rieseln Sandlawinen von allen Seiten in ihn hinein. Aber Um el Ma – das bedeutet schließlich „Mutter des Wassers" ...!

Wenn Sie heute bei einem Besuch an den Mandara-Seen durch die verlassenen Gehöfte streifen, werden Sie vielleicht Verständnis für die Evakuierung der Daouada-Bevölkerung aufbringen. Es ist nur schwer vorstellbar, wie unter solchen Bedingungen der Teufelskreis von Abgelegenheit, Armut, Unsicherheit, unhygienischen und ungesunden Verhältnissen jemals hätte durchbrochen werden können. Sehen Sie sich nur einmal die labyrinthartig in sich verschachtelten Zeribahütten an: Wenn hier eine der Hütten Feuer fängt ...! Das Risiko bestand natürlich schon immer, aber heute erst recht, wo Streichhölzer zur Verfügung stehen, mit denen das kleinste Kind im unbeobachteten Moment zündeln kann.

Typisches Bild auf den Südrouten: Gastarbeiter auf dem Weg nach Hause

Tubu

Die Hütten der Tubu sind auffallend große, lang gestreckte und gepflegt wirkende Mattenhütten. Die Matten werden aus Palmblatt geflochten. Nach Jahren der Dürre und der Trockenheit in der gesamten Tibesti-Region, nach Jahren kriegerischer Auseinandersetzungen zwischen Libyen und dem Tschad, nach Jahren der unausgesetzten Bedrohung durch marodierende Soldaten aus dem Tschad oder Banditen aus dem Sudan sind heute in Libyen die Mattenhütten der Tubu veschwunden. Die Region um Al Katrun im Westen, Tazurbu und Rabianah im Osten war früher das Zentrum dieser Felsmenschen aus dem Tibesti-Gebirge.

Tubu, das bedeutet tatsächlich „Felsmenschen", und ihr Lebensraum ist das höchste Gebirge der gesamten Sahara. Von hier aus besiedelten sie auch die genannten Oasen und andere im nördlichen Umfeld dieses Gebirges. Ganz ähnlich den Daouadas, sind auch sie von dunkler bis schwarzer Hautfarbe, aber eben nicht negrid.

Im Gegensatz zu vielen anderen Sahara-Völkern, die ein ausgeprägt hierarchisches **Sozialsystem** aufweisen, ist das der Tubu **egalitär:** Es gilt das Prinzip der Gleichheit all derer, die von freien Eltern abstammen. Wichtigste Verwandtschaftsgruppe ist der Clan, dem in patrilinearer Deszendenz alle Nachkommen des ursprünglichen Clan-Gründers zugerechnet werden. Früher waren sie große Karawaniers und fast noch größere Karawanen-Plünderer, die in steter Feindschaft vor allem mit den Tuareg lebten. Obwohl die Tuareg in ihrer kriegerischen Grundhaltung letztendlich obsiegten und die Tubu in ihre Gebirgsregion zurückdrängen konnten, erkennen sie bis zum heutigen Tag nur einen anderen Nomaden neben sich an, fast gleichwertig, was Ausdauer und saharische Leistungsfähigkeit anbelangt: die Tubu!

In **transhumanter Weidewirtschaft** (halbnomadische Wirtschaftsweise, bei der Viehherden mit dem Wechsel der Jahreszeiten auf entfernte Weiden gebracht werden) halten die Tubu Ziegen und Schafe; Kamele werden vor allem in den außerhalb des Tibesti gelegenen Tiefländern gehalten.

Legendäre Dinge werden berichtet über den Orientierungssinn der Tubu, über ihre Ausdauer und ihr Vermögen, Spuren zu lesen. Während die Tuareg sehr großen Wert auf ein gepflegtes Erscheinungsbild legen, gehen die Tubu hiermit eher nachlässig um; ihren Turban binden die Tubu ähnlich lieblos wie die Mauren. Beide Geschlechter gehen unverschleiert. Die Tubu-Frau trägt oft einen Nasenring im rechten Nasenflügel. Sie gilt als sehr selbständig und lebenstüchtig. Ihre eheliche Treue gilt in der gesamten Sahara als vorbildlich; mit einem spitzen, an der Wade getragenen Dolch ist sie stets bereit, diese auch zu verteidigen. Eine der wenigen sicheren Gelegenheiten, Tubu-Frauen zu sehen, ist heute das Zentrum von Murzuk: Hier sitzen immer einige Tubu-Frauen und bieten in bescheidenstem Umfang Waren aus den Südländern an.

Die Tubu gelten als jähzornig, leicht erregbar, rachsüchtig und fremdenfeindlich. Als erster Europäer machte 1869 Gustav Nachtigal während seines Abstechers von Murzuk ins Tibesti mit diesen Eigenschaften unliebsame Bekanntschaft. Bis zum Waffenstillstand 1993 verstärkten sie über zwanzig Jahre hinweg mit ihren ungebärdigen Denk- und Verhaltensweisen die Fronten der FROLINAT im Kampf für die Unabhängigkeit des Nord-Tschad von Libyen; seit dem Beginn der Tuareg-Revolution im Niger stehen sie auf Seiten der Tuareg-Rebellen. Gleich diesen fühlen sie sich als Herren der Sahara, die sich von keiner schwarzen Regierung in einer weit im Süden liegenden Hauptstadt irgendwelche Vorschriften machen lassen wollen.

Negride

Soweit die Geschichte dies erkennen lässt, war der Raub von **Sklaven** und der Handel mit den erbeuteten Menschen zu allen Zeiten im Mittelmeerraum und in Nordafrika eine gewinnbringende und allseits praktizierte Tätigkeit. In römischer Zeit benutzte man nicht nur weiße Sklaven; gerade Schwarze waren ihres „exotischen" Aussehens wegen besonders beliebt. Nicht nur die zunehmende Austrocknung der Sahara engte die Lebensräume der Autochthonen in diesem Gebiet ein. Von Norden drangen berberische und später arabische Bevölkerungsgruppen bis weit in die Sahara ein. Diese neuen kriegerischen Herren verstanden es rasch, sich die Arbeitskraft der südlich der Sahara lebenden schwarzen Völker nutzbar zu machen. Auf ausgedehnten Raubzügen wurden Tausende von Sklaven erbeutet, durch die Sahara getrieben und dann auf den Märkten in der Sahara oder an der Küste als Arbeiter verkauft. Arbeit, das war in dieser Klimaregion vor allem Feldbestellung durch Bewässerung in den Oasen. So wurde durch den Arbeitseinsatz von Sklaven das sudan-negride Element vor allem in den Oasen der Sahara-Region bis hinauf in ihre nördlichen Randzonen verstärkt. Die Nachkommen dieser Sklaven haben eigene Gesellschafts- und Sozialsysteme entwickelt, die allerdings oft geprägt waren von der Kultur ihrer ehemaligen Herren. „Haratin" ist eine geläufige arabische Bezeichnung für diese Schicht von Oasenbauern.

Mit dem Ende der Sklaverei im letzten Drittel des vorigen Jahrhunderts und dem Schritt in die Freiheit begann die Durchmischung mit anderen Bevölkerungsgruppen. So finden wir heute eine breite Skala an Mischlingen aller Hautfarben; dennoch ist die dunkelhäutige Rasse gerade in den Oasen noch immer stark vertreten.

Zugewanderte **Gastarbeiter** bilden heute ein ganz neues Element negrider Bevölkerung in Libyen. Der krasse Wohlstandsunterschied zwischen dem reichen Erdölstaat und den armen Ländern südlich der Sahara wirkt wie ein Magnet auf alle Nachbarländer. In großer Zahl wanderten auch Tunesier und Ägypter ein, die jedoch, politisch motiviert, immer wieder zu Zigtausenden ausgewiesen wurden. Ende der 80er Jahre kam es zu einer neuen Ausweisungswelle. 100.000 mussten damals das Land verlassen; diesmal spielten eher wirtschaftliche Gründe eine Rolle, und so waren auch Gastarbeiter aus dem Sudan, dem Tschad und aus dem Niger betroffen. Seither nimmt ihre Zahl aber wieder stetig zu, sehr zum Missfallen der Behörden. Ihre Zahl wird heute auf eine Million geschätzt.

Restriktionen in der Zuwanderung, Beschränkungen auch im Geldtransfer bringen viele Formen illegaler Verhaltensweisen bei den Gastarbeitern mit sich. Dies und ihr unterschiedlicher, besonders gegenüber den wohlsituierten Libyern ärmlicher Lebensstil macht sie nicht gerade beliebt; dennoch nutzt man ihre Arbeitskraft wo immer möglich aus. Viele leben in der Illegalität: Um nicht aufzufallen, passen sie ihr äußeres Erscheinungsbild möglichst dem der Libyer an.

Im Grünen Buch schreibt *Kadhafi* unter dem Abschnitt „Die Schwarzen werden sich in der Welt durchsetzen": *„Die jüngste Stufe der Sklaverei ist die Versklavung der schwarzen durch die weiße Rasse. Die Schwarzen werden das nicht vergessen, bis sie sich Genugtuung verschafft und ihre Ehre wiederhergestellt haben."*

Juden

40.000 Juden lebten vor dem Zweiten Weltkrieg in Libyen. Im Gegensatz zu Tunesien, wo sich viele jüdische Landgemeinden gebildet hatten, wohnten die libyschen Juden fast ausschließlich in Tripolis. Viele von ihnen verließen mit der Gründung des Staates Israel das Land, doch kamen nach der Unabhängikeit Tunesiens viele Zuwanderer aus diesem Nachbarland nach Tripolis. Nach dem Sechs-Tage-Krieg von 1967 kam es zu größeren Unruhen im Lande, in deren Gefolge eine neue jüdische Auswanderungswelle Libyen erfasste. Nach der Machtübernahme durch Oberst Kadhafi wurden die noch im Lande verbliebenen Juden im Oktober 1970 des Landes verwiesen.

lib-t Foto: gg

Unterwegs in Libyen

lib-l Foto: gg

lib-m Foto: gg

Steinmännchenwald – von Touristen angelegte Wegmarkierungen vor dem Wau an Namus

Kanonen in Brak

Innenhof im Hotel Nahile in Sebha

Einführung

Die Beschreibung der Routen ist gegliedert in **zwei Abschnitte:**

Teil A: Routen in Tripolitanien und im Fezzan;

Teil B: Routen in der Sirte-Region, in der Cyrenaika und in Südlibyen.

Dabei werden sowohl Straßen als auch Pisten und Geländestrecken innerhalb dieser beiden Teile behandelt. Vor jeder Routenbeschreibung finden sich einige Zeilen, die knapp darüber Auskunft geben, was den Reisenden auf der jeweiligen Strecke erwartet.

Die Städte werden innerhalb der jeweiligen Routenbeschreibung behandelt. Die gewählten Strecken beschränken sich ausnahmslos auf solche, die dem „durchschnittlichen Touristen" empfohlen werden können. Strecken, die nur dem „Testen der Geländetauglichkeit meines Fahrzeuges" dienen, wurden nicht aufgenommen.

Bei den Routenbeschreibungen finden sich auch alle anderen Hinweise sowie Erläuterungen zu historischen Sehenswürdigkeiten, Oasen, Dörfern und Städten. Auch wenn sich dieses Buch vor allem an den Selbstfahrer im eigenen Auto oder auf dem eigenen Motorrad wendet, findet hier auch jeder andere Reisende die ihn vielleicht interessierenden Informationen.

Genehmigungs-Probleme

Um einige (wenige) der beschriebenen Strecken befahren zu können, sind möglicherweise Genehmigungen erforderlich. Die Lage ist in diesem Punkt nicht immer ganz eindeutig. Auf folgenden Routen sollten Sie dies berücksichtigen:

A 6: Ghadames – Ghat, entlang der algerischen Grenze

Hier herrscht **Führerpflicht.** Zusätzlich verlangt das örtliche Touristen-Office eine Genehmigung, die es selbst bei der Polizei besorgt. Die Genehmigung wird mit solchem Nachdruck verlangt, dass z.B. die Tankstelle keine Kanister füllt, wenn man nicht die Genehmigung zum Befahren dieser Route vorweisen kann. Angesichts der Grenznähe erscheint es auch wirklich sinnvoll, auf dieser Strecke mit Genehmigung und Führer unterwegs zu sein. Freunde, die ohne das eine oder andere unterwegs auf Grenzpatrouillen stießen, hatten allerdings keine Probleme deswegen. Die Routenbeschreibung geht jedoch davon aus, dass Sie mit Genehmigung und Führer reisen.

A 11: Von Ghat ums Akakus-Gebirge und bis ins Wadi Mathendous

Hier besteht eine offizielle Verpflichtung, sowohl eine **Genehmigung** von der Polizei als auch eine vom ortsansässigen Büro des „Ministeriums für Archäologie" mitzuführen. Grund dürfte einerseits die Grenznähe, andererseits der Besuch des Akakus-Gebietes sein, welches immer öfter auch als „Nationalpark Akakus" bezeichnet wird. Das Genehmigungsverfahren wird rasch, problemlos und kostengünstig von den ortsansässigen Reise-Agenturen durchgeführt (Passfoto erforderlich!), die auch den obligatorischen Führer vermitteln. In dieser Region kann auf Genehmigungen und Führer keinesfalls verzichtet werden. Wegen der Grenznähe sitzen überall im Gebirge an strategisch günstigen Stellen Polizeiposten, die mit Fahrzeugen und Funk ausgerüstet und gut getarnt sind. Touristen ohne Genehmigung werden abgefangen und nach Ghat zurückeskortiert. Hier kommt es zu einer teilweise mehrtägigen Festsetzung durch Wegnahme des Passes und zu einem scharfen mündlichen Verweis bis hin zur Androhung, des Landes verwiesen zu werden. Dies sollten Sie nicht riskieren!

A 11, 12, 13, 14, 15, 16 und 17 sowie B 3

Die früher für diese Strecke in Sebha einzuholenden Fahrgenehmigungen sind derzeit nicht mehr erforderlich.

A 12: Von Germa ins Wadi Mathendous

Für den Besuch des Wadi Mathendous ist keine **Genehmigung** mehr erforderlich. Kurz vor Erreichen des Mathendous befindet sich ein Kontrollposten, bei dem Sie eine Art „Eintrittsgebühr" in Höhe von 3 LD zu entrichten haben. Eine in Ghat zu beantragende Genehmigung für das Akakus kann auch auf das Mathendous erweitert werden und ist dann ebenso gültig.

B 9: Kufra und Jabal al Awaynat und weiter zur sudanesischen Grenze

Hier ist ein **aufwendiges Genehmigungsverfahren** zu durchlaufen; mehrere verschiedene Polizeidienststellen sind aufzusuchen. Die Berichte verschiedener Reisender über die Wartezeiten fallen unterschiedlich aus; sie schwanken zwischen dreißig Minuten und drei Tagen. Das Gebiet um den Jabal al Awaynat ist eine sensible Grenzregion. Libyen will hier nicht nur Sie im Auge behalten, es gibt tatsächlich – wie in vielen Grenzregionen – **Sicherheitsprobleme:** Schmuggler sind unterwegs, und aus dem Sudan sollen immer wieder einmal Banditen oder marodierende Soldaten die Region unsicher machen. Werden Sie südlich von Kufra kontrolliert und können keine Genehmigung vorweisen, hat dies mit großer Wahrscheinlichkeit Ihre Festnahme und Zurückführung nach Kufra zur Folge. Dies sollten Sie nicht riskieren; beschreiten Sie also den Behördenweg, wenn Ihnen die Zeit dazu bleibt. Auf die vermutlich künstliche Benzinverknappung in dieser Region hatte ich schon hingewiesen (siehe „Rund ums Auto"). Das Genehmigungsverfahren scheint in letzter Zeit sehr viel einfacher geworden zu sein.

Eine **Routenübersicht** finden Sie in den Karten in der vorderen und hinteren Umschlagklappe.

Hinweis: Die **Kilometerangaben** wurden mit unterschiedlichen Fahrzeugen und auch unterschiedlicher Bereifung ermittelt. Es können sich also gegenüber Ihrem Fahrzeug Abweichungen für die einzelnen Routen ergeben.

Nach Entfernungsangaben für Teilstrecken und die Gesamtstrecke vermerke ich stets noch die Landkarte, die mir für die beschriebene Route am günstigsten erscheint und gebe Hinweise, was bei Verwendung der genannten Karte zu berücksichtigen ist. Dabei benutze ich – wie schon dargestellt – primär die Schreibweisen der Michelin-Karte 741; falls der jeweilige Ortsname dort nicht auftaucht, greife ich auch auf andere genannte Karten zurück. Für Pistenstrecken gebe ich überdies eine Empfehlung zur Verwendung von GPS auf der dargestellten Route.

Abweichungen in der Schreibweise von Ortsnamen (Michelin-Karte 741 – im Buch): Tripoli – Tripolis / Bingazi – Benghasi / Tubruq – Tobruk / Murzuq – Murzuk / Al Khofra – Kufra / Jerba – Djerba / Awbari – Ubari / Sabha – Sebha / Waw an Namus – Wau an Namus.

lib_209 Foto: gg

Sicherheit, Schwierigkeit, Leichtsinn ...?

Oder: Als wie schwierig stelle ich die Route A 12 zum Mathendous dar?

Winterzeit ist Sahara-Reisezeit und so kennt vielleicht der eine oder andere meiner Leser die Situation: 16-Zoll-Sandreifen sind am Allradfahrzeug montiert und die taugen auf glattem Untergrund herzlich wenig; so gilt am Abend vor der Abreise immer wieder ein sorgenvoller Blick der Wetterkarte am Fernsehgerät und dem Himmel vor der Haustüre. Damals – ich berichte von einer wahren Begebenheit – schienen die Vorraussetzungen günstig: Sowohl die Wetterkarte der Tagesschau als auch die der Tagesthemen hatten trockenes Wetter vorausgesagt, zu gleichem Ergebnis kam die Wettervorhersage von Meteo Schweiz – schließlich hat unser Herrgott in seinem unerfindlichen Ratschluss für uns Mitteleuropäer vor die Sahara ja noch die Alpen gesetzt. Als ich dann aber gegen 23 Uhr die Wasserkanister ins Fahrzeug trage, schneit es draussen in großen schweren Flocken – und schneit und schneit immer dichter und immer mehr! Der Schnee bleibt selbst hier in Freiburg, auf kaum 250 m ü.N.N. liegen! Was wird am Gotthard sein? Ich höre den Straßenzustandsbericht ab: Der ist hoffnungslos veraltet, die Zufahrten zu Tunnels und Pässen angeblich trocken – draußen liegen aber schon 10 cm Schnee! Mein Mitreisender Siggi – unterwegs zu mir – ruft aus 200 km Entfernung an: Bei ihm herrscht schon Schneechaos auf den Straßen, er wird verspätet eintreffen. Die Schneehöhe beträgt jetzt schon 20 cm und noch immer kein Ende des Schneegestöbers! Es ist 2 Uhr in der Früh, die Entscheidung fällt: Runter mit den Sandreifen, die gröbsten Winterräder montiert, Schneeketten ins Auto geworfen und noch in der Nacht los nach Süden in Richtung Genua. Wir kämpfen uns über eine tief verschneite, nicht geräumte Autobahn in die Schweiz hinein und dann – hören die Schneefälle kurz hinter der Grenze nach gerade 100 km Fahrt auf! Trocken die Zufahrt zum Gotthard-Tunnel, trocken die Autobahn bis Genua, nur regennass die Straßen in Nordtunesien, trocken der gesamte weitere Weg bis in den Fezzan. Und die gesamte Strecke auf Winterreifen zurückgelegt! Irgendwann stehen wir am späten Nachmittag am Dünen-Einstieg nach Mandara/Gabroon; sollen wir die Einstiegsdüne sofort in Angriff nehmen und in den Dünen übernachten? Luft etwas ablassen, im Sturmangriff auf die erste Düne zu. Vergebens: Noch auf halber Höhe wühlen alle vier Räder nur noch in Richtung Hölle, nichts geht mehr vorwärts. Zurück, Luftdruck weiter reduzieren, erneuter Sturmlauf: Immerhin, zwei Drittel geschafft aber eben auch nur zwei Drittel. Wieder zurück, Luft aus allen Reifen drastisch gesenkt, erneuter Versuch, erneut kaum zwei Drittel der Vordüne! Das darf ja wohl nicht wahr sein! An der Vordüne noch nicht mal zwei Drittel erreicht!?! Ich entlade meinen Wagen, alles was mehr als 5 kg Eigengewicht hat wird erstmal im Sand deponiert, dann Luftdruck auf 1,0 abgesenkt und dann erneuter Versuch und erneutes Scheitern auf Zweidrittel der Höhe, an der Vordüne! Wie soll das werden? Ein letzter Versuch, Luft auf 0,8 – oder weniger? Die Reifen beginnen sich zur Felge hin einzustülpen, U-förmig, sie werden nicht breit und walzenförmig wie bei den weichen Sandreifen üblich. Ein letzter Versuch, 0,7 atü: Wieder nur noch Wühlen an der Zweidrittelhöhe, nichts zieht vorwärts. Ich muss akzeptieren, daß ich mit diesen Reifen die Seen im Mandara-Gebiet nicht erreichen werde. Großer Frust macht sich breit. Und jetzt? Ein Versuch mit unserem „schnellen Verbindungsfahrzeug", dem Automatik-Nichtallrad-Peugeot (als Autor eines Reisebuches hat man ja immer wieder auch uninteressante Asphaltzwischenstrecken abzuklären und da ist ein solcher 180-km/h-Renner oft mehr als nützlich)? Auch am Peugeot sind ja Winterräder montiert! Aber noch ist Licht, noch ist die Sonne nicht untergegangen. Einen Versuch wollen wir wagen, 1,4 atü: Der Wagen rennt mit solcher Vehemenz über Vordüne eins und Vordüne zwei hinweg, dass ich fast erschrocken auf der Kante von Vordüne drei anhalte und erst einmal zögere, ob ich mich auch in den Kessel vor der Hauptdüne wagen soll. Zurück, Rücksprache mit Siggi: Wir wagen es mit weiterhin 1,4 atü, das lässt im Fall des Falles eine weitere Durckabsenkung aussichtsreich erscheinen. Los, Vordüne eins, zwei, drei, mit klopfendem Herzen über eine Rinne in den Kessel hinein; zwei Geländewagen haben sich dort festgefahren, verstellen mir den Weg. Ich habe kaum Zeit, den schaufelnden Reisenden auch nur einen Blick zuzuwerfen, umrunde sie am Kesselhang, konzentriere mich ganz auf den Sturmlauf hinauf und über die Hauptdüne hinweg und – bin auch schon drüben! Halt auf einer harten Fläche: Mit etwas weichen Knien und leicht zittrigen Händen steige ich erst einmal aus, um Luft zu schnappen. Ist das denn wahr? Das läuft ja hervorragend! Drüben auf dem Dünenkamm sitzen weiß gewandete Einheimische um den Sonnenuntergang zu betrachten, sie klatschen mir jetzt Beifall. Übermütig steche ich zurück in den Kessel hinein, umrunde dort die Reisenden neben ihren eingesandeten Geländewagen gleich mehrfach; denen bleibt vor Staunen der Mund offen stehen, wie ich mit dem Peugeot meine Kreise um sie ziehe und mit wachsender Kenntnis der Sandverhältnisse ein ums andere mal immer weiter hinauf und noch viel höher als der Übergang bis fast zur Spitze der größten Düne hinaufzische. Die Einheimischen haben sich erhoben, standing ovations werden mir zuteil! Aber Übermut tut selten gut: Auch wenn mir die Bewunderung der anderen über diese Sand-Tollheiten wie Balsam für die frustrierenden Momente des Scheiterns mit dem Allradfahrzeug ist, breche ich jetzt doch ab: Einige Dünenkanten waren beim wilden Gekurve mehr als einmal gefährlich nahe. Wir übernachten draussen zwischen den Tamarisken-Bäumen. Die Verschleierten von der Düne kommen herab; sie wollen nicht glauben, dass der Peugeot nicht irgendwie aufgerüstet ist. Nein, im Gegenteil, er rast gar auf Winterrädern durch den Sand! Noch am Abend beschließen wir, anderntags mit dem Peugeot und 1,2 atü über die Dünen hinweg nach Gabroon zu fahren.

Wir packen alles Gepäck ins zurückbleibende Allradfahrzeug. Wasser, Sandschaufeln, Alubleche, ein Vesper – das Allernötigste nur ist dabei, als wir anderntags früh am Morgen die Dünenstrecke in Angriff nehmen: 50 km Sand und Dünen bis Gabroon! Doch was soll ich Ihnen sagen: Wir sind rasch unterwegs und noch vormittags dort. Natürlich sanden wir zweimal (aber nur zweimal!) ein, davon einmal heftig: Ein großer Trichter im Sand zieht uns wie magisch an, trotz eingeschlagener Räder schiebt das Fahrzeug nur noch hinab und in den Trichter hinein. Hier hätte Allrad sicher eine Richtungskorrektur bewirken können. So aber muss ich – erst einmal den oberen Trichterrand überfahren – rasch abbrechen. In zwei Stunden schaufeln wir einen Weg horizontal der Trichterwand entlang, um dann – Sandblech für Sandblech – drüben wieder hinauszufahren! Dabei ist – auch dies eine wertvolle Erfahrung – das Automatikgetriebe eine enorme Hilfe: Ich bleibe außerhalb des Fahrzeugs knien, gebe bei eingelegtem Fahrbereich mit der Hand von außen Gas und lege nur auf der Fahrerseite Blech vor Blech – Siggi tut dies auf der Beifahrerseite.

Wir erreichen Gabroon. Mehrere Einheimische sind gerade damit beschäftigt, das heute vorhandene Campement aufzubauen. Diese Männer kommen jetzt zu uns: Auch sie wollen nicht glauben, dass unsere Limousine nicht über irgendwelche Spezial- oder Zusatzausrüstung verfügt. Sie sind aus Gabroon und sich einig darin, dass dies der erste Peugeot ist, der bis zum Gabroon-See gelangt ist. Ich füge dem nur hinzu: Ganz sicher der erste auf Winterreifen! Der Rückweg wird dann aber trotz gewonnener Erfahrung fast schwieriger: Der Sand ist jetzt am Nachmittag heiss und mancher Dünenanstieg doch sehr lang. Auch die Geländewagen aus dem Kessel vom Vortag sind inzwischen eingetroffen und haben uns manche tiefe Wühlspur hinterlassen, die sich bei unserer kaum vorhandenen Bodenfreiheit immer wieder als höchste Aufmerksamkeit erforderndes Hindernis erweisen. Dennoch: Wir können die Einsandquote auf diesem Rückweg auf 50% reduzieren! Nur einmal geschaufelt – dafür aber intensiv und langanhaltend.

Fazit: Mit einem normalen PKW nach Gabroon oder nach Mandara? Ich war so dort, nicht nur mit dem Peugeot, in früheren Jahren und noch vor der Geländwagen-Welle auch schon mit einem ganz normalen 69-PS-VW-Bus. Dennoch: Ich würde Ihnen eine solche Reise auf keinen Fall empfehlen. Hier sehe ich eine Grenze erreicht und für einen Reisenden, der nicht über eine ähnliche Erfahrung und Routine wie ich verfügt auch eindeutig überschritten. Aber sonst? Von Germa ins Mathendous halte ich einen Geländewagen für überflüssig: Weder die Orientierung noch das Gelände ist m.E. so anspruchsvoll, dass diese Strecke nicht mit einem normalen, allerdings auch nicht empfindlichen PKW bewältigt werden könnte; auch sind die Distanzen nicht sehr groß. Dieses Urteil fälle ich aber selbstverständlich (wie könnte ich anders?) vor dem Erfahrungs-Hintergrund der obigen Winterreifenstory und einer Unzahl ähnlicher Wüstenreisen, Saharadurchquerungen und hunderten von Dünenkilometern. Dies trägt mir dann Leserzuschriften ein, die recht erbost den Leichtsinn kritisieren, mit dem ich solche Empfehlungen gebe. Wenn Sie also meine Kurz-Charakteristiken der jeweiligen Strecke lesen, sollten Sie sich immer den folgenden oft vernommenen Satz in Erinnerung rufen: Die Eckerts (Verfasser eines hervorragenden Tunesien-Führers bei REISE KNOW-HOW) beschreiben alle Strecken als zu schwierig, der Göttler alles als zu leicht. Bitte gehen Sie aber auch mit sich selbst etwas kritisch zu Rate: Sollten Sie kein Fahrtalent haben, weder über Orientierungsinn noch Reparaturerfahrung verfügen, dazu vielleicht noch rasch in Panik verfallen wenn z.B. Sandwind oder eine andere Schlechtwettersituation ruhiges und überlegtes Handeln fordert, sollten Sie die Anforderungen eher höher ansetzen und sich z.B. keinesfalls mit einem PKW auf Piste begeben. Immer aber sollten Sie meine Beschreibungen aufmerksam lesen und vor allem ernst nehmen; wenn Sie sich mit einer Gruppe absoluter Anfänger (das ist ja keinesfalls negativ gemeint sondern nur im Sinne von „erstmals in der Sahara"), Sie selbst inbegriffen, und dann gar noch mit Motorradfahrern die nie zuvor im Gelände waren auf eine Pistenstrecke begeben, die ich „anspruchsvoll" nenne, liegt m.E. der „schwarze Leichtsinns-Peter" eindeutig auf Ihrer Seite. Es muss Ihnen auch klar sein, dass eine Strecke, für die ich einen Geländewagen für unabdingbar halte, und bei der dann auch noch große Distanzen zu überbrücken sind, gerade bei ungeübten Motorradfahrern rasch an die Substanz gehen kann. Lassen Sie sich auf derlei Strecken nur ein, wenn Sie über viel Erfahrung verfügen, Ihre Mitreisenden und deren Qualitäten gut kennen und entsprechend ausgerüstet sind. Und denken Sie immer daran: Der Göttler beschreibt alles als zu leicht!

lib_003 Foto: gg

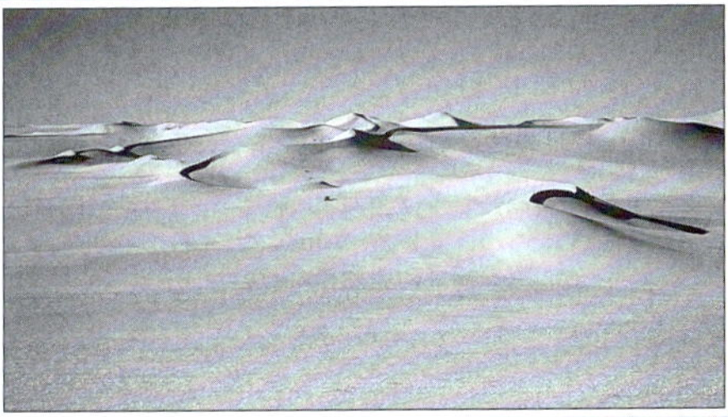

Routenübersicht Reiseteil A: Tripolitanien & Fezzan

Route A 1:
Von Tunis nach Tripolis: Küstenroute 1

- *Durchgehend asphaltiert, Verkehr in Libyen innerorts sehr dicht und chaotisch, 510 km in Tunesien, 170 km in Libyen; gesamt 680 km.*
- *Michelin-Karte 741, für Tunesien auch Michelin-Karte 744.*

Dass ich den Weg via Tunis ab Genua für die beste und eleganteste Form der Anreise für eine Libyen-Tour halte, hatte ich im Kapitel Anreise schon ausführlich dargestellt. Was Sie möglicherweise an Chaos im Hafen von Tunis erwartet und wie Sie dieses am besten bewältigen, wurde ausführlich im Kapitel „Praktische Tipps für unterwegs" dargestellt. An dieser Stelle gehe ich nun davon aus, dass Sie bereits auf- und durchatmen und vor dem Hafentor stehen, das Hafengelände hinter sich.

Hier in **La Goulette** betreten Sie afrikanischen Boden. Sollte dies für Sie ein Anlass zur Feier einer „Afrika-Taufe" sein, empfehle ich, sich am ersten Stopp-Schild rechts zu halten: Durch lebhafte Teilorte von La Goulette erreichen Sie rasch die malerisch-hübschen Tunis-Vororte Carthage (Karthago) und vorbei am Präsidenten-Palais auch Sidi Bou Said mit seinen Restaurants, Bars und Hotels. Sollte es Sie dagegen mit Macht Richtung Süden, Richtung Sahara und Richtung Libyen ziehen, fahren Sie einfach immer geradeaus über den Lagunen-Damm nach Tunis. Der Stadtrand ist nach 10 km erreicht. An der zweiten Ampel biegen Sie links ab und stellen dabei den Tacho auf Null: Tunis.

Die Autobahn Richtung Sousse, Sfax, Gabès, Kairouan ist bestens ausgeschildert. Sollten Sie sich einige Zeit in Tunesien oder in Tunis aufhalten wollen, empfehle ich Ihnen für Details der im folgenden von mir nur summarisch beschriebenen Strecke den Reiseführer „Tunesien" von *U. Eckert* und *I. Retterath* (bei REISE KNOW-HOW).

km 0: Tunis. Mautpflichtige Autobahn in Richtung Sousse, Sfax, Gabès, Kairouan (Kosten ca. 2 TD). Die Autobahn durchzieht wenig hübsche Vororte von Tunis und bringt Sie durch starken Verkehr rasch in freieres Gelände. Bald öffnet sich ein weiter Ausblick nach Westen auf den Jabal Zaghouan: Hier liegen wichtige Quellen, die seit dem Altertum für die Wasserversorgung Karthagos und später von Tunis verwendet wurden: Ergiebigere Quellgebiete werden Sie auf Ihrer weiteren Reise nach Libyen nicht mehr finden!

km 60: Hammamet (Autobahnabfahrt). Viele Libyen-Touristen, die mit der Fähre abends in Tunis ankommen, fahren noch bis zu diesem Badeort, um das Angebot an Hotels und Camping-Plätzen für die erste Nacht auf afrikanischem Boden auszunutzen. Eventuell also erst anderntags geht es weiter auf der Autobahn in Richtung Süden. Nach knapp **100 km** stehen wir an einem „Scheideweg": Die Autobahn führt geradeaus weiter in Richtung Sousse und Sfax, danach führt eine Landstraße weiter küstennah nach Gabès. Diese abwechslungsreiche Strecke zeichnet sich durch ein starkes Verkehrsaufkommen aus, dadurch geht es nur langsam vo-

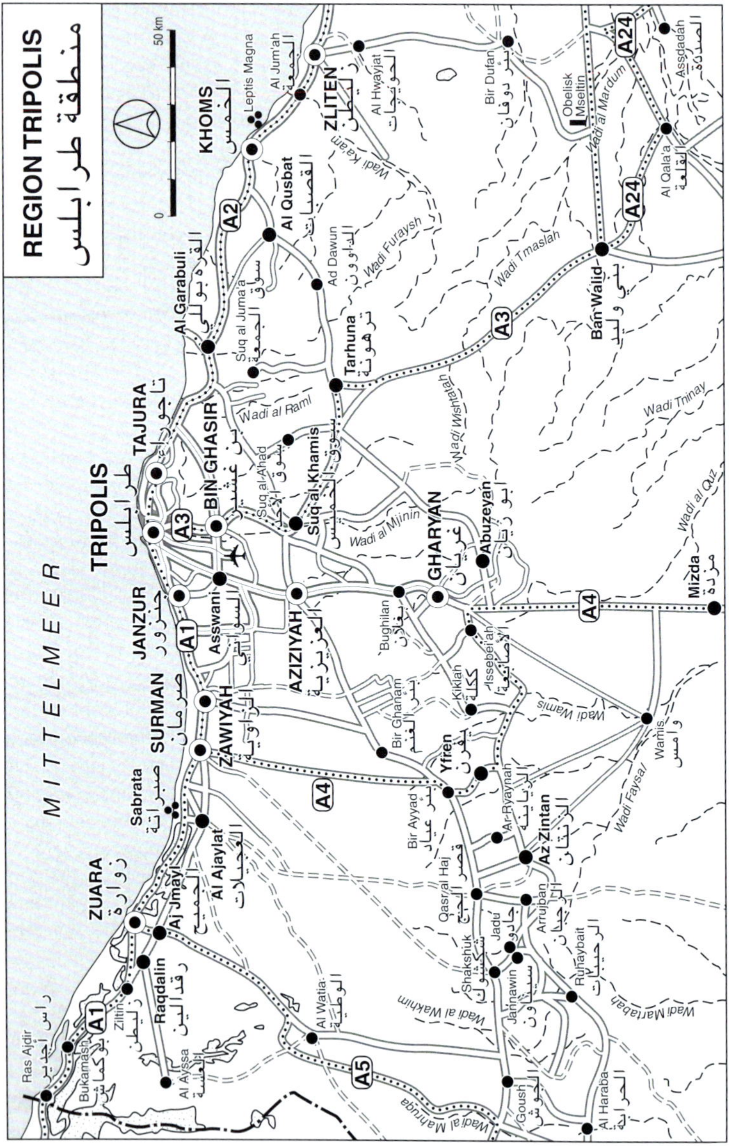
REGION TRIPOLIS
منطقة طرابلس
0
50 km
MITTELMEER
TRIPOLIS
TAJURA
JANZUR
SURMAN
Sabrata
ZUARA
Ras Ajdir
Bukamash
Ziltin
Raqdalin
Al Ayssa
Aj Jmayl
Al Ajaylat
ZAWIYAH
Asswani
AZIZIYAH
BIN GHASIR
Suq al Ahad
Suq al Khamis
Suq al Juma'a
Al Garabuli
Tarhuna
Ad Dawun
Al Qusbat
KHOMS
Leptis Magna
Al Jum'ah
ZLITEN
Al Hwayjat
Bir Dufan
Obelisk Mseltin
Wadi al Mardum
Assdadah
Al Qala'a
Ban Walid
Wadi Tmaslah
Wadi Furaysh
Wadi Ka'am
Wadi al Raml
Wadi Wishtatah
Wadi al Mijinin
Wadi Tninay
Wadi al Quz
GHARYAN
Abuzeyan
Mizda
Bughilan
Issebei'ah
Kiklah
Bir Ghanam
Wadi Wamis
Wamis
Yfren
Bir Ayyad
Ar-Ryaynah
Az-Zintan
Wadi Faysal
Qasr al Haj
Arrujban
Jadu
Shakshuk
Jannawin
Ruhaybait
Wadi al Wakhim
Wadi Martabah
Al Watia
Goush
Al Haraba
Wadi al Mahruqa
A1
A2
A3
A4
A5
A24

ran. Die andere Straße führt über Kairouan durch das Inland Tunesiens, oft schnurgerade, Ortschaften meidend: Deutlich kürzer (ca. 70 km), schnell, aber teilweise ein bisschen langweilig – ich rate trotzdem zu dieser Route, denn schließlich heißt unser Ziel ja Libyen! Also verlassen wir hier an der Abfahrt „Enfidaville" die Autobahn und folgen, ein kurzes Stück wieder nördlich fahrend, der Ausschilderung nach Kairouan. Wer eine lebhafte orientalische Stadt mit Medina und schönen Moscheen erleben will, dem sei hier ein Aufenthalt empfohlen.

km 160: Kairouan. Der lebhafte Ort wird auf seiner Westseite umfahren, wir folgen immer der Ausschilderung „Gabès". Weite Feldflächen schließen sich an, die Straße ist teils schnurgerade. Dann wieder durchfahren wir riesige, mit Olivenbäumen bepflanzte Flächen. Erste Steppen werden durchquert. Ortschaften sind selten. Die Straße ist in gutem Zustand und angenehm breit, der Verkehr gering. Schnurstracks geht es nach Süden. Erst kurz vor Skhira biegt die Straße deutlich nach Osten und trifft vor diesem Ölhafen auf die Küstenstraße, die von Sfax bzw. Sousse her kommt. Wir fahren weiter in Richtung Gabès, der Verkehr ist jetzt an der Küste wieder deutlich dichter.

km 375: Gabès. Oft als „einzige Oase Tunesiens am Meer" bezeichnet, denn das umliegende Gelände ist zwar noch keine Wüste (richtige Wüste lernt man erst in Libyen kennen), aber doch so wenig regenbegünstigt, dass eine Feldbestellung ohne Bewässerung nicht stattfinden kann. Wir umfahren den Ortskern der Oase auf seiner Südseite in lebhaftem Verkehr. Das umgebende Gelände wird immer karger. Die Eukalypten am Straßenrand beugen sich dem Landesinnern zu: Oft wehen hier heftige Winde aus Nordost. Die Straße führt immer wieder bergauf, bergab: Wir queren Wadis, Trockenflussbetten, die sich vom Dahar-Bergland, der tunesischen Fortsetzung des Jabal Nafusah, hinunter zur Küste ziehen.

km 450: Medenine. Geradeaus geht es durch dieses lebhafte Handelszentrum, und dann wieder bergauf, bergab über die Wadis hinweg wie zuvor. Immer wieder werden Ihnen jetzt die Geldwechsler auffallen, die an der Straße stehend mit ihren grünen Geldbündeln (Libysche Dinare!) wedeln. Wenn Sie schon vor der Grenze und nicht erst in Libyen wechseln wollen, sollten Sie irgendwo anhalten, wo Sie auf einem ausreichend breiten Randstreifen die Straße ganz verlassen können, um die Geldgeschäfte in aller Ruhe abwickeln zu können. Überall entlang der Straße finden Sie auch kleine Buden aufgereiht, in denen einerseits Waren angeboten werden, die zurückreisende Libyer mit nach Hause nehmen sollen, andererseits aber auch solche Dinge, die die Ausreisenden zuvor aus dem Land mitgebracht haben. Etwas kompliziert wird **Ben Guerdane** durchfahren; achten Sie auf die Schilder Tripolis (dies ist bereits angeschrieben) oder auch **Ras Ajdir.** Von Ben Guerdane aus sind es noch 33 km bis zur tunesisch-libyschen Grenze. Sollten Sie allerdings Ihre Geldwechselgeschäfte noch nicht erledigt haben, dürfen Sie so lang

202 Foto: gg

Ein Genuss auf dem Hin- und Rückweg – gepflegte Hotels in Tunesien

nicht mehr warten: Die gestaffelten Grenzkontrollen auf tunesischer Seite beginnen schon 10 Kilometer vor der eigentlichen Grenze! Wenn Sie dann auf tunesischer Seite in die Zollhalle einfahren, sollten etwa **550 km** auf Ihrem Tacho stehen, sofern Sie die von mir beschriebene Strecke gefahren sind; ein Wegweiser, der hier **589 km** nach Tunis nennt, misst den Weg der Küste entlang **via Sfax und Sousse.**

Die Grenzabfertigung auf libyscher Seite habe ich im Detail dargestellt im Abschnitt „Ein- und Ausreise".

Stellen Sie an der Grenze den Tacho wieder auf Null, um die nachfolgende Kilometrierung ohne Rechenoperationen übernehmen zu können.

km 0: Grenzstation Libyen. Wenn Sie zum ersten Mal von dieser Zollhalle weg in Richtung Osten und nach Libyen hinein fahren, werden Sie sicher einerseits erleichtert über die bewältigte Grenze sein; andererseits lastet aber vielleicht doch eine gewisse Anspannung auf Ihnen, wegen all der noch unbekannten Dinge, die da kommen werden. Diese Anspannung wird auf der gesamten hier dargestellten Route nur wenige Momente finden, wo sie sich legen kann; dazu bedürfte es eher der freien und ruhigen Strecken der Sahara. Hier jedoch geht es erst einmal weiter auf deutlich besseren Straßen als zuvor in Tunesien – bis zu einer erneuten Kontrollstelle. Diese ist jedoch für Europäer offensichtlich nicht relevant. Ich wurde jedenfalls bis jetzt immer durchgewunken.

● **Unterkunft:** Unmittelbar nach der Grenzstation rechts liegt das moderne **Rasthaus Egdir,** DZ 40 LD, Einkaufsmöglichkeiten.

Nach 18 km und ganz kurz nach dieser Kontrollstelle werden Sie die erste Tankstelle in Libyen finden. Da hier jedoch Ausreisende nochmal alle verbliebenen Gefäße mit dem billigen libyschen Treibstoff füllen, ist oft kein Sprit vorhanden, oder lange Schlangen stehen vor den Zapfsäulen; mit dem letzten Tropfen sollten Sie also hier besser nicht ankommen. Der Ort heißt **Bukamash;** das letzte Haus Richtung Tripolis auf der rechten, d.h. der Südseite der Straße, ist ein von einem Tunesier betriebenes **Hotel (Pos. N 33°03,79′ / E 11°45,37′;** keine Duschen; 10 LD pro Pers.; Zimmer nicht sehr einladend, Möglichkeit im Hof zu campieren; ordentliches Essen für 5 LD). Wenn Sie auf der Suche nach einer Herberge sind, sollten Sie es sich hier überlegen: Das Grenzgebiet ist noch auf einige Zeit stark durchsetzt von miltitärischen Anlagen; frühestens 25 km ab der Grenze bietet es sich an, einen Nachtplatz im Gelände meerfern zu suchen, um im Zelt oder im Fahrzeug zu übernachten.

Unmittelbar hier zweigt links (nach Norden) eine kleine Piste ab, die vorbei an einem Kontrollposten der Polizei (hier muss das Fahrzeug stehen bleiben) nur 200 m weit zum malerischen **Hafen von Bukamash** führt (Tintenfischfang). Von hier aus gehen kleine Passagierboote zur vorgelagerten **Halbinsel Farwah,** die immer wieder als „Djerba Libyens" bezeichnet wird und auf der ein gigantisches Hotelprojekt mit 3800 Betten in Planung ist. Noch ist die Insel unberührte Natur, und die einheimische Bevölkerung wehrt sich nach Kräften gegen die geplante touristische Vermarktung.

Auf der Südseite der Straße sind dann einige Sebkhas zu sehen; bei zuverlässig trockenem Wetter lässt sich an ihren Ufern gut fahren: Hier könnten Sie sich von der Straße entfernen und sichtgeschützte Nachtplätze suchen. Auch nach einem Eukalyptuswäldchen bei **km 45** können Sie nach Süden in alte, von Palmen bewachsene Stranddünen hinein ausweichen. Verschiedene Wege führen zu Feldern, die hinter diesen Dünen liegen. Auch hier aber gilt: Vorsicht bei feuchter Witterung!

An einer großen Kreuzung bei **km 57** fahren wir geradeaus. Hier werden Sie erstmals mit dem Problem arabischer Beschriftungen konfrontiert: Wüssten Sie nicht, dass Sie Ihre Ostrichtung beibehalten müssen, kämen Sie an dieser Kreuzung angesichts nur noch arabischer Aufschriften „ins Schleudern" (es sei denn, Sie können arabisch lesen!).

Die große und moderne Tankstelle kurz danach markiert den Ortsrand von **Zuara:** Wie ich in den einleitenden Kapiteln über Umweltsch(m)utz und Kraftstoffversorgung schon dargestellt habe, wurden vielerorts die Tankstellen in den Ortschaften geschlossen und neue am Ortsrand erbaut. Weiteres Kennzeichen eines städtischen Umfeldes, und als solches überall in Libyen zu sehen, sind Müllhalden, Müllhalden, Müllhalden ... Zu den ersten Häusern zählt ein Vergnügungspark mit Restaurant.

Zuara زوارة

Zuara ist eine lebhafte Stadt. In der Hauptstraße reiht sich Geschäft an Geschäft. Vor allem Tunesier schätzen Zuara als Einkaufsparadies. Wenn Sie französisch sprechen und sich nicht zutrauen, Kaufverhandlungen so kurz nach der Grenze schon auf Arabisch abzuwickeln, sollten Sie sich nach einem Geschäft umsehen, in dem bereits Kunden sind: Mit großer Wahrscheinlichkeit können Tunesier Ihnen dann mit Dolmetscherdiensten behilflich sein – selbst hier im weiteren Grenzgebiet beherrschen die libyschen Händler kaum eine Fremdsprache. In Zuara können Sie sich einen Überblick über das Warenangebot und das Preisniveau im Lande verschaffen. Auch finden Sie ein weiteres Hotel: Im Bereich eines Kreisverkehrs und einer Straßenverbreiterung erkennen Sie bei aufmerksamer Beobachtung mitten im Gewirr der arabisch beschrifteten Schilder eines, das mit Bildzeichen dem Arabisch-Analphabeten zu Hilfe kommt: Das berühmte Messer-Gabel-Bett-Symbol weist uns in Richtung Küste, d.h. nach Norden. Gut ausgeschildert geht es etwa 500 m durch den Ort und weg von der großen Durchgangsstraße in ruhigere Wohnviertel hinein. Links in einem Hof mit Sportplatz liegt dann das **Hotel Scout** (einfach, DZ 30 LD, kein Frühstück, Tel. 00218/025/23821, POB 100/157).

Vorbei am Scout-Hotel erreichen Sie rasch das **alte Ortszentrum von Zuara** mit einem hübschen, baumbestandenen Marktplatz. An dessen nördlichem Ende zweigt eine Straße nach Osten ab, an der nach etwa 1 km rechter Hand zwei, drei Hochhäuser stehen: Hier befindet sich in einem der oberen Geschosse das Immigration Office, in dem Sie ggfs. den grünen Dreieckstempel erhalten. Leider ist mir nicht bekannt, wo Sie in Zuara das Büro der staatlichen Versicherung finden, bei der Sie die Haftpflichtdeckung für Ihr Fahrzeug über die „Blutgeld-Versicherung" hinaus erweitern können. Für Hinweise bin ich dankbar.

- Mitten im Ort, unmittelbar an der Durchgangsstraße, befindet sich ein **Büro der Reiseagentur Medusa** (siehe „Informationsstellen/Reiseagenturen"). Die Agentur verfügt über das neue **Hotel Dar Farha Zitoun,** das unmittelbar am Strand sehr ruhig am westlichen Ortsrand liegt, DZ 50 LD.
- Ein **Sammeltaxi** nach Sabrata kostet 1 LD, zur Grenze 5 LD.

Geradeaus geht es weiter in Richtung Tripolis; ziemlich exakt bei **km 60** zweigt zwischen den Häusern – recht schlecht zu erkennen – die Straße nach Süden in Richtung Nalut und Ghadames ab (Route A 5). Wir fahren weiter nach Osten, passieren eine weitere Tankstelle (diese markiert den Ortsrand nach der Ost-Seite), durchqueren Industrie- und Neubauviertel, später Müllhalden und Sebkhas und kommen dann wieder in etwas hübschere Mittelmeerlandschaften.

Wenn ich jetzt schon wieder eine **Tankstelle** (mit angeschlossenem **Mo-**

tel, DZ 35 LD) bei **km 91** ankündige, geschieht dies natürlich nicht ohne Grund: Gerade im Bereich der Grenze liegen Tankstellen entweder oft trocken, sind also ausverkauft, oder sie sind von langen Schlangen belagert, wenn andere im Umfeld keinen Sprit mehr haben; wie gesagt, Ausreisende decken sich noch einmal mit dem billigen libyschen Sprit ein. Die häufige Nennung soll Ihnen die Möglichkeit geben, bei der Ausreise rechtzeitig zu tanken und Nachschub-Probleme bei der Weiterfahrt zu vermeiden. Östlich der Stadt **Sabrata,** die wir bei **km 102** erreichen, gibt es in dieser Hinsicht keine Probleme. Deshalb verzichte ich – angesichts des dichten Tankstellennetzes – für den Rest der Streckenbeschreibung auf die weitere Aufzählung.

Wenige Kilometer vor Sabrata, bei **km 93,** zweigt nach Norden ein Weg ab, der zu einem schönen Sandstrand führt. Auch von dort lässt sich Sabrata erreichen.

Sabrata صبراتة

Wenn Sie bisher in Libyen – von Tankstops abgesehen – noch nicht zum Verweilen gekommen sind, muss ich Ihnen hier in Sabrata einen Aufenthalt dringend anraten – wenn Sie ihn jetzt auf dem Hinweg nicht einlegen wollen, dann sollten Sie ihn unbedingt für die Rückreise einplanen – in Sabrata finden Sie **eine der schönsten Ruinen- und Ausgrabungsstätten der Welt!**

Geschichte

Von Karthago aus kommt es zur Gründung weiterer phönizischer Handelsstützpunkte entlang der Küste; im Bereich des heutigen Libyen entstehen vor allem Sabrata, Oea (heute Tripolis) und Leptis Magna, aus denen der später machtvolle **Tripolis-(Dreistadt)-Bund** hervorgehen sollte. Von den Römern, die die Phönizier nach den punischen Kriegen als Machtfaktor in diesem Teil des Mittelmeers praktisch ausschalteten, wurden die ehemaligen Handels-Niederlassungen zu Städten ausgebaut. Einen Höhepunkt erlebte das libysch-

205 Foto: gg

Im römischen Theater in Sabrata

römische Nordafrika, als einer der Söhne des Landes 193 Kaiser wurde: *Septimius Severus* (146–211) ließ die Städte seines Herkunftsgebietes auf jede nur erdenkliche Weise ausschmücken. Das Theater von Sabrata ist ein Geschenk von ihm an die Region, aus der seine Familie hervorging. Mit der Vernichtung des römischen Nordafrika durch die Vandalen fiel auch Sabrata in Trümmer. Eine Phase erneuter Prosperität folgte unter der Blüte des oströmischen Reiches, die ihrerseits durch den Einfall arabischer Heerscharen beendet wurde. 647 fiel Sabrata unter ihren Attacken erneut in Trümmer. Erst mit der faschistischen Ära in Italien begannen umfangreiche Ausgrabungsarbeiten in dem Bestreben, den imperialen Glanz des antiken Rom zum Ruhme des Faschismus erstrahlen zu lassen.

Sehenswertes

(Vgl. auch den Exkurs „Ein Rundgang durch die Ausgrabungen von Sabrata".) Die Ausgrabungsstätten von Sabrata sind als „World Heritage Site" unter UNESCO-Schutz gestellt. Bei einem ausführlichen Bummel durch die Ruinenfelder, die sich bis hinab zum Meer erstrecken, sollten Sie beim nahegelegenen Theater (ein Höhepunkt der römischen Architektur) beginnen, aber auch das punische Mausoleum nicht vergessen. Versuchen Sie auch die (oft geschlossenen) Museen zu besichtigen: Eindrucksvoll eine Sammlung von Elfenbeinnadeln (es gab früher noch Elefanten in Nordafrika!), überwältigend (steigen Sie auf die Empore!) das Mosaik aus der Eingangshalle der justinianischen Kirche – mit Sicherheit eines der eindrucksvollsten Mosaikkunstwerke der Welt, auch wenn Sie die Kunstwerke in den großen Museen der nordafrikanischen Hauptstädte bereits kennen!

Tipp: Großstadt-Meider bleiben hier in Sabrata und pendeln mit dem Taxi oder dem eigenen Fahrzeug zwischen Tripolis und Sabrata. Die Ausgrabungsstätten und die Jugendherberge zählen (neben Leptis Magna) zu den wenigen Punkten an der Nordküste, an denen man eventuell andere Touristen trifft (vgl. auch Leptis Magna).

Sabrata: Längsschnitt des Theaters

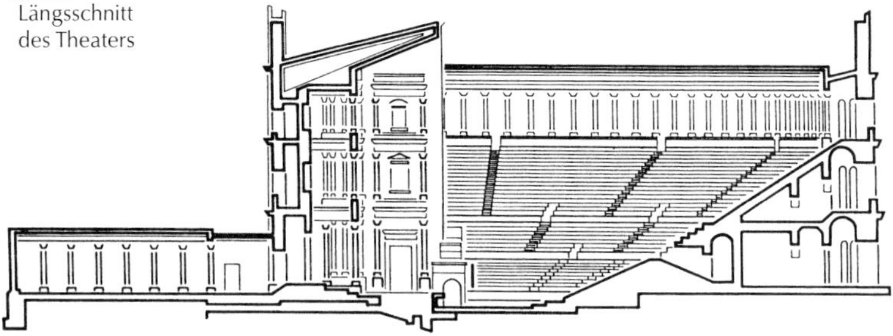

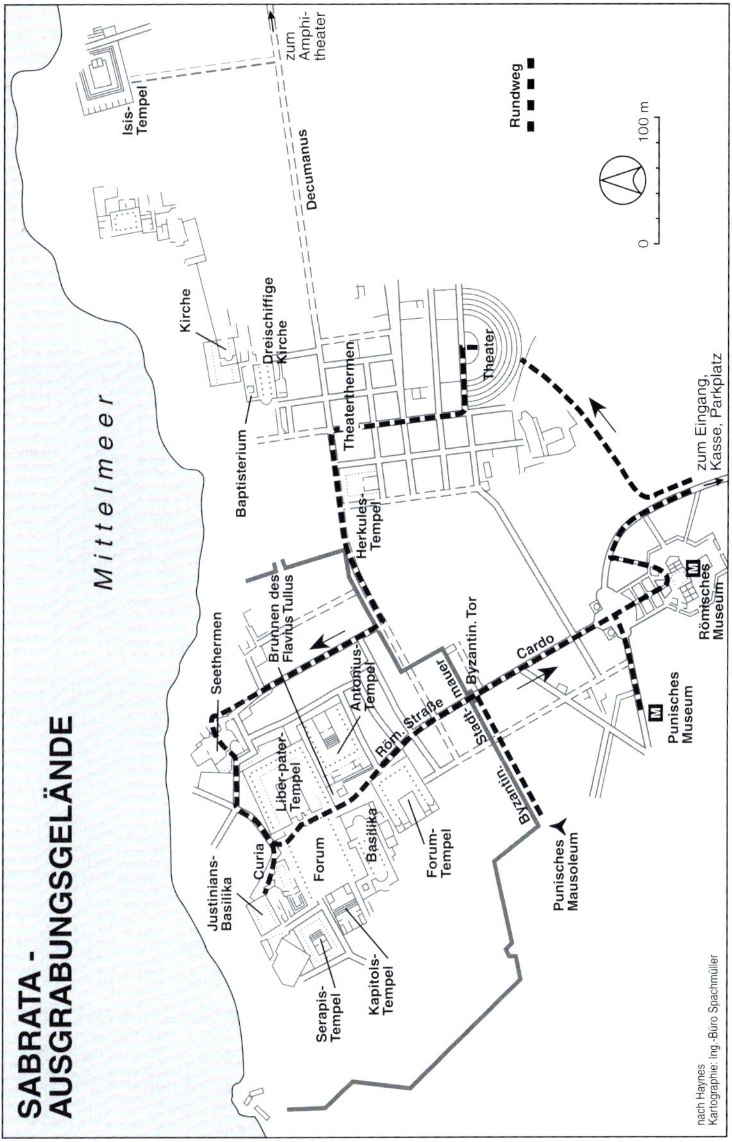
SABRATA -
AUSGRABUNGSGELÄNDE
Mittelmeer
Isis-
Tempel
zum
Amphi-
theater
Decumanus
Rundweg
0
100 m
Kirche
Dreischiffige
Kirche
Baptisterium
Theaterthermen
Theater
zum Eingang,
Kasse, Parkplatz
Herkules-
Tempel
Brunnen des
Flavius Tullus
Seethermen
Antonius-
Tempel
Byzantin. Tor
Cardo
Römisches
Museum
Punisches
Museum
Stadt-
mauer
Röm. Straße
Byzantin.
Liber-pater-
Tempel
Basilika
Forum
Curia
Justinians-
Basilika
Forum-
Tempel
Punisches
Mausoleum
Serapis-
Tempel
Kapitols-
Tempel
nach Haynes
Kartographie: Ing.-Büro Spachmüller

Praktische Infos

- Siehe auch **Stadtplan** unten.
- **Eintritt ins Ausgrabungsgelände** ohne Eintritt in die Museen: Ausländer 3 LD, Libyer 1 LD. Die Museen kosten jeweils 3 LD Eintritt. In den Museen ist Fotografieren kostenpflichtig (5 LD). Prüfen Sie vor allem beim Punischen Museum, ob sich dies lohnt.
- Auf dem Parkplatz vor dem Eingang ins Ausgrabungsgelände Souvenir-Kioske; hier sehr preisgünstig die GIZI-Landkarte; Postkarten und Briefmarken und zuverlässiger Abgabeservice bei der Post, Bücher zur Geschichte. Nettes Café-Restaurant mit hübschem Garten am Ende des Parkplatzes.

Unterkunft

- **Hotel Funduk Shati,** DZ 30 LD, einfach, ziemlich laut, da unmittelbar an Hauptstraße.
- **Hotel Jawaher** („Diamant"), POB 123, DZ 50 LD, lt. Leser „ein Block weiter" und nahe der Jugendherberge. Sehr sauber, warme Duschen, freundliches Personal.
- Die **Jugendherberge** ist modern und ordentlich (Übernachtung mit Ausweis 3 LD

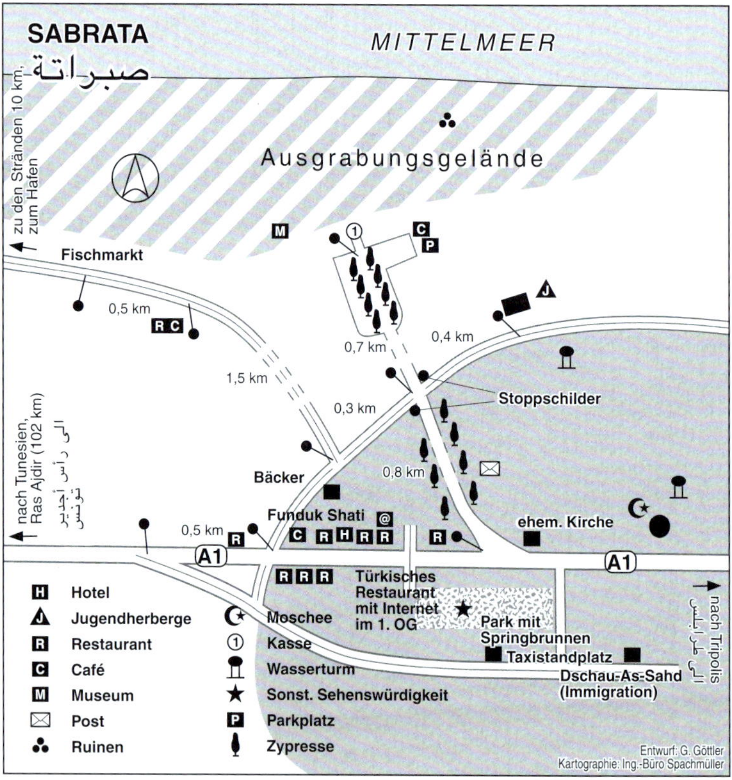

Ein Rundgang durch die Ausgrabungen von Sabrata

Vom Haupteingang aus sind die Wege in Sabrata kurz: Wer sich zwei, drei Stunden Zeit nimmt, hat im Freigelände die Hauptsehenswürdigkeiten rasch erreicht. Der beschriebene Rundgang ist ca. 2,5 km lang - mit der Besichtigung von Isis-Tempel und Amphitheater aber ca. 5,5 km. Ein Besuch des römischen und des punischen Museums, beide leider sehr oft geschlossen, erfordert jeweils noch einmal mindestens eine Stunde, sofern man die Besichtigung nicht im Galopp durchführen will. Ein Rundgang sollte im Freigelände auf alle Fälle bis hinab ans Meer fahren: Nur so läßt sich die einmalige Lage dieser naturverbundenen Kulturstadt richtig erfassen.

Von Verkehrslärm umtost der Circus Maximus in Rom, chaotisch überfüllt der Parkplatz vor dem delphischen Orakel - ein Besuch in Sabrata erscheint dagegen wie die Einkehr in eine Oase der Ruhe und der Besinnung, ein Eintauchen in antike Zeitentiefe: Zu hören ist nur das milde, immerwährende Rauschen der Mittelmeerbrandung, das Blöken von zwischen den Ruinen weidenden Schafen oder das Bellen von Hunden in den seitab liegenden Palmenhainen. Nach den Winterregen blühen im Frühling üppigste Blumenwiesen zwischen antiken Säulen: Das Wellengeräusch wird dann übertönt vom Summen der Bienen und Hummeln. Blumenduft und der Geruch von Honig, würziges Aroma grüner Kräuterweiden - hier ist es möglich, auf antikem Grund die Seele baumeln zu lassen. Am blauen Himmel ziehen Federwolken von der Küste her hinab nach Süden, schweben über die Jifarah-Ebene und über die Bergrücken des Dahar oder des Nefusah hinweg auch unserem Ziel, der Sahara, entgegen und lösen sich dabei mehr und mehr auf.

Dort im Süden, im Bereich der Bergländer, in seinen Tälern mit Zisternen, Staudämmen und Bewässerungskanälen lagen und liegen die Terrassenfelder, deren Weizen und Olivenöl einst den Reichtum der Stadt Sabrata begründeten. Tüchtige Grenzland-Bauern, die *limitanei* (vgl. Exkurs „Die römische Limeszone in Tripolitanien"), produzierten dort die Nahrungsmittel für die Weltmetropole Rom. Im Hafen legten die Segler ab, die neben alltäglicher Grundnahrung auch die mit Karawanen durch die Wüste herbeigeschafften Luxusgüter über das Meer nach Norden transportierten. Gold, Elfenbein, Sklaven oder auch Löwen und Panther für die Zirkusspiele der Großstadt wurden auf die Schiffe verfrachtet. In Roms Hafen Ostia bezeugt die „statio Sabratensium" die Bedeutung des Seehandels mit dem italischen Mutterland. Mosaiken in den Villen der Bürger, in Badeanstalten oder Kirchenhallen legen beredtes Zeugnis ab von den Aktivitäten, mit denen sich die Sabrater ihr Geld verdienten oder die Zeit vertrieben.

Unser erstes Ziel ist das **Theater** von Sabrata, einer der Höhepunkte römischer Architektur und Bautechnik. Unübersehbar liegt es gleich halbrechts hinter dem Eingang im Gelände. Es entstand in der Blütezeit von Stadt und Region, als einer der Söhne des Landes 193 n.Chr. Kaiser in Rom wurde: Septimius Severus liess seiner Heimat jede nur erdenkliche Unterstützung angedeihen. Das Theater ist ein persönliches Geschenk von ihm an die Region, aus der seine Familie hervorging. Es gilt heute als schönstes römisches Theater auf der Welt, mit Sicherheit aber ist es eine der eindrucksvollsten Szenerien, die ganz Nordafrika zu bieten hat: Eine außergewöhnliche dreistöckige Kulisse ist mit Hilfe von über 100 korinthischen Säulen erbaut, angeblich eine Nachbildung des Severer-Palastes in Rom. Der Stil erinnert manche Besucher an Petra in Jordanien.

Die mannshohe Bühnenfront, die Orchestra-Wand, ist mit wundervollen Reliefs aus weißem Marmor verziert: In drei halbrunden und vier eckigen Nischen bewundern sie überaus lebendige mythologische oder theatralische Szenen: Ganz links in der halbrunden Nische die neun Musen, Göttinen der Künste und der Wissenschaften. Die mittlere halbrunde Nische ist die bedeutendste: Septimius Severus bringt mit Hilfe eines Dieners durch Ausgiessen ein Trankopfer; in einer allegorischen Darstellung reichen sich in Gegenwart von sieben Soldaten Rom (dargestellt durch eine helmtragende Amazone) und Sabrata (turmbewehrt mit Füllhorn und Opferschale) die Hände, um ihr Bündnis zu besiegeln. In der halbrunden Nische rechts lassen sich die drei hübschen Grazien Venus, Minerva und Juno bewundern. Daran schließt sich das „Urteil des Paris" an: Paris, Schäfer königlicher Abstammung, entscheidet unter Anleitung von Merkur einen unter den Göttinnen Hera, Athene und Aphrodite entbrannten Streit um die Schönheit zugunsten Aphrodites, die ihm daraufhin Helena, die schönste aller Frauen verspricht. Paris entführt Helena und löst so den Trojanischen Krieg aus. Dieses Paris-Urteil war lange Zeit eine beliebte Theater-Aufführung. In den rechteckigen Nischen und den Vorbauten finden sich weitere schöne Einzeldarstellungen, etwa Merkur, der den kleinen Dionysos trägt, oder keulenbewaffnet, rechts auch komische und tragische Masken oder eine ganze tragikkomische Szene.

Beim Aufstieg über die Stufen der Sitzreihen des Theaters, deren Wangen von marmornen Delphinen gesäumt werden, können Sie die Bühnenwand mit den drei Säulenloggien bewundern: Die oft in sich verzierten Säulen tragen korinthische Kapitele in denen wiederum theatralische Masken zu sehen sind. 22 m hoch ist die Bühnenwand, der Durchmesser des 5000 Personen fassenden Zuschauerraumes liegt über 90 Meter – Sabrata besaß damit das größte Theater in Afrika. Von den oberen Rängen des in verschiedene Sektoren gegliederten und durch Treppen von den Wandelgängen her zugänglichen Zuschauerraumes schweift der Blick über die antike Stadt zum Ufer des Mittelmeers: Eine noch vollendetere Harmonie von Natur und Kultur ist kaum vorstellbar.

Durch die „Porta regia", die mittlere der Türen an der Rückseite der Bühnenwand verlassen wir das Theater, gehen hinab in Richtung Meer. Wir durchqueren streng geometrisch angelegte Wohnviertel, deren Entstehungsperiode vermutlich mit der des Theaters zusammenfällt. Unmittelbar bevor wir die ungefähr Ost-West-verlaufende Hauptstraße **Decumanus** erreichen, liegen linkerhand die **Theater-Thermen.** Wer genügend Zeit mitbringt, biegt am Decumanus rechts ab und geht nach Osten; dies war früher die bedeutsame Richtung zu den Partner-Städten im Dreierbund, Oea oder auch Leptis Magna. In etwas mehr als 300 m Entfernung sind – bereits außerhalb der Stadt – die hoch aufragenden Säulen des Isis-Tempels deutliches Wegzeichen. Isis war Schutzpatronin der Seeleute – was könnte ihre Bedeutung angesichts des an die Hanse erinnernden Reichtums der Sabrater deutlicher unterstreichen als der malerisch meernah gelegene Tempel dieser alexandrinischen Gottheit? Die weit östliche Lage dieses Tempels gemahnt daran, dass es sich ursprünglich um eine altägyptische Gottheit handelte; oft wurde sie mit einem Kind auf dem Arm dargestellt, was später einen großen Einfluss auf die christliche Mariendarstellung haben sollte, bereits hier eine Querverbindung zum neuen Glauben, dem wir auf unserem Rundweg durch Sabrata noch öfter begegnen werden. Weitere 800 m weiter liegt das selten besuchte **Amphitheater** unmittelbar an der Straße nach Oea. Das außergewöhnlich eindrucksvolle Oval konnte über 10.000 Besucher aufnehmen.

Wer weder Isis-Tempel noch Amphitheater besichtigen will, geht am Decumanus links in westliche Richtung, passiert den Herkules-Tempel (links) und stößt nur wenig weiter an einem Straßenknick auf die alte **byzantinische Stadtmauer,** die vom Meer her kommt und an deren Fuß der Decumanus weiter nach Westen führt. Am ersten großen Durchlass in der Stadtmauer biegen wir rechts ab und durchqueren jetzt bestens erhaltene Wohnviertel. Weiter nach Nordwesten gehend erreichen wir unmittelbar vor der Küste die so genannten **See-Thermen,** die größten Bäderanlagen in Sabrata. Bestens erhalten haben sich hier auch die marmornen Sitzgelegenheiten der Toiletten. Verschiedene Mau-

lib-002c Foto: gg

Das römische Theater in Sabrata

erteile sind die wenig hohe Steilküste ins Meer hinabgestürzt. Die Brandung bricht sich an römischen Antiqutäten. Immerhin wurde ein weiblicher Torso malerisch in die Ruinen gestellt, ich nenne sie „Schönheit im Bade".

Der Küste folgend und nach Westen weitergehend erreichen wir rasch die **Justinians-Basilika,** eine aus einem (in der römischen Periode) Gerichtsgebäude entstandene Kirche. Aus ihr stammt das im Museum geborgene und ausgestellte Boden-Mosaik des Kirchenschiffs: Viele Kenner halten dieses Mosaik für das schönste, größte und am besten erhaltene Mosaik-Kunstwerk Nordafrikas. In einem üppig mit Trauben behangenen Weinstock verbirgt sich eine große Zahl sehr realistisch dargestellter Vögel vom Pfau bis zur Wachtel und – als wichtigstes Motiv – ein Phönix, Symbol für die Wiederauferstehung Christi. Sabrata stellt sich ja angesichts der eindrucksvollen Ruinen nicht nur als kultureller Mittelpunkt und als Verwaltungs- und Handelsmetropole dar; das Nebeneinander von Tempel und Kirchen läßt auch einen Rückschluss auf die religiösen Auseinandersetzungen jener Zeit zu.

Für den Rückweg, der uns von der Mittelmeerküste wieder weg in Richtung Haupteingang führt, wählen wir die zweite wichtige Hauptstraße aus klassischer Zeit, den **Cardo,** sozusagen die x-Achse jeder römischer Stadtplanung. Diese x-Achse beginnt nur wenige Meter landeinwärts der Justinians-Basilika und führt vorbei an der **Curia,** sozusagen das Rathaus der ehemaligen Stadt, durch das nördliche Portico aufs **Forum** und damit mitten in die Monumentalbauten der „City". Der weiträumige Forumsplatz entstand in seiner heutigen Größe nach verschiedenen planmäßigen Umbauten und Erweiterungen. Rechts, im Westen bildet das **Kapitol** seinen Abschluss, dessen monumentale Wirkung vor allem durch ein 4,20 Meter hohes Podest zur Geltung kommt. Leider fehlen an diesem der Triade Jupiter, Juno und Minerva geweihtem Heiligtum die Säulen. Durch die Nordwestecke gelangt man vom Forumsplatz zum kleinen Serapis-Tempel (besser bekannt als Osiris), einer der älteren Tempel, der vermutlich schon vor der Neuplanung des Forums stand. Umgeben von einem mit Arkaden eingefassten Hof stellt dieses Heiligtum das Verbindungsglied zwischen den älteren Wohnvierteln am Meer und dem neuen monumentalen Zentrum dar. Dass diese alexandrinische Gottheit spätestens seit dem 1. Jh. v.Chr. verehrt wurde bezeugt sein Bild zusammen mit einem fünfsäuligen Tempel auf einer Münze der freien Stadt Sabrata.

Links des Forumsplatzes, auf seiner Ostseite, liegt eines der beeindruckendsten Monumente Sabratas, der **Liber-Pater-Tempel:** Ehemals umgeben von einer Halle mit prächtigem dreifachem Säulengang führen Stufen in ihr hinauf zum eigentlichen Tempel. Seine freistehenden korinthischen Säulen stehen auf einem hohen Podium und ragen deshalb besonders hoch und malerisch gen Himmel. Die Gottheit Liber wird oft als Fruchtbarkeitsgott oder als Dionysos, Gott des Weines, interpretiert.

Am Südrand des Forumsplatzes bildet die **Basilika,** eine mehrfach erweiterte altchristliche Kirchenhalle, den eindrucksvollen Abschluss. Erstmals errichtet vermutlich um 100 n.Chr., bestand sie aus einer rechteckigen Säulenhalle mit einem Eingang an ihrer nördlichen Breitseite, d.h. dem Forum zugewandt. Später wurden Apsiden an den jeweiligen Längswänden angebaut und schließlich um 450 an ihrer NW-Ecke eine Kirche angebaut: In ihrem Baptisterium sehen Sie am Boden das kreuzförmige Taufbecken aus byzantinischer Zeit. Noch immer haben sich eine Vielzahl von Elementen der einst üppigen Marmorausstattung erhalten.

Noch auf Höhe der Basilika erweitert sich der Cardo zu einem Platz, an dessen nördlichen Ende eine Statue auf den Brunnen des Flavius Tullus verweist, ein reicher Bürger, der angeblich für eine merkliche Verbesserung der sanitären Verhältnisse in seiner Vaterstadt gesorgt haben soll, indem er mehrere Brunnen in der Stadt spendete. Links am Platz sehen Sie die Reste des **Antonius-Tempels,** rechts die des Südtempels, oder auch des Tempels für den „Unbekannten Gott“. Gehen wir auf dem Cardo weiter landeinwärts ist rasch die Stadtmauer aus byzantinischer Zeit erreicht und bei den Resten der **Tortürme** durchschritten. Hier wenden wir uns zunächst ab vom Cardo und gehen am Fuß der wirklich eindrucksvollen Stadtmauer entlang nach Westen, auf ein dort deutlich sichtbares pfeilerartiges Monument zu, das punische Mausoleum.

Das **punische Mausoleum** konnte von italienischen Archäologen bis zu seiner erstaunlichen Höhe von 23 Metern wieder aufgebaut werden. Mit seiner hellenisierenden Architektur und seiner monumentalen Größe legt es eine beredtes Zeugnis ab für den Reichtum, den manche der Händler-Familien in Sabrata bereits in der Mitte des 2. Jh. v.Chr. erworben hatten.

Das Gelände südlich des Mausoleums ist noch nicht ausgegraben bzw. erschlossen. Deshalb kehren wir entlang der Stadtmauer zum Cardo zurück, gehen dort angelangt rechts den Küstenhang hinauf. Gleich oben geradeaus erreichen Sie durch eine parkähnliche Anlage das **römische Museum.** Hier ist das wundervolle Mosaik aus der Justinians Basilika zu bestaunen. Das **punische Museum** befindet sich in einem eher unscheinbaren Gebäude etwas mehr als hundert Meter westlich davon. Sollte das eine oder andere zum Zeitpunkt Ihres Rundganges geöffnet sein, sollten Sie einen Besuch keinesfalls versäumen.

pro Pers.; bewachter Parkplatz; Tel. 00218/ 24/2821). Der Jugendherbergsvater nimmt u.U. dem Reisenden den Gang zum Immigration-Office zur Registrierung (Dreieckstempel) ab, vermutlich über die ortsansässige Reiseagentur von *Mohamed Almosrati.*

Restaurants

Mehrere Restaurants entlang der Hauptstraße. Im 1. OG des türkischen Restaurants Internetshop, schneller Zugang. In dem Café etwas außerhalb in Richtung Hafen (siehe Plan) gibt es den **besten Capuccino Libyens!** Das Restaurant in der ehemaligen Kirche existiert nicht mehr.

Einkaufen

Viele Läden aller Art entlang der Hauptstraße, auch kleine Supermärkte. Mehrere Telefonläden.

Post

Nahe dem Abzweig von der Hauptstraße, siehe Plan; selten geöffnet.

Sonstiges

- **Taxistandplätze** liegen hinter dem Park mit (meist trockenem) Springbrunnen und bei der Moschee (vgl. Stadtplan). Taxi nach Tripolis: 1,750 LD pro Pers. Die Taxis Richtung Zuara fahren am Taxistandplatz bei der Moschee ab.

Ausflug

- **Zum Strand von Sabrata**

10 km westlich der Stadt liegen schöne Strände mit weißen, leider **ziemlich vermüllten Dünen.** Dorthin führt eine schmale asphaltierte Straße, die später in eine Piste übergeht. Achtung: Die Küste ist militärisch gesichert! Versuchen Sie, mit den Militärs ein Arrangement zu treffen, wenn Sie in den Dünen übernachten wollen – es sind freundliche Leute! Übernachten Sie nicht auf den hübschen, von Eukalypten-Gebüsch umrahmten Parkbuchten am Strand! Hier sind nachts merkwürdige Gestalten unterwegs ...

Auf der Rückseite der Küstendünen finden Sie noch **alte Steinbrüche,** in denen bis zum Einbruch des Beton-Zeitalters die Kalksteinblöcke für den Hausbau gebrochen wurden. Vorsicht, wenn Sie zu Fuß durch die Eukalypten-Gebüsche dieser Dünen streifen: Ungesichert fallen die Wände der Steinbrüche bis zu zwanzig Meter senkrecht ab!

Die Straße in Richtung Tripolis – ab hier vierspurig ausgebaut – führt durch mediterrane Gartenlandschaft. Große Dattelpalmen vermitteln dem Ganzen einen sehr malerischen Anstrich. Die Qualität der Datteln steht allerdings im Missverhältnis zum guten Eindruck, den die Bäume selbst machen: Sie gelten als „Kartoffel-Ware", nicht zu vergleichen mit den Köstlichkeiten, die die Palmen in den sonnendurchglühten Oasen der Sahara hervorbringen. In durchgängig bebautem Gelände durchfahren wir den Ort **Surman** (Beginn bzw. Ende der Route A 4, Ampelkreuzung, **Pos. N 32°45,61' / E 12°34,11';** siehe Route A 4 nach Yfren). Im Ortszentrum wird überall heftig gebaut.

An einem großen, kreuzungsfrei ausgebauten Verkehrsknoten bei **km 124** nimmt der Verkehr enorm zu. Nur 2 km weiter überfahren wir erstmals auf einer Art Brücke eine weitere groß ausgebaute Kreuzung. Hier lernen Sie eine für Libyen typische und recht zweckmäßige Art der Verkehrsführung kennen: Die Hauptstraße führt auf einer großen Brücke geradeaus, und unter dieser Brücke befindet sich ein Kreisverkehr, der kreuzungsfreies Abbiegen und Einmünden und auch Wenden in alle Richtungen ermöglicht. An diesem Brücken-Kreisverkehr befinden wir uns in **Zawiyah.**

Von dieser Kreuzung an ändert sich einiges an der Verkehrssituation und am Umfeld: Der Verkehr, der bisher nur in den Ortschaften dicht war und dann volle Konzentration erforderte, bleibt jetzt dicht und hektisch bis nach Tripolis. Die Umgebung ist besiedelt: (Bau-) lücken beschränken sich auf wenige hundert Meter; Sie haben praktisch keine Chance mehr, einen ruhigen Rast- oder gar Übernachtungsplatz zu finden. Auch besteht kaum noch eine Möglichkeit, die einzelnen Orte auseinanderzuhalten.

An einer weiteren **großen Kreuzung** bei **km 144** steht ein großes Schild: Halbrechts wird Benghasi in 1009 km Entfernung genannt (auf dieser Strecke umfahren Sie – wie schön auf der Michelin-Karte zu sehen ist – das Zentrum von Tripolis), geradeaus oder leicht links soll **Tripolis nach 26 km** erreicht sein; wir halten uns in diese Richtung.

Etliche Kontrollstellen werden passiert – ich wurde hier stets durchgewunken. Auf ein riesiges Kraftwerk folgen im Abstand von jeweils 2 bis 5 km weitere große und modern ausgebaute Kreuzungen in teilweise ausgedehnten Betonwüsten: Wir halten uns im dichten Verkehr immer geradeaus. An einer der Kreuzungen **(km 159)** hilft dem Arabisch-Analphabeten wieder einmal die Symbolik: Ein Flugzeug weist darauf hin, dass es rechts ab in Richtung Tripolis-Airport geht – wir fahren aber geradeaus. Von einer Brücke aus kommt dann erstmals die Skyline der Metropole Tripolis in Sicht: Teilweise hochmoderne Wolkenkratzer (die Wolken, so sie denn vorhanden sind, hängen an der Küste oft tief!) reihen sich aneinander. Die vierspurige Schnell- und Hauptstraße führt in nordöstlicher Richtung auf sie zu und schließlich zwischen ihnen hindurch. Bei **km 169** kommt zwischen Hochhäusern das Meer in Sicht. Angesichts des Verkehrswirrwarrs rate ich Ihnen ab hier zu einer einfachen Orientierungslösung: Halten Sie sich immer links (nördlich), bis sie auf die Küstenstraße gelangen. Fünf auffallende, hochgestelzte und sehr modern wirkende Hochhäuser, die Dhat-al-Imad-Towers können Ihnen als Wegweiser dienen. Haben Sie erst einmal die Küstenstraße erreicht, sind Sie aller Orientierungs- und Verkehrsprobleme ledig: Auf dieser breit ausgebauten Boulevardstraße läuft der Verkehr stets flüssig (hüten Sie sich aber vor rasanten „Tieffliegern" im BMW oder ähnlichen Geschossen!), und das Mittelmeer mit seinen Hafenanlagen bildet die Begrenzung im Norden. Sie umfahren, wenn alles gut gegangen ist, bei **km 172** die Altstadt am Fuß der Stadtmauer auf ihrer Nordseite, biegen um sie herum und folgen auch dann wieder dem breiten Boulevard (er ist hier nach der September-Revolution *Al Fatah* genannt) zwischen Altstadt und Hafen in leicht südöstlicher Richtung. Eine eindrucksvolle Stadt-Kulisse tut sich jetzt vor Ihnen auf: Die Mauern der Altstadt und des Kastells, Parkanlagen mit See-Becken und hohen Palmen, ältere und neuere Geschäftshäuser – eine arabische Hauptstadt mit Flair! Der Straße entlang ziehen sich viele Parkplätze. Ich rate jedoch, noch einige hundert Meter weiterzufahren, dann am ersten Kreisverkehr rechts abzubiegen und praktisch zurück in die Richtung zu fahren, aus der wir den Hafen entlang gekommen sind; diese Straße mündet schließlich direkt vor Altstadt und Kastell auf dem **Assaha al-Khadra – dem „Grünen Platz“.** Er ist wirklich grün: Der Asphalt wurde grün angestrichen, könnte aber einen Neuanstrich vertragen; allerdings wurde der Platz auch umgetauft und nennt sich jetzt (auch) Märtyrer-Platz. Mit etwas Geduld lässt sich hier im Umfeld oder in den Seitenstraßen ein Parkplatz finden. Ihr Tacho wird dann auf 173–174 km seit der Einreise stehen.

Tripolis طرابلس

(arab. Tarablus al-gharb)

Geschichte

In der Antike bildeten die Orte Sabrata, Leptis Magna und Oea den Drei-Städte-Bund (tri-polis), der dem heutigen Tripolis bzw. der Region Tripolitanien seinen Namen gab.

Gegründet wurde die Stadt im 7./6. Jh. v.Chr. als karthagischer Handelsstützpunkt, der nach der Zerstörung Karthagos 146 v.Chr. größere Unabhängigkeit genoss, bevor er in den wirtschaftlichen Sog Roms geriet und 46 v.Chr. endgültig als so genannte **Region Africa Nova** unter direkte römische Oberhoheit gestellt wurde.

Bis zur Mitte des 3. Jh. n.Chr. erlebte Tripolitanien eine Phase relativen Friedens und wirtschaftlicher Prosperität. Mit dem Ende der Severus-Dynastie (235 n.Chr.) zerfiel die römische Herrschaft zusehends und ermöglichte ein immer schnelleres Vordringen der Nomaden, so dass der Drei-Städte-Bund bis zu Beginn der oströmischen Herrschaft 534 n.Chr. den Nomaden-Überfällen hilflos ausgeliefert war.

Nach der muslimischen Eroberung um 643 n.Chr. war Tripolis von 757–782 Hauptort eines Ibaditenstaates und vom 11.–15. Jh. unter örtlichen Machthabern weitgehend autonom. Ab 1530 war Tripolis kurzfristig unter der Kontrolle des Malteserordens, bevor es 1551 in das Osmanische Reich eingegliedert wurde.

Mit der **Invasion italienischer Truppen 1911** geriet Tripolis in den Strudel europäischer Macht- und Kolonialpolitik und war zunächst Verwaltungszentrum der italienischen Kolonie, bevor es von 1943–1951 als Zentrum der britischen Mandatsverwaltung genutzt wurde. Nach der Erlangung der staatlichen Unabhängigkeit im Dezember 1951 wurde es Haupstadt der Provinz Tripolitanien; **seit 1963 ist Tripolis Hauptstadt Libyens.**

Nachdem im Januar 1986 die USA Libyen wegen angeblicher Terrorismusunterstützung verurteilten und einen Wirtschaftsboykott verfügten, wurden am 15. April **1986** Teile der Stadt durch **US-Bombardements** zerstört.

Tripolis, mit mehr als 1 Mio. Einwohner, ist heute Verwaltungshauptsitz und bedeutendes Industrie- und Handelszentrum; über seinen Hafen werden rund drei Viertel des Außenhandels (außer Erdöl) abgewickelt. Als kulturelles Zentrum des Landes ist Tripolis u.a. **Sitz der al-Fatah-Universität.**

Sehenswertes

- Stadtplan S. 252
- Plan der Medina S. 254
- Plan der Innenstadt S. 259

Tripolis ist dem Versuch erlegen, die Rolle einer Metropole nach westlichem Maßstab zu spielen, und so wird der Reisende bei seiner Ankunft zunächst von einer unerwartet modernen Skyline begrüßt.

Zentraler Ort der Stadt ist der „Grüne Platz" (Assaha al-Khadra), der nicht nur so heißt, sondern tatsächlich die entsprechende Bemalung erhalten hat. Früher ein großer Parkplatz, rauscht heute der Autoverkehr hektisch drüber; vielleicht war dies ja der Anlass, ihm einen anderen Namen zu geben: Seit wenigen Jahren nennt er sich **Midan as-Shahada, Märtyrer-Platz** – eingedenk der Verkehrsopfer? Doch nicht nur für den Fremden zur Orientierung ist dieser Platz von Bedeutung, sondern hier trifft man sich am Abend, in den umliegenden Straßen befinden sich zahlreiche Cafés und kleine Restaurants, und auch politisch genießt der Platz große Bedeutung, denn hier finden die großen Paraden an den entsprechenden Feiertagen statt. Vom Grünen Platz erreichen sie alle Sehenswürdigkeiten, Unterkünfte, Geschäfte und Behörden mühelos in wenigen Minuten zu Fuß.

Die **Neustadt** östlich des Grünen Platzes wird beherrscht von gewaltigen Kolonialbauten, die einst von den Italienern errichtet wurden und das gesamte städtebauliche Grundmuster außerhalb der Medina prägen. Entlang der First-

213 Foto: ed

September St., der Balladiyya-St. und der Imhemed Al Megharef St., den Adern dieses Teils der Stadt, befinden sich die wichtigsten Behörden und Läden aller Art. Seit der Fertigstellung der Bürotürme Dhat Al Imad im Südwesten der Altstadt sind allerdings viele Büros, darunter auch die mehrerer Fluggesellschaften, dorthin umgezogen, z.B. Lufthansa und Swissair im Tower 4, British Airways im Tower 1 oder KLM und Austrian Airlines im Tower 3.

In der Balladiyya-St. war auch die zuständige Polizeidienststelle *(schurta dschau-as-sahd),* die die **Registrierung (Dreieckstempel)** vornimmt; sie liegt jetzt weiter im Süden am Palästina-Platz (*Haidan al-Falestine,* Sa bis Mi 9–14, Do 9–13 Uhr). Warteschlangen werden sie hier nicht antreffen, die Kosten belaufen sich auf max. 5 LD für die Schreiber, falls Sie die Formblätter nicht selbst auf Arabisch ausfüllen möchten/können, sowie 10 LD für die obligatorischen Gebührenmarken. Auch im Hotel Kabir gibt es eine Zweigstelle des Registrierungsbüros; es ist aber nicht durchgängig besetzt. Siehe zur Einreisethematik auch das Kapitel „Ein- und Ausreise“.

Am Ende der beiden letztgenannten Straßen stößt man auf den Midan Dschaz'ir. Die hier gelegene frühere katholische **Kathedrale** von Tripolis, erbaut 1923–1928, ist nach der Septemberrevolution in eine Moschee umgewandelt worden. Der Komplex beherbergt heute die Fakultät für islamisches Missionswesen. Schräg gegenüber befindet sich das **Hauptpostamt,** das einzige Gebäude, das (noch) auf lateinisch beschriftet ist, und knappe 300 Meter weiter stadtauswärts stößt man auf den ehemaligen **Königspalast,** der von den Italienern 1925 für König *Vittorio Emanuelle* erbaut wurde und unter Kadhafi seine Umwandlung in den „Palast des Volkes“ erfuhr. Das Gebäude ist derzeit geschlossen, über seine weitere Verwendung, z.B. als Museum, hat der Volkskongress noch nicht entschieden.

Tipp der **Deutschen Botschaft,** um ihr Gebäude zu finden: Lassen Sie sich zu der Moschee bringen, die auf der Rückseite des 1-LD-Scheines abgebildet ist (Moulay-Mohamed-Moschee); von dieser aus ist die deutsche Fahne auf dem Botschaftsgebäude zu sehen.

Rundgang durch die Altstadt von Tripolis

Auch die Altstadt von Tripolis ist nicht unbeeinflusst geblieben von den Entwicklungen in politischen und wirtschaftlichen Bereichen des modernen Erdölstaates unter seinem Führer Kadhafi: Im Trend der Modernisierung wurden die engen Wohnquartiere der Medina weitgehen aufgegeben; die Beschränkung des Handels auf ein Staatsmonopol hat die wirtschaftlichen Aktivitäten der einzelhändlerisch strukturierten Suks (Suk = überdachter Markt) zum Erliegen gebracht. Erst in den letzten Jahren hat eine Liberalisierung eingesetzt: Die Wohnviertel werden nach und nach wieder bezogen, die Häuser Zug um Zug renoviert – die Libyer lernen innerstädtische Quartiere wieder

HändlerInnen in der Altstadt von Tripolis

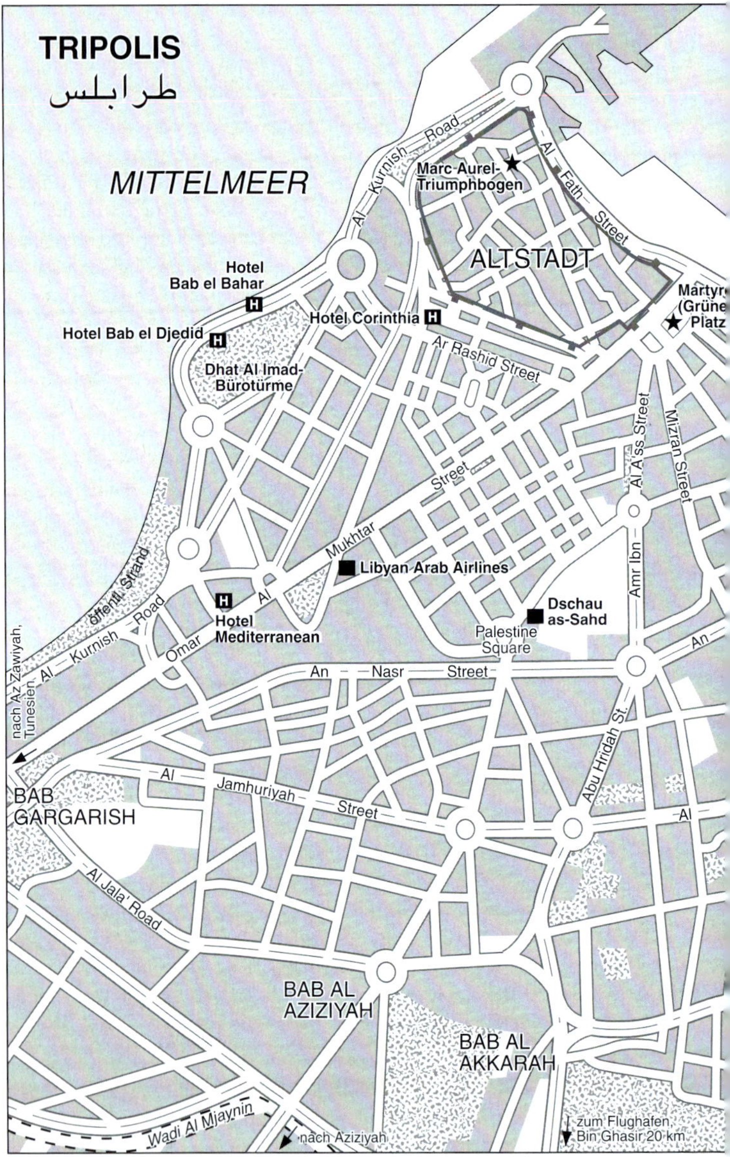
TRIPOLIS
طرابلس
MITTELMEER
Al Kurnish Road
Marc-Aurel-Triumphbogen
Al Fath Street
ALTSTADT
Hotel Bab el Bahar
Hotel Corinthia
Hotel Bab el Djedid
Martyr (Grüne Platz
Dhat Al Imad-Bürotürme
Ar Rashid Street
Al A'ss Street
Mizran Street
Al Mukhtar Street
Libyan Arab Airlines
Amr Ibn
öffentl. Strand
Hotel Mediterranean
Dschau as-Sahd
Palestine Square
Omar
Al Kurnish Road
nach Az Zawiyah, Tunesien
An Nasr Street
Abu Hridah St.
Al Jamhuriyah Street
BAB GARGARISH
Al Jala' Road
BAB AL AZIZIYAH
BAB AL AKKARAH
Wadi Al Mjaynin
nach Aziziyah
zum Flughafen Bin Ghasir 20 km

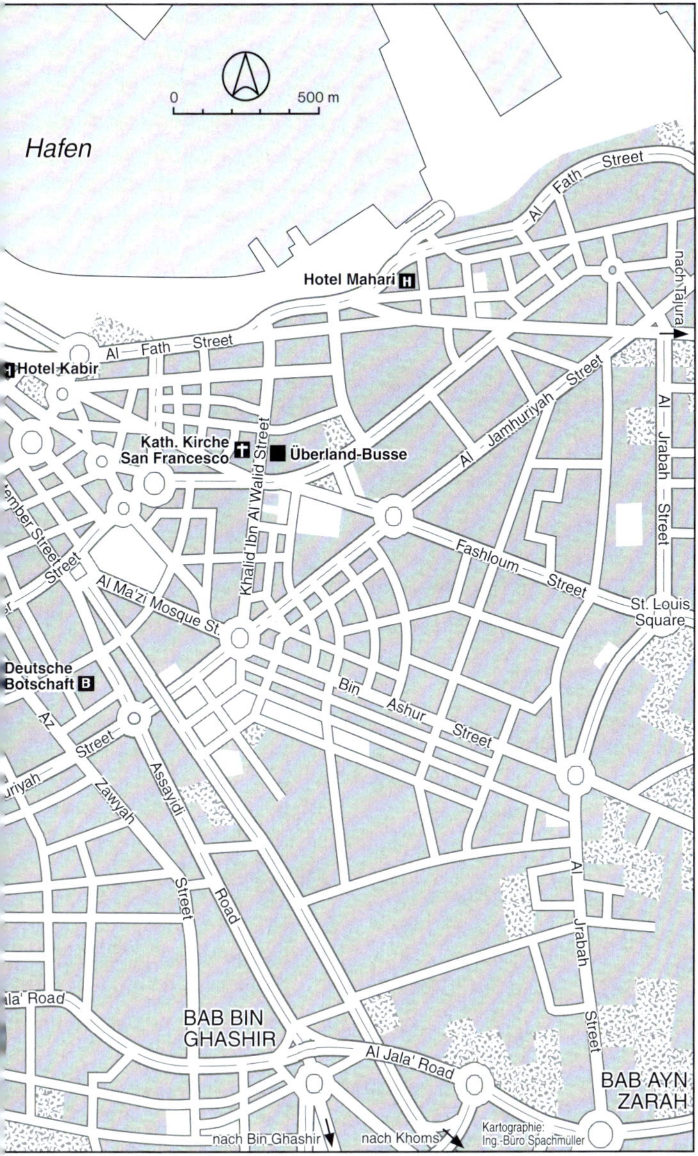
0
500 m
Hafen
Al Fath Street
Hotel Mahari
nach Tajura
Al Fath Street
Hotel Kabir
Al Jamhuriyah Street
Al Jrabah Street
Kath. Kirche San Francesco
Überland-Busse
Khalid Ibn Al Walid Street
Fashloum Street
St. Louis Square
Al Ma'zi Mosque St.
Deutsche Botschaft
Bin Ashur Street
Az Zawyah Street
Assayidi Street
Street
Road
Al Jrabah Street
Road
BAB BIN GHASHIR
Al Jala' Road
BAB AYN ZARAH
nach Bin Ghashir
nach Khoms
Kartographie: Ing.-Büro Spachmüller

schätzen. An den Ladengeschäften der Altstadt geht Rolladen um Rolladen wieder hoch, privater Handel kehrt zurück zu alter Aktivität. Überall jedoch sind die Spuren der Stagnation und des Verfalls der letzten Jahre zu erkennen. So unterscheidet sich ein Spaziergang durch die Altstadt von Tripolis grundlegen von einem durch die von Tunis, von Algier (vor dem Bürgerkrieg) oder etwa von Fès in Marokko: Hier in Libyen geht es ruhig zu, auf weiten Strecken bewegen wir uns in stillen, fast menschenleeren Gassen. Dies mag man bedauern, es hat jedoch auch den großen Vorteil, dass man sich wirklich in Muße bewegen kann, frei auch von jeder Anmache. Wird man dennoch angesprochen, dann höflich und freundlich; mit Erstaunen musste ich auch zur Kenntnis nehmen, dass viele von denen, die sich an mich wandten, sehr gut deutsch spra-

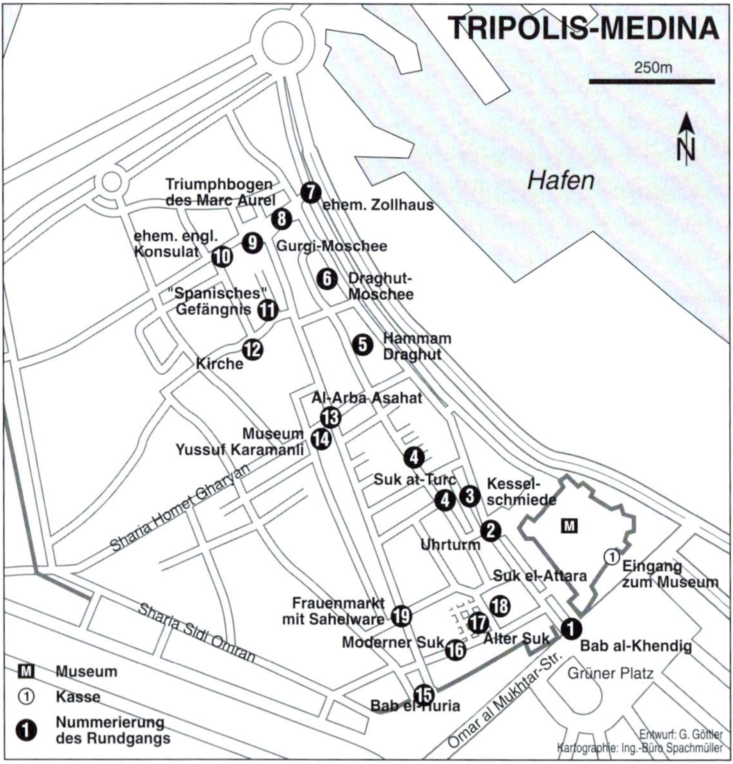

chen. Beim Hinterfragen dieser überraschenden Kenntnisse stellte sich rasch heraus, dass die Sprachkenntnisse stets bei einer ganz bestimmten Handelsaktivität erworben wurden: Einkauf von Kraftfahrzeugen deutscher Provenienz!

Ein weiterer Punkt ist zu beachten: In jedem Stadtviertel der Medina gibt es auch eine Moschee. Auch diese geben sich als Gebäude eher zurückhaltend, oft sind sie erst auf den zweiten Blick als Gebetshäuser zu erkennen und ihre Minaretttürme sind im engen Gewirr der Gassen oft nicht zu sehen. Bitte beachten Sie, dass die Gotteshäuser nicht zur Besichtigung zugänglich sind. Vermeiden Sie es unbedingt, aus purer Neugierde einfach so mal einen Blick durch die Pforten zu werfen.

Wir starten zu unserem **Rundgang** am zentralen „Grünen Platz“ *(Assaha al-Khadra),* heute Märtyrer-Platz. Wenden Sie Ihren Blick nach Nordwesten, dem alten Kastell *(Assaraya al-Hamra)* zu: Das massive, schön renovierte Holztor an seiner Front ist der Eingang zum **Nationalmuseum Mitaf al-Jamahiriyya** (siehe weiter unten), das sich innerhalb des Komplexes des „Roten Serails“, dem Schloss *As-Saray al-Hamra* befindet, das im 11. und 12. Jh. über römischen Ruinen errichtet wurde und mehrfach von spanischen, türkischen und italienischen Siedlern umgebaut worden ist. Das Museum wurde nach der Renovierung unter Leitung der UNESCO 1988 wieder eröffnet und gilt als eines der modernsten Museen des Kontinents. Auf vier Ebenen wird die reiche Geschichte Libyens von der paläolithischen Zeit bis zur Gegenwart anhand ausgewählter Stücke geschildert, wobei man v.a. die römische Periode und den Islam in allen Facetten darstellt. Leider ist vieles in der Ausstellung nur noch arabisch beschriftet; dies schränkt den Informationsgehalt für ausländische Touristen erheblich ein. Sollte das Museum geöffnet sein (was leider nur allzu selten der Fall ist, am ehesten freitags zwischen 14 und 17 Uhr), dann lassen Sie sich die Ausstellungen nicht entgehen (Eintritt: 3 LD, Fotoerlaubnis: 5 LD). Ihre Kenntnisse über Libyen werden nach dem Besuch des Museums erheblich zugenommen haben.

Sollte das Museum geschlossen sein, wenden Sie sich zunächst einem anderen Tor zu (in der Hoffnung, bei Rückkehr vom Rundgang die Museumspforte doch offen vorzufinden): Direkt am südöstlichen Eck der Kastellmauer finden Sie einen der torähnlichen Eingänge in die Altstadt, das **Bab al-Khendig** (**1;** die Ziffer bezieht sich auf den Medina-Plan) (= Bab al-Manschia), das Burg-Tor. Es liegt einige Meter zurückgezogen in der Stadtmauer, gewährt dadurch Raum für einen Vorplatz, den „Tormund“ **Foum el-Bab.** Hier geht es tagsüber lebhaft zu: Eine kaum überschaubare Zahl fliegender Händler bietet ihre Waren in Kleinstmengen an, von Büstenhaltern bis hin zu Zigaretten.

Durch das Tor hindurch betreten wir durchs Gewühle hindurch die Altstadt und gehen entlang der Kastellmauer durch eine eher ruhige Straße nach Nordwest. Sie können dazu auch die nächste, westlichere, unmittelbar parallel verlaufende und deutlich lebhaftere

Straße wählen, den **Suk al-Mushir,** beide führen fast genau auf einen auffallenden **Uhrturm (2)** zu. Dieser wurde, anders als es seine kolonialen Stilelemente vermuten lassen, bereits 1860 unter dem osmanischen Generalgouverneur errichtet.

Als nächstes mag Ihnen blechernes Hämmern auffallen, denn hinter dem Uhrturm beginnt das **Handwerkerviertel** und in einer engen Gasse hinter ihm wird das uralte **Handwerk des Kesselschmiedens (3)** ausgeübt. Noch immer bzw. wieder werden hier vor allem aus Kupferblech Kessel und Kannen, aus Messing vor allem Tabletts produziert; in verschiedenen Werkstätten entstehen aber auch die typischen Moschee-Attribute, Halbmond und (Erden-)Kugel. Gehen Sie ruhig durch die rauchige und lärmige Gasse, es ist interessant, den Handwerkern bei ihrer Arbeit zuzusehen. Die Gasse stößt auf eine weitere, quer verlaufende: Wir gehen links und biegen an der nächsten Ecke wieder rechts ab in eine sehr lange und lebhafte Gasse (wieder in unsere ursprüngliche Richtung NW): Dies ist der **„türkische Markt" (Suk At-Turc) (4).** Sie finden rechts und links Geschäfte mit Artikeln des täglichen Bedarfs; auffallend viele Stoffgeschäfte aber auch Juweliere sind darunter.

Wir folgen jetzt dieser Marktgasse immer weiter; je mehr wir uns vom Kastell entfernen, umso ruhiger wird es um uns her. Schon wenige hundert Meter weiter sind wir praktisch alleine unterwegs, können in aller Ruhe die ehedem repräsentativen, heute herabgewirtschafteten Gebäude bewundern. An einer etwas engeren Stelle der Gasse – wir sind schon in den Wohnvierteln – fällt Ihnen vielleicht lebhaftes Stimmengewirr auf: Hinter den hohen Hauswänden verbirgt sich links eine Schule, rechts ein „türkisches" Bad, das **Hammam Draghut (5)** (ca. 500 m ab Tor).

Querlaufende Gassen lassen wir unbeachet und gehen immer weiter bis ans Ende der Marktgasse (ca. 700 m ab Tor): Sie knickt nach Osten ab und zielt – vorbei an der **Draghut-Moschee (6)** rechter Hand – auf ein kleines Nebentor in der Stadtmauer zu: Wir gehen hindurch und stehen an diesem Ein- oder Ausgang unmittelbar dem Hafen gegenüber, der sich hinter der lebhaftlärmenden vielspurigen Stadtrand-Straße, der Al-Fath-Street, ausdehnt.

Hier gehen wir links, folgen also der Stadtmauer außerhalb ungefähr in unserer bisherigen Richtung. Kaum 100 m weiter steht ein auffallendes Gebäude mit Minarett, das praktisch im Verlauf der hier offenen Stadtmauer steht, die **Moschee Sidi Abdul Wahab.** Daneben befindet sich ein niedriges Gebäude mit grünem Kuppeldach, das ehemalige **Zollhaus (7),** zuständig früher für aus- und einlaufende Schiffe. Hier biegen wir auf einen breiten Platz links ab und stehen unmittelbar vor dem **Triumphbogen des Marc Aurel (8),** 163 n.Chr. errichtet. Er steht an der Kreuzung von Cardo und Decumanus und stellt so exakt das Zentrum der antiken Stadt dar. Das Originalpflaster hat sich unter und

Der „Grüne Platz", zentraler Ort der Stadt

218 Foto: ed

neben dem Bogen bis auf den heutigen Tag erhalten (vgl. auch Foto auf S. 4/5). Auffallend, wie tief er unter dem heutigen Straßenniveau liegt: Die Stadt wächst auf ihrem eigenen Schutt immer weiter in die Höhe.

Unmittelbar hinter dem Triumphbogen steht eine Moschee, die als schönste von Tripolis gilt, die **Gurgi-Moschee (9):** Tatsächlich wirkt ihr schlanker Minarettturm ausgesprochen elegant, besonders weil es noch etwas höher steht und stark kontrastiert zum eher massigen Marc-Aurel-Bogen.

Hier am Triumphbogen haben wir den Wendepunkt unseres Rundgangs erreicht: Am westlichen Ende des Marc-Aurel-Platzes, d.h. auf der hafenabgewandten Seite, gehen wir in eine Gasse hinein, die uns (parallel zum Herweg und damit zum Suk at-Turc) wieder zurück in südöstliche Richtung zum Grünen Platz führt. (Wer will, geht zuvor in Verlängerung des Marc-Aurel-Platzes noch einige Schritte in die Gasse leicht bergauf: Linker Hand eines der ersten Häuser ist das **frühere englische Konsulat (10),** heute ein **Kulturzentrum**.) Vorbei an eindrucksvollen, doch annähernd in Ruinen liegenden Bürgerhäusern nimmt uns eine schmale Gasse unbekannten Namens auf. Nur etwa 100 m weiter mündet sie auf einen Platz, an dem (neben viel Unrat) zwei Gebäude auffallen: Rechter Hand ein klobiges Gebäude mit einer in die erste Etage hinaufführenden breiten Treppe; der Bau wirkt bedrohlich, und tatsächlich ist dies das **„osmanische Gefängnis“ (11).** Auf dem Platz davor fanden

Hinrichtungen statt: Erhängen war damals eine gebräuchliche Methode, mit Dieben und anderem Gesindel umzugehen. Gegenüber steht die **christliche Kirche von Tripolis (12),** ein wegen der Höhe und dem in diesem Umfeld auffallenden Baustil markantes und die Orientierung erleichterndes Gebäude. Die Kirche wird seit einigen Jahren renoviert und ist völlig frei von christlicher Symbolik; sie ist heute Moschee.

Am Ende des Platzes halten wir uns eher links, verlassen den Platz also durch die Gasse (Sharia Al-Arba Asahat) an seiner Südostecke in unserer bisherigen Richtung. Noch immer sind wir in Wohnvierteln. An einem Abzweig rechter Hand zeigt sich eines der Probleme dieser Stadt, wenn nicht des gesamten Landes: Die Müllabfuhr (so sie denn vorhanden ist) wird der anfallenden Müllberge nicht Herr und so ist ein Platz, auf den die abzweigende Gasse hinausführt, nichts als ein einziger gigantischer und übelriechender Müllberg. Wir gehen rasch weiter, jedoch nicht über die nächste Gassenkreuzung (die **Al-Arba Asahat**) **(13)** hinaus: Hier biegen wir nämlich (bei Pollern und vier Hauseck-Steinen, die vermutlich aus römischer Zeit stammen) rechts ab und erreichen kaum zwanzig, dreißig Meter weiter in der lebhaften Gasse (sie nennt sich ebenfalls nach der Poller-Kreuzung Suk al-Arba) linkerhand ein durch eine Plakette kenntlich gemachtes Haus: Dies ist das **ehemalige Wohnhaus des Yusuf Karamanli (14)** (vgl. „Geschichte und Politik/Türkische Herrschaft“); es ist heute als liebevoll restauriertes **Museum** zu besichtigen. Um einen Innenhof mit Springbrunnen reihen sich Empfangsräume und Zimmer, denen Säulengänge und Arkaden mit Balkonen vorgebaut sind. Die Zimmer sind traditionell eingerichtet, einige mit Puppen in historischen Kostümen. Von der Dachterrasse hat man einen herrlichen Blick auf die Altstadt. Das Museum kostet 2 LD Eintritt; das freundliche Personal präsentiert gerne auch ein Besucherbuch und erwartet einige motivierende Zeilen von Ihnen – zu Recht, wie ich meine.

Zurück am Poller-Abzweig biegen wir wieder in unsere Gasse in Richtung „Grüner Platz“ ab. Wir nähern uns rasch wieder dem Geschäftszentrum, und so wird die Umgebung von Meter zu Meter lebhafter. Jetzt rate ich zu folgendem Vorgehen: Wollen Sie Ihren Rundgang beenden, folgen Sie weiter der bisherigen Gasse und gelangen bereits 300 m weiter auf einer hektischen Straße über einen **Bab el-Horia (15)** genannten Platz zur Umar-Mukhtar-Street, der Verlängerung des „Grünen Platzes“ nach Südwesten. Bis hierher können Sie auch gehen, wenn Sie wieder Sicherheit hinsichtlich Ihrer Orientierung erlangen wollen. Sollte Ihnen aber (vor einem Museums-Besuch!) noch etwas Zeit bleiben, rate ich noch zu einem Bummel durchs lebhafte Geschäfts- und Marktzentrum: Es erstreckt sich zwischen unserer Gasse, die wir seit dem Poller-Abzweig benutzten (sie nennt sich hier *Shara Jama al-Draghut*) und dem Kastell und ist demnach kleinräumig und leicht zu überblicken. Ganz am Rande und parallel zur Umar-Mukhtar-Street finden Sie den neu er-

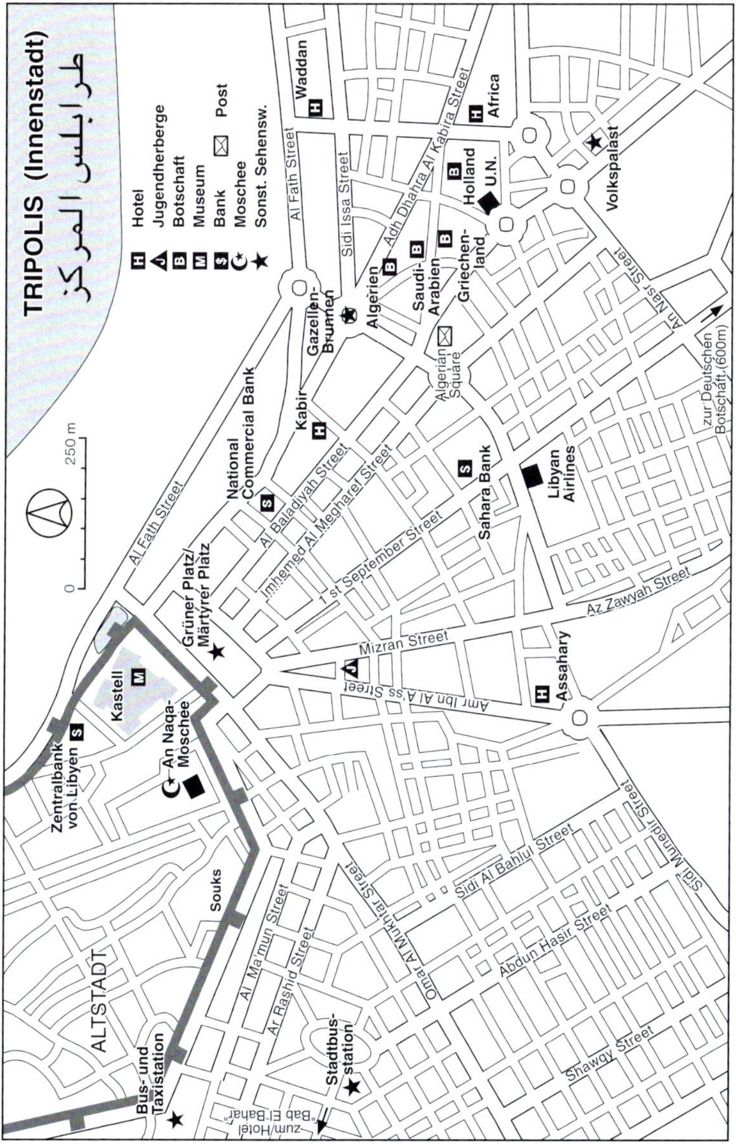
TRIPOLIS (Innenstadt)
طرابلس المركز
Hotel
Jugendherberge
Botschaft
Museum
Bank
Post
Moschee
Sonst. Sehensw.
0
250 m
Waddan
Africa
Al Fath Street
Sidi Issa Street
Adh Dhahra Al Kabira Street
Holland
U.N.
Volkspalast
Algerien
Saudi-Arabien
Griechen-land
Gazellen-Brunnen
Algerian Square
An Nasr Street
zur Deutschen Botschaft (600m)
National Commercial Bank
Kabir
Al Baladiyah Street
Imhemed Al Megharef Street
1 st September Street
Sahara Bank
Libyan Airlines
Az Zawyah Street
Mizran Street
Amr Ibn Al A'ss Street
Assahary
Grüner Platz/ Märtyrer Platz
Kastell
An Naqa-Moschee
Zentralbank von Libyen
Souks
ALTSTADT
Sidi Al Bahlul Street
Sidi Munedir Street
Abdun Hasir Street
Omar Al Mukhtar Street
Al Ma'mun Street
Ar Rashid Street
Stadtbus-station
Shawqy Street
Bus- und Taxistation
zum Hotel „Bab El Bahar"

bauten, **zweigeschossigen Suk (16):** Hier werden vor allem moderne Waren angeboten, Uhren, Radios, auch jede Menge filigraner Goldschmuck. Traditionell sind die Goldhändler auch Geldhändler; sollten Sie Tauschprobleme irgendwelcher Art haben, ist es sicher kein Fehler, diese Händler auf dem Suk um Rat zu fragen. Nahebei werden Stoffe und Textilien jeder Art verhandelt. Ganz an seinem südöstlichen Ende in unmittelbarer Nachbarschaft zum Bab el-Khendig finden Sie ein Angebot, das sich an Europäer wendet (weniger in ihrer Funktion als Tourist, da solche seltener (noch?!) zu sein scheinen als hier lebende und arbeitende Europäer). Empfindliche Gemüter sollten angesichts ausgestopfter Krokodile, abgesägter Elefantenzähne und Beinen von Nashörnern (z.B. als Papierkorb oder Hocker), von Riesenschlangenhäuten oder auch solchen von Leoparden und Geparden, kurz von all solchen Scheußlichkeiten, die unser Zoll heute mit Beschlagnahme und hohen Geldbußen belegt, lieber den Weg in die alten, mit Gewölben **überdachten Suks (17)** suchen: Hier findet sich ein überwältigendes Angebot an Stoffen und Textilien jeder Art. In den umgebenden Gassen arbeitet auch noch der eine oder andere Seiden-Weber. Vorsicht allerdings sollten Sie walten lassen gegenüber den hier angebotenen Teppichen: Die Ware stammt fast ausschließlich aus fremden Ländern; von Marokko über Algerien und Tunesien bis nach Ägypten, Nepal, China, Indien sind fast alle Provenienzen vertreten; Stücke aus Libyen dagegen sind ausgesprochene Mangelware. Auch sind die in unzähligen Varianten angebotenen Glas-Flacons für Parfum kein inländisches Produkt: Sie kommen wie viele andere Waren auch aus Ägypten. Alter Silberschmuck dagegen, der in mehr oder weniger schlechter Qualität von verschiedenen Händlern angeboten wird, stammt tatsächlich zum allergrößten Teil aus dem Lande. Er ist als „Trachten-Schmuck“ im modernen Libyen außer Mode gekommen und wurde deshalb gegen modernen Schnickschnack eingetauscht. Dass Sie dennoch nur wenig Chancen haben, gute Stücke zu erhalten, liegt an der „tunesischen Konkurrenz“: Tunesische Silberhändler, die wegen des Massentourismus in diesem Ferienland eine große Nachfrage zu befriedigen haben, haben die besten Stücke schon vor langer Zeit hier in Tripolis gleich kiloweise aufgekauft.

Eher für Spezialisten sind jene **„Frauen-Märkte“** interessant, die sich westlich des Bab el-Khendig und östlich des Bab el-Horia angesiedelt haben: Natürlich werden hier nicht Frauen verkauft oder angeboten, sondern ganz bestimmte Warengruppen von Frauen und für Frauen: **Nahe des Bab el-Khenig (18)** sind es Beduinenfrauen, die Parfum, spezielle Stoffe und anderes anbieten (Suk al-Attara, Parfum-Markt); **nahe des Bab el-Horia (19)** dagegen (siehe Foto S. 250) verkaufen vor allem Frauen anderer ethnischer Gruppen Parfums, Schönheitsmittel wie Salben und Zahnpflegehölzer und allerlei weitere „Frauen“-Artikel. Ein großer Anteil dieser Waren stammt aus den Ländern der Südsahara und des Sahel. Ein Teil der traditionellen Karawanenwaren durchquert also noch immer die Sahara und findet seine Abnehmer an den Gestaden des Mittelmeers.

Nationalmuseum Mitaf al-Jamahiriya im As-saray al-Hamrah

Hier eine kurze Beschreibung der Ausstellungen:

- **Eingangshalle:** Grabmonumente aus Ghirza; rechts an der Wand ein Mosaik aus der römischen Villa in Zliten mit der Darstellung von Gladiatorenkämpfen; in der Ecke eine Venus-Statue aus Leptis Magna, die sich im Besitz *Hermann Görings* befand und vor einigen Jahren an Libyen zurückgegeben wurde.
- **Saal 1–4:** Versteinerungen, darunter versteinerte Baumstämme aus der libyschen Wüste, und Funde der Steinzeit.
- **Saal 5:** Libysche Kulturen der Eisenzeit und der römischen Zeit; Funde aus Germa, Ghirza und ein Reliefabguss aus der Grotte in Slonta (Cyrenaika).
- **Saal 6** (Korridor zu Saal 7): Archäologische Zeugnisse der punischen Zeit aus Tripolitanien, u.a. ein Grabstein mit dem Zeichen der Göttin Tanit.
- **Saal 7:** Funde und Modelle aus Cyrene.
- **Saal 8:** Leptis-Magna-Saal. Monumentalplastik vom Alten Forum, die Kaiser *Augustus* und weitere Angehörige der kaiserlichen Familie darstellt. Modell des Neuen Forums. Im Durchgang zu Saal 9 Vitrinen mit römischen Gläsern und spätantiker Keramik.
- **Saal 9:** Sabrata-Saal. Modell des Forumbereiches; Orpheus-Mosaik; spätantikes Mosaik mit Darstellung einer Eberjagd.
- Im **1. OG** Kleinfunde aus römischer Zeit (Glas, Keramik, Münzen); Saal mit den Reliefs des Tetrapylons aus Leptis Magna, auf denen Kaiser *Septimius Severus* mit Gefolge dargestellt ist; dahinter Saal mit Zeugnissen der frühchristlichen Zeit (Grabsteine, Öllampen, reliefierte Fragmente aus Kirchen).
- **In den weiteren Obergeschossen:** Ausstellung zur libyschen Fauna und Flora sowie zur Ethnologie (u.a. Tuareg, Beduinen) und der modernen Geschichte Libyens.

Praktische Infos

Touristeninformation

- **Tel. Vorwahl: 021**
- Siehe auch „Informationsstellen".
- **General Board of Tourism,** Elfath Roda, Tripolis, POB 91871, Tel. 503041.
- **Libyan Travel and Tourism Co.,** Mizran Street, Tel. 444 80 11, Fax 444 34 55.
- **Tourist Information Office Tripolis,** Tel. 333 41 40.

Hotels

Tripolis verfügt über Hotels aller Kategorien, vom renommierten Luxushotel Corinthia bis hin zu Einfachstunterkünften, die ihre Betten einzeln vermieten und in aller Regel nur von Gastarbeitern bewohnt werden.

- **Hotel al-Kabir,** Al-Schat St., Tel. 45940. Das Hotel dient auch der Beherbergung von Staatsgästen. Hier ist oft der Dreieckstempel (Registrierung) erhältlich, sonst am Palästina-Platz, Maidan al-Falestine (s.a. Infokasten „Die Meldepflicht oder Registrierung – der grüne Dreieckstempel"). DZ ca. 70 LD, beim Bezahlen ist eine Bankquittung vorzulegen.
- **Al-Kendi Hotel,** Al Kensi Street, Tel. 444 81 23-5, Fax 334 25 10, www.al-kendihotel.com. Gutes neues Mittelklasse-Hotel in Innenstadtlage, sauber und gepflegt, 10 Min. zum Grünen/Märtyrer-Platz, GPS-Pos. N 32°53,499 / E 13°10,488. DZ 150 LD.
- **Ancient Zumit Hotel & Restaurant,** Marcus Aurelius Arch Square, Tel. 334 29 15, Fax 444 89 84, www.zumithotel.com. 4-Sterne-Hotel in altem Gebäude in der Altstadt nahe dem Marc-Aurel-Triumphbogen, bekannt auch für seine gute Küche. DZ 180 LD.
- **Hotel Bab el Bahar,** Sharia Bab el Jedid, Tel. 608000/13/14, DZ 90 LD, mit Ausblick zum Meer. Gutes Hotel, beliebt bei Wüstenfahrern; mit bewachtem Parkplatz. Obwohl es beim Einchecken hieß, dass in LD bezahlt werden kann, hätten wir dann beim Auschecken die Rechnung in US$ bezahlen sollen; nach etwas Hin und Her wurde dann die Zahlung mit LD ohne Bankquittung akzeptiert, mit dem Hinweis, beim nächsten Mal

dann in Dollar zu zahlen ... Manchmal jedoch wurde strikt auf der Bezahlung von 120 US$ bestanden!

- **Hotel Bab el Djedid,** Sharia Bab el Jedid, Tel. 608051, neben dem Bab el Bahar. Etwas kleiner, DZ 50 LD, nur mit Wechselquittung oder in US$.
- **Corinthia Bab Africa Hotel,** Souq al Thulata al Gadim, Tel. 335 19 90, Fax -92, www.corinthiahotels.com. 5-Sterne Luxus. Unübersehbar und goldgelb am westlichen Rand der Altstadt, derzeit mit 26 Stockwerken das höchste Gebäude der Stadt! Und nach gängigen Maßstäben das zurzeit beste Hotel in Libyen. DZ 328–595 LD.
- **Hotel Mahari,** Scharia al-Fatah, Tel. 333 40 91, Fax 444 95 02. 4-Sterne-Luxushotel auf einer Art Klippe hoch über dem Hafen. DZ 180 LD.
- **Hotel Mediterranean,** das früher von Rucksackreisenden empfohlene Hotel wird seinem guten Ruf nicht mehr gerecht. Tel. 361 67 11/ 14, Fax 361 67 10. DZ 15 LD.
- **Hotel Tarablus al-Hadith,** in einer Seitenstraße (der Eingang ist schlecht zu erkennen) zentral am Ende der Ar-Raschid St./Midan as-Suhiliyya, Tel. 41094. DZ 40 LD, aber kein Frühstück, inkl. Halbpension 50 LD. Sehr angenehmes Hotel.

In seiner Umgebung finden sich weitere Hotels der mittleren bis unteren (Preis-)Klasse. Schön ist auch der **Abendmarkt** in der Ar-Raschid-Straße.

- Für einfache Ansprüche genügt auch das **Hotel Atlas** (EZ 10 LD); es liegt in der Omar al Mokhtar-Straße (Nord-Ost-Seite) etwa 1500 m vom Grünen Platz entfernt; das Auto lässt sich problemlos vor dem Hotel auf der Straße parken.
- Von Lesern empfohlen wurde auch das **Hotel Wadan,** das nahe dem Hafen gelegen ist (siehe Stadtplan).

Jugendherberge

- Eine JH liegt im Zentrum in der Sharia Amr Ibn al A'ss 69, geöffnet 16.30–22 Uhr. Gepäck kann schon am Vormittag eingestellt werden. Anmeldung ab 13 Uhr. Kostenpunkt 4 LD gegen Vorlage des Internationalen Studentenausweises.
- Eine weitere Jugendherberge gibt es ca. 5 km südwestlich des Zentrums in der Sharia Gargarish. Wer mit GPS unterwegs ist, findet diese Jugendherberge auf **Pos. N 32°52,51 / E 13°06,97.** Sie soll recht ordentlich sein, bietet aber keine Kochgelegenheit. 10 LD pro Person, mit Jugendherbergs- oder Studentenausweis 5 LD. Tel. 74755.

Essen und Trinken

- In den Straßen um den Grünen Platz/Märtyrer-Platz gibt es einige **Restaurants** (ab ca. 4 LD), **Cafés** und **Schnellimbissbuden,** wo man Sandwiches (z.B. mit Felafel oder Eiern in Fladenbrot) preisgünstig bekommen kann.
- Ein gutes **libanesisches Restaurant** liegt lt. Leserzuschrift vis-à-vis des Hotel al-Kabir. Menü ab 20 LD.
- 6 km östlich des Märtyrer-Platzes und etwas abseits der Küstenstraße am Meer liegt der **Fischmarkt,** wo diverse Restaurants frischen Fisch (selbst ausgesucht an den Verkaufsständen) zubereiten. Sehr gutes Essen, nette Atmosphäre. Empfohlen werden dort besonders die **Restaurants Ship-Sea-Meals** und **Shira'a.**
- Eine weitere Leserempfehlung: **Restaurant Dolphin,** gegenüber dem Hotel Bab el Bahar, mit guten und preislich angemessenen Fischgerichten.
- Eine weitere Leserempfehlung: **Mat'am Obaya,** Souk al-Turk 114 (in der Altstadt hinter dem As-Saray al-Hamrah). Besonders gute Fischgerichte ab 10 LD.
- Empfohlen wird auch das **Restaurant Athar** (Tel. 444 70 01) beim Marc-Aurel-Bogen. Spezialität ist hier das Gericht *Al-Jarra,* ein Lamm-Gemüse-Eintopf, der in einem verschlossenen Tonkrug zubereitet wird. Der Tonkrug wird am Tisch von einem Kellner aufgeklopft.
- Sehr beliebt bei den libyschen Jugendlichen ist **eine Art McDonald's,** mit Pizzas (2,75 LD) und Hamburgern, Steaks und Pommes, in der Sharia Mizzran, die vom Märtyrer-Platz wegführt, in einem etwas poppig wirkenden Gebäude mit lila Türen.

Internet-Cafés

Es gibt mindestens drei Internet-Cafés in Tripolis, alle an der Sharia al-Andalus (al-Andalus Street, die Fortsetzung der al-Kurnish Road am westlichen Rand, außerhalb des Stadtplans). Die Webcafés sind schwer zu identifizieren. Die Kosten liegen einheitlich bei ca. 4 LD/Std.

Verkehrsverbindungen

- Innerstädtische **Taxen:** 3 LD/Fahrt
- **Private Busse** stehen an der Al-Maari-Straße. **Kleinbusse** sind an mehreren Plätzen zu finden, z.B. vor den Dhat-al-Imad-Hochhäusern. Das neue Terminal der staatlichen Busgesellschaft befindet sich an der Kreuzung von Al-Jamhuriyah- und Fasloum-Straße.

Die Busse fahren sehr pünktlich ab, das Gepäck ist vorher zu wiegen, denn es gibt eine Freigrenze von 20 kg; jedes weitere Kilo kostet 1 LD zusätzlich.

Fahrscheine für die Minibusse kauft man in den kleinen Blechcontainern am Standplatz, Tickets für die staatlichen Überlandbusse nach Benghasi, Alexandria, Kairo etc. 24 Std. vor der Abfahrt im Büro der Firma, das sich in der Parallelstraße zur ar-Raschid St., der al-Mamuun St., befindet.

- Mit den **Servicetaxen** lassen sich von hier aus bequem die für Halbtages- und Tagesausflüge in Frage kommenden Ziele wie Leptis Magna (Khoms), Sabrata etc. erreichen (pro Strecke einfach rund 3 LD), daneben findet man Taxen zum libysch-tunesischen Grenzort Ras Ajdir (8 LD).
- **Bus Fast Transport Company,** an der Khalid Ibn al-Waldi Street, in Nachbarschaft der katholischen Kirche San Francesco. Nach Benghasi tägl. 7.10 Uhr, 10 LD, nach Sebha tägl. 7 und 13 Uhr, 15 LD, nach Ghadames tägl. 7.10 und 10 Uhr, 9 LD.
- **Flugverbindungen ins Ausland** bestehen wieder in großer Zahl. Der internationale Flugplatz Bin Ghasir liegt ungefähr 20 km südlich der Stadt (Taxi 15 LD). Einige wenige Auslandsflüge verkehren auch ab dem Flugplatz Mitiga (s.u.). Flughafenverwaltung: Tel. 360977.
- **Büros der Fluggesellschaften:**

- **Lufthansa:** Dhat Al Imad Tower 4, 12. Stock, Tel. 335 03 75-78
- **Swiss:** Tower 3, 4. St., Tel. 335 00 52-047
- **Austrian:** Tower 3, 6. St., Tel. 335 02 41/42/43
- **Alitalia:** Tel. 335 02 97/98
- **KLM:** Tel. 335 00 18

(Hinweis: Die Schreibweise von Dhat Al Imad findet sich auch als That Al Imat, Zhat Al Emad usw.)

- **Inlandsflüge** werden noch immer auch von der nationalen Gesellschaft **Libyan Arab Airlines** durchgeführt. Sie soll jedoch privatisiert werden, ohne dass ein Datum hierfür feststeht. **Private Fluggesellschaften** bedienen vor allem Inlandslinien vom Flugplatz Mitiga aus (dieser nennt sich dennoch Mitiga International Airport), der küstennah unmittelbar östlich noch in der Peripherie der Stadt liegt (Taxi 5 LD): Er entstand am Platz der früheren US Air Force Base, bei seiner Eröffnung der größte US-Flugplatz außerhalb der USA. Es bestehen Pläne, über Mitiga nur noch VIP-Flüge abzuwickeln. Flugplatzverwaltung: Tel. 350 23 14.

Am Flughafen Frankfurt unterhält Libyan Arab Airlines ein Büro: Terminal 1, Gebäude 201, Raum 53103, 60549 Frankfurt, Tel. 069/69073866, 69074239, Fax 69073865.

- **Afriqiyah Airways,** Tripolis, Omar Al Mukhtar Street, Tel./Fax 334 11 81, www.flyafriqiyah.com
- **Al Buraq,** Mitiga International Airport, Tel./Fax 350 09 49, www.buraqair.com
- **Libyan Arab Airlines,** Omar Al Mukhtar Street, Tel. 602091-95; Haiti St. 83–85

Telefonnotruf

- **Tel. 191**

Ärzte und Kliniken

- **Dr. Ali B. Ali Tumi,** Central Hospital, Sharia Zawia, Tel. 21 39 16 14, App. 225
- **Al Afia-Klinik,** Tel. 22/3305-1 (-2, -3, -4), Fax 22/33055
- **Dr. Fawzi** (home), Tel. 22/32947
- **Dr. Salah** (home), Tel. 22/30265
- **Sami-Klinik,** Tel. 21/477 70 86, Tel. mobil 091/212 55 57

Diplomatische Vertretungen

- Siehe auch „Informationsstellen".
- **Deutsche Botschaft**

Sharia Hassan al Mashai, Tel. 333 38 27 und 70481; in dringenden Fällen: Tel. 444 85 52, 333 05 54, Fax 444 89 68

- **Schweizerische Botschaft**
Bederei Area off Ben Ashour Street, POB 439, Tel. 607365/66, Fax 40838
- **Österreichische Botschaft**
Sharia Khalid Ben Walid/Sharia Arismondi, Dahra Area, Garden City, POB 3207, Tel. 43379, Fax 40838

Reisebüros und Tourveranstalter

- Siehe im Kapitel „Informationsstellen".

Buchhandlungen

- In der **Omar al Mukthar Street** liegt ca. 150 m vom Märtyrer-Platz entfernt auf der linken Seite eine Buchhandlung, die gut sortiert ist und auch die Geo-Projects-Karten von Libyen in arabischer und lateinischer Beschriftung verkauft.
- In der sehr gut sortierten **Buchhandlung Fergiani** (mit Büchern in Englisch, auch Sprachführern) gibt es auch zahlreiche historische Reiseberichte zu arabischen Ländern; sie liegt in der Sharia Awal September 66, Postfach 132.
- Gut sortierte (auch englischsprachige Bücher) Buchhandlung im **Erdgeschoss von Tower 4** des Dhat-Al-Imad-Komplexes.

Einkaufen

Lebensmittelgeschäfte u.a. findet man in der Sharia Maárri und in den nahe gelegenen Markthallen sowie im Souk im 1. Stock, Frischmilchprodukte in der Mizran Zavia Street und im Innenstadtbereich. Ein gut sortierter Supermarkt (Suq Jamahiriya) liegt unweit der Deutschen Botschaft gegenüber der Moulay-Mohammed-Moschee.

Öffentlicher Strand

- Beim Hotel Mediterranean.

Route A 2:
Tripolis – Leptis Magna – Misratah – Abugrin – Sirte: Küstenroute 2

- *Durchgehend asphaltiert, Verkehr im Umfeld von Tripolis dicht und sehr chaotisch, dicht auf der Küstenstraße bis Misratah; südlich von Misratah und besonders auf der Strecke bis Sirte gering. 119 km bis Leptis Magna, 325 km dann bis Sirte; gesamt 444 km.*
- *Michelin-Karte 741 und Geo-Projects-Karte.*

Es wäre gelogen, wenn ich behaupten würde, dass mir die hier dargestellte Strecke besonders gut gefalle oder dass sie gar besonders interessant sei. Nein! Aber diese Strecke führt nach Leptis Magna und ist unabdingbares Teil der Küstenstrecke, wenn man z.B. hinüber in die Cyrenaika oder gar nach Ägypten will. Kurz – ich sehe gar keine andere Möglichkeit, als diese Strecke in den Katalog der Routen mit aufzunehmen.

km 0: Tripolis, Grüner Platz/Märtyrer-Platz. Aus Tripolis herauszufinden, ist auch nicht schwieriger als hinein – wieder ist es die Küste, die eine einfache Orientierung erlaubt: Sie halten sich einfach so lange auf der unmittelbar am Hafen entlangführenden Al Fat'h Street, bis Sie – vorbei am Fährhafen bei **km 1,4** – bei **km 7** an einem groß ausgebauten Kreisel der Hauptstraße folgend nach rechts abbiegen und so im rechten Winkel vom Meer weg auf eine Ausfallstraße fahren, die in südliche Richtung dem Inland zu führt. Entlang dieser Ausfallstraße wird überall Baumaterial angeboten. Sie halten sich weiter in südliche Richtung, überqueren andere autobahnähnliche Straßen, die Ring-Roads (hier könnten Sie theoretisch auch schon in Ostrichtung fahren) und erreichen nach 5 km das Ende der Ausfallstraße: Hier biegen Sie jetzt nach Osten (in einer End-Auffahrt allerdings rechts fahrend) ab und sind damit auf der Al-Khums Street – Sie merken schon, Sie wollen nach Khoms und sind auf der Al-Khums Street, genau der Straße, die uns dorthin führen wird! Unverdrossen geht es jetzt weiter in Ostrichtung; wir durchqueren uninteressante Vororte, bei **km 25** einige Kasernengelände und erreichen schließlich ab **km 26** im Bereich gerader, flacher Sandstrände unmittelbar die Küste. Wie gesagt, die Richtung ist durch die Küste vorgegeben, verschiedene Ausfallstraßen führen nach Osten, und wenn Sie sich im Zweifel immer etwas nördlich halten, können Sie den Strand bei Tajura gar nicht verfehlen. Über zwei Kilometer erstrecken sich diese Strände, sie sind allerdings völlig offen und von der Autobahn aus einsehbar; ein besonders guter Rastplatz ist dies also nicht.

Erneut werden militärisch gesicherte Bereiche an der Küste sichtbar, Richtfunkmasten, Satellitenschüsseln und Radar-Anlagen: Hier empfiehlt sich nicht einmal eine Rast. Dann führt die Straße etwas ins Inland, ein Dorf wird durchquert, das Meer und seine Küste liegen zwanzig, dreißig Meter unterhalb. Ein Triumphbogen wird unterfahren, dann bei **km 37** eine Brücke (Sie führt auf die breite Umgehungsstraße des Stadtzentrums), und dann geht es hinein in locker stehende Eukalyptus-Wälder und weiterhin am Meer entlang.

Zwischen der Küste und unserer Schnellstraße verläuft die alte Landstraße; sie bietet an vielen Stellen günstige Möglichkeiten, unmittelbar an die Küste zu kommen. Überall liegt jedoch Schutt und Abfall herum, und alles ist von der Schnellstraße aus gut einsehbar: Da macht noch nicht einmal eine Pause viel Freude; der Verkehrslärm tut ein Übriges.

Vielleicht ist Ihnen aufgefallen, dass ich bisher keine Kontrollstellen erwähnt habe – auf den Ausfallstraßen in Richtung Osten gibt es eigenartigerweise auch keine! Eine Erklärung hierfür kann ich allerdings nicht bieten.

Die Schnellstraße entfernt sich dann wieder von der Küste, bleibt aber immer noch im lockeren Eukalyptuswald. Ein Oued, das über eine kurze Wegstrecke dem Straßenverlauf mäandrierend gefolgt war, wird auf einer Brücke überquert; auffallend die erheblichen Erosions-Schäden an seinen Ufern. Kleinhändler bieten ihre Produkte am Straßenrand an: Neben Gemüse finden Sie vor allem Holzkohle und Honig – wenn das keine gesunde Mischung ist!

An einem Knotenpunkt bei **km 62** befinden wir uns auf der Höhe der Ortschaft **Al Garabuli.** Die Geo-Projects-Karte vermerkt hier an der Küste „beach" – also nichts wie hin!

Abstecher zum Strand

Wir fahren in den Ort Garabuli hinein, biegen unmittelbar vor der Moschee und auf Höhe des Taxistandplatzes auf eine schmale Innerortsstraße in Richtung Norden, Richtung Meer ein. Am Ende der Straße biegen wir rechts ab und gelangen jetzt auf eine schmale Asphaltstraße, die uns rasch zum

Ortsrand und aus dem Ort herausbringt. An einem Abzweig 2 km weiter biegen wir erneut rechts ab, Richtung Norden. Durch freies Gelände führt die nach wie vor sehr schmale Asphaltstraße bergauf, bergab. Von einer hohen bewachsenen Stranddüne 4 km nach dem Abzweig bietet sich erstmals der Blick aufs Meer. Eine Schranke soll vielleicht verhindern, dass während der Badesaison zu viele Fahrzeuge vor an den Strand fahren; während der Sahara-Saison dürfte sie wohl immer offen sein. Hier gabelt sich auch das Sträßchen: Rechts geht es nur kurz weiter zu einer kleinen Werft und zu einigen Ferienappartement-Häusern, nach links führt sie noch ein Stück an Ferienhäusern und der Meeresbucht entlang bis zu einer Wendeschleife vor einer militärischen Anlage. Der Strand in der Bucht ist feinsandig, das Wasser verlockt zum Baden. Zurück zur Küstenstraße führt nur der Hinweg.

Auf der Küstenstraße, eigentlich eine Inlandsstraße, bleiben wir weiterhin in lockerem Eukalyptuswald und passieren ein Umspannwerk südlich der Straße. Danach folgt ruhiges Gelände: Hier könnte man sich gute Rastplätze und eventuell sogar Übernachtungsplätze vorstellen, sofern man eine Möglichkeit findet, die Straße ein Stück weit zu verlassen. Dann werden wieder verschiedene kleine Ortschaften durchfahren, eine davon sogar mit Tankstelle (ich nenne Tankstellen ab hier nicht mehr, weil das Netz hinreichend dicht ist). Durch waldiges Hügelgelände führt die Straße sanft bergauf und bergab. Immer wieder stehen Händler am Straßenrand: Honig wird in großen Mengen angeboten – ein Pfund kostet 8 LD –, auch ein dunkler Sirup, dazu Mandeln und Erdnüsse.

Aus der erdigen und von lockerem Wald bedeckten Hügellandschaft wird dann nach und nach ein flaches, von Kalkhügeln durchsetztes Plateau. Hier ist alles bestellt, das Gelände weithin unter Pflug oder zersiedelt. Vor allem Olivenbäume werden kultiviert.

Ungefähr bei **km 98** liegt auf der nördlichen Straßenseite das große „Resthouse Annagaza“, und nur wenig weiter (kurz vor einer Kontrollstelle) zweigt ebenfalls auf der nördlichen Straßenseite eine schmale Straße ab, die zum ausgeschilderten Hotel Ain Nagazza führt (siehe Leptis Magna).

Bei **km 110** zweigt die große Straße nach Süden ab, die über Al Qusbat nach Tarhunah führt. Nur 3 km weiter stehen wir am Rand des Plateaus: Bei einem Zementwerk führt die Straße ziemlich steil bergab; vor uns liegt **Al Khums,** dessen Ortsabzweig wir bei **km 116** erreichen. Al Khums (oft auch Homs genannt) ist der moderne Ausgangsort zur antiken Ausgrabungsstätte von Leptis Magna, die etwa 3 km östlich am Ortsrand liegt.

Leptis Magna لبدة

Leptis Magna ist auf zwei Wegen zu erreichen: Sie können am genannten Ortsabzweig nach Al Khums hineinfahren und dann durchs Ortszentrum auf der alten Küstenstraße solange weiterfahren, bis Sie zum Eingang des Ruinengeländes kommen. Oder: Sie bleiben

Im Theater in Leptis Magna

zunächst noch auf der modernen Küstenstraße und biegen erst bei **km 119** und einem großen Hinweisschild zur Küste hin von der Durchgangsstraße ab und gelangen so unmittelbar zum Eingang (vgl. den Ortsplan). Letzteres ist der schnellere und einfachere Weg, die Fahrt durch Al Khums sicher die interessantere Alternative.

Leptis Magna ist eine der imposantesten Ruinen- und Ausgrabungsstätten der gesamten antiken Welt! Es ist nur schwer vorstellbar, dass Sie diesen Ort nach einem Besuch nicht tief beeindruckt wieder verlassen: Welch fast verschwenderischer Luxus muss hier einst geherrscht haben! Wenn Sie das bäuerlich-römische Hinterland mit seinen kleinen Wehrhöfen im Verlauf Ihrer Reise schon kennen gelernt haben, drängt sich Ihnen vielleicht auch der Vergleich mit Monte Carlo an der Cote d'Azur auf, das in ähnlichem Kontrast zum ärmlichen Hinterland der französischen Seealpen steht - ein Wohlstandsgefälle, das wahrscheinlich noch krasser zwischen dem mondänen Badeort Leptis und seinem Hinterland herrschte - ob es hier allerdings auch ein Casino gab, wurde bisher noch nicht erforscht ...!

Geschichte

Schon vor dem Jahr 500 v.Chr. landeten regelmäßig griechische Handelsboote im Bereich einer Landzunge, die sie nach ihrem Gott *Hermes*, Schutzheiliger der Händler, *Hermaion* nannten, heute Homs oder arabisch Al Khums. Das phönizische Karthago war damals wichtigster Hafen in diesem Bereich des Mittelmeers. Als aber ein Prinz aus Sparta hier an der Landspitze von Homs auch eine Kolonie gründen woll-

222 Foto: gg

te, verbündeten sich die Karthager mit dem libyschen Volksstamm der Makäer und gründeten gegen die griechische Konkurrenz um das Jahr 500 v.Chr. die Stadt Leptis. Außer spärlichen Resten eines heute im Meer versunkenen Hafens blieb nichts aus dieser Periode erhalten.

Mit der Zerstörung Karthagos im Jahr 146 v.Chr. am Ende des dritten Punischen Krieges schließt sich Leptis zunächst dem numidischen Königreich Masinissa an; als sich dieses allerdings unter *Jugurtha* gegen Rom auflehnt, entscheidet sich die Stadt fürs andere Lager und verbündet sich 111 v.Chr. mit dem erstarkenden Weltreich. Römische Berufsheere unter *Marius* beenden erfolgreich die afrikanischen Kriege gegen die Berberfürsten. Wegen der Veteranenversorgung kommt es aber zu blutigen Auseinandersetzungen, die eine bürgerkriegsähnliche Situation in Rom schaffen. Erstmals marschiert ein Heer gegen Rom.

Im Bürgerkrieg des *Pompeius* gegen **Caesar** schlug sich die Stadt (wie alle anderen an der nordafrikanischen Küste) auf die falsche Seite: Nach *Caesars* Sieg 48 v.Chr. wurde ihr als Strafe unter anderem ein Tribut von etwas mehr als 100.000 Hektolitern Olivenöl auferlegt – was eindrucksvoll ihren damaligen Reichtum belegt. Die nordafrikanischen Gebiete wurden nicht nur zur Kornkammer Roms, sondern auch zu einer wichtigen Machtbasis zur Beherrschung des Mittelmeerraums. Gegen die Stämme im Hinterland, insbesondere die Garamanten, wurden wiederholt erfolgreiche Feldzüge durchgeführt.

Der Provincia Africa angegliedert, erfolgt der Ausbau zur Stadt. Reiche Bürger realisieren am Beginn der christlichen Ära ein regelrechtes Städtebau-Programm. Einer dieser „Sponsoren" mit dem halb karthagischen, halb römischen Namen *Hannobal Tapapius Rufus* lässt ein Theater erbauen. Aus Leptis wird Leptis Magna, das „Große Leptis" (ein kleines existierte in Tunesien).

Im 2. Jh. n.Chr. erfreut sich Nordafrika einer langen Friedensperiode. Als der in Leptis Magna geborene **Septimius Severus** 193 Kaiser wird, erfährt ganz Tripolitanien und besonders Leptis Magna eine bevorzugte Behandlung, etwa durch die Befreiung von Steuerzahlungen. Viele Gebäude werden in einer Größenordnung errichtet, die ihresgleichen nur noch in Rom hat. Eine Basilika mit einer Ausdehnung von 100 x 40 m entsteht; ein neues Forum wird errichtet, der Hafen ausgebaut; mit geschätzten 100.000 Einwohnern wird Leptis zur Großstadt. Der Küste entlang entstehen die Villen der reichen Bürger.

Im Hinterland wird eine Verteidigungszone ausgebaut, große Forts sichern die alten Handelswege. In Wehrhöfen werden romanisierte Libyer angesiedelt, die so genannten *limitanei* (vgl. den Exkurs „Die römische Limeszone in Tripolitanien"); überall werden die Wadiböden kultiviert, in zäher Arbeit Flächen bis weit in die Sahara hinein „in Wert gesetzt". Bis heute finden sich hier überall die Spuren römischen Landbaus und römischer Bewässerung. In dieser Phase hatte jedoch bereits ein Rückgang der Niederschläge eingesetzt, und die Übernutzung der bebaubaren Flä-

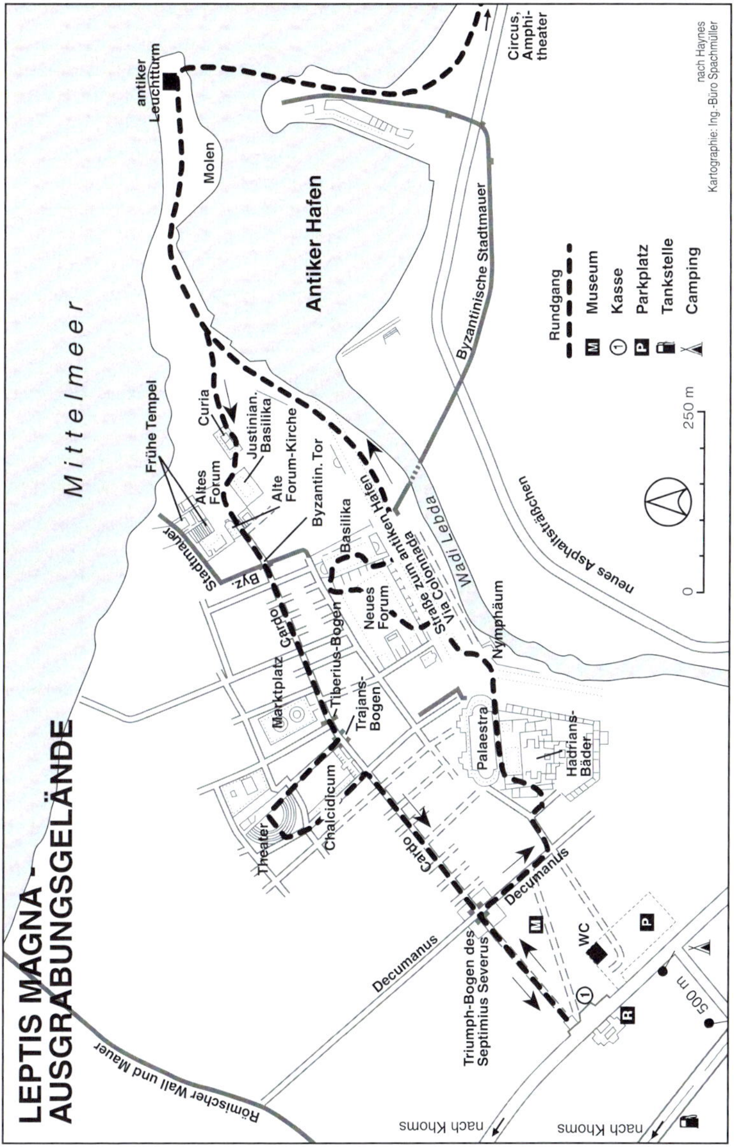
LEPTIS MAGNA – AUSGRABUNGSGELÄNDE
Mittelmeer
Antiker Hafen
antiker Leuchtturm
Molen
Circus, Amphitheater
Byzantinische Stadtmauer
Frühe Tempel
Curia
Altes Forum
Justinian. Basilika
Alte Forum-Kirche
Byzantin. Tor
Byz. Stadtmauer
Basilika
Straße zum antiken Hafen
Via Colonnada
Wadi Lebda
neues Asphaltsträßchen
Neues Forum
Nymphäum
Cardo
Marktplatz
Tiberius-Bogen
Trajans-Bogen
Palaestra
Hadrians-Bäder
Theater
Chalcidicum
Cardo
Decumanus
Decumanus
Triumph-Bogen des Septimius Severus
WC
Römischer Wall und Mauer
nach Khoms
nach Khoms
500 m
0
250 m
Rundgang
Museum
Kasse
Parkplatz
Tankstelle
Camping
nach Haynes
Kartographie: Ing.-Büro Spachmüller

chen hatte ebenso wie die massive Abholzung der Wälder die erste ökologische Krise der Region hervorgerufen. Die Hochwasserfluten der Wadis ließen Dämme brechen und versandeten die Häfen. Das goldene Zeitalter der nordafrikanischen Küsten neigte sich dem Ende zu.

Mit der Vernichtung des römischen Nordafrika durch den Einfall der **Vandalen** fiel auch Leptis Magna in Schutt und Asche. Eine Phase erneuter Prosperität folgte unter der Blüte des oströmischen Reiches. Mit der Eroberung durch **arabische Heerscharen** wurde dann aber die Antike in Nordafrika endgültig beendet: Im Jahr 642 fiel Leptis Magna auf ewig in Trümmer. An diesen bedienten sich andere: Als ganz besonderer Fledderer tat sich 1686 der französische Konsul in Tripolis hervor, der 600 der schönsten Säulen für den Bau des Schlosses in Versailles per Schiff nach Frankreich transportieren ließ. Noch immer liegen einige schöne Säulen unmittelbar am Küstensaum wie zum Abtransport bereit.

Mit der faschistischen Ära in Italien begannen umfangreiche Ausgrabungsarbeiten.

Sehenswertes

(Vgl. auch nebenstehenden Text) Die **Ausgrabungsstätten** von Leptis Magna erstrecken sich über eine **riesige Flä-**

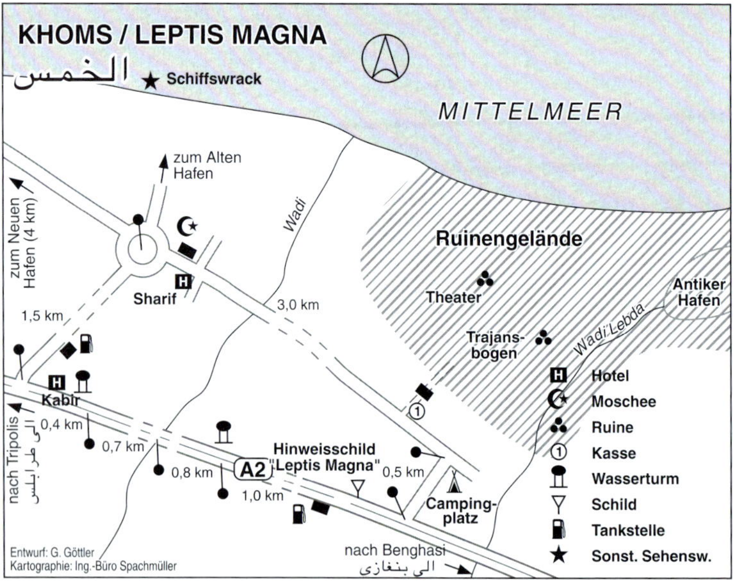

Ein Rundgang durch die Ausgrabungen von Leptis Magna

Leptis Magna war die drittgrößte Stadt des römischen Weltreiches nach Rom und Karthago - ein Rundgang kann also kein kleiner Spaziergang von knapp 30 Minuten sein. Selbst das Erreichen der wichtigsten Sehenswürdigkeiten im Freigelände erfordert mit Rückweg drei, vier Stunden Zeit. Der beschriebene Rundgang ist ca. 4 km lang. Für die lohnende Besichtigung des östlich des Wadi Lebdah liegenden Circus und Amphitheaters können Sie mit dem Fahrzeug anfahren (Anfahrt ab Haupteingang ca. 2,5 km). Ein Besuch des Museums (leider sehr oft geschlossen) erfordert noch einmal eine Stunde, sofern man die Besichtigung nicht im Galopp durchführen will. Ein Rundgang sollte im Freigelände auf alle Fälle bis hinab ans Meer führen: Nur an der Küste läßt sich die einmalige Lage dieser naturnahen Kulturstadt richtig erfassen.

Vom **Eingang** bzw. der **Kasse** aus gehen wir über einige Stufen hinabführenden Weg. Dies ist bereits der **Cardo,** sozusagen die x-Achse der planmäßig angelegten römischen Stadt; wir stehen hier auf ihrem ehemaligen Niveau. An der nächsten Kreuzung, 200 m weiter, haben wir die y-Achse, den **Decumanus,** erreicht. Beider Kreuzung wird durch den eindrucksvollen **Triumphbogen des Septimius Severus** markiert. Der vierseitige Bogenbau aus Kalkstein wurde später - möglicherweise aus Anlass eines Besuches des Septimius Severus in seinem Geburtsort - mit Marmor verkleidet.

Am Decumanus biegen wir rechts ab und folgen der alten römischen Hauptstraße in südöstlicher Richtung. An der nächsten Straßengabelung gehen wir wieder links und erreichen wenig weiter die rechterhand liegenden ausgedehnten **Hadrians-Bäder.** Besonders nach Regenfällen im Frühjahr wirkt die weitläufige Anlage wie eine Stadt aus Marmor und Wasser für sich. Nach dem Regierungsantritt von Hadrian 117 n.Chr. wurden in einem etwa 20 km langen Aquädukt die Wasser des einzigen ganzjährig Wasser führenden Flusses Cinyps (heute Wadi Ka'am) bis hierher in die nach ihm benannten Thermen geführt. Im nördlichen Teil der Anlage findet sich das natatio, das Schwimmbecken oder - neudeutsch - der Pool. Die Vielzahl der noch immer vorhandenen Säulen lässt den damaligen Luxus erahnen. Dazu hat man sich noch Marmorstatuen verschiedener Götter vorzustellen, die sich im Wasser spiegelten; diese Statuen sind heute alle im Museum in Tripolis zu sehen. Eindrucksvoll auch die Toiletten: Marmorsitze über tiefen Abwasserkanälen lassen erahnen, welche Vorstellung die Bevölkerung damals vor knapp zweitausend Jahren von Hygiene hatte! Das noch immer mit Marmor ausgekleidete Becken des Tepidariums, Übergangsraum zwischen Frigidarium (Kaltwasserbereich) und Caldarium (Heisswasserbereich), an dessen Rand graue Marmor-Säulen (vermutl. algerischer Marmor) stehen, vermittelt einen besonders guten Eindruck von einer auf Baden und Salben basierenden luxuriösen Lebensweise dieser Küstenstadt. Dieses Tepidarium diente (ähnlich den „Entmüdungsbecken" in unseren heutigen Fußballarenen) auch zum Ausruhen nach Sportübungen und folgerichtig stoßen wir auf unserem weiteren Rundgang auf die südwestliche Ecke der **Palaestra,** der Sportarena der damaligen Zeit. Die heute offene Anlage diente vor allem der Ertüchtigung im Ring- und Boxkampf. Ihre Ausschmückung mit Säulen aus Cipollino-Marmor und anderen Attributen läßt erahnen, daß diese Sportart damals vor allem der Oberschicht vorbehalten war.

Wir verlassen die Palaestra nach Osten hin und stossen außerhalb auf einen Platz, an dessen Rand das **Nymphäum** liegt. Dies ist ein den Quellen, Quellgrotten und den in diesen weilenden Wassernymphen geweihtes Heiligtum – könnte es besser plaziert sein, hier, in unmittelbarer Nachbarschaft zu den Bädern über dem Wadi Lebda? Die üppige Ausstaffierung des halbrund von hohen und mit Säulen aufgelockerten und dekorierten Wänden umstandenen Quellbeckens läßt in mir den Eindruck aufkommen, schon die Römer hätten damals versucht, den Wasserreichtum zu beschwören. Wenn dem so war: Es hat nicht genutzt. Die Sahara reicht heute bis an die Küste.

An die Küste führt uns auch unser weiterer Weg: Eventuell durch ein hohes Portal (Sie können auch außerhalb daran vorbeigehen) folgen wir dem Wadi Lebda nach Nordosten. Die Straße, auf der wir gehen, nennt sich **Via Colonnata,** die Säulen-(geschmückte)-Straße. Viele Archäologen sehen in dieser Prachtstraße einen Ausdruck purer Prunksucht, entstanden um 210 n.Chr. Sie führt in monumentaler Breite am **Neuen Forum** und an der **Severischen Basilika** vorbei zum Antiken Hafen. Die Geleise der hier verlaufenden Schmalspurbahn sind allerdings kein antikes Relikt: Es ist ein Hilfsmittel der (italienischen) Ausgräber. Linkerhand begleitet uns dabei eine Abfolge von „Arkadenläden“, die tatsächlich in severischer Zeit vermutlich Ladengeschäfte waren, zur Straße hin geschmückt mit wunderbaren Säulen, die dieser Prachtstraße ihren Namen gaben. Dieser Baustil sollte sich sowohl in der christlichen als auch in der islamischen Architektur dauerhaft niederschlagen.

221 Foto: gg

Nymphäum in Leptis Magna

In der Abfolge der Ladenkette befinden sich die (heute teilweise geschlossenen) drei Eingänge zum **Neuen Forum.** Durch einen gehen wir hindurch und betreten damit einen der wohl eindrucksvollsten Plätze der Welt: Etwa 100x60 m groß ist er noch immer mit Marmorplatten belegt. Einst war er umgeben von einer durchgehend zweigeschossigen Säulenreihe. Die auf der Nordostseite aufragende Baumasse der Basilika war verdeckt mit übereinandergestellten Kolonnaden, nach Südwesten öffneten sich die Säulen um einen der Basilika gegenübergestellten Tempel. Etwa hundert grüngestreifte Cipollino-Säulen hoben sich vor dem blendenden Weiß der Marmorverkleidungen ab – meisterhaft nicht nur in der Architektur, meisterhaft auch in der farblichen Abstimmung, wo diese nachvollzogen werden kann. Beispielhaft wurden (etwas zu niedrig) mehrere der Arkaden rekonstruiert: Aus weißem importiertem Kalkstein die Bögen, weißer Marmor für Lotus- und Acanthus-Kapitelle und Medaillons, darunter viele Medusenhäupter oder Seeungeheuer.

In der nordöstlichen Ecke der Schmalseite öffnet sich am Ende der Abfolge der säulengeschmückten Arkaden-Läden ein hoher Tor-Durchgang zunächst zum „Saal der dreizehn Säulen" und von diesem zur **Severischen Basilika** hin. Wir gehen hindurch und betreten ein Kirchenschiff von einer überraschenden Großzügigkeit: Der Grundriss ist rechteckig mit halbrunden Apsiden an den Schmalseiten, längs in ein Haupt- und zwei Seitenschiffe unterteilt. Boden und Wände waren mit Marmor belegt, Säulen aus rosafarbenem ägyptischen Granit, korinthische Kapitelle aus weißem Marmor. Aus weißem Marmor sind auch die eckigen Antensäulen und überreich verziert; teilweise sind die Heldentaten des Herakles dargestellt, teilweise Liber-Pater-Dionysos, umrankt von Bachantinnen und Weinreben. Sowohl Herakles als auch Dionysos waren die Schutzpatrone von Leptis Magna und von Septimius Severus: Helden-Mut und -Kraft vereint mit den Freuden des Weingenusses – könnte es sinnhaftere Motive geben für die Vitalität dieser Stadt an der nordafrikanischen Küste. Die luxuriöse Ausgestaltung dieses Inneren einer eigentlich frühchristlichen Kirche (!) läßt auch nachdenken über die Lebensfreude, die dieser Glaubensgemeinschaft in damaliger Zeit möglicherweise innewohnte. Vielleicht hat man in der Basilika aber auch nur jenen prunkvollen Tempel zu sehen, den – einer kritischen zeitgenössischen Stimme zufolge – Septimius Severus seinen Sippengöttern errichten liess. Eine Kanzel steht am südlichen Ende in der Mittelachse des Hauptschiffes; sie ist jedenfalls Zeichen einer später erfolgten „Christianisierung" unter Rückgriff auf vorchristliches Baumaterial: Korinthische Kapitelle wurden (möglicherweise in Folge der Erdbeben um 310 n.Chr.) zu ihrer Herstellung verwendet.

Von der Basilika gehen wir zurück auf die Via Colonnata und auf dieser weiter der Küste zu. Sie führt uns zu den westlichen **Kais und Molen des Antiken Hafens.** Früher vermutlich nichts als die durch einen Damm geschützte Mündung des Wadi Lebda, wurde auch dieser in Severischer Zeit zu einer eindrucksvollen Anlage ausgebaut. An der äußersten Spitze der das alte Hafenbecken fast umschliessenden Landzunge sind noch die südwestlichsten Teile der Grundmauern des Pharos, des Leuchtturms zu sehen. Alles andere wurde vom Meer weggefressen; noch immer liegen große Quadersteine in der unablässig rauschenden Brandung. Etwas weniger als zwei Kilometer sind wir bis hierher gegangen. Wer sich besonders für antike Hafenanlagen interessiert, durchquert das heute fast immer trockene Hafenbecken. Die östlichen Molen und ehemaligen Lagerhäuser sind besser erhalten als die auf der Westseite, an denen entlang wir bis zum Leuchtturm gegangen sind.

Wer das eindrucksvoll trichterförmig in eine Anhöhe (evtl. in einem ehem. Steinbruch) eingegrabene **Amphitheater** und nahebei den unmittelbar an der Küste liegenden **Circus** zu Fuß erreichen will, hat vom Leuchtturm aus weitere fast 1,5 km zurückzulegen.

Dazu überquert man auf der das Hafenbecken versperrenden „Küstendüne" das Wadi Lebda (sofern trocken) und folgt der Küstenlinie nach Osten. Beide Monumente sind auch auf einem neuen Asphaltsträßchen von der Durchgangsstraße aus mit dem Fahrzeug zu erreichen.

Zurück in Richtung Eingang gehend halten wir uns nach einem nicht freigelegten Gelände halbrechts und erreichen nach etwa 500 m die **Curia,** gewissermaßen das antike Rathaus, das mit seinen Säulen eher an einen Tempel als einen profanen Verwaltungsbau erinnert.

Unmittelbar westlich der Curia liegt das von frühen Tempelgebäuden fast umrahmte **Alte Forum,** Zentrum des öffentlichen Lebens in vorseverischer Zeit. Der schöne Plattenbelag des Platzes liegt voller Ausgrabungsteile, z.B. wunderbar kannelierte Säulen aus weißem Marmor des Liber-Pater-Tempels auf seiner Nord-West-Seite. Der gesamte Platz war umgeben von den wichtigsten Tempeln und öffentlichen Gebäuden der damaligen Stadt, an der Westseite etwa die Alte Forum-Kirche, die an der Stelle eines ehemaligen Tempels aus Trajanischer Zeit unter Einbeziehung alter Bauelemente errichtet wurde. Hinter der Redner-Tribüne Rostra liegt der Roma- und Augustus-Tempel, um die Zeitenwende ganz aus Kalkstein erbaut und erst im zweiten Jahrhundert durch Marmorbelag ausgeschmückt. In der Mitte des Platzes sehen Sie die Reste einer byzantinischen Taufkapelle.

Ansicht und Detail der severischen Basilika

lib4_4 Foto: gg

lib4_5 Foto: gg

Wir verlassen das Alte Forum an seiner Südwestecke auf dem **Cardo.** Nach etwa 50 m erreichen wir hier das **Byzantinische Stadttor,** das deutlich den Verlauf der hohen Stadtmauer aus dieser Siedlungsperiode markiert. Besonders eindrucksvoll die Setzung der Schlusssteine des eckigen Torbogens. Das Tor ist flankiert von Resten der ehemaligen Tortürme.

Der Cardo präsentiert sich hier als eindrucksvolle alte Stadtstraße. Wir folgen ihr in südwestliche Richtung bis zum rechterhand liegenden **Marktplatz.** In seiner unglaublich modern wirkenden Konzeption auf die Zeitenwende zurückgehend (Einweihung war im Jahre 8 v.Chr.), ist er Spende des vermutlich geradezu märchenhaft reichen Bürgers von Leptis, *Hannibal Rufus,* an seine Heimat-Gemeinde. Zutaten im Zuge der Prosperität in Severischer Zeit waren lediglich die Verschönerung durch Marmorverkleidungen. Zwei Rund-Kioske, Tholos genannt, bestimmen das Bild. Der ganze Marktplatz war umgeben von einem Säulenumgang mit den dahinterliegenden Läden. Die steinernen Verkaufstheken zwischen den Säulen stehen teilweise auf Marmorfüßen, die Tierfüße (an den Tischen der Metzger?) oder auch Delphine und andere Fische (an den Tischen der Fischhändler?) darstellen. Ich kann mir kaum vorstellen, daß Sie schon jemals luxuriösere Verkaufstheken zu Gesicht bekommen haben!

Wir gehen zum Cardo – hier die Via Triumphalis – zurück, durchschreiten an der Südecke des Marktplatzes den **Tiberius-Bogen,** ein einfacher Bogen, dessen Inschrift an die Pflasterung der Straßen in den Jahren 35–36 n.Chr. erinnert. Ein Wegstück weiter erreichen wir den vierseitigen **Trajans-Bogen** (110 n.Chr.). Dieser steht an einer Wegeverzweigung an der Nord-Ost-Ecke des so genannten **Chalcidicums.** Wir biegen rechts ab und gehen an dem langgestreckten (Gesamtlänge 60) und auf einer etwas höheren Ebene liegenden Gebäude bzw. seinen imposanten Säulenreihen entlang in nordwestliche Richtung. Auch wenn der Name der großen Anlage durch zwei Inschriften (eine davon auf dem beschrifteten und auf dem Boden aufgestellten Fries) und auch sein Stifter dokumentiert sind, ist doch bisher nicht gesichert, welcher Funktion dem Chalcidicum zugeordnet war. Das hoch aufragende **Theater** ist rasch erreicht. Auch dieses Gebäude ist eine Spende jenes Hannibal Rufus, auf den bereits der Markt zurückgeht. Das Theater von Leptis Magna ist nach dem von Sabrata das zweitgrößte erhaltene Bauwerk seiner Art – konzeptioniert und finanziert von einem Mogul. Die Einweihung erfolgte im Jahre 1 oder 2 n.Chr., beschriftete Lobestafeln erinnern an die Großzügigkeit des Spenders. Interessant ist, daß die Inschriften (als Türstürze) auf der Aussenseite in lateinischer, auf der Innenseite als Teilübersetzung in Punisch erfolgte, Titel und institutionelle Ränge wurden dabei weggelassen. Steil steigen die steinernen Sitzreihen im Halbrund an, das Theater überragt alle anderen Bauten von Leptis. Im Zuschauerraum trennt eine umlaufende Brüstung die besseren Plätze von denen des einfachen Volkes. An der Bühne beeindruckt wieder die Vielzahl von Säulen. Im Theater gefundene Statuen und Inschriften dokumentieren, daß auch dieses Gebäude unter dem Schutz von Dionysos und Herakles stand. Zudem stand es unter dem allgemeinen Schutz aller Götter des römischen Pantheons. Ihnen zu Ehren ließ ein Bruder des *Hannibal Rufus* hinter der Bühnenwand und so, dass er durch die offene Mitteltüre zu sehen war, einen Tempel erbauen. Heute erblicken Sie in dieser Richtung vor allem das ewig rauschende, oft azurblaue Mittelmeer.

Vom Theater gehen wir zum Cardo zurück und errreichen über diesen die Hauptachse **Decumanus,** dort den imposanten **Triumph-Bogen des Septimus Severus** und schließlich Ausgang und Kasse.

che: Ein kurzer Besuch vermittelt da nur einen unzulänglichen Eindruck. Planen Sie mindestens einen halben Tag ein. Wie Sabrata ist auch Leptis Magna als „World Heritage Site" unter UNESCO-Schutz gestellt. Ein großer Parkplatz befindet sich direkt am Eingang unter schattigen Bäumen. Auf einem zweiten Parkplatz, 100 m östlich von ersterem, darf man campen (5 LD); WC und Dusche sind vorhanden. Der **Eintritt** kostet 3 LD; für den Besuch des außerhalb des Ausgrabungsgeländes östlich des Wadi Lebda liegenden Amphitheaters und des Circus unmittelbar daneben an der Küste (Besuch sehr lohnenswert!) werden ein weiteres Mal 3 LD fällig, ebenso 5 LD für eine Fotografiererlaubnis hier wie dort. Im Eingangsbereich liegen Cafés, eine Post (Telefonieren nach Deutschland möglich) und Shops, in denen ab und zu Bücher und Postkarten verfügbar sind. Das Museum ist nahe dem Eingang und im Winterhalbjahr oft geschlossen, lohnt aber einen Besuch; es sind mehr Texttafeln vorhanden als im Museum in Tripolis und auch auf Englisch. Postkarten kosten hier nur 0,10 LD.

14 km westlich von Homs wurde in den 1970er Jahren unter den Sandmassen der Küstendünen ein römisches Landhaus aus dem 2. Jh. entdeckt. Die **Villa Selene** (auch Filla Silin) stellt eines der besten Beispiele für den Wohlstand der damaligen Bürger an der Küste dar; wenn die Ausgrabungs- und Restaurierungsarbeiten erst einmal beendet sind, dürfte diese Stätte sicher zu den Höhepunkten einer Libyen-Reise zählen. Neben wunderschönen Mosaiken (die nicht in ein Museum verbracht, sondern vor Ort belassen wurden) sind Wandmalereien vorhanden, die die damaligen Lebensverhältnisse verdeutlichen. Der Besuch der Villa Selene ist nur mit einer speziellen Genehmigung der Antikenverwaltung möglich, die fast immer im Büro des Department of Archaeology (gegenüber dem Eingang in Leptis Magna) erhältlich ist (3 LD). Bitte beachten Sie das absolute Fotografierverbot!

Tipp: Leptis Magna stellt (neben Sabrata) einen der wenigen Punkte an der Nordküste dar, wo man mit einiger Wahrscheinlichkeit auch **andere Touristen treffen** kann (vgl. Sabrata). Vielleicht ist dies ja der Grund, dass die Touristenpolizei hier über ein eigenes Büro verfügt und die Papiere der anreisenden Touristen überprüft – hier und nur hier lohnt sich offensichtlich der Aufwand!

Praktische Infos

- Siehe auch den Stadtplan.
- **Tel. Vorwahl: 031**

Hotels

- **Hotel Al Kabir (Grand Hotel),** an der Hauptstraße bei km 116, Tel. 23333, 26944. Ordentliches DZ mit Frühstück 30 LD.
- **Hotel Funduq Ain Nagazza,** 20 km westlich. DZ 40 LD mit Frühstück. Gutes Restaurant, Terrasse mit Aussicht; Abendessen 11,50 LD; Taxi nach Leptis Magna, vom Portier bestellt: 10 LD.
- **Hotel Sharif,** im Ortszentrum, wenig einladendes Haus.

Jugendherberge

- Die heruntergekommene JH liegt in Richtung des neuen Hafens.

Camping

- Auf einem der **Parkplätze am Eingang der Ausgrabungsstätten** von Leptis Magna manchmal erlaubt (Dusche und WC).
- **Ausgeschilderter Platz** auf privatem Gelände unmittelbar an der Kreuzung beim Eingang.

Sonstiges

- **Einfache Restaurants und gute Einkaufsmöglichkeiten** im Ortszentrum, auch gutes Obst- und Gemüseangebot. Ein Shop am Eingang zum Ausgrabungsgelände bietet Bücher zu archäologischen Themen Gesamtlibyens an und auch Ansichtskarten, die sonst im Land so selten sind.
- **Sammeltaxi** nach Tripolis: 3 LD/Pers.

Zur **Weiterfahrt nach Osten** begeben wir uns wieder auf die Schnellstraße. Dort, wo der beschilderte Abzweig zum Eingang des Ausgrabungsgeländes führt (eine Tankstelle befindet sich an dieser Kreuzung), wäre unser **km 119,** falls Sie direkt bis hierher durchgefahren sind. Hier stellen wir den Tacho wieder auf Null.

km 0: Leptis Magna, ausgeschilderter Abzweig zum Ausgrabungsgelände an der Schnellstraße (siehe unmittelbar vor der Ortsbeschreibung von Leptis).

Wir fahren nach Osten und queren schon einen Kilometer weiter das Oued Lebda, das im Bereich des antiken Hafens von Leptis Magna ins Mittelmeer mündet. Durch die üblichen Müllhalden verlassen wir den Ort und kommen wieder in etwas freieres Gelände. An der Straße bieten Händler Stühle aus Palmblatt-Rippen an, die einen ganz gemütlichen Eindruck machen. Ortschaft folgt auf Ortschaft, zwischendurch auch wieder freies Gelände, teilweise auch Eukalyptus-Wälder. Die Straße, auf der wir unterwegs sind, ist die Via Balba, imperiale Straße aus italienischer Zeit; 1937 wurde sie von *Mussolini* eingeweiht.

Bei **km 22** passieren wir eine **Kontrollstelle.** Weiter geht es durch Mittelmeerlandschaft zwischen Kalkhügeln von Ort zu Ort; der Verkehr ist dicht und lebhaft. Jede der Ortschaften scheint sich auf ein bestimmtes Warenangebot spezialisiert zu haben, zwischendrin ist sogar mal einheimische Keramik zu finden.

In Höhe der Ortschaft **Zliten** (mit dem guten **Hotel Zliten,** m.E. eines der angenehmsten Hotels in ganz Libyen, DZ 45, Frühstück 5 LD, sehr sauber, Pos. 32°28,53' / 14°33,59'; sehenswert: Moschee Abd-al-Salam-al-Asmar im Ortszentrum, der eine landesweit wichtige Koranschule angeschlossen ist, in der die Schüler die Koransuren auf außergewöhnlich große Holztafeln schreiben; auf Anfrage Besichtigungsmöglichkeit), die wir in weitem Bogen landeinwärts umfahren, befinden wir uns **zwischen km 33 und km 40:** Unsere Straße ist autobahnähnlich ausgebaut, an Kreuzungen und Abzweigungen halten wir uns einfach geradeaus. Dann durchfahren wir sehr lebhafte Vororte: Hier werden in großen Mengen Eisenwaren (vor allem für Bauzwecke) angeboten. Der Verkehr ist dicht und chaotisch. Interessant aber auch, wie Palmen noch dem hässlichsten Neubauviertel einen malerischen Anstrich zu geben vermögen. Durch Schutt und Abfall verlassen wir das Umfeld der Stadt.

240 Foto: gg

Durch mediterrane Landschaften geht es weiter gen Osten. Das Meer ist hier etwa 3 km von uns entfernt. Ein Versuch, die Küste zu erreichen, erscheint jedoch nicht allzu lohnenswert: Die Steilküste in diesem Bereich wird – wo immer sie auf einem Weg erreichbar ist – als Müllkippe verwendet. Nach wiederholten zeitraubenden Versuchen, einen netten Rastplatz am Meer zu finden, haben wir schließlich enttäuscht aufgegeben.

Wenig ändert sich am Landschaftsbild, eine Ortschaft gleicht der anderen. Die Straße ist jetzt erstmals in einem etwas schlechteren Zustand. Ein modernes Straßen-Café und ein Monument (?) in einem **kleinen Park** finden Sie bei **km 79.** Unmittelbar daneben steht eine ruhige **Tankstelle** zur Verfügung. Wir nähern uns dem Umfeld von Misratah. Eines der Anzeichen dafür ist der zunehmende Verkehr und womöglich noch chaotischere Fahrweisen: Geisterfahrer sind hier an der Tagesordnung!

Typische Ortseinfahrt in Libyen – ein Triumphbogen

Eine **riesige Kreuzung** mit Brücke bei **km 81** markiert den Abzweig nach **Misratah.** Wir fahren geradeaus und umfahren jetzt in weitem Bogen diese Stadt. Erst bei km 86, einer weiteren Kreuzung, einem Art Triumphbogen und einem Umspannwerk mündet die östliche Ortszufahrt in unsere Küstenstraße: Hier endet die „libysche Autobahn", und wir befinden uns jetzt auf einer zweispurigen Straße.

Hohe Eukalypten säumen die Straße, wir fahren weiter durch eine Mittelmeerlandschaft mit Palmen und Olivenbäumen in Getreidefeldern, jetzt allerdings immer in südlicher Richtung. Überall finden sich auch einzelne Gehöfte oder Weiler, die durch ihren dichten Palmbewuchs auffallen.

Eine auffällige und aufwendig gesicherte Industrieanlage liegt im Bereich von **km 102** westlich der Straße: Hier sollten Sie besser nicht anhalten! Weiterhin ist alles besiedelt, der Bewuchs nimmt jetzt aber nach Süden zu rasch ab! Ein Restaurant mit Straßencafé und kurz danach eine Tankstelle finden Sie bei **km 111.**

Dichte und große Eukalypten und andere Bäume stehen im Straßenbereich; wer Schatten sucht, dem bieten sich hier günstige Rastplätze. Straßenlaternen zeigen an, dass wir uns wieder auf eine Ortschaft zubewegen. Schließlich markiert eine Tankstelle bei **km 121** den Abzweig zur Ortschaft **Taurgha,** die einige Kilometer östlich in einer weiten Sebkha liegt.

Ein weiteres kleines Straßenzentrum passieren wir bei **km 128:** Ein Richtfunkmast, ein Straßencafé – hier enden dann auch die Straßenlaternen. Der nachlassende Bewuchs erlaubt dann auch wieder einen Blick in freieres Gelände: Im Osten ist die riesige Sebkha von Taurgha zu sehen.

Die Straße ist immer noch schnurgerade, dennoch erlaubt ein relativ dichter LKW-Verkehr nur in seltenen Fällen ein Überholen. Über Kilometer hinweg säumen Hütezäune, Stacheldrahtzäune die Straße: Nur im Bereich von querenden Pisten ist es möglich, die Fahrbahn zu verlassen. Wir sind jetzt bereits im Steppenbereich; die traditionelle Wirtschaftsweise ist hier die Viehhaltung.

Bei **km 141** erreichen wir schließlich eine Kontrollstelle und einen Abzweig, bei dem von Westen her die Strecke A 3 in unsere Küstenstraße mündet.

Weiter geht es nach diesem Kurzhalt in südlicher Richtung durch eintönige Steppenlandschaften. Ab und zu ist im Osten noch die Sebkha von Taurgha zu sehen, die hier allerdings Umm al Izam heißt; immer wieder begleiten uns vor allem im Osten über lange Strecken Stacheldrahtzäune. Bei **km 161** wird aus unserer Straße eine Autobahn: Hier zweigt an einer ausgebauten Kreuzung eine Straße nach Westen ab; wir fahren jedoch geradeaus. Die Autobahn geht nach etwa 5 km wieder in eine normale Landstraße wie bisher über; allmählich schwenkt die Straße auf östliche Richtung. Bei **km 187** zweigt rechts die Straße nach Sebha ab: Hier fahren wir geradeaus/links weiter (Polizeiposten und Tankstelle).

Nur 2 km weiter erreichen wir dann den kleinen Ort **Abugrin (km 189):** Viel dürfen Sie hier nicht erwarten, immerhin gibt's eine Tankstelle, verschiedene Reifenreparateure und – am Ortsrand Ost – ein modernes Straßencafé; das war's dann aber auch. Im Ort selbst zweigt übrigens eine weitere Straße in Richtung Süden ab, die etliche Kilometer weiter in die oben erwähnte Südroute nach Sebha einmündet (A 3).

Nach Osten fahrend, sehen Sie kurz nach Abugrin schon auf große Entfernung eine einzeln stehende Baumgruppe am Straßenrand: Es sind die letzten Bäume bis Sirte, und das weiß natürlich jeder der Einheimischen, die hier ab und zu unterwegs sind und Schatten suchen – der Rastplatz gleicht deshalb mehr einem Müllplatz.

Durch langweilige Ebenen geht es weiter nach Osten. Zwei Hochspannungsleitungen begleiten uns südlich der Straße; ein kleiner Weiler mit Tankstelle wird durchfahren: Die Bevölkerung scheint hier vor allem von der Reifenreparatur zu leben. Dann wieder ein einsamer Kontrollposten **(km 225)** bei einem Richtfunkmast; wir werden aber durchgewunken. Die Landschaft bleibt öde; der Verkehr hat seit der Sebha-Verzweigung nachgelassen, doch sind noch immer viele schwere LKWs unterwegs: Die Versorgung von Tripolis erfolgt seit dem Embargo zum großen Teil über Ägypten! So wird uns dieser LKW-Verkehr noch eine ganze Zeitlang begleiten.

Bei **km 238** sind überall auf den Küstendünen und auf den Hügeln Beobachtungsposten zu sehen. Im Küstenbereich liegt ein ganzer Ort in Ruinen: Buerat al Hsun? Ein kurzes Stück des Weges bleiben wir nahe den Küstendünen; dann zieht die Straße durch graugrün mit Halophyten bewachsene Sebkhen-Ebenen; der Bewuchs ist gerade mal 40 cm hoch. Malerisch auf Holzpfosten begleitet uns eine alte Telegrafenleitung; weiter im Süden dagegen immer noch eine Hochspannungsleitung. Im nächsten Dorf scheint die Bevölkerung ihr Geld mit der Haltung und Schlachtung von Kamelen zu verdienen: Vor jedem Haus ein Stall mit Kamel, vor jeder Metzgerei ein Kamelkopf ...! Die flachen und langweiligen Küstenlandstriche scheinen eine gute Kamelweide ab-

229 Foto: gg

zugeben. Ein Richtfunkmast dann bei **km 260;** zu dessen Füßen können Sie sich an Leib und Seele stärken: Ein kleines Straßencafé steht hier neben einer Moschee. Das Meer selbst ist etwa 1 km entfernt. Es hat hier eine niedrige Felsküste und ist zum Baden nicht schlecht geeignet.

17 km vor Sirte, bei **km 303,** erreichen wir einen Abzweig: Die große breite Straße halbrechts ist die Umfahrung von Sirte; die schmalere küstennahe dagegen führt in die Stadt hinein. Folgen Sie der küstennahen Straße, erreichen Sie über einen Flugplatz (die Straße wird zur Landebahn!), Industrievororte und die obligatorischen Müllhalden den Ortsrand bei **km 320.** Hier können Sie bei erstbester Gelegenheit wieder direkt ans Meer abbiegen und so an der stillen Uferpromenade bis zum Fischerei-Hafen weiterfahren: Hier befinden Sie sich dann auf Höhe des Ortszentrums.

Bleiben Sie dagegen auf der Umfahrung, einer modernen vierspurigen Schnellstraße in hervorragendem Zustand, erreichen Sie nach 14 km eine Kreuzung mit Brücke: Hier zweigt die Route B 1 Richtung Süden nach Waddan ab. Nochmals 10 km weiter erreichen Sie eine andere große Kreuzung mit einem Kreisverkehr: Dies ist bereits die östliche Zufahrt nach Sirte; die vierspurige Schnellstraße, die Umfahrung von Sirte, endet hier und geht wieder in eine zweispurige Landstraße in Richtung Benghasi über. Bis zur zweitgrößten Stadt des Landes sind es von diesem Kreisverkehr noch 545 Kilometer.

Hafen von Sirte

Sirte سرت

Sirte ist die – sehr lebhafte – **Metropole der gesamten Region** – und Landeshauptstadt auf dem Papier. Wegen der schlechten Bodenverhältnisse und den geringen Niederschlagsmengen war das gesamte Gebiet früher nur für extensive Viehhaltung nutzbar; bis in jüngste Zeit hinein hielten die Bewohner am Nomadismus fest. Hier trafen die konkurrierenden Stämme der Merabtine, der Ouled Sliman, der Gedafa und der Magharba aufeinander. Auch der heutige Staatsführer **Muammar al-Kadhafi** entstammt dem Nomadenmilieu; in Sirte hat er die Schule besucht. Vielleicht ist dies ein Grund dafür, dass die Stadt heute den Eindruck macht, als würde sie ganz besonders gefördert. Viele moderne Neubauten sind zu sehen. Das **Volkskongress-Zentrum** in Form eines Nomadenzeltes steht inmitten einer weitläufigen Parkanlage. Die Uferpromenade zieht sich über mehrere Kilometer die Küste entlang. Auch sie ist teilweise parkähnlich angelegt.

Kadhafis Familie lebt noch immer in der Sirte-Region. Ihre Zelte stehen nahe der Ortschaft **Qasr Bu Hadi,** etwa 30 km südlich der Küste. Hierher zieht sich der „Kait" (Führer, Stammesfürst) immer wieder zurück, empfängt gar gelegentlich Reporter und Staatsgäste in einer Art Zeltresidenz. Viele seiner visionären Ideen erklären sich aus dieser nomadischen Herkunft.

Hotels/Jugendherberge

- **Gulf Hotel,** 5-Sterne-Hotel in der Nähe des Volkskongress-Zentrums, voll klimatisiert, Herberge der Stadtgäste. DZ 80 LD (gegen Tauschquittung, verhandelbar), Frühstücksbüffet.
- **Hotel Medina,** nördlich des Volkskongress-Zentrums, nahe der Post, Tel. 054/60160, Fax 4407. Ordentliches Haus, man spricht auch französisch.
- Die **Jugendherberge** ist abgewirtschaftet.

Sonstiges

Im Ort gibt es verschiedene **kleine Imbissbuden, Bäcker** und **Lebensmittelgeschäfte** mit spärlichem Angebot; kaum frisches Obst. Wenn Sie Glück haben, können Sie im Hafen fangfrischen Fisch für wenig Geld erwerben.

Route A 3:
Tripolis – Tarhuna – Ban Walid – Waddan – Hun – Sebha

- *Durchgehend apshaltiert, auf begrenzte schlechtere Wegstrecken wird im Text verwiesen; Verkehr in Orten dicht, auf freier Strecke (sehr) gering; 90 km bis Tarhuna, dann 87 km bis Ban Walid, dann 163 bis Abugrin, dann 280 bis Waddan, dann bis Sebha 354 km; gesamt 974 km.*
- *Michelin-Karte 741 und Geo-Projects-Karte.*

Die hier beschriebene Route führt über das östliche Nafusah-Bergland und die westliche Sirte-Region zu den Dschofra-Oasen (Al Jufra) bis hinein in die Sahara und in ihre Metropole Sebha. Sie umgeht die vielbefahrenen Teilstücke der Küstenroute und stellt Ansprüche an die Orientierung, da auch mit den genannten Karten die Wahl der richtigen Abzweige an Kreuzungen nicht immer klar ersichtlich ist.

km 0: Tripolis, Grüner Platz/Märtyrer-Platz. Aus Tripolis in Südrichtung herauszufinden, erfordert einige Aufmerksamkeit. Die beschriebene Strecke ist wahrscheinlich gar nicht mal die einfachste, möglicherweise wäre es sinnvoller, sich zunächst in Richtung Flugplatz zu halten und dann erst auf einer der „Ring Roads" auf die Tarhuna-Strecke einzufahren. Aber ich habe nur die hier beschriebene Route befahren und kann mir deshalb kein Urteil über eine andere Möglichkeit erlauben.

Sie fahren also wie bei Route A 2 so lange auf der unmittelbar am Hafen entlang führenden Al Fat'h Street, bis Sie – vorbei am Fährhafen bei **km 1,4** – bei **km 7** an einem groß ausgebauten Kreisel der Hauptstraße folgend nach rechts abbiegen und so im rechten Winkel vom Meer weg auf eine Ausfallstraße fahren, die Sie südwärts dem Inland zuführt. Entlang dieser Ausfallstraße wird überall Baumaterial angeboten. Sie halten sich weiter südwärts, überqueren andere autobahnähliche Straßen, die „Ring Roads" (hier könnten Sie theoretisch auch schon in Westrichtung fahren), und erreichen **nach 5 km** das Ende der Ausfallstraße: Hier biegen Sie nach rechts, nach Westen, ab, folgen damit der Al Khums Road, bis diese nach dem Al-Fatah-Kreisverkehr und leicht nach Nordwesten abbiegend in die University Road übergeht.

Nach 2,5 km verlassen Sie diese wieder an einem weiteren großen Abzweig in Richtung Westen und sind jetzt auf der Second-Ring-Road, der Sie wiederum **1,5 km** nach Westen folgen. Am nächsten großen Kreisverkehr biegen Sie nach Süden ab – dies hört sich nicht nur kompliziert an, es ist es auch. Lassen Sie sich von möglichen Irrfahrten nicht nervös machen: Ggfs. fahren Sie auf den autobahnähnlichen Straßen bis zu nächsten Abfahrt und wenden hier wieder, falls Sie eine Fehlfahrt zu korrigieren haben. Wenn Sie nun im Bereich der Second-Ring-Road auf Südkurs gehen, sollten Sie den Tacho erneut auf Null stellen. Tipp: **Versuchen Sie nicht, Tripolis im Feierabendverkehr zu verlassen!**

km 0/2: Kreuzung der Second-Ring-Road mit Al Hadhbah-Road in südlicher Richtung fahrend.

Der Verkehr auf dieser vierspurigen Ausfallstraße ist dicht bis sehr dicht. Bei **km 22** wird eine in Richtung West-Ost verlaufende Autobahn überquert, und dann führt die Straße geradeaus in den sehr lebhaften Ort **Bin Ghashir** hinein und direkt auf die Moschee zu. Unmittelbar vor der Moschee bei **km 27** biegen Sie halblinks ab, folgen also nicht der fast gleich großen Straße halbrechts! Rasch lockert sich der Ortskern auf, das Gelände wird freier: Im Bereich des **km 30** passieren wir den Tripolis-Airport auf dessen östlicher Seite.

Andere Möglichkeit: Verlassen Sie Tripolis den Ausschilderungen mit dem Flughafen-Symbol folgend, und versuchen Sie dann, vom Flugplatz aus nach Bin Ghashir zu queren. Ich weiß nicht, ob das funktioniert, und bitte um Hinweise!

Wir sind weiterhin auf einer „libyschen Autobahn". Sollte gerade irgendwo ein Markt stattfinden, lässt jedermann sein Fahrzeug einfach irgendwo stehen, und Sie haben Mühe, selbst auf der Autobahn noch durchzukommen. Bei **km 42** in einer Ortschaft knickt die Schnellstraße auf südöstliche Richtung. 5 km darauf durchqueren wir einen weiteren lebhaften Ort, **Suq al Khamis.** Sollten Sie weiterhin Orientierungsprobleme haben, wovon in diesem Bereich eigentlich nicht mehr auszugehen ist, wäre Suq al Khamis ein idealer Ort, nach dem Sie fragen können: Suk al Chahmis (so auszusprechen) – das versteht jeder!

Am Ortsrand passieren wir geradeaus eine Kreuzung. Dann türmt sich der **Jabal Nafusah** langsam und in Abhängigkeit von den Sichtverhältnissen wie eine Wand vor uns auf; wir fahren geradewegs auf die Abbruchkante zu. Bei **km 64** durchfahren wir einen letzten Weiler unmittelbar am Fuß der Berge, dann geht es bergauf und kurvig in ein steil eingeschnittenes Tal hinein. Von Westen her mündet bei **km 81** eine Straße in unsere, eine weitere kaum 1 km weiter bei einer hübschen älteren Moschee: Die erste Straße kommt von Abuzeyan, die zweite direkt von Ban Walid: Wer nicht nach Tarhuna, sondern direkt nach Ban Walid will, biegt an dieser zweiten Kreuzung **(km 82)** unmittelbar bei der Moschee rechts ab (von Süden kommend entsprechend nach links, nach Westen)! Weiter nach Tarhuna aber halten wir uns immer geradeaus auf vierspuriger Straße. Bei **km 90** erreichen wir den Ortsrand von

Tarhuna; hier zweigt die Straße ab, die wir nach unserem Besuch in diesem Ort in Richtung Ban Walid benutzen werden.

Tarhuna ترهونة

Tarhuna ist bekannt für seine hübsche Lage in einem hügeligen und fruchtbaren Gelände in der kühlen Luft des Jabal Nafusah. Was jedoch fast einmalig in diesem Land ist: Hier gibt es einen Wasserfall! Natürlich – wenn Sie solche aus Norwegen oder Island kennen, werden Sie enttäuscht sein, aber wir sind in Libyen, einem Wüsten-Land! Und hier gilt der Wasserfall Ain Sharshara als kleine Sensation. Ganz Tarhuna übrigens ist eine beliebte Sommerfrische an heißen Tagen.

Abstecher zum Wasserfall Ain Sharshara

(Sprich „Scharrschara", 3 km, einfach) Wir fahren hinein nach Tarhuna und queren hier mitten im Ort in einer Furt das Oued; an einem Kreisverkehr unmittelbar danach biegen wir in rechtem Winkel links ab und folgen dem Tal bergab. An Verzweigungen oder Einmündungen halten wir uns immer geradeaus bzw. halbrechts, fahren schließlich vorbei an einem Militärgelände linkerhand in einen hohen Eukalyptus-Wald hinein. Hier endet der Asphalt, eine kleine Piste führt steil hinab ins Tal, in dem sich die Wasserfälle befinden. Fahrbar bis dorthin; Rückweg = Hinweg.

Felsgravuren am Weg zum Wasserfall: An der Straße zum Wasserfall durchquert man eine flache Hügelzone. Hier befinden sich westlich der Straße auf ebenerdigen Felsplatten viele prähistorische Felsgravuren (u.a. Rinder, ein Nashorn). Ausgangspunkt ist ein allein liegender kleiner Hof bei GPS-Pos. N 32°27,44′ / E 13°37,60′. Die Gravuren liegen nahebei auf dem Hügel oberhalb des Hofes. Möglicherweise wird das Gelände demnächst eingezäunt sein; entsprechende Materialien liegen bereit.

Zurück in Tarhuna überqueren wir wieder das Oued nach Westen und wenden uns dann am Ortsausgang am Abzweig nach Süden. Hier stellen wir den Tacho erneut auf Null.

km 0/3: Abzweig in Tarhuna nach Ban Walid. Nur wenig weiter stoßen wir auf einen Kreisverkehr, hier halten wir uns rechts. Die nur noch zweispurige Straße führt rasch aus dem Ort heraus und in Olivenkulturen hinein. Der Belag ist leicht schollig und teilweise auch etwas aufgebrochen. Bereits bei **km 15** erreichen wir die von Norden herkommende Straße (s.o.; von Süden kommend biegen Sie hier links, nach Westen, ab); hier ist ein Kontrollposten installiert; die Pässe werden überprüft. Weiter geht es auf der jetzt wieder besseren Straße nach Süden. Kurz darauf überqueren wir die westliche Man-Made-River-Trasse, die das Wasser von den Quell-Feldern des Jabal al Hasawinah nach Norden bis Tripolis pumpt; dieser Man-Made-River-Trasse werden wir auf unseren weiteren Reisen in der libyschen Sahara noch öfter begegnen.

Wasser! Schon hier wird deutlich, dass der Wassermangel eines der zentralen Probleme Libyens ist! Kaum haben wir die Kante des Jabal Nafusah hinter uns gelassen, liegen bereits hier, bei **km 20,** die ersten kleinen Sandwe-

Wasserfall Ain Sharshara

232 Foto: gg

hen in der Straße. Bei stärkerem Wind sind sie so hoch und so breit, dass bei Gegenverkehr kein Durchkommen möglich ist. **Fahren Sie entsprechend vorsichtig,** vor allem, wenn Sie auf diesem Abschnitt nachts unterwegs sein sollten. Die sich anschließenden Hochflächen sind schnell durchfahren, die Landschaft ist steppenartig und eher langweilig. Bei einer **Tankstelle** an **km 84** haben wir den Südrand der Hochfläche erreicht und fahren jetzt erst einmal hinab ins tief eingeschnittene Oued von Ban Walid. Auf einer gestelzten Brücke überqueren wir den breiten Grund des Trockenflusses. Drüben zieht sich die Straße den felsigen Hang hinauf in die Ortschaft. Bei **km 87** erreichen wir am Ende der Brücke einen Kreisverkehr: Hier fahren wir links, es sei denn, Sie wollen sich noch **Ban Walid** ansehen (**Hotel Zaitouna,** unmittelbar oben am Ende des Anstieges rechter Hand, neu, sauber, DZ 30 LD; das Hotel Funduk Ban Walid, in früheren Auflagen noch gelobt, hat abgewirtschaftet; siehe Route A 24). Laut Mitteilung eines Lesers gibt es hier ein nettes Museum: An der Brücke fährt man zunächst links, dann hangaufwärts. Oben an einem Kreisverkehr fällt ein überdimensioniertes Kadhafi-Gemälde auf: das Museum. Es zeigt Regionalgeschichtliches und geht auch auf die Bedeutung der „limitanei" ein (siehe Exkurs „Die römische Limeszone in Tripolitanien"). Erneut stellen wir an diesem Kreisverkehr den Tachometer auf Null.

km 0/4: Kreisverkehr am Brückenende im Wadi von Ban Walid. Wir biegen hier nach links, nach Osten ab, fahren also nicht hinauf, sondern am Rand des

Wadis auf guter Straße weiter. Im Talgrund sind Felder bestellt, Palmen und Oliven wachsen hier. Manche der Olivenbäume sehen so aus, als wären sie uralt, und schon kommt einem der Gedanke, sie stünden da womöglich noch aus römischer Zeit ...

Das **Wadi Merdum,** in dem wir uns nun über etwas mehr als 100 km nach Osten in Richtung Meer bewegen, gehört zum **Wadi-System des Sof Ejjin;** es ist **uraltes römisches Kulturland:** Überall auf den vorspringenden Felsspornen der Talränder sind die Ruinen der ehemaligen römischen Wehrhöfe zu erkennen. Die Dämme, die die Kulturen ebnen, stammen ebenfalls vielerorts noch aus römischer Zeit. Das Wadi Merdum zeigt exemplarisch, wie ein Wadi bewirtschaftet wird und wurde: Quer zum Wadital sind Parzellen angelegt, auf denen angepflanzt wird. In regelmäßigen Abständen sind kleine Stauwehre angelegt, um das Gelände einzuebnen und ein zu schnelles Abfließen des Wassers nach den seltenen Regenfällen oder bei der Bewässerung aus Brunnen oder Zisternen zu verhindern. Wenn Sie an einer Stelle einmal eine besonders schön erhaltene Ruine sehen, sollten Sie sich die Zeit nehmen und einen kleinen Fußmarsch hinauf machen; wie gesagt, die Straße verläuft fast immer am Rand des Talbodens, die Wehrhöfe dagegen stehen auf den strategisch günstigeren Felsnasen an der Kante des Plateaus, in das sich das Oued eingeschnitten hat.

Jetzt fahren wir erst einmal in östlicher Richtung durch lebhafte Ortsteile von Ban Walid – viel Römisches hat sich hier nicht erhalten. Am Ortsrand aber sind immer wieder auch Ruinenreste in den Felshängen erkennbar. Sicher handelt es sich teilweise auch um alte berberische Siedlungsreste. Besonders interessant wird dieses Gemenge, wenn dann unmittelbar neben den sorgfältig aufgesetzten Steinmauern des römischen Wehrhofes noch das Minarett einer Moschee steht ...!

Bei **km 32** mündet von links eine Straße in die unsrige, die von der Küste bei Zliten herabkommt.

Abstecher zu den „Obelisken" von Mseltin

Biegt man an der Einmündung bei km 32 links ab in Richtung Norden, der Küste bei Zliten zu, ist nach wenigen hundert Metern die Talsohle des Wadi Merdum erreicht. Wir durchqueren es; drüben geht es im Einschnitt eines Seitentales wieder bergan und der Hochfläche zu. Noch bevor diese erreicht ist, liegt rechter Hand (knapp 1 km ab der Einmündung) eine auffallende, **große Ruine (Pos. N 31°49,92' / E 14°17,475'):** Hier lässt sich das Fahrzeug parken. In östliche Richtung gehen wir der steinigen Hochfläche zu, wo weithin sichtbar die beiden 16 m hohen **neopunischen Grabtürme** (Pfeilergrabmäler) stehen. Ihre hohe schlanke Form erinnert an die punischen Grabmonumente in Sabrata und zeugt von der Vermischung einheimisch-punischer und römischer Elemente. Die Türme datieren auf das 4. Jh. und machen den Reichtum jener Limesbauern deutlich, die im nahen Wadi Merdum ihre Felder und Anpflanzungen pflegten. Neben den beiden stehenden Türmen liegt ein eingestürztes drittes Grabmonument.

Wir fahren weiter geradeaus, passieren schon nach 2 km das interessante römische Kleinkastell Mseltin, heute **Qasr Bularkan** (nördlich der Straße, GPS-Pos. **N 31°49,32' / E 14° 17,90'**) und kommen **12 km weiter** an eine lokal begrenzte **Sumpflandschaft:** Hier wurden Wasserreservoirs angebohrt; das kostbare Nass spritzt jetzt aus den durchgerosteten Rohren meterweit in die Landschaft. Das Wasser kommt aus der Tiefe, es ist sehr warm. In den Pfützen konnte sich Bewuchs bilden, und so kommen immer wieder einzelne Kühe von den kleinen Höfen nahebei, um Hunger und Durst zu stillen; es sind schwarzweiße Kühe – ja, genau, die, die Sie sonst auf unseren sattgrünen nassen Wiesen stehen sehen! Hier, an einer Wasserstelle in der libyschen Steppe. Die Tiere können einem leid tun!

Nutzen Sie die üppige nasse Fülle, um Ihre Kanister mit Brauchwasser zu füllen. Wenn Sie schon bald darauf irgendwo im Gelände – Hotels oder andere Herbergen gibt es seit Tripolis und bis Hun nicht mehr – Ihr Nachtlager aufschlagen, können Sie noch eine warme Dusche aus dem Kanister nehmen.

Jetzt aber wird das Gelände im Umfeld einer Ortschaft erst einmal wieder sandig. **Achten Sie auf eingewehten Sand! Bei Gegenverkehr gibt es kein Durchkommen** – und der Bremsweg verlängert sich auch bei wenig Sand auf dem Asphalt ganz enorm!

Das Tal weitet sich, das Gelände wird flacher. Der eigentliche Verlauf der Kulturfläche entfernt sich nach Norden von der Straße. Manchmal queren bewachsene Seitentäler: Hier bietet sich ab und zu die Möglichkeit, sich weit weg von der Straße im Gelände einen ruhigen Nachtplatz zu suchen. Sollten Sie dies in absehbarer Zeit vorhaben, dann sehen Sie sich in diesem Gebiet um: Die Küstenstraße ist nach Querung einer weiteren Man-Made-River-Trasse (km 109) bereits bei **km 118** erreicht; Nachtplätze sind dann rar gesät! Hier bei km 118 stoßen wir auf die von Misratah kommende Route A 2; wir biegen rechts ab; der Kontrollposten an dieser Einmündung hat auf diese Weise ein Nachsehen – ganz im Wortsinn!

Auf dem schon dargestellten Abschnitt der Route A 2 (vgl. S. 279) geht es nach Süden. Die Landschaft ist nicht sehr interessant. Rasch sind wir am Abzweig nach Sebha, den wir noch vor dem Ort Abugrin bei **km 163** erreichen. Hier biegen wir rechts ab und verlassen so die Route A 2 wieder! An dieser Stelle empfiehlt sich eine erneute Nullstellung des Tachos.

km 0/5: Abzweig nach Süden 2 km vor Abugrin. Kurz nach dem Abzweig passieren wir eine Tankstelle. Da jetzt auf der Südroute hinab nach Sebha das Tankstellennetz doch deutlich löchriger wird, sollten Sie hier noch einmal volltanken – ich erwähne die Tankstellen jetzt wieder in der Routendarstellung.

Kurz darauf überqueren wir erneut die Man-Made-River-Trasse. Dann steht nach weiteren 5 km ein riesiges Kraftwerk in der freien Landschaft; Hochspannungsleitungen ziehen sich von ihm aus in alle Richtungen. Strombedarf ist hier reichlich vorhanden: Bei **km 14** überqueren wir ein Oued, und nur 2 km weiter zweigt eine Straße in dieses Oued hinein ab (Route A 24); dieses Tal gehört zum weitläufigen Talsystem des Wadi Zemzem, und in ihm befinden sich ausgedehnte **Agrarprojekte** (in den Karten finden sich verschiedene

Ortsnamen: El Fuchia bei Michelin, Assdadah und „Wadi Zamzam Agricultural Project" in der Geo-Projects-Karte); Wasser wird hier aus großen Tiefen heraufgepumpt, um damit die Felder zu bewässern. Die (billige) Energie dazu liefert das Kraftwerk. Sollten Sie in diesem Gebiet einen Nachtplatz suchen, können Sie etwa 16 km in dieses Tal hineinfahren: Dort finden Sie in einem südlichen Seitental einigermaßen geschützte Plätze; entlang der großen Straße weiter nach Süden sieht es damit lausig aus!

Unsere Hauptstraße verläuft weiter ziemlich schnurstracks nach Süden. Das Gelände ist flach und langweilig. Eine Hochspannungsleitung begleitet uns. 60 km weiter wird eine kleine Ortschaft durchfahren, dann wieder eine Man-Made-River-Trasse überquert (Beginn bzw. Ende der Route A 23, **Pos. N 30° 48,34'/ E 15°20,30'**); der Verkehr tendiert gegen Null. In einer bleiern langweiligen Landschaft machen sich dann flache Stufen bemerkbar. Wir erreichen die kleine Ortschaft **Abu Nijayn** (auch Bu Ngem; Tankstelle) bei **km 102:** Straßen zweigen nach Osten und Westen ab, in kleinen Dünen stehen malerisch Dattelpalmen. Nur wenig weiter steht auf einer kleinen Anhöhe ein altes Fort, das **Fortina Capitano di Mondato:** Der Ort markiert eine Schlüsselstelle im nahebei verlaufenden Wadi Kbir, dem „Großen Oued". Dessen Bedeutung bereits in der Antike veranschaulichen die weitläufigen **Ausgrabungen eines römischen Kastells,** dessen Umrisse trotz Sandverwehungen gut nachvollziehbar sind (lohnender Abstecher 800 m nach Osten, z.B. **Pos. N 30°34,62' / E 15°24,72'**).

Einige Kilometer fahren wir dann an ausgedehnten Bewässerungsprojekten entlang. Kleinere Berge schmücken sich mit aufgesetzten Dünen. Wir folgen einer im Osten bleibenden Bergstufe immer weiter nach Süden. Ab und zu sind dann auch schon richtige Dünen zu sehen, mal in weiter Entfernung, mal von der Straße aus erreichbar: Die Sahara beginnt sich zu zeigen. Der Sand jedoch wurde vom Wasser herbeigetragen und dann vom Wind zu den Dünen des Ramlet Agareb modelliert. Die Landschaft nimmt dabei einen ansprechenderen Charakter an; in kleinen Seitentälern wachsen Ginsterbüsche. Ab und zu eine niedrige Hügellandschaft und immer wieder kleine Dünen. Dann aber ein ganz neues Element – im Abstand von 10–20 km finden sich richtige Parkplätze! Betonierte Bänke und Schattendächer, ebenfalls aus Beton, kommen später hinzu – alles aber in einem recht desolaten Zustand. Dann zieht unsere Straße schnurgerade in eine weite Ebene hinein, in der sich weit entfernt ein dunkles Etwas zeigt, das sich beim Näherkommen als eine riesige Siloanlage erweist. Kurz davor eine Tankstelle (vgl. Karte unten), dann ein Abzweig nach links, nach Osten bei **km 276:** Hier verläuft die Route B 1, die von Zilla über Waddan – an diesem Ort befinden wir uns hier – hinauf zur Küste bei Sirte führt. Wir halten uns jetzt aber halbrechts, passieren die riesige Siloanlage und sehen auf derselben Seite Neubauten vor Palmen und schließlich in den Palmen den alten **Ksar von Wad-**

dan. Einige hundert Meter weiter ein weiterer Abzweig nach Osten/Südosten bei **km 280:** Hier geht die Straße nach Zilla ab, ein weiteres Teilstück der Route B 1. Wir stellen den Tacho wiederum auf Null.

Wir sind hier in den wasserreichen **Dschofra-Oasen (Al Jufra).** Das ausgedehnte Becken gleichen Namens, das wir von Norden kommend als weite Ebene bemerkt haben, liegt vor dem „Schwarzen Bergland", dem Jabal as Sawda (s.u.) im Süden, und vor dem Jabal Waddan, dem „Bergland der Mähnenschafe" im Osten (siehe Route B 1). Das Wasser hier gilt als das beste im ganzen Sirte-Hinterland; die Datteln gelten gar als die besten von ganz Libyen! Nach der Ernte finden Sie einen kleinen Dattelmarkt im Bereich des oben erwähnten Sirte-Abzweigs ungefähr gegenüber der Tankstelle. Der Preis der Datteln entspricht allerdings ihrer Qualität: Teurere finden Sie in ganz Libyen nicht. Waddan ist nicht die einzige der Dschofra-Oasen; dazu gehören noch das vorausliegende Hun und als südwestlichste Oase **Suknah.** Alle waren seit alters wichtige Rast- und Umschlagplätze für die Karawanen. Waddan, als älteste der drei, war bereits in der Antike bekannt. Hun war von 1935–1943 italienisches Verwaltungszentrum für die Südregionen. Suknah, lange Zeit eine reine Berbersiedlung, war in der Türkenzeit der Verwaltungssitz. Alle haben sie heute an Bedeutung verloren, sind herabgesunken zu zwar nicht geschichtslosen, aber doch gesichtslosen Provinzstädtchen ohne wichtiges Hinterland. Die modernen Straßen führen in großem Bogen um die Ortschaften herum: Die modernen „vierrädrigen Karawanentiere" haben den vorausliegenden **Jabal as Sawda** so rasch überschritten (überfahren!), dass sie zuvor in Suknah nicht noch einmal Wasser fassen müssen ... In der Neuauflage des Buches von *N.B. Richter*, „Unvergessliche Sahara", finden Sie eine ganze Reihe von Richterschen Aquarellen, die auch im Bereich der Dschofra-Oasen entstanden sind. Sie mögen Ihnen Anregungen für Ausflüge in dieser saharischen Region geben (s.a. Route B 1). Die von Richter noch so lobend erwähnte „Taubenquelle" allerdings, seine Märchen-Oase Ain el Hammam, liegt trocken.

km 0/6: Abzweig nach Zilla in Waddan. Wir fahren geradeaus in südwestlicher Richtung und passieren schon nach 19 km die Ortszufahrt nach Hun.

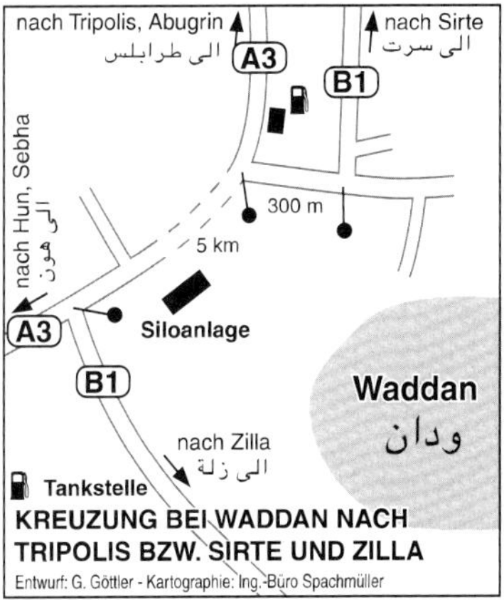

KREUZUNG BEI WADDAN NACH TRIPOLIS BZW. SIRTE UND ZILLA

Entwurf: G. Göttler - Kartographie: Ing.-Büro Spachmüller

235 Foto: gg

Hun هون

Hier finden Sie Unterkunft im **Hotel Haruj,** einem der besten Hotels außerhalb des Küstenbereiches (DZ 45/50 LD; es liegt in der ersten Parallelstraße östlich zur Durchgangsstraße); ferner: Tankstelle, gutes Lebensmittelangebot und kleines Ortsmuseum nahe der Stadtverwaltung. Das Fort wird gerade renoviert.

Einen weiteren Abzweig passieren wir kaum 1 km weiter (wir fahren jeweils geradeaus). Im freien Gelände hinter Hun lagen früher malerische Dünen mit Palmen – sie sind heute mit kleinen, hässlichen Industriebetrieben bebaut. Weitere Straßen kreuzen; bei **km 36** und einer Tankstelle (der Ort **Suknah** selbst liegt etwas weiter westlich abseits der Durchgangsstraße) zweigt die Straße nach Westen ab, nach Shwayrif hinüber (Beginn bzw. Ende der Route A 22). **Achtung! Keine Tankstelle mehr über eine Distanz von ca. 270 km!**

Über einige Kilometer hinweg zeigt sich dann ein ganz besonderer, zunächst befremdlicher Aspekt der Sahara: Es fehlt überall an ausreichend solidem Gesteinsmaterial, das sich z.B. im Straßenbau verwenden lässt, fast alle Gesteine sind viel zu mürbe. Hier scheinen die Wadis aus dem Jabal as Sawda jedoch gutes Material herangetragen zu haben: Ein staubendes Kies- und Schotterwerk reiht sich ans andere!

Jabal as Sawda

Kilometersteine geben jetzt die Entfernung nach Sebha an. Es geht leicht bergauf, in Berge hinein. Bei **km 58** und dem **Kilometerstein 301** kommen wir an eine Kontrollstelle. Sie wurde zwischenzeitlich weiter nach Süden verlagert und verfügt gar über ein Eisengatter, um bei Bedarf die gesamte Straße abzusperren.

Immer weiter führt die Straße bergauf, immer steiler, immer kurviger. Die groben Steine in den Tälern, die sich von den Bergen herabziehen, sind auffallend verschiedenfarbig, teils richtig bunt. Bei **km 74** erreichen wir einen „Pass" mit einer kleinen Wetter-Station. Nach Osten zieht sich ein von Akazien bestandenes Tal. Dann geht es auf dunkle Hochflächen hinauf und hinaus; schwarzer, zu groben Blöcken zerbrochener Basalt bedeckt in dicker Schicht den Boden. *Plinius* schrieb zu diesem Bergland: *„Mons ater, schwarzes Gebirge, wird es genannt, weil es ein Aussehen hat, als sei es von den Sonnenstrahlen verbrannt."* Auch wenn Sie heute mit ihrem Fahrzeug locker drüber hinwegfahren, können Sie sich angesichts der bedrückenden Leblosigkeit dieser schwarzen Blockwüste gut vorstellen, welche Strapazen die Karawanen früher für die Überquerung auf sich nehmen mussten.

Schon nach 30 km führt uns die asphaltierte Straße wieder herab. Zeitgenössische Strapazen sind bei **km 118** zu gewärtigen: Erneut (nicht immer) erfolgt bei einer Kontrollstelle eine aufwendige Befragung zur Person und zum Woher und Wohin und zum Wieso und Warum und und und ... Hat denn dieses schwarze Bergland eine schwarze Seele zu verbergen? Jedenfalls zweigt an dieser Stelle nach Osten eine Straße ab: Hier beginnt Route B 2 hinüber nach Al Fogaha und von dort weiter nach Zilla. Wir fahren jedoch weiter nach Süden.

Am Rand einer flachen Stufe bei **km 151** liegt westlich an der Straße ein aufgelassenes Baustellen-Camp. Hinter aufgeschütteten Hügeln lassen sich sichtgeschützte Nachtplätze finden, ansonsten ist das Gelände weithin deckungslos. Später sind im Osten Dünen zu sehen; sie liegen jedoch in weiter Entfernung von der Straße.

Bei **km 170** steht ein Richtfunkmast, hier unterqueren wir auch eine Hochspannungsleitung. Immer wieder sitzen ganze Schwärme von Spießflughühnern auf der Straße, die rechtzeitig vor uns auffliegen. Bei **km 179** – kleine Beton-Ruinen – zweigt rechts, nach Westen eine große Straße ab: Dies ist die Straße nach Brak, eine Alternative, die etwa 20 km länger ist, als die Südstrecke nach Sebha mit 175 km.

Alternativroute

Wir biegen **bei km 179 rechts ab** und fahren die Nord-Strecke über Ashkada: Schon nach 4 km unterqueren wir eine Hochspannungsleitung, die aus dem unendlichen Norden kommt und sich in den unendlichen Süden zieht. Die Strecke verläuft oben auf der Stufe der Ausläufer des Jabal al Hasawinah. Das Gelände ist dabei sehr flach, die umgebende Serir mal dunkel-sepia, dann wieder hellgrau, fast schwarz oder auch dunkel-violett: Ein steter Farbenwechsel. Kleine Längsdünen liegen südlich der Straße bei **km 26;** bei **km 44** zweigt eine kleine Straße nach Süden ab: Wir fahren geradeaus. Verkehr existiert nicht! Bei **km 84** fahren wir vom Plateau hinab in die Talung des Gneir hinein und dann an seinem Rand entlang: Hier bieten sich immer wieder Ausblicke ins weit entfernte Wadi. Der aufgelöste Rand des Plateaus gestaltet das Gelände abwechslungsreich. Bei **km 100** sind südlich der Straße Kupsten und Ruinen zu sehen; möglicherweise bieten sich hier Übernachtungsplätze. Das Dorf **Ashkada** wird erreicht **(km 112)** und durchfahren: Die Palmen machen hier einen sehr schlechten Eindruck; ob dies schon auf eine Grundwasserabsenkung durch die oberhalb im Wadi Gneir liegenden Brunnen des „East of Jabal Fezzan Water Wells' Field" hindeutet? Nördlich der Straße fahren wir dann an malerischen Palm-Kupsten hinter Sebkhen vorbei: Wollen Sie dort eine Pause einlegen, sollten Sie das Gelände zuvor auf seine Tragfähigkeit hin prüfen! Schnell sind Sie im Schlamm unter der Kruste versackt! Dann bei **km 119** ein großer Abzweig: Hier biegen wir links ab, nach Süden (hier mündet von vorn kommend die Route A 7 in unsere). Geradeaus führt die Straße weiter in Richtung Brak (Route A 8); zuvor aber liegt dort am Abzweig nach Norden eine Kontrollstelle, die hier 3 km von uns entfernt ist (siehe Plan unten). Nach Süden fahrend, nimmt der Verkehr jetzt unvermittelt zu. Rasch queren wir das Wadi Esc Sciati. Die breite Straße führt schwach bergauf über die Sandtennen und durch die langgestreckten Dünen des östlichen Ausläufers des Idhan Awbari hindurch. Bei **km 168** ist an einem Abzweig nach Osten (wir fahren geradeaus) der Kontrollposten nördlich von Sebha erreicht. Nach erfolgter Überprüfung führt uns die Straße rasch in Flächen hinein, die von großflächigen Bewässerungsprojekten genutzt werden; am Ortsrand von Sebha schließlich passieren wir mehrere kleine Viehmärkte. Dann erreichen wir beim **Tachostand 191** die erste große Innerortsstraße. Zum Hotel Al Fatah sind es jetzt noch knapp 2 km. Die alternative Nord-Route ist also knapp 20 km länger als die südlich verlaufende Strecke. Es fällt schwer, eine Empfehlung für die eine oder für die andere zu geben.

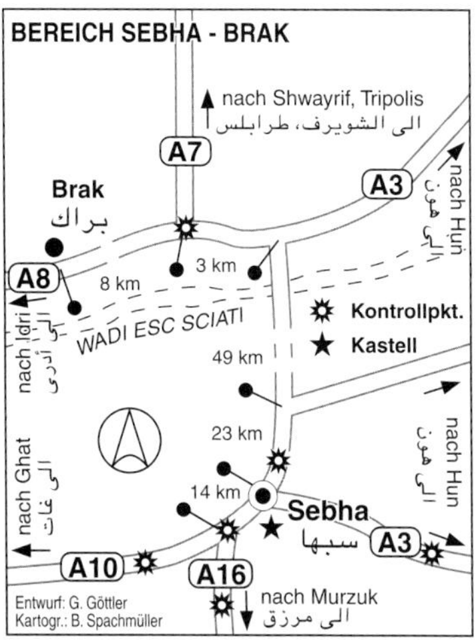

Geradeaus weiter geht es durch ebenes schutzloses Gelände von violettgrauer Farbe. Bei **km 190** fällt Ihnen vielleicht im Westen eine flache Senke mit Zeugenbergen auf; die Straße windet sich um Taleinschnitte, führt auch einmal in östliche Richtung: Wir überqueren hier das Oued Gneir, ein lang gestrecktes Tal, das die Harudj al Aswad nach Westen hin entwässert (der Eindruck, dass hier jemals Wasser fließt oder geflossen ist, drängt sich allerdings nicht gerade auf!) und das sich dann hinüberzieht bis nach Brak und Idri; im Gebiet Idri liegen die Endpfannen dieses Tales (siehe Routen A 8, A 9 und A 13) und ganz drüben im Westen steht dann tatsächlich das Wasser, das hier – vermutlich unterirdisch als Grundwasser – von den vulkanischen Höhen weit drüben im Osten herabströmt. Das moderne Libyen macht sich diesen Grundwasserstrom zunutze: Westlich unserer Straße in nicht sichtbarer Entfernung liegen Teile der Brunnen-Felder „East of Jabal Fezzan“, aus denen das Wasser via Tarhuna (Sie erinnern sich?) hinauf zur Küste nach Tripolis gepumpt wird!

Noch sind wir aber im Wadi-Bereich des Gneir, und bei **km 196 bis 198** kommen die flachen Talsenken so dicht an die Straße, dass sich hier sichtgeschützte Nachtplätze für nicht allzu hohe Autos finden lassen. Sie sollten sich dabei aber nicht dazu verlocken lassen, in der Talsenke weiter durchs Gelände zu fahren, um die etwa 50 km im Westen im Oued Gneir (nördlich der Ortschaft El Abiod) liegenden Dünen der Ramla es Seghira (= Kleine Dünenwüste) anzusteuern; dort soll sich nämlich ein mit Minen-Gürteln gesichertes militärisches Camp befinden.

Bei **km 206** und einem Richtfunkmast schwenkt die Straße in einem weiten Bogen auf 230°. An diesem Richtfunkmast zweigt in spitzem Winkel südwärts verlaufend die Pisten- und Geländestrecke A 21 von unserer Straße ab. Im Süden ist bei klarer Sicht eine Schichtstufe zu sehen, der Rand der Sarir al Qattusah. Einige ihrer Ausläufer ziehen sich heran bis zu unserer Straße und machen sich durch weiße Farbe der Kiesauflage bemerkbar. Aufgelassene Baustellencamps werden bei **km 221** und **238** passiert. Dann geht es bei **km 259** eine deutliche Stufe hinab in eine braun-beige Senke; das Gelände gewinnt jetzt auch im unmittelbaren Umfeld der Straße wieder an Struktur: Wir fahren zwischen steinigen Hügeln hindurch, dann überqueren wir Reg-Flächen in dunklem, flachhügeligem Gelände. Eine Hochspannungsleitung gesellt sich, von Norden her kommend, zu unserer Straße.

An einem Straßenabzweig **(km 279)** fahren wir geradeaus; Ruinen stehen an einer Talkante, im Süden sind Akazien in einem Tal zu sehen, 73 km bleiben nach der Aufschrift auf dem Kilometerstein noch bis Sebha. Ein auffallend weißes Oued wird überquert, Bewässerungskulturen liegen in ihm, dann der Rand einer weit gestreuten Ortschaft und erneut ein Straßenabzweig nach Norden (wir fahren geradeaus); bei **km 293** erreichen wir eine ruhige **Tankstelle** in dieser aufgelockerten Ortschaft. Ein Wasserhahn unter Palmen ermöglicht das Auffüllen der Reserven.

Nach Westen zu ist unsere Straße jetzt sogar beleuchtet. 2 Kilometer weiter erreichen wir den Ortsrand bei einem Kraftwerk, die Beleuchtung endet, es geht hinaus in freie Wüstenlandschaft, durch die viele Hochspannungsleitungen ziehen. Zwischen steil aufragenden Zeugenbergen fahren wir westwärts. Ein weiterer Abzweig nach Norden wird geradeaus passiert; nördlich unserer Straße liegen viele große Bewässerungsprojekte, die sich durch solche Abzweige, durch Hochspannungsleitungen und durch Umspannwerke bemerkbar machen, dann aber auch im unmittelbaren Straßenbereich zu sehen sind. Ab **km 322** wird unsere Straße zur vierspurigen Schnellstraße, der Verkehr bleibt äußerst gering. Ein Militärgelände nahebei lässt es nicht ratsam erscheinen, sich hier (und dies gilt dann weiter bis Sebha) einen Nachtplatz zu suchen.

Wir kommen in den größeren Ort **Tamanhint** mit Tankstelle, dann an eine **Kontrollstelle (km 324):** Sebha galt immer wieder als unsicheres Pflaster. Wundern Sie sich deshalb nicht, wenn Ihnen die Posten gar zu martialisch gerüstet erscheinen. Zwischen Tamarisken und Buschpalmen geht es weiter gen Westen, wieder ein Kontrollposten an einem Abzweig bei **km 333** (wir fahren geradeaus), der nächste Posten findet sich dann schon bei **km 338:** Sie sehen, für Ihre Sicherheit ist gesorgt ...! (Diese Kontrollstellen waren Anfang 2007 alle geschlossen.)

Die Bebauung wird jetzt immer dichter. Wir unterfahren einen Triumphbogen, dann ist die Straße beleuchtet. Bei **km 353** erreichen wir einen Kreisverkehr: Dieser markiert das Ende der Gamal-Abd-El-Nasr-Straße, der zentralen Achse der Stadt Sebha. Wir biegen hier halbrechts ab (links ab geht die Route A 10 über Ubari nach Ghat) und erreichen nach 1 km die nächste Kreuzung: Hier steht westlich der Straße das mehrgeschossige **Hotel Al Fatah/Africa,** das uns als einziges Hochhaus der Stadt als Ziel- und Orientierungspunkt für Sebha dient. Bei **km 354** stehen wir auf seinem Parkplatz.

Sebha سبها

Sebha, unangefochten die **Metropole des Südens,** eine große und lebhafte Verwaltungsstadt, ist aus sieben Einzeloasen hervorgegangen: Sebha = sieben. Die El-Nasr-Straße markiert ungefähr die Verbindungslinie dieser alten Ortsteile, die heute kaum auseinanderzuhalten sind. Entlang dieser Hauptachse, allenfalls noch in ihren Nebenstraßen, gruppieren sich alle Geschäfte, Büros und Dienststellen. Im Umfeld von Sebha liegen auch alle anderen wichtigen Städte des Südens, die administrativ stark auf dieses Zentrum fixiert sind.

Der Aufschwung Sebhas hat(te) einen enormen **Zuzug von Ausländern** zur Folge, die sich hier zu einem großen Teil illegal aufhalten. Wie ein Magnet zieht die Sahara-Stadt besonders die Bewohner der armen Sahel-Staaten an. Da im Gefolge der Wirtschaftskrise Arbeitsstellen mittlerweile rar geworden sind und eine soziale Absicherung auf breiter Basis ebenso fehlt wie eine effektive Kontrolle des weiteren Zuzugs, entstanden hier Probleme, die in anderen Teilen Libyens weitgehend unbekannt sind: In fast sklavenähnlichen Abhängigkeitsverhältnissen werden die Fremdarbeiter zu Minimallöhnen beschäftigt, und wem dieses „Glück" nicht zuteil wurde, versucht oft, sich mit kriminellen Mitteln am Leben zu erhalten. Dies hat zu einem Klima der Unsicherheit einerseits und permanenten Kontrollen andererseits geführt – die Behörden sind tatsächlich um Ihre Sicherheit besorgt.

Sehenswertes

Die als Touristen-Attraktion ausgewiesene Altstadt lohnt nur dann einen Besuch, wenn Sie keine Gelegenheit haben, andere Altstädte in Libyen zu besuchen. Sie ist in einem relativ schlechten Erhaltungszustand und zeigt wenig von dem, was alte, aus Lehm erbaute Ortskerne einer Sahara-Oase ausmachen. **Eingang zur Altstadt: GPS-Pos. N 27°02,92′ / E 14°24,74′.**

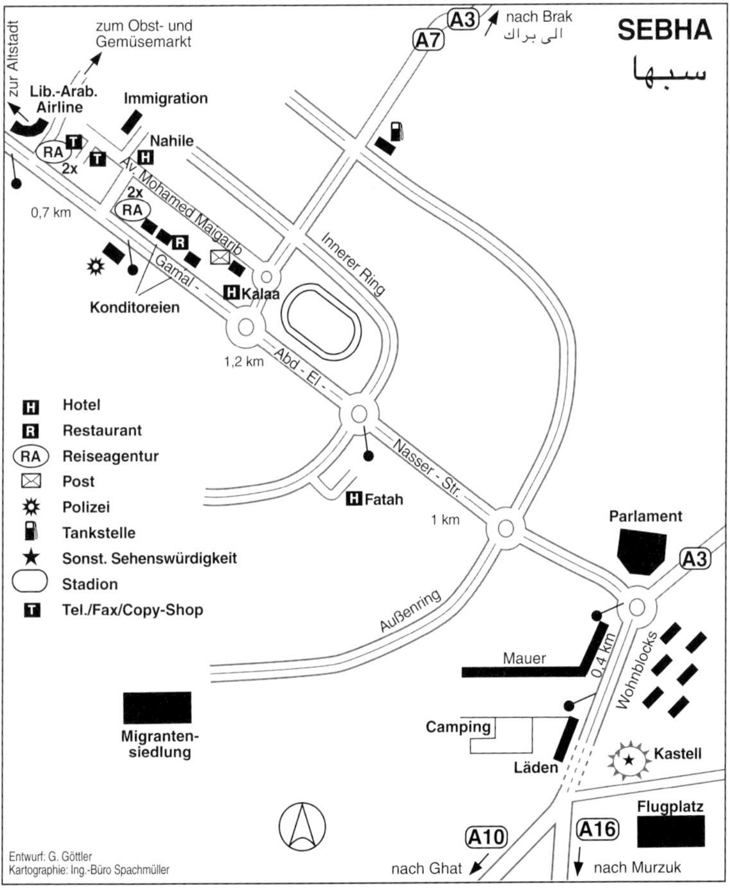

Praktische Infos

- **Tel. Vorwahl: 071**

Hotels

- **Hotel al-Djabal,** neues Hotel, 8 km außerhalb südlich des Flugplatzes auf einem Tafelberg; hier nächtigt der Staatschef bei seinen Besuchen in Sebha! DZ 55 LD.
- **Hotel Al Fatah/Africa,** Tel. 95161. Einziges Hochhaus der Stadt, weiter Blick; Vorsicht beim Fotografieren von den Zwischengeschossen aus! Häufig Wasser- und Elektrizitätsprobleme, geschlossener und bewachter Parkplatz im Hof, im Restaurant im obersten Geschoss ist die Aussicht besser, als das, was auf den Tisch kommt. DZ 40 LD.
- **Hotel Kalaa,** auch Gala, al-Quala'a, Tel. 623108. Erstes Hotel am Platz, ordentlich, weitläufige Anlage, bewachter Parkplatz im Hof, lebhafte (alkoholfreie!) Bar, Pool stets ohne Wasser. DZ 55 LD.
- **Hotel Waha,** nagelneues Hotel an der Straße in Richtung Hun. DZ 65 LD.

Camping

- **Camp Fezzan Tours,** ca. 18 km außerhalb, von Ubari kommend links vor der Stadt **(Pos. N 29°53,99' / 14°22,56').** Schönes, grünes Camp mit Bungalows und Camping unter Palmen. Bar und kleiner Zoo, gute sanitäre Anlagen.

Restaurants

Vor allem in den Seitenstraßen der Gamal-Abd-El-Nasser-Straße in größerer Zahl. Zu empfehlen: Hähnchen-Grillstationen, preiswert und gut.

Geldwechsel

Mehrere Banken, aber nur eine, die wechselt: Av. Gamal Abd-el-Nasser, siehe Stadtplan; andere Banken wurden nicht in den Plan aufgenommen. Je nach Kassenlage tauschen auch Hotels für ihre Kunden. Alternative: Wechselstube am Flugplatz.

Busbahnhof

Hinter einer kleinen Moschee an der Gamal-Abd-El-Nasser-Straße. Regelmäßige tägliche Abfahrten, z.B. **nach Tripolis** 20 LD, **Ghat** 20 LD, **Benghasi** 25 LD. Das Ticket ist an einem Ticketschalter zu erwerben.

Flugplatz

Südwestlich der Stadt hinter dem ehemaligen Fort. Flugverbindungen oft verspätet, prinzipiell täglich ein Abendflug (22 Uhr) **nach Tripolis.** Im Gebäude Snacks, Post und Wechselstube.

Post und Telefon

- **Postamt** an der Avenue Mohamed Maigarib. Oft lange Wartezeiten für Auslandsgespräche, da viele Kunden bereits anstehen.
- Mehrere **Telefon-Fax-Copy-Shops** (siehe auch Stadtplan) bieten guten Service.

Reisebüros

- **Libyan Travel and Tourism Co.,** Tel. 25833, gegenüber der Polizei, hat seit einiger Zeit seine Pforten geschlossen – eine Fahrgenehmigung ist ja auch nicht mehr erforderlich. Hier jetzt Waha Travel.
- Einen Ladeneingang westlicher gibt/gab es **Fezzan Travel** und noch eine Türe weiter **Farwa Travel.** Beide Büros bieten ihren Service v.a. dem nicht für die Sahara ausgerüsteten Reisenden an. Noch weiter im Nordwesten liegt das Büro von **Winzrik-Tours.** Es bietet u.a. ganztägige Ausflüge ab Sebha.

Einkaufen

Eine Vielzahl von Läden bietet ein breites Spektrum aller möglichen Artikel von A wie Abwaschmittel über K wie Kfz-Ersatzteile bis zu Z wie Zigaretten. Wenn Sie irgendetwas brauchen: Hier in Sebha werden Sie am ehesten fündig. Keine andere Ortschaft im Süden Libyens verfügt über ein vergleichbares Warenangebot. Nur bei Obst und Gemüse sieht es dürftig aus (bestes Angebot auf dem Markt, siehe Stadtplan).

Sonstiges

- **Meldebehörde**

Das Immigration-Office, über eine unscheinbare, nicht asphaltierte Seitenstraße zu erreichen, erteilt rasch und problemlos den Dreieckstempel. Gebühr 10 LD.

• Sicherheitstipps
Die **Sicherheitslage** in Sebha ist **nicht gut.** Mehrere Gründe sind dafür verantwortlich, vor allem der kaum zu kontrollierende Zuzug von Wirtschaftsflüchtlingen insbesondere aus Schwarzafrika. Die wichtigste Landroute nach Europa läuft über Sebha. Im Süden Sebhas am Außenring existiert für diese Menschen eine ganze Stadt (offensichtlich von den Behörden nicht mehr kontrollierbar) mit schätzungsweise mehreren zehntausend Bewohnern; teilweise hier gestrandet, können sie sich nur noch durch kriminelles Verhalten über Wasser halten. Fahren Sie auf keinen Fall auf dem Außenring an dieser Ansiedlung etwa aus Neugierde vorbei – eine solche Ansammlung an Aggressivität ist u.U. auch bei Tage gefährlich. Wer jedoch z.B. einen „Lift" in den Tschad oder in den Niger sucht, muss hierher, am besten aber in Begleitung eines zuverlässigen Einheimischen, z.B. ein Mitarbeiter eines der genannten Reisebüros. Von geschlossenen Höfen in dieser Out-Law-Trabantenstadt starten die LKW in die Sahel-Länder, voll bepackt mit (Schmuggel)-Waren und Menschen ohne Papiere. Für die jeweiligen Strecken gelten feste Tarife, z.B. nach Agadez/Niger ca. 200 Euro. (Die Trabantenstadt existiert nicht mehr! Offensichtlich wurde 2005 alles von Bulldozern niedergewalzt. Es ist mir nicht bekannt, wohin der Verdrängungseffekt die Leute hat ziehen lassen.) Auch sonst gilt: Bleiben Sie auf den belebten Straßen. Halten Sie sich nicht im Umfeld der Stadt auf. Wenn Sie kurz vor oder nach Sebha eine Pause machen wollen: Tun Sie dies nur im Bereich eines Polizeipostens. Fahren Sie nicht, z.B. wegen einer Mittagspause, ein Stück aus der Stadt hinaus; wenn Sie die Stadt verlassen wollen, tun Sie dies ganz.

• Sicherheitsempfindliche Zonen
In der südwestlichen Nasr-Straße, südlich des Hotels el Fatah; im Bereich des Flugplatzes: Nicht fotografieren und nicht anhalten, bevor Sie den Kontrollposten passiert haben!

Route A 4:

Gariyat – Yfren – Surman

• *Durchgehend asphaltiert, Verkehr überwiegend gering; 376 km.*
• *Michelin-Karte 741 (trotz maßstabsbedingter Ungenauigkeit nördlich von Yfren) und Geo-Projects-Karte.*

Wer aus der Sahara kommend die Rückreise antreten will und keine Lust auf das großstädtische Gewühle von Tripolis verspürt, aber genauso auf mindestens einen der Höhepunkte klassischer Kultur Libyens (Sabrata) nicht verzichten will, der ist mit der Rückreise auf dieser Strecke gut beraten.

km 0: Gariyat (s.a. Route A 7). Nullstellung an der Tankstelle am Abzweig Darj – Shwayrif; hier befinden sich auch ein nicht immer besetzter Kontrollposten und ein nettes Straßencafé.

Wir fahren auf bester breiter Straße nach Norden. Links drüben liegt an einer Hangkante das auffallende römische **Kastell von Gariyat es-Shergia,** das in späteren Epochen zunächst türkisch, dann italienisch überbaut wurde. Schon nach kurzer Strecke führt die Straße uns hinab ins Wadi Ghirza (ein Seitental im Oberlauf des Wadi Zemzem), dessen Talsohle wir bei **km 3** erreichen. In den Felswänden sehen Sie Häuser, die heute vor den früheren Höhlenwohnungen stehen; überall im Talverlauf sind jedoch auch Spuren aus römischer Vergangenheit zu finden (s.u.). Zur Linken wachsen einige pittoreske Palmhaine, im Tal selbst steht ein einzelner Zeugenberg. Der Anstieg auf der gegenüberliegenden Talseite bietet gute Ausblicke vor allem zurück nach Süden. Die Hochfläche, Ausläufer der Hamdat al Hamrah, die hier nach Nordosten entwässert, ist bei **km 5** erreicht, oben geht es nordwärts weiter.

Einige Täler werden gequert; die tieferen von ihnen umgeht die Straße in weiten Kurven. Ein recht tiefes Tal mit üppiger Vegetation wird bei **km 18** durchquert: Nachtplätze bieten sich hier nicht, aber immerhin sind windgeschützte Rastplätze vorstellbar. Bei **km 22** fädeln wir von einer Geländestufe herabfahrend in ein sehr weites Tal ein, das **Wadi Zemzem.** Wir richten uns nach dem östlichen Talhang und haben dabei weite Ausblicke auf bergige Landschaften dahinter. Wir folgen dem Tal, jetzt fast eine Talebene, in nördlicher Richtung. Die Vegetation ist noch immer spärlich; zu mehr als einer Kamelweide taugt der niedrige Bewuchs kaum. Im Bereich von **km 33** bietet sich einige Zeit die Möglichkeit, die Straße ein gutes Stück ins Gelände hinein zu verlassen, um hier einen Nachtplatz hinter der niedrigen Vegetation zu suchen. Bei **km 75** wurde ein schon von weither sichtbares Monument errichtet, eine Art **Leuchtturm aus grün-weiß bemalten Betonringen:** Das Licht arabischer Einheit möge weit hineinreichen in die Wüste!

20 km weiter, bei **km 94** und **96,** stehen klassische Monumente nur wenige Meter östlich der Straße: Ruinen eines Mausoleums, das schon im Reisewerk *Heinrich Barths* abgebildet wurde, und eines Wehrhofes, beide aus römischer Zeit. Besonders das Mausoleum ist – von Süden kommend – hinter einer Geländestufe nur schlecht zu sehen.

Wir passieren einen unscheinbaren Weiler, dann geht es auf immer noch sehr guter Straße weiter durch vorsaharische Landschaften: Weite, hügelig-flache Täler, spärlicher Bewuchs. Der Ver-

lib_267 Foto: gg

kehr ist weiterhin sehr gering: Etwa alle 5 km kommt ein Fahrzeug entgegen. Oueds, die gequert werden, weisen schon einen recht dichten Bewuchs auf.

Weiter geht es durch eine Tafelberglandschaft aus ockerfarbenem Kalkstein. Abseits der Straße stehen jetzt immer wieder einmal Häuser, auch kleine Weiler sind zu sehen. Bergauf führt die Straße in eine gelbe Schichtstufenlandschaft hinein. Bei **km 103** überschreiten wir bei einem Richtfunkmast einen Höhenrücken: Die Schichtstufenlandschaft bleibt zurück, weites Gelände dehnt sich vor uns aus und ist weithin zu überblicken. Die Landschaft bietet wenig Schutz.

Bei **km 112** durchqueren wir ein Wadi mit Mini-Dünen: Hier sind wieder Nachtplätze in einiger Entferung zur Straße denkbar. Der Bewuchs ist senffarben. Die Landschaft nimmt Steppencharakter an; schutzlose Hochflächen dehnen sich weithin. Interessanterweise werden diese Hochflächen zwischen der Hamadat al Hamrah im Süden und dem Jabal Nafusah auch Fezzan genannt.

Wieder geht es in ein Tal hinein, das sich in diese Hochfläche eingeschnitten hat; wir folgen seinem Verlauf in ein größeres Tal; rechts und links liegen bestellte Flächen.

Mit **km 130** ist ein großer Straßenabzweig erreicht: Rechts führt die Straße nach Nisma, und von dort aus weiter durch das alte, einst römische Kulturland des Wadi Sof Ejjin (siehe Route A 3, S. 286, und Route A 24, S. 455). Am Abzweig ist ein fester Kontrollposten eingerichtet, der manchmal die Daten der Reisepässe im großen Kontrollbuch verewigt.

Abstecher nach Nisma نسمة

(35 km einfache Entfernung) Auf der Fahrt nach Nisma bewegt man sich im Oberlauf des **Wadi Sof Ejjin.** Bis ins 4. nachchristliche Jahrhundert hinein war dieses Tal eines der Zentren römischer Feldbestellung. Besonders interessant sind auch Wehrhöfe, die meist auf den vorspringenden Felszacken der Talränder liegen.

... und weiter zur Einbruchsdoline Ain Misrak

Folgt man der Straße in Richtung Ban Walid weiter nach Osten, passiert man zunächst Nisma (Tankstelle). Einige Kilometer bleibt die Straße noch im bewachsenen Tal, steigt dann auf eine kahle Hochebene hinauf. Nach ca. 44 km zweigt eine breite Straße nach Süden ab, der wir folgen (ca. 10 km), bis sie unmittelbar vor einem kleinen Dorf endet. In westliche Richtung durchqueren wir auf teils steiniger Piste das Dorf, fahren am Ortsrand hügelabwärts auf ein breites Wadi zu, das **Wadi Sof Ejjin.** Dieses müssen wir jetzt in südwestliche Richtung durchqueren, was selbst für ein Allradfahrzeug nicht immer einfach ist. Drüben folgen wir Spuren, bis wir unvermittelt an einem wahren Höllenloch stehen, der Einbruchsdoline Ain Misrak **(Pos. N 31°15,91'/ E 13°27,44');** ab dem kleinen Dorf je nach Weg ca. weitere 8 km. Vorsicht: Absturzgefahr!

Vom Kontrollposten weiter nordwärts fahrend, steigen wir rasch wieder auf die Hochfläche hinauf: Schön ist der Blick zurück auf die tief eingeschnittenen Talsysteme; solche Aussichten eröffnen sich auch auf der Weiterfahrt in Ost-Richtung. 7 km weiter fahren wir

„Leuchtturm“ bei km 75

Die römische Limeszone in Tripolitanien

von *Friederike Göttler*

Während der Regierungszeit von Septimius Severus (193–211) fielen verstärkt Wüstenstämme, wahrscheinlich Garamanten und Nasamonen, in die Küstenregion ein. Obwohl diese plündernden Stämme immer wieder erfolgreich zurückgeschlagen werden konnten, begann Septimius Severus mit der Neuordnung der Verteidigungsstrategie in den Grenzgebieten des Reiches. Unter der Regierung seines Sohnes und Nachfolgers Caracalla (211–217) und unter Alexander Severus (222–235) wurde diese Umstrukturierung fortgeführt und vervollständigt.

Bisher waren die Römer mit mobilen Feldtruppen tief in die Sahara vorgedrungen um die feindlichen Wüstenstämme zu besiegen; bis dahin gab es weder eine genaue Grenze noch eine befestigte Verteidigungslinie. Jetzt entstand eine solche Verteidigungslinie mit massiven Wehrbauten, der Limes Tripolitanus; auf dem Höhepunkt seines Ausbaus erstreckte er sich über 1000 km von Tunesien bis zum Syrtebogen. Mit den Kastellen Cydamus (Ghadames) im Westen, Gariyat al-Garbia im Mittelabschnitt und Bu Ngem (Abu Niyam) im Osten wurden die wichtigsten Verbindungswege, die von den reichen Küstenstädten Sabrata, Oea (Tripolis), Leptis Magna, sowie den reichen Gebieten des Jabal Nafusah mit ihren Ölbaumkulturen in den Fezzan, das Reich der Garamanten mit ihrer Hauptstadt Germa führten, gegen Einfälle der Stämme aus dem Süden geschützt. Die Lücken zwischen den Kastellen wurden durch eine Überwachung der für eine Durchquerung notwendigen Wasserstellen geschlossen. Damit hatten die Römer die wichtigsten Karawanenrouten unter Kontrolle. In den dazwischen liegenden Halbwüstenzonen, also zwischen Jabal und eigentlicher Wüste, wurden zur Verteidigung und als Siedlungsbarriere gegen die einfallenden libyschen Stämme Bauern angesiedelt, die so genannten **limitanei.** Diese Siedlungen erstreckten sich insbesondere entlang der großen Wadis, die diese Gebiete durchziehen, etwa das Wadi Sof Ejjin, das Wadi Zemzem, das Wadi Nfed und – neben vielen anderen – deren Nebenflüsse.

Der tripolitanische Limes war in zwölf nach Kastellen oder Vororten benannte Abschnitte unterteilt, denen jeweils ein eigener lokaler Befehlshaber vorstand, der praepositus limitis; ihm waren die limitanei unterstellt. Die limitanei waren vor allem Veteranen (zum Teil wohl auch sesshaft gewordene Nomaden), die am Ende ihrer Dienstzeit beim römischen Militär steuerfreies Land mit Sklaven und Vieh bekamen; als Gegenleistung sollten sie ihr eigenes Land und die Umgebung gegen Einfälle verteidigen. Um das Leben in einem solchen Gebiet zu erleichtern, waren die Wehrbauern zusätzlich mit besonderen Privilegien ausgestattet; diese beinhalteten u.a. Anreize für eine Intensivierung der Landwirtschaft in eine ganz bestimmte Richtung: So waren sie z.B. bis zur Erntereife der Olivenbäume von Abgaben befreit, weil ein besonders großer Bedarf an Olivenöl vorhanden war. Große Mengen des hier produzierten Olivenöls wurden nicht nur in die Städte an der Küste, sondern bis nach Rom exportiert.

Wie paläobotanische Untersuchungen ergaben, bauten diese limitanei nicht nur Oliven an: Weizen, Datteln, Weintrauben, Feigen, Mandeln, Hülsenfrüchte und Gemüse wurden kultiviert. Bei der Tierhaltung standen Schafe und Ziegen an erster Stelle, vereinzelt wurden auch Rinder, Pferde und Kamele gezüchtet. In einem so niederschlagsarmen Gebiet konnte eine intensive Landwirtschaft nur mit einem ausgefeilten Schleusen- und Kanalsystem funktionieren. In allen Wadis wurden Stau- und Schleusensysteme gebaut, die das seltene, dann aber oft sintflutartige Regenwasser aus den Wadis über Kanäle auf die Felder oder in Zisternen leiteten. Die Reste solcher Kanalsysteme sind in vielen Wadis noch immer deutlich zu erkennen; Feldterrassen und sogar Zisternen werden noch bis zum heutigen Tage benutzt (vgl. z.B. Route A 24, km 59).

Die Wehrhöfe der limitanei waren massive, fast quadratische Bauten, oft drei- bis vierstöckig mit einem Innenhof, zu dem hin sich alle Türen und Fenster des Baus öffneten. Sie wurden sowohl als Wohnhaus, als Speicher und in Gefahrensituationen als Rückzugs- und Verteidigungsmöglichkeit genutzt, weshalb sie meist in Ruf-, zumindest jedoch in Sichtweite voneinander lagen. In ungünstigen Fällen wurden zusätzliche Signaltürme erbaut. Nahe bei den Wehrhöfen standen die eigentlichen Bauernhöfe und Hütten für Feld- und Saisonarbeiter. Solche Bauten wurden aus vergänglichem Material (z.B. aus Holz oder auch nur aus geflochtenen Gras-, Reisig- oder Strohmatten) errichtet, weshalb sie heute nicht mehr sichtbar sind. Aus einer großen Zahl von Abbildungen solcher Behausungen in Mosaiken kennt man ihre Form und ihr Aussehen jedoch sehr genau. Im Umfeld der Siedlungsplätze befanden sich die Grabstätten, die oft in einer erstaunlichen künstlerischen Qualität ausgeführt wurden.

Die Wehrbauern des tripolitanischen Limes konnten sich bis ans Ende der römischen Herrschaft behaupten, obwohl ab dem 4. Jh. durch Konföderationen erstarkte libysche Stämme immer massiver gegen ihre Siedlungen anrannten. Seit der Vandalen-Herrschaft an den Mittelmeer-Gestaden begann die Zahl der Wehrbauern unter den vermehrten Plünderungen stetig abzunehmen. Erst als Byzanz die Vandalen vertrieb, wurden die Verteidigungsanlagen unter Kaiser Justitian wieder ausgebaut und reorganisiert.

Im Verlaufe von Generationen hatten die limitanei eine eigenständige Frontkultur entwickelt, die überwiegend römisch geprägt war, jedoch berberische und punisch-libysche Einflüsse deutlich erkennen läßt. Ihr wirtschaftliches Gefüge hatte sich soweit gefestigt, dass es die römische, die vandalische, die byzantinische und bis in die früharabische Herrschaft zu Beginn des 10. Jh. überdauern konnte. An die 2000 Wehrhöfe und Grabstätten sind bis heute erhalten.

Landschaft bei Abugrin (mit Akazien)

227 Foto: gg

vom Plateau herab in eine weite Ebene hinaus, in der - von weitem erkennbar - Mizda liegt.

Kurz vor dem Ort wird auf einer Brücke ein Wadi überquert. Hier wurde viel Sand eingeweht, die letzten (Mini-) Dünen der Sahara.

Mizda مزدة

Scheinbar schutzlos liegt das alte Handelszentrum auf einem kahlen Talrücken vor dem aufgelösten Rand der Hochfläche; im Gegensatz zu den saharischen Ortschaften, die wir bisher sahen, ist Mizda eine weiße Stadt: Viele Häuser sind weiß gekalkt - das Rohmaterial dazu findet sich ja in ausreichender Menge in der Umgebung.

Im Ort gibt es das kleine **Museum of Mizda/Libya,** das sehr liebevoll von einem Herrn *Rajab Abubbaker* umsorgt wird (Tel. 4/222722, Fax 222483, POB 67309). Neben klassischen Dingen wurden auch Gegenstände des regionalen Nomaden-Alltags zusammengetragen; besonders interessant aber sind die Kenntnisse von Herrn *Abubaker* über *Heinrich Barth* und andere Afrika-Forscher. Sicher eine lohnende Adresse. Auch ein Hotel Funduq Mizda soll entstanden sein (DZ 35 LD, sauber).

Bei **km 146** zweigt links die **Ortszufahrt** ab (wer zur Route A 25 und den Felsbildern im Wadi Kheil will, fährt hier nach Westen); 6 km weiter passieren wir die Ortszufahrt auf der Nordseite; hier befindet sich wieder ein Kontrollposten, der jedoch durchwinkt. An der Durchgangsstraße gibt es keine Tankstelle. Eine solche finden Sie nur im Ort selbst - die nächste auf unserer Route ist noch mehr als 100 km entfernt.

Wir fahren **weiter in nördlicher Richtung.** Die Straße steigt - jetzt gemeinsam mit einer Hochspannungsleitung - graurosa Bergen entgegen. Im Grund des Tales, dem wir folgen, stehen ganz vereinzelt skurril wirkende Bäume.

Bei **km 168** erreichen wir erneut -bei einem Richtfunkmast - eine Scheitelhöhe. Im Osten liegt eine weite Talebene. Die Straße zieht jedoch nicht in diese hinein, sondern bleibt an ihrem westlichen Talhang. Kurz darauf zweigt eine schmale asphaltierte Straße links ab; **wir bleiben geradeaus auf der Hauptstraße.** Die Kalkflächen rechts und links zeigen nur spärlichen Bewuchs, und dennoch sind immer wieder Herden aus Schafen und langhaarigen schwarzen Ziegen zu sehen, als Hirtenhunde kurzhaarige weiße Berberhunde.

Kieswerke, ein Fertigbetonwerk und später Müllhalden künden einen weiteren Ort an, dessen Moschee schon Kilometer zuvor zu sehen war. Auch dieser Ort, wie aus einem Baukasten zusammengefügt, steht schutzlos inmitten eines vegetationsfreien Gebietes.

Ein weiterer kleiner Pass folgt bei **km 196.** Oben steht ein Umspannwerk. Die Straße ist jetzt auch ausgestattet mit rot-orange-farbenen Notrufsäulen. Der Verkehr wird deutlich dichter. Auch im Gelände neben und weitab der Straße sind überall einzelstehende Höfe oder kleinere Weiler zu erkennen. Straßen führen mitunter dorthin, wir folgen aber immer der Hauptstraße geradeaus. Neben der Straße verlaufen jetzt

Stacheldrahtzäune, die verhindern sollen, dass die Weidetiere unbeaufsichtigt auf die Straße laufen. Hinter den Stacheldrahtzäunen und parallel zur Straße ziehen sich Aufforstungstreifen hin; in einem Taleinschnitt liegt ein größerer Ort etwas abseits. Fast schlagartig beginnen Obstbaumkulturen und auch Getreidefelder, die jetzt Regenfelder sind und nicht wie Oasen bewässert werden (müssen). Ein Staren-Schwarm fliegt auf, überall sind Obstbäume und Kiefern, Mandelbäume und Aprikosenbäumchen zu sehen – die Sahara liegt endgültig hinter uns, der Übergang ging ungeheuer schnell auf nur wenigen Kilometern vonstatten! Kurz vor uns liegt die Abbruchkante des Nafusah-Gebirges.

Bei km 220 überfahren wir auf einer Brücke eine vierspurige Schnellstraße: Dies ist die Ost-West-Verbindung, die sich auf dem Nafusah immer nahe seiner Kante entlangzieht. Wir überqueren sie, biegen links ab und fahren auf ihr nach Westen.

Folgen Sie der vierspurigen Schnellstraße nach Osten, gelangen Sie nach ca. 15 Kilometern in den sehr lebhaften Ort **Gharyan,** das städtische Wirtschaftszentrum dieser Bergregion (im östlichen Stadtzentrum liegt das **Geschäftshotel Rabta,** DZ 35 LD, sauber und gut). Einer Lesermitteilung zufolge erteilt das Immigration-Office beim Standplatz der Taxen und Minibusse den grünen Dreieckstempel.

Weiter führt die Schnellstraße in engen Kurven vom Plateau hinab und dann fast schnurgerade bis ins Stadtzentrum von Tripolis.

Abstecher nach Rabta

(Nicht zu empfehlen!) Wenn Sie über die oben genannte **Brücke (km 0)** hinweg und dann weiter geradeaus fahren (ich rate dringend davon ab!), d.h. wenn Sie die Schnellstraße weder nach Westen noch nach Osten wählen, führt die kleiner werdende Straße Sie rasch an die Kante des Nafusah-Plateaus (**km 8,** hervorragende Ausblicke in Richtung Küste in die Jifara-Ebene hinaus, ähnlich wie in Yfren, s.u.) in engen Kurven hinab und beschreibt dann einen weiten Bogen in nordöstliche Richtung. An einem weitläufigen Friedhof werden Ihnen sehr malerische Marabut-Gräber auffallen; wenn Sie hier aber anhalten, um zu fotografieren, müssen Sie sich darüber im Klaren sein, dass Sie in Rabta stehen, berühmt-berüchtigt wegen der dort gebauten **mutmaßlichen Giftgasfabrik.** Es erscheint mir mehr als fragwürdig, ob Sie sich wegen eines zweitrangigen Motives, das sich zudem so oder so ähnlich im gesamten Küstenvorland Libyens oder auch Tunesiens findet, der Gefahr einer Festnahme wegen Spionage-Verdachts aussetzen sollen. Wie gesagt: Die Giftsgasfabrik liegt weiter im Osten und hinter dem alten Ort Rabta ... Ein weiteres Mal haben Sie Gelegenheit, diesen empfindlichen Bereich zu vermeiden: Nach einer Tankstelle am östlichen Ortsrand erreichen Sie eine Kontrollstelle **(km 20):** Hier zweigt nach Norden eine Straße ab, ggfs. Ihre letzte Chance, dem Anblick der Todesfabrik (**km 27** nach der Brücke) zu entgehen; es entzieht sich aber meiner Kenntnis, wohin Sie diese Straße Richtung Norden führt.

Nur ein kurzes Stück bleibt die Straße vierspurig und wird dann zur zweispurigen Schnellstraße, sehr ähnlich dem, was wir bei uns als Bundesstraße zweiter Klasse kennen. Der Verkehr ist jetzt dicht, ebenso die Bebauung; Ortschaft reiht sich an Ortschaft. Eine große Zahl anderer Straßen kreuzt, die Hauptstraße ist jedoch immer gut als solche zu erkennen und zieht sich kurvenreich bergauf, bergab nach Westen.

Im Bereich von **km 238** wird ein unfruchtbares Karstgebiet durchfahren. Wer einen Nachtplatz sucht, sollte sich hier umtun. Große Kreuzungen, **Tankstellen** und ein **Kontrollposten** folgen bei den **km 252** und **258.** Wir fahren weiter geradeaus. Bei **km 262** durchqueren wir einen Kiefernwald. Auch hier sind Nachtplätze abseits der Straße vorstellbar. Im freien Gelände im Übergangsbereich zwischen baumbestandenen Feldern und aufgeforsteten Kiefern stoßen wir schließlich bei **km 269** an einen großen Abzweig: Hier biegen wir rechts ab. Die Abzweigung ist wie alle großen Kreuzungen zuvor deutlich mit einem großen Hinweisschild versehen: Wohl dem, der kein Arabisch zu lesen versteht ... **GPS-Pos. N 31°58,85'/ E 12°32,60'!** Anmerkung: Knapp 10 km östlich hätten Sie auch schon nach Yfren abzweigen können; die dortige Strecke führt aber durch viele Orte und endet schlussendlich sehr verwirrend und zu Fehlfahrten verleitend in Yfren.

Eine kleine Straße führt uns kurvenreich bergab. Ein malerischer Ort in einem Taleinschnitt wird passiert. Die Landschaft hat ein stark mediterranes Gepräge und nichts steppenhaftes mehr an sich. Am steilen Hang geht es immer weiter bergab, Kurve an Kurve, eine ideale Motorradstrecke.

Schließlich erreichen wir Yfren **(Ortsmitte km 279).**

Yfren يفرين

Das alte Bergnest und Handelszentrum schmiegt sich abwechslungsreich mit engen kleinen Straßen und Gassen in die Taleinschnitte des Berghanges. Auf einem Sporn steht die Moschee; nahebei in den Felsbändern sieht man die Ruinen der alten Berbersiedlung. Yfren ist Stammsitz des **Berberfürsten Juma Bin Khalifa,** der Mitte des 19. Jh. die revoltierenden Berberstämme des Nafusah gegen die Türken führte. Er wurde gefangengenommen und in die Türkei gebracht. Dort konnte er durch eine waghalsige Flucht entkommen. Zu Fuß kehrte er via Kleinasien, Ägypten und die Cyrenaika in sein Bergland zurück. Auf dem Weg nach Ghadames wurde er erneut ergriffen und 1859 zum Tode verurteilt. Noch heute rühmen die Bergler seine Heldentaten.

Ein Hotel im alten Stil, das Funduk ar-Rumiya von 1943, heute **Hotel Yfren** (Fax 21/4830117), liegt auf einem Bergsporn am Plateaurand, die Aussicht ist fantastisch. Das Hotel wurde 2005 komplett renoviert, der ägyptische Küchenchef bemüht sich mit Erfolg um wohlschmeckende, typisch nordafrikanische Gerichte: Eine der derzeit m.E. besten Adressen in Libyen! DZ 50 LD, Essen 18 LD/Person. Eigentlich müsste auch eine Jugendherberge im Ort sein; es liegen mir dazu jedoch keine Informationen vor.

Die Ortsdurchfahrt von Yfren ist eng und kurvig. Vor der Moschee halten Sie sich rechts (links und ein kurzes Stück bergauf geht es zum Hotel Yfren, s.o.), immer bergab; eine Ausschilderung fehlt. Im Zweifel erfragen Sie die Richtung nach Tripolis (Trabulus). In weiteren Kurven und Serpentinen geht es den steilen Abhang hinab: Eindrucksvoll

lib_271 Foto: gg

dehnt sich unten die Jifara-Ebene. Bei einem kleinen Weiler sind wir unten, die Straße zieht halbrechts nordöstlich weiter. Bei **km 294** mündet von links eine weitere Straße in unsere: Wir bleiben halbrechts/geradeaus und passieren erneut eine Kontrollstelle (Bir Ayyad); unmittelbar danach liegt links eine Tankstelle, rechts eine neue Moschee.

Durch steppenhafte und stark erodierte Hügellandschaft geht es am Fuß des Nafusah-Abbruchs weiter nordostwärts. Erst bei **km 298** stoßen wir im freien Gelände auf einen weiteren Abzweig: Hier biegen wir im rechten Winkel links ab; wir befinden uns auf einer etwas schmalen, aber fast durchweg schnurgeraden „Rennstrecke" in Richtung Surman, von dem uns noch knapp 80 km trennen.

Nur wenige Kilometer weiter läuft die Straße nahe an einem Oued mit dichtem Bewuchs. Hier könnten wind- und sichtgeschütze Nachtplätze zu finden sein; wenn es im Winterhalbjahr oben auf der Nafusah-Hochfläche zu kalt ist, sind solche Plätze unten in der Ebene angenehmer.

Durch karge, absolut ebene Steppe geht es nordwärts. Bei **km 318** passieren wir einige flache Hügel, die möglicherweise auch sichtgeschützte Nacht-

Aussicht von der Terrasse des Hotel Yfren

plätze abgeben, wie wenig später ein grasbewachsenes Altdünengelände. Dann säumen Eukalypten alleeartig die Straße, der Stacheldrahtzaun eines Projekt-Geländes begleitet uns bei **km 340** einige Zeit, und Müllkippen weisen schon frühzeitig darauf hin: Dichter bewohntes Gelände ist nicht mehr fern.

Ab **km 350** ist es dann endgültig soweit: Alles ist besiedelt; Felder, Häuser, Stromleitungen, die Landschaft nimmt mehr und mehr wieder Mittelmeercharakter an. Auch der Verkehr nimmt kontinuierlich zu. Vorbei an einer Tankstelle und einer modernen und einer alten Moschee, erreichen wir bei **km 372** und **Pos. N 32°43,85′ / E 12°33,01′** einen Kreisverkehr und damit den Ortsrand von **Surman.** Durch Oasengärten, in denen die Zeit stehengeblieben zu sein scheint, gelangen wir ins lebhafte Ortszentrum. Umfangreiche Straßenbauarbeiten erschweren das Vorwärtskommen und die Orientierung. Einfach nordwärts weiterfahrend, erreichen wir schließlich bei **km 376** die Küstenstraße (**Pos. N 32°45,61′ / E 12°34,11′,** vgl. Route A 1). Wenn Sie nach Sabrata wollen, biegen Sie hier links ab, Richtung Westen: Nur knapp 9 km weiter ist der Ort mit seinen Ausgrabungstätten erreicht.

Jabal Nafusah

Von der Küste nach Süden fahrend, taucht früher oder später wie eine dunkle Wand der Jabal Nafusah vor dem Reisenden auf. („Nafusah" ist ein Kosename für eine Frau und bedeutet „Wertvolle", „Schätzchen".) Mit ihren Steilabbrüchen zwischen 400 und 600 Metern sucht die aus verschiedenen Kalken der Kreidezeit aufgebaute **Felsstufe** ihresgleichen in Nordafrika. Über 200 km zieht sie sich in einem leichten Bogen von West nach Ost durch Tripolitanien und markiert dabei eine deutliche **Klimascheide:** Sie trennt die niederschlagsreichere und landwirtschaftlich zum Teil noch nutzbare **Jifara-Küstenebene** von der schon als Vollwüste geltenden **Hamadat al Hamrah.** Die mächtige Scholle ist nach Süden gekippt und reckt so ihre Felsklippe dem Mittelmeer zu. **Wild zerklüftete Täler** markieren die nördliche Abbruchkante, nach Süden erstreckt sich ein eher langweiliges **Hochplateau;** die nach Süden entwässernden Täler sind sanft in ihrem Verlauf und verlieren sich in den Sanden vor der Steilstufe der Hamadat al Hamrah.

Im Jabal Nafusah (und im Umfeld der nahe gelegenen Ortschaft Zuara) leben **Berber,** die ursprüngliche Bevölkerung Nordafrikas. Von den in späteren Jahrhunderten zugezogenen Arabern unterscheiden sie sich u.a. durch ihre Sprache; der Berberdialekt Tanefusit wird zur Zenata-Gruppe gerechnet, gesprochen u.a. noch auf der Insel Djerba und in anderen kleinen Regionen Südtunesiens sowie im algerischen Mzab. Die Sprecher sind jedoch durchweg bilingual, d.h. sie sprechen auch arabisch. Bis in die jüngste Vergangenheit lebten sie als Halbnomaden, die mit ihren Herden umherzogen, daneben aber auch Felder bewirtschafteten. Zur sicheren Lagerung der Ernten (Datteln, Gerste, Weizen, Bohnen, Feigen) wurden wehrhafte **Speicherburgen** (*Ksar*, Pl. *Ksour*, auch *Gasr*) errichtet, die wabenartig in vielen Stockwerken um einen Innenhof herum angelegt und von einer Umfassungsmauer ohne Öffnung umgeben waren. Der Innenhof konnte nur durch ein gut gesichertes Tor betreten werden. Von ihm aus waren dann die kleinen Speicherkammern über Leitern sowie Trittbalken und -bretter zugänglich. Im Verteidigungsfall konnte sich die gesamte Dorfbevölkerung in diesen Anlagen verschanzen. Oliven und andere Feldfrüchte wurden auch eingelegt in Öl oder Lake konserviert. Speicherburgen als Zeugen der Berberarchitektur finden sich in gutem Erhaltungszustand u.a. in Nalut, Kabao, Forsetta, Ksar el-Hadj oder Ksar Bu Neran (s.u.). Die Bewirtschaftung der Felder erfolgte und erfolgt noch immer in der **Djessour-Technik** (siehe dazu weiter unten die Ausführungen nach Nalut). Überall entstehen auch wieder die dort erwähnten kleinen Zisternen im Gelände.

Unter oder neben diesen Speicherburgen finden sich viele troglodyte Häuser, **unterirdische Wohnungen,** die horizontal in die weichen Schichten gegraben wurden und oft ein komplexes Netz von Räumen bilden. Auch Werkstätten wurden so gebaut, etwa die mitunter zu besichtigenden Ölmühlen. Wo der Boden dagegen wie in den östlicheren Regionen nur aus einer Mischung aus Ton und Sand besteht, sind die Räume oft um eine zentrale Grube angeordnet, die als Lichtquelle dient. Solche Erdhöhlen werden **Schachtwohnungen** genannt; bekannt sind sie vor allem aus der Region Matmata in Tunesien, geologisch die Verlängerung des Jabal Nafusah nach Westen hin.

Nur hier im Jabal Nafusah lebt noch eine kleine Gruppe von Libyern, die einer besonders strengen Richtung des Islam, dem Ibaditentum, angehört. Die **Ibaditen** respektieren andere Glaubensrichtungen (Christen, Juden) und lehnen jede Ungleichheit ab (Egalitarismus). Dazu gelten hohe Moralanforderungen: Nur wer Gutes tut, ist rechtgläubig, schon kleine Verfehlungen bedeuten Abtrünnigkeit. Ganz ähnlich wie bei den ebenfalls berberischen und ibaditischen Mozabiten im algerischen Mzab, hat dies zu einem besonderen geschäftlichen (und deshalb beneideten) Erfolg der Nafusiten geführt.

Sehenswürdigkeiten

Die wichtigsten Sehenswürdigkeiten des Jabal Nafusah **von West nach Ost:**

Nalut

Siehe Route A 5 und Foto im Farbbildteil („Ortsansichten").

Kabao

Pos. N 31°50,68' / E 11°19,64': Eindrucksvolle, sehr gut erhaltene Anlage; Berglage, umgeben vom gleichnamigen Dorf. Ein kleines **Museum** ist angeschlossen (Eintritt 3 LD), unter der Speicherburg lässt sich ein ausgedehntes Wohnlabyrinth besichtigen, auch eine Ölmühle.

Forsetta

Pos. des Parkplatzes **N 31°51,60′ / E 11°22,93′:** Forsetta ist nur zu Fuß zu erreichen, ca. 600 m ab dem Parkplatz. Geht man dabei nicht den Hangweg, der der Stromleitung folgt, sondern bleibt auf dem Höhenrücken, findet sich dort viel Jaspis an der felsigen Oberfläche. **Sehr pittoreske Lage!** Die Speicherburg ist krönender Mittelpunkt eines in die Felsen gebauten, verschachtelten Stein-Dorfes, das heute komplett verlassen ist.

Termessa

Pos. N 31°59,65′ / E 12°2,82′: Fast komplett verlassenes Berberdorf unmittelbar an der Abbruchkante in **spektakulärer Lage!** Der Blick vom „Ehebrecherinnenfels" wird Ihnen einen Schauer über den Rücken jagen – was geschah wohl mit Ehebrechern? Passen Sie gut auf: Absturzgefahr! Jugendliche zeigen ihre Kletterkünste an einem vorgelagerten Felssporn! Versuchen Sie dies zu verhindern! Zahlen Sie keines-

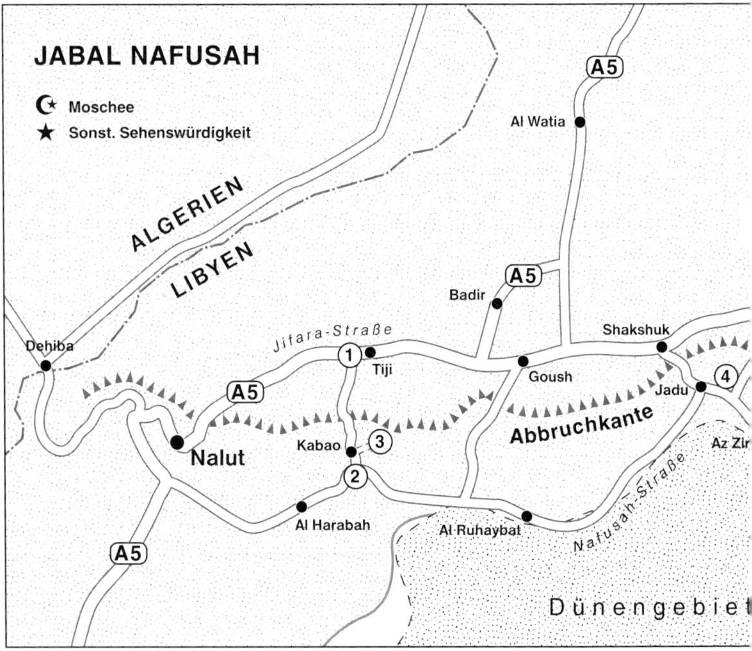

falls ein „Trinkgeld“; das ist nicht wie beim Sprung in ein Wasserbecken! Vermutlich zeigt das erste Bild auf www.darsahara.com diesen Ausblick. Kleines Museum.

Gasr el Hadji (Burg des Mekkapilgers)

Pos. N 32°2,71′ / E 12°9,9′: Liegt am Fuß des Jabal Nafusah in freier Lage unweit des gleichnamigen Dorfes, 30 km westlich des Kontrollpostens Bir Ayyad. Gut erhaltene und zum **Museum** umgebaute Anlage (Eintritt 3 LD). Man betritt den Innenhof durch eine Art Vestibül.

Yfren

Siehe weiter oben.

Keramikmarkt

Pos. N 32°13,05′ / E 12°32,0′: Ein Keramikmarkt am Straßenrand im freien Gelände bietet einheimische Töpferware und solche aus Tunesien und Marokko. Folgt man der hier in Südrichtung abzweigenden Straße, erreicht man nach kurzem Anstieg hinauf aufs Plateau ein **verlassenes Berberdorf,** das sehr an solche in Marokko erinnert. Zuvor liegen links der Straße eingefallene Schachtwohnungen, die teilweise als Ställe genutzt werden.

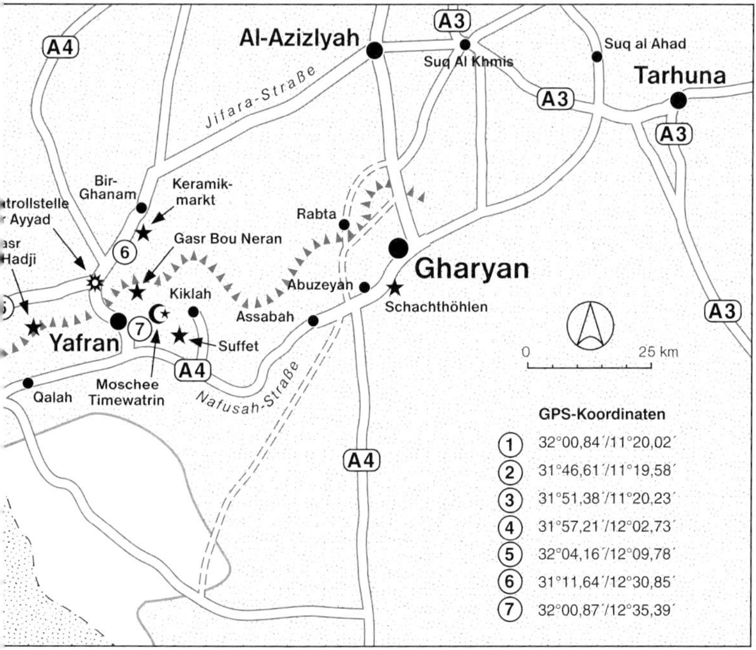

Gasr Bou Neran (Burg des Vaters des Feuers)

Pos. N 32°9,73' / E 12°32,07': Liegt am Fuß des Jabal Nafusah in freier Lage auf flachen, wüstenhaften Hügeln, abseits von Ortschaften. Der Abzweig dorthin liegt 9 km östlich des Kontrollpostens Bir Ayyad und ungefähr 3 km südwestlich des Keramikmarktes. Sehr weitläufiger Innenhof, Umfassungsmauer mit Speicherkammern teilweise lückenhaft. Niedrige Anlage. Uninteressanteste der genannten Anlagen.

Moschee Timewatrin

Pos. N 32°4,62' / E 12°33,05': Kleine Moschee **im ibaditischen Stil** auf einer Bergkuppe. Von Yfren aus im Ort am Krankenhaus vorbei in Richtung Hochlandstraße ortsauswärts fahren.

Suffet

Pos. N 32°1,65' / E 12°35,625': Einfaches, dreigeschossiges, **antikes Mausoleum.** Nahebei auf einem benachbarten Hügel ein Kultplatz aus mächtigen Steinquadern über einer Höhle. Die Steine sind teilweise als Tierköpfe gestaltet: Stiere, Löwen. Zu erreichen über die bei der Timewatrin-Moschee genannte Straße. Siehe Pos.-Angaben.

Gharyan

7 km südwestlich des Ortes **(Pos. N 32°6,94' / E 12°59,66'): Schachthöhle,** die als Museums-Höhle geplant wurde/ist. Noch ziemlich ursprünglich! In der Nähe weitere, noch als Lager genutzte Höhlen. Achtung: Wegepunkt bzw. Höhle unmittelbar am Rand der vierspurigen Schnellstraße, Südseite, ohne Randstreifen. Im Ort Gharyan soll es eine weitere Schachthöhle geben, die als Museum ausgebaut ist.

Weitere Sehenswürdigkeiten im Osten des Jabal Nafusah und im Bereich seiner Südentwässerung in Richtung Osten und Mittelmeer werden im Verlauf der Routenbeschreibungen erfasst.

Orientierung

Am Fuß des Jabal Nafusah verläuft in mehr oder weniger großem Abstand zur Felsbarriere eine wichtige Ost-West-Straße bis nach Nalut, die von mir so genannte **„Jifara-Straße"**; sie hat ihr Pendant oben auf der Hochfläche in Gestalt der **„Nafusah-Straße".** Beide verbindet eine große Zahl von Querspangen, die die Steilstufen mehr oder weniger kurven- oder serpentinenreich überwinden und dabei immer wieder spektakuläre Ausblicke bieten. Keine Landkarte zeigt diese Querspangen korrekt.

Die **wichtigsten Orientierungspunkte** (vgl. Karte „Jabal Nafusah"):

- **N 32°0,84' / E 11°20,02' (1)**
  Abzweig von der Jifara-Straße nach Kabao
- **N 31°46,61' / E 11°19,58' (2)**
  Abzweig von der Hochlandstraße
- **N 31°51,38' / E 11°20,23' (3)**
  Abzweig, führt nach 5 km zum Parkplatz von Forsetta
- **N 31°57,21' / E 12°2,73' (4)**
  Abzweig von der Hochlandstraße Richtung Termessa
- **N 32°4,16' / E 12°9,78' (5)**
  Abzweig von der Jifara-Straße nach Gasr el-Hadji
- **N 31°11,64' / E 12°30,85' (6)**
  Abzweig von der Jifara-Straße nach Gasr Bou Neran
- **N 32°0,87' / E 12°35,39' (7)**
  Abzweig in Richtung Suffet von einem Querriegel

Route A 5:
Von Zuara über Nalut nach Ghadames

- *Durchgehend asphaltiert, Verkehr im Umfeld von Ortschaften im Küstenbereich dicht, sonst sehr gering; 185 km bis Nalut, dann 237 bis Darj, dann 100 bis Ghadames. Gesamt 522 km.*
- *Michelin-Karte 741 und Geo-Projects-Karte.*

Wer von Tunesien her kommend möglichst rasch in die libysche Sahara will, sich für Kultur und Städte nicht interessiert (bzw. sich diese für den Rückweg aufspart), der ist mit dieser Route optimal bedient: Von der Küste weg wird rasch die Wetterscheide des Jabal Nafusah überfahren, und dann geht es ebenso schnell hinein in saharisch-wüstenhaften Bereich. Dies kann auch bei wetterbedingten Überlegungen eine Rolle spielen: Sollte an der Küste regnerisches Sudel-Wetter herrschen, ändert sich das südlich des Nafusah mit dem Eindringen in trockene Klimazonen meist sehr schnell.

km 0: Abzweig im Ort Zuara von der Route A 1 nach Süden.

Der Abzweig nach Nalut in Zuara ist mitten im Ort, ziemlich exakt 60 km von der Grenzstation Ras Ajdir entfernt (vgl. Route A 1). Hier biegen wir nach Süden von der Küstenstraße ab und verlassen in lebhaftem Verkehr den Ort südwärts. Rasch lockert die Bebauung auf, Müllhalden durchsetzen das Gelände. Bei **km 10** überqueren wir geradeaus eine Kreuzung. Fast mit jedem Meter Entfernung von der Mittelmeerküste nehmen Bewuchs und Besiedlung ab.

Bei **km 41** und einer Kontrollstation (nicht immer besetzt) biegen wir in rechtem Winkel nach Westen ab; die Straße geradeaus führt in den Ort Al Watia. Jetzt durchqueren wir eine ebene Steppenlandschaft, die Jifara-Ebene; hin und wieder sind einzelne Kamele und manchmal auch ganze Kamelherden zu sehen. Nach Schlechtwetterperioden – hier bedeutet dies weniger Regen als vielmehr Wind! – ist die Straße oft mit kleinen Sandwehen überzogen. **Fahren Sie entsprechend vorsichtig!** Nicht immer ist bei Gegenverkehr ein Durchkommen möglich, und die Bremswege verlängern sich bei Sand auf der Straße enorm! Wir nähern uns der Steilstufe des Jabal Nafusah, die wir wie eine dunkle Wand vor uns auftauchen sehen. Eine weitere Kontrollstelle – auch diese ist nicht immer besetzt – erwartet uns bei **km 68**.

Bei **km 90** erreichen wir einen weiteren großen Abzweig und biegen hier erneut rechts ab. Dann durchfahren wir bei **km 118** den Ort **Badir:** An einem großen innerörtlichen Kreisverkehr halten wir uns südlich, links, und verlassen den Ort auf vierspuriger Straße. Nur sechs Kilometer weiter, bei **km 124,** stoßen wir auf eine Querstraße mit Vorfahrt, die Hauptstraße von Tripolis nach Nalut. Hier herrscht jetzt wieder etwas Verkehr. Wir biegen rechts ab und fahren fast genau westwärts, immer im Vorfeld der Steilstufe des Jabal Nafusah. Ortschaften, z.B. Tiji (Tankstellen, Geschäfte), werden durchquert, Furten von Trockenflüssen durchfahren, die vom Jabal herab hinaus in die Ebene ziehen.

Bei **km 172** wendet sich die Hauptstraße kurz nach der Überquerung eines weiteren Wadis in einer weiten Biegung nach Süden. Wir folgen dem Verlauf dieses Trockenflusses, der uns bei geringer Steigung rasch an der Abbruchkante vorbei in die Berglandschaft hineinführt. Schon von weitem sind dann grün gestrichene Stützmauern und Serpentinen erkennbar: Steil führt dort die Straße bergauf bis zum weithin sichtbaren Nalut. Noch am Beginn des Aufstiegs erfolgt eine weitere Polizeikontrolle: Wir werden im großen Buch verewigt. Nach den Serpentinen liegt rechter Hand ein Parkplatz bei einem alten Marabut: Ein weiter Ausblick bietet sich zurück nach Nordosten. Dann erreichen wir das – einem Adlerhorst gleich – auf der Felskante liegende Nalut bei **km 185.**

250 Foto: gs

Nalut نالوت

Kaum im Ort, stoßen wir auf den letzten Metern bergauf auf eine Querstraße. Hier müssen wir rechts, nach Norden abbiegen.

Im Bereich des Abzweigs sollte sein Fahrzeug auch derjenige stehen lassen, der den **Ksar von Nalut** besichtigen will, ein lohnendes Unterfangen. Nalut ist seit Jahrhunderten ein Zentrum der Djebalia-Berber, im alten Ksar sind die Ghorfas (Vorratsgewölbe) vielstöckig und wabenartig übereinandergebaut. Wie die Bewohner des Mzab in Algerien und der Insel Djerba in Tunesien, gehören die Alteingesessenen zur muslimischen Sekte der Ibaditen. Noch immer verbinden sie vielfältige familiäre Bindungen über die Grenzen hinweg. Den Schlüssel für die Speicherburg hütet ein älterer Mann in der Nachbarschaft; er spricht italienisch.

Wer sich für alte Speicherbauten interessiert, dem seien über Nalut hinaus die Ghorfa-Burgen von **Kabao** (im Osten) und von **Forsetta** (5 km von Kabao) sowie die von **Qasr el Hajj** (noch weiter östlich am Fuße des Jabal Nafusah) empfohlen: Nalut ist zwar mit seiner Größe sicher eindrucksvoll, bei den genannten anderen (bes. Forsetta) fehlt aber das moderne städtische Umfeld wie in Nalut, wodurch der Eindruck der Ursprünglichkeit verstärkt wird.

„Schlüssel-Wächter“
des Ksar von Nalut, heute in „Rente“

Hotels

- **Hotel Nalut – Winzrik,** DZ 40 LD, von Marokkanern betrieben; stilvolles Gebäude, 2004 renoviert und modernisiert. Aussichtsterrasse!
- Zwei weitere einfache und saubere Hotels finden sich an der zentralen Kreuzung sowie an der Straße in Richtung Ghadames.

Jugendherberge

- Klein und gemütlich. 3 LD pro Person mit Ausweis, nur arabischsprachig.

Sonstiges

- Auf einem Polizeiposten im Ort hinter dem Hotel ist der dreieckige **Meldestempel** zu bekommen (1 LD/Formular, 5 LD Gebühr).
- **Internet** im Hinterraum der Post.

Die **Weiterfahrt** führt uns am Abzweig nach rechts vorbei an der neuen Moschee. Noch innerhalb der Ortschaft liegt linker Hand eine große **Tankstelle,** die als eine der letzten gut versorgten Stationen an diesem Wege gilt (Diesel-Zapfsäule hinter dem Stations-Gebäude). Die schmale, gute Straße umfährt jetzt in einem großen Bogen den Ort Nalut, der immer in einiger Entfernung zur Linken zu sehen ist: Tiefe, in die Plateaulandschaft eingeschnittene Täler verhindern hier einen direkteren Straßenverlauf. Im Abstand von ca. je 6 km stehen Notrufsäulen am Straßenrand.

11 km **(km 196)** weiter geht nach rechts die Straße in Richtung der Grenze nach Tunesien bei Dehiba/Remada. Der Grenzübergang an dieser Stelle ist seit Frühjahr 2006 zur Aus- und Einrei-

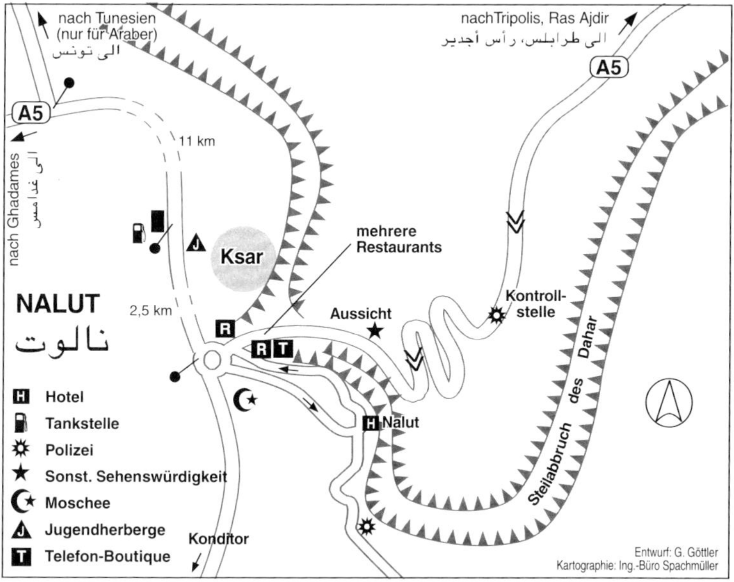

se wieder geöffnet (nach anderslautenden Informationen kurz vor Redaktionsschluss aber schon wieder geschlossen). Es lohnt sich auch ohne Grenzübertritt dieser Seitenstraße ein Stück nach Nordwesten zu folgen: Von der Abbruchkante des Jabal, die hier in unmittelbarer Nähe liegt, bieten sich hervorragende Ausblicke in die 500 Meter tiefer liegende Jifara-Ebene.

Die Straße führt jetzt auf etlichen Kilometern durch ein agrartechnisch interessantes Gebiet: Der Anbau erfolgt hier in der **Djessour-Technik:** Täler werden in relativ enger Folge mit Dämmen abgesperrt, hinter denen das Gelände zu ebenen Flächen aufgefüllt wird. Auf den so entstandenen Feldflächen sammelt sich bei Regen das Wasser fast wie in flachen Teichen. Regnet es viel, fließt das Wasser an vorausgeplanten Stellen am Dammrand ab. Sinnreich gemauerte Konstruktionen, oft unter Zuhilfenahme von Felsplatten im Untergrund, verhindern, dass das Wasser auf der abfließenden Seite den Damm unterspült. Auf diesen Feldern stehen die Olivenbäume in Heckenkultur: Mehrere Stämmchen, oft fünf, werden in Ringform angepflanzt (vergleichen Sie hierzu die Anreise durch Tunesien in Route A 1, wo ich darstelle, dass dieser Obstbaum dort in weiten Pflanzabständen und einzeln gesetzt wird). Manchmal sehen Sie auch Feigen- oder Aprikosen- und Mandelbäumchen. Auf den freien Flächen wird Hartweizen oder Gerste kultiviert. Es wird Ihnen vielleicht auffallen, dass im modernen Erdölland Libyen überall neue Djessours entstehen: Mit Hilfe riesiger Baumaschinen besinnt man sich wieder dieser uralten Anbaumethode. Vielleicht werden Ihnen auch die vielen kleinen Zisternen auffallen, die überall im Gelände verstreut zu sehen sind: Auf festen geneigten Flächen wird der spärliche Regen gesammelt und den in den Felsboden gemeißelten engen Brunnenschächten zugeführt. Viele dieser Zisternen sind noch immer in Betrieb. Einfache Feldwege führen links und rechts der Straße zu den in den Tälern verborgenen Kleinfeldern: Hier lassen sich ruhige und geschützte Rast- und Übernachtungsplätze finden.

Zunächst noch kurvig, später in fast gerader Linie führt die Straße nach Süden. Mit der Abwendung vom Steilabbruch wird das Gelände langweiliger. Bei **km 213** zweigt eine große Straße nach Osten ab; wir fahren weiter geradeaus nach Süden. Eine Tankstelle rechterhand erweitert die Versorgungsmöglichkeiten; der Polizei-Posten ist nur selten besetzt.

Weiter geht es über fast deckungslose Hochflächen. Eine Stromleitung begleitet uns westlich der Straße. Wir dringen mehr und mehr in saharische Gefilde ein: Von wenig attraktiven Dünen ziehen **Sandwehen oft bis in die Straße herein und erfordern aufmerksames Fahren.** Achten Sie auf den Gegenverkehr – obwohl äußerst schwach, kommt er doch immer dann, wenn man ihn – vor einer Sandwehe – am wenigsten gebrauchen kann. Ein Bohrmaterial-Camp wird passiert, und schließlich erreichen wir das hinter einem kurzen Anstieg liegende Sinawan bei **km 310.** Der alte Ksar mit der Burg el-Otani liegt in Ruinen; kleine Läden bieten ein bescheidenes Warenangebot. Die alten, in den Fels gehauenen Brunnen und die unterirdischen Wasserleitungen liegen ungenutzt und verfallen. An einer Straßengabelung mit öffentlichen Grünanlagen am Ortseingang halten wir uns rechts und passieren kurz darauf noch im Ort erneut einen Polizei-Posten.

Nur 7 km weiter liegt der kleine und recht hübsche Ort **Schauwa** (mit Tankstelle) und kurz darauf **Babus ed-Dib.** Eine Schichtstufe kündigt einen erneuten Landschaftswechsel an: Wir überqueren Ausläufer der Hamadet en-Nasla. Nach den langweiligen Hochflächen führt uns ein eindrucksvoller und von Palmen bestandener Taleinschnitt mit kleinen malerischen Ortschaften (Ksar Darj) hinab nach **Darj** (siehe Route A 7), ein im Vergleich zum Eindruck auf der Landkarte eher verschlafen wirkender Straßen- und Pistenknotenpunkt (**km 422,** 237 km seit Nalut). Unmittelbar davor befindet sich der Straßenabzweig nach Osten (Routen A 7, A 8 und A 9) und ein Kontrollposten (im Frühjahr 2007 geschlossen; siehe auch den Plan rechts).

Genau gegenüber der neuen Tankstelle gibt's guten Kaffee oder auch Tee in einem Libyen-typischen Gemischtwarenladen, der dazu noch als Wartestelle für die Benutzer öffentlicher Verkehrsmittel (Bus nach Nalut/Tripolis bzw. Ghadames) dient. Geradeaus weiterfahrend gelangt man rasch in den Ort (rechts am Wegesrand ein Bäcker). Ein Tor (ebenfalls rechts) markiert den Eingang zur Altstadt mit einer sehenswerten Stadtmauer aus Lehmziegeln unmittelbar am Rand der alten Palmgärten der Oase. Vieles ist am Verfallen, anderes wird derzeit wieder restauriert und so wenigstens vor dem endgültigen Untergang bewahrt.

Unmittelbar nach der Tankstelle biegen wir rechts ab (Straßenschild: „Ghadamis 100 km", gegenüber liegt ein modernes Park-Café); schon wenige hundert Meter weiter ist der Ortsrand erreicht. Ein Oued wird überquert; die Straße weist hier Schäden auf.

Leser warnen vor einer Nachtfahrt auf der Strecke bis Ghadames: Querrinnen, die tagsüber kein Problem darstellen, erweisen sich im Scheinwerferlicht auch bei vernünftiger Fahrweise offensichtlich als achsenbrecherische Fallen! Auch für schwer bepackte Fahrradfahrer stellen sie lt. Leserzuschrift ein Risiko für Reifen und Felgen dar.

Links unterhalb der Straße, die jetzt ziemlich genau nach Westen führt, stehen am Rande einer Sebkha Tamaris-

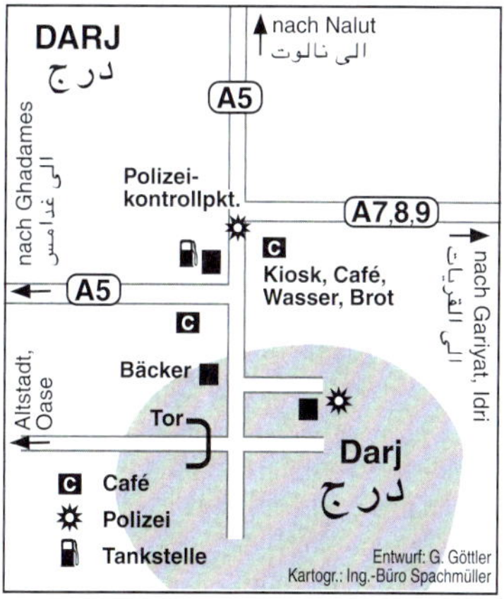

kenbüsche. Da die Straße erhöht verläuft, sind die Rastplätze dort von Vorüberfahrenden leicht einsehbar. Erreichbar sind sie wegen des sehr weichsandigen Untergrundes nur für Allradfahrzeuge. Recht malerisch liegt dann bei **km 432** das Dorf **Matres** nördlich der Straße: Vor dem alten Ksar oben auf der Schichtstufe wurde die neue Ortschaft erbaut.

Auf guter schmaler Straße geht es westwärts (vorbei an einer neuen Kontrollstelle), die Landschaft ist wüstenhaft. Noch immer stehen in einem Abstand von 6 km Notrufsäulen (die nicht funktionieren). Wieder begleitet uns rechts, im Norden, eine Hochspannungsleitung. Bei **km 482** queren wir ein tief eingeschnittenes Wadi. Hier bieten viele Büsche ausreichend Sicht- und Windschutz für Pausen.

61 km westlich von Darj, genau vor dem Aufstieg auf ein Plateau, steht (liegt?) rechts der Straße ein altes rostiges Schild mit der kaum noch lesbaren Aufschrift **„Le Lac" (Pos. N 30°11,29' / E 9°53,27'):** Hier zweigt eine Piste nach Norden ab, die nach 10 km zum kleinen (Doppel-)**„See von Mzezem"** führt **(Pos. N 30°15,25' / E 9°49,93').** Von Einheimischen wird er als Ain ad-Dhubban bezeichnet, das „Fliegende Auge". Von Tamarisken-Büschen umstanden, soll er 55 m (!) tief sein. Hier bieten sich schöne Übernachtungsmöglichkeiten. Da der See auch von den Ghadamsi, den Bewohnern von Ghadames, gerne besucht wird, sind sie hier nicht immer alleine. Nähern Sie sich den Seeufern nicht mit dem Fahrzeug: Sie sind steil und offensichtlich brüchig. Ende 1995 sollen hier zwei Franzosen in ihrem Geländewagen ertrunken sein. Auch sollten Sie vom See weg keinesfalls weiter in nordwestliche Richtung fahren: Die Grenze zu Tunesien ist sehr nahe; Sie riskieren unnötige Probleme mit den Grenzwächtern.

Ab **km 500** wird aus der guten Asphaltstraße eine Autobahn: Südlich der Straße liegt der Flugplatz von Ghadames: „Berdsch". In dessen Umfeld sollten Sie tunlichst von einer Übernachtung absehen. Auf dem Flugfeld steht nicht nur ziviles Fluggerät ...!

Bei **km 520** ist dann der Polizeiposten am Ortseingang von Ghadames erreicht (im Frühjahr 2007 nicht besetzt). Nach Überprüfung der Papiere wenden wir uns am nächsten Abzweig nach rechts und haben nach knapp zwei Kilometern den eigentlichen Ort erreicht.

Ghadames غدامس

Ghadames, das Cydamus der Römer, oft auch als „Perle der Wüste" bezeichnet, spielte seit Urzeiten als **Drehscheibe des Karawanen-Handels** eine wichtige Rolle. Ergiebige Quellen, darunter Ain el Fras, die „Stutenquelle" (vgl. Text links unten), hatten die Bedeutung des Ortes begründet. Wer durch die – als „World Heritage Site" unter UNESCO-Schutz gestellte – verlassene Altstadt schlendert, kann sich gedanklich leicht in die alten Zeiten zurückversetzen. Mit dem Wasser von Ain el Fras sollen 88 Hektar Gartenland bewässert worden sein – angesichts der heutigen Dimen-

253 Foto: gg

sionen lächerlich wenig: Die modernen libyschen Projekte bezeichnen als „größere Einheit“ Projekte mit 10.000 Hektar, und wird ein solches Projekt dann erweitert, schlägt man dieselbe Fläche noch einmal hinzu – vielleicht ist es ja das Verzweifeln an Unternehmungen solcher Größenordnung, die die früheren Bewohner von Ghadames dazu veranlasst hat, aus ihrer Altstadt davonzulaufen!

Sehenswertes

Besonders schön ist die **Altstadt** (Eintritt 5 LD) mit ihren teilweise überdachten Gassen und den ruhigen schattigen Versammlungsplätzen mit gemauerten Bänken an zentralen Kreuzungspunkten der Gassen. Auch die **Palmgärten** sind sehenswert, durch die z.T. ungewöhnlich hoch liegende, dammartige und von Mauern gesäumte Wege führen.

Auf dem Besichtigungsrundgang wird ein **historisches Stadthaus** mit traditioneller Einrichtung besichtigt und die **Stutenquelle**. Besonders fachkundig führt der Großvater des Touristenamtchefs durch den Ort. Er spricht fließend französisch und italienisch und weiß noch viel aus eigener Erfahrung über die Altstadt zu erzählen.

Eine weitere Sehenswürdigkeit sind die „Esnamen“, **Turmruinen** aus römischer oder garamantischer Zeit, das

In der Altstadt von Ghadames

Stadtmuseum im Stadtzentrum und der große Friedhof am östlichen Ortseingang.

Praktische Infos

Touristeninformation

- **Tel. Vorwahl: 484**
- **Fremdenverkehrsamt/Tourist Office**

Tel. 2316. Über das örtliche Tourist Office erhalten Sie den Meldestempel (15 LD), zudem ist man Ihnen mit der Genehmigung, mit Führern und Material für Route A 6 (von hier aus entlang der algerischen Grenze bis hinab nach Ghat) behilflich (vgl. „Genehmigungsprobleme"). Auch (angeblich obligatorische) Führer für den Altstadtbesuch und der Schlüssel für ein in der Altstadt eingerichtetes und zum Museum umfunktioniertes Haus sind hier erhältlich (10 LD pro Pers.).

Hotels

- **Hotel Ain el-Fras,** das einstige Traditionshotel ist derzeit eine Ruine.

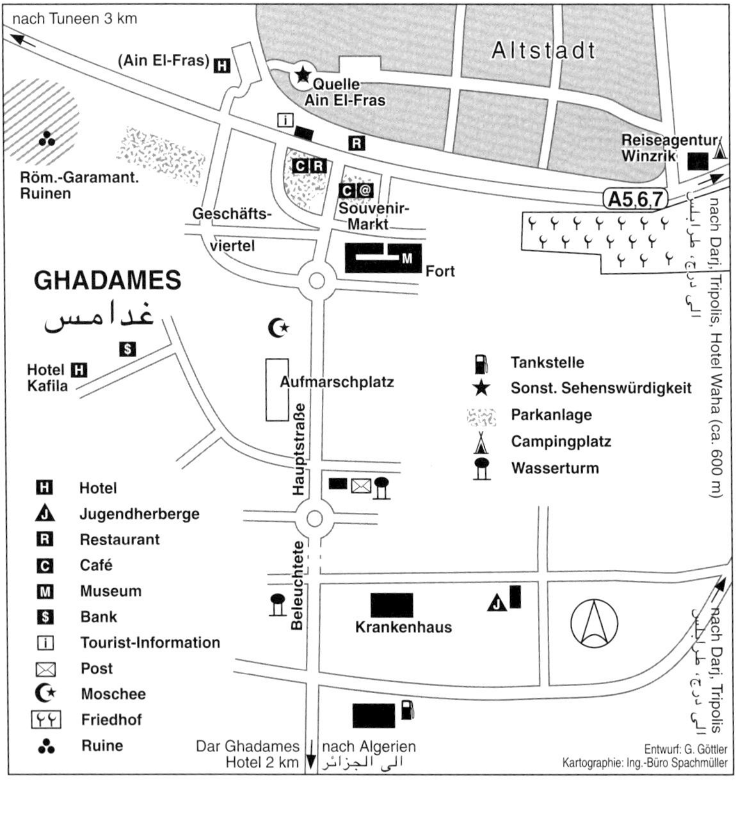

●**Ben Yedder Hotel,** sauberes Hotel in der Ortsmitte nahe der Busstation, Tel. 63410/11, Fax 21/489 47 64. DZ 50 LD.

●**Dar Ghadames,** 4-Sterne-Hotel mit 68 Zimmern, knapp 2 km außerhalb an der Straße in Richtung Algerien, Tel. 21/362 14 14, Fax 484/63408/09, www.darsahara.com. DZ 110 LD.

●**Jewel of the Sahara Motel & Restaurant,** einfaches Hotel mit viel Lokalkolorit am Rande der Altstadt in der Stadtmitte, Tel./Fax 62015, attunsii@yahoo.com. Mehrbettzimmer, tunesische Leitung sowie gutes Essen. Bett 5 LD.

●**Hotel Kafila,** im Neubauviertel im Westen der Stadt, Tel. 62991, Fax 62176. DZ 65 LD.

●**Hotel Waha,** am östlichen Ortsrand über die Straße Richtung Tripolis zu erreichen, Tel. 628707. Gutes Hotel, teilweise Bungalows. DZ 35 LD.

●**Motel Winzrik,** Tel. 737/20001; zusammen mit Camping und Büro der gleichnamigen Reiseagentur. DZ 40 LD. Übernachtung auch im Zelt möglich: 5–10 LD pro Person (s.u.).

Jugendherberge

●Am südöstlichen Ortsrand **(N 30°07,87' / E 9°29,70')** ist eine große, ordentliche Anlage. Campieren ist auf dem Gelände erlaubt; Kosten 3 LD.

Campingplätze

●Bei der **Agentur Winzrik** am Ortseingang von Darj kommend (5–10 LD/Pers., s.o.) und lt. Leserangabe ein ganz neuer und guter Campingplatz schräg gegenüber.

Museum

●**Im alten Fort,** nachmittags geschlossen, Eintritt 3 LD, Fotoerlaubnis 5 LD.

Verkehrsverbindungen

Busse, Sevicetaxen und Minibusse nach Tripolis fahren mehrmals täglich, die erste Busabfahrt (am Hotel Ben Yedder) erfolgt um 7 Uhr, die letzte ist um 18 Uhr (15 LD pro Person).

Einkaufen

Ghadames verfügt als zentraler Ort des nordwestlichen Libyens über alle Versorgungsmöglichkeiten. Verschiedene **Geschäfte** bieten ein breites Warenangebot. Vorhanden sind auch Bäckerei, Apotheke, **Krankenhaus** und **Post** sowie verschiedene Restaurants und Cafés. Aber: Ghadames hat seinen Preis – hier ist vieles **deutlich teurer** als im gesamten übrigen Libyen!

Sonstiges

●**Wildes Campieren**
im nahen Umfeld der Stadt ist etwas **problematisch** – Grenznähe im Westen, Flugplatz im Osten. Übernachtungsmöglichkeit für Routinierte in der Gruppe: 7 km in Richtung Algerien in einem kleinen Dünengebiet.

●**Grenzübergang nach Algerien**
Für Nichtaraber **geschlossen.** Kraftstoffversorgung unproblematisch, Kanister werden jedoch nur befüllt, wenn eine Genehmigung zum Befahren der Grenzstrecke A 6 (vgl. unten) vorliegt.

Ausflüge

Etwa 3 km nordwestlich von Ghadames liegt die als „Tuareg-Ortschaft" gerühmte **Kleinoase Tuneen.** Auf mich macht der Ort einen verbauten Eindruck und erscheint mir die Zeit für einen Besuch eher nicht wert.

Noch weiter entfernt (9 km) und im Norden liegt **Ras el-Ghul** (Geister-Kopf, auch Gasr el-Ghul, Geister-Burg), eine Wehrburg berberischen Ursprungs auf einem felsigen Inselberg, die vermutlich auch in antiken Zeiten schon als Wachtposten über die Karawanenwege und als Fluchtburg in kriegerischen Zeiten diente. In Zeiten der muslimischen Eroberung Nordafrikas sollen sich hierher die Bewohner der Oase Ghadames geflüchtet haben, die sich nicht zum neuen Glauben bekehren lassen wollten. Drei konzentrische Mauern schützten die Anlage; sie sind noch immer gut zu erkennen. Ein Schacht wurde von oben bis hinab ins Grundwasser abgesenkt, so dass sich die Verteidiger im Belagerungsfalle mit Wasser versorgen konnten. (Vorsicht: Der offene Schacht liegt ungesichert unmittelbar am oberen Ende des Kletterstieges, der hinauf zur Burg führt!) Die Aussicht vom Geister-Kopf ist eindrucksvoll: Im Osten liegt auf einer Art Bergsattel ein kleiner Friedhof, auf dem die frühen Kampfgefährten Mohameds beerdigt sein sollen; im Westen erheben sich eindrucksvolle Sterndünen - dort ist bereits algerisches Gebiet, das weite Tal dazwischen ist der Grenzstreifen. Im Nordosten liegt ca. 10 km entfernt kaum erkennbar auf tunesischem Territorium Bordj el-Khadra.

Wie eine Stute Wasser fand

Einst hat in der Umgebung von Ghadames der mächtige Nomadenstamm des Königs *Nimrod* gelebt. Eines Tages nun verirrte sich ein Angehöriger des Stammes in der Wüste. Tagelang irrte er umher, und schließlich legte er sich zum Sterben nieder. Da schlug seine getreue Stute mit dem Huf auf den Wüstenboden, und im gleichen Augenblick ergoss sich kühles, klares Wasser aus der Erde. Sogleich begann sich die Wüste mit Grün zu bedecken, Palmen schossen aus dem Boden. Die Quelle aber erhielt den Namen Ain el-Fras - „Stutenquelle".
(Zitiert nach *K. Polkehn*)

Route A 6:
Ghadames – Ghat, entlang der algerischen Grenze

- *Führerpflichtige Pisten- und Geländestrecke im Verlauf von ca. 620 km, dann 95 km vor Ghat Asphalt, Zeitaufwand drei bis vier Tage. Geländewagen erforderlich und Pflicht; gesamt ca. 720 km.*
- *Michelin-Karte 741 und Geo-Projects-Karte sind hier sehr schematisch. Bessere Karten und GPS angesichts der Führerpflicht nicht erforderllich; verwendbar: IGN 1:1 Mio, Blätter Hassi Messaoud NH 32 und Djanet NG 32 sowie ONC H 3.*

Es ist unklar, auf welcher Rechtsgrundlage die Führerpflicht für diese Strecke basiert. Von Ghadames aus losfahrend, wird jedoch an der Tankstelle das Befüllen von Reservekanistern verweigert, wenn keine Fahrgenehmigung vorliegt. Möglicherweise ist die Grenznähe einer der Gründe.

Die Führer wählen jeweils etwas unterschiedliche Routen, auch wenn sich die Streckenführungen insgesamt nur wenig voneinander unterscheiden. Die Strecke stellt den direktesten Zugang in die libysche Südwestecke dar.

Führer können in Ghadames im Tourist-Office oder in *Ghat* bei verschiedenen Reise-Agenturen engagiert werden; abfahrend von Ghat liegen die Kosten günstiger; Verhandlungsgeschick ist gefragt. **In Ghadames** werden üblicherweise **pauschal 500 US$** verlangt, weshalb die Führer versucht sind, besonders schnell zu fahren. **In Ghat** dagegen sind immer noch etwa **100 LD/Tag** üblich, so dass die Führer möglichst lang unterwegs sein wollen ...

km 0: Pisteneinstieg bei km 15 östlich Ghadames an der Straße nach Darj **(Pos. N 30°08,12′ / E 09°32,80′);** andere Führer gehen unmittelbar am Polizeiposten Ortseingang Ghadames ins Gelände! Über teils staubige, teils kiesige Ebenen geht es nach Süden. Von einigen kleinen quer zur Piste verlaufenden Oueds abgesehen, ist das Gelände ordentlich zu befahren.

Bei **km 44** steht ein Schotterberg mit markantem Felsen. Kurz darauf knickt die Piste nach Westen und steigt vom Plateau herab **(Pos. N 29°40,30′ / E 9°54,78′)** in eine weite Schwemmtonebene, in der einzelne Tafelberge zu sehen sind. Unten geht es in einem Wadi mit Bewuchs weiter: Hier ließen sich eventuell schöne Übernachtungsplätze finden. Das Gelände wird dann wieder unebener; zahlreiche Oueds laufen quer zur Piste und drosseln das Tempo.

Bei **km 85** stoßen wir auf einen betonierten **Markierungsstein** mit der Nummer 44: Wie die Geo-Project-Karte zeigt, war wohl geplant, die Strecke zur Straße auszubauen; vielleicht stammt dieser Betonstein aus der Projektions- und Vermessungsphase ...

Die Piste wird danach etwas steiniger und windet sich durch unebenes Hügelgelände. Wir fahren weiterhin fast genau in südlicher Richtung. Dann ermöglicht eine Serir-Fläche wieder ein etwas flotteres Tempo. Im Bereich von **km 112–114** wird ein breites Oued gequert. Auch hier bieten sich wieder Nachtplätze an, aber ob sie rasten, hängt natürlich weitgehend von den Wünschen und Vorstellungen Ihres Führers ab. Bei Nacht ist in diesem Bereich in südwestlicher Richtung starker Lichtschein zu sehen; wie Ihnen die Michelin-Karte zeigt, liegen jenseits der Grenze in Algerien Erdölfördergebiete: Vermutlich stammt der Lichtschein von einer solchen Bohrstelle – die Grenze ist nicht weit!

Mehrfach kreuzen dann deutlich ausgefahrene Spuren und Spurenbündel unseren Weg. Ein Teil eines Autowracks liegt bei **km 135.** Kurz vor **km 150** dient eine deutliche Markierungsstange dann wieder einmal zur Positionsbestimmung: **N 29°04,58′ / E 10°13,63′.**

Erneut kreuzt eine Piste, Fässer liegen im Gelände. Bei **km 158** erreichen wir einen abgedeckten Brunnen **(Pos. N 29°02,82′ / E 10°17,52′).** Immer wieder werden Oueds gequert, nach Regenfällen vermutlich kein sehr angenehmes Gelände. Nomaden allerdings, die der kargen Vegetation in den Tälern und Senken wegen hierher ziehen, dürften am Regen ihre Freude haben. Das Gelände wechselt jetzt stetig; immer wieder liegen Fässer in der Gegend. Von allen Seiten kommen Spuren, münden in oder queren unsere Piste. Bei **km 203** eine weitere Markierungsstange mit der **Pos. N 28°45,15′ / E 10°30,98′.**

Erneut fahren wir bei **km 207** von einem Plateau herab. In der sich anschließenden Serir-Ebene gehen die Spuren auseinander und werden schwächer. Eine weitere Markierungsstange kurz nach diesem Abbruch trägt die Nummer NG 153-20 2036. Erneut kreuzen Spuren und Spurenbündel, Zeichen einer intensiven geologischen Erkundung in diesem Raum. Auf holpriger Piste

259 Foto: gg

geht es dann durch eine Hügelkette mit einem markanten Felskopf; weitere Hügel und Bergketten bleiben im Westen. Von einem erneuten Plateauabbruch **(km 241)** sind dann in weiter Ferne die ersten Dünen zu erkennen. Einige sandige Passagen folgen, die Piste führt entlang einer Hügelkette. Über eine weitere kleine Abbruchkante geht es auf Dünen und Hügel zu. Auf festem Reg-Untergrund fahren wir einige Zeit den Dünen entlang und bei **km 285 (Pos. N 28°06,25′ / E 10°52,30′)** erstmals in sie hinein.

Wir haben jetzt die nordwestlichen Ausläufer des Idhan Awbari erreicht. Für eine Strecke von ungefähr 100 km bleiben wir in den Dünen, die besonders dort sehr schön sind, wo sie nach Westen zu in den Erg Bourarhet übergehen. Dieser **Erg Bourarhet** ist vielen Sahara-Fahrern bekannt: Seine riesigen, rötlich gefärbten Dünen liegen östlich der Straße, die man in Algerien von In Amenas aus nach Süden fährt. Hier auf libyscher Seite sind die Dünen nicht gar so hoch und auch gut überfahrbar. Dennoch ist Vorsicht geboten, um nicht bei zu schnellem Überfahren einer Dünenkante das Fahrzeug auf den Kopf zu stellen. Besonders Motorradfahrer seien zu vorsichtigem Fahren angehalten.

Für welche Strecke Ihr Führer sich entscheidet, hängt natürlich ganz von diesem ab. Je weiter im Westen er bleibt, umso höher und rötlich farbener die Dünen. Im folgenden seien nur einige GPS-Positionen genannt, die mehr als Anhaltspunkt, denn als Leitfaden dienen sollen. Nicht vergessen sollten Sie auch, dass sich hinsichtlich der Kilometerangaben beträchtliche Unterschiede ergeben können:

km 325: Eingegrabener Reifen; **Pos. N 27°50,85' / E 10°52,16'.**

km 350: Tonne; **Pos. N 27°41,29' / E 10°54,16'.**

Kurz nach dieser Position queren deutlich erkennbare LKW-Spuren in einer Sandebene. Diese LKW-Piste ist mit Fässern markiert; eines trägt die Aufschrift NC 151 A 1.

km 370: Tal mit Tamariskenhügel; **Pos. N 27°34,08' / E 10°52,00'.**

Ein kurzes Stück des Weges geht es über steinigere Hügel, dann folgen erneut Dünenpassagen:

km 393: Drei Tonnen rechts; **Pos. N 27°27,98' / E 10°41,37'.**

Nun folgen auf einigen Kilometern erneut schwierige Dünenüberquerungen.

Auf einer Strecke von etwa 20 km wechseln sich jetzt fester Untergrund und Dünen ab. Erst bei **km 419** ist ein endültiges Ende der Dünen bei **Pos. N 27°19,10' / E 10°36,12'** erreicht. Andere Reisende haben diesen Punkt bereits beim Kilometerstand 400 erreicht – so stark können Tachos abweichen ...!

Weiter geht es nach einer Schwemmtonebene über eine unebene Hammada. Die Piste ist jetzt deutlich ausgefahren und hat teilweise Wellblech. Ein wechselhaftes und oft unebenes Gelände erlaubt nur ein langsames Vorwärtskommen.

Bei **km 477** erreichen wir ein Oued mit vielen Akazien. Hier bieten sich wieder schöne Übernachtungsplätze an. Die Piste bleibt uneben und hat Wellblech. Tempo 40 ist realisierbar. Eine Nomaden-Moschee (?), d.h. ein mit Steinen eingefasstes Feld, erreichen wir bei **km 486.** Dünen bleiben im Westen zurück.

Durch steinige Hügellandschaft gelangen wir schließlich bei Tachostand **513** zum Brunnen von Ain el Halou **(Pos. N 26°42,20' / E 10°18,42').** Schilf und kleine Bäume wachsen hier. Ein Brunnen mit Pumpe und einem Wasserbecken ist vorhanden; hier lässt sich endlich wieder einmal verschwenderisch Körperpflege betreiben.

Nach einer weiteren Abfahrt von einem Plateau kommen wir bei **km 547** an einer großen Akazie vorbei. Schwarze Steinschutthügel mit eingewehtem Sand, anschließend Ebenen auf Plateaus, Hammadas und Reg-Flächen wechseln einander ab.

Erneut geht es auf Dünen zu und in diese hinein, auf einer deutlichen Piste werden sie teilweise in Gassis mal in östlicher, mal in westlicher und westnordwestlicher Richtung umfahren (**km 561,** Markierungsstein mit **Pos. N 26°21,83' / E 10°09,07'**). Dann wird mit einer weiten Ebene das Oued Tanezouft erreicht. Tamariskenbewachsene Hügel stehen im Talgrund und zeigen Grundwasser an. Im Westen und Osten wird das Oued von Dünenzügen eingerahmt. Flott geht es über Reg- und

Höhle mit Felsmalereien in der Nähe des Endpunkts der Route A 6

ebene helle Sandflächen voran. Am Horizont sind die schwarzen Berge des Jabal Akakus zu sehen. Bei **km 607** kommen wir erneut einem Dünenzug im Osten sehr nahe. Voraus ist ein Richtfunkmast zu erkennen: Bei diesem und dem Tachostand **643** (an einem anderen Fahrzeug erst 612!) erreichen wir die Asphaltstraße nördlich von Ghat: Es bleiben noch 95 km bis dorthin (vgl. Route A 10).

GPS-Abstecher-Tipp

Wer keine Zeit und Möglichkeit hat, die Akakus-Tour zu unternehmen, auf Felsmalereien aber nicht ganz verzichten will, dem sei ein Abstecher empfohlen, der allerdings nur ganz **bescheidene Felsbilder** zeigt. Diese Felsbilder sind sicher nur mit **GPS-Hilfe** zu finden: 15 km vor Erreichen der Asphaltstraße beim Richtfunkmast bzw. 15 km von diesem aus nach Norden auf der Piste in Richtung Ghadames fahrend, zweigen Spuren in nordwestlicher Richtung ab (hier sind hauptsächlich Grenzpatrouillen unterwegs). Das Gelände wechselt zwischen steinigen Hügeln und sandigen Tälern. Tassileische Felsen werden sichtbar: **Pos. N 25°57,60′ / E 10°10,58′.** Über eine Geländestufe hinweg weiter westwärts, dann über steinige Flächen ohne Spuren auf einen Pilzfelsen zu **(km 45, Pos. N 25°56,58′ / E 10°08,48′),** in dem sich ein halbhöhlenartiger Abri befindet. Hier sind große Rindergravuren und einfache Malereien zu sehen. Wahrscheinlich finden sich in der Umgebung noch weitere Felsbild-Stationen.

Route A 7:

Ghadames – Darj – Gariyat – Shwayrif – Brak – Sebha

- *Durchgehend asphaltiert; Verkehr sehr gering, außer auf Teilstück Brak – Sebha; 100 km bis Darj, dann 313 km bis Gariyat, dann 87 bis Shwayrif, dann 293 km bis Brak, dann bis Sebha 70 km. Gesamt 863 km.*
- *Michelin-Karte 741 und Geo-Projects-Karte.*

Die hier beschriebene Route führt denjenigen rasch in den Süden, der Pisten nicht befahren will/kann oder dessen Ziele eher im Süden und Südosten liegen. Die gesamte Strecke ist, von kurzen Abschnitten abgesehen, langweilig und eher uninteressant; angesichts des guten Straßenzustandes und des geringen Verkehrs (auf 400 km kamen uns zwei Fahrzeuge entgegen!) lässt sich diese Strecke wirklich in kürzester Zeit bewältigen – sofern man dies will.

km 0: Ghadames. Von Ghadames aus geht es die 100 km lange und in A 5 beschriebene Straße zurück nach **Darj (km 100).** In diesem Ort angekommen, biegen wir an der Tankstelle nach Norden ab, passieren den Kontrollposten und biegen unmittelbar danach nach rechts, nach Osten ab (wir verlassen damit die Route A 5 an diesem zweiten Abzweig). Wir stellen den Tacho ein weiteres mal auf Null zurück.

km 0/2: Darj. Die Ortschaft bleibt nach wenigen hundert Metern zurück; die Straße ist breit und glatt wie der sprichwörtliche Kinderpopo. Nach 12 km ab Darj geht es einen kurzen Anstieg hinauf; oben bemerken wir am rechten Straßenrand ein großes Schild („Western Libyan Gasproject"): Hier zweigt die Piste ab, die über die Hamadat al Hamrah hinüber nach Idri führt (Routen A 8 und A 9). Wir bleiben auf unserer Straße, die mal in weiten Bögen, dann aber wieder schier endlos geradeaus in östliche Richtung führt. Wie gesagt: Die Straße ist so breit und glatt, als sollten Flugzeuge darauf landen können, Verkehr existiert nicht.

Das Gelände ist flach und bietet keinerlei Deckung. Manchmal quert ein Oued; in diesen ist ab und zu schütterer Bewuchs vorhanden. Nach 90 km passieren wir ein Baucamp mit der Aufschrift JRCC. Drei einzelne Büsche stehen etwa 60 km weiter im Gelände südlich der Straße: Hier lassen sich eventuell windgeschützte Rastplätze finden. Nach ca. 200 km queren wir eine auffällige Doppelpipeline (Route A 13 c/ Nordteil und A 25). Die Strecke zieht sich hin, deshalb hier eine kleine Story zur Abwechslung: Einen Polizisten hatte ich irgendwann gefragt, wie schnell man in Libyen außerhalb geschlossener Ortschaften fahren dürfe. Mit Nachdruck gab er mir zur Antwort: „So schnell Sie wollen oder können – wenn Ihr Auto das hergibt, dürfen Sie fliegen!" Vielleicht versuchen Sie es auf dieser Strecke mal damit. Aber Vorsicht: Bei **km 213** steht ein Richtfunkmast! Fliegen Sie also nicht zu tief ...!

Bei **km 271** liegt nördlich der Straße ein Tal mit recht dichtem Bewuchs. Auch hier sind wieder Rastplätze denkbar; nur 6 km weiter mündet von Norden her eine schmale Asphaltstraße. Jetzt wird eine niedrige Schichtstufenlandschaft erreicht; das Gelände wirkt dadurch nicht mehr gar so langweilig. Ein weiteres Tal mit spärlicher Vegetation begleitet uns ein Stück des Weges im Norden. Eine Asphaltstraße mündet von Norden kommend bei **km 295:** Sie führt nach **Gariyat el Garbia,** West-Gariyat. Die Gariyat-Ortschaften (siehe Ausflug 1 und 2) liegen am Talrand des Wadi Zemzem, das sich hier steil und tief ins Plateau der Hamadat al Hamrah eingeschnitten hat; ihre Palmgärten befinden sich im Tal selbst. Schon zur Römerzeit waren diese Orte befestigt, ein Hinweis auf ihre Bedeutung einerseits und ihre Grenzlage gegen das Nomadenland andererseits. Besonders in West-Gariyat sind noch viele römische Ruinen erhalten (vgl. auch Route A 3).

Ein moderner, von einer Vielzahl primitiver Ställe umgebener Ortsteil von **Gariyat es Shergia,** Ost-Gariyat, markiert den Endpunkt unserer West-Ost-Verbindung. Die Michelin-Karte 741 hat recht: Bei **km 313** mündet unsere Straße in die von Norden via Mizda von Tripolis kommende Hauptstraße (Beginn der Route A 4). Wir biegen hier rechts ab, passieren einen nicht immer besetzten Kontrollposten und eine große Tankstelle. Unmittelbar daneben zwei gut geführte Straßenrestaurants; in einem von beiden stehen sogar einfache Zimmer mit Dusche und Toilette zur Verfügung (7 LD).

Ausflug 1

Beim oben angegebenen km 295 führt eine gute, aber schmale Asphaltstraße bis ins 5 km entfernte **Gariyat el Garbia.** Vor dem Ort durchquert die Straße ein Wadi und führt dann geradeaus im Ort genau auf ein eindrucksvolles **römisches Kastell** zu, das sich auf der gegenüberliegenden Hangkante befindet. Am Bergfuß steht ein weiß gestrichenes Kassenhaus; eventuell wird man von Ihnen 0,250 LD Eintritt kassieren. Zu Fuß ist die Ruinenanlage dann rasch erreicht. Interessant, wie in späteren Generationen ein Berberdorf in die römische Anlage hineingebaut wurde. In einiger Entfernung auf der Hochfläche sind **Signaltürme** zu sehen, von denen aus sich die römischen limitanei, die Bewohner dieser Grenzregion, im Angriffsfalle gegenseitig verständigen konnten.

Ausflug 2

Archäologisch Interessierten bieten sich in Gariyat einige Sehenswürdigkeiten. Nur etwa 500 m von der Straßeneinmündung entfernt auf der Straße, die wir von Darj kommend herübergefahren sind, zweigt gegenüber einer großen Halle eine Innerortsstraße nach Norden ab, genau auf einen Richtfunkmast zu. Der Straße folgend ist rasch das weithin sichtbar an der Hangkante gelegene severische **Kastell** erreicht. Auf den soliden Kern eines noch in weiten Bereichen intakten römischen Burgfriedens wurde in türkischer Zeit eine Wehranlage gebaut. Wir konnten dort jeweils ungeniert aus- und eingehen und alles eingehend besichtigen.

Auf den ersten Kilometern dieser nach Süden führenden Straße sollten Sie auf eine Pause verzichten: Moderne Bunkeranlagen befinden sich in den Bergen! Das Gelände lädt aber ohnehin nicht zur Rast ein: Es ist schlicht langweilig. Erst 30 km weiter wird es wieder hübscher: Akazien stehen an einem flachen Plateau-Rand, Täler ziehen in Berge hinein. In einem weiten Tal quert eine alte Piste: Eine aufgemauerte stumpfe Pyramide diente als Wegmarkierung. Auf der anderen Talseite steigen wir wieder auf das Hamrah-Plateau hinauf.

Die Straße ist nach wie vor in bestem Zustand, der Verkehr sehr gering. Das Gelände ist eben und von einer Feinsteinauflage bedeckt. Dann erreichen wir das Talsystem des **Wadi Sasemet**

262 Foto: gg

bei **km 372:** Viele recht hohe Ginsterbüsche bieten hier sicht- und windgeschützte Rast- und Nachtplätze. Wieder geht es auf dem Plateau weiter, doch erreichen wir schon wenig später seinen endgültigen Abbruch: In einem optisch ansprechenden Taleinschnitt fahren wir hinab, Bewuchs ermöglicht hier Weiden, und so sind einige Schafe und Ziegen unterwegs. Der Ort Shwayrif liegt voraus; links weist ein Schild auf die Wartung von Lastwagen in einem „D.A.C.-Projekt" hin: Der „Deutsche Automobil und Touring Club" ist dies jedoch nicht!

Kurz darauf eine Tankstelle und ein nicht immer besetzter Kontrollposten: Genau bei **km 400** haben wir den Abzweig bei **Shwayrif** erreicht. Warum die Michelin-Karte für diesen Punkt aus 313 km + 90 km die Summe 412 km errechnet, in der neuesten Auflage gar 468 km bei nur 29 Meilen, bleibt ein Geheimnis der Reifenmännchen!

Unmittelbar nach der Tankstelle wendet sich unsere Straße rechtwinklig nach Süden (geradeaus geht es in den Ort hinein und weiter zur Route A 23), zieht hinter einem Zeugenberg vorbei und dann immer einem Talhang entlang. In einer weiten Ebene liegt das Tal östlich leicht unter uns, deshalb weithin überschaubar: Es ist das Wadi Bayy al Kabir. Im Tal liegen kleine Dünengebiete mit einem ansprechenden Bewuchs. Überall sind aber auch Projekte und Bauten zu sehen: Wo Wasser ist, ist Leben. Die Straße bleibt in hervorragendem Zustand. Das Tal verflacht nach Süden zu, zieht sich dann mehr und mehr nach Westen in die östlichen Ausläufer der Hamadat al Hamrah hinein.

Bei **km 469** erreichen wir den Abzweig hinüber in die Djofra-Oasen (Route A 22 ➟ A 3): Hier befindet sich wieder ein Kontrollposten; unsere Personal- und Fahrzeug-Daten werden im „großen Buch" verewigt. Dann geht es weiter nach Süden.

Etwa 20 km weiter vollzieht sich ein markanter Landschaftswechsel: Wir treten in flache Schichtstufen ein, die – deutlich gegeneinander abgegrenzt – jeweils von anderer Farbe sind: Das unterste Niveau, das Talniveau, ist sandgelb, das nächste Niveau, die Talstufe I, rot und von einer Feinsteinauflage bedeckt, Talstufe II besteht aus weißem Kalk, und auf all dem liegt eine schwarze (Basalt?)-Hammada auf. Je nachdem, auf welchem Niveau die Straße verläuft, ist das umgebende Gelände folglich gelb, rot, kalkweiß oder schwarz wie die Nacht. Vermutlich ist dies alles mit dem Übergangsbereich zwischen den umliegenden Bergländern Hamadat al Hamrah (Rote Hammada), dem Jabal as Sawda (Schwarzes Bergland) und dem Jabal al Hasawinah zu erklären – wie auch immer, es ist interessant anzusehen.

Ungefähr bei **km 520** stoßen wir in einer talartigen Schichtverengung auf einen kleinen Projektgarten und eine Tankstelle (oft ohne Benzin!). Die Talsituation hat sofort eine dichtere und höhere Vegetation zur Folge. Ein Schild

263 Foto: gg

weist einige Kilometer weiter auf eines der Projekte des „Dong-Consortiums" hin: Dong erstellt hier die Man-Made-River-Trasse, die uns schon auf manchen der obigen Routen begegnet ist und wenig später auch auf dieser Strecke begegnen wird – wir überqueren zweimal die unterirdisch verlaufende Leitung dieser riesigen, wasserführenden 3 m dicken Betonrohr-Pipeline (bei **km 539** und bei **km 546**). Auf der Pipeline verläuft eine Piste, ihre Benutzung wird aber durch einen Wald von Schildern verboten.

Wir fahren aus der Schichtstufenlandschaft hinaus in eine endlos scheinende Ebene; nur im äußersten Südwesten machen sich dunkle Bergränder als Begrenzung bemerkbar. Ein weiterer Kontrollposten erwartet uns nur 6 km nach der zweiten Pipeline-Querung. Jedes Fahrzeug wird angehalten, der Posten wirft sogar einen Blick in den Wagen.

Wir durchqueren die Ebene auf etwa 30 km. Dann geht es über einen Höhenrücken; das Gelände nimmt Strukturen an. Täler ziehen sich von steinigen Höhen herab. Bei **km 621** durchfahren wir ein breites Oued, das möglicherweise ein weiteres Entfernen von der Straße und damit Nachtplätze ermöglicht. Einzelne Akazien stehen in diesem Tal. Schwarze Berge, die schon von weither sichtbar waren, kommen näher. Das Gelände wird steinig und felsig. Die von Ferne imposant wirkenden Berge erweisen sich dann bei der Überquerung als eher unscheinbare Ansammlung von Steinhaufen. Rasch sind wir wieder aus ihnen heraus; die Straße quert Hügel und Täler. Bei **km 649** wird

Auf der Route A 7 gibt es
Abschnitte ohne jeden Gegenverkehr

erneut ein breiteres Oued durchfahren; auch in seinem Verlauf könnten sich wieder Nachtplätze finden lassen.

Rechts neben der Straße bleibt dann ein markanter Doppelberg zurück, und 10 km weiter eröffnet sich von den letzten erodierten Ausläufern der Hochfläche aus ein Blick auf die nur wenig tiefer liegenden weiten Bewuchsflächen der ersten Fezzan-Oasen. In einem lang gezogenen Tal geht es stetig bergab, an einer kleinen Ortschaft mit Palmhainen, Gärten und Schilfbewuchs vorbei. Wie ein dunkler Strich zieht sich in weiter Entfernung das Palmenband des **Wadi Esc Sciati** quer zu unserer Fahrtrichtung.

Bei **km 692** passieren wir eine **Tankstelle;** nur einen Kilometer weiter, bei einem Kontrollposten, gelangen wir an eine querverlaufende Straße: Sie kommt rechts aus Brak (im Westen) und führt links nach Hun und Sebha (im Osten bzw. Süden). Wir biegen nach einer kurzen Kontrolle links ab (von rechts mündet dabei die Route A 8).

Nur 3 km fahren wir ab der Kontrollstelle weiter nach Osten, dann biegen wir an einer großen Kreuzung im freien Gelände nach rechts ab (die alternative Nordstrecke der Route A 3 mündet hier; siehe auch den Plan zum Bereich Brak/Sebha auf S. 292); wir sind bei **km 696;** 90 km sind als Entfernung bis Sebha auf einem Straßenschild angegeben, für uns werden es allerdings nur 70 km werden!

Seit der Kontrollstelle hat der Verkehr deutlich zugenommen. Rasch queren wir das Wadi Esc Sciati; rechts und links führen Pisten zu den Projekt-Gärten hin. Die breite Straße zieht leicht bergauf über die Sandtennen hinweg und durch die lang gestreckten Dünenkordons des östlichen Ausläufers des Idhan Awbari hindurch. 20 km weiter enden die Dünen, erneut geht es über flache Sandtennen mit Kupsten-Bewuchs. Voraus sind dunkle Schichtstufenberge als einzelne Zeugenberge zu sehen.

Bei **km 746** mündet von links eine Straße (wir fahren geradeaus); ein weiterer Kontrollposten hält jeden an. Je nach Verkehrslage kann dies sogar einen kleinen Stau auslösen! Nach erfolgter Überprüfung führt uns die Straße rasch hinein in große Anbauflächen, die sich Bewässerungsprojekten verdanken; nahe dem **Ortsrand von Sebha** schließlich passieren wir mehrere kleine und sehr primitive Viehmärkte. Das Fort auf seinem dominierenden Hügel kommt in Sicht, Silos und Wassertürme davor. Wie immer erreichen wir den Ortsrand durch Müllhalden hindurch; an einem größeren Abzweig bei **km 764** halten wir uns halbrechts. Dann erreichen wir beim Tachostand 766 die erste große Kreuzung mit einer vierspurigen Innerortsstraße; im unmittelbaren Kreuzungsbereich liegt auch eine Tankstelle. Geradeaus bleiben bis zum Hotel Kalaa ca. 1 km (vgl. bei Sebha).

Route A 8:
Von Darj über die Plateau-Strecke nach Idri und Brak

- *Markierte Piste bis Idri; asphaltierte Straße bis Brak. Verkehr sehr gering; 446 km Piste bis Idri, dann 130 km Asphalt bis Brak. Gesamt: 576 km.*
- *Michelin-Karte 741 und Geo-Projects-Karte sehr schematisch und dennoch falsch. ONC H 3 zeigt den Pistenverlauf sehr exakt, ebenso russische Generalstabskarten H 32 b (Ghadames), H 32 r (In Amenas), H 33 B (Amgaet) und G 33 A (Sebha). Allradfahrzeug empfohlen, sonst ausreichend solider und belastbarer (Benzin!) PKW. GPS empfohlen. Lückenlose Sahara-Ausrüstung unabdingbar! Mit fremder Hilfe auf der Strecke kann nicht gerechnet werden.*
- *Zeitbedarf: 2–3 Tage.*
- *ACHTUNG! Der Nordteil dieser Strecke wurde nach Angaben aus Leserkreisen inzwischen durch eine Pipelineversorgungspiste völlig überbaut. Diese Versorgungsstrecke führt offensichtlich bis unmittelbar nach Hassi Ifertas (vgl. auch Route A 9).*

Die hier beschriebene Piste führt zunächst auf dem Plateau der Hamadat al Hamrah relativ rasch und auf festem Untergrund bis zu ihrem südlichen Rand: hier Kontrollposten Awaynat Wnin. Dann geht es am Fuß des Plateaus entlang und später über die Ausläufer des Jabal al Hasawinah. Hier sind immer wieder tiefsandige Oueds zu durchfahren. Die Piste stellt die alte und wichtige Verbindung zwischen Ghadames und dem Fezzan dar; sie ist deshalb deutlich ausgefahren und immer als Piste erkennbar. Seit Fertigstellung der Asphaltstraße über Gariyat wird sie aber kaum noch von Einheimischen benutzt, das Verkehrsaufkommen ist entsprechend gering. Achtung: Südlich der Route liegen Wasserstellen, Weideflächen, Bohrcamps und Militärposten; dorthin führen viele Spuren. Achten Sie darauf, die Pistenmarkierungen nicht über eine längere Strecke zu verlieren!

Ich beschreibe diese Piste besonders in den Anfangsbereichen sehr detailliert, da ich davon ausgehe, dass sie oft von **Sahara-Neulingen,** Pisten-Anfängern oder einfach von Reisenden nach längerer Pisten-Abstinenz als erste Piste einer Libyen-Reise in Angriff genommen wird. So kann der Blick für Markierungen, Pistenzustand und Orientierung wieder geschärft werden.

Motorradfahrer sollten unbedingt die Hinweise weiter unten beachten.

km 0: Darj. Wir verlassen den Ort wie in Route A 7 dargestellt auf der Straße in Richtung Gariyat (vgl. eingangs der Route A 7). Die Ortschaft bleibt nach wenigen hundert Metern zurück; die Straße ist breit und in sehr gutem Zustand. Nach 12 km geht es einen kurzen Anstieg hinauf; oben bemerken wir am rechten Straßenrand ein großes Schild mit der Aufschrift „Western Libyan Gasproject. Derdj – Wafafield-road 200 km. Max speed 60 km/h.“ Hier zweigt unsere Piste ab, die über die Hamadat al Hamrah hinüber nach Idri führt; Position an diesem Abzweig: **N 30°08,00′** / **E 10°34,10′;** diese GPS-Angabe dient der Orientierung für einen möglichen Rückweg.

Die Piste hat eine deutliche geschobene Trasse, und ist mit pyramidenförmigen Betonsteinen markiert. Gewöhnen Sie sich auf den ersten Kilometern an das Aussehen der deutlich erkennbaren Piste, versuchen Sie auf möglichst weite Distanz immer der Haupttrasse zu folgen: Es geht zunächst über weite Plateauflächen, die ein Auffächern der Spuren ermöglichen. Achtung! Die in früheren Auflagen erwähnten gelb-roten Markierungsfässer wurden mittlerweile fast vollständig entfernt; erschwerte Orientierung!

Auf Höhe von **km 23** passieren wir die einige hundert Meter südlich liegenden Ruinen einer Pumpstation. Das Gelände ist flach und eben, wegen Querrinnen aber nicht sehr schnell zu befahren. Unsere Richtung ist immer ca. 130°. Kurz darauf kommen wir an einem Brunnen ohne Wasser vorbei.

Bei **km 38** steht eine kleine, niedrige Tafelmarkierung aus Metall, die eben-

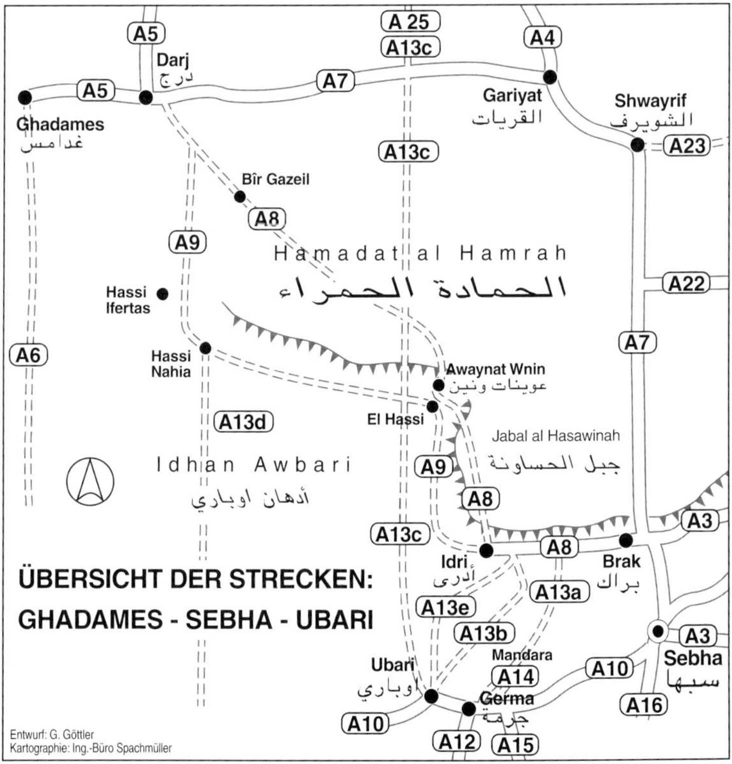

falls gelb/rot gestrichen ist. Hier befindet sich dann auch eine der ca. 50 cm hohen Beton-Pyramiden. Ab und zu fahren wir durch Täler mit Bewuchs: Hier bieten sich Rastplätze an. Die Piste ist eine deutlich geschobene und geschotterte Trasse, die dammartig mit jetzt 150° nach Südosten verläuft. Diese Trasse und die alte Piste ohne Schotterdamm laufen immer wieder parallel nebeneinander. Die Piste hat jetzt deutliches Wellblech und zieht sich an einer sandeingewehten Bergflanke hin.

Die Trasse führt dann bei **km 44** in einem weiten Bogen in ein Tal hinein und wendet sich dabei nordostwärts. Hier sollten Sie sich an die dammartige Trasse halten, da später stark ausgefahrene Verzweigungen nach Süden abbiegen, darunter der neue Abzweig der Route A 9. Die Trasse bleibt in diesem lang gezogenen Tal und schwenkt wieder auf 135°. Immer wieder tauchen die unscheinbaren grauen Betonpyramiden auf. Bei **km 57** sind Gräber zu sehen. Die Spuren fächern bei **km 66** auf: Folgen Sie nicht den südlichen Spuren, sondern halten Sie sich streng an die Trasse, die auf 90° schwenkt und dabei auf ein Gebäude zuführt. Bei **km 68** haben Sie die Pumpstation von **Bir Rimit (Pos. N 29°46,40' / E 10°56,80')** erreicht (Wasser in einem Becken).

Bir Rimit ist in der ONC H-3-Karte als blauer Punkt, aber ohne Namensnennung eingetragen. Wenn Sie die Karte vor sich haben, werden Sie sehen, dass sich hier die Piste gabelt: Nach Süden führt eine Spur immer weiter bis Hassi Ifertas (unsere Route A 9), nach Südosten geht eine Spur weiter bis zu einem enormen Kreuzungspunkt vieler Spuren und Pisten: Dies ist unsere Richtung. Schon wenige Meter südöstlich nach der Pumpstation ist die geschobene Trasse wieder eindeutig zu erkennen; auch die Betonpyramiden stehen relativ eng. Die Trasse zieht sich durch kiesige Hügel hindurch und hat teilweise heftiges Wellblech. Selten bietet sich die Möglichkeit, diesem Wellblech zu entgehen. Unsere Richtung ist dabei wieder 140°. Die Trasse ist so deutlich, dass Orientierungsprobleme nicht aufkommen dürften.

Bei **km 98** erreichen wir nach der Querung eines Oueds den oben erwähnten Kreuzungspunkt: Es handelt sich um den Brunnen **Bir Ghazeil (Pos. N 29°36,60' / E 11°10,92').** Während das Schutzhaus sofort ins Auge fällt, werden Sie nach dem Brunnen vielleicht eher suchen müssen: Er steht etwas nördlich am Rande des Oueds und liegt oft trocken. Im Schutzhaus stand bei meinem letzten Besuch ... ein Besen (!): Wer will, kann hier in der Sahara also Staub und Sand fegen ... Das Häuschen steht hier übrigens nicht von ungefähr: Bis zum Abstieg vom Plateau fehlt praktisch jeder Sicht- oder Windschutz. Sollten Sie also z.B. als Motorradfahrer ohnehin demnächst eine Übernachtungspause einlegen wollen, wäre hier – vor allem bei Wind – kein schlechter Platz dafür. Dann kommt ja vielleicht der Besen doch noch zu Ehren! Beim Schutzhaus steht auch eine der größeren Ausgaben der Betonpyramiden: Diese sind ca. 80 cm groß.

Wir verlassen das Schutzhaus mit 140°; nur 2 km weiter stoßen wir auf ei-

269 Foto: gg

Route A 8

ne Pistenkreuzung, die wir in der bisherigen Richtung überqueren. Der Untergrund nimmt jetzt eine graue Farbe an und wird deutlich besser befahrbar. Nach weiteren 8 km endet dann die geschobene Trasse. Als Markierung sind immer noch die gewohnten Betonpyramiden da (im Abstand von ca. 5 km) und jetzt zusätzlich Steinhäufchen. Auch die Hauptspur ist deutlich zu erkennen; die Richtung wird beibehalten.

Bei **km 124** markiert eine Stange eine Pistenkreuzung: Wir behalten unsere Richtung bei; der Untergrund wird vorübergehend steiniger, wir kommen nicht mehr ganz so rasch vorwärts. Eine umgefallene Tafel liegt bei **km 140:** Die Piste ist jetzt deutlich kleiner, aber immer noch gut zu erkennen. Weiter geht es über flott zu befahrende Reg-Flächen. Wiederholt kreuzen Spuren aus Nord bis Nordost. Bei **km 153** steht dann wieder ein Betonpyramide am Rande eines grasbewachsenen Wadis. Weitere Betonpyramiden folgen im Abstand von 5 km; wir halten unsere bisherige Richtung, auch wenn immer wieder Spuren kreuzen. Dann steht ein Pfosten mit einer Raute in der Ebene, eine Betonpyramide daneben und ein Stein mit der Aufschrift **„Derj 203“:** Dies ist genau die Kilometerzahl, die auch Sie auf Ihrem Tacho haben sollten!

Die Piste ist jetzt zusätzlich mit hellen Steinen markiert, die nach Osten zu allerdings seltener werden. Vielfach kreuzen wieder Spuren. Die Piste wird dabei immer flotter; ab und zu lässt sich sogar im 5. Gang fahren! Bei **km 270** passieren wir eine deutlich mit drei Schildern (auf einem steht „Brak 308“) und Steinen markierte Kreuzung **(Pos.**

Landschaft bei Awaynat Wnin

N 28°48,41′ / E 12°38,98′), die jedoch einen nicht allzu befahrenen Eindruck macht. Wir bleiben in unserer Richtung 135°; zügig geht es weiter. Bei **km 273** steht ... genau: wieder eine Betonpyramide. Jetzt dreht die Piste auf 140 bis 160°. 10 km weiter erneut eine Markierung mit Tafel, die Piste dreht noch weiter nach Süden und bleibt auf 160°. Ca. bei **km 280** (lt. Nachtrag zu „Durch Afrika", 10. Auflage, von *A. Därr* auf **Pos. N 28°40,296′ / E 12°44,252′;** über diese Pipeline-Piste lässt sich nach Angaben aus Leserkreisen auf Strecke A 9, 2./3. Abschnitt „springen": der Pipeline-Piste nach Süden folgend steuert man die Koordinaten von Hassi el Hassi an; vgl. weiter unten) **quert eine neu geschobene Trasse die Piste** (die unter A 13 c beschriebene **Pipeline-Piste/Nordteil**). Bei **km 298** mündet in spitzem Winkel von Norden her eine geschobene Piste in unsere ein: Diese dient uns jetzt als Orientierung – Markierungen fehlen. Auf der Trasse erreichen wir dann bei **km 315 (Pos. N 28°25,82′ / E 12°48,80′)** einen weißen Wohn-Container, den alten Kontrollposten, der auf der Hochfläche nahe ihrer Abbruchkante steht. Nur 1 km weiter sind wir an dieser Kante: Der Ausblick enttäuscht – eine Reihe von Vorbergen verstellen den Blick. Kurvig und steinig geht es dann bergab: eine typische saharische Abbruchkante! Von weitem schon ist der Polizeiposten von **Awaynat Wnin** zu sehen. Bei **km 320** sind wir dort **(Pos. N 28°26,60′ / E 12°46,77′).** Die Polizisten sind nicht unfreundlich; ruckzuck werden wir mit Personen- und Fahrzeugdaten ein weiteres Mal im „großen Buch" verewigt. Der Brunnen der Station soll 200 m südwestlich liegen und aus 2 m Tiefe sauberes Wasser liefern – ich war an dieser Stelle immer voll eingedeckt und musste deshalb nicht nachfassen.

Freundlich erklären die Polizisten uns den weiteren Weg: 400 m nach dem Posten biegen wir links ab, folgen einer schmalen Piste im steinig-sandigen Talboden. Nach 2 km geht es an einer Verzweigung erneut links ab, wobei die Spuren nach rechts deutlicher sind als unsere Strecke, die so genannte **„Franzosen-Piste"** (vermutlich bietet sich an dieser Stelle erneut die Möglichkeit, auf die Strecke A 9, 2./3. Abschnitt zu „springen", indem die Koordinaten von Hassi el Hassi angesteuert werden). Jetzt fahren wir zwischen dunklen Vorbergen dem Plateau-Rand entlang nach Osten. Die Piste ist dabei steinig und uneben, mehr als 30 km/h sind kaum zu schaffen. Die Piste ist gesäumt von sorgfältigst gesetzten Steinmännchen; man ist versucht, von „sardischen Trulli" zu reden.

In einem Tal bei **km 330** fahren wir leicht bergab auf ein anderes weites Tal mit Bewuchs zu; eine kleine Moschee oder auch ein Marabut-Grab liegt dort, frisch weiß getüncht mit grüner Kuppel. Wenn Sie als blutiger Laie unterwegs sind, sollten Sie hier vielleicht ein Stoßgebet sprechen: Was wenig später kommt, könnte Sie nämlich gehörig schwitzen lassen. Ich habe mit Motorradfahrern gesprochen, die **auf der restlichen Strecke bis Idri einen ganzen Tag unterwegs waren;** ich hoffe, Ihnen geht es nicht auch so: Die Piste zieht jetzt nämlich hinein in ein bergiges Gelände, den Übergangsbereich zwischen der Hamdat al Hamrah im Norden und dem Jabal al Hasawinah im Süden. Täler kommen aus diesem leicht bergigen Gelände, und sie fallen durch ein höchst unangenehmes Gemenge aus weichem Sand und hässlichen Steinen darin auf! Ohne Geländewagen werden Sie hier buddeln dürfen – und sollten dies auch tun: Fahren Sie nicht mit zuviel Dampf in diese tückischen Passagen hinein; die Steine im Sand könnten sonst Opfer fordern! Auch als **Motorradfahrer** sollten Sie daran denken, dass ein Sturz hier übelste Folgen haben kann! Räumen Sie also Steine aus dem Weg, ebnen Sie sich die Passagen und packen Sie Ihre Sandbleche aus – dazu haben Sie sie schließlich mitgenommen! Wenn Sie sich allzu sehr angestrengt haben sollten: Im Schatten von Akazien können Sie eine Pause einlegen. Lang sind die Marterstrecken eh nicht.

Fester, steiniger Untergrund schließt sich an; es geht einen kleinen Pass hinauf. Oben **(km 340)** sehen Sie einen Stein mit der Inschrift „Aouenat 25 km – Edri 120 km“. Wo haben wir auf diesem Wegstück nur die fünf Kilometer verloren?

Bergpisten folgen, nicht steil, aber steinig. Bodenfreiheit ist gefragt. Bei einem weiteren Sattel kurz darauf bietet sich ein weiter Blick in eine Ebene (die sich dann später als ziemlich uneben herausstellt). Die Piste dreht auf südliche und später auf südwestliche Richtung (210–230°). Über sandige Zwischenflächen geht es wieder flotter voran. Sehr viele Ruinen und verfallene Steinhäuser, manchmal auch nur Mauerreste sind hier zu sehen. Alles macht den Eindruck, als bestünde ein Zusammenhang zum Militär. Es ist mir nicht gelungen, hierüber Informationen zu erhalten. Für Hinweise zu diesem Punkt wäre ich deshalb besonders dankbar.

Erneut geht es über einen steinigen Höhenrücken **(km 361)**; wieder wird ein Bergzug auf seiner Nordseite umfahren. Die Piste ist steinig und erfordert viel Bodenfreiheit. Weiterhin bestechen die ungemein sorgfältig aus Steinen aufgesetzten Pistenmarkierungen. Wurden dazu Strafkolonnen abkommandiert ...? Oder waren tatsächlich Italiener, Sarden am Werk? Die Piste macht den Eindruck einer alten Militärpiste; überall auch wieder verfallene Steinhäuser und Mauerreste. Dann folgen sandige Ebenen und unangenehme steinige Vorbergzonen.

Bei **km 372** schwenkt die Piste wieder in ostwärts. Ein Auto-Wrack liegt am Weg **(km 374)**; südlich der Piste verläuft ein Oued mit hohen Ginsterbüschen. Hier lassen sich eventuell Nachtplätze mit Windschatten finden; dies war bis hierher extrem selten der Fall.

Bei **km 383** passieren wir erneut einen Sattel: Die **Reste von zwölf Häusern** stehen hier, am Sattel selbst weitere Mauerreste. Alles macht einen strategisch durchdachten Eindruck.

Die Piste führt jetzt in einem breiten Tal Richtung Südosten. Sie verläuft dabei oft dammartig und hat leider starkes Wellblech; nicht immer lässt sich auf bessere Nebenpisten ausweichen. Ein Oued wird gequert, Bäume spenden bescheidenen Schatten. Steinig geht es weiter. Erneut sind flache Höhenrücken zu queren.

In einen der Markierungs-Trullis ist eine Steintafel eingemauert **(km 389):** Leider ist die Inschrift nicht mehr lesbar. An dieser Stelle verzweigt sich dann die Piste; wir halten uns links und folgen den Markierungen. Nur 1 km weiter öffnet sich erneut ein weiter Blick hinaus auf eine Ebene (auch diese ist dann beim Durchfahren alles andere als eben!): Auf einem steinigen Höhenrücken davor steht malerisch ein einsamer Balanites-Baum, eigentlich eine Pflanze der Südsahara.

Weiter geht es durch Hügel hindurch. Akazien in den Tälern spenden immer wieder Schatten. Obwohl die Berge flacher werden, bleibt die Piste langsam. Noch immer aber ist sie bestens markiert. Nur in einer Kiesebene fehlen die Markierungen vorübergehend. Die Piste bleibt ein Sturzacker. Langweilige dunkle Gesteinschuttlandschaften werden durchquert, man denkt an Schlacke. Das Wellblech wirkt auch nicht gemütsaufhellend. Dann endlich sind von einem kleinen Sattel **(km 446)** aus die Palmen eines Teilortes von Idri zu sehen. Ein letztes Sandstück wird durchpflügt, eine flache Abbruchkante überschritten; durch Müllhalden geht es auf die Ortschaft zu.

Bei **km 454** erreichen wir den Wasserturm des Idri-Teilortes **Mansoura (Pos. N 27°29,80′ / E 13°01,30′).** Wollen Sie von Idri aus nach Norden fahren, sollten Sie sich diesen Wasserturm als eindeutige Markierung für den Pistenbeginn wählen! Durch den Weiler Mansoura, zwischen lockerer Bebauung weiter südwärts fahrend, erreichen wir nach 2 km die Asphaltstraße. Dieser folgen wir rechts in südwestlicher Richtung; es bleiben noch knapp 5 km bis zum Ort Idri (vgl. Ortsplan Idri).

Idri أدرى

Das eigentliche Idri haben wir beim alten Wasserturm an der Tankstelle erreicht **(km 461)**. Wir stoßen hier auf eine Querstraße: Rechts geht es in die Oase hinein (und zum Anfang der Route A 9), links geht es an der Tankstelle vorbei nach Brak (Start der Route A 13).

Idri als eine malerische Oase zu bezeichnen, erscheint mir reichlich vermessen. Eher angebracht wäre die Kennzeichnung als **„verschlafenes Dorf“** – ich kenne keinen Ort in Libyen, der es in dieser Hinsicht mit Idri aufnehmen könnte; man kommt zu der Überzeugung, hier sei alle Tage Sonntag – pardon, Freitag. Außer der Tankstelle scheint hier nichts halbwegs regelmäßig geöffnet zu haben. Die Geschäfte machen nach meinem Eindruck gerade mal eine halbe Stunde am Tag auf und schließen dann wegen fehlender Kunden sofort wieder. Und malerisch? Die Häuser sind moderne Kästen, die breiten Straßen werden zur mittäglichen „Rush-Hour“ von fünf Autos „bevölkert“, die Gehwege sind ganztags hochgeklappt (fast wortwörtlich zu nehmen, weil die Trottoirs tatsächlich so hoch sind wie bei uns ein Bahnsteig!). Kurz: Ich habe offensichtlich den Charme von Idri nicht gespürt und bin deshalb für aufklärende Tipps dankbar.

Lästig ist der Umstand, dass sich nahe der Tankstelle eine **Polizei(?)-Station,** befindet, in der offensichtlich besonders tüchtige Mitarbeiter zugange sind (nach Angaben aus Leserkreisen die „security", die in Konkurrenz zu anderen Polizeieinheiten steht und deshalb „Erfolge" vorweisen muss). Ich musste erleben, wie diese – in Zivil, aber mit roter Ärmel-Binde und Waagschalen-Symbol – an der Tankstelle erschienen und die dort gerade tankenden Touristen dazu verpflichteten, sich sofort danach bei Ihnen einzufinden. Zusammen mit dem Kontrollposten von Awaynat Wnin (und einem weiteren, den ich nicht kenne) ist diese Station verpflichtet, Durchreisende zu überprüfen. Dabei kommt es hier in Idri gelegentlich auch zu Durchsuchungen der Fahrzeuge. Zeigen Sie sich den Beamten gegenüber in einem solchen Falle höflich und bedenken Sie, dass diese nur ihre Pflicht tun, auch wenn die Auswirkungen für Sie als Reisenden mehr als lästig sind. Der Chef des Postens spricht englisch; im Notfall kann er hilfsbereit sein, aber auch genauso unangenehm, wenn Touristen sich „pampig" verhalten. Fazit: Wer noch genug Treibstoff hat, sollte die Tankstelle von Idri nicht ansteuern!

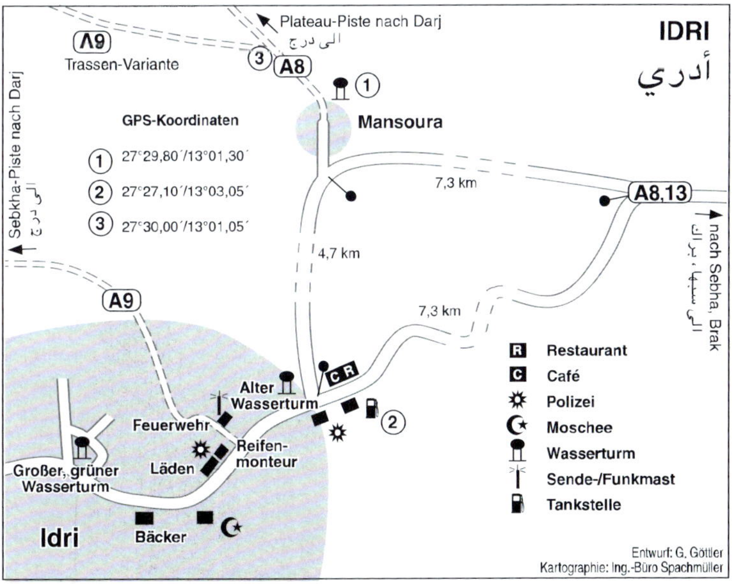

Um auch Positives zu berichten: Die Umgebung ist wirklich hübsch, geradezu malerisch. Ganz besonders der Rand des Ubari-Ergs, der Idri gegenüber „hinter“ der Sebkha liegt: Schöne Palmen vor schönen Sanddünen – romantische Sahara-Landschaft par excellence. Wir werden sie auf den Routen A 9 und A 13 noch ausführlich kennen lernen.

Wen Idri nicht interessiert, kann **vom Teilort Mansoura auch auf der Asphaltstraße links nach Osten** abbiegen: Die Straße bildet eine Schlaufe, und so treffen beide Richtungen nach wenigen Kilometern wieder zusammen.

An der Straße nach Brak kommen von Idri aus **Tankstellen** nach 28 km, 34 km, 65 km und nach 99 km, von Mansoura aus entsprechend ungefähr jeweils 5 km eher.

273 Foto: ed

Neue Moschee in Brak

Weiterfahrt nach Brak (Asphalt, teilweise schlecht, Vorsicht besonders in Ortsdurchfahrten!).

km 0: Moderner grüner **Wasserturm in der Ortsmitte von Idri.**

Auf der Hauptstraße, vorbei an Bäcker (re.), Moschee (re.), Post (li.), Feuerwehr (li.) und Justiz-Polizei (re.), verlassen wir den Ort Richtung Osten. Den Abzweig nach Mansoura und damit die Strecke nach Darj lassen wir beim alten Wasserturm links liegen. Wir fahren an der Tankstelle (s.o.) vorbei und haben den Ortsrand erreicht. Die neue Asphaltstraße führt kurvenreich durch Sebkhen-Gelände und vorbei an dichten Palmgruppen, durchquert Oasengärten und Palmhaine. 7 km weiter münden wir bei einer kleinen Ortschaft in den von Mansoura herkommenden Straßenteil. Wir fahren weiter ostwärts.

Bei **km 14** und einem Blechschild zweigt nach Süden die Route A 13 e ab.

Die Straße zieht sich jetzt immer am **Wadi Esc Sciati** entlang – uraltes Kulturland, seit undenklichen Zeiten auch Durchgang für Karawanen aus dem Norden wie aus dem Süden. Im Norden wird es begrenzt vom Rand des Jabal al Hasawinah, im Süden von den Dünen des Idhan Awbari, der hier auch Ramlat Zellaf genannt wird. Wenig ist von alten Kultur-Werten geblieben! Ab und zu gibt es noch die Reste eines verfallenen Ksar zu entdecken, landschaftlich schöne Ausblicke bieten sich mitunter aufs recht weit entfernte Sciati. Ansonsten führt die Straße von Ort zu Ort, mal auf der Plateau-Stufe oben, mal an der Hangkante. Die durchfahrenen Ortschaften machen allesamt einen sehr modernen Eindruck. Manche von ihnen sind recht lebhaft. Die Tankstellenaufzählung oben macht deutlich, dass für Treibstoff gesorgt ist.

Nur 6 km nördlich des Ortes **Bargan** (sprich Birgen) sollen sich an einer Art Pass mit Namen „Shormet el Greibat" auch vorislamische Ruinen bzw. Monumente befinden, dazu Felsmalereien. Ich habe vergeblich versucht, mit Hilfe von Führern die Stellen ausfindig zu machen. Wohl konnten wir tatsächlich auf einem isolierten Felsklotz Ruinen finden – keine Spur aber von irgendwelchen Felsbildern. So eindrucksvoll, dass sich der Abstecher lohnt, waren die Ruinen zudem auch nicht. Laut Leserzuschriften soll es ca. 3 km westlich des Ortsrandes von Bargan **(Pos. N 27°33,73' / E 13°35,28')** einen neuen, guten **Campingplatz** nördlich der Straße geben; auch saubere Zimmer sind vorhanden. 15 LD/Pers., fürs Zelt 10 LD. Inhaber: *Ahmed Amir Ahmed,* Tel. 00218-732-2044, Fax 2609. Südlich vom Platz soll es Felsbilder geben, Ahmed führt dorthin. Er ist sehr freundlich und bemüht.

Die Strecke nach Brak ist rasch bewältigt. Ownsrik, das schon erwähnte Bargan und Qarda sind die größeren Ortschaften. Überall gibt es Geschäfte, selten Restaurants oder Cafés. Die Straße ist in schlechtem Zustand, schollig und stufig. Besondere Vorsicht ist bei Ortsdurchfahrten und bei km 96 geboten. Danach wird die Straße besser, ab **km 128** vierspurig. Die **moderne Moschee** im überaus lebhaften **Brak** (kein Hotel; Bäcker am westlichen Ortseingang von Idri kommend, hinter Haus mit blauen Fensterläden; Grillstände mit Brathähnchen entlang der Hauptstraße) ist bei **km 130** erreicht. Unmittelbar hinter der Moschee liegt das alte und eigentlich sehr malerische Fort – wäre da nicht das unglaublich vermüllte Umfeld. Der Eingang befindet sich auf der Südseite, flankiert von einigen alten Kanonen auf Lafetten. Alles macht den Eindruck, als sollte hier einmal ein Museum entstehen, befindet sich aber derzeit in absolut desolatem Zustand. Von Brak aus fährt morgens und abends ein Kleinbus ungefähr ab der Ortsmitte nach Tripolis; Ankunft dort ca. 12 Stunden später! 20 LD/Pers.

An der Polizeikontrollstelle am Abzweig nach Norden in Richtung Tripolis sind wir dann bei **km 138**. Hier mündet von Norden die Route A 7. Der Abzweig nach Sebha ist von dieser Einmündung und der Kontrollstelle noch 3 km entfernt: Hier treffen wir auf die Nord-Alternative der Route A 3.

Fennek: libyscher Wüstenbewohner

Route A 9:
Von Darj über die sog. Dünen-Strecke nach Idri

- *Anspruchsvolle Gelände- und Pistenstrecke;* ***keine Route für Anfänger, Sahara-Neulinge oder ungeübte Motorradfahrer;*** *189 km Piste bis Hassi Ifertas, dann 232 km bis El Hassi, dann 149 bis Idri. Gesamt 570 km.*
- *Michelin-Karte 741 und Geo-Projects-Karte nicht verwendbar. ONC H 3 zeigt den Pistenverlauf bis zum Brunnen El Hassi hinreichend genau; für die verbleibende Strecke teilweise so erhebliche Abweichungen, dass die Karte nicht mehr verwendet werden kann. Russische Generalstabskarten sinnvoll, aber viele Blätter erforderlich! H-32-b, H-32-r (hier Landeplatz von Hassi Ifertas richtig eintragen!), H-33-B und G-33-A: Alle Blätter weisen sehr unterschiedliche Fehler auf. Pistenverlauf teils richtig, teils falsch, teils gar nicht eingetragen. Brunnen mit Abweichungen von bis zu 5 km! Geländedarstellung überwiegend gut.*
- *Allradfahrzeug, GPS sowie lückenlose Sahara-Ausrüstung unabdingbar! Mit fremder Hilfe auf der Strecke kann nicht gerechnet werden. Zwei autarke Fahrzeuge empfehlenswert.*
- *Zeitbedarf: 3–4 Tage.*
- *ACHTUNG! Der Nordteil dieser Strecke wurde mittlerweile nach Angaben aus Leserkreisen durch eine Pipelineversorgungspiste völlig überbaut. Diese Versorgungsstrecke führt offensichtlich bis unmittelbar nach Hassi Ifertas (vgl. auch Route A 8).*
- *ACHTUNG! Südlich von Bir Rimit fanden Prospektionsarbeiten statt. Der Verlauf der Piste ist deshalb nur noch sehr schwer zu erkennen. Teilweise auch ganz neue Streckenführung, abweichend von der in vorhergehenden Auflagen. Gerade auf dieser Route 9 fällt auf „... dass es im weitläufigen Gelände teilweise tief ausgefahrene Spurenbündel und Pisten in alle Richtungen gibt. Sich alleine an diesen zu orientieren, könnte fatale Folgen haben. Geplant angelegte oder gar befestigte Pisten im Sinne von historischen Verbindungswegen zwischen Ortschaften, wie man sie in anderen Teilen der Sahara antreffen kann, scheinen hier in der Minderzahl zu sein. Die GPS-Positionen sind aber eine ausreichende Hilfe" (aus einem Leserbrief).*
- *ACHTUNG! Bei schweren Sandstürmen im Frühjahr 1999 kam es zu Dünenverlagerungen. Täler wurden teilweise von riesigen Barchanen verriegelt, die eine Passage mit Fahrzeugen fast unmöglich machen. Deshalb neue Streckenführung im Abschnitt 2 (s.u.)! Alternative Streckenführung auch in Abschnitt 3 wegen der Verlegung einer Pipeline.*

Routenübersicht

Die hier beschriebene Piste folgt bis zu **km 46** (neue Variante) bzw. **km 68** der Route A 8, führt dann auf markierter Piste nach Süden bis Hassi Ifertas (Abschnitt 1). Anschließend auf wechselnden Pisten weiter bis zum Dünenrand des Idhan Awbari, diesem entlang nach Osten bis El Hassi südlich von Awaynat Wnin (Abschnitt 2), ab El Hassi weiterhin dem Dünenrand entlang nach Süden und später Südosten bis Idri (Abschnitt 3). Im Prinzip bleibt die Piste dabei immer zwischen den Dünen des Idhan und dem Abbruch der Hamadat al Hamrah einerseits und den Dünen des Idhan und dem Abbruch des Jabal al Hasawinah andererseits. In diesem Zwischenbereich finden sich auf der West-Ost-Strecke viele Brunnen, auf der Nord-Süd-Strecke immer wieder ausgedehnte Sebkhas. Landschaftlich ist der Verlauf zwischen Bir Rimit und Hassi Ifertas (Abschnitt 1) gekennzeichnet durch viele fast runde Seebecken, in denen sich nach Regen das Wasser sammelt, so dass dort anschließend Vegetation sprießt. Die ONC-Karte vermerkt diese Seen. Der West-Ost-Abschnitt (Abschnitt 2) ist gekennzeichnet durch kleinräumige, in sich geschlossene Dünengebiete (oft mit Bewuchs) zwischen Hügeln und Senken im Übergang zur Hamrah und durch die schon erwähnten Brunnen. Hier weiden große Kamel-Herden. Den Nord-Süd-Abschnitt (Abschnitt 3) schließlich kennzeichnen der Bergabbruch des Hasawinah, die Sebkhen im Talgrund und die großflächigeren Dünen. Dem gesamten Talgrund folgend wachsen viele Dattelpalmen, die nur sporadisch aufgesucht und gepflegt werden. Die gesamte Strecke ist landschaftlich sehr eindrucksvoll, still und unberührt – Sahara von ihrer besten Seite.

Abschnitt 1

Die schon erwähnten Prospektionsarbeiten südlich von Bir Rimit haben dazu geführt, dass derzeit eine neue Streckenführung deutlich stärker befahren wird, als die in den vorhergehenden Auflagen dieses Buches beschriebene. Die alte Streckenführung bleibt jedoch gültig, stellt z.Z. aber die etwas schwieriger zu verfolgende Route dar. Noch vor dem Wadi Awwal treffen beide etwa gleich lange Strecken wieder zusammen (bei km 80 bzw. 81). Hinsichtlich der Streckenqualität bestehen kaum Unterschiede, die neue Variante folgt länger Tälern mit niedrigem Bewuchs, führt aber nicht an Bir Rimit vorbei.

km 0: Neue Variante: Bis km 46 vergleiche Route A 8.

Auf **Pos. N 29°55,05′ / E 10°47,02′** bei einer Markierungspyramide zweigt eine sehr deutlich ausgefahrene Piste in südliche Richtung ab und folgt dabei einem Tälchen mit niedrigem flachem Bewuchs auf dessen Ostseite. Im Mai 99 waren hier viele Herden und Hirten unterwegs. Wassertanks und -kissen standen bzw. lagen neben der Piste. Deutlich eingeprägt sind Prospektions- und Schürfspuren, die teilweise rechtwinklig, teilweise parallel oder auch schräg zu unserem Tal verlaufen. Die Piste ist deutlich ausgeprägt und nicht zu verfehlen. Wir fahren talauf, die Talränder verflachen. Bei km 58 liegt ein Schrott-Teil von einem LKW. Dann überqueren wir eine Hochfläche. Auf **Pos. N 29°46,42′ / E 10°52,03′** liegen ein Reifen und ein Markierungsfass nahe beisammen. Wir durchqueren einen ersten Trocken-See (s.u. **km 111**), die Piste wird dann kurz zum Sturzacker **(Pos. N 29°45,63′ / E 10°53,72′).** Ein weiteres Fass steht dann auf **Pos. N 29°43,85′ / E 10°53,63′.** Wir folgen einem weiteren etwas engeren Tälchen, steigen aus diesem aber schon bald wieder hinaus, um nach einem niedrigen Sattel einem deutlich breiteren Tal mit schütterem Akazienbewuchs auf dessen Nord- oder Südseite in südöstliche Richtung zu folgen. Sollten Sie hier einen Rast- oder Nachplatz suchen, sollten Sie daran denken, dass deutliche Pisten auf beiden Talseiten verlaufen. Bei **km 81** und der **Pos. N 29°41,37′ / E 10°57,15′** kommen nahe einem Fass alte und neue Streckenführung wieder zusammen.

km 0: Alte Variante: Darj bis **km 68: Bir Rimit** – vergleiche Route A 8.

km 68: Bir Rimit; (Pos. N 29°46,40′ / E 10°56,80′). Die Pumpstation verlassen wir jetzt nicht ostwärts wie im Fall der Route A 8, sondern – deutlichen Spuren folgend – nach Süden! Es geht rasch in steinig/staubiges Gelände hinein; aus Spuren wird eine kleine Piste. Bei **km 74** stehen zwei auffallende Redjems an einer Geländekante: Sie machen uns darauf aufmerksam, dass eine Pistengabelung folgt! Nach einem kurzen Abstieg vom Stein-/Staub-Plateau fahren wir rechts (!!!) und folgen einem weiten Tal, wir queren das Tal also nicht **(Pos. N 29°43,05′ / E 10°57,16′).** Dabei benutzen wir eine deutlich ausgefahrene Piste. Bei **km 80** steht (bzw. stand?) ein großes rotgelbes Fass mit der Aufschrift „F.A.N.C. 147“ **(Pos. N 29°40,75′ / E 10°57,29′).** Hier mündet die neue Streckenvariante in unsere Piste ein.

Bei **km 89** wird ein flacher Pass passiert **(Pos. N 29°35,12′ / E 10°56,77′),** bei **km 92** auf unebener Piste eine Talsenke und bei **km 93** ein Tal, das **Wadi Awwal:** Wir queren in Richtung Westen **(Pos. N 29°34,45′ / E 10°56,22′).** Nach Regenfällen im März 1999 floss Wasser durchs Awwal, der Talgrund ist aufgerissen und steinig. Büsche und Hecken abseits der Piste bieten dennoch guten Sichtschutz. Wenn Sie im Tal übernachten wollen, sollten Sie dies aber nur in erhöhter Lage tun: Die deutlich sichtbaren Hochwasserspuren sollten Ihnen als Warnung dienen.

Reifen markieren die Piste, die sich wieder nach Süden wendet. Das Gelände ist sehr zerfahren, eine Positionsangabe mag hilfreich sein: **Pos. N 29°31,63′ / E 10°51,70′.** Weiter geht es in südlicher Richtung zur **Pos. N 29°26,72′ / E 10°49,93′.**

Überall sind jetzt jene Senken zu sehen, von denen ich in der Routenübersicht gesprochen habe; sie liegen teilweise so dicht beieinander, dass ich versucht bin, in Anlehnung an die „finnische“ von der „libyschen Seenplatte“ zu sprechen. Die ONC-Karte vermerkt hier lapidar: „Noumerous dry lakes“ – zahlreiche trockene Seen. Bei **km 111** stehen an einem solchen „See ohne Wasser“ auch Büsche – ein idealer Übernachtungsplatz. Bei meiner letzten Fahrt auf dieser Strecke im Mai 1999 muss das Gebiet bekannt dafür gewesen sein, dass hier gute Weiden bestehen. Die Herden wurden mit LKWs in diese Region gebracht. An mehreren Stellen lagen große Tränke-Kissen, die ebenfalls per LKW mit Wasser gefüllt wurden, um einen Wasservorrat für die Herden in der Umgebung zur Verfügung zu haben. Viele Schafherden (auch Ziegen waren dabei) waren hier unterwegs; mit LKWs wurde gar Kraftfutter herbeitransportiert. Diese LKW-Fahrten haben auch zur Folge, dass die Piste deutlich ausgefahren wirkt.

Bei **km 122** verzweigt sie sich: Hier halten wir uns links. Das Wrack eines Pick-Ups liegt bei **km 134 (Pos. N 29°15,13′ / E 10°48,78′).** Das Gelände wechselt stetig: Wir fahren ein flaches Plateau herab, queren ein Tal. In einem Spurenchaos verläuft die Piste in südlicher Richtung **(Pos. N 29°05,63′ / E 10°49,37′).** Wir folgen einem breiten Wadi an dessen Nordseite. Der Bewuchs im Tal ist dicht und wird immer dichter, bleibt aber sehr niedrig: Sichtgeschützte Nachtplätze bieten sich hier nicht. Die Piste schwenkt auf südwestlichem bis südsüdwestlichem Kurs **(Pos. N 28°59,57′ / E 10°48,88′),** folgt dann aber dem Wadi fast genau in Südrichtung. Bei **km 183** queren wir einen kiesigen Hügel und stehen bei **km 186** an einem Oued: Dies ist das **Wadi Ifertas!** Sie sollten es nicht überqueren; tun Sie es doch, erreichen Sie 3 km weiter eine unbefestigte Landebahn (Feldflugplatz von Prospektoren u.a.). Jetzt wissen Sie eindeutig, dass Sie zu weit gefahren sind! Noch vor dem Oued nämlich müssen Sie die Piste nach links in Südrichtung verlassen und dann auf das deutlich sichtbare Steinmal zuhalten, das auf einer kleinen Anhöhe steht. Dorthin führen kaum Spuren, und so ist das GPS-Gerät hier erstmals eine effektive Hilfe: Das **Steinmal** steht bei **Pos. N 28°49,92′ / E 10°44,67′.** Damit nicht genug: Auf dem Boden bei diesem Steinmal ist mit Steinen in metergroßen Lettern das Wort „H. Ifertas" gelegt! Etliche Kilometer im Westen liegen auf **Pos. N 28°48,42′ / E 10°38,63′** Wasserstelle und Kontrollposten Ifertas; Soldaten sitzen dort und sind glücklich über etwas Abwechslung: Man wird Sie freundlich und freudig zum Tee einladen. Nahebei liegt eine Bohrstelle: Eine indische Firma ist dort auf Wassersuche. Der alte Brunnen befindet sich ca. 1 km südwestlich bei **Pos. N 24°49,50′ / E 10°44,30′.** Auch das bisher so abseits gelegene Steinmal wurde zwischenzeitlich von einer Prospektionspiste (eher Ost-West verlaufend) fast umzingelt. Fast autobahnähnliche Spurenbündel ziehen sich durchs Gelände. Selbst die mit Steinen am Boden ausgelegte Inschrift „H. Ifertas" wurde teilweise von den Bohrgerätschaften überrollt und beschädigt. Das Steinmal (s.o.) ist also bei **km 189** erreicht. An diesem Steinmal stellen wir jetzt erneut auf Null.

Abschnitt 2

km 0/2: Steinmal (Pos. N 28°49,92′ / E 10°44,67′) mit Schriftzug „H. Ifertas" auf dem Boden.

Ein unübersichtliches Gewirr von Pisten und Prospektionsspuren ist mittlerweile im Umfeld des Steinmals entstanden. Die folgende Streckenbeschreibung weicht deshalb bis kurz vor km 40 von der vorhergehender Auflagen ab: Ein kleines Touristenpistchen, das sich in seinen Merkmalen deutlich von den Spuren der Großgeräte unterscheidet, verlässt das Steinmal in Richtung Ost-Südost. Mit ca. 100° steuern wir einen ca. 3,5 km entfernten Orientierungspunkt auf diesem Pistchen an: **Pos. N 28°49,53′ / E 10°46,78′.** Eindeutig zieht sich unsere schmale Fahrspur durchs Gelände, umkurvt Hügel, passiert kurze Wegstrecken auch steinigere Flächen. Schließlich fädelt sie in ein Tälchen ein, das wir nach der alten Wegbeschreibung erst deutlich später von Osten her erreichen. Diese alte Wegführung mündet bei einem Redjem und **Pos. N 28°46,25′ / E 11°01,65′** in dieses Tal hinein. Wir folgen dem Wadi; es hat teilweise hohen Bewuchs, der sicht- und windgeschützte Nachtplätze ermöglichen würde **(km 40).**

Bei **km 42** geht es steil hinauf und aus dem Tal heraus **(Pos. N 28°43,30′ / E 11°06,03′).** Oben verläuft eine deutliche Querpiste, der wir links folgen. Anfang 1995 waren hier große Herden – Kamele, Schafe und Ziegen – unterwegs, einer der Gründe für die Vielzahl an Spuren! Vorbei an einem Markierungpfosten läuft die Piste dann wieder über ein flottes Reg. Weite Ausblicke bieten sich, jetzt erstmals auch auf die Dünen des Idhan Awbari, den Ubari-Erg. Ein weiterer **Markierungspfosten** steht dann bei **km 49.** Kiesige Ebenen erlauben ein hohes Tempo: Wir befinden uns am Ende einer nicht befestigten Landebahn. Solche Landebahnen wurden vor allem zur Versorgung der vielen, früheren Bohrcamps angelegt. Kurz darauf passieren wir das Ende der Querlandebahn. Wieder steigen wir von diesem Reg-Niveau in ein Tal hinab. Wir folgen diesem Tal und seiner Bewuchszone auf seiner Westseite. Voraus sind dann Mauern und einge metallene Gerätschaften zu erkennen: Hier wurde erfolglos nach Wasser gebohrt, die Bohrstelle dann wieder aufgegeben. Schon kurz vor Erreichen dieses Camps folgen wir der Piste und ihren deutlichen Spuren nach links ins Tal hinein. Die Piste wird langsamer und passiert eine aufgewühlte Vegetationszone. Bei **km 70** ist der **Brunnen Hassi Nahia** (auch Nahila; **Pos. N 28°41,70′ / E 11°22,55′**) erreicht. Wasser gibt es hier in Hülle und Fülle; nahebei (im Osten) ein üppig mit Tamarisken bestandenes Oued: Hier bieten sich geradezu ideale Übernachtungsplätze an. Dieser Brunnen wird von den Tanklastwagen zur Versorgung der Herden angefahren (Beginn der Route A 13 d).

Vom Brunnen fahren wir zunächst nordwärts auf eine kiesige Ebene hinauf (als Orientierungspunkt mag dienen **Pos. N 28°41,96′ / E 11°22,72′**), biegen dann wieder auf östliche bis ostsüdöstliche Richtung, immer dem eigentlichen Pistenverlauf folgend. **(Pos. N 28°40,98′ / E 11°25,48′).** Ein Oued wird gequert, bei **km 89** fahren wir auf einem kurzen, geschobenen Trassen-Stück eine Talhangkante hinauf. Jetzt taucht eine neue „Schwierigkeit" auf, die eigentlich keine ist: Wir folgen einer mehr als deutlichen Piste und diese Piste führt Sie eigentlich etwas zu weit nach Süden, als Ihre GPS-Peilung für den Tam-Tar-Pfosten bei km 104 anzeigt! Dort, wohin die überdeutliche Piste führt, wurde nämlich nach Wasser gebohrt: Die Piste endet am **neuen Brunnen von Hassi Dembaba** (mit Brunnenwächter, Akazie, Container) auf **Pos. N 28°32,40′ / E 11°32,42′.** Wenn Sie diesem einen Besuch abstatten wollen, können Sie zunächst so weit nach Süden abweichen und dann wieder – quer durchs Gelände – die Tam-Tar-Position anpeilen. Falls Sie sich den Umweg sparen wollen, müssen Sie von vornherein den Spuren in der Tam-Tar-Richtung folgen – wie gesagt, wegen des neuen Brunnens sind diese nicht sehr deutlich.

Zwischen **km 92** und **km 97** sind immer wieder buschbestandene Wadis in Reichweite; auch hier sind geschützte Nachtplätze denkbar. Das Gelände ist von vielen kleinen Wadis zwischen Hügeln zerfurcht. In einer weiten Ebene befindet sich dann eine Art Pistenkreuzung: Ein Metall-Pfosten, der diese Kreuzung bei **km 104** markieren sollte, liegt (lag?) am Boden; angeschweißt an ihm die Buchstaben „TAM" für Tamanrasset und „TAR" für Tarat – dorthin führte diese Piste; Glasscherbenhaufen zeigen an, dass hier weinfröhliche Pisten-Feste stattfanden **(Pos. N 28°33,20′ / E 11°38,92′)!** Die ONC-Karte zeigt diesen Abzweig recht korrekt, ebenso, dass hier einige Wasserläufe enden.

Wie oben schon erwähnt, lässt sich die in den ersten Auflagen beschriebene dünennahe Strecke seit den Unwettern in den ersten Monaten des Jahres 1999 nur noch sehr schwer bewältigen. Jetzt wird eine neue, etwas weiter nördlich verlaufende Strecke häufiger benutzt. Sie ist deutlich ausgefahren und ermöglicht es, in ihrem Verlauf Abstecher nach Süden zur alten Route zwischen den Dünen und den Brunnen durchzuführen. Ich beschreibe deshalb die neue Strecke im Folgenden und rate nur demjenigen zur alten Dünenroute, der wirklich viel Sandroutine mitbringt und über genügend Treibstoffreserven verfügt, um sich auf Experimente mit Barchan-Dünen höchst ungewöhnlicher Höhen und schwierigster Komplexität einlassen zu können.

a) Bis Hassi el Hassi: neue, derzeit befahrene Variante

Von der Pistenkreuzung weg (der Metallpfosten scheint verschwunden, vermutlich von Sahara-Souvenir-Jägern erbeutet?) ist der Verlauf der Spuren im ebenen Sandgelände zunächst noch diffus. Wir fahren ostwärts; unser Ziel ist ein Taleinschnitt und dieser bündelt wieder alle Spuren zu einer deutlichen Piste **(Position im Tal N 28°34,93′ / E 11°43,12′).** Im grausteinigen Tal gedeihen hohe Ginsterbüsche, die hoch genug für Übernachtungsplätze scheinen. Das Tal wird diagonal durchquert, die Piste verläuft weiterhin eindeutig und steigt drüben wieder hinaus und hinauf auf ein Plateau, das sich überwiegend flott bis sehr flott befahren lässt. Eine Position auf diesem Plateau wäre **N 28°32,87′ / E 11°57,85′:** Hier geht es einen kurzen Abstieg hinab und dann erneut auf einem etwas niedrigeren Plateau weiter. Von den Plateau-Rändern bieten sich immer wieder schöne Ausblicke nach Osten. Ein weiterer Abstieg folgt bei der **Pos. N 28°33,33′ / E 12°01,08′** und nach eindeutiger Fahrt über ein weiteres Zwischen-Plateau ein weiterer, etwas steilerer, der aber mit Baumaschinen glatt geschoben wurde **(Pos. N 28°33,15′ / E 12°01,32′).** Dazwischen passieren wir nicht nur ebene Plateaus sondern immer wieder auch hübsche Berg- und auch Tallandschaften. Jetzt erreichen wir ein großes Tal, dem wir talaus in Richtung Ebene folgen. Erstmals werden wir auch von Wellblech durchgerüttelt. Im Tal wächst ordentlich hoher Bewuchs; auch hier scheinen wieder sicht- und windgeschützte Nachtplätze (denken Sie an Hochwasser!) möglich zu sein. Wir folgen dem Wadi noch eine Zeitlang an dessen östlichem Steilufer. Eine deutliche Pistenkreuzung erreichen wir auf **Pos. N 28°29,00′ / E 12°03,00′:** Wir fahren geradeaus weiter. Wieder gabeln sich alle Spuren enorm auf, es ist schwierig eine wirklich eindeutige Piste auszumachen. Erneut ist GPS eine effektive Hilfe: Günstig erscheinenden Spuren und Pisten folgend, fahren wir auf **Pos. N 28°24,62′ / E 12°06,38′** zu und haben hier wieder die Dünen-Variante erreicht: Ein **Metallpfosten** (s.u.) in einer Senke markiert einen alten, nicht mehr vorhandenen Brunnen. Wir fahren in östlicher Richtung weiter (ca. 110°). Wer zum **Brunnen In Cif** will, hält sich an einer Verzweigung auf **Pos. N 28°20,88′ / E 12°17,79′** rechts und erreicht den Brunnen hinter den inzwischen heftig hohen Dünen auf **Pos. N 28°20,33′ / E 12°19,63′.** Geradeaus geht es einfach weiter in Richtung Hassi El Hassi.

277 Foto: gg

Aussicht bei km 137 von Abschnitt 2

Die Piste verläuft jetzt eher schmal und auf festem Untergrund. Auf Höhe von **El Kissane** (s.u.) können Sie erneut einen Versuch unternehmen, diesen Brunnen am Rand der Dünen zu erreichen. Ein Bergrücken liegt dazwischen, der von Norden her in einem Taleinschnitt überfahren werden kann. Der Brunnen liegt auf der Südseite, Spuren bzw. eine kleine Piste führt durch teilweise sandiges Gelände dorthin. Die Wasserstelle ist sehr klein und unscheinbar, üblicherweise mit einem Blechdeckel geschlossen. Sie liegt malerisch am Fuße des Bergrückens, umsäumt von Palmen und Dünen **(Pos. N 28°22,38′ / E 12°26,87′).** Wenn Sie sich hier etwas Zeit nehmen wollen: Aus dem Kreis der Leser wurde mir mitgeteilt, es gäbe nahebei Höhlenwohnungen: **Pos. N 28°21,83′ / E 12°23,60′.** Zurück führt der Weg meines Erachtens nur wieder über den Höhenrücken. Wer nicht genau den Herweg wählen will: An seinem nordöstlichen Eck fällt eine Piste sehr steil in die Ebene hinab, dem Wenigfahrer Abenteuer genug. Wer noch mehr und vor allem sandige Abenteuer braucht, versucht eine Ausfahrt direkt nach Osten auf der Südseite des Höhenrückens, die früher geläufige Strecke. Wer das ohne Sandeln schafft, ist ein echter Held. Ohne viel Dünenerfahrung sollten Sie es nicht tun: Die Barchan-Dünen sind steil und sehr hoch, können also richtig gefährlich sein. Schnell liegt der Wagen auf dem Dach! Denken Sie daran: In diesen Dünen-Gebirgen gibt's keine Bergwacht, und Ihr Handy für den Notfall ist auch nur auf Netzsuche.

Die Piste „draußen" führt weiter nach Ost-Süd-Ost, die Spuren gehen auf ein wichtiges Ziel zu: Auf **Pos. N 28°20,37′ / E 12°37,29′** liegt etwas nördlich der Piste ein unscheinbarer Brunnen, der aber auffällt, weil eine deutliche Stichpiste von Norden her zu ihm hinführt: Wir sind unmittelbar an der neuen Pipeline-Trasse, die Baustellenfahrzeuge wurden hier wohl mit Wasser versorgt. Jetzt sind ab und zu Kamelhirten beim Tränken ihrer Tiere zu sehen.

Knapp 4 km bleiben noch bis zum legendären Brunnen Hassi el Hassi, dem Brunnen *Heinrich Barths*. Am besten benutzen Sie die dammartig verlaufende Pipeline-Trasse etwa 1 km nach Süden, biegen dann den deutlichsten Spuren folgend wieder im rechten Winkel von dieser ab nach Osten und erreichen nach einem sandigen, von Akazien bestandenen Gelände den Brunnen in der flachen Sandebene auf **Pos. N 28°17,87′ / E 12°37,60′.** Seit Hassi Ifertas haben Sie je nach den durchgeführten Abstechern etwa 270 km zurückgelegt.

b) Bis Hassi el Hassi: alte, derzeit nur schwer zu befahrende Variante

Über eine Schwemmtonfläche geht es weiter in der bisherigen Richtung. Bei Spurverzweigungen halten wir uns eher rechts, kommen dann wieder auf eine Reg-Fläche, in der die Spuren tief eingeprägt sind. Kurze Steinpassagen schließen sich an; dann kommt ein überraschend hoher Abbruch **(km 121, Pos. N 28°30,16′ / E 11°48,10′).** Wieder haben wir einen weiten Ausblick. Unten deutlich erkennbar eine geschobene Trasse, die unsere Piste in rechtem Winkel kreuzt. Wir queren diese Trasse kurz darauf: Sie ist praktisch nicht befahren. Jetzt führt uns unsere etwas steinige Piste in ein kleines Tal hinein, dem wir in Südrichtung folgen. In engen Windungen folgt die Piste nicht dem eigentlichen Wasserlauf, sondern kürzt über Talhänge ab. Eingewehte flache Sanddünen liegen im Tal, der Bewuchs ist stellenweise dicht, eine Sahara-Landschaft wie aus dem Bilderbuch. Auch hier bieten sich schöne Übernachtungsplätze in Hülle und Fülle. Nach Süden zu weitet sich das Tal; abschnittsweise hat die Piste jetzt Wellblech.

Bei **km 133** geht es heraus aus dem Tal und hinauf auf eine Zwischenstufe: Von rechts kommt eine ausgefahrene LKW-Piste, in die unser Pistchen einmündet. Dabei vollzieht sich ein auffallender Landschaftswechsel: Wir fahren hindurch zwischen Mini-Zeugenbergen, kleinen Fels-Tafelbergen, kaum höher als ein Fahrzeug – für ein kurzes Wegstück eine Art Mondlandschaft. Bei **km 137** erreichen wir einen erneuten Abbruch, der uns einen Ausblick in eine weite Ebene vor Bergen im Osten beschert: Es handelt sich um ein sehr breites Tal, das sich von der Hamadat al Hamrah herab und hinaus nach Süden in Richtung Erg zieht; ein Dünen-Kordon riegelt das Tal nach Süden hin ab. Deutlich von oben (von der Abbruchkante aus) zu sehen, quert die LKW-Piste diese Tal-Ebene: Dies ist n i c h t unsere Richtung! Kaum auf diese LKW-Piste gestoßen, werden wir sie hier bereits wieder verlassen (lt. Leser *Dezelski* **Pos. N 28°27,158'/ E 11°50,992'**).

Wir fahren von der Abbruchkante nur wenig herab und halten uns dann rechts am westlichen Talhang. Dort, wo der Dünen-Kordon das weite Tal verriegelt, verdichten sich die Spuren. Vorsicht: Dieser Dünen-Kordon verriegelt nicht nur das Tal, er sperrt auch das Wasser ab: Die ebenen Flächen vor ihm sind feucht und morastig, auch wenn sie von Sand überweht sind. Bleiben Sie auf der deutlich erkennbaren Piste am westlichen Talhang! Hinter dem Kordon schlängelt sich die jetzt mit Redjems markierte Piste durchs leicht hügelige Gelände und quert bei **km 145** einen kleinen Sattel. Deutlich markiert und mit mäßigem Wellblech „ausgestattet", führt sie dann über eine weite sandige Talfläche, rechterhand lassen wir an Büsten erinnernde grüngraue Mergel-Formationen zurück. Es geht auf Dünen zu, über harte Schlammflächen hinweg, immer weiter in Südrichtung. Dann ist der Dünenrand erreicht: Erneut ein fast dramatischer Landschafts- und Richtungswechsel: Zwischen den Dünenhängen im Süden und einer steil aufragenden Plateaukante im Norden geht es in einem engen „Tal" ostwärts. Ab und zu sind weiche Dünenrücken zu queren, wenn diese das Tal abriegeln (z.B. **km 153**). Das Vorankommen ist jedoch eine reine Freude.

Jetzt haben Sie die Wahl: Unsere Richtung bleibt Osten, aber Sie können entweder unmittelbar an den Dünen entlang fahren (und dabei immer wieder und fast unvermeidlich bei Ausläufern auch in diese hinein) oder „draußen" in der Ebene auf eher festem, aber auch unebenem Untergrund. Die Dünenstrecke ist nicht ganz unproblematisch: Immer wieder gibt es Bewuchszonen, in denen die Dünen sehr kleinräumig strukturiert sind, auch ganze Staffeln von kaum befahrbaren Barchanen. Dann müssen Sie wieder nach Norden ausweichen, heraus aus den Dünen. Die Ebene „draußen" hat den Vorteil, dass die Spur meist deutlich sichtbar und ausgefahren ist, landschaftlich ist sie natürlich von geringerem Reiz.

Jetzt aber sind wir erst einmal in den Dünen: Sie riegeln das Gelände bis zu der genannten Abbruchkante ab. Um sich das Gelände außerhalb vor Augen zu führen, sollten Sie einen weiteren Fixpunkt ansteuern: Im Vorfeld zwischen flachen Mergel- und Steinhängen mitten in einer festen Schlammebene markiert ein **Metallpfosten** bei **km 162** und der **Pos. N 28°24,62' / E 12°06,38'** einen alten, nicht mehr vorhandenen Brunnen.

Wir folgen den deutlichen Spuren in östlicher Richtung; nach 3 km geht es erneut einen sandigen Abhang hinunter. Die Piste wird langsamer und kurvt zwischen einzelnen in der Ebene liegenden Dünen. Bei **km 174** halten wir uns an einer Verzweigung rechts. Erneut ein Abstieg in eine Sebkha hinein. Ein eigenartiger Hügel lenkt dort die Aufmerksamkeit auf sich – eine Menge alter Holzkisten, in denen einst Dynamitstangen transportiert wurden! Wenig später passieren wir erneut einen kleinen Abhang und halten uns dann bei einer Verzweigung bei **km 185** rechts in hügeliges Gelände hinein. Die Piste führt uns dabei zu Dünen mit Tamarisken- und Palm-Bewuchs: Landschaftlich traumhafte Nachtplätze bieten sich hier an. Bei **km 190** und **Pos. N 28°20,33′ / E 12°19,63′ (= In Cif)** liegt schließlich ein Brunnen mit viel klarem Wasser.

Das gesamte Gelände entlang des Ergs ist „modernes" **Nomadenland:** Hier weiden riesige Kamelherden, oft zweihundert Tiere und mehr. Eigentümer sind überwiegend reiche Bürger aus Sebha, die mit dem Hüten der Tiere Tuareg aus dem Niger oder von anderswoher beauftragen. Ab und zu besuchen die Eigentümer ihre Herden mit dem Auto oder lassen Tiere oder Versorgungsgüter mit dem LKW holen bzw. bringen: Neben den schon erwähnten Wassertransporten dürften solche Versorgungsfahrten den Hauptverkehr auf diesen Pisten ausmachen. Bei meinem letzten Aufenthalt an diesem Brunnen war ein Kamelfohlen hineingefallen (der Brunnen ist ohne ummauerten Rand!). Da es noch am Leben war, starteten wir eine zeitaufwendige Bergungsaktion. Zum Glück hat man ja auf Sahara-Reisen immer genügend Seile dabei ...!

Von diesem Brunnen aus führt die kleine Piste weiter nach Osten. Wenn Sie nicht weit genug hinaus nach Norden in die Ebene fahren, erreichen Sie schon bei **km 202** hinter vorgelagerten Berghügeln einen weiteren, allerdings sehr kleinen Brunnen bei einer Mini-Oase, von der nur noch Mauerreste auf einem Verteidigungsfelsen übrig sind **(Pos. N 28°22,38′ / E 12°26,87′ = El Kissane).** Die Landschaft kann weiterhin nur als traumhaft bezeichnet werden. Hier am Dünenrand gibt es dann aber „Sandprobleme" beim Weiterfahren: Zwischen Felsen gehen die Spuren hindurch, und dann folgt eine wilde Kurverei zwischen sehr weichen Barchan- und steilen und kurzen Riegel-Dünen. Die Piste „draußen" erlaubt zügigeres Fahren, auch wenn der Untergrund dort nicht sehr eben ist!

Die Piste, die bisher immer in ostsüdöstlicher, später dann auch in östlicher Richtung verlaufen war, wendet sich dann allmählich nach Südosten; die Sanddünen weichen zurück und verlieren für einige Zeit ihre Struktur: Weite Sandhänge dehnen sich jetzt im Süden. Auch die im Norden stets sichtbare Stufe der Hamdat al Hamrah weicht mehr und mehr zurück und lässt so Raum für eine weite Ebene, an deren nördlichem Rand in einem Felseinschnitt, irgendwo in etwas mehr als 20 km Entfernung, Awaynat Wnin mit seinem Polizeiposten liegt.

Bei **km 232,** nach der Durchquerung eines schütteren Wäldchens mit Tamarisken, ist der wasserreiche **Brunnen El Hassi** („Brunnen-Brunnen"!) bei **Pos. N 28°17,87′ / E 12°37,60′** erreicht: Hier lagerte übrigens **Heinrich Barth** auf seiner „Großen Reise" vom 23. auf den 24. April 1850! In der Umgebung dieses Brunnens müssen die Ruinen einer Stadt zu finden sein, die einstmals der Stadt Murzuk in ihrer Bedeutung gleichgekommen sein soll!

Hier beginnt der Nord-Süd-Abschnitt der Route; wir stellen den Tacho erneut auf Null. Hier beginnt auch die „Pipeline-Strecke" A 13 c, die Durchquerung des Ubari-Ergs entlang einer neu verlegten Pipeline - eine schwierige Dünenstrecke.

Abschnitt 3

Auch auf diesem dritten Abschnitt ergibt sich eine wichtige Veränderung, hervorgerufen durch die Pipeline-Trasse: Deutlich vor Idri stoßen wir auf eine dammartig verlaufende, nicht asphaltierte Verbindungsstraße, die für den Baustellenverkehr erforderlich wurde. Diese Verbindungsstraße kürzt die Route deutlich ab, vor allem ist sie ggfs. sehr schnell befahrbar und spart so einige Stunden Zeit, allerdings geht dabei auch der Besuch schönster Landschaften verloren.

km 0/3: Brunnen von El Hassi (vgl. auch Route A 13 b). Wir fahren vom Brunnen weg auf ausgefahrener Spur nach Süden. Erstmals hat die Piste auch wieder etwas Wellblech. Unsere Richtung ist 200°. 19 km nach dem Brunnen El Hassi zieht die Piste deutlich sichtbar hinüber zu den Bergen: Dorthin fahren wir nicht! Wir bleiben auf der Dünenseite und halten uns immer in Südrichtung an ihren Flanken. Über weite, sehr gut befahrbare Walrücken geht es weiter. Vorsicht ist bei der Überquerung der ersten Walrückendüne geboten: Sie bricht auf Ihrer Südseite recht steil ab. Nach Angaben von Lesern soll die Überquerung einfacher sein, wenn man sich weit rechts hält. Weite Tennen, auf denen oft Kamele weiden, erlauben ein schnelles Vorwärtskommen **(Pos. N 27°58,03' / E 12°31,85').** Einige einzeln stehende Insel-Berge bleiben jetzt auch westlich von uns. Die Ostseite eines solchen steinigen Berges passieren wir auf **Pos. N 27°56,85' / E 12°32,29'.** Auf den weiten Tennen sind die Spuren weitgehend zugeweht. Wir fahren weiter nach Süden. Eine pittoreske schwarze Felskulisse passieren wir bei **Pos. N 27°54,18' / E 12°32,96'.**

Immer wieder stehen in den weiten, leicht gewellten Flächen Tamarisken. Hier bieten sich erneut beste Übernachtungsplätze. Die Bewuchszone wird immer dichter, die Piste hält sich am äußersten östlichen Talrand und durchquert fast so etwas wie Wiesen! In weichem Untergrund hat sich die Piste tief eingeprägt. Der Boden ist hier feucht, überall sind Salzausblühungen zu sehen **(km 47).** Die Piste umfährt eine im Talgrund liegende Sebkha am äußersten östlichen Talrand. Bei **km 55** und **Pos. N 27°50,48' / E 12°33,96'** wird es etwas hügelig-steinig. Wir bleiben jedoch unten im Talbereich und fahren nicht hinein in die Berge. 8 km weiter, d.h. bei **km 65,** halten wir uns drüben auf der Westseite des Tales und passieren auf sandigem Untergrund direkt den Fuß eines Felsens, auf dem eine **verlassene** und teilweise **verfallene Ortschaft** liegt. Kaum an diesem Felsen vorbei, sehen wir rechter Hand einige Brunnen; einer davon macht einen relativ modernen Eindruck **(Pos. N 27°46,72' / E 12°36,18').** In geringer Tiefe ist hier Wasser in Fülle vorhanden. Die Häuser auf dem Felshügel werden teilweise noch als Lager benutzt. Die Einheimischen kommen jedoch nur noch zur Pflege der Palmen und zur Ernte der Datteln hierher. Dauerhaft bewohnt ist die Ortschaft nicht.

Im Osten unserer Piste sollen in den Bergen schöne **Felsgravuren** zu finden sein. Ich selbst kenne diese Fundplätze nicht und bin deshalb auch nicht informiert, wie man sie erreicht. Auf **Pos. N 27°44,67' / E 12°38,45'** sollen aber schöne Giraffen-Zeichnungen zu finden sein, die selbst den Vergleich mit dem Wadi Mathendous nicht zu scheuen brauchen.

Über eine weite Tenne geht es nach Süden, auf einen überhängenden Felsklotz zu. Die Piste umfährt ihn und zieht dann auf den linken Talhang hinauf. Oben halten wir uns gleich wieder rechts, fahren der Kante entlang und in steinigem Gelände wieder hinab: Dabei bietet sich eine eindrucksvolle Aussicht auf die **Ruinen** von **Gsar Bir el Meherig,** die auf einem Felssporn vor Sebkha, Dünen, Palmen und Steilhang liegen. Bei **km 73** sind wir an den Ruinen **(Pos. N 27°44,43' / E 12°35,42').** Einen Brunnen konnte ich hier nicht finden. Durch weiches, bewachsenes Dünengelände folgen wir nur noch einzelnen Spuren nach Süden: Jeder sucht

Route A 9

280 Foto: gg

sich im weichen Untergrund den besten Weg; viele Einheimische bevorzugen die Strecke im Osten über die Berge von El Gargaf.

Bei **km 79** geht es über einen kleinen Höhenrücken, der dann wieder alle Spuren bündelt und so für eine deutliche Piste sorgt. Dann erfolgt ein steter Wechsel zwischen Sebkhen, Sand und steinigen Höhenrücken; unser Weg folgt jedoch immer dem Tal und seinem Rand entlang nach Süden. Da sich hier überall Palmgärten und alte verlassene Ortschaften befinden, sind eine Menge Pisten und Abzweige vorhanden; lassen Sie sich nicht verwirren: Die Hauptrichtung ist Süden, und die Spuren führen letztendlich alle nach Idri! Vermeiden sollten Sie aber, einen der scheinbar ausgetrockneten Seen abseits der Spur zu befahren! Versuchen Sie es ruhig einmal zu Fuß: Sie werden rasch feststellen, dass unter einer harten, aber kaum tragfähigen Kruste bodenloser Morast liegt. Wer hier erst einmal versackt, wird lange buddeln müssen ...! Bei **km 90** z.B. führt die Piste einmal in Längsrichtung über eine weite Sebkha; hier kam offensichtlich ein Fahrzeug vom richtigen Weg ab: Die Wanne im Schlamm überzeugt Sie hoffentlich von der Richtigkeit meiner Warnung!

Wer schnell nach Idri will, bleibt im Osten und steuert beispielsweise **Pos. N 27°35,70′** / **E 12°41,18′** an. Schon hier ziehen Pisten ins hügelige Gelände nach Südosten weg. Im Tal weiterfahrend, ein weiteres Mal vorbei an malerischen Felsvorsprüngen, erreichen wir die nichtasphaltierte Verbindungsstraße zur Pipeline-Piste (**Pos. N 27°34,33′** / **E 12°39,95′**), die uns sehr rasch hinüber nach Idri bzw. dessen Nachbarort Mansoura führt. Dort sind wir nach ca. 135 km seit Hassi El Hassi. An der Asphaltstraße in der Ortschaft angekommen, bleibt es Ihrer Entscheidung überlassen, ob Sie nach links wegfahren, direkt weiter in Richtung Brak, oder nach rechts, hinüber nach Idri. In letztgenanntem Fall sollten Sie nachlesen, was ich bei Route A 8 über Idri geschrieben habe. Ab Mansoura in Richtung Brak fahrend, erreichen Sie die erste Tankstelle nach ungefähr 23 km.

Wer weiterhin die landschaftlich schönen Strecken entlang der Dünen wählen will: Bei jeder sich bietenden Gelegenheit sollten Sie sich nun immer westlich halten, d.h. dem westlichen Talrand entlang fahren. Drüben im Osten verflacht der Berghang mehr und mehr und weicht zurück. Entlang einer Sebhka werden dann ausgedehnte Schilfflächen durchquert; man fühlt sich wie auf einer richtigen Dschungelpiste! Voraus ist dann bei guter Sicht schon der Querriegel des Ubari-Ergs zu sehen, der uns später auf Ost-Kurs zwingen wird. Durch Salzmarschen und Tamariskengebüsch schlängelt sich die Piste weiter. Bei **km 111** steht erstmals offenes Wasser in der Nähe: Ein kurzer Spaziergang wird Sie davon überzeugen, dass es sich um Salzlake pur handelt! Mit der Annäherung an Idri machen die Palmen, die bisher recht verwildert waren, wieder einen „gepflegteren“ Eindruck: Hierher kommen die Bewohner des Ortes wohl häufiger, um die Zweige zurückzuschneiden, vielleicht auch, um sich dabei nötiges Bau- und Zaunmaterial zu holen. Nur wenige Kilometer nach der offenen Wasserfläche dreht die Piste mehr und mehr nach Osten. Im Winkel des Ergs, dort wo sein Ost-West-Verlauf in einen Nord-Süd-Verlauf übergeht, fahren wir eine kleine Stufe hinauf: Oben markieren drei Redjems **(km 119, Pos. N 27°29,20′ / E 12°46,87′)** einen Abzweig in die Dünen hinein.

Die Piste führt jetzt nach Osten. Sebkhen werden ebenso überquert wie Höhenrücken. Im Süden liegen die Dünen und - mehr oder weniger dichtstehend - auch Palmen. Die bisher kleine Piste wird zu einer geschobenen Trasse, die mit ca. 100° nach Osten führt. Bei **km 135** macht die Trasse einen Bogen in nordöstlicher Richtung und führt uns durch Buschpalmen und Tamarisken hindurch: Hier sollten Sie es letztmals in Betracht ziehen, noch vor Idri zu übernachten - dichter sollten Sie zu diesem Zweck nicht an den Ort heranfahren.

Bei **km 141** sind dann der Richtfunkmast und der moderne Wasserturm von Idri deutlich zu sehen. Kurz darauf tauchen erste Stromleitungen auf, dann Müllhalden (hier können Sie alles entsorgen, was Sie in der Wüste nicht zurücklassen wollten/sollten). Zwischen den Gärten und ihren Palmwedelzäunen erreichen wir rasch die ersten Häuser und schließlich bei **km 149** die asphaltierte Innerortsstraße auf Höhe des Richtfunkmastes und der Feuerwehr.

Sollten Sie die Strecke in Gegenrichtung befahren wollen, können Sie natürlich an diesem Richtfunkmast starten und dann durch die Gärten und Häuser hindurch mit möglichst 280 in westlicher Richtung auf den ersten genannten Fix-Punkt bei den drei Redjems zusteuern.

Ein andere Möglichkeit besteht darin, die Sebhka auf Höhe Idri-Ortszentrum auf einer kleinen Piste genau nach Süden zu überqueren und dann drüben immer dem Dünenrand entlang nach Westen zu fahren, um schlussendlich auch wieder auf die drei Redjems als Fix-Punkt zuzusteuern. Diese Route finde ich schöner, sie ist 2–3 km länger und weniger befahren als die oben dargestellte Hauptstrecke.

Route A 10:
Sebha – Ubari – Ghat

- *Durchgehend asphaltiert, auf begrenzte schlechtere Wegstrecken wird im Text verwiesen; Verkehr gering bis sehr gering; 197 km bis Ubari, dann 370 km bis Ghat. Gesamt 567 km.*
- *Michelin-Karte 741 und Geo-Projects-Karte.*

Diese Route ist die schnellste und durchweg apshaltierte Verbindung zu den Ausgangspunkten zur Erkundung der Seen im Mandara-Gebiet, des Wadi Mathendous und für das Akakus-Gebirge (National Park Akakus).

km 0: Sebha, beim Hotel Al Fatah/Africa. Auf der zentralen Gamal-Abd-El-Nasr-Straße, der Hauptachse von Sebha, fahren wir nach Süden aus der Stadt hinaus. Am Kreisverkehr nach einem Kilometer halten wir uns halbrechts (hier mündet von links kommend die Route A 3). Unterhalb des Forts auf einem isoliert stehenden Zeugenberg führt uns die Straße nach Südwesten am Flugplatz vorbei (**Achtung:** Nicht anhalten! Nicht fotografieren! Auch nördlich der Straße ist eine Sicherheitszone – Raketenstellungen!). Nach links zweigt die ausgeschilderte Zufahrt zum Hotel al-Djabal ab (km 8). Auf vierspuriger Straße geht es durch Projektgärten hindurch. Bei **km 14** erreichen wir eine Polizei-Kontrollstelle mit „Speedbreaker" (üblicherweise nicht besetzt) und unmittelbar danach eine große Verzweigung: Links geht es nach Murzuk (Route A 16), rechts weiter in unsere Richtung nach Ghat. Die vierspurige Straße endet hier, ein kurzes Wegstück ist der Asphalt danach löchrig oder aufgebrochen. Schon bei **km 19** erreichen wir im freien Gelände die nächste Kontrollstelle; auch hier wieder Speedbreaker. Dieser Posten ist fast immer besetzt. Je nach Lust und Laune der Beamten werden die Personal- und Fahrzeugdaten im „großen Buch" verewigt oder nicht.

Von einem kleinen Pass aus eröffnet sich der Blick auf weitere Gärten, die sich nochmal etwa 10 km hinziehen. Erst danach wird die Landschaft saharisch, beeinträchtigt von einer Hochspannungsleitung nördlich der Straße. Ruhige Wegstrecken folgen; mit dem Auftauchen weiterer Grünzonen ist dann die typische **Wadi-Adjal-Situation** erkennbar, die uns jetzt bis Ubari begleiten wird: Links die steil abfallende Stufe der Msak-Mustafit-Tafel, rechts die Sanddünengebiete des Idhan Awbari, des Ubari-Ergs, und mittendrin das Tal des Adjal mit Straße, Ortschaften und Anbauzonen. Ab **km 50** beginnen dann erneut solche Grünbereiche.

Die erste **Tankstelle** erreichen wir bei **km 60**; unmittelbar danach erneut eine Kontrolle. Auch hier findet mitunter ein Eintrag ins „große Buch" statt.

Auf der Weiterfahrt sollten Sie immer ein Augenmerk für die Steilstufe des Mustafit-Abbruchs haben: Hier finden sich immer wieder vorislamische **Gräber** und ganze Gräberfelder, erkenntlich an den im Hang liegenden Steinhügeln. Die Straße ist in gutem Zustand und seit der letzten Polizeikontrolle fast durchweg vierspurig: Sie bleibt so bis Ubari! Viele kleine Ortschaften werden durchquert, kleine Zentren des Anbaus in dieser fast durchgehend künstlichen Oase. Immer wieder bieten Händler die Produkte der Gärten an der Straße an, vor allem Gemüse und Kartoffeln. Mehr und mehr entstehen an der Straße auch kleine Restaurants und Cafés.

Eine weitere Tankstelle und ein Abzweig (wir fahren geradeaus/halblinks) liegen im Ort **Bant Baya.** Größere Ortszentren sind immer am Minarett zu erkennen. Eine weitere Tankstelle dann bereits 10 km weiter; ich werde Tankstellen bis Ubari nicht mehr nennen.

Ein altes Adjal-Dorf, aus Lehm erbaut, liegt bei **km 119** unmittelbar an der Straße: Solche Dörfer waren hier noch bis in die 1960er Jahre ausschließlich vorhanden. Heute sind sie alle verlassen zu Gunsten der vielen, neu aus Fertigbetonteilen oder Hohlblocksteinen errichteten Siedlungszentren.

Bei **km 133** ist erneut eine Polizeikontrolle am Abzweig von Maknusa nach Murzuk (Beginn der Route A 15) zu passieren: Wir fahren geradeaus weiter. Etwa 4 km danach liegt rechts, etwas unterhalb der Straße, die moderne **Jugendherberge von Alfejeaj (km 137),** ein auffallend gepflegtes, frisch gestrichenes Gebäude mit dem sehr groß an der Front aufgemalten Jugendherbergsemblem, zwei Gazellen unter einer Palme mit den Umrissen der Mitgliedsländer der Arabischen Liga: Die Unterkunft sei Ihnen als ein möglicher Stützpunkt für Ausflüge ins Mandara-Seengebiet ans Herz gelegt. Hier ist einer der wenigen Punkte in Libyen, wo Sie immer wieder einmal auch andere Touristen treffen können.

Bei **km 145,** nach einer Straßeneinmündung von rechts und unmittelbar nach der **Felsenge von Terkiba,** zweigt rechts (erkenntlich an Werbeschildern von Reiseagenturen) die kleine unscheinbare Piste ab, die uns zu einem möglichen **Einstieg zu den Mandara-Seen,** hier insbesondere zum Gabroon-See, führt (Route A 14 b). Wir fahren hier weiterhin der Schnellstraße folgend nach Westen. Etwa 6 km weiter sollten Sie wieder auf Gräber achten: Hinter einer niedrigen Umfassungsmauer liegt eine Art Friedhof, das **Gräberfeld Charaig;** alle Gräber sind mit niedrigen Pyramiden überbaut. Die vierspurige Straße reduziert sich anschließend immer wieder auf nur zwei Spuren; rechnen Sie also mit unerwartetem Gegenverkehr und auch mit Steinschlag!

Bei **km 153** zweigt auf unscheinbaren Wegen rechts die Route A 14 a ab (siehe dort auch die Übersichtskarte). Bei **km 156** passieren wir einen rotweiß gestrichenen Richtfunkmast und erreichen nach dem Durchfahren einer größeren Ortschaft **(km 165)** eine Kreuzung mit einer diagonal gegenüber liegenden Tankstelle: Wir sind in Germa; an dieser Tankstelle zweigt südwärts die neue Straße in Richtung Wadi Mathendous ab (Route A 12).

Germa برمه

Germa (Djerma, Garama) ist heute eine **moderne Kleinstadt** an der Durchgangsstraße Sebha – Ghat. Vor 2000 Jahren war hier die **Hauptstadt des Garamanten-Reiches.** Von allen Berberreichen, die in Nordafrika und in der Sahara bestanden, war dies eines der mächtigsten. Keines hat je bei den griechischen und römischen Autoren der Antike so viel Aufmerksamkeit erfahren wie das der Garamanten: Es waren die gefürchtetsten Widersacher am anderen Ufer des Mittelmeeres! Es wird berichtet, sie hätten sich mit Streitwagen fortbewegt; tatsächlich finden sich an verschiedenen Stellen in der Sahara Felsmalereien von solchen garamantischen Kampfwagen. Die Römer führten während ihrer Herrschaft in Nordafrika mehrere Feldzüge gegen sie durch, und das wohl südlichste Monument römischer Geschichte und Herrschaft findet sich hier, in Germa (s.u.).

Während der Vandalen-Herrschaft erlebte das Garamanten-Reich eine letzte Periode vorübergehender Unabhängigkeit: Im Gegensatz zu den Römern wagte sich dieses germanische Volk nicht so weit in die Sahara hinein. Auch Ostrom vermochte nicht, sie zu unterwerfen. Dies gelang erst den Ara-

286 Foto: gg

bern unter ihrem Feldherrn *Okba Ibn Nafi* (eine bekannte Größe auch in der Geschichte Tunesiens – er gilt als Gründer Kairouans!): Garama wurde erobert, die Garamanten und andere Bergruppen unterjocht und versklavt; ein massiver Exodus der berberischen Gruppen in weniger zugängliche Gebiete war die Folge. Diese garamantisch-berberischen Völker gelten als die Vorfahren der heutigen Tuareg. Anarchie scheint sich danach in diesem Teil der Sahara breitgemacht zu haben. Der gesamte Fezzan geriet in den Herrschaftsbereich der Tubu, die die Zentren der Macht nach Traghen oder Zuwaylah verlagerten. Im 14. Jh. schließlich geriet die Region in die Hegemonie des Sultans von Marokko, der Murzuk zur Hauptstadt erklärte, bis im 16. Jh. schließlich die Türken das gesamte Gebiet unterwerfen konnten. Anfang unseres Jahrhunderts wurden dann die Italiener Herren des Fezzan. Sie waren es auch, die die ersten archäologischen Untersuchungen in diesem Gebiet vornahmen.

„Grabmal der Prinzessin Lucilla“

Sehenswertes

An der Kreuzung gegenüber der Tankstelle liegt das **Museum** (oft geschlossen). Von der Kreuzung ausgehend 2 km nördlich liegen die ausgegrabenen **Ruinen** der ehemaligen Hauptstadt (Eintritt: 3 LD/Pers., Fotoerlaubnis: 5 LD, Video: 10 LD!). 1,8 km westlich der Straße nach Ghat folgend, dann 1,4 km einem Feldweg nach Süden auf die Falaise zu: römisches Sieges-**Denkmal,** als **„Grabmal der Prinzessin Lucilla"** oder auch „Grabmal der Caecilia Plautilla" bezeichnet; eventuell handelt es sich auch nur um das Mausoleum eines reichen römischen Kaufmannes; vermutlich einziges Monument römischer Baukunst, wo sich neben römischen Inschriften auch solche in der Schrift der Tuareg (Tifinar) finden, letztere natürlich deutlich jüngeren Datums.

Garamantensiedlung Zinchecra

Westlich des „Lucilla-Grabes" finden sich am Fuße des vorspringenden Höhenrückens Höhlen- und Erdgräber, auf dem Plateau-Sporn selbst Mauerreste einer frühen Besiedlung (erst auf Straße 1 km westlicher als „Lucilla"-Abzweig, dann an der Hangkante über einen Serpentinenfußweg in 15 Min. zu erreichen); Aussicht!

Praktische Infos

Hotels

● **Hotel Dar Germa,** neues, großes, einfaches Hotel etwas außerhalb an der Straße in Richtung Mathendous. Der Bau wirkt kahl und ungemütlich. DZ 55 LD. Geschlossener Hof als Parkplatz und Nachtwächter.

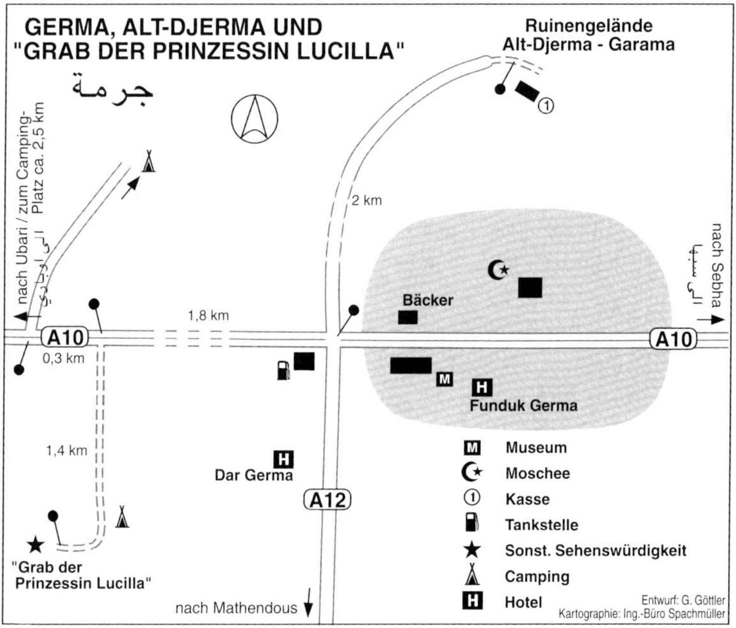

- **Hotel Funduk Germa,** in der Ortsmitte, etwas zurückliegend unter großen Bäumen, das Traditionshaus in Germa. DZ 20 LD. Kein abgeschlossener Parkplatz, dafür aber Nachtwächter.

Camping

- **Campingplatz Erawen Tourist Camp,** Tel. 729/2413, etwa 2,5 km westlich von Germa an der Straße Richtung Ubari.
- **Camping Lucilla Tourist Camp,** unmittelbar beim römischen Mausoleum, nur auf der anderen Wegseite. 15 LD/Bungalow. Einfache Ausstattung, ruhig.
- Es gibt weitere Campingplätze im Umfeld, die jedoch Anfang 2007 geschlossen waren.

Sonstiges

Für den Besuch des **Wadi Mathendous** ist hier in Germa kein Genehmigungsverfahren mehr nötig und möglich. Erst unmittelbar vor der Felsbildfundstelle ist eine Gebühr in Höhe von 3 LD bei einem Wächterhaus zu bezahlen.

Die Straße bleibt in gutem Zustand. Auf der Höhe von **km 179** bzw. **Pos. N 26°33,55′ / E 12°56,97′** erkennen Sie etwa 100 m südlich der Straße ein weiteres **Pyramiden-Gräberfeld.** Die Anlage von **El Hatia** ist über eine kleine Asphaltstraße zu erreichen. Unmittelbar davor endet sie in einem kleinen Parkplatz. Die Zahl der Pyramidengräber ist deutlich geringer als die vom Gräberfeld Charaig nahe des Mandara-Einstiegs. Sie sind jedoch höher und liegen in einem schöneren Umfeld.

Auf der **Weiterfahrt nach Westen** wird die Besiedelung immer dichter. Viel Gemüse wird entlang der Straße angeboten. Erstmals ist jetzt auch der Verkehr auf der Straße lebhaft. Wir erreichen schließlich **Ubari** (siehe Plan auf der rechten Seite), ein modernes Unterzentrum der gesamten Region bei **km 197.** An einem Kreisverkehr innerorts zweigen hier die Routen A 13 b und A 13 e ab. Wir fahren geradeaus. Kurz vor der Kreisverkehrs-Kreuzung liegt rechts etwas von der Straße zurück das Gebäude der Polizei, in dem sich auch ein **Immigration-Büro** befindet. Hier erhalten Sie den berühmten grünen Dreieckstempel für 10 LD/Pers.

Nur etwa 100 m nach diesem Kreisverkehr, fast auf Höhe eines direkt an der Straße stehenden vermutlich ehemals italienischen **Forts**, biegt unsere Route nach Ghat rechtwinklig nach Süden ab (vgl. Ortsplan). Das Fort wurde zwischenzeitlich in ein ansprechendes Hotel umgebaut: **Oubari Alqalaa Hotel,** Tel. 722/626000, Fax 626001, Zimmer mit Lokalkolorit, Toilette und Dusche jedoch bautechnisch nur außerhalb der Räume möglich; netter Innenhof mit großem Schatten-Eukalyptus, DZ 40 LD.

Am Ortsrand, der sehr rasch erreicht ist, endet die vierspurige Straße, wird jetzt zweispurig, bleibt aber in sehr gutem Zustand (schon außerhalb der Ortschaft soll lt. Leser ein **Internet-Café** auf **Pos. N 26°35,159′ / E 12°46,422′** liegen). Immer wieder stehen Kilometersteine, die die Entfernung nach Ghat angeben (schwarze Schrift auf gelbem Grund). Um Kilometerabweichungen unterschiedlicher Tachometer zu vermeiden, nenne ich für den folgenden Streckenabschnitt immer die Kilometerzahl auf diesen Steinen.

Die Straße führt zunächst in südlicher Richtung aus dem Ort heraus und scheinbar geradewegs auf den Abbruch des **Msak Mustafit** zu, wendet sich dann aber nach Westen und behält diese Richtung in der Vorzone des Steilabfalls bei. Rasch sind wir in freiem Gelände. Das Wadi Adjal ist hier praktisch zu Ende: Die Dünen des Ubari-Erg weichen weit nach Norden zurück und sind von der Straße aus nicht mehr zu erkennen. Das Gelände zur Linken, die Steilstufe, wird dafür noch etwas „dramatischer". Immer, um nicht zu sagen ewig dieser Stufe entlang, zieht sich die Straße nach Westen. Das umgebende Gelände ist steinig, Akazien wachsen in weiten Abständen. Beim **Kilometerstein 306** erreichen wir wieder eine Kontrollstelle; wir werden verhältnismäßig sorgfältig überprüft.

Weiter geht es nach Westen, endlos. Der Akazienbewuchs lässt nach und endet schließlich ganz. Das Gelände wird eben und verliert alle Strukturen; kiesige, sandige und steinige Flächen wechseln sich großräumig ab. Beim **Kilometerstein 229** zweigt nach Süden die Route A 12 (Alternative über Icherat) ab, 30 km weiter die Route A 13 d nach Norden. Die Steilstufe des Mustafit entfernt sich allmählich von der Straße, biegt schließlich nach Süden und verschwindet im Dunst der scheinbaren Unendlichkeit. Bei einem Richtfunkmast bei **km 168** erreichen wir wieder

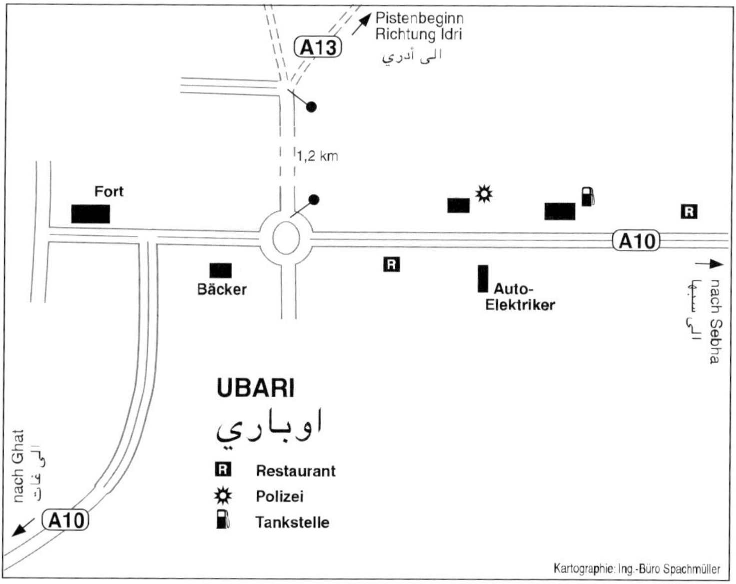

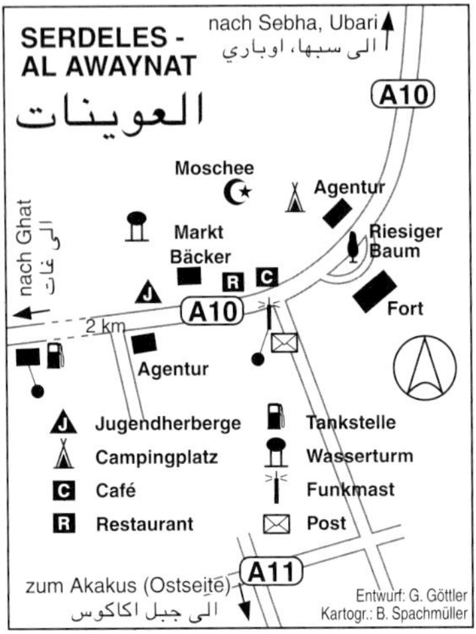

einen Kontrollposten; auch hier werden wir sorgfältig überprüft. Kurz darauf, bei **km 158,** überqueren wir eine Geländestufe nach unten: Dort sind rötliche Dünen in einer weiten Talsohle zu sehen. Das Gelände macht den Eindruck, als könnte man diese Dünen erreichen, um dort z.B. sichtgeschützte Nachtplätze zu suchen. Ansonsten ist das Gelände völlig ohne Deckung.

Weitere Stufen überqueren wir nach unten bei den **Kilometersteinen 150** und **131.** Hier verlaufen jeweils breite Wadis in Nord-Südrichtung. Bei diesem letzten Abstieg befindet sich erneut ein Kontrollposten.

Den Ort **Al Awaynat** (das frühere Serdeles) erreichen wir beim **Kilometerstein 120:** Hier mündet die Route A 11 von Süden her (vgl. Karte oben). Al Awaynat hat sich zwischenzeitlich den „neuen Gegebenheiten" angepasst: Ein Campingplatz ist entstanden, ein weiteres Restaurant hat geöffnet, zwei Touristenagenturen wurden gegründet. Eine davon, die **Agentur Tesuinat for Travel and Tourism,** war früher besonders bei deutschen Touristen sehr beliebt: Der frühere Inhaber *Omar Makhi* sprach sehr gut deutsch. Leider ist der freundliche Mann gestorben; sein Bruder *Boubakar* hat die Firma übernommen. Weitere Angaben siehe im Kapitel „Informationsstellen/Reiseagenturen". Die nachfolgenden Preisangaben konnten nicht überprüft werden, doch ist davon auszugehen, dass die Preise heute tendenziell niedriger liegen. 6 km außerhalb in Richtung Ghat wurde von ihm auch **„Omars Camp"** eingerichtet (Anfang 2007 geschlossen) – zehn Zeribas für je 4 Personen; Preise: Übernachtung 15 LD, Frühstück 1,50 LD, warme Mahlzeit 7 LD, Parkgebühren je PKW 10 LD, Motorrad 5 LD. Folgende Preise werden für Ausflüge und Touren verlangt: Führer mit Fahrzeug 200–250 LD/Tag, ohne Fahrzeug 90 LD/Tag; außer ins Akakus sind auch Touren zu den Seen im Mandara-Gebiet möglich; Kamel-Trekking kostet 200 LD pro Tag.

Ein weiterer Campingplatz mit Rundhütten wird betrieben von der **Agence ALFAW** (Tel. 724/2265, Fax 2828); sie ist auch in Djerba/Tunesien erreichbar (Fax 00216/565/1887); 30 LD/Hütte, Auto 5 LD, www.alfawtravel.com.

Eine noch sehr junge Agentur ist die **Agence Takioumet,** *Ali Kane,* zu erreichen nur per Fax (Post Tripolis 21/ 3610181. Wie bei anderen Fax-Adressen in Serdeles/Al Awaynat auch, leitet diese Dienststelle die Nachrichten rasch weiter, und der jeweilige Adressat nimmt dann Kontakt mit dem Kunden auf. Seit längerer Zeit ist angekündigt, die Kommunikationsstruktur würde sich „in den nächsten Monaten" sehr verbessern; jetzt darf man gespannt darauf sein, wann dies tatsächlich der Fall sein wird – das Warten auf dieses Wunder währt nun immerhin schon Jahre!

Ein Leser weist auf das neue **Restaurant In Azar** hin, blitzsauber und gut, betrieben von einem Tunesier, **Pos. N 25°47,493' / E 10°32,983'.**

Achtung! Zum gegenwärtigen Zeitpunkt (Frühjahr 2007) ist der Zugang zu den Felsbildstationen des Akakus nur via Al Awaynat/Serdeles möglich, da die bisher übliche Strecke von Ghat aus via Takharkouri-Pass aufgrund von Grenzstreitigkeiten mit Algerien gesperrt ist/war! Wer also mit Schwerpunkt Felsbildern hierher gekommen ist, tut gut daran, sich schon hier in die Obhut einer Reiseagentur bzw. eines Führers zu begeben. Aus landschaftlichen Gründen lege ich dennoch die Weiterreise bis nach Ghat jedem Reisenden sehr ans Herz! Und: An einem Kontrollposten im Bereich Teshuinat wird derzeit ein Eintrittsgeld zu den Felsbildstationen in Höhe von 3 LD pro Person erhoben, eine Fotoerlaubnis kostet 5 und eine Film- bzw. Videoerlaubnis 10 LD.

Ein Kraftwerk scheint für den Ort etwas zu groß geraten: In der Umgebung liegen Projektflächen, der produzierte Strom wird vor allem für die Pumpen verwendet, die Wasser aus großer Tiefe fördern. Hinter dem Ort nimmt die Landschaft kurzfristig Steppencharakter an: Gras und niedrige Büsche wachsen. Dann nähern wir uns rasch den Bergen des Akakus. Beim **Kilometerstein 116** passieren wir die ersten Höhenrücken und durchfahren dann weite Schutthochflächen. Bei **km 104** beschreibt die Straße einen weiten Bogen nach Süden, wir überschreiten einen kaum wahrnehmbaren Pass und damit auch eine Wasserscheide. Erste Ausblicke öffnen sich nach Westen, hinüber ins Wadi Tanezzuft. Bei einem Richtfunkmast beim **Kilometerstein 96** verlassen wir dann auch die Vorbergzone (hier mündet von Norden her Route A 6; ein nicht immer besetzter Kontrollposten wurde eingerichtet).

Den östlichen Talhang des weiten Wadi Tanezzuft entlang fahren wir jetzt nach Süden. In relativ großer Entfernung sind Dünen zu sehen. Erneut ein Kontrollposten (nicht immer besetzt) beim **Kilometerstein 75:** Im Westen liegt hier ein größeres Agrarprojekt.

Die Akakus-Berge im Osten werden immer eindrucksvoller, je weiter wir nach Süden zu an ihnen entlangfahren. Dann jedoch schwenkt die Straße nach Westen, entfernt sich von diesem Massiv und quert das Wadi Tanezzuft beim **Kilometerstein 50** (nach Süden zweigt eine kleine Piste ab; siehe Ausflüge weiter unten, „Zur heißen Quelle"). Früher war diese Wadi-Passage gefürchtet wegen ihrer tief ausgefahrenen sandigstaubigen und weichen Spuren, heute fährt man auf bester Asphaltstraße locker dahin und erfreut sich am schönen Anblick der Tamarisken-Kupsten. Hier lassen sich unweit der Straße

Nachtplätze finden. Jetzt begleiten uns eigentlich zwei Gebirge: Nach wie vor ist das Akakus-Gebirge im Osten eindrucksvoll zu sehen, und im Westen naht der **Idinen** mit eindrucksvollen Steilwänden. Beim **Km-Stein 36** sind wir genau auf Höhe diese bizarren Massivs: Idinen, das bedeutet „Geisterberg" – und an diese Geister hätte der deutsche Afrika-Forscher **Heinrich Barth** fast sein Leben verloren, als er im Juli 1850 allein in dieses Gebirge vordrang. Er hatte vermutet, dort geheimnisvolle Felsbilder zu finden. Angestachelt wurde seine Neugierde erst recht, als sich seine Führer weigerten, ihn in dieses „Geisterreich" zu begleiten. Er verirrte sich und wäre fast verdurstet, hätte ihn nicht ein Tuareg gefunden!

Im Osten könne wir die **eindrucksvollen Dünengebiete vor dem Akakus** bewundern – bei gutem Wetter eine Saharalandschaft wie aus dem Bilderbuch!

Dann erreichen wir auf den letzten **20 km vor Ghat** die alte Straße zum Flugplatz – war sie zu früheren Pistenzeiten eine Wohltat, ist der Schüttelasphalt jetzt, nach Hunderten von „Flüsterkilometern", geradezu eine Tortur!

Am Abzweig zum Flugplatz passieren wir eine weitere Kontrollstelle; sie ist selten besetzt. Am Ortseingang von Ghat liegt eine Tankstelle, und 2 km weiter sind wir auch schon im Ortskern. Der Kilometerstein, der hier natürlich nicht mehr vorhanden ist, müßte Null zeigen – unser Tacho steht bei **371** (von Ubari weg), und das entspricht ziemlich exakt den Angaben auf den Kilometersteinen!

Ghat غات

Ghat (Rhat) ist die **einzige größere Oase im Südwesten Libyens und Zentrum der Region.** Es bestehen alle Versorgungsmöglichkeiten. Auch ist der Ort wichtigstes Zentrum der Tuareg in diesem Gebiet, vielfältige Beziehungen bestehen über die Grenze hinweg nach Algerien, besonders nach Djanet. Auf der Polizeiwache im Ortszentrum lassen sich alle Formalitäten erledigen. Viele touristische Agenturen befinden sich an der Hauptstraße; sie bieten Führer und Fahrzeuge für alle erdenklichen Unternehmungen an; Preise vergleichen und handeln!

Zur **Aussprache des Namens** Ghat schreibt *Heinrich Barth: „... einzig in dem Wunsche, den Namen den rechten Klang zu geben, mit welchem sie von den Eingeborenen ausgesprochen werden, ... sehe ich mich genötigt, Rhat und nicht Ghat zu schreiben. Das „ghain" der Araber hat einen zwiefachen Klang, manchmal als „gh", mitunter als „rh", und ich kann nicht einsehen, warum wir diesen Unterschied im Deutschen nicht ausdrücken sollten."*

Geschichte

„Die Stadt Rhat, deren begünstigte Örtlichkeit es wahrscheinlich macht, dass schon zu sehr alter Zeit eine Niederlassung sich hier gebildet habe, ist von keinem arabischen Schriftsteller erwähnt, mit Ausnahme Ebn Batutas, des ruhmwürdigen Reisenden des vierzehnten Jahrhunderts", notiert *Heinrich Barth.*

Tatsächlich belegt eine **Fülle von Funden** – unter denen die von Barth entdeckten Felsbilder nur die spektakulärsten sind –, dass diese Region schon zu Urzeiten besiedelt war: Ähnlich wie im Wadi Adjal sind es auch hier wieder Gräber bzw. Gräberfelder, die am weitesten in die Vergangenheit weisen. Auf den Spuren der damaligen Karawanenwege, die aus dem einen oder anderen Grund immer wieder auch über Ghat führten, kamen auch die ersten Afrika-Forscher hierher: Heinrich Barth, der praktisch als Entdecker der saharischen Felsbilder gilt; der Franzose *Duveyrier*, ein Spezialist der Tuareg, und schließlich *Erwin von Bary*, dessen Schicksal auf ganz besondere Art mit Ghat verbunden ist: Von Ghat war er zu einer Reise ins Aïr-Bergland aufgebrochen, musste dort aber nach einer Reihe von Rückschlägen umkehren. Im Jahr 1877 kam er nach Ghat zurück und wurde dort vom türkischen Gouverneur zum Abendessen eingeladen. Er stirbt noch am selben Abend; seinen Tod erklärt man mit dem Genuss von „schlechtem Kaffee" – was immer darunter zu verstehen ist ...

Schriftliche Aufzeichnungen zum Ort selbst beginnen dann allerdings erst in der Mitte des 19. Jh. mit der Inbesitznahme des Gebietes durch die Türken. Das Interesse der türkischen Verwaltung in Tripolis an diesen entlegenen Regionen erstarkte, als sich Frankreich jenseits der Tassili-Berge das Gebiet um Djanet erschloss. Doch auch unter einem neuen Kaimakan, einem von den Türken eingesetzten Verwalter aus dem Kreis der einheimischen Nobilität, geschah nicht mehr, als dass Tripolis die Bezahlung einer relativ niedrigen Abgabe verlangte. Die Kontrolle beschränkte sich zudem auf den Ort selbst, das Hinterland war vollständig in Händen der **Tuareg** vom Stamm der Oraren, der Iforas und der Imanrasaten. Im Gefolge des Italienisch-Türkischen Krieges (1912) verschärften sich die Auseinandersetzungen dieser Tuareg im Gebiet um Ghat mit den Kel Ahaggar bei Tamanrasset. Aber auch Italien brachte Ghat kein großes Interesse entgegen, zu gering waren die Aussichten auf wirtschaftlichen Nutzen. Dies beließ den Tuareg immer eine relative Freiheit, die dazu führte, dass sie es waren, die bei den Revolutionen nach dem Ersten Weltkrieg zu den ersten und letzten Aufständischen gehörten. Auch die *Senussia* hatte hier starken Einfluss. Erst 1930 nahmen die Italiener Ghat wieder in Besitz, in Absprache mit den Franzosen. Im Zweiten Weltkrieg dann waren diese beiden europäischen Mächte Gegner: Aus Angst vor freifranzösischen Verbänden verstärkten die Italiener das Fort Koukemen und igelten sich darin ein. Vergeblich: Mit der Kapitulation verlor Italien all seine Kolonien; auch die Garnison Ghat streckte kampflos die Waffen.

Einer der Gründe für die anhaltenden Schwächeperioden der Stadt sind sicher in diesem geringen Interesse starker Mächte an ihr zu sehen. Stets wurde sie mehr oder weniger sich selbst überlassen, war Opfer von Räubern oder kriegerischen Stämmen, wurde Aufmarschbasis revolutionärer oder religiöser Fanatiker.

Sehenswertes

Die **Altstadt** mit ihren Moscheen ist ganz verlassen. Sie lohnt dennoch einen Bummel (Eintritt 5 LD). **Tuareg-Schmiede** (aus dem Niger) bieten „Original"-Tuaregschmuck an, abgestimmt auf den Touristen-Geschmack. Das **Fort Koukemen** oberhalb der Altstadt ist keine militärisch sensible Zone und darf besucht werden. Wer Glück hat, erlebt die Stadt an einem Festtag.

Das **Grab von Erwin von Bary** liegt am Fuße des Festungsberges Koukemen ungefähr dort, wo der Zufahrtsweg zum Fort von der Hauptstraße abzweigt (vgl. Stadtplan).

Praktische Infos

- **Tel. Vorwahl: 724**
- Hinweis: Die **Telefonverbindungen nach Ghat sind** – entgegen diverser Ankündigungen – noch immer **sehr schlecht;** durchzukommen ist reine Glückssache. Die beste Zeit ist unser früher Sonntagmorgen.

Hotel

- **Hotel Tassili,** Tel. 96001. Lumpiger Alu-Bau, aber in einer solchen Situation nicht zu verachten; eines der wenigen Hotels mit wirklich heißen Duschen. Das Personal ist freundlich und bemüht, das Essen gut. Parken ist im bewachten Hof möglich. Es gibt alkoholfreies Bier! 45 LD/DZ.

Camping

- Ein Camping-Platz der einfacheren Art soll von Ghat Tourisme Agency am östlichen Ortsrand **(Pos. N 24°58,16′ / E 10°12,43′)** eingerichtet worden sein.
- Weiterer Campingplatz mit Strohhütten ca. 5 km außerhalb in Richtung Akakus/Algerien. Ausgeschilderter Abzweig nach rechts. Sehr sauber, heiße Duschen. 10 LD/Person inkl. kleines Frühstück. Besitzer betreibt gleichzeitig eine Reiseagentur namens „Anay Tourism Agency".

Essen und Trinken

Beim Lebensmittelmarkt, hier gibt es frisches Obst und Gemüse, je nach Saison, ab und zu auch tiefgekühlte Hähnchen und Fisch aus einem Kühl-Lkw! Ein Non-Food-Markt mit Artikeln aus den Sahel-Ländern wird am Ortseingang Nord abgehalten.

Reisebüros und Tourveranstalter

- **Akakus Tourisme Agency,** Tel. 2318
- **Azjar for Travel an Tourisme,** Tel. 2368, Fax 2861
- **In Dinane,** Tel. 2460
- **Ghat Tourisme Agency,** früher: OEA For Travel Tourisme, Tel. 2297
- **Winzrik Tourisme Service,** Main Office Tripolis, Tel. 21/3336194, Fax 4445959
- **Tasharuktat, Tadrart Teshwena Traveling & Tourism,** *Al Tahere Mohamed,* Tel. 2083, Fax 2506
- **AWISS for Travel and Tourisme,** Tel. 2827

Ausreise nach Algerien

Die Grenze zur Ausreise nach Algerien kann als „bedingt" offen gelten. Bedingt bedeutet, dass die Situation unübersichtlich ist und sich widersprüchlich darstellt, möglicherweise auch davon abhängig ist, mit welcher Agentur Sie reisen. Sollten Sie Ihre Weiterreise nach Algerien geplant haben, sollten Sie ein „Voll-Visum" im Pass haben, d.h. ein von der Botschaft in Bonn (Bern, Wien) ausgestelltes Visum und nicht nur einen Sichtvermerk in Form des Einreisestempels. Auf algerischer Seite können Sie nur in Begleitung eines Mitarbeiters einer algerischen Reiseagentur reisen; Sie müssen sich also rechtzeitig mit einer solchen am algerischen Grenzposten Tin Alkoum verabreden. Die Betonung liegt dabei auf dem Wort „Ausreise"! Jede der beteiligten Dienststellen weist Sie nämlich ausdrücklich darauf hin, dass eine (Wieder-)Einreise nicht möglich ist! Aber: Ohne **Visum** für Algerien ist dort natürlich eine Einreise nicht möglich, dieses müssen Sie sich schon zu Hause besorgt haben. Dann steht

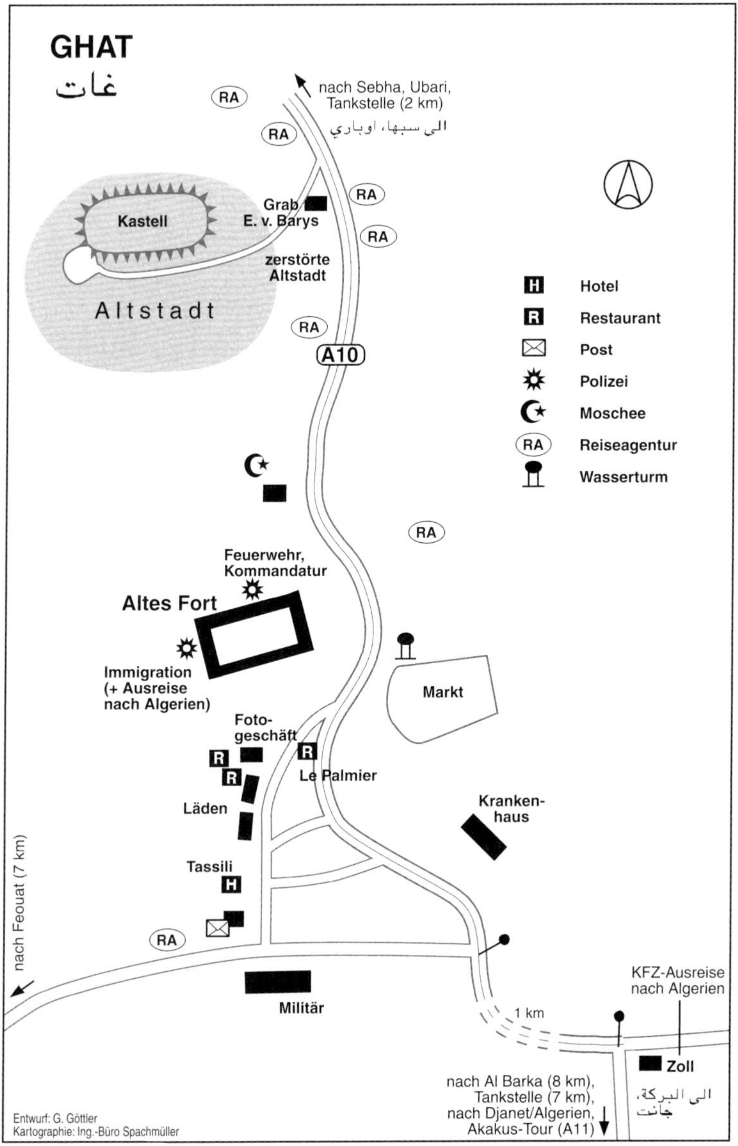
GHAT
غات
nach Sebha, Ubari, Tankstelle (2 km)
الى سبها، اوباري
RA
Kastell
Grab E. v. Barys
zerstörte Altstadt
Altstadt
A10
Hotel
Restaurant
Post
Polizei
Moschee
Reiseagentur
Wasserturm
Feuerwehr, Kommandatur
Altes Fort
Immigration (+ Ausreise nach Algerien)
Markt
Foto-geschäft
Le Palmier
Läden
Kranken-haus
Tassili
nach Feouat (7 km)
Militär
1 km
KFZ-Ausreise nach Algerien
Zoll
nach Al Barka (8 km), Tankstelle (7 km), nach Djanet/Algerien, Akakus-Tour (A11)
الى البركة، جانت
Entwurf: G. Göttler
Kartographie: Ing.-Büro Spachmüller

einer erlebnisreichen Rundreise (hin via Libyen, zurück via Algerien) hoffentlich nichts mehr im Wege.

Zwischen der algerischen Grenzstation Tin Alkoum und dem ersten größeren Ort auf algerischem Territorium, Djanet, ist eine sehr breite und gut befahrbare Piste vorhanden, die teilweise schon asphaltiert ist. **Von Djanet aus in Richtung Illizi,** d.h. nach Norden, ist mittlerweile alles durchgehend asphaltiert! Auch dies ermöglicht eine solche Reise mit einem ganz normalen Pkw.

So vollzieht sich die von Touristen sehr selten durchgeführte **Ausreise in Ghat:** Sie melden Ihre Ausreise-Absicht am besten schon am Vortag bei der Grenzpolizei an (auf der Rückseite des alten Forts, vgl. Stadtplan); man wird Sie darauf hinweisen, dass eine Rückreise nicht möglich ist. Wenn Sie Glück haben, erhalten Sie den Ausreisestempel bereits am Abend des Vortages, das spart Zeit für den nächsten Tag, wenn Sie Djanet innerhalb eines einzigen Reisetages erreichen wollen. Ebenso sollten Sie bereits am Vortag beim Zoll (vgl. Stadtplan) vorsprechen und sich darum bemühen, die Formalitäten schon bei dieser Gelegenheit erledigen zu können. Die bei der Einreise entrichtete Kaution in Höhe von 50 LD wird Ihnen hier bei Rückgabe der Kfz-Kennzeichen nicht erstattet; Sie erhalten aber eine Quittung, die es Ihnen tatsächlich ermöglicht, sich diesen Betrag bei einer möglichen weiteren Einreise in Ras Adjir auszahlen zu lassen. Achtung: Sollten Sie die Formalitäten nicht am Vortag erledigen können, ist es praktisch ausgeschlossen, Djanet innerhalb eines Fahrtages bei Helligkeit zu erreichen! Dann verlassen Sie Ghat via El Barkat auf dem Weg, den bisher auch die Akakus-Rundfahrt (Route A 11) bis km 44 wählt; an dieser Stelle (km 44) befinden wir uns schon in Sichtweite der algerischen Grenzstation Tin Alkoum; Sie folgen einfach der großen Hauptpiste bis dorthin (keinerlei Versorgungsmöglichkeiten).

Der weitere **Streckenverlauf** zählt mit zum Schönsten, was Ihnen die Sahara an Landschaften zu bieten hat: Das Bergland der Ajjer-Tassili wird auf seiner Südostseite umfahren; spektakuläre Kulissen finden Sie nach

290 Foto: gg

jeder Wegebiegung. Vieles ähnelt der Landschaft, die Sie schon nördlich von Ghat durchfahren haben.

Der erste Zielort **Djanet** ist bekannt als „Perle der Sahara", eine Dattelpalmoase vor den steilen Felswänden der Tassili-Berge. In diesen Bergen liegen – nur zu Fuß erreichbar – die weltberühmten **Felsmalereien,** die zum Besten und Schönsten zählen, was auf der Erde an Felsbilddarstellungen zu finden ist. Eine Rundreise über Libyen nach Algerien bietet Ihnen also die Möglichkeit, einen Besuch der weltschönsten Felsgravuren mit dem der weltschönsten Felsmalereien zu verbinden!

Ausflüge

Getrennte Ortsteile **Feouat** (7 km im West-Nordwesten), **El Barkat** (10 km im Süden) und **Tounine** (im Westen), alle auch heute noch im wesentlichen von sesshaften Ajjer-Tuareg bewohnt. Der Ortsteil **Tataramat** (in der Palmeraie selbst) gilt als Dorf der Handwerker. Noch weiter im Süden in Richtung Tin Alkoum: **Esseyen.** Zwischen Esseyen und Tin Alkoum verläuft die libysch-algerische Grenze.

Im Norden bietet sich ein landschaftlich sehr eindrucksvoller Ausflug zur heißen Quelle Tanezzuft und evtl. weiter zum Wadi und Pass Akakus an (teilweise sehr weichsandiger Untergrund, Geländewagen erforderlich): Auf der Straße zurück in Richtung Ubari bis zum Kilometer-Stein 328. Dort zweigen deutliche Spuren ab, eine kleine Piste, die zunächst in östliche, später südöstliche und dann südliche Richtung führt: Wir umfahren das Dünen-Massiv des Erg-Tanezzuft zwischen den Idinen-Bergen und dem Akakus-Gebirge nicht wie auf der Straße auf seiner West-, sondern jetzt auf seiner Ostseite. Eindrucksvolle Dünenlandschaften, wahre Dünengebirge sind zu sehen, schöne Foto-Motive. Auf teilweise riesigen Kupsten stehen dichte Tamarisken-Gebüsche: Hier lassen sich gute Nacht- und Rastplätze finden. Die Piste schwenkt dann auf südsüdwestliche und südwestliche Richtung und erreicht schließlich nach ca. 10 km auf teils weichsandigem Untergrund die **Quelle von Tanezzuft (Pos. N 25°10,72' / E 10°15,35').** Aus einem Brunnenhaus mit gefließtem Becken strömt warmes, schwefel(?)- und eisen(?)haltiges und damit nicht trinkbares (aber angeblich gegen Rheuma hilfreiches) Wasser ins Gelände. Ein kleines Tuareg-Camp ist nicht weit entfernt; seine Bewohner waschen hier oft ihre Wäsche.

Sie können von hier aus weiter nach Ghat fahren, und dies wäre dann auch die Strecke zum **Wadi** und **Pass Akakus:** Spuren führen in südliche (mal eher südöstliche, dann wieder südwestliche) Richtung; die Piste fädelt sich auf, andere kommen hinzu. Wir halten uns immer zwischen den Dünen des Erg Tanezzuft und den Adrar-Bergen, können weiter an den Dünen oder an den Bergen fahren. In die Akakus-Berge hinein ziehen Täler, auch in diesen finden sich Pisten. Ein Aufstieg mit dem Fahrzeug hinauf auf die Steilstufe ist aber nicht möglich. Aus den größten Einschnitten führen jedoch Eselspfade hinauf, alte Karawanenwege, die „Akba", Pass, genannt werden. Auf **Pos. N 24°58,25' /**

Blick auf die Altstadt von Ghat

293 Foto: gg

Alte Moschee in Ghat

E 10°14,73′ befindet sich der Abzweig hinüber ins Wadi Akakus. Wollen Sie dorthin, folgen Sie der teilweise schlechten und steinigen Piste in östlicher Richtung bis **Pos. N 24°59,10′** / **E 10°19,37′.** Ab hier geht es nur noch zu Fuß weiter; den Plateaurand haben Sie nach einem Fußmarsch hinauf in 3 bis 4 Stunden erreicht. Bei gutem Wetter bietet sich ein fantastischer Ausblick. Aber auch die tief eingeschnittenen Tallandschaften sind sehr eindrucksvoll. Diese Täler finden übrigens auf der Ostseite des Bergmassivs ihre Fortsetzung in den Tälern, in denen sich die berühmten Felsbildstationen befinden (vgl. Route A 11).

Weiter nach Süden fahrend enden die hohen Dünen des Erg Tanezzuft im Westen in einem Feld kleinerer Barchan-Dünen, die kaum befahrbar sind und deshalb eine weitere Südfahrt erfordern (ca. 20 km südlich der heißen Quelle), auch wenn Ghat, sein Wasserturm und seine Funkmasten im Westen hinter den Dünenfeldern schon deutlich zu sehen sind. Die Piste führt uns weiter bis nach **El Barkat,** wo Sie auf **Pos. N 24°54,55′** / **E 10°13,20′** in den ersten Palmgärten wieder auf Asphalt stoßen. Noch 5 km geht es durch die Bewuchszone, bis die Straße Ghat – El Barkat erreicht ist; hier biegen Sie nach Norden ab und erreichen nach ca. 10 km wieder Ghat.

Im Umfeld von El Barkat liegt auch der große **präislamische Friedhof von In Debnan,** der mir allerdings bisher nur von Abbildungen bekannt ist; hier eine Positions-Angabe: **N 24°52,00′** / **E 10°11,00′.**

Im Nordwesten lohnt ein Ausflug ins **Tassili Maridet,** nahe der algerischen Grenze und (von der Straße aus gesehen) auf der Rückseite des Idinen-Massivs. Die Landschaft dort ist fantastisch mit ihren meterhohen, bizarren Felsspitzen, -türmen und -schluchten, ein einziges Felslabyrinth im Sand. Viele Agenturen bieten diesen Ausflug an. Von Ghat aus geht es nach Norden, vorbei am Flugplatz, dann nach Westen weg von der Straße und weiter auf Piste unmittelbar südlich des Kafdjenoun, dem Hauptberg des Idinen. Die Richtung wird zunächst bestimmt vom pyramidenförmigen Grenzberg Telout (auch Titersine), dann an ihm vorbei nach Norden bis ins Tassili Maridet **(Pos. mittendrin N 24°49,196′ / E 9°56,055′).** Die Piste führt weiter nach Nordosten über ein felsiges Plateau und an Felsgravuren vorbei (Giraffen, Elefanten, z.B. **Pos. N 25°55,375′ / E 10°6,178′).** Ein schöner Felsbogen befindet sich bei **Pos. N 25°54,112′ / E 10°2,621′.** Von dort geht es weiter entlang eines Dünengürtels Richtung Osten/Nordosten, dann über eine Ebene wieder Richtung Süden, später parallel zur Hauptstraße.

Route A 11:
Von Ghat ums Akakus-Gebirge und bis ins Wadi Mathendous

- *Führer- und genehmigungspflichtige Pisten- und Geländestrecke im gesamten Verlauf; unterschiedliche Gesamtstrecke, unterschiedlicher Zeitaufwand, sinnvolles Minimum: 3 Tage (330 km). Bei Weiterfahrt ins Wadi Mathendous zusätzlich 2 Tage (ca. weitere 200 km) Fahrt mit eigenem Fahrzeug nicht unbedingt erforderlich, Führer mit Fahrzeug kann angemietet werden. Bei Fahrt mit eigenem Fahrzeug: Geländewagen unabdingbar! Landkarte angesichts strengster Führerpflicht nicht erforderlich!*
- *Namenshinweis: Die gesamte Gebirgsregion wird auch als Tadrart bezeichnet; Akakus ist dann streng genommen nur eine enge Region am Westrand dieses Gebirges auf der Höhe von Ghat.*

Die Fahrt zu den **Felsmalereien** und zu den **Felsgravuren** im Akakus-Gebirge (Akakus-Nationalpark), ist einer der Höhepunkte einer Libyen-Reise. Wohl kein Libyen-Reisender wird darauf verzichten, viele kommen nur deshalb. Die berühmten grünen Führer der Firma Michelin verwenden für solche Reiseziele gerne die Bezeichnung „vaut le voyage“ = ist die (ganze) Reise wert.

Zum Problem der Führer- und Genehmigungspflicht hatte ich mich schon detailliert geäußert. Hier sei nur noch einmal wiederholt: Es besteht eine streng überwachte Führer- und Genehmigungspflicht. Die Gründe sind einsichtig (Grenznähe, die Grenze wird teilweise sogar vermutlich überschritten; Schutz der Fundstätten) und sinnvoll: Ohne sehr gute Ortskenntnisse sind viele Zeichnungen nicht zu finden, auch nicht mit Sat-Nav-Daten!

Ghat ist üblicherweise **Ausgangsort** für solche Touren. **Achtung!** Wie schon oben geschrieben, ist zum gegenwärtigen Zeitpunkt (Frühjahr 2007) der Zugang zu den Felsbildstationen des Akakus nur via Al Awaynat/Serdeles möglich, da die bisher übliche Strecke von Ghat aus via Takharkouri-Pass aufgrund von Grenzstreitigkeiten mit Algerien gesperrt ist/war! Es finden jedoch Verhandlungen zu Wiedereröffnung statt, über deren Verlauf und mögliche Ergebnisse leider keine Erkenntnisse vorliegen. Nachfolgend der bisherige Text, der im Falle einer Wiedereröffnung des Passes gültig bleibt. Der Zugang zu den Felsbildern ist nur von Osten her möglich, von seiner Westseite her ist das Akakus-Gebirge nicht zu überfahren. Dieses Bergland muss deshalb auf seiner Südseite (dies ist die übliche Tour) oder auf seiner Nordseite (seltener, weil nicht als Rundtour durchführbar) umfahren werden. Auf dieser Südumfahrung findet sich eine „Schlüsselstelle“, eine riesig hohe, eingewehte Düne: Diese ist mit durchschnittlichen Fahrzeugen bzw. Fahrern nur von West nach Ost, bergab zu überfahren. Wer nicht Wert auf eine Rundtour legt, der kann **Führer, Fahrzeuge und Genehmigungen** heute auch in Al Awaynat besorgen; statt der landschaftlich eindrucksvollen Südumfahrung des Akakus-Gebirges verbleibt so – zumindest theoretisch – mehr Zeit für die Felsbildstationen, auch diese in landschaftlich höchst eindrucksvollen Felsregionen. So hat sich in Al Awaynat und ganz besonders in Ghat inzwischen ein entsprechendes „Gewerbe“ etabliert, das mit den Wünschen der Kundschaft umzugehen versteht. Die genehmigenden Behörden sind auf Andrang eingestellt; die Infrastruktur für Anreise, Aufenthalt und Weiterreise ist vorhanden.

Glauben Sie nicht, Sie könnten den Behörden ein Schnippchen schlagen und mit Hilfe von Sat-Nav-Daten und Ihrem GPS-Gerät auf eigene Faust von Al Awaynat in das Gebiet mit den Felsmalereien hineinfahren! Natürlich wäre dies technisch und vom Gelände her leicht möglich! Aber ich hatte ja schon gesagt: Polizisten, Zöllner, Militär und Grenzwachen sind überall, gerade auch an den strategischen Schlüsselstellen! Die Leute hätten ihren Beruf verfehlt, wenn sie Sie dort nicht erwischen würden! Die Posten sind oft getarnt – und wenn Sie aufgebracht werden, gibt es ein böses Erwachen. Das kann nicht Ihr Interesse sein. Libyentypisch sind diese Posten zudem gut ausgerüstet: Toyotas, Funk, Benzin – es fehlt an nichts! Und fahren können die Burschen besser und riskanter als Sie! Wir hatten auf einer Rundtour zusätzlich zu den festen Kontrollen noch zweimal Überprüfungen durch „fliegende“ Patrouillen, die mit Toyota-Pritschenwagen und offensichtlich weitreichenden Mobilfunkanlagen ausgerüstet waren, von der Bewaffnung ganz zu schweigen.

Wenn Sie partout nicht mit einem Führer unterwegs sein wollen, sollten Sie sich ein anderes Felsbild-Ziel wählen; eine gute Möglichkeit hierfür stellt die Route A 12 dar.

Es gibt inzwischen eine Anzahl von mehr oder weniger guten Reiseorganisationen (Adressen siehe Ghat), die sowohl Akakus-Rundfahrten durchführen als auch die Tour nach Ghadames begleiten. Ich habe eigene Erfahrung nur mit OEA in Ghat und Teschuinat in Al Awaynat. Freunde und Bekannte haben sich jedoch auch lobend über jede der anderen genannten Agenturen geäußert. Agenturen, von denen ich bislang nichts gehört habe, sind in dieser Liste nicht aufgenommen. Sie sollten bei Ihren Verhandlungen darauf achten, einen Führer zu bekommen, der eine Sprache spricht, die auch Sie ein bisschen beherrschen; Französisch ist dabei günstiger als Englisch, da einige Führer aus den algerischen Tuareg-Gebieten kommen.

- **Folgende Preise galten im Mai 2007 für die Akakus-Tour:** Für einen Führer, der bei Ihnen mitfährt (Sie müssen Platz für ihn in Ihrem Auto schaffen): 30–60 LD pro Tag; Allradfahrzeug mit Führer/Fahrer: 120–160 LD pro Tag. Die Preise sind stark saisonabhängig. Klären Sie immer ab, wer wen verpflegt, welche Ausrüstung für wen dabei ist. Versuchen Sie, mit Libyschen Dinaren zu bezahlen (billiger!), auch wenn die Agenturen lieber Dollar und Euro nehmen. Genehmigung für Eintritt in den Nationalpark Akakus: 10 LD pro Pers., 15 LD pro Fahrzeug.

- Die Runde wird **üblicherweise gegen den Uhrzeigersinn gefahren,** da bei der Südumfahrung eine wirklich riesig hohe Düne, die vermutlich in einen Abhang eingeweht ist, bergab gefahren werden muss (s.o.). Auch wenn Sie dort zu der Meinung gelangen, Sie könnten diesen Sandberg auch in Gegenrichtung bewältigen, wird sich Ihr Führer darauf nicht einlassen wollen: Er kennt weder Sie noch Ihr Fahrzeug, und wenn er von seinem eigenen schließen würde ... Gestartet wird also ab Ghat in Richtung Süd!
- Abzuklären wäre noch, **wie viel Zeit** Sie für die Runde einplanen sollen. Dies ist ganz davon abhängig, wie schnell Sie fahren und wie lange Sie sich jeweils an den Felsbildern aufhalten wollen. Wie gesagt: Weniger als drei Tage (zwei Übernachtungen) sind kaum sinnvoll. Die Agenturen werden Ihnen immer ein Minimum von vier Tagen vorschlagen, und dies ist auch ein guter Erfahrungswert. Vielleicht eine kurze Anekdote hierzu: Ich war mit zufälligen Reisebekannten hier unterwegs; der Führer fuhr so langsam, dass ich fast eine „Krise" bei dieser Art der Vorwärtsbewegung bekam; ich wäre gerne mindestens doppelt so schnell gefahren, um mehr zu sehen und weniger Zeit im Auto zu verbringen. Als ich meine Mitreisenden in ihren Fahrzeugen auf dieses Problem ansprach, musste ich feststellen, dass diesen das Tempo eher zu schnell war! So unterschiedlich sind die Standpunkte! Bei dieser Gelegenheit konnte ich eine weitere Beobachtung machen: An einem bestimmten Punkt hatten unsere Fahrzeuge folgende Tachostände: Mitsubishi 127, Landrover 150, Toyota 157, zweiter Landrover 163 – verblüffend, nicht wahr?

Wie Leser berichten, wird mitten im Akakus derzeit ein **Camp** eingerichtet **(Pos. N 25°20,69' / E 10°33,10'),** Hütten mit richtigen Möbeln, kleinen Verandas, einem Speisesaal mit Servietten und Tischdecken – für Libyen wohl sehr schön. Der Zeitpunkt der Eröffnung ist noch unklar.

Von Ghat geht es in Richtung Süden auf Asphalt zunächst durch Al Barkat hindurch und dann weiter Richtung Djanet/Algerien. Nach ca. 20 km endet der Asphalt: Die erste Kontrolle auf einem Hügel ist angesagt. Auf großer Piste weiter. Erneut Kontrolle bei **km 34.** Wir bleiben links im Tal Tanezzuft und folgen der Djanet-Piste. Bei **km 44** verlassen wir das Tal und die große Piste und fahren in einem kleinen Seitental in Südostrichtung auf einer kleinen, aber deutlichen Piste. Dann steil hinauf auf eine Hochfläche; weitere Aufstiege und Zwischenhochflächen. Dann auf einer sandigen Fläche in östlicher Richtung: Auffallende weiße Markierungssteine – die Grenze zu Algerien! Weiter in dieser Richtung: Bei **km 81** ein weiterer Posten in einer Art Pass: Keine Chance, hier vorbeizukommen!

Dann über sehr weiche Walrückendünen und Sandtennen. Ein erster steiler Abstieg in einem hübschen Felschaos bei **km 85.** Dies ist einer der wenigen Übergänge in dieser Bergregion, der **Pass von Takharkouri.** Lassen Sie nach diesem ersten Abstieg nochmal etwas Luft aus den Reifen für das, was jetzt kommt: Erneut sehr weiche Walrückendünen und Tennen. Auch Allradler sanden ein! Jetzt kommt der Riesenabstieg, der das Befahren in Gegenrichtung nach anerkannter Meinung verhindert: Fahren Sie noch oben auf der weichen Fläche langsam! Düsen Sie nicht über die Kante! Einer unserer Mitfahrer hat hier einen Satz von zehn Metern hinab gemacht! Dieser „Absturz" vollzieht sich bei **km 88** bis **90!**

Jetzt beginnen landschaftlich schöne Täler: Der Talgrund flach, die Felsen an den Rändern steil, teils überhängend, oft riesige herabgestürzte Felsbrocken oder herauserodierte einzelne Zeugenberge. Wir haben in einem Seitental hier die Nacht verbracht. Natürlich beeinflussen solche Fahrten seitab in Täler die Gesamtkilometerzahl enorm. Die Führer haben oft bestimmte Nachtplätze, die sie gerne ansteuern, wenn die Uhrzeit günstig ist. Falls nicht, rastet oder übernachtet man an anderer Stelle. Ein Tal weniger über 5 km hineingefahren, macht 10 km weniger, bis man wieder zurück ist.

Es geht durch engere und weitere Täler. Ein weißer Container zeigt an, dass hier hin und wieder kontrolliert wird. Kurz darauf erreichen wir bei **km 108** einen großen **Natursteinbogen** namens **„Fozzigiaren".** Auf den seitlichen Lagern dieses Bogens finden sich Inschriften und eingravierte Hände; vielleicht lassen Sie sich von Ihrem Führer, sofern er Tuareg ist, erklären, was hier geschrieben wurde.

Jetzt wird Tal um Tal aufgesucht. Der Führer zeigt Ihnen je nach Zeit nur die schönsten oder auch weniger eindrucksvolle **Felsbilder.** Im Gegensatz zu den Tassili in Algerien, wo die wichtigsten Felsbildstationen ausschließlich auf langen und teilweise recht anstrengenden Fußmärschen zu erreichen sind, lassen sich hier viele direkt mit dem Auto anfahren. Aber vielleicht offenbaren sich ja noch regelrechte Schätze dem, der bereit ist, zu Fuß zu gehen. Was auch noch anders ist: Gravuren überwiegen, Malereien sind eher selten und von einer vergleichsweise bescheidenen Qualität. Und auch dies: An vielen der Felsbilder finden sich Spuren von Übermalungen, Kreidereste vom Nachzeichnen der Konturen, Flecken vom Annässen mit Mineralwasser – Barbaren waren hier am Werk! Dies ist hier auffällig oft der Fall im Vergleich zu den Felsbildern in Algerien.

Offensichtlich haben auch die verschiedenen Führer verschiedene Kenntnisse. Freunde bekamen andere Dinge zu sehen als wir. Wir besuchten eine Nomadenfamilie, die in ärmlichsten Verhältnissen irgendwo in dieser eindrucksvollen Landschaft lebt. Wären

303 Foto: ed

Felsgravur

297 Foto: gg

nicht einige wenige moderne Dinge, könnte man mit Fug und Recht behaupten, hier würde noch gelebt wie in der Steinzeit. Das Familienoberhaupt ließ sich von uns mitnehmen und irgendwo bei einem Brunnen wieder absetzen. Dass dabei der Verdacht auftauchte, man fahre gar nicht mehr in bestimmte Täler hinein, um Felsbilder zu sehen, sondern um Gefälligkeits-Transporte zu leisten, ist verständlich. Wenig später erwarb unser Führer bei einem Camp eine Ziege, die er bis nach Ghat mitnahm – war er hauptsächlich deswegen mit uns zu diesem Camp gefahren ...?

Nun, wir haben wirklich viel gesehen: Felsbild-Stationen, schöne Landschaften, Brunnen und Wasserstellen mit modernen Projektgärten; auch versteinertes Holz haben wir gefunden. Das harte Abenteuer kam dann gegen Ende der Rundtour und konnte nicht dem Führer zugeschrieben werden: Wir kamen in einen ganz unglaublich heftigen und anhaltenden Regen und hatten auf der Strecke hinauf nach Norden zum Asphalt bei Al Awaynat ganz enorme Schlammprobleme zu bewältigen. In Sichtweite der Straße versackte eines der Fahrzeuge so gewaltig im aufgeweichten Schlamm, dass wir es mit vereinten Kräften erst drei Stunden später geborgen hatten. Auch das kann Sahara-Abenteuer sein! Vielleicht entdecken Sie ja auf Ihrer Tour unsere Schlammfurchen!

Beim **Kilometerstand 330** waren wir wieder auf der Asphaltstraße. Wenn Sie

Am Natursteinbogen „Fozzigiaren“

dann mit Ihrem Führer nicht zurück nach Ghat wollen, sollten Sie dies vorher eindeutig vereinbart haben. Dies ist in aller Regel nicht ganz einfach: Sie sollten bedenken, dass ja auch Sicherheitsprobleme (Ihre Sicherheit und die Ihres Führers) gegen eine Trennung irgendwo unterwegs sprechen. Wundern Sie sich also nicht, wenn Führer und Agenturen von solchen Trennungs-Vorschlägen nicht begeistert sind! Die Erfahrung spricht dagegen!

Weiterfahrt zum Wadi Mathendous

Statt zurück und hinauf zum Asphalt bei Al Awaynat zu fahren, können Sie vom Ostrand des Akakus auch direkt weiter hinüber ins Wadi Mathendous fahren. Dies erfordert einen zusätzlichen Zeitaufwand von mindestens zwei Tagen (eine Übernachtung). Vom Akakus aus sind es knapp 200 km bis Mathendous; dies hängt vor allem davon ab, wo Sie ihren „Abfahrtspunkt" festlegen. Auch hier gilt wieder: Das ist prinzipiell ohne Führer möglich, aber streng verboten! Denken Sie an meine Ausführungen oben über die Effektvität und die Folgen von Kontrollen!

Südlich des 25. Breitengrades wird der Erg Kasa (Iguidi ouan Kasa) in Ostrichtung durchquert (**Pos. N 24°55,00' / E 10°52,00'** auf seiner Westseite, **Pos. N 24°56,00' / E 11°05,00'** auf seiner Ostseite), dann die Bergstufe des Msak Mallat auf teilweise steiniger Piste im Bereich des Tehi-n-Abahoha überfahren (Westseite **Pos. N 25°06,00' / E 11°27,00',** Ostseite **Pos. N 25°16,00' / E 11°44,00'**). Dann zieht die Piste hinauf zum Wadi Mathendous, das genau von Süden erreicht wird. Zum Wadi Mathendous siehe Route A 12.

298 Foto: ed

Im Akakus-Gebirge

Route A 12:
Von Germa ins Wadi Mathendous

- *17 km Asphalt bzw. Rohasphalt, 160 km einfache, markierte Piste, Geländewagen empfohlen (vgl. Exkurs „Sicherheit, Schwierigkeit, Leichtsinn ..."); Reisegenehmigung aus Germa oder Ghat erforderlich; ein Kontrollposten untersagt den Besuch der Felsbilder, wenn weder die eine noch die andere vorhanden ist. (Es ist derzeit fraglich, ob eine solche Genehmigung noch erforderlich ist oder nicht. Mein Rat: Die Genehmigung kostet wenig Geld und ist rasch erteilt; wenn Sie also in Germa oder Ghat sind, würde ich sie mir besorgen. Das ist im-*

mer besser, als vom Posten aus zurückzufahren!) Zeitaufwand: 1 Tag. Empfehlenswert: Übernachtung im Mathendous einplanen. Karte nicht erforderlich, keine Landkarte zeigt den Routenverlauf. GPS von Vorteil.

Die beschriebene Strecke ist derzeit nicht mehr genehmigungspflichtig. Erst unmittelbar vor der Felsbildfundstelle ist eine Gebühr in Höhe von 3 LD bei einem Wächterhaus zu bezahlen.

Hinsichtlich einer Weiterfahrt in Richtung Akakus (vgl. Route A 11) herrscht Unklarheit: Wiederholt sind Touristen ohne Probleme nur mit ihrem Grenz-Begleiter weitergefahren.

Der beschriebene Weg ist die einfachste Möglichkeit, wirklich **hervorragende Felsbildstationen** in Libyen zu besuchen. Die Felsbilder zählen zu den bedeutendsten weltweit und wurden deshalb von der UNESCO als „World Heritage Site" unter Schutz gestellt.

km 0: Tankstelle an der Ortskreuzung von Germa.

Wir verlassen die Durchgangsstraße von Sebha nach Ubari an der genannten Kreuzung **(Pos. N 26°31,55' / E 13°03,90')** nach Süden. Eine neue Asphaltstraße führt uns auf einem Damm (links und rechts unterhalb der Dammstraße liegen Gräberfelder, die als „Königsgräber" bezeichnet werden) auf die Steilstufe des Msak Mustafit zu und dann in einem Einschnitt bei **km 5** durch diese Stufe hindurch. Die Straße hat dann nur noch einen Rohasphaltbelag: Vorsicht, Steinschlaggefahr bei Gegenverkehr. In teilweise scharfen Kurven führt die Straße bergab, quert verschiedene Wadis, in denen in teilweise größerer Entfernung Akazien-Bewuchs zu sehen ist (Nachtplätze denkbar!).

Die nicht fertig gestellte Straße geht ab **km 26** in eine sehr schlechte Schotterpiste über und führt weiter bergab. Bald erreichen wir weite, deckungslose Serirflächen, die Baustellen-Trasse ist weiterhin sehr schlecht und wird etwas sandiger, Wellblech ist aber teils stark ausgeprägt. Je nach Sichtverhältnissen sind ab **km 40** die Dünen des Murzuk-Ergs (Idhan Murzuq) zu sehen, auch, dass sich dort ein großes Agrar-Projekt („Wadi Barjuj Agricultur Project") befindet. Beim Näherkommen sind deutlich Silos zu erkennen. 500 m vor diesen bei **km 58** verlassen wir die Trasse und biegen im rechten Winkel auf eine nach Westen führende kleine Piste ein **(Pos. N 26°02,70' / E 12°56,40').** Ein weiterer Pistenzugang befindet sich viel weiter nördlich bei **km 44.**

Genau an diesem Abzweig befindet sich ein größerer Müllplatz: Hier können Sie auf dem Rückweg Ihre Abfälle entsorgen! Im Wadi Mathendous sollten Sie nichts, aber auch gar nichts zurücklassen; wenn Sie gar Vorbildliches leisten wollen, dann nehmen Sie den einen oder anderen fremden Müllfetzen von dort wieder mit!

Die Piste führt mit ca. 240° nach WSW. Sie ist gut erkennbar, ab und zu mit Reifen markiert und sehr schnell. Bei **km 70** führt sie in etwas südlichere Richtung und wird vorübergehend unebener: Wir queren das Wadi Barjuj und fahren jetzt auf seiner Südseite immer dem Murzuk-Erg entlang. Weiter eine Rennstrecke in WSW-Richtung, ab und zu Markierungen (Eisenpfosten bei

km 76). Weitere Spuren kommen dazu und führen in unsere Richtung. Bei **km 84** liegt südlich eine Bewuchszone vor den Dünen; hier sind wieder geschützte Nachtplätze vorstellbar. Im Bereich von **km 84–86** durchqueren wir einen etwas aufgewühlten Bereich; dann kommen die Dünen näher, verschwinden aber später ganz. Die Piste wird wieder zur Rennstrecke, und bei **km 125** haben wir den schon von weitem sichtbaren **Kontrollposten von El Elaouen** erreicht **(Pos. N 25°48,27' / E 12°20,48').** Hier werden die Papiere überprüft und die Erlaubnis zur Weiterfahrt – eventuell verbunden mit Auflagen (s.o.) – erteilt. Wie ein Leser mitteilt, wurde ab etwa 1 km nördlich von Elaouen und beginnend bei einem Kieswerk (!) eine heute jedermann zugängliche Asphaltstraße gebaut, über die aber nur eine 45 km im Norden liegende Bohrstelle zu erreichen ist.

Die Piste knickt hinter dem Gebäude des Kontrollpostens nach Süden ab und führt als deutlich ausgefahrene Spur einen steilen sandigen Abhang hinauf. Nehmen Sie die tiefen Spuren als Orientierungshilfe, und suchen Sie sich daneben eine neue Spur: So fährt es sich angenehmer. Auf dem Plateau oben angekommen **(km 127),** biegen wir erneut auf Westkurs und folgen auf feinkiesigem, sehr hellem Untergrund (weißes Reg) am Plateau-Rand entlang der deutlichen Piste, die jetzt noch besser mit Reifen markiert ist. Die Dünen im Süden sind wieder zu sehen, auch bieten sich weite Ausblicke nach Norden.

Bei **km 144** erreichen wir ein Blechschild, auf dem in Englisch darauf hingewiesen wird, dass wir ein Gebiet betreten, das unter UNESCO-Schutz steht **(Pos. N 25°43,00' / E 12°11,45').** In einer Art Baracke hat sich dort ein Wächter niedergelassen, der gegen Ticket eine Zugangsgebühr in Höhe von 3 LD erhebt. Das Gelände ist teilweise mit Stacheldraht eingezäunt, um „wildes" Weiterfahren zu verhindern. Auch ein Souvenirhändler hat sich dort nach Leserberichten eingerichtet.

Wir fahren hier eine kleine Stufe in nordwestlicher Richtung hinab, das Gelände wird etwas unebener und auch steiniger. Bei **km 146** erreichen wir bei einer graublauen Tonne und einem Redjem eine Pistengabelung: Rechts, in nordöstlicher Richtung fahrend, erreicht man nach einer üblen schwarzen Hammada nach 5 km das Wadi Mathendous (s.u.); links geht es weiter zu einem anderen Abschnitt dieses Tales, nach In Habeter (s.u.).

Jetzt fahren wir erst einmal rechts, überqueren mit geringem Tempo (wegen der groben Steine) die Basaltfelder, und erreichen den in diese Hochfläche nicht sehr spektakulär eingeschnittenen Talabschnitt **Wadi Mathendous.** Das Wadi Mathendous, ein relativ kurzer Teil des großen **Wadi Barjuj,** ist Zentrum vielgestaltiger und bester Felsgravuren; sein Name wird deshalb auch als Überbegriff für die gesamte Region benutzt. Das von Akazien gesäumte Wadi durchziehen viele Spuren. Die **Gravuren** liegen an den Felswänden der Nordseite. Hier sollten Sie sich nun etwas Zeit lassen. Da die Gravuren überall an Felswänden oder an einzelnen Felsblöcken verstreut vorkommen, müs-

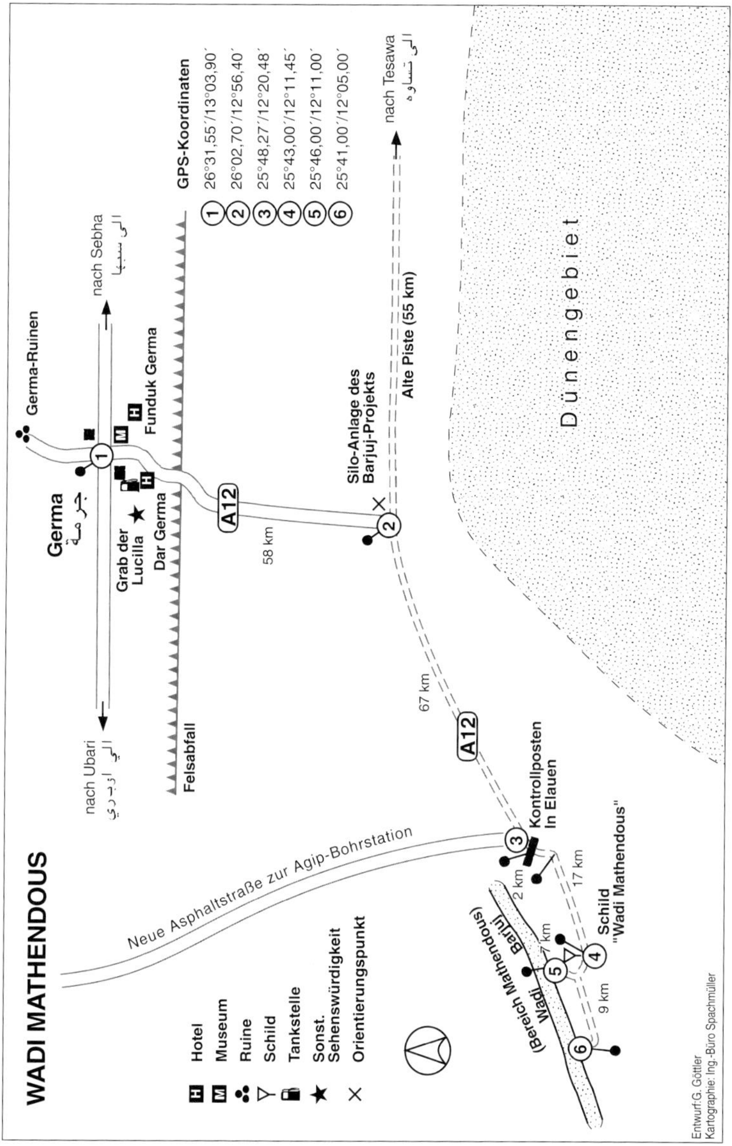
WADI MATHENDOUS
Hotel
Museum
Ruine
Schild
Tankstelle
Sonst. Sehenswürdigkeit
Orientierungspunkt
GPS-Koordinaten
1 26°31,55′/13°03,90′
2 26°02,70′/12°56,40′
3 25°48,27′/12°20,48′
4 25°43,00′/12°11,45′
5 25°46,00′/12°11,00′
6 25°41,00′/12°05,00′
Germa-Ruinen
Germa
nach Sebha
nach Ubari
Funduk Germa
Grab der Lucilla
Dar Germa
Felsabfall
A12
58 km
Silo-Anlage des Barjuj-Projekts
Alte Piste (55 km)
nach Tesawa
Dünengebiet
67 km
Kontrollposten In Elauen
Neue Asphaltstraße zur Agip-Bohrstation
2 km
17 km
7 km
9 km
Schild "Wadi Mathendous"
Wadi Barjuj
(Bereich Mathendous)
Entwurf: G. Göttler
Kartographie: Ing.-Büro Spachmüller

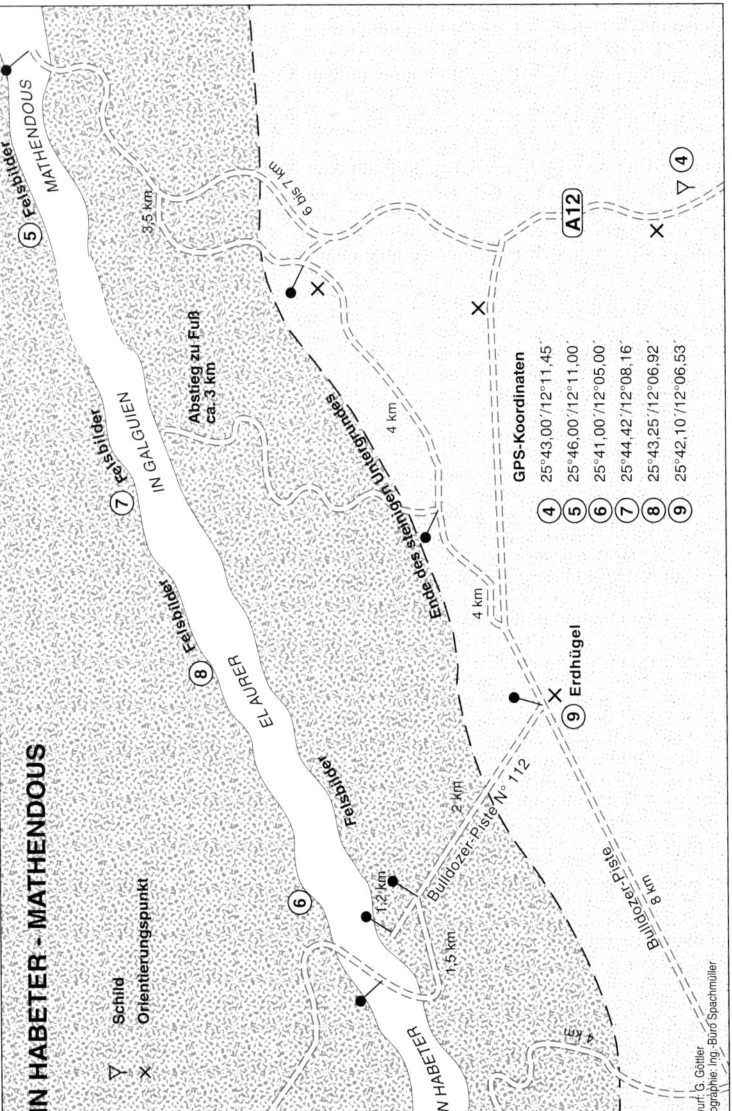
IN HABETER - MATHENDOUS
Schild
Orientierungspunkt
GPS-Koordinaten
4 25°43,00´/12°11,45´
5 25°46,00´/12°11,00´
6 25°41,00´/12°05,00´
7 25°44,42´/12°08,16´
8 25°43,25´/12°06,92´
9 25°42,10´/12°06,53´
MATHENDOUS
Felsbilder
IN GALGUIEN
EL AURER
IN HABETER
Abstieg zu Fuß
ca. 3 km
Ende des steinigen Untergrundes
Erdhügel
Bulldozer-Piste N° 112
Bulldozer-Piste
A12
3,5 km
6 bis 7 km
4 km
2 km
1,2 km
1,5 km
8 km
nach Icherat
Entwurf: G. Göttler
Kartographie: Ing.-Büro Spachmüller

sen Sie sie teilweise richtiggehend suchen. Manche Gravuren finden Sie ganz unten, andere weit oben, fast an der oberen Kante des Abbruchs.

In Habeter (vgl. Karte links) können Sie von hier aus auch zu Fuß erreichen: Sie folgen zu diesem Zweck einfach dem Wadi bergauf. Bis In Habeter sind Sie drei Stunden unterwegs (ca. 10 km, Trinkwasser mitnehmen!). Sie kommen dabei über die Felsbildstationen von In Galguien (berühmt für seinen Elefanten: **Pos. N 25°44,42′ / E 12°08,16′**) und El Aurer (Büffel, Giraffen, z.B. **Pos. N 25°43,25′ / E 12°06,92′**) – Mathendous, das werden Sie bei einer solchen Wanderung schnell feststellen, ist eben nicht nur Mathendous.

Wenn Sie auf Ihr Fahrzeug nicht verzichten wollen, fahren Sie bis In Habeter: Dies ist allerdings im Oued wegen Verblockungen nicht möglich. Sie kehren also die ca. 5 km zurück zur graublauen Tonne und fahren hier 8 km westwärts; dort stoßen Sie erneut auf eine **Pistenkreuzung mit Redjem (Pos. N 25°42,08′ / E 12°06,40′),** biegen rechts ab und fahren 4 km über die Basalt-Hammada bis zum Talrand. Hier geht es steil und steinig hinein ins Wadi **(Pos. N 25°42,78′ / E 12°05,45′):** Wenn Sie Ihrem Fahrzeug dies nicht antun wollen – die Felsbilder im Bereich In Habeter erreichen Sie von diesem Einstieg aus auch zu Fuß!

Oued Haleb

Künstlerischer Höhepunkt ist die Einbeziehung von Alltag und Perspektive in die Felsgravur. Eine der schönsten Felsgravuren blieb lange Zeit nur Insidern bekannt und wurde dem durchschnittlichen Besucher bewusst verschwiegen. Einer der Gründe, warum nicht viel mehr Besucher mehr oder weniger zufällig beim Herumwandern diese Gravuren entdeckt haben, dürfte darin liegen, dass sie in einem südlich vom Wadi Barjuj abzweigenden Seitental zu finden ist, während die überwiegende Zahl der Darstellungen sich im Barjuj (das Mathendous ist ein Teil seines Verlaufes) selbst oder in den nördlichen Seitentälern befindet. In letzter Zeit fahren aber auch mehr und mehr Reisegruppen mit einheimischen Führern das „Tal der Milch“ (Oued Haleb) an, so dass kein Grund mehr gegeben ist, diese Felsbildstation als Geheimtipp zu behandeln und nur hinter vorgehaltener Hand weiterzugeben. Allerdings: Gerade an der berühmten „Melkszene“ waren schlimme Vandalen am Werk. Nach Meinung von Fachleuten wurde versucht, mit ungeeigneten Mitteln einen Abdruck der Szene zu nehmen, wobei das Meisterwerk schwerste Schäden nahm. Neben der „Melkszene“, die eine Frau – umgeben von den Utensilien ihres Nomadenlagers – in Hockstellung beim Melken einer Kuh zeigt, finde ich persönlich eine Gruppe von dargestellten Rindern fast noch schöner: Die leichte, fast spielerisch wirkende Eleganz (eingraviert – nein, einpoliert – auf einer Felswand!) der hintereinander dargestellten Rinder erscheint mir wie eine einzige Liebeserklärung an diese Tiergattung!

Von den Erdhügeln (Pos. Nr 9) weg fahren wir auf der deutlichen Piste in südwestliche Richtung und erreichen schon nach etwa 6 km das tief eingeschnittene Tal Tiksatine. Die Piste führt uns hinab. Im Talgrund lassen wir den Wagen stehen und gehen etwa 300 m flussaufwärts. Die schönsten Szenen finden sich an den Felswänden rechter Hand, das heißt am orografisch linken Ufer. Die Melkszene hat die **Pos. N 25°40,10′ / E 12°02,82′.**

Weiterfahrt zum Akakus

Es sei ein weiteres Mal erwähnt, dass diese Weiterfahrt entlang des Murzuk-Ergs nach Süden, dann über Msak Mallat (Messak Mellet) und Erg Kasa hinüber in die Akakus-Berge nur mit Führer und Genehmigung erlaubt ist (vgl. Route A 11). Der Abzweig für diese Strecke befindet sich an der genannten Pistenkreuzung mit Redjem; von dort aus führen deutliche Pistenspuren weiter nach Süden.

Weiterfahrt zum garamantischen Apollon und über Icherat zur Straße Ubari – Al Awaynat (Route A 10)

Es handelt sich hier um eine interessante Strecke für diejenigen, die eine Fahrt über steinige Hochflächen mit entsprechend langsamer Fortbewegung nicht scheuen. Orientierungsprobleme bestehen nicht, abgesehen vom garamantischen Apollon, der ohne GPS kaum zu finden sein dürfte. In manchen Bereichen ist wegen großer Steine Bodenfreiheit gefordert, so dass sich diese

Strecke für Nicht-Geländewagen nicht anbietet.

Wir fahren steil und steinig ins Oued Mathendous (Bereich El Aurer/In Habeter) hinunter (unten **km 0**) und noch steiniger, aber weniger steil drüben wieder hinauf. Ein, zwei Kurven, dann werden Sie wieder die Bulldozer-Piste erkennen, die uns schon von den Hochflächen südlich des Mathendous-Tales bekannt ist: Dies ist die Prospektions-Piste No. 112. Wir folgen ihr auf steinigem Untergrund nach Nordwesten mit 315°. Nach 14 km werden Ihnen rechts und links im Gelände die hellen Bänder einer alten Karawanentrasse auffallen, die wir in fast rechtem Winkel überqueren: Dies ist die alte Karawanenstrecke, die auf dem Plateau hinüber nach Ghat führt; es handelt sich um genau die Trasse, auf der vor rund 150 Jahren auch *Heinrich Barth* unterwegs war, seine „Große Reise", auf der er auch als erster Europäer die saharischen Felsbilder entdeckte, unter diesen jenen sagenhaften „garamantischen Apoll", der ja unser Ziel ist. Nur etwa 500 m weiter ist Ihre Aufmerksamkeit erneut gefordert: Kleine Redjems am linken Pistenrand markieren einen Abzweig **(Pos. N 25°47,87′ / E 11°59,67′):** Wenn Sie zum Apoll und nicht weiter in Richtung Icherat (s.u.) wollen, müssen Sie hier links nach W bis SW abbiegen.

GPS-Abstecher zum garamantischen Apollon

Die kleine Piste, der Sie folgen müssen, ist zunächst noch einigermaßen gut zu erkennen, wird dann immer kleiner und verliert sich endlich auf steinigen Flächen völlig. Jetzt kann Ihnen nur noch GPS oder ein teuflisch guter Spürsinn weiterhelfen. Bleiben Sie auf Kurs WSW, erreichen Sie irgendwann nach knapp 10 km ein Tal, das Tilizaghen (*Heinrich Barth* nennt es Telissarhe). Diesem müssen Sie flussaufwärts, d.h. nach Nordwesten, folgen bis zum Zusammenfluss mit einem anderen Tal, dem Wadi Tin Iblal (am besten im Tal selbst, in dem sich aber kaum fahren lässt; Fahrspuren finden sich aber auch am gegenüberliegenden Ufer). Unweit des Zusammenflusses (das Tal weitet sich hier auffällig) ist der Apoll zu entdecken **(Pos. N 25°47,08′ / E 11°54,35′).** Lassen Sie sich bei Ihrer Suche nicht von den Angaben in den Kurz-Ausgaben von Barths Reisewerk leiten, wo als Bildlegende vermerkt ist „Überraschung an der Felswand": Die Gravur findet sich nämlich nicht an der Wand, sondern obenauf an ihrem Rand, fast liegend auf einem großen Felsquader. Von hier oben hat man einen schönen Überblick über den Zusammenfluss der beiden Täler, und man kann sich gut vorstellen, wie sich die damals hier lebenden Menschen den Göttern nahe gefühlt haben. Im Umfeld der mystischen Darstellung lassen sich weitere Gravuren entdecken, u.a. ein unter künstlerischen Aspekten geradezu sensationell guter Büffel, eigenartige Grabanlagen usw. Ein einfacher Weg führt von hier nach Nordwesten in Richtung Icherat weiter, was eine Rückfahrt zur Bulldozer-Piste 112 erspart. Die Karte „Garamantischer Apollon" zeigt die Situation und nennt die zwei wichtigsten GPS-Punkte (10 und 11).

Felsmalereien und -gravuren: ein Grund, Libyen zu besuchen (hier: der garamantische Apollon und Hermes, nach H. Barth)

Piste 112 führt uns langsam weiter mit 315° durchs steinige Gelände. Eine weitere Prospektionspiste wird gekreuzt: Wir fahren weiter geradeaus. Erst 30 km ab Mathendous (bzw. ca. 15 km ab Apollon-Abzweig) erreichen wir die

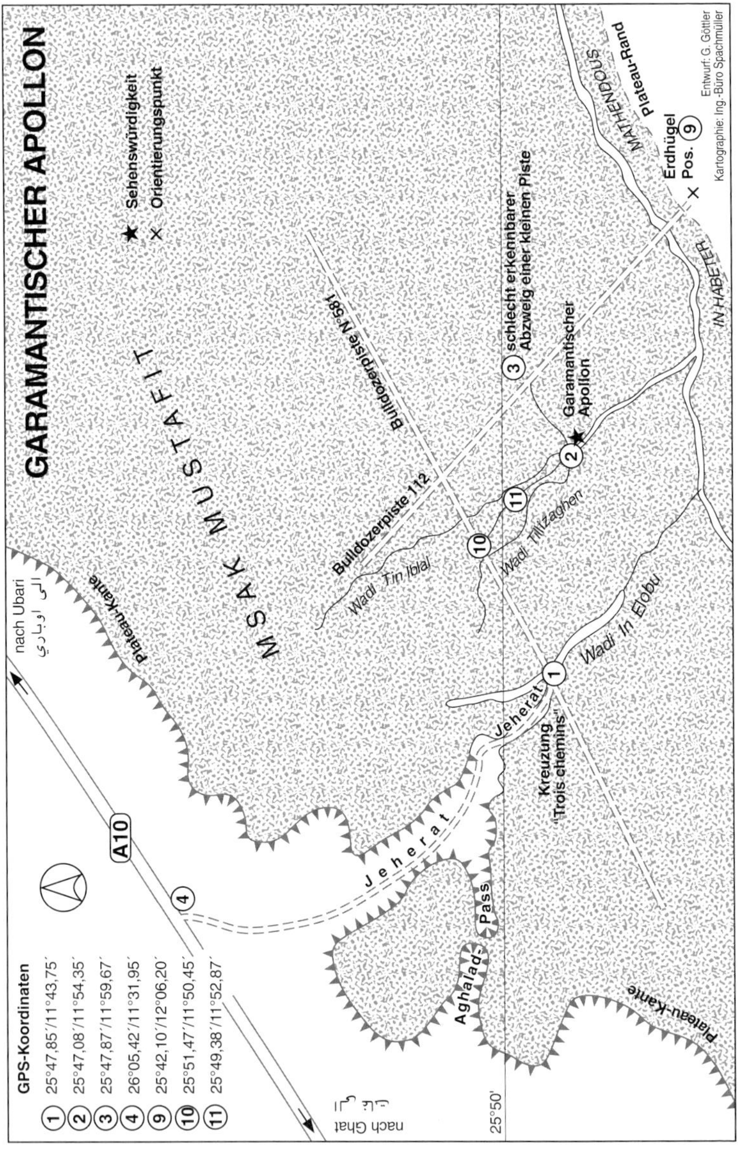
GARAMANTISCHER APOLLON
★ Sehenswürdigkeit
× Orientierungspunkt
GPS-Koordinaten
1 25°47,85'/11°43,75'
2 25°47,08'/11°54,35'
3 25°47,87'/11°59,67'
4 26°05,42'/11°31,95'
9 25°42,10'/12°06,20'
10 25°51,47'/11°50,45'
11 25°49,38'/11°52,87'
nach Ubari
الى اوباري
nach Ghat
A10
MSAK MUSTAFIT
Plateau-Kante
Bulldozerpiste 112
Bulldozerpiste N°581
Wadi Tin Iblal
Wadi Tilizaghen
Wadi In Elobu
Jeherat
Kreuzung "Trois chemins"
Aghalad-Pass
schlecht erkennbarer Abzweig einer kleinen Piste
Garamantischer Apollon
Erdhügel Pos. 9
MATHENDOUS
Plateau-Rand
IN HABETER
25°50'
Entwurf: G. Göttler
Kartographie: Ing.-Büro Spachmüller

Bulldozer-Piste 581 **(Pos. N 25°53,29' / E 11°53,88'),** der wir jetzt links weg in südwestliche Richtung mit 240° folgen. Nur 4 km nach diesem Abzweig erreichen wir wieder ein tief eingeschnittenes Tal, das **Tin Iblal:** Wenn Sie hier einige hundert Meter flussauf oder flussab gehen, werden Sie einige eindrucksvolle Felsgravuren finden: Nach Norden zu große Elefanten und ein großes Nashorn (am Ostufer), nach Süden zu kultische Figuren, ein kleineres Nashorn und verschiedene Rinderdarstellungen. Heraus aus dem Oued (weiter mit 240°) bitte ich um Ihre Aufmerksamkeit: Nach 700 m erkennen Sie wieder Steinmännchen am südlichen Pistenrand (Pos. Nr. 10): Hier zweigt eine kleine Piste ab, die auch (über eine Distanz von 14,5 km) zum Apoll führt. Eine Zwischenposition auf diesem Abstecher ist Pos. Nr. 11 nach 6 km. Das Ziel, der Garamantische Apoll, ist auf dieser Strecke nicht zu verfehlen.

3 km nach dem Iblal treffen wir auf ein Seitental des **Wadi Tilizaghen:** Steil und steinig geht's hinab und drüben wieder hinauf und bereits 1 km danach auf das Haupttal selbst zu. Wieder geht's steil hinab und hinauf, wieder lassen sich im Talverlauf und nicht weit entfernt von der Hauptpiste Felsgravuren entdecken. Wir queren erneut die Karawanentrasse und erreichen unter viel Geholpere endlich In Elobu, ein tief eingeschnittenes breites Tal; nach Norden zu fahren wir hinein, steil hinab und drüben zunächst wieder hinauf, dann fahren wir auf das breite Haupttal zu und steil und tief in dieses hinab. Nur ca. 50 km nach Mathendous, aber nach stundenlangem und mühsamem Fahren über Steine, immer wieder in unserer eigenen Staubwolke, haben wir die **Kreuzung „trois chemins"** im Tal erreicht **(Pos. N 25°47,85' / E 11°43,75');** hier treffen **Wadi In Elobu** und das **Wadi Icherat** aufeinander. Wir queren den breiten Talboden bis hinüber auf den Westhang und wenden uns dort auf deutlicher Piste mit 310° nach Nordwesten. Die Piste verläuft jetzt deutlich ausgefahren und recht flott in diesem eindrucksvollen Tal mit seinen Felshängen und schwenkt vorrübergehend auf Nord. Mehrfach zweigen kleinere Pisten in Seitentäler ab: Hier gibt es überall Felsbilder; Sie könnten hier Ihren gesamten Urlaub mit deren Studium zubringen. 9 km nach der „trois-chemins"-Kreuzung erreichen wir eine Schlüsselstelle: Eine riesige Walrückendüne wurde hier eingeweht. In sanften Anstiegen und weiten Hängen ist sie jedoch auf ihrer Ostseite einfach zu überfahren. Jetzt treten die Felswände mit teilweise pittoresken Formationen zurück, das Wadi Icherat öffnet sich. Über weite Hänge führt die deutlich erkennbare Piste in nördliche bis nordöstliche Richtung. Im sandigen (aber gut zu befahrenden) Untergrund werden Sie bei aufmerksamer Beobachtung viele Mufflon-Spuren sehen: Die Tiere queren die sandigen Bereiche nachts von der einen Felswand des Icherat-Tales hinüber zur anderen. Auch wenn man diese extrem scheuen Tiere kaum je zu Gesicht bekommt, ihre Spuren zeugen von ihrer Existenz. Draußen in der Ebene folgt dann die Piste immer wieder Wadis mit festem, sandigem Boden. Den Asphalt

und damit die Route A 10, die Straße Ubari – Ghat, erreichen wir nahe km-Stein 229 bis Ghat bzw. 140 bis Ubari **(Pos. N 26°05,42′ / E 11°31,95′).** 40 km waren es seit „trois chemins" bis hierher.

Rückfahrt in Richtung Murzuk

Wenn Sie die Absicht haben, von Germa aus, an der Durchgangsstraße Sebha – Ubari, nach dem Besuch des Wadi Mathendous weiter in den libyschen Süden und beispielsweise nach Murzuk zu fahren, bietet sich eine zusätzliche Möglichkeit an, die die alte Zufahrt nach Mathendous nutzt, d.h. die Pistenstrecke, die vor dem Bau der Straße von Germa aus über das Msak Mustafit praktisch die einzige Möglichkeit war, das Mathendous von Osten her zu erreichen. Diese Strecke führt den Erg Murzuk entlang zur Asphaltstraße bei Tesawa und folgt dabei immer dem Unterlauf des Mathendous, der hier Wadi Barjuj genannt wird: Wir fahren zunächst zurück über den Polizeiposten bis zu den Silos im Osten beim Agrar-Projekt. Dort queren wir die Trasse und fahren weiter nach Osten, wobei wir die Hochspannungsleitung (sie begleitet uns bis zur Straße) südlich als Orientierung verwenden. Wir erreichen die von Maknusa herabkommende Asphaltstraße nach etwa 55 km **(Pos. N 26°07,58′ / E 13°27,13′).**

Routen A 13 a–e:

Die Durchquerung des Erg Ubari

A 13 a

Die Durchquerung des Erg Ubari über die Seen von Mandara und Um el Ma bis nach Bragan im Wadi Esc Sciati

- *Sehr schwierige Dünenstrecke; siehe Wegbeschreibung zum See Um el Ma in Route A 14 und dort anschließend die erweiterte Beschreibung nach Norden ins Wadi Esc Sciati.*

A 13 b

Die Dünenstrecke von Ubari nach Idri

- *Schlecht markierte Dünenstrecke, sehr schwierig zu fahren; ca. 120 reine Dünenkilometer, gesamt ca. 150 km, Zeitaufwand 1 Tag. Kraftvoller Geländewagen unabdingbar. GPS sehr anzuraten. Luftdruck reduzieren! Volle Sahara-Ausrüstung. Kein Verkehr zu erwarten.*
- *Keine Landkarte zeigt den Verlauf, die russische Generalstabskarte G 33 A (Blatt Sebha) ist jedoch hilfreich.*

Die Strecke durch den **Idhan Awbari,** den Ubari-Erg, von Ubari hinüber nach Idri, stellt eine sehr anspruchsvolle Ergdurchquerung dar. Die eigentliche Dünenstrecke ist nicht sehr lang (etwas mehr als 100 km), und das macht auch ihren Reiz aus: Es lohnt sich, diese Strecke zu fahren (gute Ausrüstung vorausgesetzt), statt den weiten Weg auf Asphalt über Sebha zu nehmen.

Eines soll jedoch ganz klar gesagt sein: Bei ungünstigen Sichtverhältnissen und mit schlechten, womöglich überladenen Fahrzeugen sollte die Strecke nicht in Angriff genommen werden. Auch wenn Sie die Mandara-Seen (vgl. Route A 14) bewältigt haben, wird Ihnen diese Strecke so manche „Sand-Nuss" zu knacken geben. Viele Passagen sollten Sie zunächst zu Fuß abgehen. Ich bin mir sicher, dass Sie sich oft fragen werden, wie diese und die nächste Düne zu schaffen sind und wie es überhaupt weitergehen soll ...

Vielleicht tröstet Sie dann der Gedanke, dass ich verschiedene, relativ erfahrene Sahara-Fahrer kenne, die an dieser Strecke verzweifelt sind und entmutigt aufgegeben haben. Sie sollten dies nicht so schnell tun: Die Strecke ist nicht lang, und nach schweren Teilstücken kommen auch wieder einfachere. Zudem zeigen sich sehr schöne, stille Dünenlandschaften mit Bewuchs in den Senken – ideal, um sich eine Zeitlang dort aufzuhalten.

Die russische Generalstabskarte macht deutlich, dass man von Ubari aus zunächst weite Sandrücken, Tennen und Walrückendünen überquert und dann einem „Tal" zwischen hohen Dünen folgt: Dies ist das ungefähr SW-NO verlaufende **Oued Nemba.** Das Problem dabei ist, dass das von sehr hohen Dünen gesäumte Tal immer wieder von hohen Querdünen abgeschottet wird. Diese „Schott-Wände" verursachen die meisten Probleme! An einem bestimmten Punkt knickt die Piste dann fast rechtwinklig auf NW ab und zieht hinauf zur Asphaltstraße östlich von Idri.

Vorsicht: Nördlich dieses Streckenknicks sind **sehr hohe Dünen** mit scharfen Abbruchkanten zu überqueren! Langsam fahren! Strecke abgehen! Vorsicht v.a. bei schlechten Sichtverhältnissen! Sie könnten regelrecht abstürzen!

Den Nordrand des Dünengebiets markieren höchst unangenehme, wenngleich hübsche Barchan-Dünen. Sie liegen zwischen Dattelpalm-Hainen, d.h. windgeschützt, und sind deshalb in ihren Senken sehr weich. Auch innerhalb des Erg selbst, im Verlauf des Oued Nemba, finden sich immer wieder hübsche Dattelpalmhaine. Wenn Sie diese Strecke mit mehr Zeit fahren wollen, bieten sich hier sehr schöne, geschützte Nachtplätze an.

Auf GPS sollten Sie auf dieser Route meines Erachtens **nicht verzichten,** auch wenn ein solches Gerät angesichts des eindeutigen Streckenverlaufs (Dünentäler zwingen dazu), der kurzen Entfernungen und der vorhandenen Markierungen (Reifen, Stangen, Stäbe) nicht unbedingt erforderlich ist. Spuren finden sich fast nur in den Senken, dort, wo sie der Wind nicht verwehen kann. Innerhalb der Dünen sind sie angesichts der schwachen Befahrung nirgendwo vorhanden.

Dünen sind Dünen, da gibt's landschaftlich wenig zu beschreiben. Ich liste die Route also eher „roadbook-mäßig" auf.

km 0: N 26°35,27' / E 12°46,62', Ubari, Kreisverkehr innerorts. Auf Asphalt nach Norden, hinaus aus dem Ort, dann halbrechts Richtung Nordosten fahren, auf den Rand des Dünengebiets zuhalten. Hochspannungsleitung unterqueren. Der Streckenbeginn ist ohne GPS sehr schwer zu finden, Reifen dienen zunächst als Markierung. Der Verlauf deckt sich ungefähr mit der gestrichelten Piste, die in der russischen Karte eingezeichnet ist.

km 16: N 26°41,80′ / E 12°52,25′, Boden eines alten Sees?

km 22: N 26°44,43′ / E 12°55,12′, auf weiter Tenne.

km 26: N 26°45,75′ / E 12°56,93′, Dünenkordon gequert.

km 41: N 26°51,00′ / E 13°02,52′, Reifen zwischen Dünenpassagen.

km 45: N 26°52,85′ / E 13°03,55′, vor Düne, mehrere Barchane, Stangen.

km 55: N 26°56,95′ / E 13°06,85′, Ende eines grünen Tales, rechts halten.

km 61: N 26°58,38′ / E 13°07,48′, nach schweren Dünen, vor einem grünen Tal.

km 71: N 27°01,42′ / E 13°10,55′, Düne riegelt Tal ab.

km 82: N 27°05,73′ / E 13°15,00′, Reifen auf Düne.

km 94: N 27°09,92′ / E 13°19,70′, wir verlassen das Oued Nemba nach Nordwesten. Ein Reifen auf einem Stock markiert den Knick-Punkt, weiterer Reifen und Stöcke als Markierung; es folgt

km 96: N 27°10,33′ / E 13°19,90′, gefährliche Abbruch-Düne!!!!!

km 100: N 27°12,08′ / E 13°19,85′, Reifen und Stock.

km 105: N 27°13,90′ / E 13°18,77′, Stock, Ebene vor Dünen.

km 113: N 27°16,25′ / E 13°16,13′, locker bewachsene Ebene, Tamarisken, Palmen, Spurenverlauf kurvig.

km 115: N 27°17,30′ / E 13°16,15′, kleinräumige Dünen, hohe Kupsten, schöner Ausblick ins Wadi Zellaf.

km 117: N 27°17,75′ / E 13°16,78′, Ebene mit Palmen, verwirrend viele Spuren.

km 120: N 27°19,30′ / E 13°16,70′, Barchan-Dünen mit Palmen, Bilderbuchwüste.

km 125: N 27°20,70′ / E 13°14,93′, fester Untergrund, flache Hügel, Dünenende.

Die Piste führt zwischen flachen, farbigen Schichtstufen hindurch, hat teilweise sogar leichtes Wellblech. Bei **km 134** steinige Hammada, dann weiter durch eine feinsteinig-dunkle Hammada. Bei **km 145** queren wir die alte Piste Brak – Idri und erreichen bei **km 146: N 27°29,42′ / E 13°09,65′** die Asphaltstraße. Es bleiben 11 km bis **km 157: N 27°27,10′ / E 13°03,60′,** Tankstelle Idri.

A 13 c

Die Durchquerung des Erg Ubari entlang der Pipeline-Piste

- *Dünenstrecke, bis zuletzt noch auf weiten Teilen auf einer Pipeline-Piste zu befahren, es ist jedoch mit zunehmenden Sandeinwehungen zu rechnen. Schwierigkeitsgrad derzeit noch mäßig, nur ein, zwei sehr hohe und sehr steile Dünen sind im Südteil zu bezwingen. Im Falle eines Scheiterns: Rückfahrt und dann Abzweig nach Idri wählen. Orientierung durch vorhandene Pipeline-Piste einfach. Kraftvoller Geländewagen noch nicht erforderlich. Volle Sahara-Ausrüstung angeraten. Geringer Verkehr derzeit noch vorhanden, da Baucamps teilweise noch existieren. Es ist damit zu rechnen, dass nach Ende der Bauarbeiten dieser Pistenverkehr gegen Null tendiert!*

●Fahrdauer 1–1½ Tage. Die Piste ist insgesamt ca. 280 km lang.
●Die russischen Generalstabskarten H-33-B (Amgaet) und G-33-A (Sebha) zeigen die Geländesituation gut, weisen aber im südwestlichen Bereich (nur hier überprüft) bis zu ca. 5 km (!) Verzeichnungen auf.
●Achtung! Gerade über diese Route gehen die Meinungen der Reisenden extrem auseinander! Für manche ist die Strecke leicht, andere verausgaben sich hier derart, dass sie sich in „auswegloser Situation" sahen! Keine Route für Anfänger! Keine Route für sandungeübte Motorradfahrer! Beachten Sie zudem: Nach Süden nehmen die Probleme zu! Die höchsten Dünen befinden sich am Ende der Durchquerung.

Von vielen Lesern wurde ich auf eine ganz neue Möglichkeit aufmerksam gemacht, den Ubari-Erg Nord-Süd bzw. Süd-Nord zu durchqueren: Eine neu verlegte Pipeline mit dazugehöriger Baupiste führt ungefähr entlang 12/30° Ost und mit km-Angaben gekennzeichnet fast genau nach Süden durch die Dünen und macht diese Erg-Duchquerung derzeit noch zu einem relativ einfachen, aber dennoch spektakulären Unterfangen: Die hohen und evtl. zu steilen Dünen hatten alle im Frühjahr 1997 eine passable Umfahrung! Die Überfahrungen werden jedoch nach Süden zu schwieriger, d.h. die Dünen steiler und immer höher: Die Düne 232 **(bei km 232?)** gilt als besonders schwierig. Gehen Sie keine Risiken ein! Die folgenden Angaben übernehme ich von *V.* und *R. Voggenreiter, W. Hofer, Th. Scharfe* und *I. Juch* u.a.:

Bis zum Brunnen El Hassi über Route A 9. Oder über Route A 8 und dann beim Kontrollposten Awaynat Wnin nach Süden (vermutlich bei **km 322**) und mit Satelliten-Navigation (**Pos. N 28°17,87′ / E 12°37,60′;** diese Strecke kenne ich nicht, und es liegt mir auch keine Leserzuschrift dazu vor. Den Sat-Daten zufolge ist eine Distanz von ca. 20 km zu überbrücken, das Gelände erscheint mir gut befahrbar, vermutlich ist sogar eine Piste vom Kontrollposten her vorhanden – ich bin an Informationen interessiert!). Mittlerweile ist auch klar, wo die Pipeline-Piste herkommt! Sie kommt von weither aus dem Norden. Bereits ab Az Zintan an der Straße Nalut – Gharyan kann sie bis hierher befahren werden. Diese Route ist – in Gegenrichtung – am Ende dieses Abschnittes kurz dargestellt.

Die Pipeline-Piste verläuft etwas westlich des Brunnens Hassi el Hassi; der Zugang ist einfach, indem nach SW gefahren wird. Erste Positionsangabe: **N 27°58,75′ / E 12°31,10′,** dann **N 27°51,00′ / E 12°30,00′** (Pipeline-Schieber BV 3) und weiter **N 27°48,67′ / E 12°30,03′.** Bei **Pos. N 27°42,00′ / E 12°28,00′** liegt eine steile Düne (spätestens hier Luftdruck senken). **Pos. N 27°37,10′/ E 12°28,10′** markiert den Abzweig der Piste nach Idri: Hier steht etwas abseits der Piste ein Schild mit der Schrift Idri/Ubari/Cliff; km-Markierung 121. Achtung! Andere Leser haben den Abzweig mit **Pos. N 27°38,23′/ E 12°28,68′** ermittelt. Die Distanz beträgt 2,3 km!!! Die Ausfahrt nach Osten, nach Idri, ist gut fahrbar, ca. 23 km sandig, auch Dünen, dann ab **Pos. N 27°34,00′ / E 12°40,00′** (hier ein Camp „J+P", zypriotische Baufirma) noch ca. 37 km Wellblech bis zum alten Wasserturm, 5 km Asphalt-Straße bis

Idri. Bei **Pos. N 27°30,00′ / E12°26,00′** liegen eine Solarmessstation und ein Brunnen, km-Markierung 109. **Pos. N 27°26,75′ / E 12°24,85′** markiert ein Bohrloch an der Piste. Anderen Angaben zufolge Schieber BV 2 zwischen km-Markierung 101 und 102. Bei **Pos. N 27°23,00′ / E 12°24,00′** folgt eine steile und sehr weiche Düne. Die Gruppe Hofer fuhr von hier aus wegen Spritmangel zum Idri-Abzweig zurück und weiter nach Idri.

Pos. N 27°10,60′ / E 12°24,02′ und **N 26°54,43′ / E 12°21,15′:** Piste an Pipeline. **Pos. N 26°46,43′ / E 12°17,70′:** Letzte Düne vor Ubari, sehr steil. **Pos. N 26°42,53′ / E 12°18,70′:** Bohrcamp rechts, Jabal voraus. **Pos. N 26°35,93′ / E 12°22,77′:** Sandfeld, Strommasten rechts. **Pos. N 26°27,67′ / E 12°21,98′**: Asphaltstraße (Route A 10) bei km-Stein 324 und Schild „Repsoil". **Pos. N 26°35,35′ / E 12°46,82′:** Tankstelle von Ubari.

Pipeline-Piste A 13 c / Nordteil

Die Frage, woher die Pipeline-Piste kommt bzw. wohin sie führt, ist durch verschiedene Leserinformationen weitgehend geklärt: Von einer Raffinerie westlich von Ubari wird das Öl nach Norden bis zur Küste gepumpt. Die neben ihr verlaufende Service-Trasse ist benutzbar und für uns eine ideale Möglichkeit, rasch nach Süden bzw. nach Norden zu kommen. Im vorhergehenden Abschnitt „Die Durchquerung des Erg Ubari entlang der Pipeline-Piste" ist nur der südliche Dünenabschnitt bis auf Höhe des Brunnens Hassi el Hassi dargestellt. Dieser Brunnen ist jetzt Ausgangspunkt für eine knappe Beschreibung weiter nach Norden, im Sinne der Fließrichtung des Erdöls:

Auf Höhe des Brunnens Hassi el Hassi (km 0, vgl. Route A 9) begeben wir uns auf die im Westen passierende Trasse und folgen ihr nach Norden. Noch bevor wir die Steilstufe der Hammadat al Hamrah erreichen, liegt an deren Fuß ein vor wenigen Jahren erbohrter Brunnen **(km 18, Pos. N 28°27,21′ / E 12°40,65′),** der von vielen Reisenden gerne als Dusche angenommen wird. Steil führt die Trasse bergauf. Am Plateaurand angelangt, können Sie sich am Ausblick vor allem nach Süden erfreuen: **Pos. N 28°30,00′ / E 12°40,85′.** Auf der Hochfläche überqueren wir bald die Route 9, laut Nachtrag zu „Durch Afrika", 10. Auflage, von *A. Därr* auf **Pos. N 28°40,296′ / E 12°44,252′.** Oben auf der Hochfläche der Hamadat al Hamrah passieren wir zunächst noch verschiedene jener Trockenseen, die uns auch schon im Westen, auf Route A 8/2 gelegentlich als Rast- oder auch Nachtplätze dienten. Solche „daya" genannten Senken sind nur auf den nächsten etwa 80 km auf der Hochfläche vorhanden.

Bei km 140 bis 147 müssen wir ein Erdölcamp umfahren. Dabei werden wiederholt auch andere Pipelines auf Erdrampen überfahren. Dann geht es wieder geradlinig nordwärts weiter. Die große Straße Darj – Gariyat (Route A 7) überqueren wir bei km 240 **(Pos. N 30°16,30′ / E 12°35,30′).**

Weiter führt uns die Trasse nach Norden. Erneut müssen wir auf Höhe von **km 295** ein Erdölcamp umfahren. Einige Dutzend Kilometer weiter führt uns die Route wiederholt über Plateaustufen. Große Öltanks bleiben bei **km 445** im Osten zurück. Schlussendlich erreichen wir die Asphaltstraße von Nalut nach Az Zintan bei km 477 auf **Pos. N 31°57,04′ / E 12°18,72′.** Nach rechts, nach Osten sind es bis zu einer Tankstelle im Ort Az Zintan 18 km, nach Westen knapp 60 km, wenn Sie auf der oberen Plateau-Straße weiter in Richtung Nalut fahren und nicht eine der vielen Möglichkeiten zuvor Richtung Norden, Richtung Mittelmeer abzubiegen nutzen wollen.

Route A 13 d

Die Durchquerung des Erg Ubari über die Hamada Zegher und entlang des 11. Längengrads

- *Spurenlose Dünenstrecken, dann Hirtenpisten und schließlich Erdölsucherpisten – dies ist die Abfolge der Strecken auf dieser mässig schwierigen aber sehr langen Route. Die zu überquerenden Dünen entsprechen etwa denen der Strecke A 14 a („einfache" Strecke nach Mandara). Der Verlauf der Hirtenpisten ist nur dann deutlich, wenn im betreffenden Gebiet (Kamel)Weiden vorhanden sind. Die geschobenen Erdölsucherpisten sind deutlich erkennbar und umgehen Dünencordons weitgehend. Nur ein bis zwei Dünenüberschreitungen sind auf diesen Trassen zu bewältigen, die eigentlich einfach sind, wegen aufgewühlter Passagen, tiefsten Spuren oder zurückgelassenem Bergeschrott jedoch u.U. Probleme bereiten. Geländewagen erforderlich. Volle Sahara-Ausrüstung unabdingbar. GPS erforderlich. Verkehr sehr gering, abhängig von Weiden und Aktivitäten in den Erdölcamps.*
- *Fahrdauer 4 Tage. Streckenlänge von Hassi Nahia bis Asphaltstraße Route A 10 ca. 450 km, Gesamt-Pistenstrecke knapp 700 km lang; von Tankstelle Darj bis Tankstelle in Ubari zusätzliche 170 km, bis Tankstelle Serdeles/Al Awaynat zusätzliche 100 km.*
- *Die russischen Generalstabskarten H-32-r (In Amenas) und bes. G-32-b (Ejeleh) zeichnen die Geländesituation ordentlich, vermerken aber alle Brunnen mit Abweichungen von teilweise 5–10 km falsch.*
- ***Keine Route für Anfänger! Keine Route für sandungeübte und allein fahrende Motorradfahrer!** Nach Süden nehmen die Orientierungsprobleme wegen vorhandener Erdölsucher-Pisten ab. Die höchsten Dünen befinden sich am Beginn der Durchquerung vor Hassi Touil.*
- *Die beschriebene Strecke stellt für Sahara-Erfahrene (!) die direkteste Verbindung nach Süden dar. Sie ist jedoch auch für Routinierte nicht schneller zu bewältigen als eine Umfahrung via Sebha auf Asphalt. Die Treibstoffvorräte sollten nicht erst in Darj aufgefüllt werden. Von harten Wegstrecken bis Hassi Nahia und einer Teilstrecke über die Hamada Zegher abgesehen verläuft die Route fast immer auf weichem, sandigem Untergrund; ein entsprechender Mehrverbrauch ist einzurechnen. Südlich von Hassi Nahia ist auf der gesamten Strecke kein schattenspendender Bewuchs mehr vorhanden.*

Anfahrt: Von Darj **(km 0)** über Bir Rimit **(km 68)** und Hassi Ifertas (**km 189**) bis zum Brunnen Hassi Nahia **(km 259, Pos. N 28°41,70′ / E 11°22,55′)** über Route A 9. Streckenbeschreibung:

Hassi Nahia (km 259) liegt an der Nordflanke einer von Barchan-Dünen überzogenen niedrigen Geländestufe. Dort hinauf müssen wir jetzt! Wir folgen dazu der Stufe zunächst 100, 200 m in westlicher Richtung und fahren an einer günstig erscheinenden Stelle nach Süden hinauf. Da Barchane relativ schnell wandern, lässt sich diese Aufstiegstelle nicht exakt bestimmen. Fast immer zeigen jedoch einzelne Spuren eine mögliche Passage. Oben erreichen wir eine steinig-feinsteinige Hochfläche, auf der wir mittels GPS den Wegpunkt **N 28°39,12′ / E 11°22,46′** ansteuern: Ein deutliches Pistchen verläuft in südliche Richtung, verliert sich dann aber mehr und mehr in dünigem Gelände. Erneut peilen wir mittels GPS einen noch ca. 23 km Luftlinie entfernten Wegpunkt an: **N 28°26,55′ / E 11°20,88′:** Hier befand sich vor einigen Jahren eines jener Wasserkissen, mit deren Hilfe die Kamelhirten ihre Herden in diesem Dünengebiet tränkten. An dieser Stelle erreichen wir gleichzeitig eine manchmal deutlich und breit ausgefahrene und ungefähr NO-SW-verlaufende Hirtenpiste. Wir folgen ihr nach rechts, in westliche Richtung. Hassi Touil ist Luftlinie noch ca. 70 km entfernt.

Am nächsten Wegpunkt liegt ein Reifen **(Pos. N 28°21,10′ / E 11°16,73′),** dann passieren wir eine steinige Fläche **(Pos. N 28°03,86′ / E 11°16,27′).** Eine harte Fläche mit einer Tamariskenkupste erreichen wir auf **Pos. N 27°55,45′ / E 11°15,50′.** Nach Angaben aus Leserkreisen hat sich hier zwischenzeitlich wohl ein nicht einfach zu bewältigender Dünenkordon gebildet. Über Pos. **N 27°52,41′ / E 11°15,57′** (welliges Gelände) erreichen wir schließlich den in einer weiten Ebene liegenden Brunnen von Hassi Touil (ca. 360 km, **Pos. N 27°48,67′ / E 11°15,00′),** einen der wichtigsten Brunnen der Region. Fast immer halten sich Kamelhirten mit ihren Toyota-Pickups hier auf. Erstaunlich groß ist die unterirdische, betonierte Brunnenkammer. Eine Motorpumpe versieht ihre Dienste. Oft ist das Wasser dieselverschmutzt und kaum als Brauchwasser benutzbar.

Vom Brunnen weg fahren wir – jetzt begleitet nur noch von sehr wenigen Spuren – zunächst südwestwärts. Dabei folgen wir einem weiten Tal, das den Eindruck eines ehemaligen Seebodens vermittelt. Von einem gerundeten Höhenrücken **(Pos. N 27°47,27′ / E 11°13,70′)** aus lässt sich dieses Tal schön überblicken. Spuren bündeln sich zu einem kleinen Pistchen **(Pos. N 27°45,02′ / E 11°12,82′),** und dieses schwenkt jetzt nach Süden über einen Dünenpass **(Pos. N 27°43,41′ / E 11°11,27′)** hinweg. Drüben erreichen wir ein weiteres, sehr breites Tal und überqueren in diesem eine Fläche mit überaus scharfen Steinen **(Pos. N 27°42,54′ / E 11°11,87′).** Viele Spuren durchziehen das Tal, von Osten kommen weitere dazu. Die Piste wird uneben und verläuft über alte Schichtstufen mit dunklen Steinen auf festem Untergrund. Auffallende Lehmpyramiden, die an Muschelschalen eindeutig als Überbleibsel eines Seebodens zu identifzieren sind, stehen am Wegrand **(Pos. N 27°38,60′ / E 11°10,43′).** Wenig weiter steht ein Reifen **(Pos. N 27°34,54′ / E 11°08,06′):** Die Piste wendet sich nach Süden. Wir passieren eine alte Wasserstelle (kein Wasser vorhanden) und folgen einem Gassi zwischen Dünen in östliche Richtung. Die Piste zeigt über eine kurze Wegstrecke teilweise unangenehmes Wellblech. Bei

Wanderschäfer mit Herde und Tankwagen

Pos. N 27°33,52′ / E 11°10,54′ wenden wir uns wieder nach rechts, nach Süden, und fahren hinauf in die Dünen hinein. Ganz ähnlich der Strecke nach Mandara durchqueren wir im Zickzack Dünen (in südliche Richtung haltend) und fahren dann wieder in ein sandiges Gassi hinaus bis zu **Pos. N 27°31,92′ / E 11°10,63′.** Hier wenden wir uns zunächst wieder nach Westen, queren erneut recht einfach nach Süden (**Pos. N 27°29,66′ / E 11°07,64′**), erreichen ein weiteres Gassi, in dem wir erneut in westliche Richtung fahren. Vorbei an einer Dünenspitze auf **Pos. N 27°29,67′ / E 11°07,63′** wenden wir uns wieder auf weichem Untergrund nach Süden und haben damit vorläufig keine weiteren Dünen mehr zu bewältigen: Die Hamada Zegher öffnet sich vor uns. Auf unebener Piste fahren wir in südliche Richtung auf zwei graue Tafelberge zu und dann zwischen diesen hindurch.

In südliche Richtung weiterfahrend führt uns die Piste rasch über flotte Serir. Ein Tank, Hinterlassenschaft der Ölsucher, steht bei **Pos. N 27°23,40′ / E 11°09,38′.** Auf „gführiger“ Piste fahren wir mit 120° über Serir oder Feinsteinflächen, durchqueren eine unebene Senke, passieren ein Redjem bei **Pos. N 27°22,02′ / E 11°10,69′** und fahren dann (wenn Sie wollen, mit 80 km/h) weiter in südöstliche Richtung. Diese Richtung sollten Sie nicht allzu lange beibehalten: Spurenbündeln folgend wenden wir uns wieder nach Süden und steuern dabei die **Pos. N 27°02,12′ / E 11°07,87′** an: Über eine geschobene Hangkante fahren wir

152 Foto: gg

uneben hinab in ein graues Tal, die Rennfahrerei hat vorerst wieder ein Ende. Von Osten her mündet eine große Erdölsucherpiste in unsere Route und herein in unser Wadi, das wenig weiter von einer mächtigen Düne verriegelt ist **(Pos. N 27°02,16′ / E 11°05,10′):** Um diese zu umfahren, müssen wir erst einmal wieder nach rechts heraus aus dem Tal, die Piste wird zum Sturzacker.

Ab jetzt folgen wir dieser großen und immer deutlichen Erdölsucher-Piste bis zur Querstraße Ubari – Ghat, die allerdings noch ca. 160 km von uns entfernt ist. Dabei fahren wir weitgehend Südrichtung und folgen mehr oder weniger dem 11. Grad östlicher Länge. Immer wieder weichen wir dabei weit nach Osten oder Westen von dieser Ideallinie ab: Große, annähernd Ost-West verlaufende Dünencordons versperren den direkten Weg. Die Piste ist markiert (Reifen, Redjems und Fässer mit der Aufschrift NC 151) bzw. „verziert" von allerlei Hinterlassenschaften der Ölsucher.

Wir folgen weiter dem unebenen und auch steinigen Tal in südliche Richtung. Von rechts und links münden schöne und auffallend farbige Dünencordons ein, gewähren aber überwiegend im Tal offene Passagen.

Auf **Pos. N 27°00,10′ / E 11°03,22′** passieren wir einen riesigen Reifen. Erneut wird die Piste zum Sturzacker, mündet dann aber in ein deutlich angenehmer zu fahrendes Gelände mit auffallend brauner Erde ein. Ein enges Tälchen, das wir längs durchfahren, ist durch zwei auffallende Redjems markiert **(Pos. N 26°55,75′ / E 11°01,10′).** Die Piste bleibt relativ gut, aber auch staubig. Mal näherbei, mal weiter entfernt begleiten uns weiterhin sehr schön geformte und farbige Dünenzüge. Ein schöner Nacht- oder auch Rastplatz wäre z.B. bei **Pos. N 26°49,95′ / E 11°03,23′** etwas östlich der Piste. Über eine geschobene Geländekante hinweg, fahren wir bei schönem Ausblick auf ein tiefer liegendes Niveau hinab **(Pos. N 26°45,72′ / E 11°02,05′).** Die Piste bleibt wie gehabt: Flott und staubig. Östlich der Piste liegt erneut eine schöne, rotfarbene Düne. Ihre Spitze passieren wir auf **Pos. N 26°36,29′ / E 11°05,57′.**

Nach festen Gassis zwischen den Dünen wird es dann wieder etwas ernster: Eine weiche Walrückendüne ist zu überqueren **(Pos. N 26°34,95′ / E 11°05,78′),** auf einer Distanz von ca. 300 m ist wieder einmal Allrad angesagt. Das Dünenende erreichen wir bei **Pos. N 26°33,85′ / E 11°04,08′.** Ein Fass markiert den Dünenrand. Jetzt wenden wir uns in einem weiten Gassi erst einmal nach Westen und nähern uns dabei dem nächsten, südlich der Piste liegenden Dünencordon an. Dessen Ende, seine Spitze, haben wir bei **Pos. N 26°34,73′ / E 10°56,18′** auf flotter, mit Fässern markierter Piste erreicht und wenden uns folgerichtig wieder in östliche Richtung. Dann kurven wir eng auf festem Untergrund um weitere Dünen herum, queren dann eine erste noch harmlos weiche Walrückendüne (Fass auf **Pos. N 26°13,60′ / E 11°00,42′**). Einen kiesigen Abstieg erreichen wir wenig weiter **(Pos. N 26°07,30′ / E 11°00,45′).** Weitere

Walrückendünen liegen vor uns, und dort sollten Sie auf die Zuschaltung des Allradantriebes nicht verzichten **(Pos. N 26°06,43′ / E 10°59,57′,** besonders weich **Pos. N 26°05,75′ / E 10°59,52′,** Dünen-Ende **Pos. N 26°07,47′ / E 11°05,12′).**

Wir fahren auf eine Art Pass in hügeligem Umfeld zu. Von der Passhöhe aus ist bei gutem Wetter erstmals als dunkle Mauer am Südhorizont das Messak-Mellet zu sehen, diese riesige Schichtstufe, auf deren Südseite sich in scharf eingeschnittenen Tälern die weltbekannten Felsbilder des Wadi Mathendous u.a. verbergen.

Jetzt wenden wir uns, dem Verlauf der Dünencordons folgend, zunächst in östliche und gar ost-nordöstliche Richtung. Erst nach **Pos. N 26°08,57′ / E 11°07,98′** wenden wir uns wieder in südöstliche Richtung (oft 145°). Mit Erreichen des weitläufigen und kaum als solches zu erkennenden Wadi Irauwen **(Pos. N 26°08,03′ / E 11°09,22′)** liegen die Dünen endgültig hinter uns. Vor uns dehnt sich eine weite ebene Talfläche. Etwa 40 km bleiben bis zur Asphaltstraße (Route A 10), die wir vorbei an **Pos. N 26°02,42′ / E 11°32,96′** bei einem Röhrendenkmal auf **Pos. N 25°55,39′ / E 11°17,66′** erreichen. Ein Kilometerstein nahe dieser Stelle vermerkt 170 km bis Ubari. Wer ausreichend Sprit gebunkert hatte, fährt 30 km nach Osten und kann dann unmittelbar über das Icherat hinauf ins Messak-Mellet und weiter in Richtung Mathendous fahren (vgl. Route A 12, „Weiterfahrt zum garamantischen Apoll und über Icherat zur Route A 10"). Die nächste Tankstelle allerdings befindet sich in Serdeles/Al Awaynat: Der Ort liegt noch etwa 100 km entfernt im Westen.

Route A 13 e

Die Durchquerung des Erg Ubari auf der „bayerischen" Strecke

- *Auf die derzeit wohl einfachste Möglichkeit, den Erg Ubari zu durchqueren, machte mich Peter Beuer aus Innsbruck aufmerksam. Ich nenne sie die „bayerische" Strecke; Biergärten und Weißbier sind deswegen nicht zu erwarten, aber fast in ihrem gesamten Verlauf ist die Strecke (für Ölsucher?) mit blau-weiß bemalten Holzlatten markiert!*
- *Die Strecke ist insgesamt 180 km lang, davon etwa 120 reine Dünenkilometer, die eher einfach zu befahren sind; sie lässt sich auch von einem Dünen-Anfänger bezwingen. Ein Allradfahrzeug ist Voraussetzung und eine Bereifung, die reduzierten Luftdruck verträgt. Kein Verkehr zu erwarten.*
- *Keine Landkarte zeigt den Verlauf, die russische Generalstabskarte G 33 A (Sebha) ist jedoch hilfreich.*

Diese Strecke durch den Idhan Awbari stellt derzeit **von allen möglichen Varianten die einfachste** dar. Wer etwas Routine hat, kann sie gar in einem Zug und ohne anzuhalten durchfahren – was angesichts der schönen Landschaft ein Jammer wäre!

Schlechte Wetterverhältnisse oder ein untaugliches Fahrzeug (wenig Leistung, falsche Bereifung) ändern natürlich die Verhältnisse. Es ist also dennoch zu großer Vorsicht zu raten.

Die Strecke beginnt an einem mittelgroßen Blechschild **(km 0, Pos. N 27°29,40′ / E 13°9,75′)** 14 bis 15 km östlich von Idri und ungefähr einen Kilometer westlich eines unmittelbar an der Straße liegenden Umspannwerkes. Angeschrieben ist auf diesem Schild übrigens das 47 km weit im Osten liegende Bergin Tourist-Camp. Wir verlassen hier die Asphaltstraße nach Süden und folgen dabei einer deutlich befahrenen Piste, die mit oft torweise gesteckten, blau-weiß bemalten Holzlatten markiert ist. Es geht über Hügelrücken, die breite Piste hat leichtes Wellblech, ist immer mal wieder etwas steinig und insgesamt ziemlich rumpelig. Das **Wadi es-Shati** liegt voraus und wird durchquert. Drüben geht es einen Anstieg hinauf, wir halten uns halbrechts und fahren auf Dünen mit schönem Palmenbewuchs (rechts liegend) zu, die die letzten Ausläufer des **Wadi Zellaf** markieren **(Pos. N 27°21,5′ / E 13°10,54′).** Die Bäume hängen voller köstlicher und leicht erreichbarer Datteln! Der Boden darunter ist zentimeterhoch bedeckt mit den Früchten – bei uns in Deutschland liest auch niemand mehr das Fallobst auf, warum sollte es in Libyen anders sein!

Das Gelände wird sandiger. Die Piste verschwindet ab und zu unter Verwehungen und führt zu **Pos. N 27°18,75′ / E 13°7,0′** in den Dünen. Weiter **Pos. N 27°17,61′ / E 13°2,81′.** Die wieder breite Piste führt vorbei an Büschen und wenig weiter über einen flachen Dünenrücken nach Südwesten. Dies sind dann im dünigen Gelände die weiteren Wegpunkte:

N 27°16,39′ / E 13°0,05′,

N 27°14,68′ / E 12°57,51′,

N 27°13,85′ / E 12°56,47′, ein Dünenriegel.

N 27°12,56′ / E 12°53,29′, Dünenquerung von Südwest auf Süd.

N 27°9,95′ / E 12°49,29′, zwei Reifen.

N 27°8,99′ / E 12°47,73′, die Piste schwenkt nach Süd.

N 27°6,98′ / E 12°49,53′.

N 26°54,75′ / E 12°46,88′, weites Tal nach Südwesten.

Die Piste bleibt so eindeutig, dass man sich nicht verfahren kann. Ein Ölcamp wird passiert, mehr Verkehr ist zu beobachten. Die Steilstufe des Msak Mustafit taucht je nach Sichtverhältnissen dunkelblau vor uns auf. Weite, teilweise auch etwas weichsandige Ebenen werden durchquert. In Ubari wird dann bei **Pos. N 26°35,81′ / E 12°46,415′** innerorts wieder Asphalt erreicht. Linksrechts fahrend bleibt ein Kilometer bis zum Kreisverkehr im Ortszentrum **(Pos. N 26°35,27′ / E 12°46,62′).**

Route A 14:
Dünenstrecken zu den Seen im Mandara-Gebiet

- *Nicht markierte Dünenstrecken, unterschiedlich schwierig zu fahren; zwischen 20 und 50 km reine Dünenkilometer, Zeitaufwand: nach Mandara: 1 Tag, nach Gabroon: 2 Tage. Kraftvoller Geländewagen von Vorteil. GPS zu empfehlen, besonders wenn nach Sandwind keine Spuren mehr vorhanden sind. Luftdruck reduzieren!*
- *Volle Sahara-Ausrüstung. Verkehr gering. Keine Landkarte zeigt den Verlauf, die russische Generalstabskarte G 33 A (Blatt Sebha) ist jedoch hilfreich.*
- *Sicher ist es auch diesem Reiseführer zuzuschreiben, dass die Mandara-Seen heute ei-*

nem erheblichen Besucherandrang ausgesetzt sind. Die nächstgelegenen Seen werden Sie nicht mehr in Wüsteneinsamkeit erleben können. Hinzu kommt, dass in diesem Dünengebiet Erdöl gefunden wurde und die Prospektionsarbeiten erhebliche Spuren hinterlassen haben: Ganze Dünenzüge wurden plattgeschoben! Nehmen Sie es hin: Nur so ist gewährleistet, dass Sie auch weiterhin mit Ihrem Geländewagen dort hin fahren können!

Die Seen in den Dünen von Ubari, die nach einem von ihnen, dem Mandara – wohl aufgrund von dessen klangvollem Namen – insgesamt als Mandara-Seen bezeichnet werden, zählen zu den absoluten **touristischen Highlights in Libyen** und in der Sahara insgesamt.

Die größeren dieser Seen waren bis vor wenigen Jahren noch an ihren Ufern besiedelt (siehe „Ethnische Gruppen/Daouadas"). Dann jedoch wurden die Gebiete 1990 (zwangsweise?) entsiedelt, für die ehemaligen See-Anwohner wurden an der Straße Sebha – Ubari im Wadi Adjal neue moderne Dörfer gebaut. Seither ist der Verkehr zu den Seen fast ausschließlich touristischer Art und damit auch stark saisonabhängig. Außerhalb der Sahara-Reisesaison fährt kaum jemand dorthin, in der Hochsaison, an Weihnachten/Neujahr z.B. herrscht dagegen Betrieb auf den Pisten: Während sie in den ruhigen Zeiten oft kaum zu finden sind, ziehen sich in der Hochsaison ganze Spurenbündel zu den Seen. Die Gewässer, die dem Adjal am nächsten liegen, werden auch am häufigsten besucht. Andere, darunter z.B. der große Trouna, liegen so weit „hinter" den Dünen, dass auch in der Saison kaum jemals ein Reisender dort auftaucht.

Warnung: Wenn Spuren vorhanden sind, müssen Sie damit rechnen, dass jemand von den Seen her wieder zurück ins Wadi Adjal fährt; das bedeutet **Gegenverkehr!** Rechnen Sie bei einem Sturmlauf auf eine Düne zu, dass jemand entgegenkommt! Schicken Sie eventuell Mitfahrer los, um die Situation abzuklären. Achtung! Es herrscht hier heute immer Verkehr und somit **Unfallgefahr!**

Insgesamt soll es **20 bis 25** solcher **Seen** geben. Ihre genaue Zahl ist bis heute nicht bekannt. Es scheint jedoch, dass die Zahl eher vom Grundwasserspiegel abhängt: Ist er hoch, bilden sich Seen auch an solchen Stellen, die normalerweise trocken liegen – und schon ist wieder ein See mehr zu zählen. Interessant auch, dass die genaue Lage der Seen in keiner Karte vermerkt bzw. in keiner Karte richtig eingetragen ist. In Zeiten der Satelliten-Navigation ist dies eigentlich kaum fassbar. Hier können Sie noch Pionierarbeit leisten (vgl. hierzu die Auflistung weiter unten, „Seen im Idhan Ubari")!

Über den **Schwierigkeitsgrad der Anfahrt zu den Seen** herrschen grundlegende Meinungsverschiedenheiten: Ich bin der Ansicht, dass sie leicht zu erreichen sind. Sicher ist dies eine Frage der Erfahrung mit Sand- und Dünenfahrten und sehr stark wohl auch beeinflusst von der jeweiligen Wetterlage, in der man unterwegs ist: Bei schlechter Sicht, etwa durch Sandwinde, und kaum erkennbaren/vorhandenen Spuren wird man deutlich größere Probleme haben als bei klarem, kühlem Winterwetter und Spuren im Sand wie die einer Autobahn ... Achtung! Dünen sind Dünen und immer gefährlich! Fahren Sie langsam! Lieber im Sand hängen bleiben, als sein teures Fahrzeug umwerfen!

Wer nicht mit eigenem Fahrzeug unterwegs ist, hat die Möglichkeit, sich vor Ort einen Geländewagen mit Fahrer zu mieten. Dies ist in den großen Touristenzentren Ghat und Sebha möglich, aber auch in Ubari, Germa oder am Düneneinstieg in Tekerkiba (s.u.). Eine Fahrt zu einem der Seen (Gabroon bzw. Mandara) kostet 100 LD je Fahrzeug. Wenn Sie in Germa oder Ubari mieten, sollten Sie das Fahrzeug unbedingt zuvor inspizieren. In Gabroon wurde zwischenzeitlich von der Agentur Winzrik Tours ein Campement für Touristen eingerichtet. Als Motorradfahrer sollten Sie sich bemühen, in Begleitung eines Touristenfahrzeugs loszufahren. Das nicht erforderliche Gepäck können Sie ggf. in der Jugendherberge Alfejeaj (siehe Strecke A 10) deponieren. Der Jugendherbergsvater ist auch bei der Suche nach einem Mietfahrzeug behilflich.

Unmittelbar an der Einstiegsdüne der „schwierigen" Strecke haben **mehrere Campingplätze** eröffnet (20–30 LD pro Bungalow; ordentliches Essen, ein Menü kostet 10 LD).

Die großen Hinweisschilder der **Agenturen** stehen an der Straße und machen das Auffinden des Einstiegs deutlich leichter. Die Einstiege, d.h. die Stellen, an denen man vom Wadi Adjal aus erstmals in die Dünen hineinfährt, entnehmen Sie am besten dem Lageplan weiter unten.

- **Africa-Tours,** Tel. Tripolis 21/3613-037, Fax -036; Tel. Sebha 71/625594, Fax 621778, der Chef *Abdul Belhattab* spricht deutsch; Geländewagen mit Fahrer zu den Seen 100 LD/Tag. Möglich ist auch eine Zweitagestour zum Wau an Namus ab Timsah, Geländewagen mit Fahrer 400 LD pro Tour.
- **Camp Bou Hairat** (= Vater der Seen), mit Aussichtsterrasse auf Felsklippe (ein Scherz sei erlaubt: Wenn Sie dort oben waren, werden Sie verstehen, warum man in Libyen keinen Alkohol ausschenkt!), etwas kahl und ohne Schatten.
- **Fezzan-Tours,** (Tel./Fax Tripolis 21/361 47 90, Tel. Sebha 71/627468, POB Sebha 223, Chef *Elmedi Kolan;* „Salon"-Jeep mit Fahrer zu vier Seen im Mandara-Gebiet für 120 LD pro Tag.
- **Takarkiba Company for Tourism,** Tel. 72/2644-880, Fax -780, www.tketours.com, man spricht auch französisch,

Ein Wort noch zu den **Entfernungsangaben,** die gerade in Dünengelände erheblich schwanken; Grund sind die unterschiedlichen Passagen: Wer sich eine leichtere Dünenpassage 500 m seitab der Hauptspur sucht, hat damit schon über 1 km mehr auf dem Tacho, als der, der direkt fährt; wer mehrfach Anlauf nimmt, bis eine Düne bezwungen ist, kommt logischerweise ebenso auf eine höhere Km-Zahl.

Ausgangspunkt für die hier beschriebenen Strecken ist die Tankstellen-Kreuzung in **Germa** (vgl. Plan); hier ist eine ausreichende Infrastruktur für (fast) jeden Bedarf vorhanden. Tanken sollten Sie allerdings nur so viel, wie Sie für Ihren Abstecher hinein zu den Seen benötigen – Ihr Fahrzeug sollte leicht sein! Rechnen Sie aber mit einem ca. doppelt so hohen Verbrauch wie auf Asphalt. Wenn Sie länger an den Seen bleiben wollen, könnnen Sie in Germa

Brot, Gemüse und andere Lebensmittel einkaufen.

a) Die „einfache“ Strecke nach Mandara

Oben hatte ich schon erwähnt, dass die Meinungen über den Schwierigkeitsgrad der Strecken auseinandergehen. Einigkeit herrscht jedoch, dass die hier beschriebene Route die einfachste ist; ob Sie dann wirklich einfach ist, müssen Sie selbst entscheiden. Die Entfernung vom Wadi Adjal zum Mandara-See ist auf dieser Route mit ca. 25 km noch nicht einmal die kürzeste – wirklich schwierige Dünen sind aber nicht zu überfahren.

Sie fahren von der Tankstelle aus auf der vierspurigen Straße zurück in Richtung Sebha. Sie passieren den auffälligen, rot-weißen Richtfunkmast (er steht südlich der Straße) bei **km 8,4.** Wenn Sie wollen, sehen Sie hier schon einmal hinüber an den Erg: Dort müßte Ihnen eine breite Sandrampe auffallen, die nach Osten zu von einer sehr hohen Düne begrenzt wird: Diese Sandrampe ist unser Ziel. Weiter auf der vierspurigen Straße. Bei **Pos. N 26°33,83′ / E 13°9,76′** biegen wir links ab auf eine kleine Piste und stellen dabei den Tacho auf Null. Wir folgen dem Feldweg in nördlicher Richtung, kurven rechts, wieder links, kommen nach 700 m an einem Trafomast vorbei, dann wieder eine Kurve nach links, am Ortsrand passieren wir die Sebkha und steuern dann, genau nordwärts auf die schon erwähnte Sandrampe zufahrend, drei freistehende Tamariskenbüsche am Pistenrand an **(km 3: Pos. N 26°35,37′ / E 13°10,29′.** Hier entstanden rechts und links unserer Strecke zwei neue **Camps,** das westliche noch ohne Namen und für 12 LD/Hütte, das östliche **Kamar Sahara** (= Sahara-Mond) schon fast fertig gestellt und etwas freundlicher ausgestattet, für 15 LD/ Hütte).

Hier halten wir kurz an, reduzieren den Luftdruck auf Werte für Sandverhältnisse, holen selbst dagegen nochmal tief Luft und fahren dann los: Westlich der großen Düne geht es anfangs flach, dann steiler die Rampe hinauf nach Norden; eine Unmenge an Müll liegt hier herum. Das Ende der Rampe erreichen wir schon nach 3 km. Jetzt folgen graue Walrücken **(km 5,2: Pos. N 26°36,52′ / E 13°10,29′),** kleinere Dünen und mäßig weiche Tennen und Senken. Bei **km 6** umfahren wir eine kleinere Düne **(Pos. N 26°37,07′ / E 13°10,12′)** westlich; lt. Leserbrief ist diese erste Düne zurzeit besser weiter rechts zu überfahren. Wir lernen daraus: Sehen Sie sich Dünenpassagen zunächst an, wenn Sie wenig Erfahrung haben, und fahren Sie nicht einfach der GPS-Anzeige folgend drauf los! Eine weitere Rampe liegt vor uns. Sie ist deutlich weicher: Allrad (falls noch nicht zugeschaltet) und Reduktion (falls vorhanden) sind angesagt. Erneut zwei kleine Dünen **(Pos. N 26°37,92′ / E 13°10,45′),** die wir in nördlicher Richtung überqueren. Wie Riegel legen sie sich immer wieder in unseren Weg. Dabei bleiben wir hinter der großen Düne, d.h. auf deren Nordseite.

Zwischen **km 8,5** und **9** kurven wir weiter um Dünen herum **(Pos.**

306 Foto: gg

N 26°38,00′ / E 13°10,60′), wir drehen dabei mehr und mehr auf Nordost, fahren 60°, wenig später über eine Tenne wieder mit 40°. Bei **km 10** fahren wir gar vorübergehend 100 bis 110°. Weitere Dünen **(Pos. N 26°38,50′ / E 13°11,38′)** und Tennen folgen. Unsere Grundrichtung bleibt jetzt wieder 40° **(km 12,6, Pos. N 26°39,48′ / E 13°12,15′; km 15,3, Pos. N 26°40,37′ / E 13°13,33′).** Bis **km 19,4 (Pos. N 26°40,32′ / E 13°15,58′)** bleibt es bei diesem stetigen Wechsel zwischen Tennen und kleinen Dünen. Wir sind dabei auf der Rückseite einer weiteren hohen und sehr glatten Düne.

Zwischen **km 20,5 (Pos. N 26°40,63′ / E 13°15,93′)** und **km 22,5 (Pos. N 26°41,27′ / E 13°17,22′)** passieren wir weitere Dünen, die jedoch gut befahrbar sind; wir halten uns eher auf der Hangseite der Düne. Dies ist alles kein Problem, wenn Spuren vorhanden sind und die Sicht einigermaßen gut ist.

Blick auf den Mandara-See

Bei **km 22,9** halten wir an: Der Mandara-See ist in Sicht! Leicht bergab geht es auf ihn zu, bei **km 25** stehen wir an seinem Ufer! Rechts sehen Sie den Ort **Mandara** (eine mögliche Position wäre **N 26°41,52′ / E 13°18,77′** – der See ist ja groß!). Alte Lehmziegel-Häuser stehen herum, nur wenige moderne Gebäude, bei denen Zement verwendet wurde, dazwischen. Bewohnt ist der Ort allerdings nicht mehr, das hatte ich schon gesagt. Der Brunnen von Mandara liegt, von unserer Ankunftsseite her gesehen, hinter dem Ort, dort, wo die Palmen am dichtesten stehen. Er ist

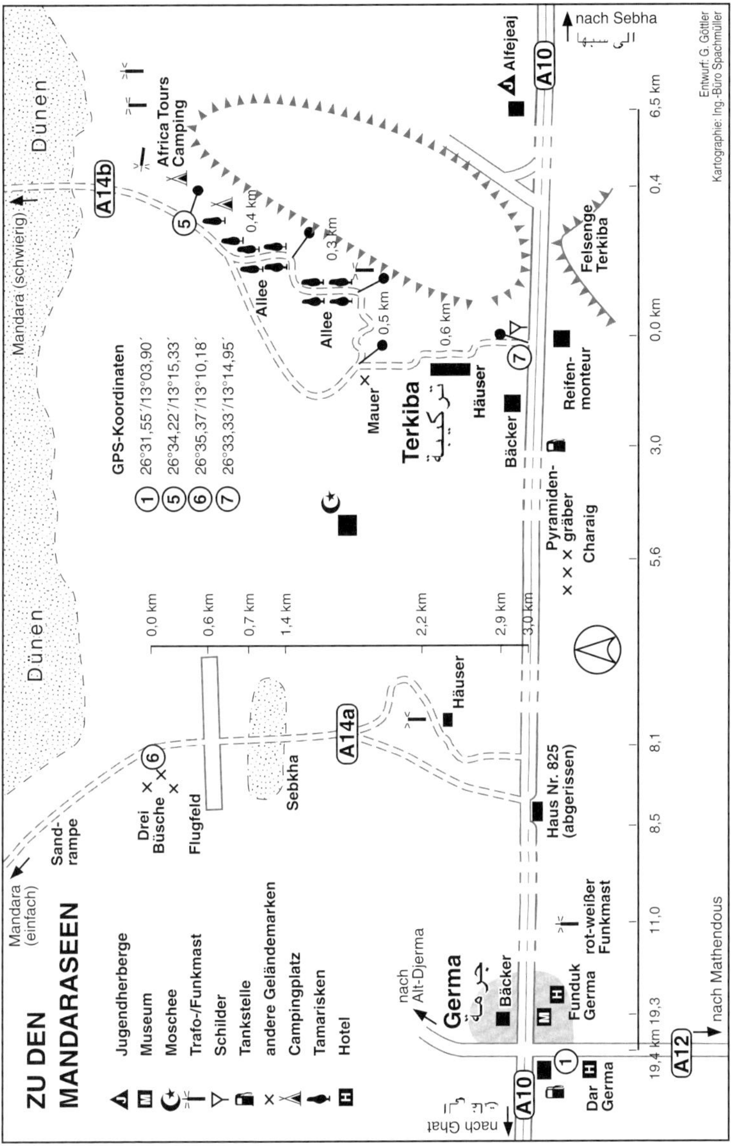

ZU DEN MANDARASEEN
Jugendherberge
Museum
Moschee
Trafo-/Funkmast
Schilder
Tankstelle
andere Geländemarken
Campingplatz
Tamarisken
Hotel
Mandara (einfach)
Sand-rampe
Drei Büsche
Flugfeld
Sebkha
Dünen
Mandara (schwierig)
A14a
A14b
A10
A12
GPS-Koordinaten
1 26°31,55´/13°03,90´
5 26°34,22´/13°15,33´
6 26°35,37´/13°10,18´
7 26°33,33´/13°14,95´
0,0 km
0,6 km
0,7 km
1,4 km
2,2 km
2,9 km
3,0 km
0,4 km
0,3 km
0,5 km
0,6 km
Allee
Allee
Mauer
Africa Tours Camping
Terkiba
تركيبة
Häuser
Bäcker
Reifen-monteur
Alfejeaj
Felsenge Terkiba
Pyramiden-gräber Charaig
Häuser
Haus Nr. 825 (abgerissen)
rot-weißer Funkmast
nach Alt-Djerma
Germa
جرمة
Bäcker
Funduk Germa
Dar Germa
nach Ghat
nach Sebha
الى سبها
nach Mathendous
19,4 km 19,3
11,0
8,5
8,1
5,6
3,0
0,0 km
0,4
6,5 km
Entwurf: G. Göttler
Kartographie: Ing.-Büro Spachmüller

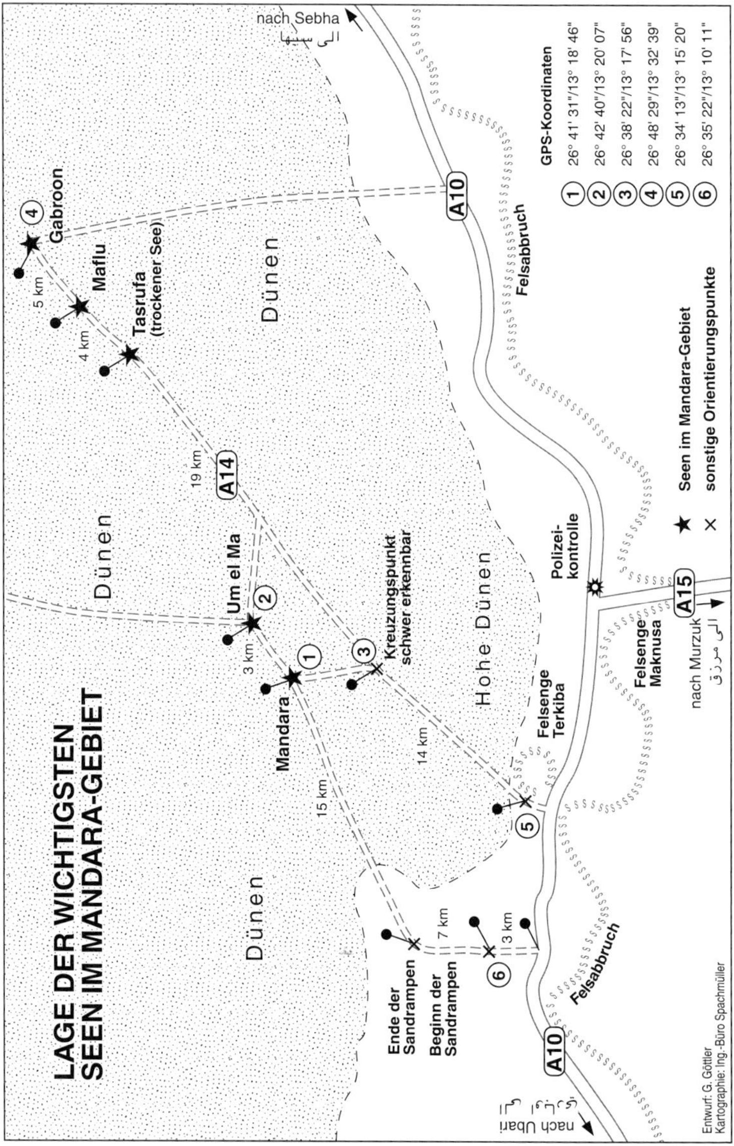
LAGE DER WICHTIGSTEN SEEN IM MANDARA-GEBIET
nach Sebha
الى سبها
nach Ubari
nach Murzuk
الى مرزق
A10
A14
A15
Dünen
Dünen
Dünen
Hohe Dünen
Gabroon
Maflu
Tasrufa (trockener See)
Um el Ma
Mandara
Kreuzungspunkt schwer erkennbar
Felsenge Terkiba
Felsenge Maknusa
Polizei-kontrolle
Felsabbruch
Felsabbruch
Ende der Sandrampen
Beginn der Sandrampen
5 km
4 km
19 km
3 km
14 km
15 km
7 km
3 km
GPS-Koordinaten
1 26° 41' 31"/13° 18' 46"
2 26° 42' 40"/13° 20' 07"
3 26° 38' 22"/13° 17' 56"
4 26° 48' 29"/13° 32' 39"
5 26° 34' 13"/13° 15' 20"
6 26° 35' 22"/13° 10' 11"
Seen im Mandara-Gebiet
sonstige Orientierungspunkte
Entwurf: G. Göttler
Kartographie: Ing.-Büro Spachmüller

311 Foto: ed

zwischenzeitlich kaum noch zugänglich. Die Palmen haben alles überwuchert. Trinkwasser sollten Sie auf alle Fälle aus dem Wadi Adjal mitbringen.

Der See selbst ist flach. Im Sommer soll er sogar immer wieder austrocknen; auch bei meinem letzten Besuch im Dezember 2006 war das der Fall. In weiten Teilen sind im Wasser schollige Aufbrüche zu sehen, die ihm ein sebkhenartiges Aussehen geben. Der Seegrund ist fest: Wenn Sie eine Möglichkeit finden, das Palm- und Schilfdickicht am Ufer zu durchdringen, sollten Sie einmal hineingehen: Heiße Quellen sprudeln aus dem Boden!

Vom Mandara-See aus ist es nur einen Katzensprung zu einem weiteren „See-Wunder", zum **Um el Ma (Pos. N 26°42,67' / E 13°20,12').** Er liegt in nordöstlicher Richtung hinter dem Mandara-See. Am Ufer des Mandara entlang fahrend, sind rasch die Palmwipfel der hohen Palmen am Ufer des Um el Ma zu sehen. Zwischen den beiden Seen liegen nur zwei bis drei Kilometer, aber die sind auch nicht von schlechten Eltern: Hohe Querdünen haben sich hier aufgebaut, und je nach Fahrzeug und vorhandenen Spuren werden Sie versucht sein, die tiefen, weichen Trichter zwischen den Dünen entweder direkt zu durchfahren oder sich auf den festen Dünenrücken in weiten Schleifen diesem See zu nähern. Die Strecke ist aber dennoch gut zu befahren, und so sind wir rasch dort. An den Ufern des Um el Ma finden Sie kei-

In den Dünen beim See Um el Ma

ne Ruinen; er scheint nicht besiedelt gewesen zu sein. Vielleicht hielten ihn die Daouadas – wie andere der Seen auch – für verhext (siehe auch „Ethnische Gruppen/Daouadas"). Heute mutet der Um el Ma wie ein kleines Paradies an, ein Paradies in den Dünen, ruhig und noch immer recht sauber trotz der vielen Besucher. Und man ist permanent mit einer Frage beschäftigt: Warum ist dieser See überhaupt noch vorhanden? Denn: Von allen Seiten von hohen Dünen umgeben, rieseln ununterbrochen Sandlawinen in das Wasser. Die Frage muss die Menschen schon lange beschäftigen, zumindest deutet der Name darauf hin: **Um el Ma** bedeutet „Mutter des Wassers" ... Während die anderen Seen eine eher ovale Form haben, ist der Um el Ma schmal und lang gezogen: Er misst wohl nirgendwo mehr als 50 m in der Breite, erstreckt sich aber über mehrere hundert Meter Länge. Vor einigen Jahren hatte ich ein kleines Schlauchboot und ein Senkblei mit zu den Seen genommen: Im Um el Ma konnten wir neun Meter an seiner tiefsten Stelle messen! Geradezu ideal ist der Um el Ma, um sich eine Zeitlang aufzuhalten. Das Wasser ist so tief (und salzig), dass sich hier wunderbar baden lässt – günstige Witterung vorausgesetzt. Beim Schwimmen werden Sie ein „physikalisches Wunder" erleben: Der Um el Ma ist in tieferen Schichten heiß, an der Oberfläche aber kalt. Was gelegentlich stört, sind die Stechmücken, die abends aus Schilf und Gebüsch kommen und empfindlicheren Naturen ganz schön zusetzen können. Das gilt auch noch in zwei, drei Kilometern Entfernung in den Dünen! Da hilft nur ein Antimückenmittel oder ein Moskitonetz, falls es unerträglich wird. Während diese Plagegeister ihre Spuren auf der Haut hinterlassen, sehen Sie die der anderen Lebewesen vor allem morgens im Sand: Sie werden erstaunt sein, was sich hier nachts alles in und um Ihr Lager bewegt hat: Spring- und andere Mäuse, Fennek, verwilderte Katzen, Käfer und Skorpione. Tagsüber bekommen Sie eher Eidechsen in den morschen Palmresten zu Gesicht, ab und zu auch Vögel, vor allem Raben. Sicher leben hier auch Blesshühner; sie sind aber mehr zu hören als zu sehen: Ganz offensichtlich stehen oder standen sie auf dem Speiseplan der (früheren) See-Anwohner – diesen Schluss lässt ihr überaus vorsichtiges Verhalten zu. Vor Schlangen wird im Umfeld der Häuser gewarnt: Ich habe (leider) nie eine zu Gesicht bekommen.

Am nördlichen Ende des Sees haben sich mehrere **Tuareg-Händler** aus dem Niger in einfachen Hütten niedergelassen, die dort während der Touristensaison einen einfachen Markt abhalten mit Schmuck und anderen Dingen, die das Herz europäischer TouristInnen erfreuen könnten.

Weiterfahrt vom Um el Ma nach Norden ins Wadi Esc Sciati bei Bragan

Vom Um el Ma sind *Birgit* und *Robert Erb* wie folgt hinauf zur Straße Idri – Brak bei Bragan (Route A 8) gefahren:

km 19: Pos. N 26°50,30' / E 13°26,35', Tal mit Palmen.

km 25: Pos. N 26°52,95′ / **E 13°27,87′,** Ausgetrockneter See?

km 27: Pos. N 26°54,10′ / **E 13°28,02′.**

km 30: Pos. N 26°54,95′ / **E 13°28,92′,** Trona (lt. Liste von *W. Nöther* - siehe unten - müsste es sich um den See Um el Hassan handeln!).

km 44: Pos. N 26°58,67′ / **E 13°31,20′.**

km 47: Pos. N 26°58,98′ / **E 13°31,55′,** Vermessungspunkt SDL2-228.

km 55: Pos N 27°01,40′ / **E 13°33,03′.**

km 67: Pos. N 27°06,22′ / **E 13°35,03′.**

km 76: Pos. N 27°10,10′ / **E 13°35,37′.**

km 84: Pos. N 27°13,03′ / **E 13°38,00′.**

km 123: Pos. N 27°31,80′ / **E 13°38,92′,** Asphaltstraße Route A 8.

Weiterfahrt vom Um el Ma ins Gabroon-Tal

Einheimische fahren häufig direkt vom Um el Ma zum Gabroon-See und umgekehrt. Die Daten wurden mir von *O. Renzler/P. Huber* mitgeteilt:

Vom See Um el Ma aus weiter talein (also nicht zum Mandara-See zurück). Am rechten Dünenkamm erkennt man dort eine auffallende Rampe, die direkt steil angefahren und dann bis fast zu ihrem Ende nach oben verfolgt wird. Ein Knick ostwärts führt zum Scheitelpunkt, **Pos. N 26°42,62′** / **E 13°21,47′** (in umgekehrter Richtung leicht). Ins Gabroontal schneiden wir den unsteilen Dünenhang und erreichen es bei **(Pos. N 26°42,83′** / **E 13°22,48′)** markanten Querdünen im Tal, die wir noch oberhalb umfahren. Vom Gabroonsee kommend kann unmittelbar vor diesen Querdünen mit der Querung des (rechten) Dünenhangs zum Scheitelpunkt hin begonnen werden. Von der letzten Position aus sind es nach Gabroon noch 22 km. In Gegenrichtung gefahren, stellt diese Strecke heute eine der Standard-Routen dar, auf denen Touristen in einer Rundtour zu den bekanntesten Seen gefahren werden.

b) Die „schwierige" Strecke nach Mandara

Die Schwierigkeit dieser Route besteht darin, dass zwei ordentlich hohe Dünen zu überwinden sind: Eine Düne bergauf, die „Einstiegs-Düne", die andere abwärts, aber so beängstigend tief, dass der Eindruck entsteht, hier käme man nie wieder herauf - was aber nicht den Tatsachen entspricht.

Die Entfernung vom Wadi Adjal zum Mandara-See ist auf dieser Route mit ca. 16 km die kürzeste - als Wanderer gehen Sie hier leicht zu Fuß!

Ausgangspunkt ist wieder die Tankstellen-Kreuzung in Germa (lesen Sie ggf. nochmal eingangs der „einfachen" Strecke). Wir fahren auf vierspuriger Straße immer weiter nach Osten. Das Pyramidengräberfeld bleibt rechts (vgl. zum Weiteren Plan „Zu den Mandara-Seen"), der schlanke Minarett-Turm von **Terkiba** kommt links in Sicht. Dann macht unsere Straße einen Bogen nach rechts, und die Engstelle von Terkiba liegt voraus. So weit fahren wir nicht! Bei **km 19,4,** 200 m vor der Engstelle steht links ein weißes Metall-Schild mit schwarzer arabischer Schrift und zwei große Werbe- bzw. Hinweisschilder der Agenturen Africa- und Fezzan-Tours. Der unbefestigte Weg, der hier abgeht, ist unsere Piste **(Pos. N 26°33,33′ / E 13°14,95′)!** Wir biegen also links ein (Vorsicht beim Überqueren der Gegenfahrbahn!) und folgen diesem Weg mal links, mal rechts (die Situation hier wird sich vermutlich immer wieder ändern) in nördlicher Richtung, bis wir den Rand der Dünen erreichen **(Pos. N 26°34,22′ / E 13°15,33′;** Punkt 5 der Karten). Dies ist unser Ausgangspunkt für die Dünenfahrt zum Mandara-See und – das sei hier vorweggenommen – auch zum Gabroon-See!

Der Platz hier ist ideal zum Übernachten, wenn man sich einige hundert Meter weiter im Osten hinter den Tamarisken-Hainen verbirgt. Unmittelbar am Rand der Oasengärten wurden auch die Camps der genannten Agenturen eingerichtet. Jetzt aber stellen wir den Tacho auf Null und reduzieren den Luftdruck auf Sandverhältnisse und noch etwas weiter: Es geht nämlich gleich tüchtig zur Sache! Wenn Sie ein wenig Zeit haben, sollten Sie die Einstiegsdüne erst zu Fuß erkunden!

Die Spuren führen über eine breite Sandrampe, und an einem liegenden Hochspannungsmasten vorbei, nach Norden auf die Dünen zu. Kurz darauf sind drei hintereinander gestaffelte niedrige Dünen zu queren; nach der dritten Düne geht es rechts in einen weiten und, wie Sie hoffentlich nicht bald schmerzlich feststellen müssen, auch sehr weichen Dünen-Kessel hinein: in diesem ein enormes Spurenknäuel all derer, die hier gerackert haben. (Anfang 2007 gestaltete sich der Übergang einfach: Ölsucher haben eine Rampe in die Düne geschoben, die einen fast pistenähnlichen Übergang ermöglicht. Sollten die Prospektionsarbeiten allerdings beendet sein, stellt sich sicher die alte, etwas schwierigere Situation rasch wieder ein, spätestens nach einem heftigen Sandsturm!) Raus geht es aus diesem Kessel nämlich nur ziemlich weit rechts drüben über einen enorm hohen Anstieg: Da hilft nur volles Rohr! Wenn Sie vorsichtig sind, haben Sie dort oben einen Mann/eine Frau postiert: Das erleichtert nicht nur Ihr Fahrzeug, sondern auch Sie – bei dem Gedanken, dass von dort oben möglicherweise jemand entgegenkommt in dem Augenblick, wo Sie mit allem, was der Motor hergibt, draufhalten! Zusätzlich kann der Wachposten bei dieser Gelegenheit einige „dramatische" Fotos schießen. Hoffen wir also, dass sie den Lift packen! Falls nicht, müssen Sie es eben mit weiteren Anläufen in der Kesselwandung versuchen. Vielleicht reduzieren Sie ja auch nochmals den Luftdruck. Aber dieser Einstieg ist schon wirklich ein haariges Stück, und ich habe dort schon unglaublich viele Sahariens schaufeln sehen – auch mit guten Fahrzeugen! Der Kessel hat unter Sahara-Fahrern fast schon so etwas wie Berühmtheit erlangt. Besonders einer unter ihnen, *Uwe George,* hat sehr anschaulich seinen Kampf in diesem Kessel geschildert: Beim ersten Sturmlauf hatte er die steile Düne nicht bezwungen; also rückwärts die gegenüberliegende Kesselwand hoch und erneuter Angriff ... der ihn jedoch weniger weit nach oben bringt als der erste; die zweite Rückwärtsfahrt in die Kesselwand gegenüber bringt ihn dort nicht so weit nach oben wie zuvor, die dritte Attacke endet also noch tiefer; wie ein ausschwingendes Uhrenpendel sah sich George am Grund des Kessels verdursten ... Er hat überlebt und darüber in einem Artikel berichtet, leider aber nicht erwähnt, wie er das Pendel-Problem löste!

Irgendwann haben Sie es geschafft und sind hinausgependelt (falls Sie aufgeben wollen – weiter oben ist die „einfache" Strecke beschrieben!); dann liegt vor Ihnen erst einmal eine weite Tenne, die Sie in Nordrichtung überqueren. Am Ende der Tenne geht es durch Dünentäler nach links raus, dann wieder rechts durch weite, unproblematische Kessel. Bei **km 4** legt sich eine steile Düne quer, die links umfahren wird. Eine weitere Tenne schließt sich an, weicher als die erste. Eine Richtung lässt sich bei all dem Gekurve nicht festlegen.

Bei **km 10** werden im Zickzack dreifach gestaffelte Dünenkordons umfahren, dann schließt sich eine weitere Tenne an. Die nächste Zickzack-Düne liegt dann bei **km 14;** jetzt sollten Sie einen Punkt ansteuern: Am Ausgang dieser Zickzack-Düne nämlich, am Beginn einer weiteren Tenne, befindet sich ein kaum sichtbarer **Abzweig:** Diese **Kreuzung** hat die **Pos. N 26°38,37′ / E 13°17,93′;** eine kaum noch erkennbare **Felge** liegt hier im Sand vergraben! Nordostwärts geht es nach Gabroon, nach Nordwesten (zunächst) Richtung Mandara. Wir fahren jetzt in nordwestlicher Richtung den Spuren folgend über die Tenne auf die Dünen zu. Halten Sie sich an die deutlichsten Spuren – es gibt mehrere, die die vor Ihnen liegenden Dünengürtel übersteigen; benutzen Sie einfach die, die befahren werden. Steil geht es dann hinab, durch ein enges Dünental wieder nach Nordosten; eine Walrückendüne am Ausgang des Dünentales wird nach Norden überquert, und dann liegt der Mandara-See vor uns, den wir auf dieser Route von Süden her erreichen. Im Ort Mandara sind wir dann ca. 5 km nach dem Abzweig von der Gabroon-Strecke.

Die Strecke nach Gabroon

Sie beginnt in diesem Fall an dem oben genannten **Felgen-Abzweig.** Falls Ihr Ziel ohnehin Gabroon war, fahren Sie von diesem Abzweig direkt in Richtung Nordost weiter. Es geht über eine weite, abfallende Tenne auf ein Tal zu, in dem wir uns dann weiter aufhalten: Es ist bereits das Gabroon-Tal, ein Paralleltal zum Mandara-Tal. Probleme bereiten nur noch verschiedene querliegende Dünen, die das Tal verriegeln und deshalb überquert werden müssen. Sie sind aber insgesamt eher harmloser Natur: Nichts gleicht der Einstiegsdüne!

Bei **km 21** ist eine weitere Düne im Zickzack zu bewältigen. Dann öffnet sich das Tal endültig: Der Bewuchs zeigt an, dass das Grundwasser hier nicht mehr weit ist. Festerer Untergrund bündelt alle Spuren und lässt eine richti-

Seen im Idhan Ubari / notiert von Dr. Werner Nöther

Name/Koordinaten		Datum	Bemerkungen
1	**Mandara** N 26°41,81′ E 13°18,44′	**22.07.93** W. Nöther	Pos.: runde(r) Zisterne/Brunnen am Westufer; permanent/(temporär?) 2006 kein Wasser!); bis Sept. 1990 besiedelt
2	**Um el Ma** N 26°42,69′ E 13°20,28′	**22.07.93** W. Nöther	Pos.: Ostende des Sees; permanent
3	**Loghlogh?/El Wadi?** N 26°45,63′ E 13°27,45′	**05.04.95** W. Stanzel	im gleichen Tal wie Gabron; temporär
4	**Tazroufa/Tamziz?** N 26°46,273′ E 13°28,354′	**14.08.95** W. Nöther	im gleichen Tal wie Gabron; 2006 kein Wasser, grünes Rohr; temporär
5	**Mahfou** N 26°47,31′ E 13°30′36′	**23.07.93** W. Nöther	im gleichen Tal wie Gabron; permanent
6	**Gabron/Gabroon** N 26°48,17′ E 13°31,81′	**23.07.93** W. Nöther	Pos.: Ortsmitte, neben Wasserturm; permanent; bis Sept. 1990 besiedelt; Touristencamp
7	**Name?** N 26° E 13°23,528′	**13.08.95** W. Nöther	Seen No. 7–9 im gleichen Tal südl.; Nebental zum Tal von Gabron; ehemaliger See
8	**Mahar(o)uga** N 26°42,818′ E 13°25,133″ **Mahar(o)uga** N 26°43,199′ E 13°25,716′	**13.08.95** W. Nöther **14.08.95** W. Nöther	Pos. am SW-Ende; Wasser, Rohr permanent; See sehr langgestreckt, permanent nur am SW-Ende; Pos. am NO-Ende (trocken)
	Mahar(o)uga N 26°43,245′ E 13°25,684′	**14.08.95** W. Nöther	Reste von ca. 20 Zeribas; früher permanent bewohnt?
9	**Edouissa** N 26°44,055′ E 13°27,733′	**14.08.95** W. Nöther	ehemaliger See
10	**Name?** N 26°46,30′ E 13°25,27′	**23.07.93** W. Nöther	Seen No.10 und 11 in nördl. Nebental von Gabr(o)un; außer Palmen auch Gras, Boden unter Kruste etw. feucht; ehem. See
11	**Scheleghmin?** N 26°47′63″ E 13°27′78″	**23.07.93** W. Nöther	Boden teils feucht, ehem. See (temporärer See?)

Name/Koordinaten		Datum	Bemerkungen
12	**Tademka** N 26°56,095' E 13°39,887'	**14.08.95** W. Nöther	kleiner, malerischer See; Süßwasser, Rohr mehr als 3 m hoch
13	**El Beher?** N 26°53,405' E 13°33,330'	**15.08.95** W. Nöther	15.08.95: Wasser; 02.04.94: kein Wasser; temporär
	El Beher? N 26°53,389' E 13°33,237'	**15.08.95** W. Nöther	ehem. Lagerplatz: alte Dosen, viel Asche, Feuersteinabschläge, Tonscherben, Rest einer sehr kleinen Zeriba
14	**Tingherzan** N 26°53,659' E 13°30,015'	**15.08.95** W. Nöther	kein Wasser, grünes Rohr; temporär
15	**Um el Hassan** N 26°54,985' E 13°28,873'	**15.08.95** W. Nöther	größter der Seen; permanent; Pos am Nordostufer
	Um el Hassan N 26°54,972' E 13°28,900'	**02.04.94** W. Nöther	Siedlungs-(?)/Lagerplatz; u.a. Zeriba-/ Zaunreste
16	**Name?** N 26°55,515' E 13°27,240'	**15.08.95** W. Nöther	mehrere, deutliche alte Karawanenpfade westl. des Sees
17	**Tr(o)una** N 26°55,723' E 13°22,976'	**16.08.95** W. Nöther	Pos. etwas südl. der Seemitte; Wasser, Salzkrusten; permanent
	Tr(o)una N 26°55,525' E 13°23,130'	**16.08.95** W. Nöther	Ortschaft, Pos. neben alter Moschee; ca. 20 Stein-/Lehmgebäude (verfallen), Zeribas, Eukalyptus-Bäume, Rinderschädel, kleines Eisenboot
18	**Nech Nouna/** Nech Nouchia N 26°56,819' E 13°23,995'	**16.08.95** W. Nöther	Wasser (Pfütze), Salzkrusten; permanent; Rest eines kleinen Steingebäudes im Steilufer; im gleichen Tal wie Truna
19	**Fredgha** N 26°55,904' E 13°21,013'	**16.08.95** W. Nöther	Wasser, Salzkrusten; im Nachbartal von Truna; südwestl. des Sees frisch gegrabenes Wasserloch, Feuerstelle, Vorräte
	Fredgha N 26°56,014' E 13°20,967'	**16.08.95** W. Nöther	Reste kleiner alter Zeribas, ca. 20–30 in mehreren Gruppen, Feuerstellen, Tonscherben
20	**Um el Ress/** **Oum el Ressas** N 26°53,030' E 13°17,370'	**01/2005** G. Schmid	See, wahrscheinlich permanent

Name/Koordinaten		Datum	Bemerkungen
21	**Name?** N 27°00,447' E 13°25,032'	**17.08.95** W. Nöther	ehem. See; viele Palmen
22	**Name?** N 26°51,130' E 13°35,200'	**01/2005** G. Schmid	ehem. See, Palmen
23	**Name?** N 26°41,873' E 13°4,278'	**2005,** M. Leischner **2006,** W. Seel	weit im Westen (außerhalb des Kartenausschnitts), fast ganz trocken, Dreiecksform, Palmen und Büsche
24	**El Anba/El Emba** N 26°56,663' E 12°58,674'	**14.10.95** J. Wagner	weit im Westen (außerhalb des Kartenausschnitts), Doppelsee, einer meist trocken

334 Foto: gg

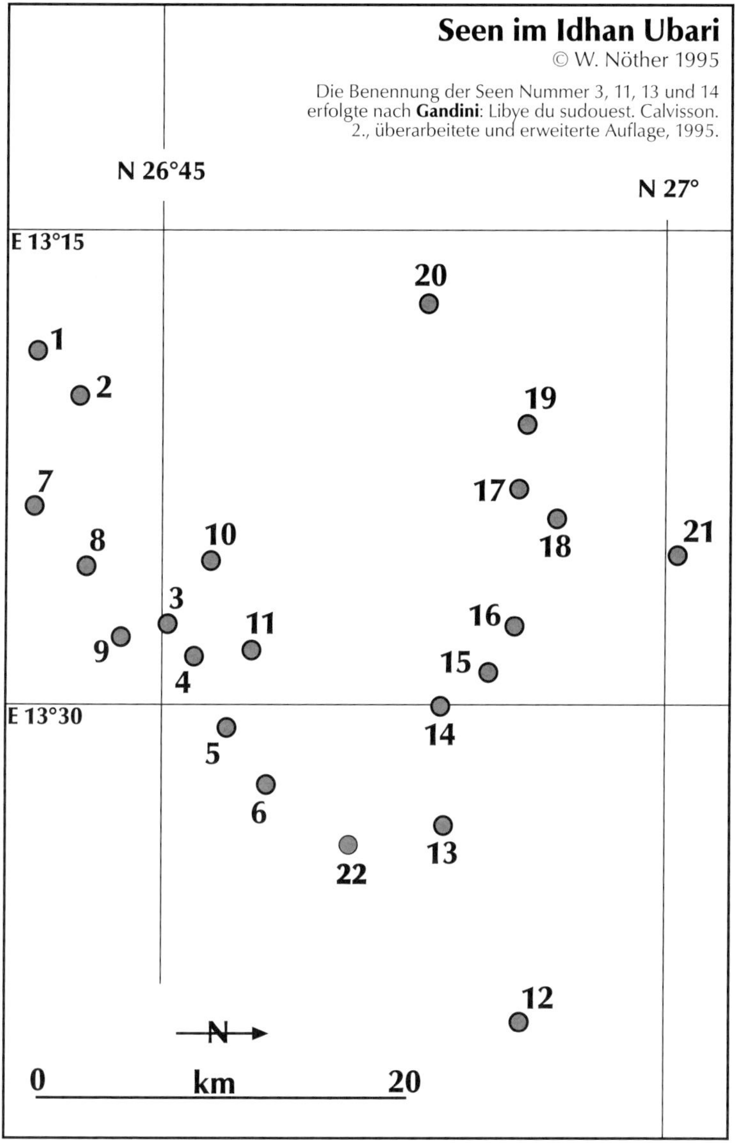
Seen im Idhan Ubari
© W. Nöther 1995
Die Benennung der Seen Nummer 3, 11, 13 und 14
erfolgte nach **Gandini**: Libye du sudouest. Calvisson.
2., überarbeitete und erweiterte Auflage, 1995.
N 26°45
N 27°
E 13°15
E 13°30
20
1
2
19
7
17
18
21
8
10
3
16
11
9
4
15
14
5
6
13
22
12
N
0
km
20

ge Piste entstehen. Dabei halten wir uns am rechten Talrand. Palmen stehen im Tal: Bei **km 38** erreichen wir den **Fredra,** einen fast ausgetrockneten See, in dem sich nur noch gelegentlich Pfützen bilden. Immer weiter geht es in nordöstlicher Richtung, bis erneut dichter Bewuchs Wasser anzeigt: Hinter undurchdringlichem Schilf befindet sich der tiefe und nicht sehr salzige **Mafu (km 45),** und schließlich sind wir beim größten der südlichen Seen, dem **Gabroon** bei **km 49, Pos. N 26°48,48′ / E 13°32,65′** angelangt. Wie eine Wand steht die riesig hohe Düne hinter See und Ort. Die Piste erreicht den See auf der Dorf-Seite: Alle Häuser sind verlassen, die Moschee als einziges Gebäude erfährt noch eine Pflege. Auch modernere Gebäude stehen dazwischen; bis zuletzt wurde wohl versucht, den Ort zu halten. Die Bewohner wurden nach New Gabroon umgesiedelt, etwa 7 km östlich von Terkiba. Am See entlang windet sich die Piste bis ans nördliche Ende: Hier liegen das Campement für Touristen und Cafés. Die Übernachtung in einer der Palmblatt-Hütten soll 15 LD/Nacht kosten. Trinkwasser wird zur Verfügung gestellt; der See lädt zum Baden ein; sein hoher Salzgehalt verhindert allerdings, dass Sie Ihre Schwimmlust so richtig ausleben können – wie im Toten Meer dreht es Sie immer mit dem Bauch nach oben ... In den Weihnachtsferien herrscht hier Leben wie auf dem Jahrmarkt. Dies machen sich auch verschiedene Tuareg (vor allem aus dem Niger) zunutze: Sie bieten hier eine reiche Auswahl an Schmuck und anderen Dingen an. Und den ganz Sportiven eröffnet sich gar die Möglichkeit, für wenig Geld (5 LD) Skier oder Snowboards auszuleihen, und damit endlich mal das Dünensurfen zu versuchen ...

Sonstiges: Wenn Sie nach all dem immer noch nicht genug von Dünen-Abenteuern haben, seien Ihnen noch Hinweise auf weitere Seen gegeben, die ich alle selbst (noch) nicht kenne. Die Seen gehören im Gegensatz zu den Mandara-Seen (vor allem Mandara und Gabroon), die eine südliche Gruppe bilden, zu einer Gruppe im Norden: Neben dem Um el Hassan, der als größter See des Daouada-Gebietes gilt, ist dies der relativ bekannte Trouna, fünf Dünenzüge weit im Nordosten von Gabroon. Der **Trouna (Pos. N 26°54,88′ / E 13°28,68′)** wird wie die anderen im Norden sehr selten angefahren, deshalb werden Sie kaum Spuren dorthin finden. Früher wurde dort Natron hergestellt, und die ortsansässige Bevölkerung verkaufte bzw. tauschte es an Karawaniers, die ab und zu in diese Dünenwildnis kamen. Natron wurde beim Tabakkauen und zum Färben und Gerben benutzt – in den südsaharischen Ländern gehört es noch heute zum Standard-Angebot der Märkte.

Ein weiterer See der nördlichen Gruppe, am weitesten im Osten, ist der Tedemka (ich habe ihn vor Jahren mit Führer besucht, erinnere mich aber nicht mehr an den Weg und die Lage!). Ebenso unbekannter Lage ist der Amuna; auch er gilt den Daouadas als verhext. Ganz im Westen, in der Region von Ubari, sollen die kleineren Seen Nemba und Oglat liegen. Nach dem

315 Foto: ed

Nemba habe ich vergeblich gesucht und gehe davon aus, dass er in „normalen" Jahren ausgetrocknet ist. Er liegt angeblich irgendwo im Verlauf der Strecke Ubari – Idri (vgl. Liste auf den Seiten zuvor).

Vom Gabroon-See nach Süden direkt nach Bant Baya (Route A 10)

Auf der beschriebenen Strecke (mitgeteilt von *O. Renzler/P. Huber*) finden sich immer wieder Reifen als Strecken-Markierung:

Pos. N 22°48,48′ / E 13°32,65′, Gabroonsee. Direkt ans Talende und dort nach Osten drehen und über die ersten Dünen hinweg. Dann folgenden Positionen folgen:

N 26°48,08′ / E 13°36,12′;

N 26°47,62′ / E 13°36,88′;

N 26°46,62′ / E 13°37,80′;

N 26°45,55′ / E 13°38,18′, Dünenkamm;

N 26°44,47′ / E 13°38,85′, km 23 seit dem See, Reifen und Schild mit arabischer Aufschrift;

N 26°43,32′ / E 13°38,93′;

N 26°42,93′ / E 13°38,98′;

N 26°41,80′ / E 13°39,08′, Reifen;

N 26°41,50′ / E 13°38,90′, 7 km seit der letzten Kilometer-Angabe, Dünenkamm, Ortschaft Bant Baya kommt erstmals in Sicht;

N 26°40,29′ / E 13°38,80′, Ausstiegs- bzw. in umgekehrter Richtung Einstiegsdüne). Schwierige Wegsuche durch Gärten und Häuser bis zur Asphaltstraße (eine Nebenstraße, die ins Dorf und zur Hauptstraße Route A 10 führt): **N 26°39,08′ / E 13°39,30′** (großer Baum). Immer wieder wird auch aus dem Erg heraus direkt nach Osten in Richtung Sebha gefahren; dies war früher, als die Strecke Sebha – Ubari noch nicht asphaltiert war, der eher übliche Zugang von Sebha aus zum Gabroon-See.

316 Foto: gg

Ein Bild aus vergangenen Tagen: Daouadas in Gabroon

Route A 15:
Maknusa – Murzuk – Timsah

- *Durchgehend asphaltiert; auf Straßenschäden wird im Text verwiesen; Verkehr sehr gering. 105 km bis Murzuk, dann 214 km bis Timsah; gesamt 319 km.*
- *Michelin-Karte 741 und Geo-Projects-Karte.*

Die hier beschriebene Route führt von den touristisch interessanten Gebieten des Fezzan in Richtung des am häufigsten besuchten Gebietes Südlibyens, des Wau an Namus (vgl. Route B 3). Dabei streift sie einstmals so berühmte Oasen wie Murzuk, Traghan oder auch Zuwaylah.

km 0: Abzweig von der großen Verbindungsstraße Sebha – Ghat bei Maknusa nach Süden: Die bestens asphaltierte, zweispurige Straße, die vom vierspurigen Wadi Adjal aus an dieser Stelle nach Süden führt, steigt leicht an und folgt einem der legendären Pässe des Karawanenzeitalters: Hier, am **Bab al Maknusa**, dem Maknusa-Tor, besteht und bestand eine der wenigen Möglichkeiten, die Msak Mustafit-Schwelle problemlos zu überschreiten. Dies nutzten die in Süd-Nord-Richtung ziehenden Karawanen seit Jahrtausenden und in ihren Spuren dann Heinrich Barth auf seiner Reise im Jahr 1850 genauso wie noch später die Straßenbauer. Vom nahebei gelegenen Ksar Laroku wurde der Karawanenverkehr kontrolliert.

Bereits nach 4 km sind wir, dem weiten Tal folgend, oben. In den Flanken des sich hier auflösenden Plateaus findet sich viel versteinertes Holz. Rechts (im Westen) und etwas abseits der Straße finden sich im flachsandigen Gelände mehrere garamantische Grabanlagen. Die Felswände und senkrechte Flächen einzelner Steinblöcke sind von Felsgravuren bedeckt, unter denen vor allem eine Häufung von Giraffen-Darstellungen auffällt. So kann man sich leicht vorstellen, dass die freien und weiten Flächen, in die die Straße jetzt hinauszieht, einst Savannen-Weiden für große Giraffenherden darstellten. Mit diesem Bild vor Augen fährt es sich bedeutend leichter gen Süden!

Moderne Agrartechnik bei **km 21:** Wir erreichen ein Projekt (Vorsicht: heftige Querrinnen als Speedbreaker!), dessen grüne Bewuchszone in der blendenden Helligkeit des umgebenden Sandgeländes fast schwarz wirkt. An seinem Südrand liegt ein Kraftwerk: Hier wird der Strom für all die Pumpen produziert, die das Grundwasser zur Bewässerung der riesigen Flächen ans Tageslicht befördern. Eine Tankstelle folgt bei **km 26.** Vorbei geht es an einem Brunnen, an dem oft Kamelherden von Tuareg aus dem Niger getränkt werden, die als Lohnhirten angestellt sind. Wir queren ein breites Wadi mit lockerem Akazienbewuchs. Dann geht es bei **km 44** über flache Schichtstufen durch deckungsloses Serir-Gelände. Eine weitere Projektfläche schließt sich an bei **km 47,** dazwischen Tamarisken-Kupsten, die Grundwasser anzeigen. Bei einem leichten Straßenknick ostwärts geht nach Westen weg eine kleinere Hochspannungsleitung (ungefähr bei **km 50:** Ich habe mir diesen km-Stand nie notiert, da die Hochspannungsleitung früher immer ausreichend Orientierung bot! Die GPS-Position für den Abzweig ist **N 26°07,58′** / **E 13°27,22′**): Der Leitung entlang führt eine kleine Piste nach Westen in Richtung Wadi Mathendous (vgl. Route A 12); die von Germa herabführende Straße bzw. Trasse ist von hier nach ca. 55 km erreicht.

Die Vegetation nimmt zu, Friedhöfe liegen im Gelände. Im Osten sind dann alte Lehmruinen zu sehen: Wir haben wieder eine jener Libyen-typischen Oasen-Zonen erreicht. Hier ziehen sich über Hunderte von Kilometern vom Westen her zunächst das Wadi Barjuj (in seinem Oberlauf das Mathendous!), dann das Wadi Aberho und das Wadi Endscharren (im Nordwesten), schließlich das Wadi Nschua; alle enden sie weit drüben im Osten in der **Etba-Senke** in ausgedehnten Salztonflächen. Die Brunnen und Akazientäler, die wir am Wegesrand gesehen haben, gehören alle diesen Talsystemen an, die sich von West nach Ost erstrecken. Seit jeher beliebte Weidegebiete der Nomaden, dienten die Oasen in ihren unteren Verläufen als Versorgungsbasen, auch den in Nord-Südrichtung durchziehenden Sahara-Karawanen.

Mit **Tesawa** (diesen Ort haben wir im Bereich von **km 60** erreicht bzw. umfahren ihn auf seiner Südseite) sind wir im westlichsten Ort der so genannten **Hofra-Oasen,** die sich unserem Weg folgend bis hinüber zur östlichsten, Timsah, erstrecken. Ausgedehnte moderne Palmpflanzungen, Moscheen, Richtfunkmasten, ein Krankenhaus, eine Tankstelle, immer wieder auch Ruinen alter Besiedlungsreste, ein Umspannwerk – hier mitten im Herz der Sahara liegt ein lebhaftes Kulturland; seine mehr oder weniger hübschen Zeugnisse begleiten uns bis zu **km 77.** Erst jetzt erreichen wir wieder vorübergehend freies Gelände. Die Straße ist dabei in etwas schlechterem Zustand, wie das in Libyen innerhalb besiedelter Zonen ja so oft der Fall ist. Bei Einmündungen oder Abzweigen folgen wir stets geradeaus der Hauptstraße.

Von Süden her nähert sich erneut eine Bewuchszone, Müllhalden künden einen größeren Ort an: Bei **km 103** hat die Straße wieder zwei getrennte Richtungsfahrbahnen, und bei **km 105** sind wir schließlich in Murzuk.

Murzuk مرزق

Geschichte

Nur wenige Städte in der Sahara haben einen Klang wie diese; kein noch so dürftiger Atlas, der diesen Ort nicht aufführen würde: Drehscheibe des Karawanenhandels, an der Mitte des Weges zwischen Schwarzafrika und den Mittelmeergestaden gelegen, größter und bedeutendster Sklavenmarkt der Sahara, Herrschaftszentrum aller Machthaber in diesem Raum – kein Reisender, der sich zu diesem Ort nicht äußert. *Heinrich Barth* beschreibt die letzten Stunden vor und die Ankunft in dieser Stadt: *„Wir hegten alle den lebhaften Wunsch, heute die erste große Station unserer Reise zu erreichen, und waren demnach in aller Frühe in voller Tätigkeit; da sich aber einige Kamele verlaufen hatten, konnten wir nicht so zeitig aufbrechen, als wir gewünscht. (...) So erreichten wir die Mauern der Stadt, welche aus einer Art Lehm gebaut ist, der ganz von salzigen Inkrustationen glimmert. Wir umzogen die ganze West- und Nordseite der Stadt, die beide kein Tor haben, das groß genug für eine Karawane wäre, und machten an der Ostseite Halt, unweit vom Lagerplatze der Pilgerkarawanen, welche auf ihrer Heimreise von Ägypten nach Marokko und Tauat begriffen waren."*

Zwei Umstände waren es, die der legendären Karawanenstadt, damals 7000 Einwohner groß, den Niedergang brachten; Barth nennt einen: Umgeben von Salzsümpfen, wurde der Ort in der wärmeren Jahreszeit immer wieder von **Malaria-Epidemien** heimgesucht. Auch Forschungsreisende blieben nicht verschont. *Gustav Nachtigal* etwa schreibt in Murzuk: *„Im folgenden Monat Mai ereilte auch mich das Schicksal der Malaria-Vegiftung und zwar in sehr intensiver Weise."* Dies führte dazu, dass schließlich den *„... ewig kranken Europäern, die mit ihren Krankheiten die Einheimischen infizierten ..."* (nach einem Bericht des türkischen Sultans) der Aufenthalt in der Stadt nur noch während der drei kühlen Wintermonate erlaubt wurde.

Der zweite Umstand, der den Fall der Stadt bedingte, war das **Verbot des Sklavenhandels;** Murzuk verlor damit seine wichtigste „Ware“: 90% des Umsatzes waren zuvor auf den Handel mit schwarzen Sklaven entfallen.

In der kolonialen Phase erinnerte sich auch Italien wieder des Renommés der legendären Karawanenstadt, konnte den Ort aber erst 1914 erobern. Bereits Ende desselben Jahres ging die Stadt wieder verloren. Ein LKW-Konvoi – einer der ersten in der saharischen Geschichte – drang gegen Aufständische bis Murzuk vor, um die von den Rebellen bedrängte italienische Besatzung des Forts von Murzuk zu evakuieren. Es dauerte 15 Jahre, bis die Italiener die Stadt zurückeroberten und die nächsten Automobile Murzuk erreichten (nach *W. Nöther*).

Heute ist nur wenig geblieben von dem, was die einstige Bedeutung des Ortes bezeugen könnte. Immerhin das Fort steht noch und kann besichtigt werden (vgl. Stadtplan). Auch das einst so gepriesene „sudanische Flair“ des Marktes macht bei nüchterner Betrachtung eher einer symphatischen Verschlafenheit Platz; nur einige wenige Tubu-Frauen bieten noch ein spärliches Angebot an Dingen aus der Südsahara zum Kauf feil. Das ist der (traurige) Rest des früher berühmten **„Frauenmarktes“:** Nein, nicht Frauen werden dort angeboten, sondern Frauen bieten vor allem vormittags Waren an, etwas für den nordafrikanischen Raum geradezu Sensationelles, wo Frauen auf dem

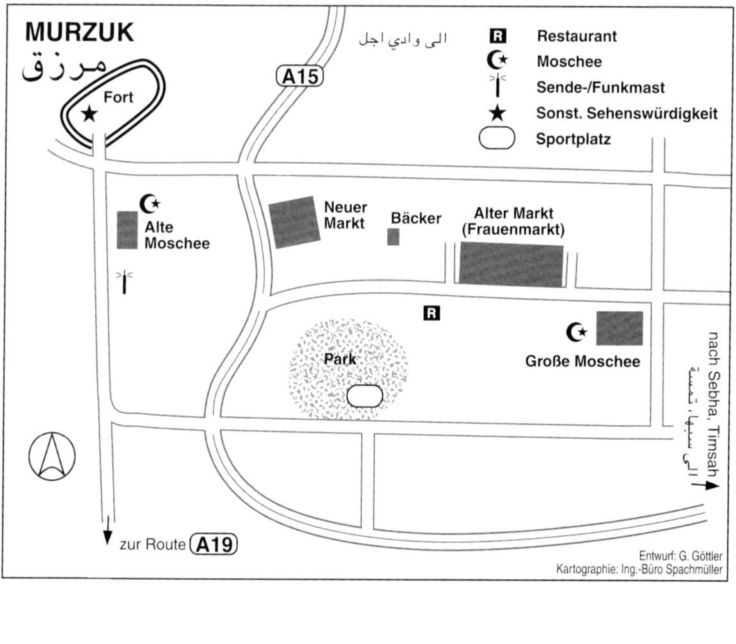

Markt ja nichts zu suchen hatten. Hier machten sich aber bereits südsaharisch-sahelische Einflüsse bemerkbar, Einflüsse aus Regionen, in denen Frauen den Ton auf den Märkten angeben, wo sie Händlerinnen und Einkäuferinnen sind.

Praktische Infos

Unterkunft

Kein Hotel! Die Jugendherberge ist geschlossen; in ihr ist zurzeit eine Polizeischule untergebracht.

Camping

- Eine Art öffentlicher Picknick-Platz, der sich mit Dusche und Toilette gut als Campingmöglichkeit eignet, liegt im Süden der Stadt auf **Pos. N 25°52,342′ / E 13°54,156′.** 5 LD/ Person.

Essen und Trinken

Eine Lebensmittelversorgung ist nur mit Einschränkungen möglich.

Sonstiges

- **Keine Bank!**
- **Volkskundemuseum** im Fort, 1 LD Eintritt.

km 0/2: Ortszentrum Murzuk.

Auf nachts beleuchteter, vierspuriger Straße verlassen wir Murzuk in Richtung Osten. Bei **km 2** passieren wir das moderne **Krankenhaus** am Ortsrand. Ein Kontrollposten bei **km 4** ist selten besetzt; die Straße wird jetzt wieder zweispurig. Sie bleibt gut bis Traghan. Projektflächen ziehen sich hin, eine Hochspannungsleitung begleitet uns. Relativ weit im Süden der Straße bleiben Ortschaften, Weiler, Gärten und Felder, dahinter die Sebkhen-Flächen und in noch weiterer Entfernung hinter diesen die Dünen des Murzuk-Ergs (Idhan Murzuq): 10 km sind es von der Straße aus bis dorthin. Die Straße hält sich eher außerhalb der besiedelten Zonen, kommt ihnen aber immer wieder nahe; in Siedlungsbereichen wird sie fast immer vierspurig bzw. ist durch einen Mittelstreifen getrennt und auch beleuchtet. Der Verkehr in diesem Bereich und bis zum Abzweig nach Al Katrun ist recht dicht.

Freies Gelände mit Buschpalmen bietet sich für Pausen von **km 19** bis **20** an; nach einem mit Tamarisken bestandenen Oued geht es dann wieder über freie Serirfläche. Die Vegetation liegt nicht weit entfernt im Süden. Ab und zu sehen Sie vielleicht auch größere Kamelherden, ihre Besitzer nahebei mit Pritschenwagen: Viele Kamele kommen aus der Südsahara, werden von Tuareg oder Tubu zu Fuß durch die Sahara getrieben und dann in diesem Raum zwischenverkauft. An die Stelle der Sklaven sind heute die Kamele getreten; sie bilden einen wichtigen Wirtschaftsfaktor im privatwirtschaftlichen Sektor dieser Hofra-Oasen.

Mit industrieller Agrartechnik bestellte Flächen wechseln mit freien Geländestücken, dann wird die Besiedlung wieder deutlich dichter (Müll!), und schließlich erreichen wir bei **km 52** eine große Kreuzung mit Tankstelle und einem Kontrollposten, der immer besetzt ist (Abzweig der Route A 16 nach Norden und Abzweig einer Variante der Route A 17 in südöstlicher Richtung): Wir sind auf Höhe der großen **Oase Traghan.** Der Verkehr an diesem Kontrollposten ist stets lebhaft, so dass wir eventuell eine kurze Wartezeit hin-

321 Foto: gg

nehmen müssen, bis wir in unserer Richtung weiterfahren dürfen (wir biegen also nicht auf die halbrechts zum Ort führende Straße ab).

Die Straße wird jetzt wieder schlechter; Löcher im Belag bleiben aber noch umfahrbar. Von rechts münden mehrfach Wege aus der Ortschaft; wir passieren ein großes Kraftwerk. Der Ort bleibt zurück, über unansehnliche Serirflächen fahren wir Richtung ONO und erreichen bei **km 91** den Abzweig zum Ort **Um al Aranib** (= „Mutter des Hasen"): Dieser Ort hatte früher einen gewissen Bekanntheitsgrad unter Sahara-Reisenden, war er doch in den Vor-Asphalt-Zeiten Ausgangspunkt für die Reise zum Wau an Namus oder hinab nach Al Katrun und weiter in den Niger. Auch die Michelin-Karte zeigt ganz anschaulich, dass sich – ausgehend vom Murzuk-Erg – ein lang gezogener Sanddünen-Finger entlang der Hofra-Senke bis hinüber nach Timsah erstreckt. Dieser wurde entweder sehr, sehr weit im Osten umfahren (die Michelin-Karte zeigt auch hier noch die alten Pistenverläufe) oder eben hier in Um al Aranib überfahren: Hier war die Dünenbarriere erstmals – von Westen kommend – so schmal, dass sich das dahinter liegende, nach Süden führende feste Sandfeld leicht erreichen ließ; hier querte also, wer problemlos die genannten Süd-Ziele erreichen wollte. Der Übergang war markiert und wurde deshalb in vielen Reisebeschreibungen mit dem Namen „Fähnchen-Düne" versehen.

Heute fahren wir an Um al Aranib vorbei weiter nach Osten. Die Projektfelder bleiben im Süden; teilweise wird hier Baumwolle angepflanzt! Baumwol-

„Frauenmarkt" in Murzuk

le – mit fossilem Wasser bewässert! Bei **km 96** passieren wir ein weiteres Kraftwerk. Wenig später sind wir auf Höhe einer kleinen Ortschaft **(km 102).** Die Tankstelle, die etwa 100 m abseits der Straße liegt, hat geschlossen, Sie sollten also bereits in Um al Aranib auftanken! Nahebei (hinter der Moschee) liegt eine Jugendherberge (5 LD pro Person). Ab **km 105** geht es wieder durch freie Sahara-Landschaft: Im Süden sind Palmgebüsche mit kleinen Dünen und Sebhken-Flächen zu sehen, alles in erreichbarer Entfernung zur Straße. Nachtplätze bieten sich an.

Bei **km 108** erreichen wir eine große **Kreuzung** im freien Gelände: Nach Süden zweigt die **Straße nach Al Katrun** ab (eine Variante der Route A 17 a), nach Norden führt eine andere Straße zu der malerisch vor einer Plateau-Stufe liegenden Oase El Bdir (A 21).

Weiter geradeaus nach Osten! Eine flache Stufe führt uns hinunter in ein breites Oued; wieder lassen sich schöne Übernachtungsplätze zwischen Tamarisken und Buschpalmen finden. Die Dünen des Murzuk-Ergs kommen jetzt erstmals nah und gut sichtbar an die Straße. Von einem Hügel aus bietet sich dann in unserer Fahrtrichtung ein weiter Ausblick: Dünen liegen hinter der weißen Sebkha, davor eine moderne Oase – die Häuser von **Zuwaylah.** An einem Abzweig bei **km 133** (nahebei befindet sich eine Tankstelle) geht es rechts in den Ort hinein: Hier finden sich die in der Michelin-Karte vermerkten „Gräber".

Zuwaylah زويلة

Zuwaylah war nach der Eroberung der libyschen Nordregionen während einer

322 Foto: gg

langen Periode (900–1200) die Hauptstadt des Fezzan. Aus dieser Zeit datieren Mauer- und Ruinenreste gegenüber der Polizeistation und das imposante, palastähnliche Fort in der Altstadt, deren sahelisches Gepräge (Stilelemente, die sonst nur im Haussa-Gebiet vorkommen) erkennen lässt, dass hier auch Tubu-Regenten und andere südsaharische Völker ihren Herrschaftssitz hatten. Zuwaylah wurde in der Folgezeit vom Königreich Kanem-Bornu erobert, das dann allerdings Traghan zu seiner Hauptstadt erkor. Auf der Südseite von Zuwaylah liegen unweit der Hangstufe zur Sebkha die **Grabtürme von es-Sabah.** Diese werden derzeit nach Art eines Freilichtmuseums aufwendig renoviert. Offensichtlich finden hier auch Konzerte und sonstige Auftritte statt – Sie werden überrascht sein, für wie viele Besucher in diesem abgelegenen Teil der Sahara dabei Parkplätze angelegt wurden ... Weniger schön ist, dass die **Polizisten** im Ort ihre Arbeit gerade Touristen gegenüber immer wieder sehr ernst nehmen. Nachdem ich dies selbst schon erleben musste (der überaus wichtige Chef war nicht verfügbar und musste erst überall gesucht werden, Zeitaufwand: 1 Stunde!) und damals für einen Zufall hielt, berichten jetzt verschiedentlich auch Leser von entnervenden Kontrollen. Wer sich also für die (eigentlich besuchenswerten) Grabtürme von es-Sabah nicht sonderlich interessiert, bleibt besser draußen auf der Umgehungsstraße.

Grabtürme von es-Sabah

Unter diesen Umständen wundern einen dann auch die Klagen der örtlichen Zweigstelle der **Agentur Winzrik** über ausbleibende Touristen nicht mehr. Immerhin bietet Winzrik **Unterkunft** in einem bescheidenen Resthouse, dessen Manager gleichzeitig der örtliche Schulleiter ist (in Libyen scheinen Lehrer eher schlecht bezahlt zu werden, ich traf gar einen, der seinen Beruf zugunsten der einträglicheren Imkerei an den Nagel gehängt hatte!): *Abusalam Ali,* Tel. 737/2025, oder *Mohamed Emhemed Asherif,* Tel. /2014 (privat). Die Agentur bietet Geländewagen-Touren zum Wau an Naums oder in die Haruj an (mit Fahrer 150 LD/Tag); die Fahrzeuge stehen jedoch nicht immer zur Verfügung.

Zurück auf der Straße sind wir bei **km 142:** Weiter führt der Weg nach Osten, jetzt einer flachen Plateau-Stufe entlang, die jedoch keinerlei Deckung bietet. Die Straße ist jetzt wieder in bestem Zustand und führt uns rasch über weite Serir- und später auch Sandflächen auf Timsah zu. Die (oft trockene) Tankstelle ist bei **km 213** erreicht, die Straße wird vierspurig. Speedbreaker drosseln das Tempo bei der Einfahrt in die Ortschaft **Timsah (km 214).**

Geradeaus führt die Hauptstraße durch den kleinen, aus modernen Häusern bestehenden Weiler; am Ortsende geht der Asphalt unvermittelt in eine straßenbreite Piste über: Wir stehen am Beginn der Route B 3, die hinab zum Krater von Wau an Namus in der Extremwüste Südlibyens führt **(Pos. N 26°23,70′ / E 15°47,00′).**

Route A 16:
Traghan – Ghoddua – Sebha

- *Durchgehend asphaltiert; auf Straßenschäden wird im Text verwiesen; Verkehr mäßig. Gesamt 129 km. Die hier beschriebene Route stellt für Hin- oder Rückreise auf der Strecke südlich Sebha zum Wau an Namus die kürzeste und schnellste Verbindung dar.*
- *Michelin-Karte 741 und Geo-Projects-Karte.*

km 0: Tankstelle am Ortsrand Traghan am Abzweig bei km 52 östlich von Murzuk an der Verbindungsstraße Murzuk - Zuwaylah; Polizeiposten: Hier herrscht oft lebhafter Verkehr. Wenn man abgefertigt ist (der Posten ist nicht immer besetzt), beginnt die Fahrt nach Norden. Die Straße ist zwischen den Projekt-Flächen zunächst noch vierspurig, wird dann aber am Ortsrand zweispurig.

Über langweilige Ebenen mit zunächst dunkler, dann hellerer Feinsteinauflage geht es nordwärts. Die Straße ist in sehr gutem Zustand, was offensichtlich viele dazu veranlasst, für die oft herrschenden hohen Temperaturen zu schnell zu fahren: Ich glaube nicht, dass Sie irgendwo noch einmal eine Straße finden werden, die so von Reifenschrott gesäumt ist wie diese!

Ghoddua (Ghudwah)

Im ebenen Gelände ist Ghoddua schon auf Kilometer im Voraus zu sehen! Eine Tankstelle **(km 58)** befindet sich am Ortseingang Nord. Wir passieren einen hübschen Friedhof mit Marabut. Drei Speedbreaker verhindern, dass Sie den Ort zu schnell durchfahren.

Nördlich der Oase fahren wir noch einige Zeit an einer im Westen der Straße liegenden Bewuchszone aus Buschpalmen entlang; das Gelände ist dabei in Ortsnähe stark vermüllt; mit der Entfernung wird die Situation dann aber immer besser.

Bei **km 64** steht an einer Kreuzung ein Umspannwerk; wir fahren hier geradeaus. Wir sind im Unterlauf des **Wadi Aberho:** An seinem sandigen Rand stehen Tamarisken-Kupsten, besonders im Bereich von **km 65** sind hier sicht- und windgeschützte Nachtplätze vorstellbar. Dann geht es durch freie Landschaft mit Kamelweide; das Gebiet gehört jetzt schon zu den Etba genannten, weiten Salztonflächen. Die Straße zieht schnurgerade hindurch und führt dann wieder über sandig-feinsteinige Flächen der Serir Umm Alla. Die uns begleitenden Hochspannungsleitungen verzweigen sich - das ist fast die einzige Abwechslung, die die Landschaft bietet!

Ein Stück des Weges (**km 79** bis **90**) wird die Straße schlechter, Löcher lassen sich aber noch umfahren. Dann beginnt neuer Asphalt. Bei **km 87** überqueren wir eine flache Schichtstufe: An ihren Rändern lassen sich eventuell sichtgeschützte Nachtplätze finden.

Im Bereich von **km 100** durchqueren wir die weiten Müllhalden von Sebha – offensichtlich gibt es doch so etwas wie eine organisierte Müllabfuhr in Libyen! Wer hätte das angesichts all der Müllhalden im unmittelbaren Umfeld der Ortschaften gedacht!

Bei **km 104** liegt im Osten ein Kieswerk am Abhang; in der Verlängerung dieser Hangzone nach Westen ist der

Abbruch des Mustafit-Plateaus zu sehen, einzelne Zeugenberge beleben das Gelände. Die Umgebung nimmt so wieder Strukturen an und ist auch steiniger als bisher. Der Abbruch liegt hier wie im gesamten Msak Mustafit nordwärts, d.h. wir waren eine schwach geneigte Tafel hinaufgefahren, die praktisch das Ende des Msak Mustafit im Westen markiert; folglich ist die Schummerung in der Michelin-Karte falsch.

Wir fahren eine Stufe hinab **(km 106)**; hier bietet sich ein weiter Ausblick auf das Wadi Adjal im Westen: Überall breiten sich Bewässerungsfelder und Sebkhen aus. Am Fuß der Stufe erreichen wir dann den Kontrollposten von Sebha bei **km 107:** Die Papiere werden manchmal überprüft, nicht aber ins Buch eingetragen. Jetzt beginnt das Stadtumfeld; vorbei an einer „kubistischen" Siedlung (handelt es sich um eine Kaserne?) mit einer kantigen Moschee erreichen wir den Abzweig in Richtung Ghat bei **km 115:** Hier mündet unsere Strecke in die Route A 10, die nach Westen ins Wadi Adjal zu den Seen im Mandara-Gebiet und bis hinab nach Ghat und zum Akakus-Gebirge führt. Der Kontrollposten an dieser Kreuzung ist nicht immer besetzt. Die Straße wird vierspurig und führt optisch genau auf das Fort auf einem Zeugenberg zu. Auch wenn dies ein hübsches Motiv wäre – keinesfalls fotografieren! Am Ende der Projektgärten ist rechter Hand der Flugplatz, und links befinden sich Raketenstellungen ...! Wir passieren die ausgeschilderte Zufahrt zu dem auf einem Zeugenberg thronenden Aussichtshotel al-Djabal. Bei **km 125** sind wir auf Höhe des Flugplatzes, die Zubringerstraße zweigt rechts ab; das Fort passieren wir am Fuß des Zeugenberges und erreichen dann den ersten großen Kreisverkehr bei **km 127** (von rechts Einmündung der Route A 3, Südvariante); hier halten wir uns links, und sind schon nach einem weiteren Kilometer am Hotel el Fatah/Africa (**km 128**) und damit in Sebha.

Routen A 17:
Strecken nach Al Katrun (= Gatrun) und weiter zur tschadischen und nigerischen Grenze

- *Teils durchgehend asphaltiert, teils schweres Dünengelände; unterschiedlich schwierige Pisten und Geländestrecken. Auf Asphalt bis Al Katrun: 146 km ab Querstraße Murzuk – Timsah. Alles andere je nach Streckenführung.*
- *Für die Asphaltstrecke genügen Michelin-Karte 741 und Geo-Projects-Karte. Für Pisten- und Geländestrecken ONC H 3 und die russische Generalstabskarte G 33 B (Blatt Murzuk).*
- *Außerhalb der Asphaltstraße ist volle Sahara-Ausrüstung erforderlich. GPS dringend angeraten! Achtung! Grenzgebiete sind immer besonders heikle Zonen! In dieser Region, v.a. zum Tschad hin, herrschte bis vor kurzem noch Krieg! Obwohl angeblich alle Minen geräumt sind, sollten Sie sich nicht ganz darauf verlassen – Sie sind ja zu Ihrem Vergnügen unterwegs ...! Beachten Sie jeweils die Hinweise in den einzelnen Abschnitten.*

A 17 a: Strecken nach Al Katrun

Variante nach Al Katrun auf Asphalt

Die Strecke nach Al Katrun ist durchgehend asphaltiert und stellt keinerlei Anforderungen. Der Asphalt ist allerdings über weite Distanzen schollig aufgebrochen, was aber die Befahrbarkeit kaum einschränkt. Den Abzweig von der Strecke Murzuk – Timsah hinunter nach Al Katrun habe ich im Rahmen der Route A 15 und A 21 beschrieben.

Variante nach Al Katrun auf Piste und Gelände via Um el Aranib

Die Möglichkeit, bei Um el Aranib die Dünenausläufer des Murzuk-Ergs (Dünen von Madjedul) zu überqueren und dann auf der dahinterliegenden Ebene in Richtung Süden nach Al Katrun zu fahren, hatte ich ebenfalls in Route A 15 angesprochen. Diese früher übliche Variante erscheint mir angesichts der nahebei bequem zu benutzenden Asphaltstraße heute nicht mehr sinnvoll.

Nach Al Katrun auf Piste und Gelände via Maafen und Bir el Mestuta

(Die Russische Generalstabskarte G 33 B, Blatt Murzuk, zeigt den Pistenverlauf relativ genau.) Eine Variante dieser Strecke ab Murzuk findet sich im Buch als Route A 19: Dies ist ja der Weg, den *Heinrich Barth* vor ca. 150 Jahren auf dem Rückweg von seiner „Großen Reise“ wählte!

Die Variante via Maafen bin ich im Januar 1981 (!) letztmalig mit einem PKW gefahren – in den Dünen von Maafen aber kläglich gescheitert. Der Ablauf dieser Reise könnte aber dennoch auch für andere Leser interessant sein: 52 km östlich von Murzuk erreichen wir eine große Kreuzung mit Tankstelle und einer immer besetzten Kontrollstelle (Abzweig der Route A 16 nach Norden, A 15 weiter geradeaus). Halbrechts fahren wir hinein in die große **Oase Traghan** (interessante Altstadt, die Häuser sind teilweise aus einem grünlichen Sandstein erbaut). In ihr halten wir uns nach Süden und fragen dann nach dem Weg zur Oase Maafen, die ca. 6 km südlich von Traghan jenseits der Sebkhen-Senke vor den Dünen liegt. Am südlichen Ortsende geht es hinein in die Dünen in Richtung Gatrun. Die im Folgenden genannten GPS-Daten entnehme ich dem Buch „Pistenbeschreibung einer Libyenreise“ von *F. Ohin.* Die Werte sind auf Sekunden umgerechnet und entsprechend auf- oder abgerundet!

km 0: Einstieg in die Dünen von Maafen **(Pos. N 25°51,38′ / E 14°27,96′).** In Dünentälern und Ebenen zwischen Dünen geht es nach Süden auf weitere Dünen zu. Nach 13 km folgt eine Reifenreihe, die in Ost-West-Richtung verläuft **(Pos. N 25°47,92′ / E 14°30,67′).** Zunächst geht es noch relativ gut fahrbar um Dünen herum, von Dünental zu Dünental in Südrichtung. Auf der Nordseite sind die Dünen fest, da luv-exponiert, auf der Südseite weich, da im Lee. Die Dünen bilden parallele Reihen in Ost-West-Richtung, dazwischen liegen weiche Täler, von denen aus man sich den nächsten Übergang sucht.

Ungefähr bei **km 17** sind wir 1981 gescheitert. Wir haben das Dünenexperiment mit dem PKW wie folgt zu einem glücklichen Ende gebracht: Ich wusste von früheren Reisen her, dass im Osten vor dem Steilabfall von Madjedul eine relativ feste weite Ebene liegt; der Steilabfall von Madjedul seinerseits war mit einem hervorspringenden Felseck ein hervorragender Orientierungspunkt. Also fuhren wir auf dem relativ festen Rücken einer Längsdüne immer nach Osten auf diese Felskante (sie ist weithin als dunkle Kante sichtbar) als Auffanglinie zu, bis wir, an günstigen Stellen von Düne zu Düne querend, die ebenen Flächen im Osten erreicht hatten; auf diesen drehten wir nach Süden ein und fuhren nach Gatrun.

Wenn Sie heute dort mit Geländewagen und GPS unterwegs sind (ich gehe davon aus), fahren Sie weiter nach Süden und halten sich dabei einfachheitshalber an die östliche Länge **14°30,00′**. Bei **km 33** ist ein Wadi zu sehen. In dessen Reichweite geht es weiter nach Süden, bis Sie bei Position **N 25°30,15′** / **E 14°26,67′** die Ruinenreste des befestigten Postens **Bir el Mestufa** erreichen. Der **Brunnen** selbst liegt etwa 1 km südlich bei **Pos. N 25°29,38′** / **E 14°26,92′** (leicht salziges Wasser in 5 m Tiefe).

Von Bir el Mestuta aus geht es in SSO-Richtung weiter (vgl. Route A19). Nach Süden wird die Ebene zunehmend besser befahrbar; **Gatrun** selbst hat die Koordinaten **N 24°53,62′** / **E 14°31,50′.** Bei **km 118** ist auf dieser Strecke die Ortsmitte beim Richtfunkmast erreicht.

In manchen Ausgaben der russischen Generalstabskarten scheint Gatrun falsch eingetragen zu sein.

Al Katrun/Gatrun

Der Ort macht einen **verschlafenen Eindruck.** Die Altstadt ist durch einen Hügel mit Richtfunkmast und dem daneben liegenden ehemaligen italienischen Fort vom neuen Ortsteil getrennt. Der halb zerfallene Lehmksar mit seiner malerischen kleinen Moschee wird nur noch von wenigen Menschen bewohnt. Nur zum Freitagsgebet kehren die Gatruner in den alten Ort zurück. Das **Fort** wurde von *Mohammed Tahar* (s.u.) liebevoll restauriert: Ein alter Ziehbrunnen schmückt den Innenhof, um den drei Zimmer, eine Gemeinschaftsküche, ein Aufenthaltsraum sowie die Sanitäranlagen für die kleine Herberge gruppiert sind. Im Innenhof kann man **campen.** Drei bis vier Geländewagen (sofern keine LKWs) kann man dort sicher abstellen.

Da Gatrun die südlichste Oase auf dem Weg in den Tschad und Niger ist, findet man dort verschiedene **Polizei- und Zollposten** sowie eine Tankstelle. Die **Einkaufsmöglichkeiten** sind bescheiden, haben sich aber verbessert. Frische Lebensmittel, z.B. Eier, Gemüse und Fleisch, erhalten Sie auf dem Markt. Es gibt auch einen Bäcker in der Nähe der neuen Moschee. Am besten fragt man am Campingplatz nach dem Weg oder lässt sich gegen Trinkgeld Brot bringen. An Dauerprodukten scheint ein echter Mangel zu herrschen, da durch die vielen vom Süden eintreffenden, maroden LKWs mehr Nachfrage als Angebot herrscht. Nichts ist verfügbar. Bei meinen Aufenthalten wurde ich z.B. wiederholt gefragt, ob ich nicht Reifen zu verkaufen hätte. Möglicherweise spielt hier die relative Nähe zum absolut unterversorgten Tschad eine Rolle: Was es zu kaufen gibt, verlässt rasch das Land in Richtung

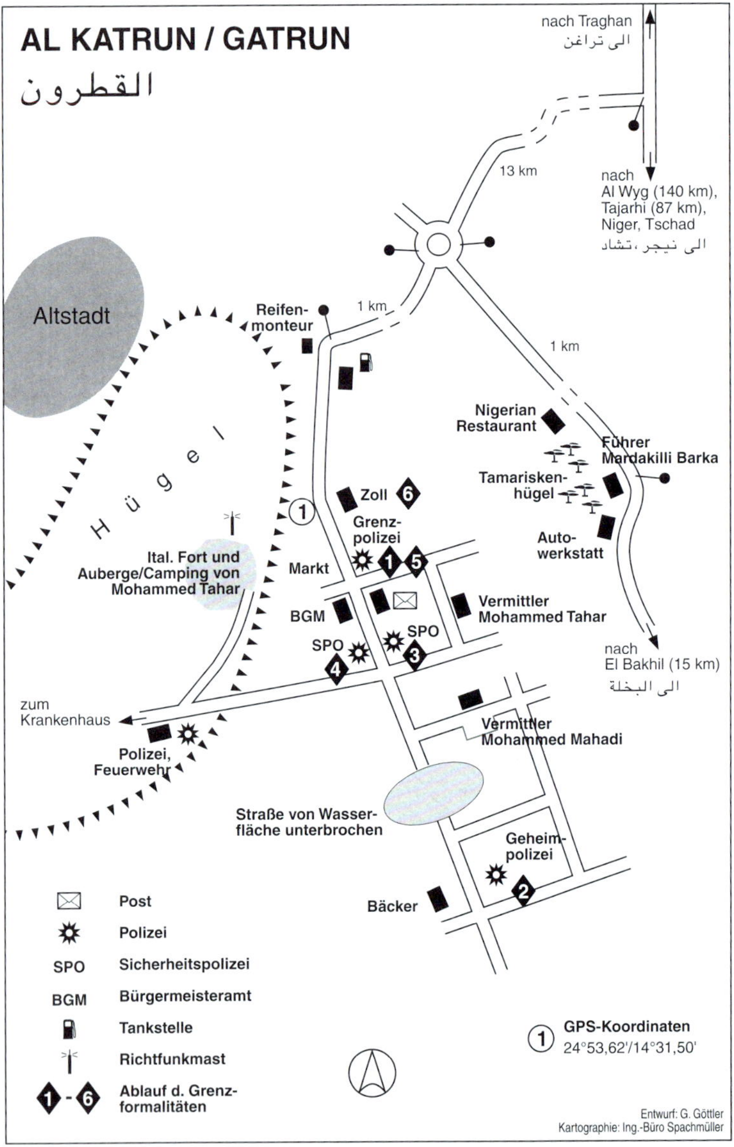
AL KATRUN / GATRUN
القطرون
nach Traghan
الى تراغن
13 km
nach
Al Wyg (140 km),
Tajarhi (87 km),
Niger, Tschad
الى نيجر ،تشاد
Altstadt
Reifen-
monteur
1 km
1 km
Nigerian
Restaurant
Führer
Mardakilli Barka
Tamarisken-
hügel
Auto-
werkstatt
H ü g e l
Zoll
Grenz-
polizei
Markt
Ital. Fort und
Auberge/Camping von
Mohammed Tahar
BGM
SPO
SPO
Vermittler
Mohammed Tahar
nach
El Bakhil (15 km)
الى البخلة
zum
Krankenhaus
Polizei,
Feuerwehr
Vermittler
Mohammed Mahadi
Straße von Wasser-
fläche unterbrochen
Geheim-
polizei
Bäcker
Post
Polizei
SPO Sicherheitspolizei
BGM Bürgermeisteramt
Tankstelle
Richtfunkmast
1 - 6 Ablauf d. Grenz-
formalitäten
1 GPS-Koordinaten
24°53,62'/14°31,50'
Entwurf: G. Göttler
Kartographie: Ing.-Büro Spachmüller

Süden. Rechnen Sie auch damit, dass kein Treibstoff an der Tankstelle erhältlich ist.

Trotz dieser bescheidenen Infrastruktur ist der Ort als **Anlaufstelle für alle Fragen/Probleme der Ausreise** (und vielleicht auch einmal der Einreise) wichtig. Besonders für die Routen in Richtung Tschad erscheint der Minengefahr wegen ein Führer unverzichtbar. Auch entlang der Schmugglerroute südlich des Edeyen Murzuk in Richtung Passe de Salvador und ins Djado-Plateau in den Niger sollte man, sofern das Unternehmen wegen Einreiseproblemen in den Niger (s.u.) überhaupt riskiert wird, keinesfalls auf einen Führer verzichten. Bei der Suche nach einem solchen und bei der Bewältigung des nicht immer einfachen Papier- und Behördenkriegs und sämtlicher Ausreiseformalitäten in die Nachbarländer hat sich bewährt: **Wady El Hikma – Travel and Tourisme,** *Mohammed Tahar Ahmed Abaya,* El Gatrun, Tel. 735/2901. Laut *Klaus Därr* soll auch **Sidi Teke Adam,** genannt *Sidi,* ein guter Führer und Problemlöser für Reisen in südliche Richtungen sein; er ist Tubu und kennt sich sowohl im Tschad als auch im Djado-Plateau und der Ténéré hervorragend aus. Er wohnt 17 km südlich von Al Katrun im Dorf Madouroussa (auch Medrusa, s.u.); das Wohnhaus von *Sidi Teke* liegt auf **Pos. N 24°44,80′ / E 14°29,49′.**

In den östlichen Ausläufern des Erg Murzuk: Wadi Hekma

Die Palmenhaine von Gatrun erstrecken sich wie ein langes Band ungefähr über 100 km in Nord-Südrichtung den Murzuk-Erg entlang; sie folgen dabei dem Verlauf des Wadi Hekma, beginnend bei dem Brunnen von Bir Um el Adam, über Gatrun bis hinab nach Tajarhi (Tedscheri). Während im Norden das Wasser fast an der Oberfläche steht (oft ist es nur 50 cm tief), muss man am Südende, bei Tedscheri, bereits 2–5 m tief graben. Diese Oasenkette war immer schon der Weg der Karawanen hinunter ins Bornu-Reich. Vielleicht lesen Sie auch hierzu den Bericht von *Heinrich Barth,* der hier im Juli des Jahres 1855 durchzog. Er wählte dann, nach Norden reisend, nicht den Weg durch die Dünen von Maafen, sondern hielt sich an die Karawanen-Route, die weiter im Westen auf El Bedan zuführte (Route A 19).

Die überwiegend verlassenen Ksour im Verlauf des Wadi Hekma machen noch einen sehr urtümlichen Eindruck. Hier können Sie sich lange ungestört zwischen Dünen, Palmen und Tamarisken aufhalten. Außer Gatrun und Tajarhi sind nur El Bakhil und Medrusa noch bewohnt; Medrusa übrigens ist der Geburtsort von *Heinrich Barths* treuem Begleiter und Diener während seiner fünfjährigen Reise, dem „Gatroner", der auch anderen Afrika-Forschern nach *Barth* behilflich sein sollte.

A 17 b: Einreise in den Tschad

Diese Route entfällt, da der **Bürgerkrieg im Nord-Tschad** erneut ausgebrochen ist. Eine Ausreise in den Tschad ist derzeit nicht erlaubt und auch nicht möglich, und vor illegalen Ausreisen aus Libyen in diese Richtung muss dringend gewarnt werden. Eine Schilderung des Pistenverlaufs mit GPS-Koordinaten würde nur den Trugschluss zulassen, dass man diese Strecke bereisen kann.

2001 stellte sich die **Situation** folgendermaßen dar: Tubu-Rebellen im Raum Wour, Zouar bis Bardai lieferten sich immer wieder heftige Kämpfe mit Regierungstruppen, auf beiden Seiten kam es zu zahlreichen Toten. Der Krieg beeinträchtigt nicht nur das Reisen im Tschad, sondern auch in den südlichen Regionen Libyens, denn um die Rebellen zu stoppen oder gar ihrer habhaft zu werden bzw. ihren Nachschub zu stoppen, werden Minen im südlichen Libyen an der Grenze zum Tschad verlegt (z.B. östlich, nördlich und westlich des Dohone-Sporns (Ausläufer des Tibesti-Gebirges) in Richtung Rebiana (Route B 6). Im Dezember 2000 gab es sogar Kämpfe zwischen tschadischem Militär und Rebellen bis 40 km südlich von Gatrun mit zahlreichen Toten. Auch **2006** war die Situation kaum verändert; ein größere Gruppe italienischer Touristen wurde von tschadischen Rebellen entführt.

A 17 c: Variante in den Niger

Die **Ausreise** in den Niger ist **möglich,** doch scheitert die Wiedereinreise möglicherweise an Problemen wie zweites Libyen-Visum, fehlende Kfz-Einreiseformulare, Kennzeichen usw. Es ist mir niemand bekannt, der sich hier in den letzten Jahren um eine offizielle Einreise bemüht hätte bzw. dem eine Einreise vom Süden kommend offiziell gelungen wäre. Bleibt die Ausreise. Werden Sie abgefertigt, sollten Sie Folgendes bedenken: Die Republik Niger verlangt ein **Visum,** eine Folge des „Schengener Abkommens". Dieses sollten Sie sich auf alle Fälle besorgen, wenn Sie Richtung Niger reisen wollen. Auch hat es den Anschein, dass eine Ausreise möglicherweise dann scheitert, wenn Sie kein „Voll-Visum", sondern nur den Einreisestempel Libyens in ihrem Pass haben. Wenden Sie sich auf alle Fälle an Herrn *Mohammed Tahar;* er spricht englisch und ist telefonisch erreichbar; bei einer geplanten Ausreise erscheint es mir sinnvoll, schon zuvor noch von Europa aus mit ihm gesprochen zu haben.

Die Situation im Niger war **lange Zeit** gekennzeichnet durch einen **Bürgerkrieg,** der zwischen der schwarzen Zentralregierung in Niamey und den Autonomie fordernden berberischen Tuareg und den Tubu in den nordöstlichen Landesteilen geführt wurde. Im Gefolge dieses Bürgerkrieges konnte sich ein bewaffnetes Banditentum in den gesamten Nordregionen breitmachen, was nach verschiedenen Übergriffen dazu geführt hat, dass Niger die Einreise über die Nordgrenzen von Libyen her offiziell verbot. Dann kam es jedoch 1995 zu einem Friedensschluss zwischen den Bürgerkriegsparteien. Hierzu bemerkt die Deutsche Botschaft: *„Was sich (...) geändert hat nach dem Friedensschluss zwischen der Zentralregierung und den Tuareg, ist, dass die Einreise nach Niger von den nigrischen Behörden wieder erlaubt wird und auch der Zwang, einen lokalen Führer zu mieten, entfallen ist."*

Mittlerweile hat sich die Situation in den Grenzregionen eher in Richtung Banditismus verschärft. Von einer grenzüberschreitenden Reise ohne ortskundigen **Führer** würde ich eher abraten. Im Niger gilt weiterhin die Reisebewilligung *(Feuille de route)* mit Führerpflicht mindestens ab Dirkou. Es ist deshalb angeraten, sich durch die Vermittlung eines hiesigen Reisebüros (siehe Stichwort „Reiseveranstalter", empfohlen werden kann die Firma SUNTOURS) einen Führer mit dieser Bewilligung etwa an die Grenze selbst oder auch nach Al Katrun (Gatrun) zu bestellen. Ohne Allradfahrzeug sollten Sie die Strecke über Tajarhi, Tumu, Madama, Dao Timmi nach Seguedine, Bilma und schließlich Agadez sowieso nicht in Angriff nehmen.

Über **Minen** wurde aus diesem Gebiet nichts berichtet. Gerade im Grenzgebiet sollten Sie aber streng darauf achten, sich nur an Pistenspuren zu halten und keinesfalls im Gelände neben der Spur zu fahren. Die Strecke wird von LKWs benutzt, also gibt es relativ frische Spuren.

Die im Folgenden vor allem mit Sat-Daten (aus dem Leserkreis) beschriebene **Route von Südlibyen in den Nordniger** ist eine Strecke, die häufig (je nach Jahreszeit etwa wöchentlich) von LKWs befahren wird. Es ist nichts darüber ausgesagt, wo Ab- und Anmeldungen vorzunehmen sind. Vom Niger her kommend ist derzeit eine Einreise nach Libyen nicht möglich. Zu beachten ist auch, dass bestimmte Pisten-Strecken zwischen dem Tschad und der Republik Niger noch aus Zeiten des Tschad-Krieges vermint sind (nicht die nachfolgend beschriebene **Strecke nach Madama**). Bis Madama ist diese Strecke derzeit noch relativ sicher. Wie in allen saharischen Grenzregionen hat sich auch hier die Sicherheitslage nicht zum Positiven entwickelt.

Pos. N 24°56,13' / E 14°37'03', auf der Teerstraße von Gatrun kommend. Hier nach rechts Richtung Süd abbiegen. Teerstraße geht in gut trassierte Piste über und folgt den Leitungsmasten.

Pos. N 24°32,10' / E 14°34,50', Pistenabzweigung: Hier rechte Piste nach Tajarhi folgen. Sie weist mehr Wellblech und Schlaglöcher auf, aber ist sonst gut befahrbar.

Pos. N 24°19,75' / E 14°16,10', Tankstelle in Tajarhi. Gutes Wasser im Brunnen bei der Tankstelle.

Pos. N 24°09,93' / E 14°15,68', in Sandfeld nach Tajarhi. Viele überfahrene Spuren, die sich später zu einer Piste vereinen.

Pos. N 24°06,87' / E 14°18,07', in Weichsandfeld mit verdeckten Steinen: Nicht in den tiefen Spurrillen, sondern neben der LKW-Piste fahren und diese im Auge behalten.

Pos. N 24°00,45' / E 14°20,12', Pistenteilung: Geradeaus Richtung Süd fahren. Piste gut erkennbar, Richtung auf verdeckte Steine.

Pos. N 23°53,58' / E 14°24,07', die Piste wird jetzt schneller befahrbar, dann wieder Weichsandstellen.

Pos. N 23°49,38' / E 14°23,32', Piste mit Weichsandstellen.

Pos. N 23°44,43' / E 14°25,72', aufgestellter Reifen am Pistenrand.

Pos N 23°39,32' / E 14°27,58', eindeutige Piste, die dem Terrain angepasst ist. (Hier dreht sie wegen einer Umfahrung kurz nach Westen ab).

Pos. N 23°35,96' / E 14°28,75', in vulkanhügeligem Gelände.

Pos. N 23°34,27' / E 14°30,12', nach hügeligem Gelände wieder in Ebene.

Pos. N 23°31,90' / E 14°31,75', in Ebene: gut befahrbare Piste.

lib-w Foto: ed

Gatrun: im ehemaligen italienischen Fort

327 Foto: gg

Pos. N 23°26,72' / E 14°32,48', verstecktes Polizeicamp zwischen Falaise-Abstieg und Düne links. Achtung, die Piste ist bei diesem Abstieg für herkömmliche 4x4-Fahrzeuge kaum zu bewältigen, da die Bodenfreiheit zu gering ist. Um das Aufsitzen auf den Steinen zu vermeiden, vor dem Abstieg Gelände erkunden und über die Dünen in die Ebene abfahren.

Pos. N 23°21,70' / E 14°30,03', in Ebene auf Wellblechpiste: aufgestelltes LKW-Differenzial, vorne Dünenzug.

Pos. N 23°20,57' / E 14°29,75', Dünen erreicht, Querung problemlos.

Einheimische warten auf die Grenzabfertigung zur Einreise in den Niger

Pos. N 23°19,70' / E 14°29,23', kleiner Aufstieg in steiniges Gelände.

Pos. N 23°19,33' / E 14°28,72', Fass.

Pos. N 23°16,82' / E 14°29,62', vor heiklem Übergang Richtung Süd.

Pos. N 23°16,32' / E 14°29,78', Übergang: Piste mit hohem Mittelsteg, für normale 4x4 Einsandungsgefahr. Etwas neben der Piste fahren, Stelle zuerst zu Fuß erkunden.

Pos. N 23°11,77' / E 14°28,77', recht gute Piste.

Pos. N 23°06,48' / E 14°28,77', Gelände wird welliger, links der Piste aufgestellte Steinplatten.

Pos. N 23°02,25' / E 14°28,98', die Piste ist etwas rumpelig und staubig.

Pos. N 22°58,20' / E 14°29,37', die Piste wird ab hier wieder schneller befahrbar.

Pos. N 22°52,45′ / E 14°29,58′, in weiter Ebene: rechts vorne Gebirge von Tummo.

Pos. N 22°39,27′ / E 14°29,16′, immer noch in Sand-/Kiesebene, Kurs ca. 185°.

Pos. N 22°34,92′ / E 14°28,40′, Ebene verengt sich, Gelände wird welliger.

Pos. N 22°33,52′ / E 14°27,78′, Piste dreht auf 210°.

Pos. N 22°31,15′ / E 14°26,70′, Steinfeld, vorne kleiner steiniger Hügel, queren 210° rechts die Anhöhe. Von hier weiter Blick in riesige Ebene, rechter Hand Gebirgsende.

Pos. N 22°27,16′ / E 14°23,45′, graues, eigenartiges Gestein, kein Granit.

Pos. N 22°26,52′ / E 14°22,78′, schmaler Übergang bei Steinfeld.

Pos. N 22°24,03′ / E 14°21,16′, Blick in weite Ebene runter, kurz vorher tiefe LKW-Spuren in Weichsandpiste.

Pos. N 22°21,95′ / E 14°19,83′, links der Piste Senke mit zwei Tamarisken, dem ersten Grün seit Tajarhi.

Pos. N 22°19,13′ / E 14°17,50′, topfebenes Kiesfeld mit teilweise leichtem Wellblech.

Pos. N 22°12,62′ / E 14°12,93′, Ebene mit bizarren Steinablagerungen.

Pos. N 22°09,52′ / E 14°08,42′, rechts der Piste einsame Akazie.

Pos. N 22°05,73′ / E 14°01,22′, vorne rechts Kokarama-Massiv, LKW-Piste führt eindeutig Richtung Madama.

Von Gatrun führt eine weitere, landschaftlich sehr schöne **Route über Medrusa** entlang des Edeyen Murzuk zum Passe de Salvador und ins Enneri Blaka **nach Laodemi** (Stützpunkt der F.A.R.S, der ehemaligen Rebellen, die jetzt im Auftrag der Regierung das Grenzgebiet zu Libyen und Algerien kontrollieren). Von dort verläuft eine Piste weiter nach Djado und Orida bzw. von dort nach Chirfa oder Dirkou und Bilma bzw. nach Agadez. Da seit Dezember 2000 nach nigrischen Bestimmungen nur noch die Grenzübergangänge Madama und Assamaka für Touristen zur Einreise zugelassen sind und im Gebiet des Air und der Ténéré Führerzwang herrscht, bewegt man sich also bei Wahl dieser Route illegal im Land. **Aus Sicherheitsgründen ist von der Benutzung dieser Strecke derzeit dringend abzuraten.**

Route A 18:
Südumfahrung des Murzuk-Erg: Von Gatrun zum Col d'Anai und über den Tilemsine-Pass weiter ins Wadi Mathendous

- ***Aus Sicherheitsgründen ist von der Benutzung dieser Strecke derzeit abzuraten.***
- *Sehr anspruchsvolle Gelände- und Pistenstrecke: Sie reisen in menschenleerer Wüste, abseits aller Pisten und Wege. Im Unglücksfalle können Sie nicht damit rechnen, jemals Hilfe zu erhalten. Teilstrecken mit sehr schwierigen Dünenüberquerungen (siehe einzelne Hinweise im Text). Bis ins Wadi Mathendous ca. 600 km (Achtung: Diese Kilometer-Angabe hängt ab von der Weite erforderlich werdender Umfahrungen in den Dünen!).*
- *Drei autarke Geländefahrzeuge mit perfekter Sahara-Ausrüstung sind unabdingbar. Sie sollten die Strecke auf keinen Fall wählen, wenn Sie nicht über sehr gute Sahara-Erfahrung verfügen.*

- *Keine Landkarte zeigt die Lage der Dünenzüge hinreichend genau und eben diese Lage der Dünenzüge und ihre Höhe bestimmt den Routenverlauf. Wir haben unsere Strecke nach Satelliten-Fotos vorgeplant, mussten dann aber im Gelände feststellen, dass auch solche teuren „Landaufnahmen" nicht immer eine Fahr- und Machbarkeit ermitteln lassen. Grunddaten waren durch eine Jahre früher (vor GPS-Zeiten) erfolgte Umfahrung vorhanden. Ausreichende Planungshilfen sind die russischen Generalstabskarten 1:500.000 G-33-B (Murzuk) und G-33-r (Djanet); der Pistenverlauf ab Col d'Anai nach Norden ist allerdings mehr als großzügig eingetragen!*

Es ist mir nichts bekannt hinsichtlich einer Gefährdung durch Minen und anderer kriegsrelevanter Materialien. Auch halte ich die Strecke nicht für gefährdet unter dem Aspekt einer Begegnung mit Banditen, Schmugglern oder vergleichbaren Gruppen. Es ist mir auch nichts bekannt hinsichtlich Verboten, Genehmigungsproblemen usw., abgesehen von den Abschnitten, die die Gebiete des Mathendous-Tales betreffen. Aber Grenzgebiete sind natürlich immer sensibel. Ich habe diese Strecke (südlich des Murzuk-Ergs) nur einmal, die Strecke Col d'Anai – Tilemsine nur dreimal befahren und dabei keinerlei Begegnung mit anderen Fahrzeugen erlebt; Am Fuße des Col d'Anai, d.h. auf seiner Westseite (und damit nicht an der Route selbst gelegen), soll sich ein Polizeiposten befinden; wir haben am Col übernachtet aber keinerlei Anzeichen (Licht, Geräusche, Rauch ...) einer Anwesenheit von Grenzwächtern bemerkt. Schmuggelfahrzeuge sollen angeblich in der Ebene unterhalb des Col (d.h. ebenfalls nicht an der beschriebenen Strecke und auf der Westseite der Falaise) unterwegs sein. Auch dergleichen konnten wir nicht bemerken. Ein Kontrollposten befindet sich dagegen im Verlauf einer möglichen Fortsetzung der Route ganz im Norden am Eingang des Mathendous, der Posten von Elauen (vgl. Route A 12). Die Route endet in einem Gebiet, das grundsätzlich nur mit Genehmigung befahren werden darf (z.B. zuvor in Sebha einzuholen).

Achtung! Es sind im Verlauf der Strecke **schwerste** und **sehr hohe Dünen** zu überqueren. Ich verweise auf diese Dünen an entsprechender Stelle. Ängstliche Naturen sind hier fehl am Platze. Noch einmal: Sie sollten reichlich Sahara- und Dünenerfahrung mitbringen. Wer z.B. beim Besuch der Seen im Mandara-Gebiet schon Dünen-Probleme hat, sollte diese Strecke keinesfalls in Angriff nehmen.

Die beschriebene Route ist eine von vielen Möglichkeiten (da auf weiten Strecken in freiem Gelände verlaufend). Sie stellt m.E. sicher die einfachste Strecke dar, den Murzuk-Erg im Süden zu umfahren. Ich habe andere Möglichkeiten von Passagen geprüft: Sie waren jeweils deutlich schwieriger, da in Dünengelände verlaufend, aber natürlich grundsätzlich möglich. Die beschriebene Strecke Gatrun – Col d'Anai – Tilemsine – Mathendous ist für mich stressfrei in **drei Tagen zu bewältigen;** wer weniger Erfahrung mitbringt, muss entsprechend mehr Zeit einplanen – Bekannte waren hier acht Tage unterwegs. Es erscheint mir angebracht, in Gatrun niemandem mitzuteilen, wohin man fährt: Das Gebiet ist Grenzregion, d.h. Grenzer könnten ebenso etwas gegen die Reise einzuwenden haben wie zwielichtige Gestalten sich über mögliche fette Beute im menschenleeren Niemandsland freuen könnten. Die beschriebene Route verlässt Gatrun deshalb auch zunächst (nur diesem Aspekt Rechnung tragend) nach Norden.

km 0: Tankstelle in Gatrun. 1 km zurück zum Kreisverkehr in Richtung Sebha, am Kreisverkehr aber nicht weiter nach Osten sondern direkt nach Norden. Asphalt endet beim **km 3.** Zunächst durch viel Müll, dann zwischen den Palmgärten weiter bis zum Ortsende nach ca. **km 6.** Langsam auf NW schwenken und irgendwann außer Sichtweite des Ortes auf Westkurs gehen. Bis **km 50** Westrichtung halten und die **Pos. N 24°54,45′ / E 14°04,27′** ansteuern: Weitgehend ebene bis topfebene unterschiedlich weiche aber gut fahrbare Sand-Flächen die in allen Richtungen offen sind. An dem genannten Pos.-Punkt sind dann die Dünenverläufe und -strukturen deutlich: Es sind Längsdünen mit weiten Gassis.

Diesen Gassis folgen wir jetzt nach Südwesten, wobei wir einen noch weit entfernten Punkt ansteuern: **Pos. N 24°05,58′ / E 12°21,75′,** den von mir so bezeichneten **ME-Point** („Murzuk-Erg-Punkt", dort liegt ein Fahrzeug-Wrack). Die Dünenübergänge sind noch sanft, das Gelände herrlich befahrbar, über weite Strecken mit 80 km/h. An wenigen Stellen erscheint steiniger Untergrund in den Gassis. Ab **km 150** sind dann immer wieder und noch einfach zu befahrende Querriegel zwischen den Längsdünen zu bewältigen. Bei **km 160** werden diese Riegel dann bereits deutlich kritischer: Wählen Sie die Gassi-Mitte, hier sind die auf der Westseite der Riegel liegenden Abbruch-Kanten weniger steil.

Vorsicht! Ab km 170 sind die Abbruchkanten gefährlich hoch und steil. Langsam fahren! Halten Sie sich von den Cordons fern, dort tun sich wahre Abgründe auf!

Eventuell einfachere Alternativ-Strecke

Eigentlich in Gegenrichtung fahrend, hatten Leser (Familie *Stadler* und Reise-Freunde) Probleme mit den Dünenübergängen nahe des so genannten ME-Point. Auf der Suche nach einfacheren Passagen haben Sie eine Alternativ-Strecke ausfindig gemacht, die evtl. einfacher zu befahren ist als die von mir benutzte.

Nachfolgend sind die Stadlerschen Wegepunkte zwischen meinem Kilometer 50 und dem ME-Point aufgelistet (hier in Ost-West-Richtung):

Pos. N 24°54,45′ / E 14°04,27′, mein Kilometer 50.

Pos. N 24°49,09′ / E 13°45,68′.

Pos. N 24°47,27′ / E 13°40,50′.

Pos. N 24°42,49′ / E 13°22,49′.

Pos. N 24°38,08′ / E 13°09,31′.

Pos. N 24°37,56′ / E 13°06,75′, Dünen-Übergang.

Pos. N 24°32,67′ / E 12°58,45′.

Pos. N 24°31,98′ / E 12°55,65′, Dünen-Kamm.

Pos. N 24°28,67′ / E 12°51,91′.

Pos. N 24°22,03′ / E 12°43,95′.

Pos. N 24°20,07′ / E 12°40,47′.

Pos. N 24°14,60′ / E 12°33,60′.

Pos. N 24°12,25′ / E 12°30,83′, Eisenstange.

Pos. N 24°11,32′ / E 12°29,94′.

Pos. N 24°09,30′ / E 12°26,51′, Pfanne.

Pos. N 24°07,55′ / E 12°22,57′, Pfanne.

Pos. N 24°05,57′ / E 12°21,78′, nahe dem ME-Point, Autowrack.

Bei **km 195** und der **Pos. N 24°18,70′ / E 12°47,96′** liegt ein sehr schwieriger und weicher Riegel. Ebenso bei km 210 und **Pos. N 24°14,29′ / E 12°40,73′:** Nach Norden hin ist das schwere, weil extrem weiche Gelände zu umfahren.

Die Kammern (Räume zwischen Längsdünen und Querriegeln werden üblicherweise so bezeichnet) werden jetzt enger und in ihrer Struktur undeutlich. In den Gassi- und Kammer-Senken ist der Untergrund teilsweise kiesig. N-S-verlaufende Spuren kreuzen, eine **Ramm-Piste** wird überquert (für seismische Untersuchungen des Untergrundes lässt man in regelmäßigen Abständen ein schweres Betongewicht fallen und zeichnet die „Schall"wellen und ihre Reflexionen im Untergrund auf; dies ist eine kostengünstige Prospektionsmethode. Das Rammgewicht hinterlässt sehr charakteristische Spuren im Untergrund). Bei **km 250** ist schließlich der erwähnte **ME-Point** erreicht: Das **Wrack eines Geländewagens** auf **Pos. N 24°05,58′ / E 12°21,75′!** Dieses Wrack liegt hier, weil eine Erdölsucherpiste durchläuft und ein aufgelassenes Camp nicht weit entfernt ist: Dieses ehemalige Camp ist jetzt unser Ziel; es liegt ca. 10 km entfernt und eine Position darin wäre z.B. **N 24°07,35′ / E 12°16,58′** (km 261); die Fahrtrichtung dorthin ist ca. 300°.

Dieses Camp wurde vermutlich via Col d'Anai bzw. die dort verlaufende Piste versorgt: Es führt eine einfache, nicht präparierte Piste dorthin, die zunächst durch deutliche Spuren in den Gassis und fehlende Spuren in den Dünenübergängen gekennzeichnet ist. Als Regel kann gelten, dass die Strecke von Gassi zu Gassi führt und oft (aber eben nicht immer) die teilweise hohen und komplexen Dünen in südliche Richtung überquert. Auch ist es nicht immer einfach, diese Übergänge zu finden; der Schwierigkeitsgrad der Übergänge ist sehr unterschiedlich.

Wir verlassen das Camp auf einem Spurenbündel in westlicher Richtung auf hohe (und besonders im Süden mehrfarbige) Dünen zu **(km 269, Pos. N 24°07,00′ / E 12°13,08′).** Die anschließenden Gassis sind flott befahrbar, die Querungen einfach. Eine Dünenspitze erreichen wir auf **Pos. N 24°08,29′/ E 12°07,43′.** Dann ein Gassi auf **Pos. N 24°07,50′ / E 12°06,13′.** Wir drehen auf 250°. Die folgenden Positionen wurden dann überwiegend in Gassis bestimmt: **Pos. N 24°07,77′ / E 12°03,63′. Pos. N 24°09,40′ / E 12°01,40′.** In südlicher Richtung hinaus ins nächste Gassi: **Pos. N 24°08,75′ / E 11°59,12′, km 311. Pos. N 24°08,00′ / E 11°56,92′. Pos. N 24°07,75′ / E 11°56,27′.** Schwierigere Passage. **Pos. N 24°07,77′ / E 11°54,67′.** Mit 290° weiter. **Pos. N 24°07,96′ / E 11°51,80′.** Der Gassiverlauf wird deutlicher, die Übergänge einfacher. Oft führen Spuren von Gassi zu Gassi über die einfacheren Riegel. Die Dünen der Cordons werden dafür immer höher. Für den eben gezeigten Optimismus bestraft uns dann wieder ein etwas schwierigerer Übergang nach Süden zu. **Pos. N 24°08,47′ / E 11°48,63′.** Ein weites Gassi querend, erreichen wir eine flache Hangstufe und dann ein langgestrecktes Gassi, eine Art Tal zwischen den Dünen. Wir fahren 290°. Das Talende ist bei **Pos. N 24°09,58′ / E 11°44,87′** erreicht: Hier rechtzeitig nördlich (!) queren ins nächste Tal hinein, das bei **Pos. N 24°10,00′ / E 11°43,63′** beginnt und nach Westen offen ist, d.h. weitere Dünenübergänge sind (zunächst) nicht zu bewältigen. Leicht bergauf führen die Spuren am nördlichen Talrand den Dünen entlang: Sie sind rot, hoch und phantastisch geformt.

Beim **km-Stand 366** (bitte berücksichtigen: Wir waren in Dünen unterwegs!) und der **Pos. N 24°13,03′ / E 11°35,93′** stoßen wir auf eine deutliche Querpiste: Dies ist die Piste, die oben auf der Hochfläche des Msak-Mellet-Plateaus vom Passe de Salvador heraufkommt und nach Norden hinauf zum **Col d'Anai,** unserem nächsten Zwischenziel führt. (Achtung! Der **Col d'Anai** ist nur wenige Kilometer entfernt. Es empfiehlt sich, die oben angegebene Position anzusteuern und nicht schon frühzeitig Spuren folgend nach Norden abzubiegen. Leicht ist sonst der Col nach Westen überschritten!) Wir folgen jetzt dieser wesentlich deutlicher ausgefahrenen Piste nach Norden. Nur 3–4 km weiter stoßen wir wiederholt auf Stein-Markierungen, die den Abzweig des eigentlichen Col von der S-N-Piste markieren. Der Pistenverlauf wird in diesem Bereich sehr undeutlich: Die Mehrzahl der Fahrzeuge (Patrouillen?) biegt wohl nach Westen ab und fährt den Col hinab. Unsere Route dagegen führt uns weiter nach Norden, Fahrtrichtung irgendwie zwischen Steinen, oft 15°. Ab und zu sind schöne Ausblicke nach Westen zum **Col d'Anai** möglich. Das Spurengewirr ist enorm.

Dann stehen Dünen quer zur Fahrtrichtung: Die Cordons reichen aus dem Murzuk-Erg heraus bis in den Pass hinein. Nach Norden zu sind Überfahrungen zu suchen. Jeder sucht seine eigene Spur, so dass sich die Piste im Bereich der Dünenüberfahrungen auffächert und im sandigen Untergrund nicht mehr erkennbar ist. In östlicher Richtung (im Westen liegt ja der Steilabbruch des Msak Mellet) fährt man also den Dünencordons entlang, bis sich ein Übergang nach Norden findet. Mögliche, wenngleich sehr „wilde" Dünen-Passagen sind beispielsweise **Pos. N 24°17,10′ / E 11°39,05′, Pos. N 24°17,78′ / E 11°38,43′** und **Pos. N 24°17,87′ / E 11°38,62′.** Dann wird ein Wadi mit viel Totholz erreicht: **Pos. N 24°18,50′ / E 11°37,95′.** Diesem und einem weiteren Wadi mit Ginster-Bewuchs (erstmals Bewuchs seit Gatrun!) folgen jetzt die Spuren in östlicher und nordöstlicher Richtung, später schwenken alle Spuren auf Richtung NNO. An einer Hangstufe, die aus dem Wadi-System herausführt, bündeln sich wieder alle Spuren zu einer deutlichen

Piste: **Pos. N 24°19,77′ / E 11°38,53′.** Über steinige Hochflächen, die die Piste jetzt wieder ganz eindeutig werden lassen, im Osten begleitet von wunderbaren rötlichen und orangefarbenen Dünen, zieht sich dann die Strecke nach Norden hinauf zum Tilemsine-Pass. Ein aufgelassenes Camp wird dabei auf **Pos. N 24°50,82′ / E 11°45,90′** (Achtung: Positions-Angabe fehlerbehaftet, leider ist mir keine Korrektur möglich; die Piste verläuft hier aber gut erkennbar) passiert. Der **Tilemsine-Pass** und sein Abzweig nach Nordosten sind dann auf **Pos. N 24°43,96′ / E 11°39,40′** erreicht (der eigentliche Pass liegt noch etwas weiter im Nordwesten): Wir stellen hier den Tacho wieder auf 0.

km 0/2. Abzweig von der Nord-Süd-Route am Tilemsine-Pass nach Osten **(Pos. N 24°43,96′ / E 11°39,40′):** In einem weiten Tal (Bewuchs im Westen) fahren wir den östlichen Talhang hinauf auf eine Einsenkung in der Dünenkette zu. Einige niedrige Dünencordons sind hier in östlicher Richtung zu überqueren: Nach den zurückliegenden Passagen nehmen wir diese hier mit links. Bereits der nächste Cordon ist in einem Gassi auf seiner Südseite zu umfahren; eine Position mit deutlichen Pistenspuren: **Pos. N 24°45,10′ / E 11°39,98′.** Sandig-weich geht es dann zwischen Felsplatten weiter; aus Sand wird festes Reg, die Spuren undeutlicher, wir fahren 20°. Rosafarbene Dünen liegen im Osten. Das Reg wird immer heller. Dann bilden bei **km 8** Felsplatten und Dünen eine Art Engstelle: Alle Spuren bündeln sich hier: **Pos. N 24°47,35′ / E 11°41,47′.** Nur 2 km weiter münden viele Spuren von Westen kommend zu unserer: Dies ist die Piste, die vom Akakus via Tilemsine-Pass herüberkommt und deshalb nicht wie wir aus Süden, sondern eher von Nordwesten her hinüber ins Mathendous führt; die Piste ist ab hier deutlich stärker be- und ausgefahren, teilweise eine richtige Autobahn – vorbei die spurenstillen Zeiten südlich des Murzuk-Ergs! Wechselhaftes Gelände folgt. Über einige km haben wir jetzt aber auch immer wieder Rennstrecken vor uns. Wir fahren teilweise mit 50° nach NO. Bei **km 18** queren wir einen üblen Sturzacker: Sand und Steine. Dann stehen einige hochstämmige Akazien im Gelände und bieten bei Bedarf Schatten für eine kühle Pause. Wenig weiter bei km 21 münden erneut Spuren von Westen her in unsere Piste **(Pos. N 24°51,73′ / E 11°46,50′).** Dann gabelt die Piste auf: Nördlich-westlich führen die Spuren über eher steinige Hügel hinweg, südlich-östlich bleiben die Spuren im Sand und führen den Dünen entlang. Bei km 34 stehen wir an einer Geländestufe **(Pos. N 24°58,07′ / E 11°50,02′):** Dort zieht sich nach Norden ein Wadi mit relativ dichtem Bewuchs; die Pisten der Ziegenhirten in diesem Tal sind deutlich zu erkennen. Moderne Steinsetzungen (von einem aufgelassenen Camp?) passieren wir auf **Pos. N 25°01,00′ / E 11°51,25′.** Fantastische Dünenlandschaften liegen jetzt wieder südlich unserer Piste und bald bündelt eine Dünenspitze alle Spuren (ca. km 50, eine Position nahebei: **Pos. N 25°03,60′ / E 11°52,45′).** Unschön geht's weiter, eine geschobene Trasse, steinig, staubig, wechselhaft, dann über Hammadas oder staubige und unebene Feinsteinflächen, die Piste aber immer deutlich erkennbar. Immer wieder sind auch Tälchen zu queren, die durch ihren teils üppigen Bewuchs auffallen. Hier sind oft Tuareg-Hirten mit ihren Ziegenherden unterwegs. **20 km** weiter verläuft ein solches Tal auch einmal parallel zu den Dünen, die uns noch immer im Süden begleiten **(Pos. N 25°13,92′ / E 11°55,62′).** Das Gelände bleibt wechselhaft, mal Reg-Flächen, mal Stein-Flächen, dann wieder Wadis mit Bewuchs und viel Totholz – Bestand haben die schönen Dünen, an deren Rand wir hier in nordnordöstlicher Richtung (oft 30°) fahren. Dann haben wir helle, fast weiße Serir unter den Reifen, Rennstrecken vor uns: Diese weißen Flächen werden uns jetzt noch ein gutes Stück begleiten. Ich bin der Meinung, dass das **Msak Mellet** (= Weißes Tafelbergland) seinen Namen von diesen auffallenden weißen Regflächen hat. Wie gesagt: Rennstrecken. Jetzt aber, bei **km 112** und **Pos. N 25°32,35′ / E 12°06,38′,** sollten Sie bemerken, dass wir nach Norden abbiegen und dabei rechtwinklig ein breites Wadi mit niedrigem Strauchbewuchs durchqueren: Die Hauptspur ist im sandigen Untergrund tief ausgefah-

329 Foto: gg

ren, vielleicht suchen Sie sich eine weniger tiefe Spur daneben. Nach drei Kilometern sind wir am anderen Ufer des Wadis. Dort markiert ein großer Reifen die Hauptspur: **Pos. N 25°33,62′ / E 12°06,25′.** Über fast weißes Reg geht es nun mit überwiegend 340° hinauf bis ins Mathendous, von kurzen Unterbrechungen durch andere Gesteinsauflagen oder kurzen Wadi-Verläufen einmal abgesehen. Bei km 130 haben wir die Kreuzung mit den Erdhügeln erreicht (siehe Plan In Habeter-Mathendous, Route A 12): **Pos. N 25°42,10′ / E 12°06,20′.** Die Felsbildstationen des **Mathendous** liegen vor uns. Die weitere Wegführung entnehmen Sie bitte den Darstellungen bei Route A 12.

Route A 19:
Auf Heinrich Barths Spuren von Murzuk nach Al Katrun/Gatrun

- *Geländestrecke mit einigen Dünenüberquerungen, sehr weiche Sandpassagen. Gesamt 163 km.*
- *Da dies eine der ältesten transsaharische Karawanenstrecken ist (die sog. Bornu-Straße), vermerken alle Karten die Strecke mehr oder weniger schematisch und damit auch mehr oder weniger falsch.*
- *Allradfahrzeug und GPS erforderlich, wenn z.B. Bir Mestuta erreicht werden soll. Lückenlose Sahara-Ausrüstung erforderlich. Zeitaufwand 1–1½ Tage.* ***Achtung! Für Motorradfahrer sehr gefährliche Strecke!*** *Überschlaggefahr durch extrem weiche Staubsand-Wannen!*

Einmal mehr hat die alte Militärkarte von 1942 unser Interesse an einer ganz bestimmten Route geweckt: An der alten Bornu-Straße, über Generationen hinweg die wichtigste Verbindung zwischen Schwarzafrika und den Ländern am Mittelmeer, vermerkt die Karte hier zwischen El Bedan und Bir Mestuta: „Alle 4 Marschstunden kleine Hütte"; weiter „Pfeiler an der Piste Bir ed-Damran – Bir el-Mestuta"; und nach Süden zu: „25 hohe Pfeiler an der Piste Bir el-Mestuta – el-Abiad – el-Gatrun." Wir wollten sehen, was davon noch zu finden war.

Diese Strecke wurde auch von *Heinrich Barth* auf seinem Rückweg aus Schwarzafrika 1855 benutzt. Er erwähnt nichts von diesen (Schutz?)-Hütten und Geländemarken. Im Monat Juli (!) durchquert er dieses Gebiet „*... in zwei sehr langen Tagesmärschen, von denen der erste einen nächtlichen Marsch inbegriff ...*" bis El Bedan. Anderntags zieht er „*wohlgemut*" bis Murzuk weiter, wo er „*... von einer großen Anzahl der Einwohner höchst ehrenvoll empfangen ...*" wurde. Aus jeder Zeile seines in diesem Bereich des Rückweges recht kargen Berichtes spricht seine Erleichterung darüber, den Wüsten den Rücken gekehrt und in Murzuk wieder die Zivilisation erreicht zu haben. Und heute? Ich denke, für mich und die meisten Sahara-Reisenden gilt genau das Gegenteil!

km 0: Fort von Murzuk auf **Pos. N 25°54,96′ / E 13°54,65′.** Wir verlassen den Ort in südöstliche Richtung, indem wir irgendwelchen Straßenverläufen mal in Süd-, mal in Ostrichtung folgen. Rasch bleibt der Ort hinter uns. Es geht hinaus auf weichsandige Flächen, die von einzelnen Bewuchszonen und

Palmen durchsetzt sind. Trotz trockener Oberfläche: Das Grundwasser ist hier nicht weit entfernt. In verschiedenen der dichteren Palmhaine liegen Brunnen, ein besonders hübscher hinter einer relativ hohen Düne sei hier genannt: **Pos. N 25°53,68′ / E 13°56,23′:** Hier fanden wir im Sandsturm einen geschützten Nachtplatz.

Wir halten uns südlich der Bewuchszone und fahren weiter in Richtung Ostsüdost in der Hoffnung, irgendwo ausgeprägte Spuren der alten Karawanenstraße zu finden. Solche Spuren sind überall vorhanden, jedoch nicht so eindeutig und so deutlich, dass man mit Überzeugung sagen kann: Hier ist sie, hier ist die Bornustraße. Auch den Ort (Brunnen) et-Tahania konnten wir nicht identifizieren. Das Gelände zwischen Bewuchszone und dem Rand des Murzuk-Ergs ist wechselhaft, das Vorwärtskommen nicht problematisch aber auch nicht flott. Immer auf der Suche nach Karawanenspuren stoßen wir tatsächlich auf einzelne (Schutz?)-Hütten aus Gras in einer Form, die an Nomaden-Camps in der Südsahara erinnern. Sollten Kameltreiber sich hier solche Hütten gebaut haben? Warum? Viehhirten? Es gibt keine Weiden im Umfeld! Sicher ist, dass diese Hütten nicht schon vor Generationen errichtet wurden, sondern trotz ihres teilweise schlechten Zustandes jüngeren Datums sein müssen. Wir finden in den Hütten keinerlei Hinterlassenschaften, die einen Hinweis auf ihre ehemaligen Bewohner erlauben würden. Am Ortsrand von Murzuk hatten wir eine Container-Siedlung bemerkt, die an eine Flüchtlingssiedlung erinnerte. Sollten die Hütten von Bürgerkriegs- oder Dürreflüchtlingen gebaut worden sein, die sich im Ort nicht aufhalten konnten? Das Rätsel bleibt ungelöst.

Bei **Pos. N 25°49,73′ / E 14°12,02′** passieren wir einen flachen Pass zwischen Hügeln und folgen dann einer Sebkha mit 110°. Den Ort **El Bedan** erreichen wir mit **Pos. N 25°49,55′ / E 14°13,72′** bei der Moschee, ein Brunnen liegt auf **Pos. N 25°49,35′ / E 14°13,90′** am Südwestrand. Hier gibt es auch reichlich Wasser. Wir befragen Einheimische nach dem Verlauf des weiteren Weges: Nach Südwesten geht es zunächst bei **Pos. N 25°48,93′ / E 14°13,22′** im Dünenzickzack hinaus, dann über die Düne hinweg. Drüben finden sich kaum noch Spuren! Bei **Pos. N 25°48,40′ / E 14°14,42′** erklimmen wir vergeblich eine Hügelstufe, um einen Überblick zu erhalten: Nichts ist zu sehen, was auf eine alte Piste, gar auf pfeilerartige Markierungen schliessen liesse. Wir steuern mittels Satelliten-Navigation die aus der Karte herausgemessenen Koordinaten von Bir el-Mestuta an.

Jetzt werden viele Dünencordons überquert. Wenn ich richtig gezählt habe, waren es etwa 30 Stücke unterschiedlicher Höhe. Viele waren so, dass ich nicht im ersten Anlauf drüber hinwegfahren wollte: Erst einmal oben an der Kante prüfen. Ich bin der Meinung, diesem Motto sollten Sie ggfs. auch folgen. Manche Dünen sind doch sehr scharfgratig. Ein auffallendes Redjem (Steinmännchen) erreichen wir bei **Pos. N 25°41,03′ / E 14°20,98′.** Auch hier werden unsere Hoffnungen enttäuscht: Keinerlei deutliche Spuren im überschaubaren Umfeld!

Auf diesem Streckenabschnitt sind besonders auffallend die „Staubwannen“: Auf gutem Untergrund sind wir gerade mit ordentlich Tempo unterwegs, da fallen wir derart in nicht erkenntliche (weil von gleichfarbigem Sand wie die Umgebung überwehte) Staubwannen, dass der Eindruck entsteht, in frischen Beton hineingefahren zu sein. Der Bremseffekt ist so heftig, dass lose im Fahrzeug liegende Teile durch die Gegend fliegen. Dies ist der Grund, warum ich diese Strecke für Motorräder für nicht geeignet, weil gefährlich, halte.

Fazit also: Keine Bornu-Straße! Erfolg haben wir dann nur beim Auffinden der eindrucksvollen **Ruine der Wehranlage von Bir el-Mestuta:** Wir steuern fast zielgenau darauf zu und sind bei **km 89** und **Pos. N 25°30,15′ / E 14°26,67′** dort. Die Ruine steht am Rande einer Sebkha; einige Palmbüsche und Tamarisken wachsen hier. Hier lassen sich gut schattige Rastplätze finden. Ein Brunnen liegt 1,5 km weiter südlich der Ruine im freien Gelände, Fahrspuren führen dorthin: **Pos. N 25°29,37′ / E 14°26,92′.** Der Brunnen ist von einem großen LKW-Reifen eingefasst. Wasser von fragwürdiger Qualität in ca. 5 m Tiefe.

Auch im Umfeld dieser Ruine haben wir nichts gefunden, was eindeutig der alten Karawanen-Route hätte zugeordnet werden können. Überall fanden sich Karawanen-Spuren, aber nichts war so

lib_390 Foto: gg

eindeutig gebündelt, dass man hätte sagen können, dies und nur dies ist die Bornu-Straße. So ist wohl davon auszugehen, dass von den alten Wegmarkierungen, den Pfeilern, nichts mehr geblieben ist. Vielleicht waren sie ja wie Bir el-Mestuta auch aus luftgetrockneten Lehmziegeln errichtet. Von einem solchen Bauwerk hätte sich dann natürlich im Laufe der Jahrzehnte nicht einmal mehr ein Steinhaufen erhalten, da der Lehmstaub der Ziegel ja leicht weggeblasen wird.

Wir verlassen Mestuta nach Süden und zielen dabei genau auf eine Dünenspitze zu, die bei **Pos. N 25°26,16′ / E 14°26,43′** passiert wird. Hier finden sich viele Spuren, die nach der Düne in eher südsüdwestliche Richtung führen. Weite sandige Flächen werden überquert. Bei **km 113 = Pos. N 25°19,48′ / E 14°28,65′** dient ein hochgestellter Stein als Pisten-Markierung. Das Gelände bleibt flach und sandig-staubig, kurze steinige Passagen folgen. Ab **km 120** wird's dann deutlich flotter, von kurzen weichen Hemmpassagen abgesehen. Nördlich von Gatrun erreichen wir die asphaltierte Straße bei **km 159** und der **Pos. N 24°54,88′ / E 14°32,40′.** An der Tankstelle im Ort kommen wir bei **km 163** an.

Schützende Palmen bei Murzuk; Brunnen auf Pos. N 25°53,68′ / E 13°56,23′

Route A 20:
Ruhige Winkel am Nordrand des Erg Murzuk: Qasr Scheraba und Qasr Mara

- *Gelände- und Dünenstrecke. Teilweise (in den Dünen) schwierig zu befahren, Dünenerfahrung von Vorteil, kann jedoch hier auch erworben werden. Pisten, Straßen und Ortschaften sind nie sehr weit entfernt. Sandtauglicher Geländewagen Voraussetzung. GPS erforderlich, wenn die angegebenen Geländepunkte wirklich erreicht werden sollen. In den alten Oasen und Palmhainen sind (selten) Einheimische anzutreffen, die z.B. Datteln ernten oder einen Friedhof aufsuchen.*
- *Entfernung zu den beiden Oasen von der Asphaltstraße bei Tesawa nur ca. 30 km. Fahrzeit aus Richtung Mathendous jedoch ½ Tag.*
- *Nur die alte deutsche Militärkarte Blatt Sebha 1:1 Mio zeigt die Situation halbwegs anschaulich.*

Ein Besuch in den alten, nur noch als **Ruinen** vorhandenen **Oasen Qasr Scheraba** und **Qasr Mara** schließt gewissermassen die (Kenntnis)-Lücke, die bleibt, wenn man via Murzuk, Gatrun, Col d'Anai, Mathendous und Tesawa den Murzuk-Erg (Idhan Mursuq) komplett umrundet hat. Das Problem bestand für uns vor allem darin, die Orte überhaupt zu finden – zu unpräzise sind sie auf den existierenden Landkarten eingetragen. Die Suche im wenig übersichtlichen Gelände gestaltete sich ohne konkrete Vorinformationen überaus schwierig. Wir waren aber stets viel zu weit in die Dünen vorgedrungen. Schlussendlich gelang das Auffinden nur deshalb, weil *W. Nöther*, auf dessen Informationen ich dann wiederum aufbauen konnte, von Einheimischen dorthin geleitet wurde.

Ein Besuch der im Murzuk-Erg zurückgezogen liegenden Ruinen-Orte bietet sich z.B. auf der Rückfahrt vom Mathendous an, wenn die Ausfahrt ab dem Agrar-Projekt Barjuj in Richtung Osten gewählt wird. Eine Vorgehensweise wäre dann etwa die: Wir folgen der Hochspannungsleitung in östlicher Richtung auf deutlich ausgefahrener Piste. Nach Überqueren des 13. Längengrades verlassen wir die Piste nach Süden durch freies Gelände in südöstlicher bis südlicher Richtung und steuern hier bereits die Koordinaten von **Qasr Scheraba** an, z.B. **Pos. N 25°58,37′** / **E 13°14,40′,** ein Gräberfeld in den ausgedehnten Ruinenfeldern. Auf dieser oder einer ähnlichen Geländestrecke überqueren Sie Taleinschnitte, flache Hügel und auch einige Dünen. Falls Sie sich (noch) nicht zu den Routiniers zählen rate ich dabei dringend zu sehr vorsichtiger Fahrweise.

Wir erreichen Qasr Scheraba auf dem einen oder einem anderen Weg; fast immer wird man sich den Ruinen der Ortschaft von einem Hügel aus näheren (der alte Ort selbst liegt in einem Tal); dann überrascht schon auf den ersten Blick die Ausdehnung des Ruinengeländes. Die zweite Überraschung stellt die Geradlinigkeit, der rechtwinklige Verlauf und die Breite der zwischen den Hausgrundrissen eindeutig zu erkennenden Straßen dar, ein in dieser Region völlig unüblicher Grundriss. Eine der Erklärungen für diese Eigenart von Qasr Scheraba ging deshalb auch von einem römischen Ursprung aus (Scheraba wäre dann das klassische Ceserleba), was jedoch durch Ausgrabungen von englischen Archäologen im Jahr 1968 nicht belegt werden konnte. *Ph. Ward* schreibt: *„Eine Wüstenmetropole aus Häusern, Straßen und Plätzen bedeckt eine Fläche von beinahe 40 Hektar. Eine große Festung aus Stein befindet sich in ihrer Mitte. Die Stadt ist sehr einheitlich in ihrem Stil und kann auf eine frühe islamische Periode datiert werden, wenngleich dieser Platz seit dem Neolithikum immer wieder besiedelt wurde.“* Beim ersten Anblick drängte sich mir der Eindruck einer unter militärischen Gesichtspunkten errichteten Garnisonsstadt auf. Die Ruinen der alten Lehmburg liegen etwas weiter im Osten des Kastellhügels, fast am östlichen Talrand.

Wie oben erwähnt, liegt Scheraba in einem Tal mit hübschem Bewuchs. Diese Bewuchszone zieht sich im Tal nach Nordost. Am nordwestlichen Rand des Tales verläuft eine kleine Piste und dieser folgen wir jetzt am Rückweg in der vorgegebenen Richtung (km 0 der Rückfahrt). Sie haben richtig gelesen: Wir fahren in nordöstliche Richtung – falls Sie dies nach einem Blick auf die Militärkarte irritieren sollte: Dort ist irrtümlich Qasr Mara mit Qasr Scheraba vertauscht worden.

2 km weiter fällt rechter Hand ein **Friedhof** auf **(Pos. N 25°59,03′** / **E 13°18,52′).** Weiße und grüne, recht einfache Fahnen wurden auf manches Grab gesetzt, Zeichen dafür, dass hier eine besonders verehrenswerte fromme Person ihre letzte Ruhestätte fand, jemand, zu dem sich eine Pilgerreise lohnt, ein Heiliger nach unserem Sprachgebrauch. Nach einer Mitteilung

aus dem Kreis der Leser soll hier vor 150 Jahren ein alter, weiser Tuareg beigesetzt worden sein.

Am südlichen Talrand sind hier fast weiße Dünen zu sehen. Bei der Weiterfahrt sollten Sie eigentlich bemerken, dass eine (früher) stark benutzte Karawanentrasse unsere Piste kreuzt **(km 3).** Wir folgen jedoch umserem Pistchen mit 50 bis 70°. Schon bei **km 10** erreichen wir die hoch aufragende Festungsruine von **Mara (Pos. N 26°01,53' / E 13°22,42').** Sie ähnelt der von Bir el-Mestuta (Route A 19) und ist im Gegensatz zu dem, was wir in Scheraba sahen, aus luftgetrockneten Lehmziegeln erbaut. Dem Laienverstand will sich nur schwer verständlich machen, dass beide Ortschaften, Mara und Scheraba, in derselben Zeitepoche entstanden sein sollen. Auf den Hügeln im Umfeld dieses Ortes finden Sie überall vorislamische Gräberfelder.

Auf unserer Weiterfahrt folgen wir unserer Piste wie bisher. Sie führt uns jetzt mit 70° eher wieder in östliche Richtungen. Wir folgen einem sehr weiten Tal mit vielen Tamarisken-Kupsten; helle, fast weiße Dünen ringsherum unterstreichen den malerischen Charakter des Tales. Dann geht es eine niedrige graue Hangstufe entlang. Bei **km 15** verriegeln Dünen unseren Weg: Sie lassen sich im Zickzack umfahren, keine Notwendigkeit also, Adrenalin beim Überfahren zu vergeuden. Eine weite Ebene mit Tamarisken folgt, erneut begrenzen die weißen Dünen den Horizont. Unsere Piste wird breiter, leider macht sich auch Wellblech bemerkbar; auch kreuzt eine Vielzahl von Spuren unseren Weg. Bei **km 20** nochmal eine Pos. auf einem Hügel etwas südöstlich an der Piste (bes. für Fahrt in Gegenrichtung gedacht), Tesawa bereits in Sicht: **Pos. N 26°03,90' / E 13°27,00'.** Erste Gärten tauchen auf, dann wird die Wegsuche schwierig. Wir folgen mit 60° einer Mittelspannungsleitung, unterqueren eine erste, später eine weitere Hochspannungsleitung und halten uns dann mangels anderer markanter Orientierungspunkte auf die Moschee zu. Alte und moderne Ortsteile werden durchquert, eine Schule entlang ihrer Mauer umfahren, um schließlich bei **Pos. N 26°05,30' / E 13°30,32'** und **km 26** die querende Asphaltstraße (Route A 15) zu erreichen. Hier steht die „Große Moschee". Nach Osten, nach rechts, abbiegend sind es genau 1,6 km bis zur **Tankstelle von Tesawa.** Noch vor Erreichen der Tankstelle liegt unmittelbar an der Straße ein kleiner Markt. Hier werden je nach Saison preisgünstig Datteln oder auch Gemüse angeboten. Im Umfeld des Marktes gibt es auch einige kleinere Läden. Fahren Sie dagegen von der Einmündung etwa 150 m nach Westen, liegt ebenfalls unmittelbar an der Straße der Bäcker. Wer die beiden Ruinen-Orte auf einfachem Wege erreichen will, der kann natürlich die für die Rückfahrt gewählte Route in Gegenrichtung befahren und so auch wieder zurückkehren.

Route A 21:
Die Überquerung der Sarir al Qattusah

●*Gelände- und Pistenstrecke diagonal zu vorhandenen, aber praktisch nicht befahrenen Pisten in einsamster Kieswüste. Einfach zu befahren, Risiko nur in der abseitigen Lage. GPS empfehlenswert, um Strecke eindeutig nachvollziehen zu können. Geländemarken existieren praktisch nicht, es sind jedoch für Kompass-Navigation im Osten und Norden jeweils sehr gute Auffanglinien vorhanden.*
●*Entfernung auf der gewählten Route von Asphaltstraße zu Asphaltstraße gesamt 227 km. Fahrzeit 1 bis 1½ Tage.*
●*Russische Generalstabskarten 1:500.000 Blatt G 33 A (Sebha) für ein kurzes Stück im äußersten Südwesten und G 33 b (Tmissah) für die restliche Strecke vermitteln einen Eindruck von den Geländeverhältnissen. Wir haben unsere Routenwahl nach der alten deutschen Militärkarte Blatt Sebha 1:1 Mio festgelegt.*

Die Überquerung der Sarir al Qattusah (= Serir el-Gattusa) stellt eine „elegante" Methode dar, vom äußersten Süden her kommend (z.B. von Wau an Namus oder von Gatrun/Al Katrun) die östliche der beiden großen Nord-Süd-Routen zu erreichen, ohne den Umweg über Sebha wählen zu müssen. Kommt man von Wau an Namus, empfiehlt sich evtl. eine Überquerung fast genau in Süd-Nord-Richtung; kommt man dagegen so wie wir damals aus Gatrun/Al Katrun (und deswegen ist die Route wie folgt beschrieben), überquert man die Serir el-Gattusa diagonal von SSW nach NNO - Ziel ist in beiden Fällen der Knickpunkt der Asphaltstraße Route A 3/Südvariante an der Stelle, wo diese nach der Überquerung des Wadi Gneir von ihrem bisherigen ungefähren Nord-Süd-Verlauf auf einen ungefähren Ost-West-Verlauf übergeht. Diese Überquerung vermittelt das Erlebnis weiter Kiesebenen, allerdings nicht das der Endlosigkeit wie in der „As Serir" drüben im Osten; erreicht man den Ostrand der Serir el-Gattusa (Steilabbruch des Dor el-Gani; die oben erwähnte Auffanglinie für Kompass-Navigation), sind die stark erodierten Hangkanten mit Zeugenbergen und verschiedensten Gesteinsformationen eindrucksvolle Landschaften in abgelegener Wüste.

km 0: Kreuzung der Straße Route A 15 bei km 108 (zwischen Um el Aranib und Zuwaylah) und der Straße hinab nach Al Gatrun Route A 17 km 0, **Pos. N 26°07,92' / E 14°52,83'.** An dieser Kreuzung im freien Gelände wenden wir uns nach Norden und fahren auf breiter Straße auf die von weitem zu sehenden Palmhaine der Ortschaft El Bidr zu, an dieser dann allerdings im Osten vorbei. Der Ort liegt vor einer Hangstufe, die ebenfalls schon von der Kreuzung aus deutlich zu erkennen ist: Diese 30–50 m hohe Hangstufe bildet den nördlichen Rand der Hofra-Senke und den Südrand der Serir el-Gattusa: Dort hinauf wollen bzw. müssen wir. Wir folgen dazu weiterhin unserer Straße, die allerdings ab **km 4** in eine breite geschobene Piste und dann in eine ebenso breite Bautrasse übergeht. Dabei verfolgen wir eine nordwestliche Richtung, umfahren so El Bidr. Bei **km 6,5** (eine Halle steht links der großen Piste) verlassen wir die Trasse und biegen rechts (nach Norden) ab auf eine kleine Piste in Richtung einzeln stehender

lib_395 Foto: gg

Bäumchen. Es ist gut zu erkennen, dass diese Piste in einen Taleinschnitt innerhalb der Hangstufe hineinführt.

Die Spuren sind zunächst noch schwach und folgen mit 30° dem Tal. Die Piste ist nicht sehr eben, verläuft hier schon über hellen Kies. Bei **km 15** mag eine Position der Orientierung dienen: **Pos. N 26°14,62′ / E 14°51,85′.** 2 km weiter steuern wir auf eine Gruppe größerer Akazien zu; wie an der Vielzahl von Hinterlassenschaften abzulesen ist, dienten diese Bäume schon oft als schattiger Rastplatz. Vorsicht ist allerdings geboten, wenn Sie hier mit einem Fahrzeug ohne Geländereifen anhalten: Dornzweige liegen reifenmordend in großer Zahl im Gelände. Die Piste ist im Umfeld der Bäume deutlich ins Gelände eingeprägt und weist zudem teils nervendes Wellblech auf. Eine Buschgruppe voraus bei **km 19** haben wir auf **Pos. N 26°16,80′ / E 14°51,62′** erreicht.

Wenn Ihnen die genannte Militärkarte zur Verfügung steht werden Sie auf dieser erkennen, dass wir jetzt die Hangstufe via den Taleinschnitt erklommen haben und uns eigentlich so weit oben auf der Serir befinden müssten, dass eine gestrichelt eingezeichnete Piste in Richtung auf eine „flache Mulde“ namens el-Msalla im Nordosten zu hier beginnen müsste. Wir haben diese Piste nicht gefunden und uns deshalb rasch entschlossen, über die Serir hinweg einfach mit aus der Karte herausgemessenen Koordinaten mit GPS-Navigation auf Msalla zuzufahren. Wir haben „unser“ Msalla gefunden, auch die auf der Militärkarte vermerkten Mauer-

Rand des Dor el-Gani

reste. Mulde und Mauerreste waren jedoch so unscheinbar, dass es schwerfällt, eine solche Beiläufigkeit als einen kartografisch derart hervorgehobenen Punkt auf einer Karte 1:1 Mio zu akzeptieren. Wie dem auch sei: Ein besseres **Msalla** ist mir nicht bekannt und führt auf alle Fälle zum Ziel – deshalb hier auch die gemessenen Koordinaten: **Pos. N 26°42,12′ / E 15°22,75′.** Sie haben jetzt also die Möglichkeit, diese Koordinaten an ihrem GPS-Gerät einzustellen und sich von diesem nach Msalla führen zu lassen; fahren Sie dagegen nach Kompass, schlagen Sie bei den Büschen Richtung 47° ein (so genau dies eben möglich ist), und fahren mehr oder weniger auf gut Glück los – gut Glück bedeutet, dass Sie mit Kompass-Navigation zwar nicht verloren sind, aber ihre Chancen, Msalla zu finden, doch deutlich niedriger liegen.

Los also bei ca. **km 20** in Richtung Nordost. Die Serir ist zunächst enttäuschend uneben, teils auch steinig und erlaubt nicht das erhoffte hohe Tempo. Bei **km 40** quert eine deutliche Piste unsere Spur (die ja keine ist, wir fahren frei durchs Gelände) fast rechtwinklig. Den 15. Längengrad überqueren wir bei **Pos. N 26°26,60′:** Keine schlechte Zahl. Jetzt wird das Gelände gführiger, die erhoffte Kiesfläche stellt sich doch noch ein. Zwei mal (**km 48** und **km 57**) wird auch eine Karawanentrasse im rechten Winkel gequert: Ob hier auch die Herden durchgetrieben werden, die als Schlachttiere aus den Sahelländern via Gatrun nach Sebha gelangen? Eine ganze Spurenautobahn zieht ebenfalls wieder rechtwinklig zu unserer Fahrtrichtung durchs Gelände (**km 70,** liegender Reifen) und wenn diese auf Sie nicht schon als Speedbreaker gewirkt hat, sollten Sie jetzt dennoch etwas das Tempo drosseln: Bei **km 71** legt sich nämlich eine dammartige Trasse quer zu unserer Fahrtrichtung und dieser Damm ist nicht mit Tempo zu überqueren! Ohne Zweifel aber ist diese Querpiste die in der Militärkarte vermerkte markierte Piste, die Tmissah mit Sebha verbindet. Dann erreichen wir die schwarzrandige flache Mulde von Msalla. Wie gesagt: Eindrucksvoll ist diese noch nicht einmal in der flachen Serir.

Wir fahren mit ca. 40° weiter. Die Serir wird streckenweise etwas weicher, eine niedrige Hangstufe ist zu queren und dann eine deutlich höhere bei **km 125.** Jetzt geht es ein Stück Weges steinig und auch kurvig weiter. Ab **km 143** wird's deutlich besser und schließlich befinden wir uns in weiten Feinsteinflächen, die zunächst grau, dann grau-violett und schließlich grauschwarz werden. Die Steilstufe des Dor el-Gani kommt je nach Dunst früher oder später voraus in Sicht (Liebe Kompass-Fahrer: Dies ist die vermutlich sehnsüchtig erwartete und unfehlbare Auffanglinie!), und bei **km 163** stoßen wir auf eine Nord-Süd verlaufende Piste, hier mit einem Pfosten und einem Vermessungpunkt, **Pos. N 27°11,88′ / E 15°49,29′.** Mit einer erstaunlich hohen Präzision für aus der Karte herausgemessene Orientierungspunkte haben wir die vor dem **Dor el-Gani** entlanglaufende, **„durch Fässer markierte“ Piste** erreicht. Wir wenden uns nach Norden.

Die Piste verläuft mit 320 bis 340° auf festem, aber nicht ganz ebenem Reg- oder Feinstein-Untergrund weiter. Sie ist recht deutlich und dort, wo die Hauptspur verläuft, immer wieder auch von Wellblech gezeichnet. Auffallend auch, dass die Umgebung immer heller wird. Im Osten ist weiterhin deutlich der Steilabfall des Dor el-Gani zu sehen – er ist ja nur 2–3 km entfernt. Es lohnt sich, einmal hinüberzufahren und sich von den skurrilen Auflösungen dieser Geländestufe verzaubern zu lassen. Wir fanden das Gelände besonders attraktiv auf Höhe von **km 190.** Die Piste selbst ist nicht mit jenen Fässern markiert, die in der alten Landkarte erwähnt sind, wohl aber mit verschiedenen Hinterlassenschaften wie Reifen u.a., tatsächlich aber präzise vermessen mit Messpunkten wie z.B. jenem bei km 203: Er trägt die Kennzeichnung „P.B.M. 35605" und steht auf **Pos. N 27°30,32′ / E 15°40,00′.** Jeweils drei Betonzylinder sind zusammen einbetoniert, einer davon trägt einen Stab. Die aufliegende Feinsteindecke ist inzwischen fast weiß geworden. Achten Sie bei **km 221 (Pos. N 27°40,12′ / E 15°36,38′)** auf einen Pistenknick und eine Abzweigung in westliche Richtung: Wir fahren hier genau weiter in unsere Richtung mit ca. 340°, auch wenn die Piste jetzt deutlich kleiner wird. Kurz darauf queren wir eine deutlich geschobene Piste und Trasse im rechten Winkel; dies ist der Grund für die Westabbieger: Sie haben den Winkel abgekürzt; die geschobene Trasse ist die Piste aus Zeiten, bevor die Asphaltstraßen allein das Regiment übernommen haben, die von Al Fogaha (s. Route B 2) hinüber via Um el-Abid nach Sebha führt(e). Wir verlassen das weiße Gelände, gelangen wieder zu mehr klassischen Sahara-Farben: grau, rosa, beige ... Im flachen Gelände ist weithin voraus ein Richtfunkmast zu sehen. Auf diesen steuern wir zu und kreuzen dabei unglaublich viele Spuren und Pistenbündel. **Vorsicht!** Kurz vor Ende der Stecke liegen im feinkiesigen Gelände mehrere **Granaten (Pos. N 27°41,30′ / E 15°35,86′)!** Ich kann nicht beurteilen, ob sie scharf sind oder nicht. Genau in Fahrtrichtung münden wir in löchrigen Uraltasphalt, erreichen schließlich den genannten Richtfunkmast und queren von diesem weg ca. 500 m durch sandiges Gelände hinüber zur neuen Asphaltstraße (Route A 3, Abschnitt 6 bei km 206). Ein Kurven- und Überholverbotszeichen stehen an dieser Stelle, **227 km** sollte Ihr Tacho zeigen. Nach Norden oder nach Süden? Egal: 1-A-Flüsterasphalt steht in beiden Richtungen zur Verfügung.

Felsbildmotiv aus dem Süden Libyens: Bogenschützen mit Tiermasken

Route A 22:
Querung von Suknah an Route A 3 zur Route A 7 70 km südlich von Shwayrif

- *Durchgehend asphaltiert. Bis Route A 7 gesamt 170 km. Keine Ortschaften bzw. Versorgungsmöglichkeiten an der Strecke. Verkehr praktisch Null. Die hier dargestellte Strecke ist die schnellste und einfachste Verbindung zwischen den beiden wichtigsten Nord-Süd-Routen Tripolitaniens. Sie führt zunächst landschaftlich hübsch am Nordrand des Jabal as Sawda entlang und quert dann abwechslungsreich westl. Ausläufer dieses Berglandes.*
- *Nur die TPC-Karte H 3 B zeigt den Verlauf der Strecke zutreffend, alle anderen schematisch richtig.*

km 0: An der Tankstelle des Ortes **Suknah** (km 36 der Route A 3 Abschnitt 6) folgen wir noch etwa 500 m der Südroute und biegen dann an der großen Kreuzung nach Westen ab. Durch Müllhalden und Industrieansiedlungen geht es westlich weiter. Bereits 2 km weiter eine Kreuzung mit einem Schild „Shwayrif 238 km“ (arab.): Wir biegen links ab, nach rechts geht es in den Ort Suknah hinein. Nach Westen zu werden weitere Schutthalden durchfahren. Ein sandiges Tal mit Palmen, das **Wadi es Sultan** bei **km 5** bietet sicht- und windgeschützte Rastplätze. An einer Kreuzung 3 km weiter fahren wir geradeaus. Wir queren auf bester, dammartig verlaufender Straße eine weite Ebene, in der sich im Norden der Verlauf eines Tales **(Wadi el-Aladija)** fast parallel zu uns an relativ dicht stehenden Akazien erkennen lässt. Im Süden sind die dunklen Ränder des Jabal as Sawda eindrucksvolle Begrenzung des flachen Horizonts. Bei **km 20** queren wir das Akazien-Tal und erreichen bei **km 27** Palmgruppen in einer Mulde und mehrere allerdings trockene Wasserstellen, den **Bir Machrig.** Von hier weg führt uns die Straße auf eine Bergstufe zu und in einem weiten Tal in weitem Bogen in diese hinein, dann nach Norden zu auf die Stufe hinauf. Jetzt sind wir auf einer Art Hochfläche unterwegs, umgeben vom dunklen Gestein des Sawda-Berglandes. Rundherum rahmen abgeflachte Kuppen den Horizont. Nach Westen zu geht es durch einen Taleinschnitt hindurch, auf eine weitere, kleinere Hochebene zu. Auch diese wird nach Westen zu überquert und durch einen Taleinschnitt verlassen. Ein kleiner Pass bei **km 51** eröffnet einen weiten Ausblick auf eine größere Ebene voraus: Weithin sichtbar zieht sich das Asphaltband der Straße durch sie hindurch nach Westen.

Auf immer noch bester Straße queren wir die Ebene. In ihrem Zentrum liegt das **Wadi es Semam** mit einzelstehenden Akazien. Die Straße steuert zielgenau auf einen höheren Berg zu und umfährt diesen dann doch nach Norden hin. Erneut umgibt uns die hübsche Berglandschaft abgeflachter Tafelberge. Ein weiterer kleiner Pass wird bei **km 67** erreicht. Durch ein breites Tal passieren wir dann den Randbereich des Sawda: Im Norden ist das aufliegende Gestein mergelfarben-hell, im Süden dagegen basalt-schwarz. Ein Wadi mit hohen Ginsterbüschen wird bei **km 71** durchfahren: Hier sind vor allem im Norden geschützte Nachtplätze vorstellbar. Denken Sie aber daran: Unbemerkt können in solchen Tälern die Flutwellen weit entfernter Regenfälle fließen. Suchen Sie Ihren Nachtplatz entsprechend überlegt aus.

Weitere Berglandschaften, immer flacher, immer heller werdend, kleine Pässe, gebänderter Kalk, weitere Hochflächen, aufgesetzte Tafelberg-Reste – wir kommen rasch voran und so verflacht das Gelände zusehends. Bei **km 133** erreichen wir das **Wadi as Sarir,** in dem hohe Bäume als Schattenspender fungieren. Eine Hochspannungsleitung kommt in Sicht. Wir unterqueren diese bei besonders hohen und stabilen Masten; nur wenig weiter kreuzen wir die GMMR-Trasse, die parallel zur Nord-Süd-Route verläuft, und erreichen diese (Route A 7) schließlich bei einem Kontrollposten nach 170 km seit Suknah. Rechts ab, nach Norden, geht es nach Shwayrif: Es ist noch ca. 70 km entfernt. Links ab, nach Süden, geht es ins weit entfernte Sebha, Richtung Sahara.

Route A 23:

Durchs Wadi Bayy al Kebir von der Route A 7 hinüber nach Abu Nijaym an der Route A 3

- *Pistenstrecke auf GMMR-Trasse und daher einfach und problemlos zu befahren. Gesamtstrecke 156 km. Keine Ortschaften bzw. Versorgungsmöglichkeiten an der Strecke. Nur Baustellenverkehr.*
- *Gut nachvollziehen lässt sich der Streckenverlauf auf der Karte TPC H 3 B.*
- *Der Zustand der Strecke erlaubt die Befahrung mit jeder Art Fahrzeug. Keine Sahara-Ausrüstung erforderlich. Ausgehend von der auffallenden Darstellung in den gängigen Landkarten ist davon auszugehen, dass die Benutzung der Trasse erlaubt ist (was ja nicht überall der Fall ist). Auch fehlen am Pistenbeginn bzw. -ende Verbots- oder vergleichbare Hinweisschilder.*

km 0: An der Tankstelle des Ortes **Shwayrif** verlassen wir die Route A 7 (km-Punkt 400) nach Osten in den Ort Shwayrif hinein. Dort endet der Asphalt an einem Platz vor einem alten Fort bei **km 1,4.** In Verlängerung der Straße folgen wir einer schlechten Holperpiste in ostnordöstlicher Richtung (70°) und erreichen schon nach weiteren ca. 1,5 km die Kreuzung mit der **GMMR-Trasse** bei **Pos. N 29°59,50' / E 14°17,29'.** Hier biegen wir nach links, nach Norden ab. Die Trasse folgt dem **Wadi Bayy al Kebir,** welches hier einen recht üppigen Bewuchs zeigt. Das umgebende Gelände allerdings ist durch die Baumaßnahmen stark verschandelt. Eine Hochspannungsleitung begleitet uns. Die zwischenzeitlich fertig gestellte GMMR-Trasse verläuft unmittelbar neben der Piste; Lüftungsrohre und eine grobsteinige Schotterabdeckung markieren den unterirdischen Verlauf der gigantischen Wasserleitung. Bei **km 22** erreichen wir eine große **Verzweigung** der Trasse: Unsere Route zweigt hier annähernd rechtwinklig nach Osten ab, und mit uns tut dies die Hochspannungsleitung. Geradeaus führt eine andere Trasse weiter nach Norden; ein übergroßer Polizist aus Sperrholz steht am Wegesrand, hebt eine Hand (sperrend?) und zeigt mit der anderen in unsere Richtung, nach Osten. Ist dies so zu interpretieren, dass die Trasse nach Norden nicht befahren werden darf?

Diese Nordroute wäre – sofern legal befahrbar – eine elegante Methode, um die Mausoleen von Ghirza zu erreichen (siehe Route A 24).

Wir fahren in nordöstlicher Richtung durch hübsches vorsaharisches Berg- und Hügelland. Rosafarbene Kleindünen sind eingeweht. In unser Haupttal münden Seitentäler mit Bewuchs: Die Region ist als gute Kamelweide bekannt und so werden Ihnen immer wieder die Pick-Up-Geländewagen der libyschen Kamelnomaden auffallen. Die Trasse bleibt in bestem Zustand, selbst Baustellen-LKW fahren hier mit 110 km/h durch die Lande! Nach NO zu verflacht das Gelände dann zusehends und wird deckungsarm. Ab **km 102** durchqueren wir langweilige Kalksteinflächen. Erst bei **km 116** liegen südlich der Trasse wieder flache Berge und vor diesen ein letztes Dünengebiet: Wer auf seiner bisherigen Sahara-Reise noch nicht zu Dünenfotos gekommen ist: Hier bietet sich letzmals Gelegenheit dazu, auch wenn das kleine Dünengebiet etwas abseits der Trasse liegt. Auch die Hochspannungsleitung hat uns in Richtung Dünen verlassen.

lib_398 Foto: gg

Wir fahren weiterhin nordostwärts und erreichen bei **km 124** eine Pumpstation. Nicht nur die Tank-LKWs, die die Trasse gegen Staubbildung und zur Verfestigung des Belages wässern, werden hier betankt, auch große Kamelherden finden sich ein. (Mitte 2006 war die Pumpstation nicht in Betrieb.)

Das Gelände wird dann wieder hügeliger, bleibt aber dennoch deckungsarm bis deckungslos. Bei **km 151** überqueren wir einen Höhenrücken und fahren dann eine flache Plateaustufe herab: Voraus sind die Hochspannungsleitungen zu sehen, die die Route A 3 von Norden nach Süden begleiten, auch das weite Tal, in dem diese wichtige Straße verläuft, ist von hier gut zu überblicken. Wir fahren die Stufe herab, unterqueren die Hochspannungsleitungen und erreichen bei **km 156 (Pos. N 30°48,34′ / E 15°20,30′)** die große, quer verlaufende Straße: Nach rechts, nach Süden, bleiben 23 km bis Abu Nijaym (Bu Ngem), nach links, nach Norden, 63 km bis zum Abzweig in Richtung Ghirza (Route 24) bzw. 79 km bis Abugrin (Verzweigung der Routen A 2 und A 3).

Route A 24:
Von Abu Grin und Shwayrif nach Ghirza und weiter nach Ban Walid

- *Asphaltierte Straße von Abu Grin bis ins Wadi Zemzem, dann ein Pistenstück über 42 km (kein Geländewagen erforderlich, aber hinreichend solider PKW und einfache Saharaausrüstung, Orientierungsprobleme wegen vieler Verzweigungen, deshalb GPS von Vorteil), 12 km GMMR-Trasse und weitere 8 km einfache Zufahrtspiste bis Ghirza. Zurück wieder 8 km zur GMMR-Trasse, auf dieser 77 km nach Norden bis Asphaltstraße, dann 111 km Straße bis Ban Walid. Gesamt Abu Grin bis Ghirza 111 km, gesamt Ghirza bis Ban Walid 196 km. Von Shwarif bis Ghirza 117 km GMMR-Trasse. Davon aber knapp 100 km möglicherweise nicht legal befahrbar (vgl. Route 23 und unten). Verkehr abgesehen von GMMR-Trasse und Ortschaften äußerst gering.*
- *Die Blätter Sirte H 33 B und Ban Walid H 33 A zeigen Pisten- und Straßenverläufe in Teilbereichen gut, in anderen zeigen sie nur die landschaftlichen Verhältnisse; die GMMR-Trassen sind nicht verzeichnet.*

Ein **Besuch der römischen Mausoleen** gehört für Geschichts- und Kulturinteressierte zu den **Höhepunkten einer Libyen-Reise.** Sollte Ihnen das Glück zuteil geworden sein, das Nationalmuseum am Grünen Platz/Märtyrer-Platz in Tripolis offen vorgefunden zu haben, werden Ihnen die dort ausgestellten Exponate schon genug Lust gemacht haben, diesen Ort zu besuchen. Nach Ghirza zu kommen war bislang allerdings eine äußerst schwierige Angelegenheit. Schwierig nicht bezüglich der Qualität der dorthin führenden Pisten, schwierig allein deshalb, dorthin zu finden. Ghirza – das bedeutet Ausgrabungsstätten höchster Qualität, aber am Ende der Welt und (bisher) nur über kleinste und teilweise kaum zu erkennende Pisten erreichbar. Erschwerend zudem, dass im Umfeld ein vegetationsreiches Talsystem Weidewirtschaft (vor allem Kamel-Haltung) ermöglicht: Ein Gewirr von Pisten entstand, weil die Kamelhalter ihre Herden besuchten, lokale Kamelmärkte im Freien abhielten usw. Ich weiß, dass ich nicht der Einzige bin, der tagelang in unübersichtlichem Gelände nach diesem Ghirza gesucht hat ...

Hat ..., war ..., bisher ..., was hat sich geändert? Neu ist eine GMMR-(Great-Man-Made-River)-Trasse, die unmittelbar am modernen Ort Ghirza (in Nachbarschaft zu den Ausgrabungsstätten) vorbeiführt und die im Gegensatz zu dem, was sonst in der Regel für GMMR-Trassen gilt, offensichtlich auch von Privaten benutzt werden darf. Wer will, erreicht also Ghirza heute über eine solche Trasse in fast straßenähnlicher Qualität rasch von asphaltierten Straßen aus (dies wäre der hier beschriebene Rückweg von Ghirza in Richtung Ban Walid), muss dann aber auch wissen, welche **GMMR-Trasse** er hierfür benutzt: Einheimische hatten mich z.B. auf eine solche Trasse gewiesen, die dann aber an Ghirza weit vorbeiführte! Die unmittelbar an Ghirza vorbeiführende und von jedermann benutzbare GMMR-Trasse verläuft weiter nach Süden und passiert dort den Ort Shwayrif (Routen A 7 und A 23). Während auf Höhe von Ghirza kein Verkehrszeichen die Weiterfahrt nach Süden verbietet, steht 22 km nördlich von Shwayrif ein Sperrholz-Polizist, der eigentlich so zu inter-

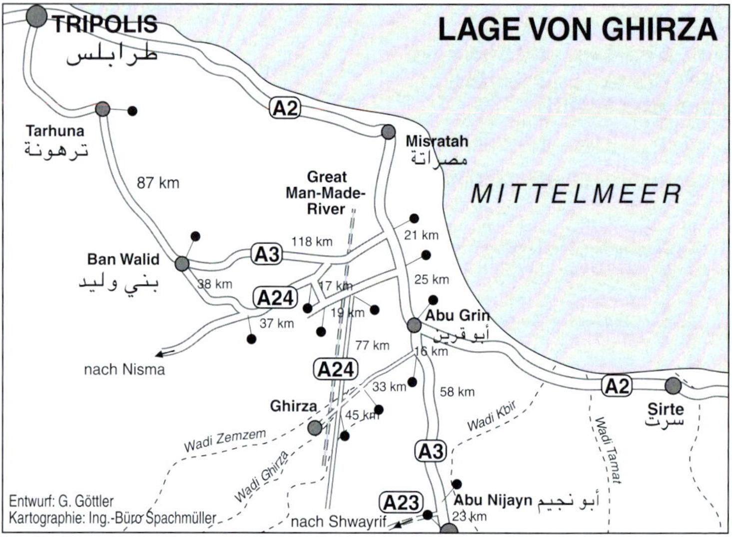

pretieren ist, dass die Fahrt in Gegenrichtung, Richtung Norden also, verboten ist. Es bleibt Ihnen überlassen, ob Sie das Wagnis, sich deswegen möglicherweise Ärger einzuhandeln, eingehen wollen.

Mit der folgenden Wegbeschreibung ab Abu Grin dürfte es ebenso ein Leichtes sein, auf interessanter, kleiner Piste (eher eine Art Feldweg) vorbei an weiteren archäologisch interessanten Orten Ghirza zu finden und zu besuchen.

Wir verlassen **Abu Grin** wie in **Route A 3, km 0/5** beschrieben auf breiter, bester Straße nach Süden. Wenig weiter eine **Tankstelle:** Füllen Sie hier ihren Tank auf; zwar passieren wir weitere, jedoch sehr kleine Tankstellen, die möglicherweise nicht immer den benötigten Treibstoff verfügbar haben. 16 km bleiben wir auf der „Südroute" und biegen dann nach Westen ab **(km 0)** auf eine deutlich kleinere und sehr schmale Straße hinein ins weitläufige Talsystem des **Wadi Zemzem.**

Auf enger Straße fahren wir in südwestlicher Richtung durch ein enges Tal, den Unterlauf des Zemzem; alles ist locker besiedelt, bestellte Felder liegen im gesamten Talgrund. Fahren Sie nicht zu schnell: Oft sind Kinder auf der Straße! Zwei Speed-Breaker bei **km 11** und **12** markieren z.B. das Umfeld einer Schule. Die Talränder sind durch Kalkfelsen sehr eindeutig erkennbar; auf manchem Felssporn sind Ruinen ehemaliger römischer Wehrhöfe zu erkennen. Es sind mir in diesem Tal jedoch keine Ruinen bekannt, die eine Besichtigung lohnen. (Wer sich für einen solchen Wehrhof interessiert, sollte sich die in Route A 3 erwähnten Höfe östlich von Ban Walid zum Ziel nehmen oder den besonders schönen bei Nisma – Route A 4, Abstecher nach Nisma). Nach einigen Kilometern wird die Besiedlung im Tal lockerer und erstmals bei **km 16** öffnet sich ein kleines Seitental nach Süden, das mir so ruhig erscheint, dass ich mir hier Nachtplätze vorstellen könnte.

Beim **km 25** knickt die Straße im rechten Winkel auf 230°; an einer Kreuzung kurz danach fahren wir gerade aus. An einer Tankstelle bei **km 28** können Sie evtl. letztmalig Wasser oder Treibstoff tanken. Nur einen km weiter knickt die Straße erneut rechtwinklig, jetzt zurück auf die alte Richtung ca. Südwest. Ein weiterer Knick halblinks bei **km 30** und dann ist bei **km 33** und der **Pos. N 31°10,20′ / E 15°01,55′** das Ende des Asphalts erreicht.

Von diesem Punkt an ist das Ziel einfach: Ca. 35 km westlich verläuft ungefähr in Nord-Süd-Richtung die GMMR-Trasse; diese wollen wir erreichen. Ggfs. wäre diese also bei Kompass-Orientierung unsere Auffanglinie.

In ungefähr der Richtung, die wir zuletzt auf der Straße hatten, fahren wir geradeaus/halblinks jetzt auf die Piste hinaus und folgen dabei einem grünen Tal auf dessen Südseite; die Spuren sind noch undeutlich, unsere Richtung ca. 230°. Deshalb mag eine Positionsangabe bei **km 40** als Wegweiser dienen: **N 31°07,60′ / E 14°59,07′**, ein steiniger Rücken wird hier überquert. Das grüne Tal verlässt uns nach Norden. Aus den Spuren wird ein schwaches Pistchen, deutlicher dort, wo (Kalk)Steine alle Spuren bündeln. In solchen Bündeln nervt dann erstmals auch schwach ausgeprägtes Wellblech. Bei **km 43** erreichen wir im flachhügeligen Kalksteingelände gar eine Pistenmarkierung: Auf **Pos. N 31°06,05′ / E 14°57,58′** steht eine Tonne. Hier wird die Piste nochmals deutlicher. Weitere Tonnen folgen bei **km 45, km 47** und **km 53;** wir überqueren feste Feinsteinflächen. Vor uns liegt ein üppig grünes und von hohen Akazien bestandenes Wadi, eben eine solche der oben beschriebenen Kamelweiden. Unsere Piste quert dieses Wadi, drüben geht es einen steinigen Hügel hinauf (oben Ruinenreste) und dann über eine typische „Unebene" (diese Unebene ist ein weiteres mal der Rand des Zemzem) weiter: Zwar scheint alles perfekt eben zu sein, doch hindern kleine Wasserrinnen an einem der Ebene entsprechendem schnelleren Vorwärtskommen. Eine weitere Kamelweide, ein üppig grünes Wadi, queren wir schon bei km 56, dann erneut eine Unebene. Vielleicht fallen Ihnen die Stacheldrahtzäune auf: Hier finden gelegentlich die oben erwähnten Kamelmärkte auf freiem Felde statt. Nur zwei Kilometer weiter passieren wir einen auf einem Hügel liegenden Friedhof mit interessanten **Marabut-Gräbern**, biegen etwas hinter diesem in ein weiteres Tal ein und erreichen bei **km 59** eine **Zisternen-Anlage** mit leer stehenden Häusern **(Pos. N 31°00,88′ / E 14°50,96′).** Bei einem kleinen Spaziergang werden Sie unschwer feststellen können, dass die mit modernen Techniken renovierten Zisternen auf römischen Grundmauern fußen. Was Sie dabei aber nicht feststellen können: Hier sind Sie in **El Fachia,** bei Michelin 741 „El Fuchia" genannt, und wie Sie ja wissen, führt keineswegs eine asphaltierte Straße – wie auf der Landkarte der Reifenmacher eingetragen – bis hierher.

Wir fahren in südwestliche Richtung weiter über eine Unebene wie gehabt. Die jetzt deutliche Fahrspur folgt dem hier breiten, mit vielen Akazien bestandenen Wadi Zemzem und dreht dabei nach und nach auf W und kurz gar auf NW. Flottere Teilstrecken folgen. Bei **km 67** passieren wir ein leerstehende Haus. Beim **km 70** bündelt ein zu überquerendes Steinfeld alle Spuren zu einer deutlichen Piste. Kurz darauf queren wir zwischen kleinen eingewehten Sanddünen ein Seitental des breiten Wadi Zemzem und wenig später eine geschobene Trasse fast rechtwinklig. Unsere Richtung verläuft dann wieder mit 260°. Am rechten Talhang des Zemzem sollten Sie auf Ruinenreste achten und dann auf eine Verzweigung der Piste bei **km 72 (Pos. N 31°01,27′ / E 14°43,00′):** Wir queren das **Wadi Zemzem** in westlicher Richtung. Von weitem schon ist dann die geschobene Trasse des GMMR auf einer Hügelreihe voraus zu erkennen: Wir fahren in rechtem Winkel darauf zu. Es ist garnicht einfach, bei dem von den gigantischen Baumaschinen aufgewühlten Untergrund die Böschung hinaufzukommen: Wir haben unseren Aufstieg einige Dut-

lib_407 Foto: fb

zend Meter weiter südlich gefunden, aber vielleicht finden Sie ja auch eine andere Möglichkeit; im Fall des Falles bleibt Ihnen immer noch die Schaufel. Wir jedenfalls standen bei **km 75** und der **Pos. N 31°01,52′ / E 14°41,22′** auf der Trasse.

Bis zum **km 86 (Pos. N 30°56,57′ / E 14°36,58′)** folgen wir jetzt der Trasse nach Süden, verlassen sie dann nach Westen auf eine breite neu geschobene Piste. Der Abzweig ist mit Schildern markiert; wir nehmen dies als deutliches Zeichen, dass die Fahrt nach Ghirza über diese GMMR-Trasse erlaubt ist.

Über graue langweilige Hügel kurvt die Piste auf die weithin sichtbare moderne Ortschaft Ghirza zu und quert vor dieser das **Wadi Ghirza.** Bei den ersten Häusern drüben verlassen wir die breite Piste **(km 91)** auf eine schmalere nach Süden hin, und folgen dabei einer Mittelspannungsleitung. Wir durchqueren ein Baumcamp und den Rand einer Neubausiedlung; die Piste verläuft weiter in südliche Richtung, die Häuser bleiben hinter uns. Von weither sind die aufragenden **Ruinen des römischen Ghirza** am Talrand zu erkennen: Genau dorthin führt uns unsere Piste, zuletzt am Zaun eines Projekt-Gartens entlang. Steinig geht es die letzten Meter hinauf zwischen die Ruinen hinein; auf einer Art Parkplatz **(km 94)** steht ein weißes Container-Kassenhäuschen: Ab und zu wird hier tatsächlich Eintrittsgeld verlangt: 3 LD/Pers. und 5 LD für Fotoerlaubnis. Vom Parkplatz aus erreichen Sie die ersten Mausoleen entweder über steinige Piste weiterfahrend, dabei einen Taleinschnitt umgehend, oder auf einem schmalen Fußweg durch diesen Einschnitt hindurch nach ca. 500 m.

Ghirza: Relief an Grab C der Nordnekropole

Ghirza ist vor allem bekannt geworden durch seine **zwei Gruppen mit** insgesamt **vierzehn** besonders **eindrucksvollen Mausoleen.** Diese von klassischen Typen abgeleiteten monumentalen Grabanlagen sind berühmt für ihre Reliefs, die Szenen des alltäglichen damaligen Lebens ebenso darstellen wie solche aus der griechisch-römischen Mythologie. Die lateinischen Inschriften zeigen, dass die Gräber von besonders wohlhabenden Libyern errichtet wurden, vermutlich den bedeutensten Bewohner dieses eigentlich so abgelegenen Weilers. Neben den Mausoleen sind es hier in Ghirza sechs ungewöhnlich mächtige Wehrhöfe, die die Wissenschaftler interessierten. Der Ort, der sich über 3 km dem Wadi Ghirza entlang erstreckte, bestand aus etwa 40 Einzelgehöften. Des weiteren zählt Ghirza zu den wichtigsten Fundstätten für Inschriften in jener altlibyschen Schrift, die bis zum heutigen Tage im Tifinar der Tuareg weiterbesteht. Die Befunde datieren den Ort aufs 3. bis 6. nachchristliche Jahrhundert.

Der oben dargestellte Weg hat Sie zur ersten Gruppe der Mausoleen geführt; Ungefähr zwei Kilometer südlich von dieser ist eine zweite Gruppe zu besichtigen. Ein Fußpfad führt diagonal über das Wadi Ghirza hinweg dorthin; die südliche Gruppe liegt am gegenüberliegenden Ufer. Möglicherweise

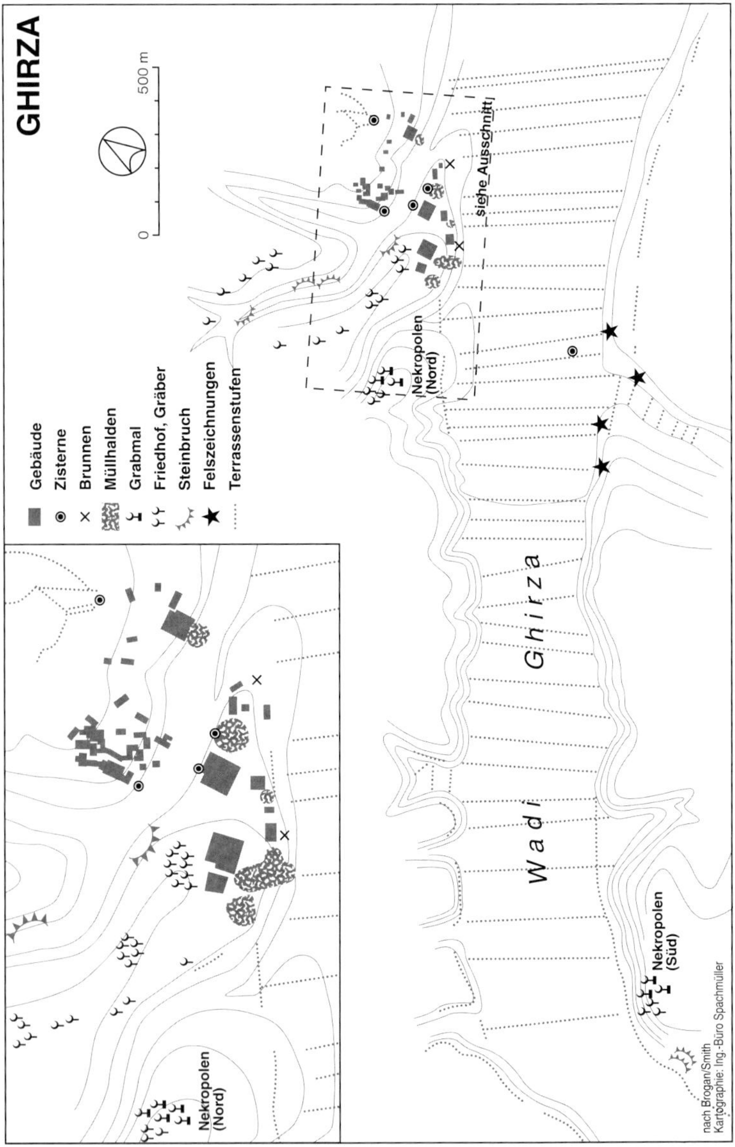
GHIRZA
0
500 m
Gebäude
Zisterne
Brunnen
Müllhalden
Grabmal
Friedhof, Gräber
Steinbruch
Felszeichnungen
Terrassenstufen
siehe Ausschnitt
Nekropolen (Nord)
Wadi Ghirza
Nekropolen (Süd)
Nekropolen (Nord)
nach Brogan/Smith
Kartographie: Ing.-Büro Spachmüller

gibt es auch eine Autopiste auf der Hochebene drüben am östlichen Flussufer; sie ist mir aber nicht bekannt.

Ghirza zu verlassen ist wesentlich einfacher, als – auf dem oben dargestellten Wege – dorthin zu kommen. Wir wissen ja jetzt, dass ein Befahren der GMMR-Trasse möglich und offensichtlich auch erlaubt ist. Wir fahren also zurück auf schon vom Herweg bekannter Piste zur Trasse **(km 0)** und folgen dieser in nördlicher Richtung. Die Trasse ist flott zu befahren, Wellblech, wo vorhanden, gering, das Verkehrsaufkommen desgleichen. Nach ca. 10 km quert die Trasse ein sehr breites Wadi: Es ist wieder das Zemzem, dessen Verlauf wir am Herweg über weite Strecken gefolgt waren. Die Landschaft wird langweilig, das Gelände ist durch die Baumaßnahmen am GMMR weitgehend verwüstet, eine Wüste in der Wüste sozusagen. Unsere Richtung auf bester Trasse pendelt zwischen 20 und 30°, viele kleinere Wadis werden überquert. An einem Trassenabzweig bei **km 55** fahren wir geradeaus, ebenso bei **km 65.** Das jetzt noch ebenere Gelände nimmt Bewuchs an: Weite Had-Flächen dehnen sich aus und lassen das Gelände dunkel erscheinen. Ein Baustellen-Camp wird bei **km 73** passiert, dann ist bei **km 77** die Straße erreicht (und ein Schild „Welcome to Ghirza“, **Pos. N 31°35,210′ / E 14°56,553′**): Hier stellen wir den **Tacho erneut auf Null** und biegen nach links, nach Westen, ab.

Die Straße ist bestens ausgebaut und führt uns mit 250° nach Westen. Der Verkehr ist (für bisherige Verhältnisse) enorm stark: LKW verwenden diese Strecke als wichtige Ost-West-Verbindung. Bei **km 5, 7** und **9** werden jeweils Wadis überquert: Hier lassen sich Nacht- und Rastplätze in relativ dichtem Bewuchs vorstellen. Von einem Höhenrücken bei **km 15–16** herab sehen wir auf weite Ebenen voraus, die dicht mit Ginster und Had bewachsen sind: Diese Ebenen sind Überschwemmungsfächer des **Sof Ejjin;** ganz im Westen, als dunkler Schatten, ein Berg, der mächtig aussieht, aber nur 304 m hoch ist: der **Jabal el-Gattar.** Zunächst fahren wir jetzt aber von der Höhenstufe herab und treffen unten bei **km 19** auf einen Abzweig: Wir fahren hier rechts, nach Nordwesten. Nach Süden zweigt eine Straße in eine Projektzone ab, die sich ins tief eingeprägte **Wadi Nfed** hineinzieht; ein Monument in Form einer Krone soll wohl an die hier erbrachten Leistungen erinnern.

Nur 1 km weiter liegt an unserer nach NW führenden Straße eine einsame **Tankstelle** im freien Gelände (Ende 2006 lag sie allerdings in Ruinen!). Die Straße verläuft dammartig durch ebenes, schutzloses Gelände, die erwähnten Schwemmfächer. Alles ist grün: Had und Ginster wachsen hier. Bei **km 34** macht eine Bewuchszone erneut ein Wadi kenntlich: Ungefähr hier mündet von Nordwesten her das **Wadi Gobin** ins Wadi Sof Ejjin; Nacht- und Rastplätze sind vorstellbar. Nach weiteren 2 km **(km 36)** erreichen wir im freien Gelände eine Querstraße: Hier biegen wir links ab (nach rechts würden wir nach ca. 3 km die Route A 3 erreichen). Eine weiterhin sehr gute Straße führt uns jetzt mit 240 bis 250° in westsüdwestliche Richtung. Das Gelände ist deckungsarm. Bei **km 45** queren wir allerdings erneut das breite Wadi Gobin: In seiner Bewuchszone könnten sich Rastplätze finden lassen. Weite freie Flächen sind dann von einer schwarzen Feinsteinauflage bedeckt. Voraus ist noch immer als flacher Schatten am Horizont der Jabal el-Gattar zu erkennen, die Straße scheint schnurgerade auf ihn zuzuführen. Ein weiteres Wadi queren wir bei **km 55:** Nördlich der Straße stehen hier so hohe Bäume, dass sich hier Schattenpausen einlegen ließen. Dies ist das **Wadi Tmed Bou Sadra.** Dem Talhang folgend (das Gelände steigt nach Norden leicht an) beschreibt die Straße dann leicht ansteigend einen Bogen auf 250, 260°. Dies ermöglicht wieder weite Überblicke übers Sof Ejjin. Der Schatten des el-Gattar kommt näher, doch zieht die Straße in weiter Entfernung an seiner Nordseite vorbei. In der Talebene zwischen Berg und Straße stehen viele Bäume, auch in den Tälern (eines von ihnen, besonders üppig, noch vor Erreichen des Gattar, trägt den hübschen Namen **Wadi Mimun**) die vom Norden herabziehen findet sich reichlich Bewuchs, dazwischen dehnt sich weiterhin schwarze Feinsteinauflage. Erstaunlich: Nirgendwo sind Häuser oder kultiviertes Land zu sehen. Dann aber taucht überraschend ein Agrar- und ein Industrieprojekt auf, ein großes **Umspannwerk** dabei wirkt völlig deplatziert **(km 71).** Nur wenig weiter verzweigt sich unsere Straße erneut **(km 73, Pos. N 31°33,13' / E 14°17,53'):** Wir biegen nach rechts, in nördliche Richtung, ab. Die Straße geradeaus führt nach Nisma und von dort weiter in Richtung Mizda (Route A 4).

Die Straße führt uns in nordnordöstliche Richtung stetig bergan. Kahle Kalksteinhochflächen werden überquert, eine Hochspannungsleitung verläuft parallel zur Straße im Westen. Beide knicken dann auf 330° und weniger Grad ab. Bei **km 83,** d.h. 10 km nach unserem Abbiegen nach Norden, queren wir ein weiteres Wadi mit viel Grün, vor allem im Nordosten: Es ist wieder das so wohlklingende Wadi Mimun. Erste nomadische Getreidefelder folgen, dann in einem weiteren Tal auch Bewässerungsfelder, noch immer aber ist kein Haus zu sehen. Unsere Straße knickt deutlich auf 290° und führt schnurgerade auf pechschwarze Basalt(?)flächen zu, die eine niedrige Hangstufe bilden: Besonders abends entsteht zwischen den schwarzen Steinen der Eindruck, es sei bereits Nacht geworden. Dabei haben diese Steine eine Besonderheit: Sie sind von weißen Flechten befallen; auffallend, dass dies vor allem die kleineren Steine betrifft, mittlere dagegen nur einzelne Flecken aufweisen, große sind fast frei davon.

Hochspannungsleitungen überall, ein Kieswerk, zunehmender Müll, Tankanlagen und dann erste Häuser: Wir nähern uns Ban Walid. Eine GMMR-Trasse wird nochmal gequert **(km 104)** und dann geht es durch Schutthalden und schuttplatzähnliches Gelände, durch Autofriedhöfe und schrottige Industrieanlagen, durch Vorort- und Stadtrandbereiche endgültig in den Ort hinein. Kein Zweifel: Gäbe es einen Hässlichkeitspreis zu vergeben, **Ban Walid** hätte ihn auf dieser Südeinfahrt verdient. Auch eine Wohnsiedlung im Westen mit futuristischem Wasserturm lindert diesen Eindruck kaum. Rechts an der Straße liegt das abgewirtschaftete Hotel Funduk Ban Walid (vgl. Route A 3). Bei **km 111** passieren wir einen großen Kreisverkehr ungefähr in der Richtung, aus der wir gekommen sind und erreichen schließlich ein Marabut mitten auf einer Kreuzung: Hier geht es links weg zu dem guten **Hotel Zaitouna** (DZ 30 LD, **Pos. N 31°45,364′ / E 14°0,912′**), scharf rechts um die Ecke hinab ins Tal **Wadi Merdum,** das Oued von Ban Walid. Ein hübscher Ausblick bietet sich über Ortsteile, über das Tal mit seinen Palmen, die gestelzte Brücke darin und den Kreisverkehr unten am Hangfuß; bei **km 112** sind wir dort: Links geht es auf Route A 3 Richtung Tarhuna und Tripolis, d.h. Richtung Mittelmeer, rechts auf eben dieser Route A 3 in Richtung Abu Grin, Hun und Sebha, Richtung Sahara also.

Von Shwayrif nach Ghirza

Durchweg auf einer GMMR-Trasse verlaufend, ist dies eine verführerisch elegante Möglichkeit, Ghirza auf dem Weg nach Norden zu erreichen – aber möglicherweise nicht legal. Sollten Sie Bedenken haben, bleibt Ihnen nur die Möglichkeit, Ghirza via GMMR-Trasse von Norden nach Süden fahrend zu besuchen: Kein Schild verbietet die Benutzung der GMMR-Trasse in dieser Fahrrichtung.

lib_404 Foto: gg

Ghirza: Scheintür am mittleren Grabmonument der Nordnekropole

Von Shwayrif bis zum **km 22** fahren wir auf der GMMR-Trasse wie in Route A 23 angegeben. An dem dortigen Abzweig schließen wir (bitte nur kurzfristig!) die Augen und übersehen so den eigentlich nicht zu übersehenden überdimensionierten Sperrholzpolizisten, der uns mit erhobenem Arm auf unser schändliches Tun hinweist: Wir fahren weiter nach Norden!

Jetzt geht es über langweilige Hochflächen hinweg. Im Westen ist ein weitläufiges breites Tal zu sehen, das ungefähr parallel zu unserer Wegführung verläuft, das **Wadi Bssissa,** aus dem später das **Wadi Sasemet** wird, altes römisches Kulturland. Im Tal ist schütterer Akazienbewuchs zu sehen. Bei **km 48** passieren wir einen Steinbruch (?). Eine Hochspannungsleitung verläuft seit einiger Zeit ungefähr parallel zu unserer Trasse in relativ großem Abstand im Westen – ein eigenartiges Zeugnis von technischer Kultur in dieser wüstenhaften Landschaft.

Wir queren das Sasemet-Tal, es verlässt uns in östliche Richtung. Bei **km 77** verzweigt sich unsere Trasse in spitzem Winkel: Wir halten uns halbrechts und folgen jetzt einer deutlich kleineren Piste, die aber immer noch sehr gut zu befahren ist. Tempo 80 oder 100 ist kein Problem. Auf dieser Trasse wurde ich einmal von einer Kolonne von ca. 50 wirklich gigantisch großen koreanischen Baustellen-LKW überholt: Alle fuhren mit 110 km/h! Die Staubwolke hätten Sie sehen sollen! Das Gelände ringsum bebte wie bei einem Erdbeben! Auf einem flachen Höhenrücken fahrend, haben wir nach Westen zu in Taleinschnitten immer wieder Einblick in ein steil eingeschnittenes, von einzelnen größeren Akazien bestandenes Wadi: Dies ist bereits das **Wadi Ghirza.** Bei **km 112 = Pos. N 30°56,57′ / E 14°36,58′** sind wir auf Höhe von Ghirza: Die Ortszufahrts-Piste zweigt nach Westen ab. Wir fahren bis zur Ortschaft und dann zum Ausgrabungsgelände wie oben dargestellt.

Route A 25:
Zu den Felsbildern im Wadi Kheil

- *25 km gute Straße, dann einfache Pisten- und Geländestrecke. Insgesamt knapp 200 km in Abhängigkeit von der gewählten Variante.*
- *Keine Markierungen, Pisten jedoch gut zu verfolgen und sehr gute Auffanglinie in Form des Steilabbruchs der Hamadat al Hamrah. Die russische Generalstabskarte Ban Walid H 33 A zeigt die Situation gut, nicht aber die Pisten. Ebenso die ONC H-3. Als Überblick: GIZI-Map und Michelin 741.*
- *Geländewagen empfehlenswert, da teilweise ohne Spuren gefahren wird. GPS zur sicheren Orientierung sehr zu empfehlen.*

Die Felsbilder im Wadi Kheil galten noch bis vor zehn, 15 Jahren als die schönsten in Libyen. Erst mit Bekanntwerden der deutlich besser erhaltenen, schöneren und vielfältigeren Felsbildstationen im Wadi Mathendous und im Akakus und mit dem Wissen um den Zugang zu ihnen (dieses Buch hat dazu sicher einen wesentlichen Beitrag geleistet) – Dinge, die zuvor wie Geheimtipps gehandelt wurden oder nur den Fachleuten bekannt waren – gerieten sie mehr und mehr in Vergessenheit und werden heute kaum noch besucht. Natürlich werden sie hinsichtlich Qualität und Quantität von den „Newcomern" in den Schatten gestellt, aber sie sind **leicht zugänglich** und zeigen doch vieles von dem, was saharische Felsgravuren ausmacht.

Gerhard Rohlfs war vermutlich der Erste, der sie sah und beschrieb: Von Mizda aus zog er mit seiner Karawane nach Südwesten und dann hinein in ein 30 bis 40 Meter breites Trockental, das

„Wadi el-Cheil", das seitlich von ausgehöhlten Sandsteinwänden begrenzt wurde. In diesen Halbhöhlen sah er Felsritzungen von Elefanten, Antilopen und anderen Tieren, „... ziemlich roh ausgeführt, doch immer von einer gewissen Stufe der Kultur zeugend, auch eine weibliche Menschengestalt ... in sehr indezenter Stellung." In den 50er Jahren des 20. Jahrhunderts wurden diese Felsbilder vor allem von *Paolo Graziosi* untersucht und beschrieben und der Bubalus- bzw. Jägerperiode zugerechnet. Ganz auffallend ist, dass an dieser Fundstelle mehr als an jeder anderen solche **weiblichen Akte** „in sehr indezenter Stellung" vorhanden sind. Oft wurden zur Darstellung der Vulva natürliche Löcher im Fels verwendet, die abgebildeten Frauen um sie herum graviert. *Graziosi* nimmt an, dass das Wadi Kheil ein Ort war, an dem magisch-religiöse Fruchtbarkeitskulte praktiziert wurden. Weniger Feingeistige sprechen schlicht von Steinzeitpornos.

Wir verlassen Mizda (**km 0, Pos. N 31°27,27′ / E 12°58,95′** an der Tankstelle, Ausfahrpunkt Richtung Fassanu **N 31°26.32′ / E 12°58,46′**) auf guter, mittelbreiter Straße nach Westen und folgen dabei dem **Wadi as-Sayh** durch hübsche vorsaharische Tafelberglandschaften. Vorsicht! Es gibt viele gefährliche Sandeinwehungen, kein Vorbeikommen bei Gegenverkehr. Der Sand ist auffallend blass-senffarben. Nach 25 km erreichen wir den Ort **Fassanu;** der Ort selbst liegt rechts (im Norden) etwas abseits der Straße, eine Abzweigung führt dorthin. Nur wenig weiter endet der Asphalt; unsere Route geht auf Piste weiter.

Wir queren das Wadi nach Nordwesten hin **(Pos. N 31°18,59′ / E 12°47,46′)** und folgen dabei zunächst einer Hochspannungsleitung. Die Piste wird etwas steinig und holperig und erlaubt nur noch niedrige Geschwindigkeiten. Ein kleines Dünengebiet wird durchquert, die Dünen aber jeweils umfahren **(Pos. 31°14,42′ / E 12°45,77′).** Die Hochspannungsleitung nimmt jetzt eine eher südliche Richtung ein, wogegen wir weiter nach Südwesten fahren. Unsere Piste wird dabei unscheinbarer, dafür queren wir umso größere **(Pos. N 31°9,85′ / E 12°41,98′).** Ein flacher Höhenrücken wird überquert **(Pos. N 31°8,26′ / E 12°39,76′),** die Piste bleibt steinig. Der nördliche Abbruch der Hamadat al Hamrah steht wie eine dunkle Wand im Süden. An einer Gabelung müssen wir uns links halten **(Pos. N 31°7,81′ / E 12°38,14′),** nur 4 km weiter kommt an einer weiteren Gabelung eine Piste zu unserer hinzu **(Pos. N 31°5,7′ / E 12°36,55′).** Unsere Piste wird ziemlich undeutlich **(Pos. N 31°4,45′ / E 12°34,84′),** wir fahren in eine weite Ebene hinaus. Die Piste wird noch etwas steiniger. Eine Senke durchqueren wir bei **Pos. N 31°1,95′ / E 12°29,91′,** es gibt überall Spuren, unsere Piste lässt kaum noch einen Verlauf erkennen. Schließlich erreichen wir nach rund 75 km = **Pos. N 31°0,88′ / E 12°28,69′** die Pipeline-Piste (vgl. Route A 13 c, Nordteil) nahe einem Markierungsschild mit der Nummer 516.

Das Gelände wird jetzt feinsteinig und ist deutlich besser zu befahren. Es gibt allerdings Spuren ohne Ende, eine Piste ist nicht mehr auszumachen. In einiger Entfernung fällt ein eigenartiges Gebäude auf **(Pos. N 30°57,39′ / E 12°24,63′)**, wo mittels Solarpaneelen Warmwasser erzeugt wird! Alles befindet sich hinter einem Zaun. Hat ein Leser eine Erklärung, wozu ein solches Gebäude dient? Wir behalten unsere bisherige Richtung bei und erkennen in etlicher Entfernung am Fuß des jetzt schon nahen Hamrah-Abbruches einen grün eingezäunten Platz, eine Erinnerungsstätte für eine Schlacht, bei der sich im Jahr 1924 eine Gruppe von Zentane-Nomaden gegen die italienischen Kolonialtruppen gestellt hatte **(Pos. N 30°54,35′ / E 12°18,54′)**. Dahinter öffnet sich nun das **Wadi Kheil.** Vorbei an einem Brunnen **(Pos. N 30°54,25′ / E 12°18,50′)** fahren wir in das von niedrigen Felswänden gesäumte Tal hinauf.

Nicht nur im Tal selbst, auch in den Felsabbrüchen weiter nordwestlich lassen sich jetzt immer wieder **Felsbilder** finden (z.B. **Pos. N 30°54,65′ / E 12°17,95′**). Im Wadi Kheil konzentrieren sie sich auf die südostorientierten Felsüberhänge, d.h. bergauf fahrend rechts. Bei der **Pos. N 30°54,035′ / E 12°18,13′** finden sich ein Mufflon und eine Frau in wirklich sehr indezenter Stellung. Dann und fast am Ende der Felsgalerie folgt die vielleicht eindrucksvollste Wand bei **Pos. N 30°53,73′ / E 12°17,53′:** ein Elefant, Antilopen, Strauße, Büffel und – genau – gleich ganze Reihen indezenter Frauen.

Für die Weiterfahrt in Richtung Süden bieten sich zwei Möglichkeiten an: Sie folgen dem Wadi Kheil bergauf, erreichen nach einem etwas problematischen Schlussanstieg (steil und eingewehter Sand!) den oberen Rand der Hamadat al Hamrah **(Pos. N 30°52,74′ / E 12°15,96′)**, folgen diesem auf unangenehm steinigem Untergrund in östliche Richtung, bis nach knapp 20 km wieder die Pipeline-Piste erreicht ist **(Pos. N 30°49,40′ / E 12°26,49′)**, oder Sie fahren zurück bis zum Gedenkplatz und wenden sich hier mehr oder weniger querfeldein auf sandig-feinsteinigem Untergrund nach Osten, bis auch hier wieder die Pipeline-Piste erreicht ist, und bezwingen auf dieser und weitaus angenehmer den Aufstieg aufs Plateau – ich würde die letztgenannte Alternative vorziehen. Vom Schnittpunkt Pipeline-Piste – Abbruchkante (weitere Ölsucherbauten nahebei) führt die Pipeline-Piste jedenfalls fast genau nach Süden und erreicht über steinige Flächen nach rund 65 km bei **Pos. N 30°16,3′ / E 12°35,05′** die große West-Ost-Straße zwischen Darj und Gariyat (Route A 7) ca. 200 km östlich von Darj. Es liegt an Ihnen, sich für die eine oder andere Richtung zu entscheiden! Es gibt aber noch zwei weitere Möglichkeiten: Auf der Pipeline-Piste nach Norden oder nach Süden! Siehe Route A 13 c/Nordteil und den Übersichtsplan „Strecken Ghadames – Sebha – Ubari“.

Routenübersicht Reiseteil B: Sirte-Region, Cyrenaika, Süd(ost)libyen

135 Foto: ed

Route B 1:
Sirte – Waddan – Zilla

● *Durchgehend asphaltiert, Verkehr nur im Umfeld von Sirte dicht, sonst sehr gering, LKW-Verkehr bis Waddan. 248 km bis Waddan, 159 km dann bis Zilla; gesamt 407 km.*
● *Michelin-Karte 741 und Geo-Projects-Karte.*

Die hier beschriebene Route führt von Sirte, Hauptstadt der Sirte-Region, über den Jabal Waddan zu der Dschofra-Oase Waddan und dann nach Südosten zu dem „vor" der zentrallibyschen Basaltregion Haruj al Aswad liegenden Zilla. Die Oase Zilla ist Ausgangs- (oder End-)Punkt von Reisen in diese Basalt-Region hinein oder an ihr im Osten oder Westen vorbei in den „tiefen Süden" Libyens.

Die durchfahrenen Gebiete sind nur an wenigen Stellen landschaftlich reizvoll; das auf weite Distanzen eher langweilige Gelände und die sehr guten Straßen erlauben deshalb ein rasches Erreichen der Ausgangs- bzw. Endpunkte dieser Route.

km 0: Ortsmitte von Sirte (zu Sirte siehe Route A 2): Vorbei am Volkskongresspalast mit seiner auffälligen Zeltform und den großen Glasflächen fahren wir auf breiter Ausfallstraße bei lebhaftem Verkehr nach Süden. Neubaugebiete dehnen sich beidseits der Straße aus, alles macht einen gepflegten Eindruck. Unsere Straße wendet sich leicht nach Südosten bis Osten, dann erreichen wir einen großen Kreisverkehr bei **km 4** und überqueren hier die Schnellstraße, die hier vierspurige Küstenstraße, die die Stadt Sirte in großem Bogen im Hinterland umfährt. Ein Triumphbogen markiert den Stadtrand, alles bleibt aber weiträumig bebaut. Noch ist in der Küstenebene Regenfeldbau möglich; dann jedoch führt die vierspurige Straße eine leichte Anhöhe hinauf (rückblickend sehen wir ein letztes Mal das Meer), und damit sind wir im Prinzip in der Küstensteppe, die hier allerdings noch immer stark zersiedelt ist. Bei **km 17** kommen wir an der **letzten Tankstelle** im Ortsbereich Sirte vorbei. Durch Industrieanlagen und militärisch genutzte Bereiche (obwohl es hier nichts zu fotografieren gibt, dennoch der Hinweis: Nicht fotografieren, auch nicht in Richtung Meer!) fahren wir weiter nach Süden.

Bei **km 23** endet die vierspurige Straße und geht über in eine zweispurige Überlandstraße; der Straßenzustand – wie überall in Libyen sind auch in Sirte die Straßen innerorts nicht immer die besten – wird dadurch eher besser.

Um uns herum Steppenlandschaft; der Bewuchs ist kaum höher als 40 cm; alles aber noch angenehm grün. An einer Kreuzung bei **km 27** passieren wir eine **Polizei-Kontrollstelle,** üblicherweise wird man durchgewunken. Wir fahren auf der Hauptstraße weiter, ebenso an einem Abzweig 5 km später. Dann lässt eine Wasserstelle erkennen, dass wir uns schon im Übergangsbereich zu trockeneren Gebieten befinden; Nomadenland ohne Nomaden um uns. Hierher, nach **Qasr Bu Hadi,** kommt *Kadhafi,* wenn er sich zu einem seiner „Selbstbesinnungsaufenthalte" in seine Zeltresidenz in die „Wüste" zurückzieht (s.a. Route A 2). Zwischen

km 75 und **78** verbreitert sich die Straße zu einer Landebahn – vorstellbar, dass der Revolutionsführer dann hier auf der Straße landet!

Mitten in der Sirte-Ebene: Auf allen Flächen wächst Hadh, jener typische niedrige Strauch der nördlichen Sahara. Die Vegetation wird diffus, die Flächen heller – der sandige Untergrund scheint durch. Im Bereich von **km 120** haben Leser viele Versteinerungen von Muscheln, Schnecken oder auch Seeigeln direkt neben der Fahrbahn gefunden. Bei **km 138** queren wir ein breites Wadi: Im Westen sind hier Nachtplätze zwischen und hinter Ginsterbüschen zu finden. Die flachen Berge, auf die wir dann zufahren, sind schon völlig kahl: Jetzt erreicht die Vegetation nur noch in den kleinen Tälern jene 40 cm Höhe, die zuvor für die Ebenen charakteristisch war. Erste grau-weiß-rosa Hügelketten erreichen wir bei **km 148.** Dann geht es in Berge hinein, das Gelände wird steinig: Wir haben den Nord-Ost-Rand des **Jabal Waddan** erreicht. In den langen, nicht sehr steilen Anstiegen werden Ihnen die vielen LKWs auffallen, die schweres Baumaterial nach Süden transportieren.

In weiten Kurven zieht die Straße in die flache Berglandschaft hinein. Bei **km 178** (Kilometerstein mit dieser Zahl) überquert die Straße auf einem Damm ein Tal: Dort hinein zieht sich eine Piste, die eine einfache Möglichkeit bietet, die Straße auf einige Kilometer zu verlassen, um in einem Seitental einen ruhigen Rast- oder Nachtplatz zu suchen.

Die nicht sehr eindrucksvollen Hochflächen im Bereich von **km 200** werden dann mehr und mehr von tief eingeschnittenen Wadis durchzogen. Das Gelände hat unterschiedliche Färbung, je nachdem, welches Gesteinsmaterial in der Auflage vorherrscht. Die Straße wendet sich nach Südwesten und kurvt von Tal zu Tal, die immer tiefer werden und durch immer gröber werdendes Gestein in den Uferböschungen auffallen. Ein Verlassen der Straße ist in dieser Steinlandschaft nur noch dort möglich, wo kleine Pisten in die Hügel hinein abzweigen. Ab **km 224** führt die Straße dann deutlich bergab, die Berglandschaft gewinnt an Konturen. Am eindrucksvollsten ist der vielfarbige Gesteinsschutt, der besonders im Bereich der Bachläufe imponierende Ausmaße annimmt. Bei **km 238** treten wir aus den Bergen heraus – weit öffnet sich der Blick auf die Ebene westlich des Jabal Waddan, schnurgerade zieht die Straße in sie hinein; dunkel liegen die Oasen der **Dschofra-Senke** – dies ist die Ebene vor uns – in scheinbar weiter Ferne. Eine gigantische Siloanlage fällt von weither auf. Kurz darauf erreichen wir eine Kreuzung und biegen rechts ab. Nur 300 m danach stoßen wir auf eine weitere Querstraße: Dies ist die Nord-Süd-Verbindung von Sebha über Hun zur Küste bei Abugrin (Route A 3): Wenn wir hier rechts abbiegen, erreichen wir wenige hundert Meter weiter eine Tankstelle; unsere Route führt an dieser Einmündung jedoch nach links, auf die Siloanlagen zu und dann an diesen vorbei. Auf der anderen Straßenseite an diesem Abzweig hat sich ein kleiner Markt etabliert: Hier werden in der Erntezeit **Datteln** aus der Region angeboten – sie gelten als die besten im ganzen Land!

Wir biegen also links ab, vorbei an den Siloanlagen, vorbei auch an einem weiteren asphaltierten Abzweig, passieren ein Neubauviertel (links) vor Palmen ebenso wie den alten **Ksar von Waddan** (er ragt gerade über die Palmen hinweg). Einige hundert Meter weiter schließlich erreichen wir einen weiteren Abzweig in palmbestandenem sandigen Gelände bei **km 248:** Hier zweigt die Straße nach Zilla ost-/südostwärts ab, der wir jetzt bis zu dieser Oase folgen werden. Von der Tankstelle (falls Sie dort zum Auftanken waren) bis hierher an den Abzweig war die Strecke identisch mit Route A 3 (ca. 5 km – vgl. Übersichtsplan dort).

Wir sind hier in **Waddan,** eine der wasserreichen Dschofra-Oasen (Al Jufra). Das ausgedehnte Becken gleichen Namens, das wir von Nordosten kommend als weite Ebene bemerkt haben, liegt vor dem „Schwarzen Bergland", dem Jabal as Sawda (s. Route A 3), im Süden und vor dem Jabal Waddan, dem „Bergland der Mähnenschafe" im Osten, das wir soeben durchquert haben. Jetzt fahren wir an der Südspitze dieses Mähnenschaf-Berglandes vorbei nach Südosten. An diesem Abzweig nach Osten/Südosten stellen wir den Tacho auf Null.

Rundfahrt zu Richters „Kegelberg"

In der von *M. Rolke* herausgegebenen Neuauflage des Buches „Unvergessliche Sahara" ist ein markanter Berg abgebildet, den dieser Ausflug als Ziel hat: Ausgangspunkt ist Waddan, wo sich ein Hotel am Ortsausgang nach Zilla etabliert hat (Camping geschlossen):

Pos. N 29°09,86' / E 16°07,45', Waddan.

Pos. N 29°59,93' / E 15°46,70', Abzweig von der Straße Waddan – Bu Ngem (Route A 3) bei einem Brunnenhaus.

Pos. N 29°58,88' / E 15°35,93', alte italienische Nord-Süd-Piste.

Pos. N 29°59,29' / E 15°35,67', Passhöhe Chormet Tuzizet.

Pos. N 30°02,11' / E 15°32,25', *Richters* „Kegelberg" (el Khaima = das Zelt).

Pos. N 29°49,50' / E 15°39,12', Tmed el Malgha (Brunnensenke), Pos. annähernd.

Pos. N 29°22,45' / E 15°43,82', Bir et Tar (Brunnen), Pos. annähernd.

Pos. N 29°08,06' / E 15°45,71', Ain el Hammam (Taubenquelle).

Pos. N 29°04,04' / E 15°47,07', Suknah.

Pos. N 29°07,19' / E 15°55,12', Hun.

Pos. N 29°09,86' / E 16°07,45', zurück in Waddan (alle Daten nach *M. Rolke*).

km 0: Abzweig unserer Route **von der Strecke Sebha – Hun – Abugrin** in Waddan. Unsere bestens asphaltierte Straße zieht durch Ortsbereiche in östliche Richtung; der Verkehr ist jetzt verschwindend gering. Nur 4 km weiter bleiben die letzten Häuser zurück, wir fahren vorbei an einem Flugplatz südlich der Straße, durchqueren Palmpflanzungen mit auffallend weiträumig stehenden Dattelpalmen, dann folgen Müllplätze und Bewässerungsprojekte, und schließlich erreichen wir nach 15 km wieder freies Gelände. Die Südspitze des Jabal Waddan ist eindrucksvoll im Norden zu sehen, davor liegt ein kleines **Dünengebiet,** auf dessen Höhe wir bei **km 26** sind. Es ist das erste Dünengebiet, wenn wir auf dieser Route von Norden her hier ankommen, und deshalb lohnt sich vielleicht ein kleiner Ausflug. Ihr Fahrzeug können Sie auf der Straße oder unweit von ihr stehen lassen – es ist von den Dünen aus stets zu sehen. Dieser Mini-Erg ist eine eindrucksvolle Kombination aus Stern-Dünen und Barchanen. Wenn Sie daran denken, dass Sie auf Ihrer weiteren Reise in der Sahara direkt durch Dünengebiete fahren müssen, wird Ihnen angesichts dieses Dünenwirrwarrs vielleicht ganz bange werden; doch keine Angst: Solche Sandkisten sind tatsächlich nicht befahrbar! Erstaunlich auch, wie weich der Sand hier überall ist und wieviel Leben in ihm herrscht – die Fülle tierischer Spuren ist beeindruckend.

Weiter führt die Straße nach Südosten. Einige Wadis werden überquert, die sich überwiegend vom vulkanischen Hebungszentrum der **Haruj al Aswad** im Süden nach Norden und Nordosten ziehen. Der Bewuchs in ihnen scheint ab und zu sicht- und windgeschützte Nachplätze zuzulassen. Bei **km 56** überqueren wir bei einem Richtfunkmast einen Hügel, auf dem ein Gräberfeld liegt. Die Gräber scheinen teilweise jüngeren Datums zu sein. Leider ist es mir nicht gelungen, Informationen über diesen Friedhof zu bekommen. Weitere Wadis werden gequert, hübsch bewachsene z.B. bei **km 78** und **91.** Auch hier sind wieder Nachtplätze denkbar. Dann wird die Landschaft stinklangweilig – und das im Wortsinne: Für die Langeweile sorgen graue und schwarze Feinsteinauflagen in flachen Hügellandschaften, das Kitzeln in der Nase bewirkt das Abfackeln von Erdgas – überall am Horizont steigen Rauchsäulen auf. Eines der größten Erdölgebiete Libyens ist nicht weit, Bohrstellen selbst kommen wir allerdings nirgendwo nahe.

Bei **km 152** erreichen wir die Kante eines Plateaus: Unter uns liegt Zilla! Wir fahren hinab, überqueren eine Sebkha, durchfahren auf vierspuriger Straße hübsche Oasengärten und sind dann, vorbei an einer Tankstelle 600 m weiter, bei **km 159** an einem großen Kreisverkehr innerorts.

Zilla زلة

(Ausgangs- bzw. Endpunkt der Routen B 2, B 4 und B 7.) Zilla liegt teilweise malerisch in einer natürlichen Depression am Südrand der sog. Syrten-Kalktafel unmittelbar vor dem Basaltergussgebiet der Haruj al Aswad. Die Kalktafel im Norden ist durch zahlreiche Verwerfungen zerstückelt, die Furchen, Gräben und Becken hinterlassen haben. Die Landschaft nordöstlich ist so von einer Vielzahl bizarrer Kalkgebilde geprägt. Gen Süden ist die Kalktafel von mächtigen Basaltschichten überzogen, die von den Vulkanen in dieser Region ausgehen. Südlich von Zilla endet der Basalt, mit seinen nur schwer und höchst unangenehm zu überquerenden Steinflächen. Vom Hebungszentrum der Haruj ausgehend ziehen sich Wadis nach allen Seiten. In diesen findet sich spärliche Vegetation, die früher den Nomaden als Weide diente, heute aber nur noch Zufluchtsort für einige wenige Wildtiere (Gazellen) ist.

Überragt wird der (alte) Ort von einem Fort auf einem Zeugenberg. Früher wurde hier das Wasser zur Bewässerung der Palmen mit Foggaras gewonnen, heute sind es ausschließlich Motorpumpen.

Sonstiges: Bescheidene Infrastruktur, kleine Markthalle, kein Hotel. Selbst die Polizei (im alten italienischen Fort) macht einen verschlafenen Eindruck.

Route B 2:

Nach Al Fogaha und entlang der Lavaströme nach Zilla

- *Einspurige Asphaltstraße bis Al Fogaha, dann markierte Piste, deren Verlauf aber nicht immer eindeutig ist. 115 km Straße bis Al Fogaha, dann 162 km Piste bis Zilla; Zeitaufwand: 2 Tage; Geländewagen nicht erforderlich, wegen steiniger Wegstrecken aber solides Fahrzeug mit möglichst viel Bodenfreiheit. Verkehr auf Piste sehr gering, schätzungsweise ein Fahrzeug pro Woche. Sahara-Ausrüstung erforderlich, aber keine Treibstoffreserven mitschleppen! GPS hilfreich.*
- *Michelin-Karte 741 und Geo-Projects-Karte zeigen den Pistenverlauf schematisch, ONC H 3 ähnlich. Sowjetische Generalstabskarten 1:500.000 G-33-b und H-33-r zeigen ihn bis km 136 relativ genau.*

Die hier beschriebene Route umgeht bewusst die Haruj al Aswad auf einer möglichst steinarmen Strecke, zeigt aber dennoch ein interessantes Stück von dem, was diese vulkanische Basalt- und Lavalandschaft ausmacht. Wie ein Blick in die Karte ONC H 3 zeigt, ziehen angeblich mehrere Pisten von Fogaha hinauf nach Zilla: Nur eine davon ist als „Durchgangsstrecke" mit Fässern markiert. Eine große Zahl anderer, ähnlich ausgefahrener Pisten macht die Orientierung dennoch nicht immer leicht.

km 0: Abzweig von der Verbindungsstraße Waddan – Sebha bei einem Kontrollposten bei **km 118.** 118 km südlich des Zilla-Abzweigs in Waddan befindet sich ein Posten (vgl. Route A 3). Groß ausgeschildert und mit der Kilometerzahl 119 versehen, zweigt hier eine Straße nach Osten ab, der wir nach der Kontrolle durch den Posten folgen.

Die Straße ist in sehr gutem Zustand (neuwertig), aber sehr schmal: Bei Gegenverkehr (mir kam auf dieser Straße bis Fogaha allerdings nie ein Auto entgegen) ist man mit dem Auto gezwungen, den Asphalt mit einer Radseite zu verlassen. Angesichts der Steinschlaggefahr und der Seltenheit solcher Begegnungen empfiehlt es sich, in einem solchen Fall kurz ganz anzuhalten. Die Straße verläuft durch ebenes Gelände sehr geradlinig mit 120 bis 140° nach Südosten. Die umgebende Serir bietet keinerlei Deckung.

Bei **km 46 bis 49** wird ein breites Wadi durchquert; hier bieten sich erstmals sichtgeschützte Nachtplätze hinter niedrigen Schichtstufen. Nach Durchquerung des Talgrundes passiert man ein aufgelassenes Straßenbaucamp: Auch hier bestehen möglicherweise sicht- und windgeschützte Nachtplätze. Immerhin stehen hier noch schattenspendende Eukalyptusbäume – die finden Sie sonst auf dieser Strecke nicht! Bei **km 51** haben wir die Serir-Hochfläche endgültig wieder erreicht. Einen mit zwei Fässern markierten Pistenabzweig passieren wir bei **km 87.**

Ab **km 100** schwenkt die Straße auf östliche Richtung; wir fahren längs ei-

Lavastrukturen mit Sand

nes Plateaurandes. Im Norden liegt eine weite graue Senke, in ihr Bewässerungsfelder. Solche Senken tauchen dann auch im Süden auf; wenig später fahren wir geradeaus in eine solche hinab **(km 108).** Wasserturm und Moschee der Ortschaft sind bereits zu sehen: Wir fahren wieder ein Stufe hinauf (links in einem Tal Palmhaine, schwer zu erreichen) und sind im modernen **Al Fogaha** bei **Tachostand 115.** Ein asphaltierter Abzweig führt nordwärts, vorbei an einer Tankstelle (oft geschlossen, die Bewohner holen jedoch „den Mann mit dem Schlüssel" auf Anfrage herbei), und wieder die Plateaustufe hinab zum malerisch gelegenen alten Fogaha und einem weiteren Teilort.

Die Piste nach Zilla beginnt jedoch in Verlängerung und Fortsetzung der Straße, auf der wir zunächst in den Ort gekommen waren (**Pos. N 27°49,90′ / E 16°23,45′,** Pistenbeginn am Ortsende des modernen Fogaha).

Abstecher zum Lava-Strom el Mscheggheg

Aus der Haruj südöstlich von Fogaha strömte in erdgeschichtlich junger Vergangenheit der schwarz glänzende Lava-Strom el-Mscheggheg nach Nordwesten. Dort, wo die teigigen Lavamassen zum Stillstand kamen, haben die Einheimischen einen Gebetsplatz eingerichtet, an dem heute noch Opfer erbracht bzw. Riten vollzogen werden. Wenn ich nun diesen „heiligen Platz" mit Koordinaten nenne, tue ich dies mit sehr zwiespältigen Gefühlen. Bitte respektieren Sie diesen Platz! Belassen Sie alle Dinge so, wie sie sind! Halten Sie die gebotene Distanz ein!

Aus einer Vielzahl von Pisten diejenige zu finden, die zu diesem Gebetsplatz führt, ist schwierig. Entweder Sie bedienen sich eines

Route B 2

338 Foto: gg

Führers oder Ihres GPS-Geräts: Der Endpunkt des el-Mscheggheg und der Opferplatz befinden sich 12 km östlich auf **Pos. N 27°51,68' / E 16°30,05'.**

km 0: Pistenbeginn am Ortsende des modernen Al Fogaha **bei Pos. N 27°49,90' / E 16°23,45'.**

Wir verlassen Fogaha nordostwärts, hinaus auf eine weite, kiesig-staubige und nicht sehr ebene Serir. Eines der Fässer (es trägt die Aufschrift „SDL PBM 21131"), die den Pistenverlauf markieren, steht auf **Pos. N 27°52,22' / E 16°27,83'.** Diese Position können Sie ansteuern. Falls Sie ohne GPS unterwegs sind, halten Sie Nordostrichtung ein (knapp 60°), bis Sie auf die ersten Fässer stoßen, und folgen diesen in nordöstlicher bis nördlicher Richtung. Die Fass-Piste zieht durch flache Hügel und, einige Wadis querend, mal in nördliche, dann in östliche Richtung; die Fässer stehen anfangs alle 1½ km.

Das Gelände wechselt stetig: Serir-Hügel werden überquert, dann ein Basaltrücken, dann geht es in unebenes, sepiafarbenes Gelände hinein, kurz darauf durch Kalksteine usw. Bei **km 34** markiert ein Reifen eine Verzweigung: Wir halten uns rechts und folgen den Fässern. Dann näheren wir uns dem Basaltrand bei **km 39.** Wir fahren diesen Rand entlang in nordöstliche Richtung und wenig später in die Basaltflächen hinein. Immer weitere Stein- und Basaltflächen werden überquert; die Piste ist klar zu erkennen, die Fässer stehen nach wie vor im Abstand von 1½ km.

Bei **km 60** erreichen wir ein Fass mit einem Wegweiser der nach rechts zeigt: „Harudj 1, Aseil drilling" lautet die Aufschrift. Wir folgen ihm nicht (lt. Lesermitteilung zeigt er mittlerweile in unsere – richtige – Richtung!), sondern biegen hier links in ein steiles Tal hinein, durchqueren es und fahren am anderen Talrand der Piste folgend in unserer bisherigen Richtung wieder rechts weiter. Jetzt folgt ein Wechsel zwischen festen sandfarbenen Hangebenen und grobsteinigen Bergrücken. Der Fässerabstand hat sich zwischenzeitlich auf ein Fass pro km verengt. Ein Abzweig bei **km 71** ist durch die Fassfolge eindeutig markiert. Wir überqueren grauviolette Hügel, wo viele Spuren abzweigen, wodurch die Piste kleiner wird. Noch immer aber stehen die Fässer in Kilometerabstand. Ein Abstieg bei **km 80** mag noch einmal zur Positions-Bestimmung dienen: **N 28°08,88' / E 17°00,96'.** Südlich der Piste liegen hier bewachsene und deshalb grüne Senken, in denen sich das auf den Basaltflächen abflaufende Wasser sammelt und die Vegetation ermöglicht. Solche Senken gelten für die gesamte Harudj als typisch: Hier weideten früher die Hirten ihre Herden, hier sehen Sie heute mit etwas Glück Gazellen (bei uns blieb es bei Spuren).

Die Fässer, die wir anschließend passieren, tragen teilweise weiße Pfeile, die in Richtung Fogaha zeigen, und die Aufschrift „Haruj". Unsere Richtung ist immer deutlich zu erkennen, die Piste ausgefahren und sehr wechselhaft. Sie verläuft aber immer auf festem Untergrund. Bei **km 107** passieren wir zwei große, liegende Reifen. Die Piste ist hier teilweise zu einer Trasse geschoben und hat dann sogar erstmalig auch Wellblech. Wir durchqueren mit 50° eine weite, helle Ebene, in der seltsamerweise die Fässer fehlen! Erst drüben, am anderen Rand der Ebene, sind sie wieder zu finden. Hügel werden überquert oder umfahren. Bei **km 116 (Pos. N 28°19,25' / E 17°15,88')** geht es wieder in eine weite Ebene hinaus (wir verlassen hier die Basaltgebiete) – und erneut fehlen die Fässer! Aber die Piste ist deutlich ausgefahren und führt in der bisherigen Richtung weiter, so dass Sie auch hier keine Probleme haben sollten. Als Markierung dienen hier ... LKW-Bremstrommeln! Wieder eine Steinstrecke; hier sehen Sie dann die Aufschrift „Haruj" und den Pfeil in Gegenrichtung auch mal auf einer dieser Bremstrommeln. Dann tauchen die gewohnten Fässer wieder auf, und wir folgen der Piste einem Hang entlang ostwärts.

Wir fahren jetzt zwischen niedrigen Zeugenbergen und damit in einem anderen geologischen Umfeld. Ein kleiner Pass wird überquert, oben bietet sich ein weiter Blick voraus in eine Ebene; links sehen wir den Plateaurand, den wir bei diesem Pass überschritten haben. Als Markierungen dienen jetzt auffällig weiß gestrichene Metallteile verschiedenster Art. Bei **km 135** erreichen wir einen deutlich markierten Abzweig: ein weiß gestrichenes Fass und eine weiß gestrichene Stange! Die weißen Markierungen ziehen sich von diesem Abzweig aus halblinks auf ein deutlich erkennbares Bohrcamp zu (dies ist nicht unsere Richtung!), unsere Hauptpiste bleibt halbrechts und führt mit 40° durch flache Hügel. Eine Akazie bei **km 136** kurz nach dieser Verzweigung mag noch einmal als Orientierung dienen: **N 28°25,03' / E 17°21,07'.** Durch weiterhin wechselhaftes Gelände geht es weiter (mal Sand, mal Kies, mal Steine, teilweise Wellblech), an einer Plateaustufe entlang – das Gelände hat hier wirklich wenig zu bieten. Die Piste fächert sich breit auf; auf weißem Untergrund steht dann wieder ein großes Fass. Die Bäume eines Bewässerungsprojektes, ganz offensichtlich schon zu Zilla gehörend, kommen in Sicht. Das Gelände ist zerpflügt von vielen Spuren und Pisten. Schon in unmittelbarer Nähe des Projektgeländes dann ein weiteres Fass mit der Aufschrift „AGOCO ID 131" bei **km 152** und **Pos. N 28°29,82' / E 17°28,53'.** Eine Stromleitung nähert sich von rechts, die Hauptpiste führt schräg unter ihr hindurch. Mit 50° fahren wir auf die Felder der kleinen Oase Tislan zu. Der Untergrund ist teilweise sehr weichsandig. Einige der Projektgebäude wirken ruinenhaft. Wir fahren genau auf den von Bäumen bestandenen Rand eines Projektgeländes zu, die Spuren weichen nach Osten aus und knicken dann am Eck des Projekts wieder auf Nordost ab: Hier bündeln sich alle Spuren, eine alleeartige Piste entsteht dem Projektrand entlang. Bei **km 160** haben wir ein Asphaltsträßchen erreicht, das nach Norden führt. Dies wäre dann der Pistenbeginn bei Fahrt in Gegenrichtung: **N 28°32,23' / E 17°31,42'.**

Erste Häuser. Ein Minarett, aus einer Röhre bestehend, mit riesig wirkenden Lautsprechern daran befestigt. An einem Kreisverkehr halten wir uns rechts, folgen der Straße bis zu einem weiteren Kreisverkehr. Links ab erreichen wir die Einmündung in die Hauptstraße und damit Route B 1, an einer Kreuzung mit einem Wasserturm und einem Reifenreparateur bei **km 162.** Links geht es 300 m weit zur Tankstelle, rechts etwa ebenso weit zum großen Kreisverkehr in Zilla.

Route B 3:
Von Timsah zum Wau an Namus

- *Pisten-Trasse bis Wau el Kebir, dann schwach markierte Piste mit gut erkennbarem Verlauf. 164 km Pistenstraße bis Wau el Kebir, dann 123 km Piste bis Wau an Namus; gesamt 287 km. Hin und wieder Umfahrung des Militärstützpunktes von Wau el Kebir, dann weder Wasser- noch Treibstoff-Tanken in Wau el Kebir möglich. Vgl. erweiterte Routenbeschreibung unten! Derzeit keine Fahrgenehmigung aus Sebha erforderlich; Zeitaufwand: 2– 3 Tage; Geländewagen nicht erforderlich (beachten Sie die Ausführungen im Exkurs „Sicherheit, Schwierigkeit, Leichtsinn ...“), aber solides Fahrzeug. Verkehr auf Piste gering: Auf drei Reisen habe ich nie ein anderes Fahrzeug getroffen. Sahara-Ausrüstung erforderlich; GPS nicht erforderlich, aber beruhigend.*
- *Karte zeigen den Pistenverlauf schematisch, die Geo-Projects-Karte vor allem einen projektierten Ausbau zur Straße, die Michelin-Karte 741 ist schlecht. Brauchbar ONC H-3 und H-4, russische Generalstabskarten G 33 b und r.*
- *Eine Route, die die Sandprobleme am Beginn der Piste vermeidet, habe ich in meinem Buch „Sahara“ (DuMont-Verlag) als Route 10 beschrieben.*

Die hier beschriebene Strecke ist die **Standardstrecke zum „Weltwunder“ Wau an Namus.** Sie ist einfach und schnell zu befahren. Die große Mehrzahl aller Libyen-Touristen besucht den Wau an Namus auf diesem Weg und fährt so auch wieder zurück.

Die Strecke zum Wau an Namus ist nicht besonders aufregend: Nur an wenigen Punkten bieten sich interessante landschaftliche Eindrücke. Das Ziel selbst, Wau an Namus, wird immer wieder als Weltwunder bezeichnet. Damit ist wohl genug über die landschaftliche Einmaligkeit dieses Kraters ausgesagt.

km 0: Pistenbeginn am östlichen Ortsende von Timsah (Ende der Route A 15) **(Pos. N 26°23,70′ / E 15°47,00′).** Am Ende der Asphaltstraße beginnt eine straßenbreite, harte, weißstaubige und mit Wellblech versehene Pistentrasse. Wir folgen ihr im Verlauf der bisherigen Straße. Kurvig geht's durch Ortsrandbereiche, an Sebkhen vorbei (hier wurde inzwischen ein Badesee ausgebaggert!), durch Palmgebüsche immer in Richtung Osten und Nordosten. Vor allem südlich der Trasse bieten sich bis ca. **km 13** in den Palmgebüschen immer wieder schöne, wind- und sichtgeschützte Nachtplätze an.

Bei **km 12** erreichen wir eine Verzweigung: Die deutlich als solche zu erkennende Haupttrasse biegt hier nach Südosten ab: Wir folgen ihr in dieser Richtung. Mit 130° fahren wir auf eine Anhöhe zu und auf diese hinauf. Oben angekommen **(km 15)** halten wir an! **Fahren Sie nicht weiter! Lassen Sie tüchtig Luft aus den Reifen** und legen Sie, sofern vorhanden, den Allradgang ein. Die Strecke voraus sieht zwar nicht so aus, aber Sie werden bald merken, dass sie es in sich hat. Wenn Sie mit einem normalen PKW unterwegs sind, d.h. ohne Allrad, sollten Sie hier den Luftdruck auf etwa 1 atü absenken und dann die Trasse vorzugsweise nach Osten oder (besser nicht) Westen verlassen und mit einem Abstand von 500 m bis 1 km parallel zu ihr weiterfahren: Hier überqueren wir auf einer Tenne das östliche Ende des Erg Murzuk (s.a. Route A 17, Thema „Fähnchen-Düne", und Dünen von Madjedul). Kein Problem, wären nicht die tiefen und aufgewühlten Spuren - und eben darum rate ich, diese seitab zu verlassen. Wenn Sie Sahara-Erfahrung haben, ist dieser Ratschlag natürlich überflüssig. Jetzt fahren Sie seitab versetzt mit 160° über diese Tenne und bemühen sich dabei, die Haupttrasse nicht aus den Augen zu verlieren. Sie ist - deutlich ausgefahren und als Haupttrasse mit Baumaschinen einst aufgeschoben - eigentlich sehr gut zu erkennen.

Auf Höhe von **km 19** und **31** liegen die Wracks von irgendwelchen LKWs am Pistenrand und dienen als zusätzliche Orientierungshilfe.

Bei **km 33** folgt eine Art Schrottplatz **(Pos. N 26°14,16' / E 15°57,72')**: Hier legen viele vor oder nach der weichen Tenne eine Pause ein, vermutlich stand hier auch das Baucamp auf festem Untergrund, als die Trasse über die weichen Sandfelder gebaut wurde: Wir haben hier nämlich bereits das **Ende dieses Sandfeldes** erreicht! Wenn Sie es für richtig halten, können Sie jetzt den Luftdruck wieder etwas erhöhen. Auf alle Fälle sollten Sie sich jetzt wieder auf die Trasse begeben, um so wieder das sichere Gefühl für die Richtung zu bekommen. Diese Trasse bleibt uns nämlich bis Wau el Kebir erhalten und gleicht hier in ihrer Breite, und auf einem Damm angelegt, einer Straße ohne Asphalt. Da dieses Erdölprodukt fehlt, bildet sich Wellblech. Hier ist es aber noch erträglich und je nach Fahrzeugtyp, mit dem Sie unterwegs sind, können sie sich jetzt auf dieses Wellblech „legen" und mit Wellblechtempo drüber hinwegdüsen. Die Trasse wurde gebaut, um schnelle Truppenbewegungen in den libyschen Süden zu ermöglichen. Wenn Sie es wollen und ihr Fahrzeug dies zulässt, können Sie in drei Stunden und spritsparend nach Wau el Kebir fahren. Wird Ihnen das Wellblech dagegen zu hart, steht es Ihnen frei, immer wieder ins Gelände neben der Trasse auszuweichen.

Mit 140° geht es nach Südosten. Zwischen flachen Schichtstufen zieht dann die Straße eher in Südrichtung auf einen kleinen Pass zu, den wir bei **km 78** erreichen. Die Landschaft ist langweilig, die Trasse erlaubt ein flottes Tempo, gebremst nur von einer tiefen Rinne bei **km 98.** Rasch fahren wir auf eine dunkle Bergkette zu, die wir bei **km 117** erreicht haben. Über eine weite Hochfläche fahren wir weiter nach Südosten und erreichen den ehemaligen Kontrollposten bei **km 130** (Kontrollposten zurzeit am Abzweig zum Gästehaus, im Jahr 2005 zeitweise wieder besetzt (s.u. auf **Pos. N 25°28,45' / E 16°40,80'**).

Jetzt ist der Trasse anzumerken, dass sie viel stärker befahren wird: Der Posten stand in regelmäßiger Verbindung mit Wau el Kebir. Der Pendelverkehr zwischen diesen beiden Stationen lässt das Wellblech deutlich höher wachsen.

Ein sehr breites, von einzelnen Akazien bestandenes Wadi erreichen wir bei **km 141.** Im Osten ist eine dunkle Projektfläche zu erkennen und voraus der Container eines Kontrollpostens. Nach Überprüfung der Papiere weisen uns die Militär(?)polizisten den Weg: Wir biegen auf eine kleine Piste nach Osten ab und erreichen auf dieser nach 3 km das **Gästehaus Funduk Wau el Kebir (Pos. N 25°28, 80′ / E 16°43,03′).** Aus dem ehemaligen Gästehaus eines staatlichen Agrar-Projekts wurde inzwischen ein Hotel: Bitte stellen Sie sich darunter eine aneinander gestellte Ansammlung von entsprechend ausgestatteten Aluminium-Containern vor, nicht Ihr Strandhotel vom letzten Spanien-Urlaub, auch wenn der Flachdachbau insgesamt einen ordentlichen Eindruck hinterlässt. Das Bett kostet 15 LD, ebenso ein Essen, DZ 20 LD, 5 LD fürs Frühstück/Person. Wer hier nicht übernachten will, kann immerhin die (gemeinschaftlichen) Duschen genießen, auch wenn z.B. auf dem Parkplatz vor dem Haus im eigenen Fahrzeug übernachtet wird (10 LD/Pers.). Es gibt Wasser und notfalls auch Treibstoff. Ein aufgelassener Swimming-Pool vermittelt eine Idee davon, wie hier zu aktiven Projektzeiten gelebt wurde. Der Leiter des Hotels ist ein freundlicher, hilfsbereiter Mann; in einem der Zimmer hat er einen kleinen Laden eingerichtet, aus dem er durchs Fenster die Einkaufswünsche der Durchreisenden befriedigt; Motorradfahrer sind dem Vernehmen nach seine besten Kunden. Sein kleiner Wüsten-Zoo beinhaltet vor allem zwei Jagd-Falken, die er gerne dem Touristen vorführt. Wie auch immer – wenn Sie nach

lib_072 Foto: tt

heissen und/oder staubigen Wüstenstrecken aus dem Süden hier ankommen, empfinden Sie einen Aufenthalt an dieser Stätte einfachster Gastfreundlichkeit sicher als angenehm. Auf dem Gelände entstehen derzeit sechs achteckige Hütten als weitere Unterkunftsmöglichkeiten. Auch eine Krankenstation wurde zwischenzeitlich hier eingerichtet, ist jedoch nicht immer besetzt.

Achtung! Wie eingangs der Routenbeschreibung schon erwähnt, muss hin und wieder der **Militärstützpunkt von Wau el Kebir umfahren** werden. Dies hat zur Folge, dass weder Wasser- noch Treibstoff-Tanken in Wau el Kebir möglich ist. Bitte berücksichtigen Sie diesen Umstand bei Ihrer Vorratsplanung entsprechend! Die Pflicht zur Umfahrung des Stützpunktes scheint in Zeiten größeren Touristenandrangs ernster genommen zu werden als in ruhigen Phasen. Die gegenüber meiner bisherigen Routenbeschreibung geänderte Streckenführung ist so übrigens u.a. auf der Geo-Projects-Karte vermerkt. Die Umfahrung ist gegenüber der Route über Wau el Kebir ungefähr 30 km kürzer.

Pos. N 25°28,80′ / E 16°43,03′: Gästehaus und **km 0.** Am Gästehaus vorbei zu **Pos. N 25°29,29′ / E 16°46,47′** (**km 5,** drei Reifen hintereinander), dann weiter zu **Pos. N 25°19,00′ / E 17°03,00′** (**km 9,** kleiner Übergang).

Der Wau an Namus ist für den Sahara-Fahrer eine Überraschung: Urplötzlich bietet sich am Ende einer Steigung ein faszinierender Ausblick

Von hier ab deutliche Piste auf den in der Routenbeschreibung genannten Pos.-Punkt **N 25°19,00′ / E 17°03,00′** (**km 209,** schüttere Akazien).

Routenbeschreibung, sofern Wau el Kebir anfahrbar

Ab dem Kontrollposten weiter der Trasse folgend, durch langweilige, teils steinige, teils sandige Hügel und Ebenen, erreichen wir die auf einer leichten Anhöhe liegende **Tankstelle** von Wau el Kebir bei **km 163.** Viel ausgemustertes militärisches Gerät steht hier in der Landschaft – es ist nicht erlaubt, dieses zu fotografieren. Dafür wird Ihnen kostenlos der Tank gefüllt, es sei denn, die Tankstelle läge zufällig trocken, was jedoch eher selten der Fall zu sein scheint.

Wau el Kebir, das bedeutet „Großes Loch“: Die Tankstelle liegt oben am Rand dieses „großen Lochs“; nur wenige Meter danach bietet sich ein weiter Überblick über das kilometergroße Becken, dessen Steilränder fast ringsherum den Horizont begrenzen. Zu unseren Füßen ein kleiner Hügel (mit von Militär genutzten) Häusern, dahinter ein großer Palmhain mit weiteren großen Bäumen und Gärten: Dort hinab fahren wir jetzt, um den Hügel herum und dann auf seiner Rückseite – die Trasse verlassend – auf die Bäume zu, dorthin, wo sie am höchsten sind. Eine kleine, aber stark ausgefahrene Piste führt dorthin: Im Schatten der Bäume liegt eine Rohrkonstruktion; hier füllt der Militärposten von Wau el Kebir seine Tankwagen. In einem dicken Strahl

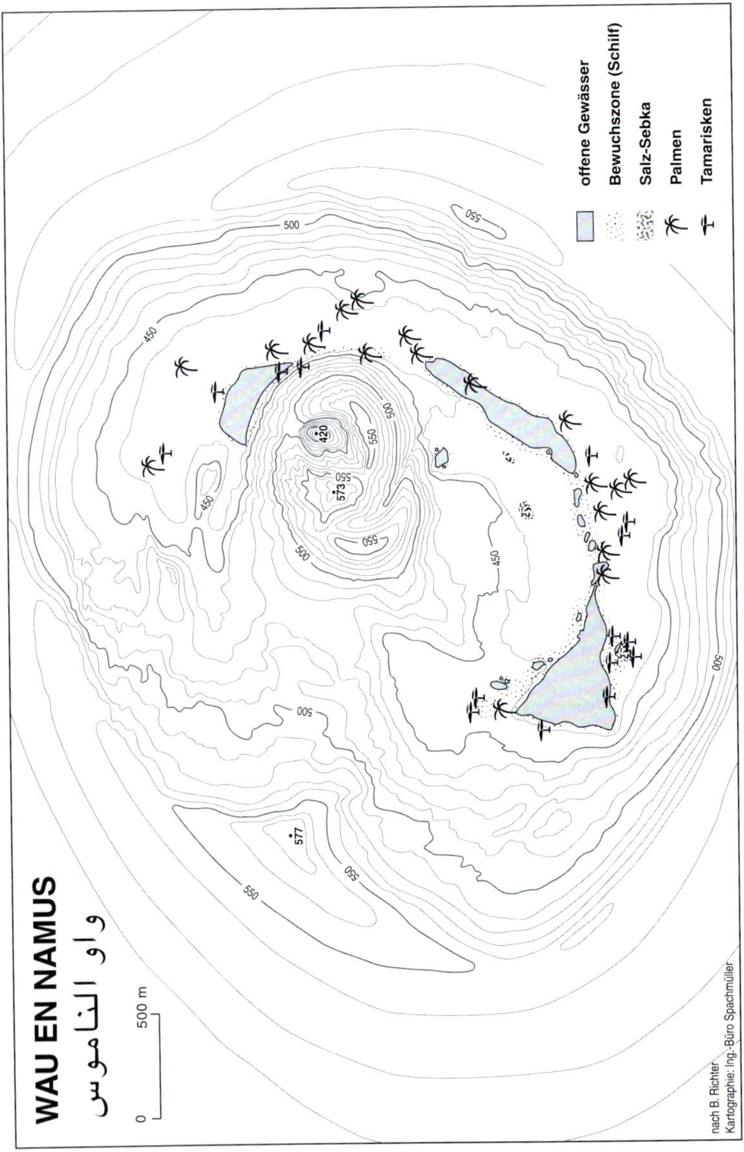
WAU EN NAMUS
واو الناموس
0
500 m
offene Gewässer
Bewuchszone (Schilf)
Salz-Sebka
Palmen
Tamarisken
420
573
577
450
500
550
nach B. Richter
Kartographie: Ing.-Büro Spachmüller

strömt das Wasser aus den Rohren, Wasser in Hülle und Fülle in einer der extrem-ariden Zonen der Sahara! Geschmacklich nicht mit unseren Tafelwassern zu vergleichen, genügt es doch allen Ansprüchen, um als Brauchwasser üppig Verwendung zu finden.

Weiterfahrend auf der Trasse, erreichen wir bei **km 171** einen ausgeschilderten Abzweig: Wir fahren hier, der Aufschrift folgend, nach Osten und biegen nicht nach Süden ab. Am nördlichen Rand des Wau el Kebir-Kessels ist jetzt eine große Satellitenschüssel zu sehen. Sie steht in Zusammenhang mit einem großen Flugplatz, der nicht weit davon im Norden liegt. Bereits bei **km 176** erreichen wir eine weitere, große Kreuzung: Hier müssen wir nach rechts abbiegen; schon bei **km 179** ist die nächste Kreuzung: Wir fahren geradeaus. Die Trasse hat sich jetzt in ein Spurengewirr aufgelöst: Wir halten kurvig und sandig auf einen Hügel zu: Oben steht eine blaue Tonne und ein blauer Kanister, auf welchem der weiße Schriftzug „Namus" und ein Pfeil nach rechts weisen. Mit 80° fahren wir auf den Rand des Wau el Kebir-Kessels zu: Oben **(km 184,5)** stehen mehrere Redjems, die trigonometrische Punkte markieren und etwas südlich davon auch ein rostiges Fass.

Weiße Betonsteine dienen jetzt als Markierung. Sie sehen aus, als wären sie in einem 5-Liter-Farbeimer gegossen worden. Drei solche weiße „Farbeimer" bilden hier ein rechtwinkliges Dreieck. Die Piste ist wieder deutlich zu sehen. Mit 85 bis 100° fahren wir fast genau in Ostrichtung weiter. Die Piste ist deutlich ins Gelände eingezeichnet und nicht zu verfehlen.

Bei **km 189** passieren wir einen großen Reifen. Über feste Sandflächen fahren wir mit 80 km/h und 80° nach Osten. Die „Farbeimer" sind oft zusätzlich mit einem Metallstab markiert. Von links, von Norden her kommend, münden in spitzem Winkel bei **km 197** weitere Spuren in unsere Piste (siehe obige Beschreibung der neuen Umfahrung von Wau el Kebir). Es geht flott weiter; nur im Bereich einer niedrigen Hügelschwelle **(km 200)** bremst unebenes und steiniges Gelände vorübergehend etwas unser Tempo. Schüttere Akazien **(km 203)** am Wegesrand bringen wenig Schatten, aber zumindest etwas Ab-

Route B 3

342 Foto: gg

Brunnen in Wau el Kebir

wechslung in die Strecke: Hier sind wir auf **Pos. N 25°19,00′ / E 17°03,00′.**

Spätestens hier sind beide Varianten wieder vereinigt. Mit ungefähr 110° geht es flott weiter; einige flache Hügel bremsen erneut das Tempo, das Gelände ist dabei recht staubig. Bei **km 214** ist einer dieser flachen Hügel auffallend weiß; die Piste passiert zu seinen Füßen. Immer noch sind Reifen, Redjems und die „Farbeimer" unsere Richtungsweiser; jetzt führt die Piste mit 130° bis 140° auf dunkle Basalt-Hügel zu. Eine solche Anhäufung massiver Steine verleitet manche Reisende zu allerhand Aktivitäten: Ein Herr *Hirchow* aus Hamburg hat sich 1994 hier mit Steinlettern auf dem Boden ein Denkmal gesetzt, andere begnügen sich mit anonymen Redjems **(km 225).** Wir durchqueren die Hügelkette, fahren ein kleines Tälchen hinab und haben bei **km 228** wieder eine Ebene erreicht, die wir mit 130° überqueren. Hügel folgen, dann wieder Ebenen, an einem weiteren Hügel Inschriften mit weißen Steinen **(km 238);** manchmal wirkt alles so, als hätte hier jemand einen großen Aschekübel ausgekippt. Gipsböden sorgen dann wieder für etwas Helligkeit. Ein Fass markiert einen Abzweig nach Ost-Nord-Ost **(km 251).** Das Gelände bleibt zwar wechselhaft, aber wirklich markante Eindrücke fehlen; das ändert sich erst, wenn wir bei **km 262** in eine weite Senke mit markanten **Gips-„Felsen"** hineinfahren: Das Zusammenspiel vulkanischer Aktivitäten und Erosion durch Temperaturwechsel, Wind und – selbst hier – Wasser hat skurrile Formen entstehen lassen.

Wenn Sie an diesen Gipsfigurationen eine kleine Pause einlegen, sollten Sie gleich den Reifenluftdruck etwas reduzieren, sofern Sie ihn nicht seit der Tenne hinter Timsah auf niedrigem Niveau belassen haben: Schon drei Kilometer weiter fahren wir nämlich über sehr sandige Hügel aus der Ebene heraus **(km 265).** Mit Ihrem Geländewagen werden Sie hier um Allrad nicht herumkommen, und zwei Kilometer weiter erfreut Sie dieses Spielchen ein zweites Mal in einem weichen, kleinen Tal. Hier spielen zudem einige ordentlich große Steine Versteck-Dich im Sand, und das sollte Sie zu besonderer Aufmerksamkeit veranlassen – die Strecke zuvor gab dazu ja wenig Anlass.

Dann jedoch haben die Sandherrlichkeiten ein Ende, und es geht hinein in dunkle, steinige Landschaften. Eine „Bob-Bahn" lenkt uns durch dunkelbraunes, weiches Gelände, dann folgt eine braungelbe Rennstrecke und ein fast buntes Sand-Stein-Gemenge. Rechter Hand steht ein eindeutiger Vulkan, den wir bei **km 281** an seiner offenen Flanke passieren. Dies ist noch nicht der Wau an Namus (aber ggf. ein guter Übernachtungsplatz)! 2005 hatte sich hier jedoch ein militärischer Beobachtungsposten eingerichtet! Die Strecke an diesem ersten Vulkan vorbei ist jedoch „gführig", und so nähern wir uns rasch einem leicht ansteigenden Gelände, das den Eindruck macht, als würde es auch bei wolkenfreiem Himmel von

346 Foto: gs

einem Schatten bedeckt: der Ascheschleier des **Wau an Namus;** bei **km 283** haben wir die nachtschwarzen Flächen erreicht, vorbei geht es an einem großen Metallpfosten, das Gelände – jetzt dick von schwarzer schlackiger Asche bedeckt –, steigt steil an und dann ... beschreibt Ihnen der Leipziger Geograf *Nikolaus B. Richter* den Anblick, der sich Ihnen, oben am **Kraterrand** angekommen, offenbart: „... *der Anblick, der sich uns bietet, nimmt uns so den Atem, dass keiner ein Wort zu sprechen imstande ist. Selbst die verwöhntesten und ältesten Expeditionsleute unter uns geben mir später zu, dass sie noch nie eine solche Situation erlebt, noch nie etwas derartiges gesehen haben, was uns jetzt wie eine Art achtes Weltwunder erscheint. Man stelle sich vor: Wir befinden uns mitten in der heißen, trockenen, wasserlosen Sahara. Wir durchquerten weit über 100 Kilometer der toten, ausgedörrten Stein- und Kieswüste. Kein Baum, kein Strauch, kein Grashalm. Alles war tot, starr, heiß, trocken, blendend hell und grell. Und nun stehen wir auf einem riesigen, flachen Kraterrand. Es ist ein pechschwarzer, rennbahnglatter, runder Reif von über 10 km Umfang, (in dessen Mitte) sich der eigentliche Vulkankegel (erhebt). Am Boden der gewaltigen Schüssel liegt in der Tiefe das große Wunder, das Unerhörte, das wir stumm und staunend nicht fassen können. Dort unten lachen uns herrliche ultramarinblaue Miniaturseen an, jeder umrahmt von einem schneeweißen Sand- oder Salzrand. (und) mitten in dieser Zauberlandschaft zwei weitere kleine Seen mit rotem, durchsichtig weinrot leuchtendem Was-*

ser. (Das) ist keine Fata Morgana, es ist Wirklichkeit. Die Seen bleiben blau und rot, die Palmenwipfel wiegen sich immer noch im Winde, und der braunrote Basalthut steht wuchtig und fest mitten drin. Es ist das achte Weltwunder." (gekürzt, d.V.). Als ich vor über zwanzig Jahren zum ersten Mal den Wau an Namus erreichte, hatte die Landschaft noch viel von dem „Richterschen Zauber"; heute gleicht schon der Kraterrand einer Bob-Bahn. Zu viele Reisende – den Spuren nach zu schließen vor allem Motorradfahrer – scheinen gerade an dieser Stelle endgültig vom Sonnenstich getroffen und meinen, den Kraterrand als Rennbahn und sein Inneres als Kesselwand missbrauchen zu müssen – als gäbe es in der Sahara sonst nicht genug Raum, sich auszutoben. Vollständig außer Rand und Band scheinen auch jene Reise-Organisatoren zu sein, die erst ihre Motorrad-Horden gegen teures Geld hierher locken und dann noch durch Inschriften am Krater meinen, Reklame für sich machen zu müssen. Da es einen Platzverweis für Reiseveranstalter noch nicht gibt, wünsche ich diesen Barbaren hier am Vulkan Pest, Schwefel und Hölle an den Hals ...

Es gehört nicht viel dazu, dieser wirklich einmaligen Landschaft **Respekt** zu zollen: Fahren Sie nicht in den Krater hinein, zeigen Sie, dass Sie nicht zu den Motor-Idioten gehören, die noch nicht einmal hier ihre beiden Füße benutzen können. Und nehmen Sie ihren gesamten Abfall wieder mit – das sollte ja bis zu den Müllplätzen von Wau el Kebir oder besser noch von Timsah leicht möglich sein.

Die **Seen im Kraterboden** verdanken ihre verschiedenen Farben der unterschiedlichen Wassertiefe, ihrem Salzgehalt, den eingeschwemmten Mineralien und bestimmten Algen, die im Wasser gedeihen. Ungeklärt bis heute ist, woher das Wasser stammt. An einer Stelle findet sich sogar Süßwasser. Das Wasser der offenen Seeflächen ist jedoch stark salzhaltig. Es lohnt sich, den eigentlichen Vulkankegel im Innern des Kraters zu besteigen (Zeitbedarf 2–3 Stunden, Wasser mitnehmen!). Eine Art Pfad führt auf seiner Südseite hinauf. Übernachten sollten Sie außerhalb des Kraters oder auf dem Rand: Im Kraterinneren müssen Sie abends mit einer erheblichen Belästigung durch Mücken rechnen, die dem Krater seinen Namen gegeben haben: Wau an Namus, der „Mückenkrater".

Route B 4:
Vom Wau an Namus nach Zilla – Ostumfahrung der Haruj al Aswad

- *Gelände und Pistenstrecke, teilweise ohne Markierungen. Gesamt 548 km. Keine durchgängigen Pisten über größere Distanzen. Zeitaufwand: 3 Tage. Mindestens zwei autarke Geländewagen. Verkehr nicht existent. Volle Sahara-Ausrüstung und GPS erforderlich. Die Strecke ist technisch nicht besonders schwierig, mit Orientierungsproblemen aber ist zu rechnen.*
- *Brauchbar ist die Karte ONC H-4, sie zeigt den Streckenverlauf ungefähr. Die Geländeschummerung der Karte ist jedoch teilweise mangelhaft.*

Die hier beschriebene, einsame Geländestrecke führt durch die abgelegensten und trockensten Regionen der Sahara. Auf langen Abschnitten verläuft sie in freiem Gelände, verfolgt auch immer wieder Pisten, die zu aufgelassenen Bohrstellen, ehemaligen Prospektionscamps oder Ähnlichem führen. Solche oft deutlich markierten und mitunter auch ausgefahrenen Pisten werden immer wieder eine Wegstrecke lang verfolgt, dann aber müssen sie wieder verlassen werden: Dies stellt eines der großen Orientierungsprobleme dar. Das Gelände ist nirgendwo besonders anspruchsvoll. Manchmal werden flache Dünen überquert, die jedoch für Geländefahrzeuge keine Probleme darstellen. Auch im Bezug auf die Bodenfreiheit werden keine besonderen Anforderungen gestellt. Da keine Karte eine adäquate Geländedarstellung in diesem Bereich zeigt (vielleicht, weil über weite Entfernungen kein markantes Gelände vorhanden ist), ist die Verwendung eines GPS-Empfängers eine m.E. unerlässliche Hilfe.

Die Strecke verläuft immer außerhalb der Basalt-Gebiete der „schwarzen Haruj"; es ist ja gerade das Ziel dieser Streckenführung, unangenehm steiniges Gelände zu vermeiden. Vom Wau an Namus führt sie durch (weich-) sandiges und oft mergelstaubiges Gelände über landschaftlich interessante Geländestufen nach Norden bzw. Nordosten auf die Haruj zu. Mit dem Erreichen dieses Basaltgeländes biegt die Strecke dann nach Osten und folgt dem Basaltrand, bis sich die Möglichkeit bietet, direkt und ohne Basalt weiter nach Norden zu fahren. Dann wird die alte Verbindungspiste Tazurbu – Zilla (Route B 7) auf einer Länge von ca. 65 km benutzt und gekreuzt. Die Strecke führt weiter nach Norden bis zum Rand der Erdölfelder, passiert eine aktive Bohrstelle und führt dann (erstmalig) durch wirklich dramatische Landschaften dem Abbruch der Sirte-Kalktafel entlang auf Zilla zu. Auf diese Weise bietet die Route auf einer Rückfahrt vom Wau an Namus nach Norden völlig andere Aspekte als die, die Sie zum Wau an Namus hingeführt hat.

Wer sich eine solche Strecke über diese weite Distanz nicht zutraut, oder wem die Ausrüstung ein autarkes Reisen über 800 bis 1000 km Piste und Gelände (ab Timsah sind es ca. 850 km, eine Sicherheitsreserve sollte immer eingeplant werden!) nicht gestattet, dem bietet sich die Möglichkeit, wenigstens den landschaftlichen Höhepunkt östlich von Zilla von diesem Ort aus anzusteuern. Dies ist einfach und erfordert noch nicht einmal einen Geländewagen.

km 0: Pos. N 24°54,85' / E 17°46,55', Container am Kraterrand des Wau an Namus. In nordöstlicher Richtung verlassen wir den Container, fahren hinab an den Fuß des Wau an Namus-Kraters und überqueren den Ascheschleier in Richtung auf ein Fass zu. Nach **10,5 km** haben wir **Ascherand** und Fass erreicht **(Pos. N 24°58,45' / E 17°51,63').** Hier lohnt es sich, anzuhalten und nochmal einen Blick zurück auf das „Weltwunder" zu werfen. Direkt hinter dem Fass liegt ein „Fesch-Fesch-Feld", und der Kurzhalt gibt Ihnen auch die Möglichkeit, sich ggfs. auf das vorzubereiten, was ein Fesch-Fesch-Feld ist, es sei denn, Sie kennen dergleichen schon: Fesch-Fesch, das ist knietiefer Staub. Wenn Sie hineinfahren, versackt Ihr Fahrzeug bis zu den Achsen wie in Zement. Steht der Wind ungünstig, bekommen Sie diesen aufgewühlten Staub dann auch noch zu schlucken ... Sie sollten sich also kurz ansehen, was da auf Sie zukommt und ggf. einige Meter rechts oder links daran vorbeifahren. Auf jetzt wieder etwas festerem Untergrund fahren wir mit ca. 30° weiter.

Spuren gibt es in unserer Richtung nicht oder nur sehr wenige. Dafür kreuzen wir diagonal immer wieder Spurenbündel und ganze Pisten, die teilweise sogar markiert sind: Dies ist die Piste, die an Wau an Namus vorbei weiter nach Tazurbu läuft; die Markierungen sind teils Vermessungspunkte der Straßenprojektierung.

Vielleicht kommen Sie auf den Gedanken, dass Sie besser auch in diese Richtung gefahren wären: Bei **km 22** fahren wir nämlich erneut in ein Fesch-Fesch-Feld hinein; wir kämpfen uns mühsam mit der Reduktion hindurch, weichen dabei nach Westen aus **(Pos. N 25°04,87′ / E 17°55,65′).** Dabei stoßen wir auf weitere Spuren, die in unsere Richtung ziehen; sie lassen sich jedoch an einer Hand abzählen. Weiche Sandebenen folgen. Wir fahren mit 30°.

Voraus erscheinen helle Dünen. Auf diese fahren wir jetzt zu, nähern uns einer Dünenkette **(Pos. N 25°13,40′ / E 18°02,87′).** Vor der Dünenkette kommen alle Spuren zusammen, auffallend viele münden von rechts her ein: Vielleicht hätten wir das Fesch-Fesch-Feld im Osten umfahren können. Wir folgen jetzt einer kleinen Piste, die entlang dieser Dünenkette führt. Im Osten liegt ein aufgelassenes Bohrcamp **(km 53)** in erreichbarer Entfernung; diesem statten wir einen kurzen Besuch ab. Ein Blick auf den Kalkboden zeigt, dass hier Fossilien in Hülle und Fülle zu finden sind.

Wir fahren zurück zur Düne und überqueren den Dünenzug an einer Stelle, wo auch andere vor uns dies schon taten. Hinter den Dünen sind in einer Ebene enorm viele Tonnen zu sehen: Vermutlich lag hier die zu dem Bohrcamp gehörende Landepiste. Nach der Dünenüberquerung halten wir uns links, überfahren zusammen mit vielen anderen Spuren einen kleinen Hügel und fädeln dann bei einer Markierungsstange in ein Tal ein, dem wir auf deutlicher Piste in nördlicher Richtung folgen. Besonders die westliche Talflanke ist ansehnlich hoch. Immer wieder stehen Holzstangen als Markierung, teilweise befindet sich an ihnen ein Pfeil, der in Süd-Nordrichtung zeigt.

Bei **km 73** führt diese Piste bei einer weiteren Markierungsstange abrupt nach Osten aus dem Tal heraus **(Pos. N 25°22,08′ / E 18°06,77′)** auf eine dort liegende Serir-Fläche. Diese lässt sich sehr flott befahren, der 4. Gang kommt gar wieder einmal zum Einsatz.

Von Westen her nähert sich eine Geländestufe, kommt bis zu **km 83** immer näher und verschwindet dann im Dunst nach Nordwesten. Die Holzstan-

Spur im „Fesch-Fesch-Feld“

gen stehen jetzt im 5-km-Abstand, eine mag als Orientierung dienen: **Pos. N 25°36,53′ / E 18°08,37′.** Die Piste ist sehr deutlich ausgefahren und nicht zu verfehlen. Flache, feste Hügel gehen allmählich in eine Serir über, die ein atemberaubendes Tempo gestattet. Bei **km 99** liegt ein großer LKW-Reifen als Markierung.

Wir fahren weiterhin fast genau Nord-Kurs, auf eine rötliche Geländestufe zu, die immer bunter wird: Rotes Gestein liegt auf grau-gelb-grün gebänderten Mergelschichten, das Ganze ist zu phantastischen, mal weichen, mal harten Formen erodiert. Die Piste zieht in einen Einschnitt in diese Plateaustufe hinein: wir fahren auf den **Jabal al Maruf** hinauf. Rechts und links liegen Zeugenberge vor der Stufe; ein Gelände, wie man es sich auch auf dem Mond vorstellen könnte ... Auf grusigem festen Untergrund führt uns die Piste bergauf: Hier liegt jede Menge versteinertes Holz. Reisende haben manche Stücke zu kleinen „Wäldern" zusammengestellt **(Pos. N 25°46,20′ / E 18°07,95′)** – dies ist aber auch der einzige „Bewuchs" in diesem Tal.

Weiter geht es sachte, aber stetig immer weiter bergauf; bei **km 117** haben wir den oberen Plateaurand erreicht. Auf einer festen Serir kommen wir flott voran: Die Piste führt dabei leicht nach Westen; wir fahren mit 350°. In einem flachen Tal fächern sich die Spuren auf und verlieren sich dann ganz. Einige aufeinander getürmte kleinere Blechfässer markieren wohl einen Abzweig, an dem die Piste eigentlich – entsprechend der bisher ordentlichen Eintragungen in der ONC-H-4-Karte – recht-

349 Foto: gg

winklig nach Osten abbiegen müsste. Zu sehen ist davon jedoch nichts! Wenn Sie hier bei trübem Licht unterwegs sind, werden Sie erstmals an Ihrem GPS-Gerät so richtig Freude haben! Verwöhnt von der bis zur Plateau-Kante so deutlichen Piste, sind Sie hier oben plötzlich „allein gelassen". Der Grund, warum die Piste hier nach Osten abknickt, dürften mehrere Dünenzüge sein, die sich hier quer zum Pistenverlauf legen. Diese Dünenzüge sind jedoch sehr einfach zu überqueren, also lassen Sie sich nicht irritieren und fahren Sie ziemlich genau nach Norden, von Dünenzug zu Dünenzug. **Vorsicht!** Bei Fahrt in Gegenrichtung von N nach S: Die Dünenkanten sind wohl sehr schlecht zu erkennen. Es sind hier wiederholt Touristen verunglückt!

353 Foto: gg

Zeugenberg auf dem alten Meeresboden östlich von Zilla

Die Tennen, die zwischen den Dünenzügen liegen, sind sehr gut zu befahren. Suchen Sie nicht nach Spuren – es gibt sie nicht!

Die **Pos. N 25°55,80′ / E 18°08,18′** mag Ihnen als Kurs dienen. Bei meinem Fahrzeug war diese Position bei **km 141** erreicht, allerdings waren einige Suchfahrten vorausgegangen: vergebliche Liebesmüh – es geht ohne Spuren nach Norden, ohne Spuren über die Dünen und ohne Spuren über die dazwischen liegenden Tennen! Wenn Sie nun immer weiter und weiter fahren, dabei von Nord-Richtung nach 20 km auf 5°, dann 10 km weiter auf 10° schwenken, werden Sie mal einen Holzstab, mal einen Eisenstab sehen. Aber selbst hier fehlen Spuren! Sie sind dennoch auf keinem Holz-Pfad: Das Gelände ist hier eine flache sandige Ebene, bestens befahrbar, selbst der 5. Gang darf ab und zu wieder mitmischen. Dann kommt ein Punkt, den ich Ihnen ans Herz legen möchte: Mitten in dieser trockenen Einöde stehen **zwei Bäumchen** (also doch ein Holz-Pfad, auch wenn von den ehemals zwei Bäumchen heute nur noch eines steht)! Miniaturausgaben, aber vorhanden. Diese nicht zu verorten, hätte mir weh getan: **Pos. N 26°14,10′ / E 18°15,57′,** Tacho 176 km.

Wie Ihnen ein Blick auf die ONC-H-4-Karte zeigt, biegt hier die Piste wieder auf Nordost-Richtung. Und tatsächlich verlassen wir die Minibäumchen mit 40° und steuern vorbei an einem ehemaligen Bohrcamp **Pos. N 26°18,72′ / E 18°19,82′** an. Ein ganzes Spurenbündel kommt hier wieder zusammen, rasch entsteht daraus eine richtige kleine Piste. Eine Menge Fässer steht rechts und links von ihr: Vermutlich die Landepiste des Bohrcamps **(km 192).** Mit 50° fahren wir weiter.

Ein Oued wird bei **km 195** gequert. Es ist das erste von vielen, die aus der Haruj herab- und in die weiten Ebenen im Osten hinausziehen. Die Piste ist in diesem Bereich wieder sehr deutlich ins Gelände eingeprägt, und so kann es uns kaum entgehen, dass sie bei **km 202** wieder auf Nord-Kurs abbiegt. Wir fahren eine kleine Stufe hinauf: Oben hat es wieder enorm viele Spuren in unserer Richtung: 0 bis 10°! Die Fliegerkarte kann für eine Geländetour manchmal schon erstaunlich präzise sein! Nur 5 km weiter stehen wir am ersten **Ausläufer der Haruj (km 209, Pos. N 26°27,95′ / E 18°26,90′).** Da dieser Ausläufer von Westen kommt, können wir noch immer weiter in unserer Richtung 10° fahren.

Jetzt, in relativer Nähe zur Haruj, wird das Gelände unebener, bleibt aber gut fahrbar. Wadis mit niedrigem Bewuchs werden gequert, wir fahren auf eine flache Schichtstufe mit grauen Hügeln zu, dann hoppeln wir über ein Kante auf eine Hochfläche hinauf, finden oben wieder ein Reg, das wir mit 320 bis 350° überqueren **(km 225).** Ein kleines Tal mit Akazien wird durchfahren. Dann stehen immer wieder einzelne, oft abgestorbene Akazienbäumchen in einer von Rinnen durchzogenen Serir. Die Piste ist hier wieder deutlich zu sehen.

Wir nähern uns dem Südrand der Haruj: Dem aufmerksamen Pistenfahrer wird auffallen, dass bereits mehr und mehr Spuren nach Nordosten von der Piste wegführen; wer sich hier auskennt, fährt den Bogen nicht aus, sondern kürzt ab, schneidet die Kurve. Bei **km 254** fahren wir auf ein Lavafeld zu; in einem flachen Oued dreht die Mehrzahl der Spuren auf östliche Richtung: Der **Südrand der Haruj** ist erreicht **(Pos. N 26°51,55′ / E 18°24,37′)!**

Wieder zeigt der Blick auf die ONC-H-4-Karte, dass wir jetzt in nordöstlicher Richtung fahren müssen. 45–50° sind angesagt, die **Pos. N 26°56,63′ / E 18°29,98′** mag Ihnen als Richtungsweiser dienen: Hier steht ein Redjem auf einem Lavavorsprung. Die Piste bleibt nun immer im Vorfeld der Basaltflächen. Sie brauchen sich eigentlich um die Orientierung keine Gedanken zu machen: Folgen Sie Spuren, die auf die südlichsten Enden der Basaltausläufer zuhalten, fahren Sie aber nicht in die Täler dazwischen hinein, auch wenn hier immer wieder Spuren hineinführen. An den Spitzen der Basaltfinger bündeln sich die Spuren immer wieder und verdichten sich zu kleinen Pisten.

Bei **km 306** haben wir wieder einmal einen sehr markanten Punkt erreicht: Auf **Pos. N 27°09,33′ / E 18°44,77′** hat die Firma **Mobil-Oil** am 27.5.1959 einen **Fixpunkt** mit der Nummer B 72-12 vermessen: Von hier aus zieht sich eine Prospektoren-Strecke entlang vieler Holzstäbe genau nach Osten. Wir halten aber noch immer unsere Nordost-Richtung ein. Dies ändert sich erneut bei **km 313:** Hier vollziehen wir bei der

Berührung eines Basaltausläufers **(Pos. N 27°11,78' / E 18°47,38')** die **Wende** (vorher wäre sie just wegen dieses Basaltausläufers gar nicht möglich gewesen!) und fahren mit Nordkurs auf die **Pos. N 27°20',60' / E 18°44,58'** zu. Weitere Spuren kommen von Südosten her dazu, die Piste wird jetzt eher noch deutlicher (hier mündet bzw. trennt sich die Route B 7). Fässer (!) und Stangen dienen als Markierung, wir fahren nordwärts (gemeinsam mit Route B 7).

Sandiger Untergrund, flotte Piste: Zwischen flachen Hügeln und ebenso flachen Tälern hindurch geht es immer weiter nach Norden. Die Piste gibt die Richtung vor, Fässer und Markierungssteine dienen der Absicherung. Die Fässer stehen in Kilometerabstand. Einer der Vermessungssteine mag wieder der eindeutigen Orientierung dienlich sein: Bei **km 355** und der **Pos. N 27°33,18' / E 18°43,33'** liegt der Vermessungsstein SDL PBM 131198. Hier stehen wir an einer Art Wadi, wo eine mit Fässern markierte Piste kreuzt: Wir fahren jedoch geradeaus weiter in nördlicher Richtung. Bei **km 360** kommt von Westen her eine Piste über eine flache Höhe herüber: Auch davon lassen wir uns nicht irritieren und fahren weiter geradeaus. Eine Art Mondlandschaft wird durchquert: weiße Hügel und flache Stufen. Die Piste hat erstmals etwas Wellblech und wird immer flotter.

Berge und Hügel im Westen treten dann immer mehr zurück. Bei **km 366** liegt im Westen ein Landefeld, das wieder deutlich mit Fässern markiert ist. Nur wenig später, bei **km 369,** quert eine Piste von SO nach NW (hier trennt sich die Route B 7). Im Westen liegen weiße Dünen. Bei **km 370** wird es dann kritisch: Hier waren 1994 Bohrarbeiten im Gange, das Gelände ist zwischen sog. Weihnachtsbäumen hoffnungslos zerfahren. Alte und neue und teilweise stark ausgefahrene Pisten, mit orangegelben Fässern und der Aufschrift „ISODE“ markiert, tragen ihren Teil zur Verwirrung bei. Achten Sie auch auf eine andere Form der Pistenmarkierung: Kleinere Pisten wurden mit so etwas wie Zementsäcken markiert; ein hartes Material in Papiersäcken, so groß wie die bekannten 50-kg-Zementsäcke. Sind diese von Sand leicht überweht, so sind sie kaum zu sehen. Wenn Sie sie aber überfahren, tut dies weder Ihren Reifen noch Ihrem Fahrzeug gut ...!

Es ist enorm schwierig, in diesem Spuren-Gewirr alter und neuer Pisten seinen Kurs zu halten. Das Gelände ist jedoch weithin gut befahrbar; eine GPS-Position als Hilfe: **N 27°53,12' / E 18°41,00'.** Hier stehen wir an einem alten „Weihnachtsbaum“, d.h. an einer **alten Zapfstelle,** an der irgendwann einmal Öl (oder Wasser?) entnommen wurde. Jetzt liegt alles tot und macht einen gespenstischen Eindruck.

Hier beginnt wieder eine große und deutliche Piste, die aber den Eindruck macht, als würde sie zurzeit nicht sehr stark befahren. Wir folgen ihr mit 300°. Deutlich zu erkennen, windet sich die Piste durch weite Sandebenen. Auffällige Berge begleiten uns: im Süden ein Vulkan (?), der aussieht wie der Vesuv, im Norden ein Tafelberg. Die Piste ist flott, Fässer dienen der Markierung. Von Süden kommen weitere Spuren hinzu. Dann ist die Piste frisch geschoben. Das Gelände wird wieder uninteressant: niedrige Hügel voller Gesteinsschutt. Bei **km 424** knickt die Strecke auf 310° ab und hat wieder etwas Wellblech. Bei **km 435** ein weiterer Knick nach Westen. Nach weiteren ca. 10 km, bei **km 446,** verlässt eine neu geschobene Piste die alte Spur in fast rechtem Winkel nach Südwest; wir folgen ihr! Tief ins Gelände eingegraben, führt sie über dunkle Hügel bergauf, bergab. Auf einem Hügel steht ein Schild **(Pos. N 28°11,83' / E 18°23,03'):** „Fast Sabah" – schnell nach Sabah??? Durch langweilige Hügel führt uns die jetzt fast straßenartige Piste weiter nach Art einer Achterbahn hügelauf, hügelab. Immer weiter geht es nach Westen: Voraus sind bei **km 459** Strommasten zu sehen. Wir fahren mitten in ein Ölfeld hinein, ein Gewirr aus Pisten und Pipelines! Ziel ist das Haupttor, ein großes grünes Bogentor: Hier „residiert" die österreichische Firma Voest Alpine, das **Camp** heißt **Sabah.** Am Tor sind wir bei **km 476 (Pos. N 28°13,12' / E 18°06,95'),** fahren aber nicht ins Camp hinein, sondern direkt davor links, dann dem Zaun folgend wieder rechts, am Flugfeld entlang. Wählen Sie (unter einer Vielzahl anderer) die Piste, die am dichtesten an der Landebahn-Befeuerung vorbeiführt: Sie wird zweispurig, wendet sich direkt am Ende der Landebahn rechtwinklig nach links und führt uns als ölgebundene Erdstraße mit 290° wieder von diesem Bohrcamp weg. Auch so kann man Straßen bauen! Erde mit Öl gebunden! Das Sträßchen ist in hervorragendem Zustand und führt geradlinig durchs Gelände, hügelauf, hügelab. Doch Vorsicht: Bereits bei Tempo 80 entstehen hier echte Sprunghügel! Sollten Sie noch nie „geflogen" sein – hier lassen sich tolle Sprungaufnahmen von Ihrem Geländewagen machen! Das Wellblech ist sehr fein und kaum störend.

Bei **km 494** durchqueren wir ein großes, mit Tamarisken bestandenes Wadi. Hier lassen sich Nachtplätze finden. Das Gelände sonst ist uninteressant: dunkle bis grau-violette Feinsteinauflage. Bei **km 515** warnt Sie ein Richtfunkmast vor einer scharfen Kurve; wenn Sie zu schnell ankommen, machen Sie rasch einen Flug ins freie Gelände!

Jetzt – fast am Ende unserer Reise herauf vom Wau an Namus – kommt noch ein echtes „Schmankerl": Rechts unserer Straße, d.h. im Norden, liegt nahebei der steile Plateau-Abbruch, in dessen Senke auch Zilla im Westen liegt. Dort unten hat es ganz phantastische Zeugenberglandschaften auf altem Seeboden. Wenn dieser Abbruch einmal besonders nahe kommt, z.B. bei **km 521,** sollten Sie wenigstens einmal den Blick hinaus und hinunter wagen. Wenn Sie es sich und ihrem Fahrzeug zutrauen, können Sie auch hinunter und weit hinein in diesen uralten Meeresboden fahren. Woran Sie aber denken sollten: **Hinunter geht's leichter als wieder nach oben!**

Die Erd-Rennbahn oben auf der Plateau-Kante führt uns weiter nach Westen. Bei **km 530** steigen wir ebenfalls vom Plateau herab, aber auf das südliche, nicht ganz so tiefe Niveau. In einem kurvenreichen Hügelgelände bei

km 539 ist dann erstmals Zilla aus der Ferne zu erkennen. Wir fahren weiter hinunter und stoßen bei **km 545** wieder auf richtigen Asphalt **(Pos. N 28°31,55' / E 17°34,65'):** Der Abzweig ist landschaftlich hübsch – Palmen vor und auf Sanddünen. An der Einmündung steht auch ein großes Hinweisschild auf die Firma Voest Alpine. Wir biegen hier rechts ab, fahren an der alten Zitadelle auf ihrem Bergkegel vorbei, durchqueren eine Sebkha, ungepflegte Oasengärten und die obligatorischen Müllhalden, und erreichen Zilla auf vierspuriger Straße innerorts bei **km 548** (hier beginnen und enden auch die Routen B 2 und B 7).

Route B 5:
Vom Wau an Namus nach Tazurbu

- *Gelände- und Pistenstrecke teilweise ohne Markierungen; bearbeitet nach Unterlagen von Birgit und Robert Erb und Wolfgang Krebs. Gesamt 415 km. Gelände und Piste, keine durchgängigen Pisten über größere Distanzen; Zeitaufwand: 2 Tage. Mindestens zwei autarke Geländewagen; kein Verkehr. Volle Sahara-Ausrüstung und GPS erforderlich. Die Strecke ist technisch nicht besonders schwierig, mit Orientierungsproblemen ist aber zu rechnen.*
- *Brauchbare Karte: ONC H-4; die Michelin-Karte zeigt den Streckenverlauf ähnlich schematisch wie die Geo-Projects-Karte. Sowjetische Generalstabskarte 1:500.000, Blätter G-33-r, G-34-B und G-34-r zeigen das Gelände gut, der Pistenverlauf ist nicht zutreffend.*

Die hier summarisch beschriebene Strecke ist eine einsame Geländestrecke, die durch die abgelegensten und trockensten Regionen der Sahara führt. Auf weiten Strecken verläuft sie in freiem Gelände, verfolgt auch immer wieder Pisten, die zu aufgelassenen Bohrstellen, ehemaligen Prospektionscamps oder ähnlichem führen. Dies stellt eines der großen Orientierungsprobleme dar. Das Gelände ist auf dieser Route nirgendwo besonders anspruchsvoll, da sie bewusst die eigentlichen Dünengebiete des Ramlat Rabianah, des Rebiana-Ergs, umgeht. (Der Rebiana-Erg ist ein einfach zu befahrendes Dünengebiet. Das Gelände weist jedoch mehrere Abbrüche auf! Wiederholt sind an solchen Touristen verunglückt, die im vermeintlich problemlosen Gelände zu schnell gefahren sind. Vor Leichtsinn in dieser völlig abseitigen Wüstenregion sei also ausdrücklich gewarnt.) Manchmal werden flache Dünen überquert, die jedoch für Geländefahrzeuge kein Problem darstellen. Auch im Bezug auf die Bodenfreiheit werden keine besonderen Anforderungen gestellt. Da keine Karte eine adäquate Geländedarstellung in diesem Bereich zeigt (vielleicht, weil über weite Entfernungen kein markantes Gelände vorhanden ist), ist die Verwendung eines GPS-Empfängers eine unerlässliche Hilfe.

km 0: Pos. N 24°54,85' / E 17°46,55', Container am Kraterrand des Wau an Namus.

km 9: Der Ascheschleier geht in gelben Sand über. Die Strecke verlässt den Wau an Namus mit 80 bis 90° auf schnell befahrbarem Reg.

km 70: N 25°05,00' / E 18°28,00', Ende eines Wadis mit markanten Sandhügeln ehemaliger Tamarisken. Weiter durch zwei Wadi, danach hügeliges Gelände, bis man bei **km 95** erneut auf eine Hochfläche kommt.

km 98: Ende der Tonnenmarkierung Richtung Nordost bei einer Reifenmarkierung und einem Betonzylinder.

km 130: Wieder Tonnenmarkierung. Im Norden wird der helle Rand einer Falaise erkennbar.

km 139: N 25°20,00′ / E 19°01,00′ auf Reg-Untergrund; die Piste nähert sich einem niedrigen Höhenzug, dahinter ein auffällig weißer Zeugenberg. Die Piste verläuft zwischen solchen Zeugenbergen.

km 177: N 25°28,00′ / E 19°21,00′.

km 209: N 2537,00′ / E 1935,00′, Dünen tauchen nördlich und südlich der Piste auf; man fährt parallel zum Dünenrand.

km 246: N 25°48,00′ / E 19°53,00′.

km 278: N 26°02,00′ / E 20°06,00′, Piste nach rechts verlassen auf den Dünenkamm zu.

Ungefähr **km 300: Pos. N 26°14,00′ / E 20°18,00′,** Richtung Osten abbiegen. Ende des Rebiana-Ergs.

Ungefähr **km 320: Pos. N 26°13,00′ / E 20°29,00′.**

km 337: N 26°11,00′ / E 20°40,00′.

km 355: N 26°04,00′ / E 20°48,00′, einzelne Tonnenmarkierungen auf sandigem Untergrund.

km 380: N 25°54,00′ / E 20°58,00′.

km 400: Man sieht bereits die Hochspannungsmasten der Ortschaft Tazurbu, die man dann bei **km 410–415** erreicht (Endpunkt von Route B 7).

Tazurbu تازربو

Oase mit kleinem Markt. Tankstelle **(Pos. N 25°40,55′ / E 21°05,53′)** oft trocken wegen künstlicher Treibstoffverknappung; neue Tankstelle zusätzlich am nordöstlichen Ortsausgang, dort oft Benzin, selten Diesel. Post (Telefonieren ins Ausland möglich). Meldepflicht bei der Polizei: zeitaufwendiges Verfahren. Wer dies nicht will: Nicht in den Ort hineinfahren, sondern gleich auf die Trasse in Richtung Norden abbiegen. Etwa 42 km gute Trasse, dann Teerstraße bis zur Kreuzung mit der Hauptstraße Kufra – Mittelmeerküste (Einmündung in Route B 10).

Route B 6:
Vom Wau an Namus über B.U.C. (Bivio Uau el Chebir) nach Rebianah und Kufra: Abstecher zur Amazonit-Fundstätte von Zouma

- *Achtung!* ***Wegen der bürgerkriegsähnlichen Situation im Nord-Tschad ist von der Benutzung dieser Strecke derzeit abzuraten.*** *Ein neuer Militärposten wurde nach Informationen aus Leserkreisen nur etwa 9 km südlich des Wau an Namus-Kraters eingerichtet; sollte er noch immer Bestand haben, würde er damit fast genau an meiner Route liegen; hier sollten Sie sich auf alle Fälle informieren, bevor Sie sich auf den Weg in Richtung Zouma begeben!*

  Bitte beachten Sie auch die verschärfte ***Minengefahr*** *wegen neu verlegter Minen und besonders die unten angegebenen Positionen bekannter Minen und Minenfelder.*
- *Gelände- und Pistenstrecke, teilweise ohne Markierungen; südlich von Zouma verminte Passagen; bearbeitet nach verschiedenen Unterlagen und mündlichen Informationen, ins-*

besondere E. Därr und „Durch Afrika". Aus eigener Anschauung kenne ich nur die Strecke bis Zouma. Die Streckenbeschreibung bis zu diesem Ort und die angegebenen Positions-Daten stammen also von mir. Dies gilt auch für die ermittelten Kilometer bis Zouma. Erst ab Zouma entsprechen die Entfernungen wieder den alten Angaben aus „Durch Afrika".

- *Gesamtstrecke 875 km. Gelände und Piste, keine durchgängigen Pisten über größerer Distanzen; Zeitaufwand: 4 Tage. Mindestens zwei autarke Geländewagen. Verkehr nicht existent. Volle Sahara-Ausrüstung und GPS erforderlich. Die Strecke ist technisch nicht besonders schwierig, mit Orientierungsproblemen ist aber zu rechnen.*
- *Brauchbare Karten: ONC H-4 und J 4; die Geo-Projects-Karte zeigt den Streckenverlauf schematisch. Die Michelin-Karte vermerkt die Strecke intelligenterweise nicht: Die französischen Reifenbauer wollen Sie zwar weit hinein nach Afrika, aber nicht ins Verderben schicken – nur so verbrauchen Sie immer wieder die legendären Sandreifen der Firma!*

Achtung! Diese Strecke wurde nur der Vollständigkeit halber aufgenommen und auch, weil sie in der Geo-Projects-Karte als „harmlose" Piste durchgehend von Wau el Kebir eingetragen ist! **Von ihrer Benutzung südlich von Zouma muss** aber **dringend abgeraten werden!** Verschiedene Gebiete sind vermint; ungeklärt ist, in welchen Bereichen Minen liegen. Sie stammen teilweise noch aus italienischer Zeit, sind aber immer noch scharf! Auch deutsche Reisende kamen hier schon zu Schaden! Ungeklärt ist auch, ob nicht in bisher unbekannten Gebieten Minen (felder) vorhanden sind, die Libyen bei den Auseinandersetzungen mit dem Tschad (an)gelegt hat. Erst jüngst wurden von tschadischen Rebellengruppen wieder Minen verlegt. Es ist auch nicht bekannt, ob Genehmigungen oder Führer für diese Strecke erforderlich sind. Sowjet. Generalstabskarte 1:500.000, Blätter G-33-r, G-34-B, F-34-A, F-33.

Die hier beschriebene Strecke ist eine einsame Geländestrecke, die durch die abgelegensten und trockensten Regionen der Sahara führt. Auf weiten Strecken verläuft sie auf alten, kaum noch benutzten Pisten.

Von Wau an Namus ausgehend, verläuft die Route zunächst in südlicher Richtung, dann nach Südosten über die Serir Tibesti zum Jabal Eghei. Dann führt sie zwischen diesem und einem Ausläufer des Tibesti-Gebirges, dem Dohone-Sporn, hindurch und von hier aus weiter durch die südlichen Ausläufer der Rebianah-Sandsee. Sie wendet sich dann hinauf nach Nordosten und erreicht über den Brunnen von Hosenofu (Bir Assenu) die Oase Rebianah. Von Rebianah führt sie durch weitere Sandgebiete nach Kufra.

Im Jabal Eghei liegt eine **Amazonit-**Fundstätte, die seit Jahrtausenden und in späteren Jahrhunderten von den Tubu ausgebeutet wurde. Dieser Sahara-Amazonit hat eine graugrüne bis braungrüne Farbe und ist nicht vergleichbar intensiv grün wie der Amazonit aus Brasilien oder Marokko. Man nimmt an, dass diese Amazonite mit den in punischen Gräbern gefundenen „Samaragden" (Gara degli Smeraldi = Smaragd-Berg!) identisch sind, von denen schon antike Schriftsteller wie *Strabo* und *Plinius* berichteten. Die Tubu verarbeiteten den Sahara-Amazonit zu amulettwertigem Schmuck. Die Streckenbeschreibung stammt teilweise aus Zeiten, als GPS noch nicht verbreitet war – Positions-Angaben stehen deshalb nur teilweise zur Verfügung.

km 0: Pos. N 24°54,85′ / E 17°46,55′, Container am Kraterrand des Wau an Namus.

Wir fahren vom Krater weg fast genau in Südrichtung. Achten Sie auf einzelne, sehr hohe und deshalb bei zu hohem Tempo gefährliche Windriffel. Ich habe Franzosen getroffen, die sich genau hier mit ihrem Fahrzeug überschlagen haben! Nach knapp 8 km sind diese Windriffel nicht mehr vorhanden. Wir verlassen hier auch den Ascheschleier des Vulkans. Auf einigen Kilometern hemmen aber unangenehme Fesch-Fesch-Wannen das Vorankommen. Auffallend breite Spurenbündel überqueren wir im Bereich von **km 31.** Jetzt fahren wir über recht weiche Serir weiter nach Süden.

Beim **km 72 = Pos. N 24°16,67′ / E 17°50,33′** stoßen wir auf eine große, mit Fässern markierte Querpiste: Dies ist die „Pista fustificata", die „mit Fässern markierte Piste", die alte Verbindungsstrecke noch aus italienischer Kolonialzeit hinüber nach Kufra. Achtung! Verlassen Sie diese Piste nicht nach Süden! Es soll dort Minen geben!

B.U.C., der „Bivio Uau el Chebir", die Wau-el-Kebir-Kreuzung, liegt an dieser „Pista fustificata", aber ca. 30 km weiter im Westen. Wenn Sie es so halten wollen wie ich auf meiner Fahrt nach Zouma, fahren Sie B.U.C. auf dem Rückweg nach Wau el Kebir an. Der ehemalige italienische Wüstenflugplatz ist heute ein libyscher Militärposten namens **„Gate 200"** (200 km vor Aouzou); die Männer sind im Minenräumdienst im Einsatz. Sollten Sie dort vorbeifahren, werden sie Ihre Papiere überprüfen und Sie vielleicht zum Tee einladen. Die Soldaten sind freundlich und hilfsbereit. Die Pos. von Gate 200: **N 24°23,92′ / E 17°37,10′.** Nach Wau el Kebir (es darf von Süden her angefahren werden) bleiben von dort noch ca. 150 km auf großer geschobener Piste.

Jetzt biegen wir aber nach Osten ab und folgen der im Abstand von 1 bis 2 km mit Fässern sehr deutlich markierten Piste mit ca. 120°.

Die Serir Tibesti ist hier zwar schön eben, aber auch recht weich. Zwar besteht keine Gefahr des Einsandens, aber die hohen Gänge erweisen sich als zu durchzugsschwach. Erst bei **km 120** und in der Nähe von hellen Dünen, Ausläufern des Rebiana-Erg, wird der Untergrund fester und nach Osten zu immer flotter fahrbar. Dunkle Berge tauchen voraus auf. Die Piste bleibt aber auch zwischen Steinfeldern gut befahrbar. Ein flacher Höhenrücken wird überquert, was das Vorwärtskommen aber kaum beeinträchtigt. Wir fahren auf Berge zu und bald sind sie rings um uns: tote Berge, ohne jedes Holz. Immerhin wird die Piste zur Rennstrecke: Auch so lässt sich „heizen".

Ungefähr bei **km 178,** sicher aber auf **Pos. N 23°48,48′ / E 18°42,22′** erreichen wir einen weiteren Bivio: **km 300** ist für Wau el Kebir mit Steinen ins ebene Sandgelände gelegt; weiterhin Eghei 140 km und Ozu (= Aozou) 280 km. Wir behalten unsere Richtung bei. In einem weiten Tal fahren wir auf vulkanähnliche Berge zu, auf deren Höhe die Piste dann etwas uneben wird: Ob das tatsächlich der **Gara degli Smeraldi** sein kann? Flott geht es danach weiter, 80 km/h, 4. Gang. Ein weiterer Höhenzug wird bei **km 243** überquert, was die Piste vorrübergehend etwas unebener macht. Dann fahren wir wieder über weite helle Sandflächen, in denen scheinbar halbversunkene Berge stehen. Das malerische Bild wird bald von unscheinbarem grauem Hügelgelände abgelöst.

Eine interessantere Ecke erreichen wir bei **km 264:** Eine sog. „Wollsackverwitterung“ (Verwitterungsform von Granit oder Gneis bei tropischen Verhältnissen im Erdboden) ließ allerhand Tiergestalten entstehen, allen voran elefantenähnliche Formen. Nur wenig weiter mündet die Piste in ein recht enges Tal ein, dem wir bergab folgen. Die Piste wird tiefsandig und verläuft zunächst in östliche Richtung. Im Talgrund steht niedriger schütterer Bewuchs. 5 km weiter, bei **km 269** erreichen wir eine Einmündung unseres Tales in ein größeres **(Pos. N 23°21,50′ / E 19°21,73′).** Wir biegen der deutlicheren Piste folgend nach rechts ab (eine kleinere Piste führt talab nach links) und fahren jetzt in diesem größeren Tal bergauf, ignorieren dabei ein Seitental, das kurz nach dieser Rechtskehre rechts abzweigt und in das nur einige wenige Spuren führen. Im sandigen Haupttal fahren wir weiter bergauf bis **km 277 (Pos. N 23°19,02′ / E 19°25,38′):** Hier führt uns die Piste über ein Seitental wieder auf uninteressante Hochflächen hinauf. Die im Wadi fehlenden Fässer sind hier wieder vorhanden. Wir fahren weiter bis zu einer dieser Pistenmarkierungen auf **Pos. N 23°20,40′ / E 19°34,08′:** Hier verlassen wir die Piste und fahren mit ca. 13° nach NNO knapp 2 km auf Zouma zu, das wir bei **km 295** auf **Pos. N 23°21,35′ / E 19°34,35′** erreichen.

Zouma ist ein Tubu-Wort und steht für **Amazonit:** Ein breites Band dieses graugrünen Steines zieht sich etwa 20 m breit aber einige hundert weit durchs unscheinbare Hügelgelände. Überall sind die Spuren des Abbaus zu sehen. Den archäologischen Funden zufolge wird dieser Stein hier seit Jahrtausenden abgebaut, abtransportiert und (anderswo, aber wo?) zu magischen Schmuckperlen verarbeitet. Den Spuren nach zu schließen wird dieser Tagebau noch immer auch von kleinen Kamelkarawanen aufgesucht. Lange konnten sich Mensch und Tier hier nicht aufgehalten haben: Es fehlt jeglicher Bewuchs; über die Existenz eines Brunnens im Umfeld ist nichts bekannt.

Ich bin von Zouma aus (wegen der Minengefahr im weiteren Pistenverlauf) über die „Pista fustificata“ **zurück nach B.U.C.** und von dort nach Wau el Kebir gefahren.

Hier nachfolgend die alte Routenbeschreibung zur Fortsetzung der Piste nach Ost-Südost. Der Anschluss stimmt hinsichtlich der zurückgelegten Kilometer im Rahmen reifenbedingter Abweichungen überein.

Der „Kathedralenberg“

Anmerkung zu Minenpositionen: Die Zouma nächstliegenden bekannten (!) Minen(felder) sind: Minenfeld bei **Pos. N 23°16,23′ / E 19°59,4′,** Entfernung ca. 43 km; der verminte Pass Klingue, **Pos. N 23°16,6′ / E 20°01,6′,** dort Fahrzeugwrack, Entfernung ca. 49 km. Verminter Talausgang, Minenfeld: **Pos. N 23°16,00′ / E 19°30,30′,** Entfernung 12,1 km.

km 272: Zouma-Pass und Kreuzung; Pfeil nach Eghei nach O, Wau el Kebir (450 km) und Aouzou (400 km) sind ohne Pfeil angegeben.

km 280: Pfeil am Boden mit der Aufschrift „UAU" (Richtung N/NW).

Von **km 280** bis **287:** Die Piste ist voller Geröll.

Ab **km 287:** Streckenweise Fesch-Fesch- und Weichsandfelder.

km 303: „Kathedralenberg"; wurde von dem deutschen Geologen *Eberhard Klitzsch* so getauft. Es handelt sich um einen einsamen, kathedralenförmigen, schwarzen Felsberg zwischen hellen Sanddünen – sehr schöne Landschaft; Akazie am Fuß des Berges **(Pos. N 23°20,90′ / E 19°58,15′)**.

Ab hier Umfahrung des **Minengebietes** in Richtung Norden auf schwierigem Dünen- und Felsgelände möglich (nur mit Führer!): 90 km bis zum 24. Breitengrad und dann Richtung Ost.

Vorsicht! Auch andere Durchfahrten nach Osten sind vermint!

km 305: Einzelne Felsen mit prähistorischen Gravuren. LKW-Wrack **(Pos. N 23°17,68′ / E 19°59,50′). Minen!**

Ab **km 305** wird die Strecke auf der Hochebene immer sandiger.

356 Foto: ed

362 Foto: gg

Pistenmarkierung

km 307: Ein gesprengter blauer Pick-up blockiert die Piste (Standort: **Pos. N 23°16,78′ / E 20°10,87′**). Ein Umfahren ist wegen großer Steine und eventuell vorhandener weiterer Minen nur schwer und unter Gefahr möglich. Hier verunglückten deutsche Touristen! Deshalb ist die Position des ebenfalls von einer Mine zerstörten Pickups bekannt! Ein weiterer gesprengter Geländewagen mit Wohnkabine (deutsche Kennzeichen!) befindet sich auf **Pos. N 23°16,58′ / E 20°01,65′.** Auch das Umfeld dort ist sichtbar vermint!

Ab **km 315:** Härterer Grund. Ende der Berggegend. Ebene mit einzelnen kleinen Erhebungen. Serir mit einigen Weichsanstellen.

km 335: Keine Markierungen mehr.

Ab **km 350:** Harter Sand über 9 km am Rand des Sandmeers von Rebianah.

Ab **km 359:** Mehrere äußerst weiche Fesch-Fesch-Strecken.

Ab **km 387** beginnt ein Lavageröllfeld, das nur mühsam zu durchqueren ist. Daran schließt eine besser befahrbare Hammada an. Kleine Steinmarkierungen weisen den Weg.

Ab **km 398** beginnt das Sandmeer von Rebianah. Zwischen den ersten Dünenketten steinige Abschnitte, dann nur noch fester Sand. Den gut sichtbaren Spuren folgen.

Ab **km 418** ist der pyramidenförmige Hosenofu-Berg zu sehen.

km 465: Skelett eines sitzenden Dromedars (bereits 1962 von *E. Klitzsch* erwähnt).

km 474: Hosenofu (Bir Assenu). Rechteckiger Brunnen einige Kilometer westlich des gleichnamigen Berges, umgeben von Tierskeletten (Dromedare, Ziegen, Wüstenfüchse). Wasser 15 bis 20 m tief.

Nach dem Brunnen 10 km Fesch-Fesch bis zum Fuß der Dünen; weiter 16 km nach NO an den Nordrand der Hochebene. Relativ fester Grund zwischen zwei Dünenketten.

km 576: Die Hochebene von Rebianah zeichnet sich ab. Davor befindet sich ein kleiner pyramdienförmiger Berg. In der Nähe des Brunnens liegt sehr weicher Sand.

Rebianah – Kleine Oase, Grundnahrungsmittel, Brunnen; Tankstelle auf **Pos. N 24°14,42′ / E 21°59,05′.** Meldepflicht beim Polizeiposten (Fahne!).

Von Rebianah nach Kufra gibt es zwei Routen: Nachfolgend wird die kürzere, aber schwierigere Strecke summarisch beschrieben. Auf der anderen Strecke, die 60 km länger ist, sind nur 40 bis 50 km Sand zu durchqueren.

Rebianah südwärts über ein breites Sandfeld verlassen.

km 13 (ab Rebianah): einer Düne 1 km weit in Richtung SW folgen. Zwischen **km 14** und **17** schwierige Überquerung mehrerer Dünenketten.

Ab **km 17** einen Tafelberg ansteuern, den man im Westen (rechts) umfährt; Fesch-Fesch.

Ab **km 26** fährt man wieder eine Dünenkette entlang, dann hält man nordöstlich. Nach 10 km feinem und weichem Sand überquert man eine dieser Ketten; **bis km 62:** Dünen weiterhin an den günstigsten Stellen überqueren.

km 62: Dünen-Ende, fester Grund zwischen den Bergen und den Dünen, dann 7 km breites Sandmeer.

km 76: Pass, Fesch-Fesch. Äußerst schwierige Bergauffahrt. Leichtere Fahrzeuge können den Pass über die Dünen nach Nordosten umgehen. Dann beginnt eine Berg- und Talfahrt; fester Grund und äußerst weiches Fesch-Fesch wechseln ab.

km 103: Bei der Abfahrt nach Osten muss ein großes Weichsandfeld bewältigt werden; ab **km 105:** Wellblech, Piste gut sichtbar. Mehrere Spuren münden ein. Zwischen **km 131** und Kufra stellenweise Sand.

Kufra, Beginn bzw. Ende der Strecken B 8, B 9 und B 10.

Route B 7:
Auf der Suche nach Black Mountain: Von Zilla nach Tazurbu

- *Pistenstrecke, fast durchweg markiert. Gesamt 566 km. Nicht immer durchgängiger Pistenverlauf. Zeitaufwand: 2 bis 3 Tage. Mindestens zwei autarke Fahrzeuge, Geländewagen nicht erforderlich; Verkehr nicht existent. Volle Sahara-Ausrüstung und GPS erforderlich. Die Strecke ist technisch nicht besonders schwierig, mit Orientierungsproblemen ist auf Teilstücken zu rechnen. Karte ONC H-4 teilweise brauchbar, zeigt den Streckenverlauf aber nur bis ca. km 250.*
- *Geo-Projects-Karte und (besser) Michelin-Karte 741 zeigen den Verlauf schematisch. Russische Generalstabskarte täuscht Genauigkeit vor, die nicht eingehalten wird: Piste verläuft oft (nicht immer!) ca. 15 km südlicher als eingetragen!*

Die hier beschriebene Strecke ist eine **einsame Geländestrecke,** die **durch die abgelegensten und trockensten Regionen der Sahara** führt. Auf weiten Strecken verläuft sie als markierte Piste: Es ist die alte Verbindung von Zilla nach Kufra aus den Zeiten vor dem Bau der Asphaltstraße. Heute fahren die Einheimischen praktisch nur noch auf Asphalt, der Verkehr auf dieser alten Piste tendiert folglich gegen Null. Die Orientierung ist über weite Distanzen kein Problem, aber gerade in den schwierigsten Teilstücken, dort wo die Landkarten mit einem weiten „S" zeigen, dass Dünenzüge umfahren werden, fehlen die Markierungen! Sie wurden vermutlich von Sand überweht. Nur hier stellt das Gelände auch etwas Ansprüche: Der Untergrund ist sandig-weich, und nur Pisten-Experten werden hier ohne Allrad-Fahrzeug durchfahren, ohne hängen zu bleiben. Also: Gute Sandbleche gehören zur Grundausrüstung! Auch in Bezug auf die Bodenfreiheit werden keine besonderen Anforderungen gestellt. Da keine Karte eine adäquate Geländedarstellung in diesem Bereich zeigt (vielleicht, weil über weite Entfernungen kein markantes Gelände vorhanden ist), ist die Verwendung eines GPS-Empfängers eine m.E. unerlässliche Hilfe, gerade auch dort, wo Markierungen fehlen.

Die Strecke verläuft immer außerhalb der Basalt-Gebiete der „schwarzen Haruj", zunächst an deren Nord- und später in Südrichtung am Ostrand entlang. Sie quert dann durch weite, kiesig-sandige Flächen der westlichen As-Sarir-Ebene hinüber in südöstlicher Richtung nach Tazurbu. In dieser Ebene liegen einige lang gestreckte Dünenzüge, die in der bereits genannten „S"-förmigen Streckenführung umfahren werden. Das Gelände ist überwiegend flach und eintönig; es erlaubt über weite Distanzen ein hohes Fahrtempo. Sicht- und windgeschützte Nachtplätze sind absolute Mangelware. Im ersten Streckendrittel finden sich solche noch in den Tälern, die von der Haruj herabziehen, im letzten Drittel zwischen Dünen mit einem dichten tamariskenähnlichen Ginsterbewuchs. Noch vor Streckenmitte vermerkt die Michelin-Karte mit einem schwarzen Dreieck eine Besonderheit („curiosité"), einen **„Interesting Black Mountain".** Dieser „interessante schwarze Berg" ist vermutlich der Gleb el Barut, ein vulkanähnlicher Berg, der in einer schier endlosen Ebene, der As-Sarir, als auffallender Orientierungspunkt an unserer Strecke liegt. In einem anderen Umfeld wäre er wahrscheinlich nicht „Interesting", aber wenn man (von Osten her) nach Hunderten von Kilometern eintöniger Sandebene wieder einen Halt für die Augen findet ... Was ihm allerdings den Ehrenplatz bei Michelin eingebracht hat, ist vermutlich die Tatsache, dass der Berg schon von den frühen Afrika-Forschern (z.B. 1798 von *Hornemann,* von Kairo kommend) erwähnt wird, die in diesem Gebiet unterwegs waren: So wichtig war er in seiner Orientierungsfunktion.

km 0: Zilla, Ortsmitte. Beginn bzw. Ende der Routen B 1, B 2 und B 4. Wir verlassen Zilla auf der Straße nach Osten (bis **km 13** folgen wir Route B 4 in Gegenrichtung), durchfahren die Sebkha am Ortsrand, passieren unterhalb der Zitadelle auf ihrem Bergkegel und erreichen hier endgültig den Ortsrand. Nach knapp 4 km Asphalt stehen wir in hübscher Palm-Oasen-Landschaft am Pistenabzweig (die Piste ist eine ölgebundene Erdstraße), der groß ausgeschildert nach Osten zum Öl-Camp der Firma Voest Alpine führt. Hier biegen wir links ab und verlassen die Asphaltstraße hinein in hügeliges Gelände. Die Pseudo-Straße ist kurvig, aber in sehr gutem Zustand, und so erreichen wir rasch bei **km 13 (Pos. N 28°27,03' / E 17°37,42')** einen durch eine orangerote Tonne markierten Abzweig: Hier verlassen wir die Camp-Straße nach rechts, südwärts, und folgen einer breiten Piste, die sich mit Wellblech, Sand und ab und zu auch Steinen durch eine öde Plateaulandschaft schlängelt. Auch hier stehen jetzt wieder Tonnen (Fässer) als Markierung: Sie werden uns zusammen mit nicht immer so gut erkennbaren Vermessungspunkten bis Tazurbu begleiten. Da sie insgesamt sehr eng und regelmäßig stehen, werde ich diese Fässer nur noch erwähnen, wenn dies von besonderem Interesse ist.

Bei **km 22** und der **Pos. N 28°23,08′ / E 17°39,73′** fahren wir von dem Plateau herunter, das wir zuvor auf angenehmer Erdstraße hinaufgefahren waren. Die Piste führt dabei in eine Ebene hinaus, die im Süden von einem weiteren Plateaurand begrenzt wird. In dieser Ebene ist schon von weitem eine Bewuchszone zu sehen, der wir uns jetzt mehr und mehr nähern: Wir folgen dem Verlauf eines breiten Tals, das schütter mit Akazien bestanden ist. Die Piste ist mal schnell, mal etwas uneben, und hat oft heftiges Wellblech. Wir bleiben immer in diesem Tal, folgen seiner eigentlichen Bewuchszone auf deutlich ausgefahrener Piste. Unsere Richtung ist dabei Südost, auch wenn wir dem kleinen Tal folgend kurven müssen. Einen Abstieg geht es hinunter, und dabei ist schon deutlich ein Flugfeld voraus zu sehen; bei **km 70** stehen wir an der **Landebahn (Pos. N 28°09,57′ / E 18°00,75′):** Dies ist vermutlich der ehemalige Landeplatz des Ölfeldes Sabah, das hier ungefähr 15 km nordöstlich liegt; dorthin waren zuvor auch schon immer wieder Spuren abgegangen. Mit dem Bau des neuen Flugplatzes unmittelbar beim Öl-Camp selbst (vgl. Route B 4) wurde dieser Landeplatz vermutlich aufgegeben, so können wir jetzt drüber hinwegfahren. Das Gelände ist flachhügelig, aber interessant vielleicht für den, der auch Sahel-Landschaften kennt: An solche erinnern die von einzelnen Akazien bestandenen und von kleinen Tälern durchzogenen Hügel.

Die Piste ist teils als Trasse geschoben, die Fässer stehen in engem Abstand. Besonders auffallend ist eine Fass-Anhäufung bei **km 92 (Pos. N 28°05,83′ / E 18°10,90′):** Hier geht es in eine weite Ebene hinaus, die Spuren fächern auf. Wir fahren mit 100 bis 120° weiter und achten sorgfältig auf die Hauptspur. Immer wieder werden Wadis gequert, die Piste ist teilweise so uneben, dass man gerade mit 20 km/h vorwärtskommt. Die Fässer sind in den Tälern nicht immer gut zu sehen oder liegen auch mal flach: Bei **km 117** mag **Pos. N 27°59,60′ / E 18°24,20′** zur Sicherung des richtigen Kurses beitragen.

Die Piste führt kurvig bergauf, ein Sattel wird überquert, dann geht's in eine weite Ebene hinaus, in der markant ein Vesuv-artiger Kegelberg steht; wie auf einer Perlenschnur reihen sich die Fass-Markierungen davor. Durch wechselhaftes Gelände, immer wieder auch von Wellblech durchgeschüttelt, stehen wir dann bei **km 137** und der **Pos. N 27°53,50′ / E 18°34,60′** am Fuß des schwarzen Berges: Wir haben den **„Interesting Black Mountain“** erreicht!

Mit ungefähr 150° fahren wir weiter über helle und schnelle Sandtennen. Die Fässer stehen in Kilometerabstand. Mehrfach queren Pisten, wir fahren geradeaus. An einer durch Fässer markierten Verzweigung **(km 159)** halten wir uns rechts. Erneut stoßen wir auf eine Verzweigung 3 km weiter: Hier zeigt ein Reifen mit der Aufschrift „Tibisti" zu einem Bohrfeld im Osten: Wir fahren auch hier halbrechts-geradeaus. Eine Pos. zur Routensicherheit: **N 27°37,85' / E 18°41,68'** bei **km 166**. Eine weitere Verzweigung folgt dann bei **km 176:** Hier halten wir uns halblinks und folgen der Hauptspur. Die Strecke bleibt flott.

Pos. N 2725,45' / E 1845,50' und etwa 11 km weiter **Pos. N 27°19,45' / E 18°46,80'** markieren dann bereits eine schwache Wende: Wir fahren jetzt mehr und mehr in süd-südöstliche Richtung durch weite Ebenen. Die Piste ist flott, die Fässer stehen dicht. Die ONC-H-4-Karte verzeichnet den Pistenverlauf immer noch sehr exakt. Hier ist dann auch das Wadi Bu Shubayrim vermerkt, das wir bei **km 230 = Pos. N 27°07,78' / E 18°51,55'** durchqueren: Viele (abgestorbene) Akazien markieren seinen Verlauf. Ein weiteres Wadi folgt, auch hier wieder viel totes Holz. Wir fahren durch staubige, eintönig ebene Flächen. Bei einem weiteren Wadi fällt Ihnen vielleicht eine Flugfeldmarkierung auf: Wir sind am Wadi Bu Tmayem; die Akazien hier kann man nur noch als mickrig bezeichnen: **Pos. N 26°53,43' / E 19°06,60', km 270.**

Die Piste bleibt flott, die Markierung optimal. Im Osten ist eine Dünenkette zu sehen, die näher und näher kommt. An der Spitze der Dünenkette bei **km 291** angekommen, biegt die Piste etwas mehr nach Osten ab.

Jetzt sollten Sie noch aufmerksamer sein als zuvor! Sie werden bemerken, dass Spuren nach Süden und Südwesten abbiegen. Wenn Sie nun die ONC-

361 Foto: gg

H-4-Karte zu Rate ziehen, sehen Sie auf ihr, dass die Piste hier nach Süden abknickt und sich dann als „Ringelschwänzchen" zurück nach Westen wendet! Dorthin wollen wir aber nicht! Und die vielen Spuren? Vielleicht haben diese Reisenden auch die Karte studiert ..., ich weiß es nicht. Sie können jedenfalls bei **km 308** ein Stück rechtwinklig nach Süden ausweichen und werden dann rasch wieder von den altbewährten Fässern auf den alten Kurs gebracht. Von einem Leser wurde ich auf das Wrack eines italienischen Kriegsfahrzeuges bei **km 330** aufmerksam gemacht; es ist mir nicht ganz klar, wie ich es angesichts des ebenen Geländes übersehen konnte.

Das Gelände wird immer gleichförmiger: eine absolute Ebene. Die Piste wird zu einer echten Rennbahn. Die Positionen: **N 26°44,03′ / E 19°09,55′** und **N 26°33,37′ / E 19°29,92′**, die Richtung: bei 120°. Wir sind auf einer Autobahn unterwegs! Was fehlt, sind die Notrufsäulen! Deshalb: Übertreiben Sie es mit der Raserei nicht.

Bei **km 346** sollten Sie ein unbekanntes Etwas im Sande entdecken und dieses auch ansteuern: **Pos. N 26°27,45′ / E 19°37,88′;** hier liegt ein ganz eigenartiger Wegweiser, ein großer Pfeil auf einem runden Schild! Mammut-Format! Dies sind die alten Wegweiser, die früher einmal den Weg durch die **„S"-Dünen** gewiesen haben! Von Lesern wird berichtet, diese Pfeil-Wegweiser seien inzwischen teilweise wieder aufgerichtet worden. Auf diese steuern wir jetzt zu. Nur 1 km weiter nämlich biegen wir auf weichem Untergrund um die Spitze einer Düne herum und steuern dann mit 55° nach Nordosten! Wir haben hier die erste „S"-Schlaufe erreicht! Die Fässer weisen uns bestens den Weg. Das Gelände bleibt dabei fast eben und immer noch flott befahrbar. Bei **km 354** passieren wir wieder eines der Mammut-Schilder – auch dieses liegt im Sand. Bei **km 360** ist LKW-Schrott im Gelände verstreut. Nur wenig weiter schlängeln wir uns, immer den Fässern folgend, bei **km 363** auf 160°, bei **km 370** auf 195°, und nach einem Fass-Lager fahren wir dann bei **km 380** wieder Ost und mit 40° bis 45° in einen Korridor zwischen zwei Dünenzüge hinein. Der Untergrund ist weich, aber immer noch gut befahrbar. Und plötzlich fehlen die Fässer – weil es weich wird! Wenn Sie bei **km 383** ein großes Schrotteil liegen sehen, sollten Sie auf festem Grund anhalten, Allrad – falls vorhanden – einlegen und am Nichtallrad-Fahrzeug die Luft ablassen. Jetzt wird es nämlich „satt weich"! Ohne Markierungen fahren Sie über weite, sehr weiche Walrückendünen mit 50° weiter und sanden dabei – hoffentlich – nicht ein. Erst bei **km 405** ist diese Sandpassage zu Ende; hier liegt dann wieder allerhand Schrott herum, von denen, die hier vor oder nach den weichen Flächen gerastet oder auch Reparaturen vorgenommen haben.

Ein Fass steht auf 100°, in diese Richtung fahren wir jetzt weiter. Es geht in weite, teilweise auch weiche Ebenen

Die einzige Erhebung weit und breit: der „Interesting Black Mountain"

hinaus, die Fässer werden wieder häufiger. Bei **km 416 bis 418** liegen zweimal Reifen auf Vermessungspunkten (diese Vermessungspunkte als Pistenmarkierung hatte ich bisher nicht erwähnt), wir fahren weiterhin 100°. Bei **km 432** passieren wir eine auffallend markierte Pistenkreuzung geradeaus, dann knickt die Piste auf 120° bis 125° ab; eine **Pos.: N 26°25,95′ / E 20°14,83′.** Ab **km 476** geht es dann auf 130°: Michelin zeigt diese allmähliche Wende südlich der „S"-Schlaufe deutlich. Wir passieren einige flache Gipshügel bei **km 482.** Dann wird alles wieder eben und sehr eben. Im Bereich von **km 490** fahren wir wieder einmal im 5. Gang. Immer wieder kreuzen Spuren, besonders im Bereich um **km 500:** Von Westen mündet hier undeutlich und diffus die Route B 5 vom Wau an Namus her in unsere große Piste ein. Wir fahren jedoch auf unserer 130°-Rennstrecke weiter. Eine weitere Position: **km 507** und **N 26°03,50′ / E 20°52,00′** – die Piste schwenkt auf 145°!

Eine Zeitlang fehlen dann die Fässer. Die Piste ist aber deutlich und nicht zu verlieren. Voraus sind dann Dünen zu erkennen, auf die wir zuhalten **(km 517, Pos. N 25°59,30′ / E 20°55,42′).** Bewuchs erscheint auf teils hohen Kupsten. Wir fahren über graue Walrückendünen; von links kommen erneut Dünenzüge der Piste nahe. Wir steuern die Spitze des ersten Dünenzugs an.

Jetzt geht es über weite Tennen: Das ganze Gelände ist – bis Tazurbu –, soweit man es überblicken kann, von Kupsten mit einem an Tamarisken erinnernden Ginster bestanden. Hier finden Sie ideale Rast- und Nachtplätze! Am Rande von Dünenzügen können Sie sich kilometerweit seitab von der Piste entfernen. Was noch fehlt, ist das Meer – was könnten das für Sandstrände sein ...!

Bei **km 527** umfahren wir erneut die Südspitze eines Dünenzuges. Die Spuren fächern auf. Wir fahren mit 140° weiter. Bei **km 531** sehen wir nochmals ein Fass: Es wird bis Tazurbu unser letztes sein!

Die Vegetation wird auf Tazurbu zu immer dichter. Wir kurven Bogen auf Bogen mal links, mal rechts drumherum und geben dabei unser Bestes, die Richtung beizubehalten; Markierungen fehlen ganz. Auch die Spuren sind nicht immer eindeutig. Bei **km 549** ist dann voraus ein Richtfunkmast zu erkennen – Tazurbu! Wir halten uns etwas links von diesem Masten, um nicht unmittelbar im Ortszentrum zu erscheinen – die Polizeikontrolle soll dort mitunter zeitraubend sein. Bei **km 556** haben wir den Ortsrand erreicht. Wenig später sind wir im Teilort **El Ain (Pos. N 25°41,60′ / E 21°08′,08′)** und können dort unsere Wasservorräte ergänzen. Wir fragen uns dann mangels Überblick zum Hauptort durch und erreichen hier die Tankstelle bei **km 566**: Sie liegt trocken! **Tazurbu** (Tazerbu, **Pos. N 25°40,55′ / E 21°05,53′**) ist eine Oase aus mehreren Ortsteilen, die teils bis zu 15 km auseinander liegen. Hauptort ist El Gezira (= die Insel), heute Verwaltungsort mit moderner Bausubstanz. Bescheidene Versorgungsmöglichkeiten, kein Hotel. Die Tankstelle ist oft ohne Treibstoff, doch eine neue Tankstelle wurde am nordöstlichen Ortsausgang gebaut; hier können Sie auch Ihr Glück versuchen, bevor Sie den dringendsten Bedarf bei Einheimischen im Fass kaufen (200 l Diesel kosten z.B. 25 LD). **Sehenswert** ist die ehemalige **Stammburg Qasr Djerangedi** der Tibbu, einst Herrscher in Tazurbu – Lehmreste in einer ausgetrockneten Schlammebene.

Route B 8:
Von Tazurbu nach Kufra

- *Baustellentrasse und Asphaltstraße, auf Straßenmängel wird im Text verwiesen; oder: Abkürzung über Serir-Gelände. 110 km, davon ca. 44 km Baustellentrasse, bis zur Straße, dann 287 km Asphaltstraße bis Kufra. Gesamt 397 km. Bei Abkürzung über Serir-Geländestrecke: ca. 310 km.*
- *Achtung! In der gesamten Region möglicherweise politisch gewollte Treibstoff-Verknappung: Viele Tankstellen liegen trocken. Rechtzeitig auftanken. Bei Benzinbedarf Hilfe von Polizei erbitten; bei Diesel helfen LKW-Fahrer (Polizei fährt keine Dieselfahrzeuge!). Zeitaufwand: ½ Tag. Für jedes solide Fahrzeug machbar. Verkehr gering. Nur bei Abkürzung über Serir ist Sahara-Ausrüstung empfehlenswert, sonst nicht erforderlich; GPS nicht erforderlich. Die Strecke ist problemlos. Mit Orientierungsproblemen ist nicht zu rechnen.*
- *Geo-Projects-Karte und Michelin-Karte 741 zeigen den Verlauf hinreichend gut. Bessere Karten nicht erforderlich.*

Die hier beschriebene Strecke ist eine asphaltierte Straße bzw. Baustellentrasse. Nur die **Abkürzungsvariante** führt durch freies Gelände. Diese Variante sei zuerst kurz dargestellt: Wie ein Blick auf die genannten Landkarten zeigt, führt der Weg von Tazurbu nach Kufra zunächst ca. 110 km nach Nordosten, dann wieder zurück nach Süden – ein weiter Umweg. Das von diesem Straßenverlauf gebildete Dreieck lässt sich problemlos abschneiden: Die Abkürzung führt zwar durch freies Gelände, aber über feste und flache Serir. Auf der Geo-Projects-Karte ist eine solche Abkürzung als Piste eingetragen. Ich empfehle nicht, so zu fahren: Bei der Ankunft in Bir Bu Zarraigh müssen Sie möglicherweise mit Schwierigkeiten beim dortigen Polizeiposten rechnen. Fahren Sie deshalb zunächst auf der Trasse einige Kilometer aus Tazurbu heraus nach Norden bzw. Nordosten, und queren Sie dann genau in Ostrichtung bis hinüber auf die Nord-Süd verlaufende Asphaltstraße: Das Gelände ist hier überall eben und ganz problemlos auf Serir zu befahren. Nach ca. 60 km überquert man die in den Karten nicht zutreffend eingezeichnete Erdpiste, die parallel zur GMMR-Trasse verläuft.

Die Trasse von Tazurbu aus nach Nordosten verläuft durch uninteressante Serir, die Asphaltstraße nach Süden zunächst ebenso. Erst die Berge von El Gardah im Osten und später die Durchquerung des Jabal al Hawaish bringen interessante landschaftliche Szenen.

km 0: Tankstelle Ortszentrum Tazurbu = Ortsteil El Gezira. Mit zunächst 90°, dann 45° verlassen wir Tazurbu auf breiter Piste mit heftigem Wellblech, vorbei an der neuen Tankstelle Richtung NO. Die Baustellentrasse ist in schlechtem Zustand. Neben der Straße fährt es sich oft besser. Wenn Sie aus

Zilla gekommen sind, kennen Sie bereits das Kupstengelände rechts und links der Straße: Hier wächst Ginster, auch wenn dieser Ähnlichkeit mit Tamarisken hat. Das Kupstengelände wird nach Nordosten schütterer und endet nach ca. 20 km ganz: Hier können Sie (s.o.) die Trasse nach Osten verlassen und über die Serir genau in Ostrichtung hinüber zur Asphaltstraße fahren, dabei immer dem Rand des Kupsten-Bewuchses folgend. In diesen Kupsten finden Sie immer wieder schöne und geschützte Nachtplätze.

Am Straßenrand liegen wiederholt kleine, von Schilf bewachsene Senken, aus denen Baumaterial für die Straße entnommen wurde. Bei **km 34** beginnt westlich der Trasse ein Dünenzug, der uns bis zu **km 40** begleitet: Auch hinter diesem finden sich sicht-, aber keine windgeschützten Rastplätze; die Straße ist aber nahe! Bei **km 44** haben wir dann die asphaltierte Straße auf Höhe eines aufgelassenen Baustellen-Camps erreicht. Alle Baumaschinen stehen noch herum.

Der Asphalt ist in sehr gutem Zustand, das Gelände langweilig und völlig eben. Wir passieren zwei weitere, ebenfalls aufgelassene Baustellencamps (**km 67** und **92,** notfalls sind auch hinter diesen sichtgeschützte Rastplätze zu „beziehen"), unterqueren bei **km 105** eine Hochspannungsleitung, die uns schon seit längerem im Osten begleitete, und erreichen bei **km 110** die große **Durchgangsstraße.** Hier steht ein großer Wegweiser in Richtung Tazurbu mit der Aufschrift „IPIROTIKI ADOMI S.A., Tazurbu"; vermutlich die Firma, die die Straße baut. Am Abzweig liegt ein verlassenes Café. Wir biegen hier nach rechts, südwärts ab, sofern wir nach Kufra wollen. An diesem Abzweig stellen wir den Tacho erneut auf Null.

km 0/2: Einmündung der Tazurbu-Straße in die **Durchgangsstraße Kufra – Ajdabiya.** Der Asphalt ist breit, gut, mit Mittel- und gelben Seitenlinien versehen, das Gelände völlig eben, der Verkehr gering. Wir fahren rasch nach Süden. Vorbei an einem aufgelassenen Baustellencamp **(km 6)** und einem Richtfunkmast **(km 15)** passieren wir den 26. Breitengrad bei **km 34.** Nach **km 66** ist weit im Westen Kupsten-Gelände zu sehen: Hier kommen Sie also an, wenn Sie drüben an der Tazurbu-Trasse die Abkürzung über die Serir gewählt haben.

Einen kleinen Weiler mit Tankstelle erreichen wir bei **km 75:** Nur mit Glück ist hier Sprit zu bekommen. Direkt danach passieren wir eine Kontrollstelle; die Polizisten sind freundlich, prüfen aber genau, schließlich sind wir auf der wichtigsten Straße, die den Verkehr aus dem Sudan und aus dem Tschad hinauf zur Küste lenkt.

Die Straße wird dann schollig und richtig schlecht bei **km 90.** Im Osten sind immer wieder Dünen zu sehen, im Westen dehnen sich flache Sand-Tennen. Bei **km 118** befindet sich an einem ehemaligen Baustellencamp ein großer Rastplatz für LKWs aus dem Sudan. Meist steht ein halbes Dutzend oder mehr solcher überladener Gefährte hier zu einer Rast zusammen. Die Straße wird dann wieder besser und führt uns durch langweilige Steinschuttlandschaft

367 Foto: gg

über flache Hügel und Höhenrücken. Bei **km 142** zieht sie in eine weite Tenne hinaus und dann auf einen Bergzug zu, dreht dabei in einem sehr weiten Bogen von Ost auf Südost und Süd: Wir lassen das unscheinbare **Gardah-Bergland** hinter uns und fahren auf das **Bergland Hawaish** zu, das den Eindruck eines in einem Meer aus Sand versunkenen Gebirges macht: Nur noch die obersten Bergspitzen schauen aus der Sandoberfläche heraus. Die Sandtennen nach Westen **(km 160)** sind weithin befahrbar, allerdings nicht immer sehr tragfähig. Wenn Sie hier Ausflüge weg von der Straße unternehmen wollen, sollten Sie den Luftdruck in den Reifen rechtzeitig reduzieren.

Wieder wird der Straßenzustand schlechter - und bleibt so bis nach Kufra. Kurvig geht es in die Hawaish-Berge hinein. Dass wir hier in einer der extremsten Trocken-Zonen der Sahara, ja der Welt sind, beweist die selbst zwischen den Bergen und in den Tälern gänzlich fehlende Vegetation. Auch wenn Sie hinter Hügeln und Bergen Sichtschutz finden, dürfen Sie auf Windschutz nicht hoffen. Holz fürs abendliche Lagerfeuer werden Sie ebensowenig finden, es sei denn, Überbleibsel von irgendwelchen Camps, Bohrstellen, Projekten und dergleichen.

Ab **km 200** bleiben die Berge wieder zurück, letzte einzelne Felsrücken machen den Eindruck von im Meer versunkenen Schiffen. Vorsicht aber bei allzu intensiver Betrachtung solcher „Bilder“:

Eingesandet auf Nachtplatzsuche in der Ebene vor den Hawaish-Bergen

Hinter einer Kuppe bei **km 211** wurde Sand eingeweht und versperrt die Straße (mindestens) zur Hälfte. Der Sand nimmt jetzt ein rosa Farbe an, dann wird er mehr und mehr ziegel- und orangerot. Bei **km 245** passieren wir ein weiteres aufgelassenes Baucamp, das hier allerdings noch gut Arbeit fände: Die Straße ist so schlecht, dass man gerade noch 50 km/h fahren kann.

Bei **km 266** geht's vorbei am Abzweig zum Al-Huari-Projektgebiet, der Geo-Projects-Karte zufolge müsste dies auch ein möglicher Abzweig nach Rebianah sein. Hier befindet sich eine weitere Kontrollstelle, an der die Pässe kontrolliert werden.

Im weiteren Verlauf sind ansprechende Landschaften mit Palmen und kleinen Dünen rechts und links der Straße zu sehen. Das Gelände dorthin ist jedoch sehr weich und selbst für Geländefahrzeuge mit Straßenluftdruck nicht einfach zu bewältigen. Der Sand hat hier wieder die Standard-Farbe „Saharagelbweiß".

Mit minimalem Tempo, der schlechten Straße wegen, überqueren wir einen Hügel bei **km 280** und haben hier erstmals einen Blick voraus auf Kufra. Zwei Kilometer weiter erreichen wir die Tankstelle am Ortseingang: Dies ist die einzige Tankstelle in Kufra, eher un- als regelmäßig mit Treibstoff versorgt! An der Kreuzung davor steht ein Symbol für das Lebenselixier Wasser: ein Betondenkmal – die überdimensionale Nachbildung einer Plastikflasche des berühmten Kufra-Mineralwassers!

Unmittelbar nach der Tankstelle, noch an der Kreuzung mit dem Flaschen-Monument, zweigt übrigens nach Westen die Piste zum See ab. Von der Tankstelle zur Stadtmitte sind es noch ungefähr 5 km (vgl. Stadtplan zu Kufra weiter unten).

Kufra الكفرة

Kufra (Al Khofra) ist eine große, stadtähnliche Oase aus mehreren Teilorten; Hauptort ist **Al Jof.** Alle Versorgungsmöglichkeiten bestehen. Einzige Einschränkung: eine vermutlich politisch gewollte Treibstoff-Verknappung, um den illegalen Export großer Mengen vor allem in den Sudan zu verhindern. Nur noch eine Tankstelle ist geöffnet, und die wird nur sporadisch versorgt, oft sogar tagelang gar nicht. Die Folge: Teilweise extreme Wartezeiten, kilometerlange Schlangen. Wer nur zurück nach Norden will, bekommt hilfsweise Benzin bei der Polizei und Diesel von LKW-Fahrern; Reservekanister werden aber nicht befüllt. Auf dem Schwarzmarkt lässt sich Treibstoff nur fassweise erwerben; der geforderte Preis liegt wesentlich höher als der Tankstellen-Tarif.

In Kufra ist das zeitaufwendige **Genehmigungsverfahren zur Weiterfahrt zum Jabal al Awaynat durchführbar** (siehe Route B 9). Die Ausreise in den Sudan und in den Tschad ist offiziell nicht möglich.

Kleiner See bei Kufra

Achtung: Östlich von Kufra sollen entlang der ägyptischen Grenze **Minenfelder** vorhanden sein!

Geschichte

Kufra, eigentlich ein Sammelname für eine ganz Gruppe von Einzeloasen, hat die Phantasie der Europäer schon immer angeregt. Allerdings erhielten wir erst sehr spät Kenntnis von diesen Lebensoasen im abgelegensten und lebensfeindlichsten Eck der Sahara. Aus vorgeschichtlicher Zeit ist nur bekannt, dass das Oasenarchipel unter der Herrschaft der Tubu stand, der „Felsmenschen" aus dem Tibesti-Gebirge. Sie besiedelten damals ein Territorium, das sich im Herzen der libyschen Wüste vom Gilf Kebir-Plateau (im heutigen Ägypten) und Awaynat bis zum Darfour (heute im Sudan), vom Kaouar (heute in der Republik Niger) bis zum Wadaï (heute im Tschad) und vom Fezzan bis zum Tschadsee erstreckte – ein riesiges Gebiet, 1200 x 1400 km groß, die dreifache Fläche Frankreichs. **Taïzer** ist der alte Name von Kufra, und in den Zeiten, als nur Tubu dieses Gebiet besiedelten, war Taïzerbo = Tazerbo die wichtigste Oase der Region. Gemäß der Tradition erhielt die Oase Kebabo, heute Al Jof genannt und wie gesagt Hauptort von Kufra, ihren Namen nach dem Ahnen eines Tubu-Clans.

Seit 1730 wurden die Siedlungen von Cyrenaika-Arabern angegriffen. Die Tubu flohen ins Tibesti-Gebirge. Einige, die nach Rebianah geflüchtet waren, wurden hier erst 1808 von einer Militär-

371 Foto: gg

expedition wieder vertrieben, die von Tripolis während der Regentschaft von *Pascha Yusuf Karamanli* aufgebrochen war. 1879 war *Gerhard Rohlfs* einer der ersten Reisenden, denen es gelang, bis Kufra vorzudringen. Seine Berichte blieben über Jahrzehnte die einzige zuverlässige Informationsquelle über die Region. Während der europäischen Kolonisation verlegte die Senussia ihre Machtbasis hierher – was erneut zum legendären Ruf der Oase(n) beitrug. Erst 1931 gelang es einer waffentechnisch hoch überlegenen italienischen Armee-Einheit, die Wüstenbastion endgültig zu erobern und damit für immer der Moderne zu erschließen.

Heute leben Tubu vor allem im Tschad, einige wenige auch noch in Murzuk. In libyschen Oasen sind sie immer noch Eigentümer von Palmhainen, kleine Händler oder Nomaden.

In den 1950er Jahren wurden dann in Kufra riesige **Wasservorkommen** angebohrt, fossiles Grundwasser, das heute auf Flächen von Zehntausenden von Hektar verregnet wird. Die Kreisberegner sollen sich alleine östlich von Kufra über eine Distanz von mehr als 50 km erstrecken!

Sehenswertes

Ein kleiner und leider stark verschmutzter **See** befindet sich im Nordwesten (siehe Stadtplan); die ausgedehnten Projektflächen mit ihren Kreisberegnern galten lange als eine der gesamtsaharischen Sehenswürdigkeiten: Heute finden Sie solche Anlagen überall in der Sahara!

Erwähnt sei an dieser Stelle auch das **Klima** von Kufra, das wegen seiner extremen Werte relativ genau aufgezeichnet worden ist. Die gesamte Region gilt als hyperarid, d.h. praktisch **ohne Regen.** Der Ort liegt fast im Zentrum eines riesigen hyperariden Raumes, der sich fast vom 15. bis zum 35. Längengrad erstreckt. In Kufra fällt zwanzig bis 25 Jahre lang überhaupt kein messbarer Niederschlag; die Verdunstung dagegen liegt bei 6 m (zum Vergleich: Am Sahara-Nordrand sind dies 2 m und an der Küste noch 1 m).

Praktische Infos

Unterkunft

In der Nähe des Busbahnhofs befinden sich zwei Hotels:

- **Hotel Kufra,** schäbig und abgewirtschaftet.
- **Hotel Sudan,** moderner Neubau (DZ für 30 LD); hier schläft auch der Busfahrer des Linienbusses nach Norden. Laut, Bettwäsche ist mitzubringen.

Formalitäten

Es ist angeraten, sich möglichst rasch nach Ankunft bei der Immigration-Polizei zu melden. Fotokopien des Passes mit Visum-Stempel und der Seite mit arabischer Übersetzung beschleunigen das Verfahren. Hier erhalten Sie ggf. auch den dreieckigen Meldestempel. Die Polizei in Kufra ist bekannt für ihr unfreundliches Verhalten – lassen Sie sich davon nicht beeindrucken und keinesfalls anstecken!

Genehmigung für Route B 9

Für die Strecke muss in Kufra eine Genehmigung beantragt werden, die jedoch nicht immer erteilt wird. Die offizielle Fahrgenehmigung wird bei der „Allgemeinen Polizei" ausgestellt, nachdem ca. vier andere Behörden (Kriminalpolizei, Verkehrspolizei, Immigration, Sicherheit) zugestimmt haben! Zu

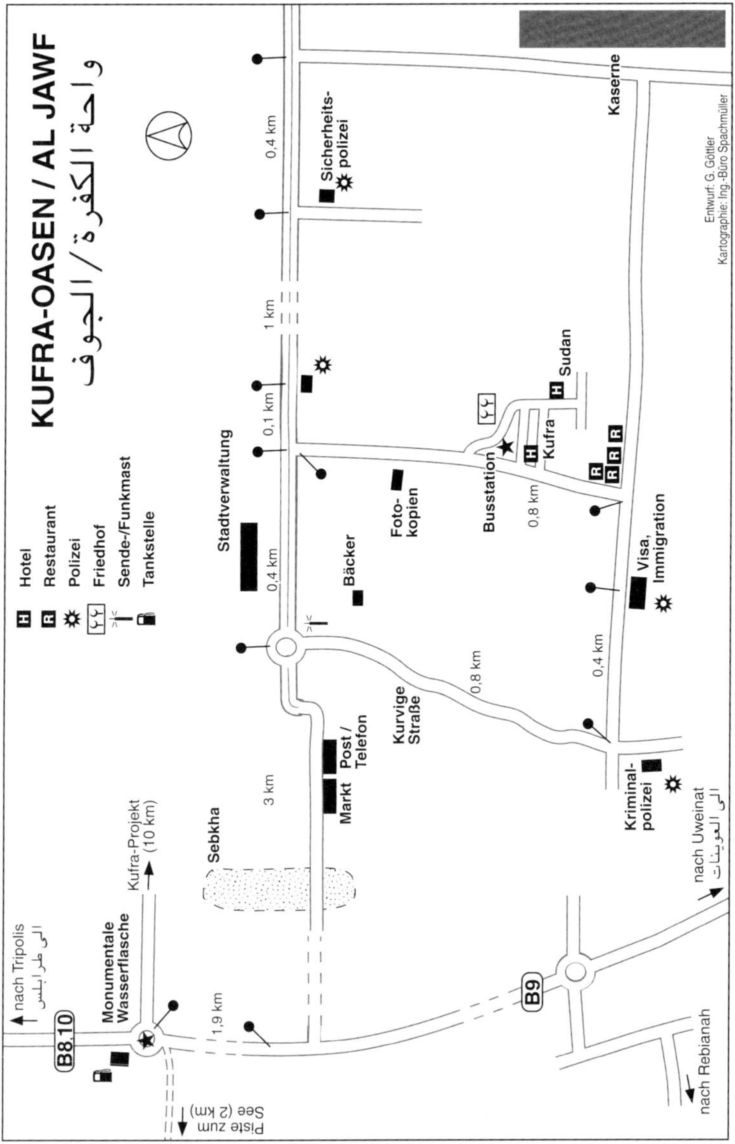
KUFRA-OASEN / AL JAWF
واحة الكفرة / الجوف
Hotel
Restaurant
Polizei
Friedhof
Sende-/Funkmast
Tankstelle
Stadtverwaltung
Sicherheits-
polizei
Kaserne
0,4 km
1 km
0,1 km
Bäcker
Foto-
kopien
Busstation
Kufra
Sudan
0,8 km
Visa,
Immigration
0,4 km
Kurvige
Straße
0,8 km
Post /
Telefon
Markt
3 km
Kriminal-
polizei
nach Uweinat
الى العوينات
Sebkha
Kufra-Projekt
(10 km)
nach Tripolis
الى طرابلس
Monumentale
Wasserflasche
B8.10
1,9 km
B9
nach Rebianah
Piste zum
See (2 km)
Entwurf: G. Göttler
Kartographie: Ing.-Büro Spachmüller

diesem Zweck werden Briefe an die oben erwähnten diversen Behörden verfasst, die der Reisende eigenhändig dorthin bringen muss. Die Prozedur nimmt häufig drei Tage in Anspruch, und man braucht ein „dickes Fell" und Erfahrung mit arabischer Mentalität. Die endgültige Zustimmung wird von der Sicherheitspolizei erteilt, weshalb es möglich ist, auch nur mit der handschriftlichen Zustimmung von dieser Behörde zu fahren. Deren Dienststelle befindet sich in einem unscheinbaren Gebäude ohne jede Aufschrift, ein Eckhaus mit blauem Blechtor auf der gleichen Straße wie die „Allgemeine Polizei", ca. 1000 m weiter (vgl. Stadtplan). Karten und Fotoapparat vorsorglich „gut verstauen": Fahrzeugdurchsuchung ist üblich!

Das Genehmigungsverfahren scheint derzeit nicht erforderlich zu sein. Um Probleme zu vermeiden, sollten Sie sich dennoch bei den genannten Polizeidienststellen darüber erkundigen. Vermeiden Sie bei solchen „Besuchen" den Donnerstagnachmittag und den Freitag.

Eine Ausreise in den Sudan und in den Tschad ist derzeit offiziell nicht möglich. Zu diesem Problemkreis die beste Informationsquelle ist die Reise-Sprechstunde von *Klaus Därr* jeweils Do zwischen 16 und 19 Uhr unter der Tel.-Nummer 089/282032.

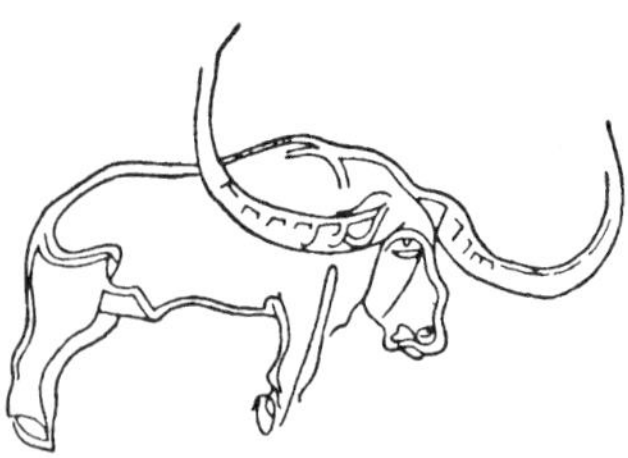

Bubalus-Darstellung (Fezzan)

Route B 9:

Von Kufra zum Jabal al Awaynat und zur sudanesischen Grenze

- *Genehmigungspflichtige Gelände- und Pistenstrecke (vgl. oben), teilweise ohne Markierungen; bearbeitet nach Unterlagen von Bärbel und Bernd Jacobi. Gesamt 370 km, hin und zurück also 740 km. Zeitaufwand: 1½ Tage einfach. Mindestens zwei autarke Geländewagen; Verkehr gering. Volle Sahara-Ausrüstung erforderlich, GPS hilfreich. Die Strecke ist über weite Strecken sehr weichsandig, mit sehr hohem Spritverbrauch ist zu rechnen. Orientierungsprobleme bestehen wegen der stark ausgefahrenen Piste nicht.*
- *Keine Karte zeigt den Streckenverlauf exakt, die Michelin-Karte 741 ähnlich schematisch richtig wie die Geo-Projects-Karte. Russische Generalstabskarten 1:500.000 zeigen gut das Gelände, aber nicht den tatsächlichen Pistenverlauf: G-34-r, F-34-b, F-35-A und F-35-B.*
- *Achtung: Treibstoffprobleme in der gesamten Region! Füllen Sie Ihre Reserven weit nördlich von Kufra auf, wenn Sie diese Strecke einplanen!*

Die hier beschriebene Strecke ist eine wichtige Durchgangsstrecke für Waren aus und in den Sudan. Der Verkehr besteht deshalb vor allem aus LKWs und Fahrzeugen der Grenzpolizei.

Fast die gesamte Strecke ist sehr sandig, besonders die ersten ca. 40 km südlich von Kufra. Die LKWs hinterlassen sehr tiefe Spuren, die auch für Geländefahrzeuge oft nicht benutzbar sind. Es empfiehlt sich, die ausgefahrene Piste nach Osten hin zu verlassen und sich hier im Gelände eine bessere Spur zu suchen. Die im Folgenden gelisteten Daten halten sich jedoch überwiegend an die auch von den Lastwagen befahrene Route. Markierungen sind nur lückenhaft vorhanden. Der Streckenverlauf bietet abwechslungsreiche Sahara-Landschaften, besonders die **Bergmassive von Jabal Arknu und Jabal al Awaynat.** Karawanen mit Schlacht-Kamelen ziehen in Richtung Norden, maßlos überladene LKWs bringen Gastarbeiter in ihre sudanesische Heimat.

Auf der Strecke selbst gibt es **keinerlei Kontrollen.** Es existieren lediglich die weiter unten erwähnten drei „Imbiss-Buden". Bei der Ankunft am Jabal al Awaynat wird sofort die Genehmigung überprüft. Aber auch dann kann man sich nicht völlig frei am und im Bergmassiv bewegen; die Beamten sind jedoch durchweg sehr freundlich. Man wird Sie drängen, direkt am „Berg" neben der Kontrollstelle zu übernachten. Fahren Sie aber lieber weiter zur malerischen, leider nicht ganz sauberen Ayn al Gazal.

Zur Fahrt in die verschiedenen, landschaftlich eindrucksvollen Täler des Massivs müssen Sie dann wieder zurück: Die Taleinfahrten liegen an der Nordwestecke, ungefähr in Höhe der Arknu-Düne, die Sie bei der Anfahrt passiert haben. Am besten fragen Sie die freundlichen jungen Zöllner, ob sie Ihnen die Felsbilder zeigen – sie kennen sich bestens aus. Navigieren sie sorgfältig in den Tälern, um nicht versehentlich auf ägyptisches Territorium zu gelangen. Auch sollen östliche Talausgänge noch vermint sein. Also nicht über 25° Ost hinausfahren!

Vor der endgültigen Abreise nach Kufra müssen Sie wieder zum Polizeiposten und Ihre Papiere abholen.

km 0: Pos. N 24°13,52′ / E 23°15,42′, Tankstelle bei dem Mineralwasser-Denkmal.

km 2: Abzweig nach O zum Zentrum. **Pos. N 24°12,27′ / E 23°17,60′:** Sicherheitspolizei; sie entscheidet letztendlich über die Genehmigung.

km 6: 1. Kreisel, weiter 135°;

km 8: 2. Kreisel, weiter 155–185°.

km 11: N 24°09,54′ / E 23°17,07′, Sudan-Markt, weiter auf Asphalt, 165.

km 16: N 24°06,98′ / E 23°17,56′, Pisten-Anfang, tiefe Spuren.

km 26: N 24°02,39′ / E 23°19,44′, sehr weicher Sand, viele Spuren.

km 33: N 23°58,90′ / E 23°21,04′, Stangen, ca. 165°.

km 44: N 23°54,25′ / E 23°23,31′, sehr weicher Sand, viele Spuren.

km 47: markante Felsspitze östlich nahe der Piste.

km 52: N 23°49,27′ / E 23°25,86′, überqueren Hügelkette am westlichen Rand, 163°.

km 60: N 23°45,62′ / E 23°27,54′, Pistenverlauf deutlich.

km 71: N 23°40,38′ / E 23°28,82′, kleine Höhenrücken mit schwarzen Steinen.

km 80: N 23°35,74′ / E 23°29,41′, kleiner „Tante-Emma-Laden" (!!!); nun deutliche Kursänderung auf 134°.

km 93: N 23°29,97′ / E 23°34,00′;

km 102: N 23°27,00′ / E 23°36,70′, Wendekreis des Krebses – wir sind jetzt in den Tropen!!!

km 116: N 23°23,69′ / E 23°43,88′;

km 126: N 23°21,27′ / E 23°48,92′, hügelig, sehr tiefe Spuren.

km 130: N 23°20,40′ / E 23°50,04′, Einzel-Berg, Vulkan?

km 140: N 23°16,50′ / E 23°54,29′, flach, fester Sand, flacher Hügel, 135°.

km 152: N 23°12,40′ / E 23°59,14′, flach, fester Sand.

km 168: N 23°07,40′ / E 24°06,36′, flach, fester Sand.

km 169: Kleiner Laden mit Imbiss, ab hier Gelände mit schwarzen „Maulwurfshügeln", 125°.

km 173: N 23°05,81′ / E 24°08,70′, fester Sand.

km 182: N 23°01,92′ / E 24°11,31′, Schotter und Sand, weich, auf Passage in Dünenkette zu

km 185: N 22°58,30′ / E 24°12,85′, Piste über Höhenzug, sehr sandig.

km 192: N 22°57,26′ / E 24°13,33′, Berg- und Talfahrt, sehr sandig (bis hierher Treibstoffverbrauch ca. 18,5 l gegenüber 11 l/100 km Straße!).

km 198: N 22°54,66′ / E 24°14,66′, zwischen Hügeln.

km 202: N 22°53,18′ / E 24°15,73′, große Ebene, sehr weich.

km 209: N 22°50,31′ / E 24°18,06′, weiter sehr weich.

km 219: N 22°45,70′ / E 24°21,16′, erste Dünenkette, an erster Düne rechts vorbei, weich.

km 220: N 22°21,09′ / E 24°21,08′, zwischen zwei Dünenzügen, sehr weich.

km 223: N 22°44,00′ / E 24°20,59′, in den Dünen, danach wieder „Imbiss-Bude", dann sandige Ebene, die gut zu fahren ist.

km 227: N 22°44,81′ / E 24°22,22′, Jabal Arknu südöstlich in der Ferne zu sehen, nun Kursänderung nach Osten, um Dünen weiträumig zu umfahren.

km 238: N 22°40,74′ / E 24°26,60′, Hütte, 95°, fester Sand.

km 240: Ausläufer der zweiten Dünenkette, weicher Sand, großes Sandfeld voraus, LKWs fahren großen Bogen. Abkürzung durch Tiefsand, wieder fester, ca. 122°.

km 248: N 22°39,10′ / E 24°31,22′, weiter auf Berge zu, ziemlich fest.

km 252: N 22°37,72′ / E 24°35,56′, wieder weich, 115°, auf Berge zu 256°, Berge bleiben links, nun wieder ca. 150°–165°.

km 257: N 22°35,94′ / E 24°35,52′, weich, Dünenkette westl. in der Ferne.

km 261: N 22°33,14′ / E 24°35,27′, links taucht der Jabal Arknu auf, Piste nähert sich Westseite des Massivs, wieder fester.

km 268: N 22°30,57′ / E 24°35,77′, an der Westseite, fest, holperig.

km 277: N 22°26,56′ / E 24°37,05′, neue Dünen voraus.

km 278: N 22°25,76′ / E 24°37,21′, Dünen vor Jabal Arknu, nach W ausweichen, dort guter Übergang mit Tonne.

km 284: N 22°23,16′ / E 24°36,93′, Ende der Dünenkette.

km 298: N 22°16,51′ / E 24°35,05′, fest, teilweise Wellblech, steinig, ca. 168°, Jabal Awaynat erscheint.

km 308: N 22°11,68′ / E 24°36,85′, noch fest, am Jabal Awaynat entlang.

km 312: N 22°10,38′ / E 24°38,46′, querab Taleingang von Jabal Arknu mit Bäumen.

km 322: N 22°08,08′ / E 24°43,56′, 105°–117°, noch gut zu fahren, dann weicher! Jabal-Arknu-Düne nähert sich.

km 327: N 22°06,80′ / E 24°46,25′, Piste geht in Arknu-Düne, sehr weicher Sand, tiefe Spuren. Länge ca. 10 km, Luft ablassen!

km 331: N 22°05,21' / E 24°46,08', kleine Pause zum Abkühlen.

km 337: N 22°02,34' / E 24°46,85', Dünenende, **„Imbiss-Bude“,** hier stehen die LKWs, die „es“ geschafft haben und die „es“ noch vor sich haben. Feste Serir, der Jabal Awaynat kommt näher.

km 342: N 21°59,23' / E 24°46,32', direkt am Berg, Westseite, Richtung Polizei.

km 357: N 21°51,15' / E 24°48,45', **Polizeistation** direkt am Berg, Zoll, Immigration. Verschiedene Schlachtvieh-Karawanen. Jede Menge Kamel-Kadaver liegen herum.

km 356: N 21°49,65' / E 24°49,84', am Berg entlang Richtung Ayn al Gazal.

km 370: N 21°51,51' / E 24°51,51', **Ayn al Gazal,** Quelle am Berg, wenig Wasser, viel Unrat, sonst wäre es malerisch hier. Blick Richtung Jabal Kissu/Sudan.

Route B 10:
Von Kufra zurück zur Küste bei Ajdabiya

- *Durchgehend asphaltiert; Verkehr sehr gering. Straßenschäden auf einer Strecke von 112 km nördlich von Kufra. 286 km bis Tazurbu-Abzweig, dann 310 km bis Jalu, dann 240 km bis Ajdabiya; gesamt 836 km.*
- *Michelin-Karte 741 und Geo-Projects-Karte.*

Die hier beschriebene, durchgängig und überwiegend gut asphaltierte Route führt aus der „Tiefe der Sahara“ von Kufra bis hinauf zur Mittelmeer-Küste bei Ajdabiya. Die Strecke geht dabei überwiegend durch ödes, absolut menschenleeres und lebensfeindliches Terrain. Das Denkmal des „Man-Made-River-Projekts“ wird dabei passiert; einige wenige Oasen liegen am Wegesrand. Wer das von der Straße her mögliche hohe Fahrtempo mit seinem Fahrzeug erreichen kann, hat die Strecke innerhalb eines Tages bewältigt – und dennoch bei aller Raserei nichts versäumt.

km 0: Tankstelle am Mineralwasser-Monument in Kufra (Ende bzw. Beginn der Routen B 6, B 7, B 8 und B 9). Nur mit Glück können Sie die Fahrt von dieser Tankstelle aus nach Norden mit vollem Tank antreten! Die prekäre Treibstoffversorgung im Umfeld von Kufra hatte ich ja schon in den oben genannten Routen wiederholt angesprochen; jetzt werde ich die ersten Tankstellen in Richtung Norden mit km-Angaben nennen, um Ihnen eine Kalkulation für Ihre Tankplanung zu ermöglichen.

Die Straße nordwärts ist die, die ich bereits in Route B 8 dargestellt habe: Jetzt nach Norden fahrend, sieht manches etwas anders aus und diese Unterschiede werde ich ggfs. nennen.

Der Straßenzustand ist schlecht schon auf den ersten Metern ab der Tankstelle. Wir passieren die Kontrollstelle bei **km 13,** fahren dann die Hügel hinauf und stellen dabei fest, dass die eingewehte Sanddüne von Süden kommend nicht so gefährlich ist wie aus nördlicher Richtung. Wir durchqueren das kahle **Hawaish-Bergland,** erfreuen uns am orangeroten Sand, erreichen nach einer weiten Ebene den **Jabal al Gardah** und dann endlich auch wieder eine vernünftige Straße nach 112 km: Wer vorsichtig fährt, benötigt bis hierher statt einer Stunde, die auf einer libyentypischen Straße üblich wäre, deren drei! Das kann vor allem im Winter mit den kurzen Tagen den ganzen Etappenplan umwerfen!

Wir passieren wieder einzelne Dünenzüge zwischen **km 174** und **km 187:** Der Sand ist hier fast weiß. Bei **km 202** liegen im Westen flache Walrückendünen, auch kleinere Tamarisken (Ginster?) sind dort zu sehen. Eine Piste bzw. Spuren zweigen bei **km 205** und **209** nach Westen ab: Hier lassen sich vielleicht wind- und sichtgeschützte Nachtplätze finden. Im Bereich des **km 210** knickt die Straße von Nordwest- auf Nordrichtung. Kurz darauf erreichen wir die Kontrollstation und dann bei **km 213** die unmittelbar dahinterliegende **erste Tankstelle seit Kufra.** Wenn Sie Glück haben, finden Sie hier Sprit. Durch Befragung der von Norden Eintreffenden können Sie dies schon in Kufra in Erfahrung bringen! Bei **km 270** passieren wir den Brunnen von **Bir Zighan:** In einer Schilfsenke strömt aus einem Rohr warmes Wasser; hier lässt sich eine 34°C-Dusche nehmen! Durch langweiliges Gelände fahren wir weiter und erreichen den Tazurbu-Abzweig bei **km 286.** Hier stellen wir den Tacho wieder auf Null.

km 0/2: Tazurbu-Abzweig von der Straße Kufra – Ajdabiya. Dass wir in der **As-Sarir** sind, bemerken Sie rasch: Das Gelände um uns herum ist völlig eben. Hochspannungsleitungen, ein Richtfunkmast, ab und zu Pisten, die zu weit entfernten Projekten führen, der Verlauf einer Pipeline im Westen – es gibt eigentlich nichts, was unbedingt genannt werden müsste. Die aufliegende Sand- und Kiesdecke ist mal heller, mal dunkler. Dann erreichen wir aber wieder einen Punkt, den Sie möglicherweise seit langem herbeisehnen: Nach einem großen aufgelassenen Camp bei **km 109** erreichen wir die nächste **Tankstelle bei km 111!** Wenn Sie noch immer kein Glück hatten: Hier können Sie es erneut auf die Probe stellen!

Im Westen liegt ein Baucamp, von Osten her nähern sich uns zwei Hochspannungsleitungen, und dann sehen wir ein weiteres, gigantisches Baustellen-Camp mit riesigen Zisternen vor uns (die Kapazität dieser Zisternen beträgt 170.000 m³). Ein Blick auf die Geo-Projects-Karte verrät Ihnen den Zusammenhang: Wir sind an einem der End- und Schnittpunkte des „Man-Made-River-Project“. Und was man sich kaum vorstellen kann: In dieser flachen, öden Umgebung liegen weitgespannte Brunnenfelder, aus denen das fossile Tiefenwasser hochgepumpt wird, das dann in gigantischen Rohren (wir werden ihnen auf dieser Route noch begegnen) nach Norden zur Küste gepumpt wird. Man will es nicht glauben: Wasser aus dieser Wüste hinauf in Gebiete, die direkt neben Wasser, dem Meer nämlich, liegen!

Bei **km 165** passieren wir eines der seltenen **Straßencafés.** Dann sind westlich der Straße zur Abwechslung auch wieder einmal etwas höhere Kieshügel zu sehen. Vorbei an einem weiteren aufgelassenen Baucamp erreichen wir schließlich eines der Herzstücke des „Man-Made-River-Projects“: Mit einer der gigantischen Röhren als Schaustück davor, liegt hier mitten in der Serir die Produktionsstätte dieser Betonrohre! Ein Brunnen (im Jahr 1996 trocken) auf weitem Platz lädt zu kurzem Verweilen ein: Die Firma Dong gibt sich die Ehre. Das **„Great-Man-Made-River-Project" (GMMR)** gilt als das derzeit größte Bauvorhaben auf der ganzen Erde. Grundwasser wird aus den Brunnenfeldern hier in der Serir und aus denen bei Tazurbu (sowie aus weiteren, die wir auf den A-Routen teilweise passiert haben) nach Norden in die Küstenebenen um Benghasi, Sirte und Tripolis gepumpt, wo das Wasser dann für Agrarprojekte oder auch in den Städten genutzt wird. Allein die Entfernung von den Wasserfeldern der Serir bis zur nächsten Verteilstation bei Ajdabiya beträgt 335 Kilometer! Aus insgesamt geplanten 578 Brunnen sollen etwa 3 Millionen m³ Wasser täglich durch die Röhren fließen; allein 2 Mio m³ werden hier in der Serir „As Sarir" in 270 Brunnen gefasst! Anschaulicher sind die folgenden Zahlen: Die Röhren sind über 7 m lang und haben einen Durchmesser von 4 m; sie wiegen 73 Tonnen! Allein der Eisendraht, der den Beton verstärkt, würde den Globus – bei der geplanten Menge von 250.000 Röhren – 130-mal umspannen!

Mit solchem Wissen versehen, fahren wir jetzt weiter auf der Straße nach Norden. Im Westen begleitet uns die über der unterirdischen Wasserpipeline entlangführende Bau-Piste. Rasch stellen wir fest, dass hier in der Serir zwar Wasser und Kies in Mengen vorhanden zu sein scheinen, dass aber anderes fehlt: Zementlaster kommen entgegen, riesige Silo-Züge, einer nach dem anderen, orange-rot, Marke Scania.

376 Foto: gg

Wir fahren weiter durch Serir. Zu sehen gibt es hier vor allem von Menschenhand geschaffene Dinge, ab und zu Richtfunkmasten, dann ein kleines Kieswerk, aufgelassene Baucamps, alles im Abstand von jeweils 30 bis 40 km. An Rastplätzen (das sind etwas festere Kiesflächen direkt neben der Straße) stehen oft LKWs beisammen. Hier wird Ihnen ein Einblick gewährt, den Sie schon in Kufra oder auf der Strecke hinab zum Jabal al Awaynat hätten haben

Arbeit am „Man-Made-River-Project"

können: Diese Straße könnte auch den Namen tragen: „Straße der Leiden" (für Kamele) oder „Straße der Hoffnung" (für die Menschen aus dem Sudan) – die LKWs transportieren beide Sorten „Passagiere" ...

Bei **km 266** steht ein Schild mit einer Beschriftung, die auch der Arabisch-Analphabet beherrscht: Eine deutsche Firma unterhält hier im Osten einen Ölförderbetrieb; eine Piste führt dorthin.

Jalu واحة جالو

Wir nähern uns Jalu (sprich „Tschailu"); das Ortsumfeld macht sich wie immer bemerkbar: Überall dehnen sich Projekte auf weiter Fläche, jede Menge Unrat verziert die Landschaft, alles ist aufgewühlt und weithin verbaut. Den Ortsrand und mit ihm eine Kontrollstelle erreichen wir bei **km 303,** einen Triumphbogen und eine Kreuzung mit einem Röhrendenkmal dann bei **km 305.** Es lohnt sich, an diesem Abzweig halbrechts in die Stadt hineinzufahren: Der **Markt (km 310)** hat ein sehr üppiges Gemüse- und Obstangebot. Bekannt ist auch die Moschee des Ortes, deren großer Gebetsraum von einer Decke überdacht ist, die an eine Ansammlung von Bienenkörben erinnert. Ein wenig ist auch noch von der kolonialen Bausubstanz erhalten, und das gibt der Ortschaft, im Gegensatz zu den sonst üblichen, omnipräsenten Fertigbeton-Neubauten, einen ganz netten Anstrich.

Wir verlassen Jalu an einer riesigen Kreuzung, einem ovalen Rund mit einem skurrilen Monument: ein Pyramiden-Minarett. Wir fahren an dieser Kreuzung nach Westen (!) und erreichen wenig später eine Tankstelle! Hier finden Sie mit großer Wahrscheinlichkeit endlich wieder ausreichend Treibstoff. Uff!! Erneut stellen wir hier den Tacho auf Null.

km 0/3: Jalu (auch Dschalo oder Djalo), Abzweig am Ortsrand Richtung Westen. Wie die Straßenkarten deutlich zeigen, biegen wir hier in Jalu nach Westen ab. Was die Karten auch verdeutlichen, ist, dass wir hier in einer Region mehrerer Oasen-Orte sind. Neben Jalu sind dies Awila (auch Augila, Audjila) und Jakharrad (auch Dschekarra), die nach dem Hauptort Jalu (auch El Erg) **Jalu-Oasen** genannt werden. Diese Orte liegen in flachen Becken, die sich in die Serir eingesenkt haben. Die Senken sind voller Sand und von niedrigen Dünen umgeben. Das Wasser ist eher brackig, aber Dattelpalmen vertragen ja auch Salzwasser recht gut, und so sind Datteln das traditionell wichtigste Produkt dieser Orte.

Wir fahren durch Schatten spendende Tamariskenhaine dem Ortsrand zu. Die Straße führt zwar nach ca. 8 km hinaus in freies Gelände, aber das Oasenumfeld ist weithin genutzt – Hochspannungsleitungen, Projektgärten, in weiterer Ferne auch Bohrtürme.

Bei **km 24** ist der nächste Ort, **Awjila,** erreicht: Wir fahren in einen bebauten Talhang nach rechts hinein und hinunter, und in unmittelbarem Anschluss daran hinauf. In Awjila (auch Aoudjila u.a.) wurde die **Altstadt,** die bis vor kurzem nur aus verfallenden Lehmbauten bestand, sehr aufwendig renoviert, große Schilder weisen darauf hin. So wurden auch die beiden alten Moscheen der Ortschaft wieder hergestellt, die früher wegen ihrer konischen Kuppeln, die an Bienenkörbe erinnern, ein beliebtes Fotomotiv einer saharischen Moschee bzw. Oase darstellten. Die **Ategue-(Atiq)-Moschee** (12. Jh.) gilt dabei als eine der frühesten Moscheen Nordafrikas. Der Baustil erinnert sehr an Moscheen im algerischen Mzab, und tatsächlich sind die Bewohner Awjilas Berber; in dieser früher so abgelegenen Ortschaft hat sich sogar die Besonderheit erhalten, dass insbesondere Frauen nicht bilingual sind, d.h. nur berberisch und nicht auch arabisch sprechen.

Oben am Rande des Plateaus läuft ein lebhafter Warenumschlag direkt ab LKW; die Straße ist hier schmal und hat ausgefranste Ränder; lassen Sie sich vom Trubel nicht allzu sehr ablenken. Nach einer Tankstelle erreichen wir einen weiteren **Kontrollpunkt bei km 31,** durchqueren ein teils bewachsenes, teils sandiges Tal und steigen dann rasch wieder auf die Serir-Fläche hinauf. Oben erleben wir erneut deckungslose Serir; ein faustgroßer Stein ist auf einen Kilometer zu sehen! Wenn Sie in diesem oder ähnlichem Gelände übernachten wollen, gibt es einen einfachen **Trick:** Sie fahren so lange im rechten Winkel weg von der Straße, bis Sie der Horizont verschluckt. Je nachdem, wie stark und in welche Richtung das Gelände gewölbt bzw. gekrümmt ist, erreichen Sie diesen Punkt etwa bei 5 bis 7 km. Dann sieht Sie auch der Fahrer eines LKWs nicht mehr!

Die Straße bleibt gut, das Gelände eben. Immer wieder uninteressante Dinge in der Landschaft: Richtfunkmasten, Kiesaufschüttungen, Hochspannungsleitungen und ... Zement-Silowagen, die entgegenkommen. Im Osten sind dann Kupsten zu sehen, das Gelände fällt nach dorthin ab; wir queren ein Wadi mit Straßenschäden **(km 124).** Dann nimmt flache Hügellandschaft ihren Anfang – die Serir ist zu Ende. Und noch eine Änderung: In Tälern stehen jetzt immer wieder Büsche, sogar Bäume. Im freien Gelände beginnt gar schütterer Bewuchs. Wir nähern uns der Steppenlandschaft! Weit im Osten ist die große **Sabkhat al Quayym** (auch al Gheneien) als glitzernde, flimmernde Fläche zu sehen. Ab **km 145** stehen in flachen Ebenen viele Bäume und Büsche, die aber entsprechend intensiv als Rastplätze genutzt werden. Auch bei einer Moschee auf einem Höhenrücken (das Minarett ist eine Röhre!) befindet sich ein lebhafter Rastplatz. Was allerdings stört, ist, dass die LKW-Fahrer hier offensichtlich den Ölwechsel nach dem Motto durchzuführen pflegen: „Raus damit und ab in den Straßengraben" ...

In diesem Bereich ist der Straßenrand schadhaft; achten Sie darauf besonders bei Gegenverkehr. Ein weiter Ausblick auf die Sebkha im Osten bietet sich dann bei **km 152.** Schließlich erreichen wir wieder Plateau-Stufen, Zeugenberge und einzelne Höhenrücken und fahren dann auf ein flaches Plateau hinauf. Die Straße ist wieder in bestem Zustand, und so fahren wir flott weiter durch eine immer grüner und dichter bewachsene Steppenlandschaft mit niedrigstem Bewuchs. Erstmals sehen wir wieder Schafherden und Kamele. Dann durchfahren wir ein weites Wadi bei **km 190:** Es ist das **Wadi al Faregh.** Drüben geht es hinauf, und oben liegt dann in strategisch günstiger Lage ein Kontrollposten **(km 192):** Das Gelände ist weithin zu überblicken. Weiter geht's auf bester Straße nach Nordwesten über die steinige Kalktafel der **Barga el Beda;** sie ist mit niedrigen Büschen, Sträuchern und Kräutern bewachsen, die nach Norden zu immer dichter werden. Im Frühjahr, nach Regenfällen, ist dies hier blühendes Nomadenland.

Dann endet das freie Nomadenland, in heutigen Zeiten auch frei von Nomaden. Überall macht sich wieder Nutzung durch Menschen bemerkbar, Kiesaufschüttungen, ein Straßencafé, dann reiht sich Kieswerk an Kieswerk (der Kalk scheint ein ideales Baumaterial zu sein), schließlich geht es in erdiges Gelände hinein, das von Bauschutt weithin übersät ist. Ein Dong-Camp wird passiert, auch eine Bohrstelle. Alles wird jetzt richtig grün. Dann sind voraus erste „Schuhkarton"-Häuser zu sehen, erste Regenbaufelder werden durchquert **(km 224).** Wie eine Fata Morgana liegt dann der Ort **Ajdabiya** voraus (vgl. Route B 13), moderne, oft mehrgeschossige Häuser in einer Landschaft ohne Bäume. Durch Müllhalden geht es auf die Stadt zu. Der **Kontrollposten** ist bei **km 236** erreicht, 3 km weiter eine lebhafte Tankstelle und bei **km 240** ein großer Kreisverkehr. Hier biegen wir rechts ab (es sei denn, Sie wollen der Stadt einen Besuch abstatten) und stellen den Tacho auf Null.

Abstecher zur Absturzstelle der „Lady Be Good"

Im **April 1943** ereignete sich einer der tragischsten Unglücksfälle in der Sahara: Auf dem Rückflug von einem nächtlichen Einsatz über Italien verlor die Besatzung eines amerikanischen Bombers, der bei Bengasi stationierte „Lady Be Good", bei starkem Rückenwind die Orientierung und flog in der Erwartung der von Lichtern markierten Küstenlinie immer weiter nach Süden und so tief in die Sahara hinein, bis dem Flugzeug der Treibstoff ausging. Die neun Männer entschlossen sich zum rettenden Fallschirmabsprung und machten sich dann gemeinsam zu Fuß durch den Sand nach Norden zur Küste auf.

Über Jahre bleibt das Schicksal des Flugzeugs und seiner Besatzung ungewiss. Dann wird bei der Erdölsuche zunächst 1958 das Flugzeugwrack gefunden, die Soldaten dagegen bleiben trotz aufwendiger Suchaktionen weiterhin verschollen. Erst im **Februar 1960** stößt der seismische Trupp einer Ölgesellschaft auf fünf menschliche Skelette: Es sind fünf Männer der Besatzung des Bombers. Einer der Soldaten führte ein erschütterndes Tagebuch, das erstmals Aufschluss gab über das Schicksal der Vermissten: Neun Tage, vom 4. bis zum 12. April, kämpften die Abgesprungenen sich gegen Sonne, Sand und Durst 80 km nach Norden vor. Drei bleiben zunächst weiterhin verschollen, von Anfang an war der ebenfalls abgesprungene neunte Mann, *John,* vermisst. In kurzen, erschütternden Sätzen schildert das **Tagebuch** den schrecklichen Ablauf:

Sonntag, 4.4.1943: „Neapel. Haben uns auf dem Rückweg verirrt. Kein Treibstoff mehr. Springen ab. Landen in der Wüste um 2 Uhr morgens. Niemand ernstlich verletzt. *John* ist nicht zu finden. Alle anderen da."

Montag, 5.4.1943: „Marschieren nach NW. Von *John* keine Spur. Einige Verpflegungsrationen. 1 Tasse Wasser pro Tag. Son-

Überreste eines anderen Flugzeugs, die an die Tragödie der „Lady Be Good" erinnern

ne schön warm. Angenehme Brise aus NW. Nacht sehr kalt. Kein Schlaf. Rasten und marschieren weiter."

Fünf Tage marschieren die Männer zunächst zusammen, dann schreibt der Tagebuch-Verfasser:

Freitag, 9.4.1943: *„Schelley, Rip, Moore* trennen sich von uns ... versuchen, Hilfe zu holen. Rest von uns sehr schwach. Augen schlimm. Bleiben liegen. Alle wollen sterben. Nur noch sehr wenig Wasser ...".

Samstag, 10.4.1943: „Beten gemeinsam um Rettung. Keine Anzeichen von irgendetwas, ein paar Vögel. Angenehmer Wind aus N - wirklich schwach jetzt. Kann nicht mehr gehen. Überall Schmerzen. Alle wollen sterben. Nacht sehr kalt. Kein Schlaf."

Sonntag, 11.4.1943: „Warten noch immer auf Hilfe, noch beten wir. Augen schlimm. Völlig abgemagert. Schmerzen überall. Wir könnten es schaffen, wenn wir Wasser hätten. Haben gerade noch genug, um die Zungen einzutauchen, hoffen auf wirklich baldige Rettung. Keine Ruhe. Noch immer am selben Ort."

Am **Montag,** den **12.4.1943,** enden die Aufzeichnungen mit den Worten: „Noch immer keine Hilfe. Sehr kalte Nacht ...".

Erst im Mai 1960 wird dann 30 km entfernt ein weiteres Opfer gefunden. Es ist einer aus der Dreier-Gruppe. Bei einer nach diesem Fund erneut organisierten aufwendigen Suchaktion wird ein weiteres Skelett gefunden. Bei einem plötzlich aufkommenden Sandsturm gehen zwei Mann aus dem Suchtrupp trotz bester Ausrüstung verloren. Erst nach sieben Tagen werden sie halbtot aufgefunden. Die Aktion wird abgebrochen.

Noch immer fehlen zwei Mann des Unglücksflugzeugs. *John,* der von Anfang an fehlende neunte Mann, wird dann im August 1960 wiederum von Ölsuchern gefunden: Er starb 40 km östlich des Wracks der „Lady Be Good" als erster von allen: Sein Fallschirm hatte sich nicht geöffnet. Und besonders makaber: Bei ihm wird ein Wasserkanister gefunden, unversehrt, und das Wasser ist nach 17 Jahren noch trinkbar und bakterienfrei! Dieser Kanister enthält mehr Wasser, als den anderen acht zusammen zur Verfügung

lib_445 Foto: gg

stand! Der letzte Mann aber ist bis heute nicht gefunden. (Darstellung überwiegend nach *P. + B. Garian:* Libyen – Land der Zukunft in Allahs Garten)

Den Resten der „Lady Be Good" gilt dieser Abstecher. Es handelt sich um eine **reine Gelände- und Dünenfahrt.** Geländefahrzeuge und beste Saharaausrüstung und GPS sind unabdingbar. Die einfache Entfernung von der Straße beträgt ca. 230 km, Dünen sind zu queren. Die russische Generalstabskarte G-34-b zeigt das Gelände am besten. Die Streckenführung ist nach Unterlagen von *W. Meingast* bearbeitet.

Wir verlassen Tazurbu auf der nach Nordosten führenden Bautrasse und folgen ab km 44 der Asphaltstraße (siehe Route B 8) bis zur Einmündung in die Straße Kufra-Jalu. An dieser Stelle verlassen wir den Asphalt und fahren quer durchs Gelände nach Osten. Zunächst geht es zügig über Reg-Flächen. Nach 40 km wird es sandig, und schließlich sind fünf Dünencordons zu überqueren, von denen die ersten vier leicht, der letzte aber schwierig ist. Nach den Dünen erstreckt sich eine große Ebene nach Osten. Diese Ebene wird jetzt in O-NO-Richtung überquert bis zur **Position des Wracks: N 26°42,88' / E 24°01,37'.**

An der Absturzstelle wurde ein Mast mit einem großen Metallflugzeug errichtet. Auf einer Texttafel steht: „Absturzstelle der Lady Be Good 6. April 1943. Das Flugzeugwrack wurde 1994 in ein Kriegsmuseum gebracht" (nach Tobruk). Noch immer aber liegen viele Trümmer und Bruchstücke im Sand herum.

Die Rückfahrt kann auf der Route des Herwegs erfolgen oder aber wie folgt: Auf ca. 100 km einem breiten Dünental nach NNO folgen, dann auf relativ leichter Route die libysche Sandsee nach Westen queren; jenseits ein Ölgebiet und dann wieder die Asphaltstraße Kufra – Jalu. Dort eine Polizeistation mit kleinem Militärflughafen.

Route B 11: Ajdabiya – Tobruk, direkte Inland-Route

- *Durchgehend asphaltiert, Verkehr sehr gering; auf einzelne Straßenschäden wird im Text verwiesen. 390 km bis Tobruk.*
- *Michelin-Karte 741 und Geo-Projects-Karte.*

Die hier beschriebene, durchgängig asphaltierte, aber über eine Distanz von 130 km schmale Straße führt „hinter" dem Jabal Akhdar auf direkter Linie von der Sirte-Region nach Tobruk. Sie verläuft dabei stets in Kalkstein-Steppengebieten: Der Bewuchs ist niedrig und bietet weder Sicht- noch Windschutz. Zu Übernachtungen auf dieser Strecke bieten sich nur die Täler an, die ab und zu das Gelände durchziehen. Der Jabal Akhdar ist stets so weit entfernt, dass er auch bei sehr guten Sichtverhältnissen nie zu erkennen ist.

Die Strecke folgt im Gegensatz zu allen anderen dargestellten Routen und dem, was sonst bei Straßenführungen üblich ist, keinem alten Weg oder einer Karawanenroute (die alte West-Ost-Verbindung lief auf der Linie Marada, Jalu, Al Jaqbub, Siwa). Es handelt sich um eine ganz neue, moderne Streckenführung, einzig mit dem Ziel entstanden, die Verbindung nach Osten mit modernen Landverkehrsmitteln rasch bewältigen zu können. Entsprechend fehlt auch jeder regionale Verkehr; die wenigen Fahrzeuge, denen man begegnet, sind Kleinbusse, die Taxidienste zwischen Ägypten und Tripolis leisten. Es fehlen deshalb auch im gesamten Verlauf Ortschaften. Ganz selten sind

Nomaden unterwegs: Im modernen Ölstaat Libyen kann es nicht überraschen, dass dies keine Nomaden im traditionellen Sinne sind, die mit Zelten und im Familienverband ihre Herden begleiten. Stets waren es sehr große Herden mit Kopfzahlen von 300 und mehr Schafen und wenigen Ziegen, die in Begleitung junger Burschen, Lohnhirten aus Ägypten, durch die Kalksteppen zogen. Ganz ähnlich unseren Schäfern führen diese modernen „libyschen" Nomaden ihr Gepäck auf Eseln mit sich. Noch ruhiger als diese Strecke können sich 300 km asphaltierter Straße außerhalb der Sahara wohl kaum darbieten!

km 0: Erster Kreisverkehr in Ajdabiya (vgl. Route B 13), von Süden her kommend. Wir biegen in Richtung Osten ab und fahren auf schmaler Ortsstraße in dichtem und lebhaftem Verkehr durch ebenso lebhafte Vororte. Allerorten herrscht rege Bautätigkeit. Am nächsten Kreisverkehr biegen wir rechts ab auf eine schlechte, unebene, staubige, aber breite Piste, die uns 700 m weit durch Müllhalden führt und dann am Beginn einer asphaltierten Straße in diese mündet. Das Asphaltband ist schmal, aber in gutem Zustand. Eine **Tankstelle bei km 6** macht den Eindruck, als wäre sie erst seit kurzem in Betrieb. Hier ist bereits der Ortsrand erreicht. Bei **km 7** kommt eine Kontrollstelle, die sich genau auf der „Man-Made-River-Trasse" befindet, die wir hier überqueren.

Ein kurzes Stück des Weges durchfahren wir den Stallbereich von Ajdabiya, letzte Reminiszenz an die nomadische Vergangenheit der Bewohner dieser Region. Wir fahren mit durchschnittlich 70° durch eine flache Kalksteppenlandschaft, in der kein Bewuchs höher ist als ein libyscher Getreidehalm, und die sind noch kürzer als die von der Schwäbischen Alb. Eine üble Querrinne bei **km 16** gefährdet Ihr Fahrzeug: Ein Warnschild davor hat durchaus seine Berechtigung! Übel auch die Kontrollstelle bei **km 25:** Die Beamten dort haben wenig Arbeit und viel Frust, weil sie hier so ganz allein in der Landschaft ausharren müssen; die Kontrolle ist nicht so freundlich-distanziert, wie man es sonst von Libyen kennt. Aber bei der Vielzahl der Kontrollstellen, die man in diesem Land – ja auch zur eigenen Sicherheit – passieren muss, darf es schon mal eine Ausnahme geben ...

Der Bewuchs wird dann noch karger. Die Strecke ist kerzengerade. Bei **km 38** und **53** passieren wir jeweils kleine aktive Kieswerke bzw. Steinbrüche. Ein weiterer Kontrollposten dann bei **km 64:** Dieser Posten steht strategisch sehr günstig auf einem Hügel und überblickt von dort oben das Gelände bis mindestens zum **Kilometer 75 –** in diesem Bereich sollten Sie nicht übernachten! Dafür scheint der Ausblick die Polizisten freundlich zu stimmen: Wir werden rasch abgefertigt.

Es geht durch altes Nomadenland; die oben erwähnten Lohn-Nomaden sind hier unterwegs. Bei **km 86** queren wir ein flaches Oued: Hier sind Nachtplätze nördlich der Straße denkbar. Bei **km 110** liegt links und rechts der Straße ein großes aktives Baustellen-Camp; ein Reifen nennt die Entfernung nach Ajdabiya: 109 km!

381 Foto: gg

Die Straße ist ab **km 134** deutlich breiter. Wir fahren durch ein grau-violett-weißes Steingelände. Die Ruine eines Straßencafés kündet bei **km 136** von besseren Zeiten. Ein weiteres betriebenes Straßenbau-Camp **(km 152)** und eine Pumpstation **(km 160)** fliegen vorbei; das umgebende Gelände nimmt jetzt eine gelblich-weiße Farbe an. Wieder eine Pumpstation **(km 166)** – und dann endet die Straße! Doch keine Angst: Hier wird gerade asphaltiert, und wenn Sie dort fahren, können Sie bereits den neuen Straßenbelag benutzen: Für uns beginnt (begann) er erst wieder bei **km 187** – und ist himmlisch: Glatt, mit Mittel- und Seitenstreifen, schwarz-weißen Leitpfosten, Kilometersteinen. Diese zeigen in unserer Richtung die Entfernung bis nach Tobruk. Bei **km-Stein 185** (Tacho 214) befindet sich ein weiterer **Kontrollposten (Bir Tanjidar):** Hier zweigt die auch in den Landkarten eingetragene Straße nach Norden ab. Ein Straßencafé hat geöffnet – aber nichts anzubieten, noch nicht einmal Kaffee! Vielleicht aus Verärgerung darüber wechseln die Autofahrer Ihr Motoröl auf dem Parkplatz vor dem Café, indem sie das Altöl einfach ins Gelände laufen lassen!

Die Steindecke wird dunkler. Bei **km 219** sind im Norden Büsche zu erblicken. Dann geht es eine Stufe hinab und in das breite **Wadi al Mra** hinein: Wir haben damit die Kalkwüsten-Syrtenschwelle überschritten, das Wadi al Mra entwässert jetzt bereits nach Süd-

Moschee in Ajdabiya

osten und nicht wie andere Wadis zuvor nach Westen. Im Tal sind nach Süden zu einige Büsche zu sehen: Hier könnten sich evtl. Nachtplätze finden lassen, die über die alte Piste erreichbar sind. Bei **km 282** geht es auf der anderen Talseite den Hang wieder hinauf und in der Zwergstrauchsteppe weiter ostwärts. Ausgedehnte vegetationslose Kalksteinflächen durchbrechen immer wieder die Bewuchszonen. Ein Steinhäuschen steht einsam und verlassen bei **km 233** (km-Stein 162) nördlich an der Straße; wenig weiter sehen wir im Süden Strauchwerk, und auch bei **km 244** (km-Tafel 150) stehen Bäume und Büsche nördlich und südlich der Straße.

Die Straße ist weithin zu überblicken, oft auf eine Distanz von 15 km und mehr. Bei **km 261** (km-Stein 133) queren wir auf einem Damm ein weiteres Wadi, auch hier sind Büsche im Süden zu sehen. Ein Baum bietet knapp 10 km weiter seinen Schatten an; einige Häuser stehen verloren in der Gegend herum (**Tacho 283,** Stein 110, nochmal bei Tacho **298**). Flache Schichtstufen werden durchfahren, und dann geht es wieder in ebene Steppenlandschaft hinaus. Das Gelände wird steiniger, der Bewuchs dazwischen dichter.

km 326 (Km-Stein 66): Erneut überqueren wir ein breites flaches Oued; ein erstes Projekt-Gelände folgt bei **km 343** (km-Stein 49); dann geht es bei **km 360** eine steile Hangstufe hinab: Dies ist die oberste von drei Hangstufen, die die sog. **Marmarika-Tafel** nach Norden zum Meer hin begrenzen. Sie ist im Wesentlichen aus Kalken und Kalksandsteinen gebildet, senkt sich langsam nach Süden, um dann in einer Steilstufe am Rand des Beckens von Al Jaqbub (Dscharabub) zu enden. Im zweiten Weltkrieg waren die Marmarika-Plateaus die Schauplätze der großen Panzerschlachten. Am Fuß der Hangstufe mündet von links kommend die **Umfahrungsstraße von Tobruk:** Wir münden in spitzem Winkel in sie ein und fahren ostwärts weiter, immer dem Talhang folgend. Vorbei an Militär-Depots **(km 364)** halten wir direkt auf den Ort **Al Adam** (Abdun Naser) zu und treffen hier **(km 368)** auf eine große Querstraße, die Verbindungsstraße Tobruk – Al Jaqbub, auf die wir nach Norden einbiegen. Hier bei Al Adam liegt auch der von den Engländern angelegte Flugplatz von Tobruk.

Unsere Straße wird ab Al Adam wieder zur libyschen Autobahn. Das Gelände ist weithin be- und zersiedelt, der Verkehr nimmt etwas zu, auch wenn die Straße – die Autobahn – nur als „weithin leer" bezeichnet werden kann. Die niedrige Steppe, durch die wir fahren, bietet keine Möglichkeit für Nachtplätze mehr; es fehlt an Sichtschutz, und alles ist genutzt und weitläufig besiedelt. Im Rückblick erkennen wir noch einmal schön den Verlauf der oberen Marmarika-Stufe.

Bei **km 382** stoßen wir auf die querlaufende Küstenstraße: Unmittelbar an dieser Einmündung liegt hinter einer geschlossenen Steinmauer der französische Soldatenfriedhof. Er ist abgeschlossen; ein Schlüssel war nicht auffindbar. Wir fahren nach dem Passieren der Kontrollstelle an dieser Eimündung westwärts. **Das Meer kommt in Sicht!** Nach einem weiteren Kilometer nach der Einmündung fahren wir nochmal eine Stufe hinab: Die zweite Marmarika-Plateaustufe. Voraus sind hässliche und sehr große Tanklager einer Raffinierie zu sehen. Bei **km 384** erreichen wir den **englischen Soldatenfriedhof** rechter Hand über eine kurze Stichstraße. Wenn Sie vor dem Mausoleum am Eingang parken, wird rasch der Schlüssel-Wächter erscheinen und das Friedhofstor öffnen: In Reih und Glied stehen die marmornen Grabtafeln der Commonwealth-Soldaten; erschütternd, wie jung viele sterben mussten! Christliche und jüdische Symbole sehen Sie auf den Grabsteinen – ein wirklich beeindruckendes Mahnmal gegen Krieg, Rassismus und Intoleranz.

Vom englischen Soldatenfriedhof fahren wir weiter nach Westen, biegen nach 3 km rechts ab, vorbei an den riesigen Tanks, dann die erste Straße 800 m weiter wieder links; sie endet nach 300 m an einem Fabrik-Tor; geradeaus führt ein Feldweg auf eine kastellähnliche Anlage zu, ein Wüstenfort: Dies ist das **Ehrenmal für die deutschen Gefallenen** des sinnlosen Afrika-Feldzuges. Nichts Mahnendes allerdings vermag ich hier zu entdecken, nur Martialisches. Die Toten sind innerhalb der Anlage in Sarkophagen bestattet. Die umgebenden Mauern sollten den Bauplänen zufolge nicht nur vor dem nie ruhenden Sand schützen, sondern nahmen sich arabische Wehrmoscheen als Vorbild. Den Schlüssel finden Sie im nächstgelegenen Haus bei einer einheimischen Familie.

Nur etwa 200 m vom Meer entfernt (übrigens der beste Naturhafen Libyens) liegt dieses Toten-Fort auf **„Höhe 87“**, auf der untersten Marmarika-Stufe über dem Hafen. Fotografieren Sie nicht in Richtung Hafen! Libysche Soldaten werden möglicherweise kommen und Ihnen kundtun, dass dies „big problems“ zur Folge hätte ...

Zurück an der Durchgangsstraße fahren wir weiter gen Westen. Die erste Tankstelle am Ortsrand erreichen wir zwei Kilometer weiter und kurz darauf die Einmündung in die Hafenpromenade bei **km 390.** Wir stellen den Tachometer zurück auf Null.

Tobruk طبرق

Einer der besten Naturhäfen der gesamten östlichen nordafrikanischen Küste, deshalb alter Siedlungs- und Handelsplatz und in der kolonialen Epoche zur stärksten Festung in Nordafrika und im Nahen Osten ausgebaut; Hauptkampfgebiet und strategische Schlüsselstellung im Nordafrika-Feldzug 1941–43. Heute Hafenstadt mit 40.000 Einwohnern. Alle Versorgungsmöglichkeiten. Sehenswert sind die Soldatenfriedhöfe der verschiedenen, am Krieg beteiligten Nationen (s.o.).

Praktische Infos

Hotels

Verschiedene schäbige Billighotels verteilen sich im Ortszentrum westlich des Hafens; erträglich sind:

- **Hotel Funduq al-Dschalar,** von Benghasi kommend nach dem Standplatz der Servicetaxen zwischen Restaurant und Kaffee im 1. Stock; einigermaßen saubere Zimmer (DZ 14 LD).
- **Hotel Al Masira** (= Ägypten), „Luxus"-Hotel; 150 US$ (!) pro Pers.

Fernverkehr

Von Benghasi verkehrt ein einziger **Bus** täglich (Benghasi ab 7.30 Uhr; Ticketverkauf ab 6.30 Uhr; 5,50 LD; Fahrzeit: 6 Std.).

Notfall

- Das Auswärtige Amt nennt **Dr. Ali Masednah** (Kriegsgräberfürsorge), Tobruk, Tel./Fax (Praxis) 087/22736.

Sonstiges

- **Weiterfahrt nach Ägypten**

Die **Grenze nach Ägypten ist** für alle Touristen **offen!** Die Straße führt über Kambut (60 km) und Qasr al Jady nach Al Burdi (60 km) am Golf von Soloum und von hier aus weiter zur Grenzstation in Amsaad. Gestaffelte Kontrollen: Vorauskontrolle von Gepäck und Pass, dann 10 km weiter die eigentliche Grenzstation: Alle Formalitäten der Aus- bzw. Einreise werden hier erledigt. Die libyschen Zollbeamten verlangen mitunter auch von Ausreisenden eine Devisenerklärung, die derjenige, der via Tunesien einreist, in aller Regel nicht hat (vgl. „Ein- und Ausreise"). Das Problem wird gelöst, indem die Devisenerklärung nachträglich ausgefüllt und abgegeben wird!

- **Einreise nach Ägypten in Soloum**

Einreise-Visum erforderlich; wird nicht an der Grenze erteilt. Ägyptisches Konsulat in Benghasi war im Frühjahr 1995 geschlossen. Gepäck- und Passkontrolle, Videokamera und vergleichbare Wertgegenstände werden im Pass vermerkt.

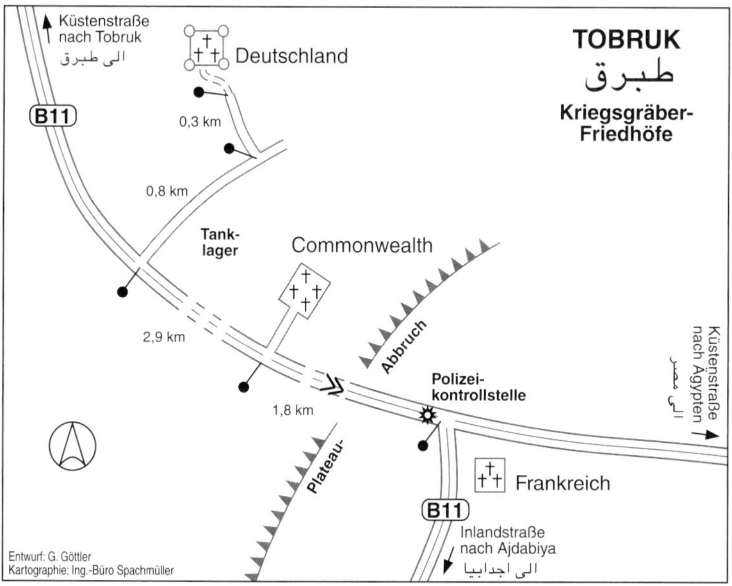

Route B 12:
Tobruk – Darnah – Apollonia und Cyrene

- *Durchgehend asphaltiert, Verkehr nur innerorts lebhaft; auf einzelne Straßenschäden wird im Text verwiesen. 165 km bis Darnah, dann 71 bis Apollonia und 20 bis Cyrene; gesamt 256 km.*
- *Michelin-Karte 741 und Geo-Projects-Karte (mit Ausschnitt Benghasi-Region).*

Die hier beschriebene, durchgängig asphaltierte Strecke führt an der Küste westwärts: zunächst durch die küstennahen Ausläufer des Marmarika-Plateaus, dann am Küstensaum des Jabal Akhdar entlang. Im Bereich des Marmarika-Plateaus ist die Landschaft noch steppenhaft, das Hinterland arm, die Küste ist kaum besiedelt. Die wenigen Ortschaften haben dörflichen Charakter. Die niederschlagsbegünstigte Zone des Jabal Akhdar, des „grünen Gebirges", ermöglicht dann Ansiedlungen anderer Größenordnung, alles ist hier lebhafter. Dieser Küstensaum mit einem steil aufragenden Gebirge im Rücken war schon seit alters her bevorzugtes Siedlungsgebiet von „überseeischen" Invasoren, die hier Kolonien gründeten: Die ausgedehnten Ausgrabungsgelände der alten hellenistischen Städte Apollonia und Cyrene liegen in diesem Bereich.

Die Küste ist überwiegend Steilküste, die Strände sind folglich felsig. Nur in Buchten bieten sich sandige Badestrände. Besonders im Bereich des Akhdar-Gebirges eröffnen sich immer wieder traumhafte Ausblicke auf wilde Meeresküsten mit azurblauem Wasser.

km 0: Am Hafen von Tobruk in Höhe des Haupteingangs des dort liegenden Stadions (Flutlichtmasten). Wir fahren nach Nordwesten und erreichen nur 200 m weiter eine Kreuzung, die sich im Ausbau befindet: Die Straße wird auf vier Spuren verbreitert. Wir biegen hier links ab, fahren nach Westen leicht den Berg hinauf, durchqueren in dichtem Verkehr lebhafte Vororte mit viergeschossigen Neubauvierteln. Eine **Tankstelle** liegt dann **kurz vor km 4** oben am Berg; auch hier geht es äußerst lebhaft zu. Durch Industriegelände erreichen wir kurz nach **km 5** die **Kontrollstelle West.** Danach lässt der Verkehr stark nach.

Die alte Wasserleitung, die einst Tobruk von Darnah her mit Wasser versorgte, verläuft immer unmittelbar neben der Straße und verhindert oft, dass man sie mit dem Fahrzeug verlässt. Vororte werden noch bis zu **km 7** passiert, dann befinden wir uns bereits auf freiem Feld. Eine Zeit lang stehen noch Mimosen und Eukalypten am Wegesrand, nach einem Stadion in Ruinen **(km 10)** hat dann aber auch diese Pracht ein Ende. Sollten Sie in diesem Bereich auf der Suche nach einem Nachtplatz sein, hier ein Tipp: Ein asphaltiertes Sträßchen, das bei **km 12,1** mit Schild angezeigt wurde, führt bei km **12,2** rechtwinklig vom Meer und der Straße weg auf die Plateau-Kante zu, steigt dort hinauf und endet in einer unebenen Piste – dahinter dehnt sich nichts als Schafweide aus. In eingekerbten Wadis lassen sich hier halbwegs geschützte Nachtplätze hinter niedrigen Sträuchern finden.

Eine weitere **Kontrollstelle** passieren wir bei **km 15.** Die Straße ist breit, in gutem Zustand, der Verkehr sehr gering. Das Meer liegt in weiter Ferne und kommt zunächst nicht in Sicht. Im Süden begleitet uns die Stufe des Marmarika-Plateaus, Getreidefelder ziehen sich davor hin: insgesamt eine eher langweilige Landschaft. Die Felder werden weniger, Schafweiden breiten sich dann rechts und links aus. Bei **km 45** passieren wir den kleinen Weiler **Al Gardabah;** hier finden Sie eine ruhige Tankstelle. Straßencafés und -restaurants sind an den davor stehenden Grills aus Eisenblech zu erkennen: Jetzt wissen Sie wenigstens, wozu die Schafe gehalten werden ...

Kurz kommt die Küste in Sicht: Weiße Dünen liegen dort, Sand, den der ewige Nordost-Wind aufhäuft. Die Marmarika-Stufe im Süden wird langsam höher; ein fjordartiger Einschnitt dringt bei **Ayn al Ghazalah** tief ins Gebirge ein **(km 57);** das Meer bildet eine landschaftlich ansprechende Bucht. Leider erlaubt es die auf der Nordseite verlaufende, aufgestelzte Wasserleitung nur selten, dass man die Straße mit dem Fahrzeug verlässt. An den wenigen Passagen befinden sich dann oft Gehöfte. Bei **km 63** besteht eine solche Möglichkeit, das Gelände ist hier zudem wild und urwüchsig, ideal für eine Pause. Die Küste ist allerdings – wie so oft in Libyen – militärisch überwacht. Ein Beobachtungsposten steht bei **km 70.**

Ein großer Rastplatz, einzelne Gehöfte und Straßencafés markieren den **Südabzweig vor Al Tamimi.** Wir passieren hier erneut eine **Kontrollstelle (km 94).** Der Ort selbst hat wenig Charme, ein typisches Straßendorf mit einer ruhigen Tankstelle.

Die Straße wendet sich zunehmend nordwärts: Wir umfahren den Golf von Bamba. An der Küste dehnen sich Strandseen und Salzmarschen. Wir überqueren Wadis auf Brücken – offensichtlich fließt hier doch immer wieder einmal Wasser. Den **Abzweig nach Bamba** selbst erreichen wir bei **km 106;** an dieser Straßenkreuzung wurde auch ein ganz neues Straßendorf errichtet; eine Tankstelle war im Fertigbeton-Programm auch vorgesehen.

Der Ostabfall des Akhdar-Berglandes ist erreicht: In mehreren Stufen steigen wir hinein und hinauf. Den Ort **Um Irrizam** mit vielen Dattelpalmen passieren wir bei **km 119.** Der in der Karte vermerkte Abzweig vor zur Küste ist gleichzeitig auch der Ortsrand. Wohlgemerkt: Ortsrand, nicht aber Ende des besiedelten Geländes – weithin sind jetzt wieder überall Häuser zu sehen. Die wenigen Bäume, die hier wachsen, müssen wohl einem ganz besonders stetigen und heftigen Wind standhalten: Sie wachsen oft fast horizontal über den Boden, vom Meer abgewandt.

Auf große Entfernung ist dann ein riesiges Zementwerk zu sehen. Diesem nähern wir uns mehr und mehr und erreichen es schließlich nach dem Abzweig bei **Martubah** bei **km 147.** Dann enden erst einmal die Kalkflächen; Roterde-Böden ziehen sich mit weiten Getreidefeldern hin; alles ist be- und zersiedelt. Ein erneuter Kontrollposten hält uns bei **km 161** nur kurz auf. Dann erreichen wir einen weiteren Plateau-Rand; auch das Akhdar-Gebirge ist an seinem Nordrand durch zwei steile Stufen gekennzeichnet, die erste nach etwa 300 m, die zweite nach einer Zwischenhochfläche nach 500 bis 600 m; diese Höhenstufung wird uns entlang der Küste immer wieder auffallen. Jetzt sind wir an der Kante der vorderen Stufe: Riesige Parabolantennen und Wachtürme sind Indizien für den strategischen Stellenwert dieser Stufe hoch über dem Meer. Zu unseren Füßen liegt die Stadt **Darnah.** Steil geht es jetzt hinab, auf die große, moderne Küstenstadt zu. In einem Wadieinschnitt fahren wir in die Stadt ein, halten uns dabei immer nordwärts und haben nach vielen Kreuzungen und Abzweigen den **Hafen** bei **km 165** erreicht. Auf einer gestelzten Schnellstraße fahren wir bis unmittelbar ans Ufer vor und folgen hier der breiten, vierspurigen Küstenstraße einer Hafenpromenade entlang nach Westen.

Der Küste folgend fahren wir jetzt weiter. Nach einer Kontrollstelle bei **km 175,** die den Ortsrand markiert, trennt sich die Straße: Dem Plateau zu zieht sich die Inlandsroute in die Berge hinein, wir bleiben halbrechts und fahren weiter dem Ufer entlang. Die Straße ist überbreit, der Verkehr tendiert schon hier, kaum außerhalb der Stadt, wieder gegen Null; fast alle fahren auf der Inlandsstrecke. Die Küste macht einen wilden Eindruck. Auf langen Abschnitten durchfahren wir Aufforstungszonen: Zypressen und Kiefern scheinen sich zu bewähren. Große Steine versperren Feldwege, die von der Straße abgehen: Es ist offensichtlich nicht erwünscht, dass man in die künstlich angelegten Wälder hineinfährt – verständlich. Wir passieren ein Militärgelände **(km 195)** und ein Kieswerk **(km 200):** Die Straße bietet dennoch genug Rast-Plätze für kurze Pausen. Nachtplätze sollten Sie hier allerdings unbedingt schon tagsüber suchen.

Ein Abzweig **(km 203)** nach Süden führt steil in die Berge hinein, wir fahren geradeaus. Auf dem Küstenhang liegt dann die mittelgroße Ortschaft **Ras-al-Hilal** (ordentliche Jugendherberge, Natursteinbogen an der Küste; die Kirchenruine mit Mosaiken liegt auf **Pos. N 32°54,79′ / E 22°10,16′**). Wir umfahren den Ort landeinwärts **(km 210).** Fans **byzantinischer Kirchenruinen** allerdings dürfen **Ras-al-Hilal** und das weiter östlich gelegene **Al-Atrun** mit zwei hübsch gelegenen frühchristlichen (6. Jh.) Kirchen nicht versäumen. Tipp aus dem Kreis der Leser: Man parkt auf **Pos. N 32°52,24′ / E 22°16,92′** an der alten Küstenstraße und geht dann zwischen Häusern und durch Gärten etwa 5 Min. nordwärts zur Küste. Die beiden lohnenswerten Basiliken liegen unmittelbar über der Steilküste.

Die frühchristlichen Kirchen von Ras-al-Hilal und Al-Atrun

von *Dr. Chr. Eger*

Man betritt die **Kirche von Ras-al-Hilal** von Osten durch eine Vorhalle. Das Schiff ist mit einem Mosaikfußboden ausgelegt, während die im Westen liegende Apsis von einem qualitätsvollen, farbigen Steinfußboden (opus sectile) bedeckt wird. In der Mitte ist die Fundamentplatte mit den Einlassungen für die Altarmensa erhalten. Links neben der Apsis befindet sich in einem Anbau ein Taufbecken. Rechts von der Apsis liegt eine Gruft aus Steinplatten.

Zwei weitere kleine **Kirchen** liegen 14 km östlich in der Ortschaft **Al-Atrun.** Von Apollonia kommend, biegt man von der Hauptstraße ein auf die schmale, durch den Ort führende Straße und sieht bald an der Küste die Ruine der östlichen Kirche. Eine direkte Zufahrt existiert nicht. Man muss am Straßenrand halten, dann geht man zu Fuß am Rand eines Ackers entlang zur Kirche. Vorsicht vor den Hofhunden des benachbarten Gehöfts; es empfiehlt sich, dem alten, englisch sprechenden Hofbesitzer Bescheid zu geben! Wie die Kirche von Ras el-Hilal, so liegen auch diese Kirchen direkt oberhalb der Klippen. Sie gehörten ursprünglich zu der antiken Ortschaft Erythrum, von der aber fast keine weiteren sichtbaren Überreste erhalten blieben. Von den Kirchen aus sind in den Felsklippen mehrere Grabkammern zu erkennen, die zur örtlichen Nekropole zählten.

Bei der östlichen Kirche handelt es sich um einen kleinen dreischiffigen Bau, der in der Apsis ein Synthronos (abgestufte Sitzbank) aufweist. Bei den Ausgrabungen wurden zahlreiche Reste der marmornen Innenausstattung geborgen, darunter die gesamte Chor-Verschrankung. Die weißen, mit Kreuzmotiven verzierten Marmorplatten liegen seit ihrer Auffindung ungeschützt ausgebreitet auf dem Feld unmittelbar vor der Ausgrabungsstätte.

Auffällig sind bei den Kirchenanlagen von Atrun und Ras-al-Hilal die breiten Mauern, zu deren Ausbau man sich in der späten byzantinischen Phase zu Verteidigungszwecken entschlossen hatte.

Abstechermöglichkeit: Auf Höhe des Ortes Ras-al-Hilal führt ein schmales, kurvenreiches und von üppiger Vegetation gesäumtes Sträßchen hinauf in die Berge und hinüber zur Inlandsstraße. Auf der ersten Passhöhe in Sichtweite der Straße befinden sich vier römische Grabbauten, im weiteren Verlauf rechts Mauerreste über Felshöhlen. Schöne Rastplätze! Von einem vorspringenden Sporn bietet sich ein hervorragender Ausblick auf die Küste und das azurblaue Meer.

Die Küste wird vorübergehend noch etwas „dramatischer": Vor allem die Wadis, die von den Bergen herabziehen, haben sich hier schluchtartig in den Kalkstein eingegraben. Dazwischen finden sich immer wieder hübsche **Badebuchten.**

Dann verbreitert sich der Küstensaum zu einem niedrigen Hügelland mit Buschgelände und Feldern: Wir erreichen Marsa Susah, das alte Apollonia, bei **km 236.**

Marsa Susah/ Apollonia

أبوللونيا -- سوسة -

Marsa Susah/Apollonia ist heute ein verschlafener, sympathischer Fischerhafen, der ausreichende Versorgungsmöglichkeiten bietet: Brot und Lebensmittel, eine Tankstelle, jüngst wurde sogar ein mehrgeschossiges Hotel mit Pool eröffnet. Teilweise stammt die Bausubstanz noch aus Kolonial- und antiker Zeit.

Es gibt eine Unterkunft im jugendherbergsähnlichen Funduk Masif Susah As Siahi, ca. 3 km westlich des Ortes direkt am Meer (DZ 10 LD, Do und Fr häufig von Wochenendausflüglern ausgebucht).

Geschichte

Angeregt von einem Spruch des Apollo-Orakels von Delphi segelten um 640 v.Chr. wenige hundert Dorer von der Cycladen-Insel Santorin über das Mittelmeer gen Süden, einem versprochenen „Gold-Land“ entgegen. Der Küste entlang über Jahre auf der Suche nach dem versprochenen Paradies, fanden sie die quellenreichen Regionen des Jabal Akhdar und gründeten hier 631 Cyrene (s.u.). Ganz in der Nähe fanden sie einen idealen Naturhafen, stellten den Platz unter den Schutz ihres Gottes Apollo und gaben der daneben entstehenden Stadt den Namen des göttlichen Schutzpatrons: Apollonia. Große Teile dieses antiken Hafens liegen heute unter Wasser, da sich die gesamte Küste abgesenkt hat. Die Entwicklung Apollonias war immer und zu allen Zeiten die von Cyrene.

In christlicher Zeit wurde die Stadt auch Sozousa genannt, wovon sich der heutige arabische Name ableitet. Zu

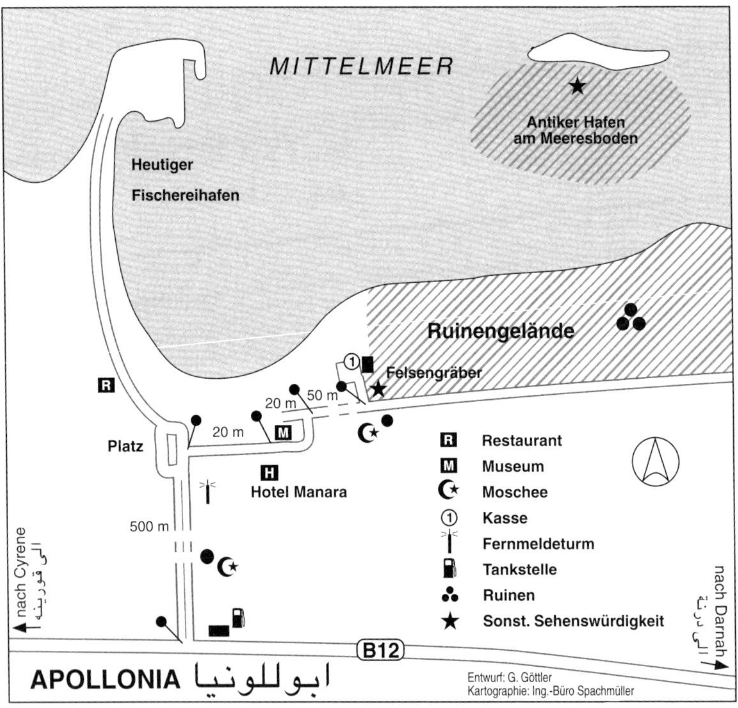

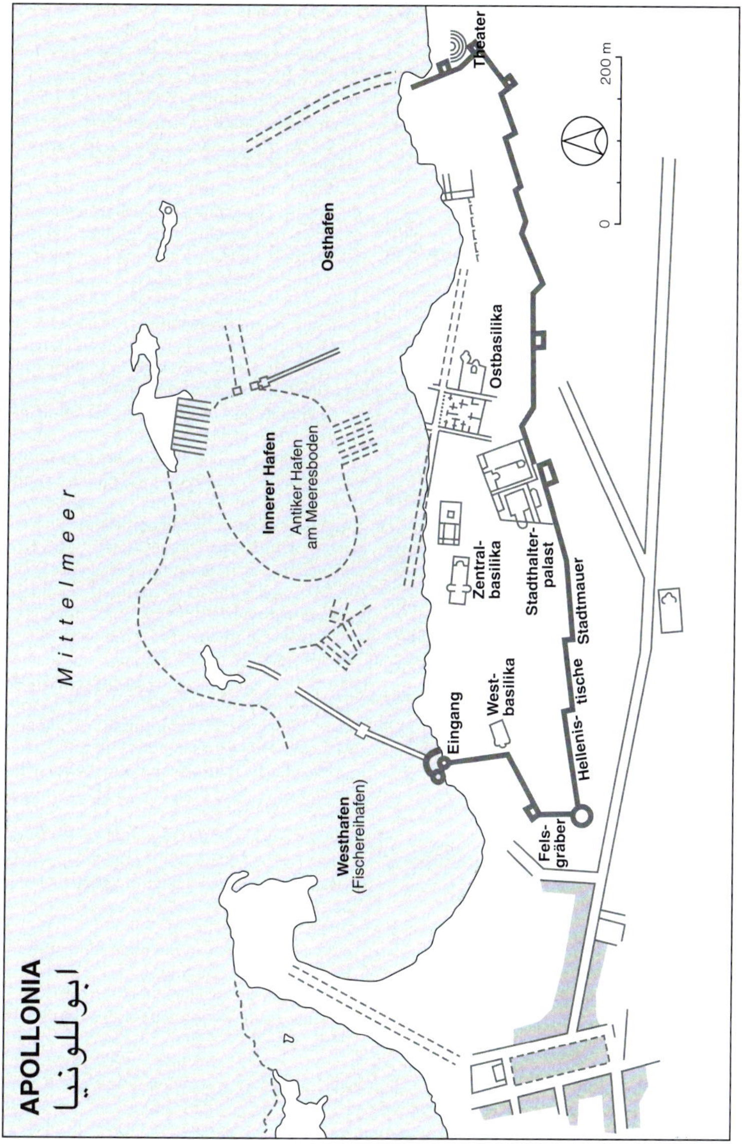
APOLLONIA
ابوللونيا
Mittelmeer
Osthafen
Innerer Hafen
Antiker Hafen am Meeresboden
Westhafen (Fischereihafen)
Eingang
West-basilika
Hellenis-tische Stadtmauer
Fels-gräber
Stadthalter-palast
Zentral-basilika
Ostbasilika
Theater
0
200 m

großer Bedeutung gelangte Apollonia im 5./6. Jh. n.Chr., als es Sitz des byzantinischen Statthalters der Provinz Libya Pentapolis wurde. Aus dieser Zeit stammen die bei Ausgrabungen freigelegten Kirchenbauten und der Palast des Statthalters.

Unterkunft

● **Hotel Manara,** www.manarahotel.com, im Jahr 2005 erbautes, mehrgeschossiges 3-Sterne-Hotel unmittelbar am Eingang des Ausgrabungsgeländes.

Besichtigung des Ruinengeländes

Die Besichtigung beeindruckt vor allem durch die Ruhe und die Lage am Meer. Im gesamten Ort herrscht eine geradezu familiäre Atmosphäre, und wenn der Wärter gerade Mittagspause macht, wird er Ihnen vermutlich empfehlen, einfach übers Tor zu steigen ... Nahe dem Eingang zum Ruinengelände liegen **Felsengräber.** Das verträumt in einer Seitenstraße liegende **Museum** habe ich leider immer nur verschlossen vorgefunden.

Kleiner Rundgang durch Apollonia

von *Dr. Chr. Eger*

Man betritt die antike Stadt durch das Westtor, wo sich auch der Ticket-Schalter befindet. Das Tor gehört zu der in hellenistischer Zeit errichteten und in byzantinischer Zeit in Stand gesetzten mächtigen **Stadtmauer,** die streckenweise noch gut erhalten ist. Nach 150 m gelangt man zur **Zentralbasilika.** Es handelt sich um eine dreischiffige Kirche, die man durch ein Atrium und einen Querraum mit abschließenden Apsiden betritt. Der Bau bestícht durch seine wiederaufgerichteten Marmorsäulen und die kostbare, in Resten erhaltene Innenausstattung: Die Böden waren teils mit Mosaiken ausgelegt, die Wände mit Marmorplatten verkleidet. Vor der östlichen Apsis befinden sich die Reste des Altars, der von einem Ciborium (von Säulen getragener Baldachin) flankiert war.

Weiter nach Osten geht man an den aus römischer Zeit stammenden **Thermen** vorbei zur östlichen **Kirche,** einer großen Basilika, deren monolithische Säulen aus grünlichem Cipollino-Marmor sind. Auch in dieser Kirche haben sich Reste des Mosaikbodens erhalten. Besondere Beachtung verdient das Taufbecken im nordöstlichen Anbau der Kirche, einem Trikonchos (ein nach drei Seiten mit Apsiden abschließender Raum).

Man geht nun ostwärts zur **Akropolis** hinauf, an deren Ostabhang, bereits außerhalb der Stadtmauer, das **Theater** liegt. Es öffnet sich malerisch zur Seeseite hin. Die Sitzreihen sind großteils aus dem Fels herausgeschlagen worden. In hellenistischer Zeit errichtet, wurde das Theater unter Kaiser Domitian im 1. Jh. n.Chr. vergrößert. In der Spätantike war das Theater nicht mehr in Betrieb, Teile davon wurden als Steinbruch benutzt.

Der Weg führt nun zurück, an der Südflanke des Stadtfelsens entlang. Etwa nach halber Strecke erreicht man einen großen Gebäudekomplex, der sich dem Besucher als verwinkelte Anlage mit mannshoch erhaltenen Mauern darbietet. Es handelt sich um die **Residenz des byzantinischen Statthalters,** die im späten 5. oder frühen 6. Jh. n.Chr. erbaut wurde. Um 518 n.Chr. lebte hier wahrscheinlich für kurze Zeit die spätere Kaiserin Theodora, die Gemahlin Kaiser Justinians. Im Westteil der Anlage befindet sich ein großer säulenumstellter Hof, der nach Westen mit einem Apsidensaal abschließt. Es handelt sich um einen Audienzsaal, in dem der Statthalter offiziellen Besuch empfing.

Hält man sich weiter in Richtung Ausgang, so liegt an der Stadtmauer etwas oberhalb des Eingangstores eine dritte Kirchenanlage,

Ruinen des antiken Apollonia

die **Westbasilika.** Ihre Apsis wurde direkt an die Rückseite eines Turmes der Stadtmauer angesetzt. Möglicherweise steht die Anlage in Bezug zu einem Grabmonument, das an der Außenseite des Stadtmauerturmes liegt und vielleicht ein Martyrium ist, also Grab und Gedächtniskapelle eines Märtyrers.

Archäologische Funde aus Apollonia, darunter Mosaiken mit Tierszenen aus der Ostbasilika, werden in einem kleinen **Museum,** das im modernen Ortszentrum liegt, aufbewahrt.

Auf der Küstenstraße weiterfahrend, wendet sich die breite Straße nach etwa 3 km den Bergen zu. In einem engen Taleinschnitt winden wir uns steil hinauf auf die erste Stufe; das Panorama ist beeindruckend. Die Hangkante der ersten Plateaustufe ist bei einem Kieswerk **(km 8)** erreicht; über eine zerklüftete und von Steineichen bestandene Zwischenebene fahren wir weiter in südwestwärts: Hier lassen sich geschützte Nachtplätze finden; denken Sie vor allem im Winter auch daran, dass es oben in Shahat/Cyrene deutlich kühler und auch windiger sein kann als in diesem Zwischenbereich.

Am südlichen Rand der Zwischenebene geht es dann weiter kurvenreich bergauf (die Straße ist recht neu). In einer engen Linkskurve bei **km 16** zweigt rechts eine schmale Asphaltstraße ab, die Sie auch benutzen können, wenn Sie nach Cyrene wollen; das schmale Sträßchen führt 2 km an dem Hang entlang durch das Nekropolen-Gelände und dann direkt zum unteren Eingang der Ruinenstätte. Sonst folgen Sie immer der breiten Straße weiter bergauf.

In einem Geländeeinschnitt wird die Hangkante **(km 19)** der zweiten Plateaustufe überschritten, und eben bzw.

388 Foto: gg

leicht bergab geht es oben nach **Neu-Shahat** hinein. Hier stoßen Sie nach wenigen hundert Metern in rechtem Winkel auf eine Querstraße **(km 256):** Rechts geht es jetzt zum Ruinengelände, angezeigt durch zwei rechts und links der Straße stehende antike Säulen, links dagegen auf einer modernen Straße mit Mittelstreifen in den lebhaften Ort hinein und dann weiter Richtung **Benghasi** u.a. auf der Route B 13 (vgl. auch Stadtplan).

Cyrene/Shahat
شحات قورينه

Beinahe im Mittelpunkt der Cyrenaika liegt die Stadt Cyrene (moderner Name: Shahat), Namenspatronin der ganzen Region. Die Landschaft am fast gebirgigen Nordrand des Jabal Akhdar und die Reste der klassischen Architektur gehen hier eine einmalige Symbiose ein. Die **üppige Mittelmeervegetation** lässt noch heute erahnen, dass der Reichtum Cyrenes auch auf dem Export einer hier gedeihenden Heilpflanze, des bis heute nicht identifizierten *Silphiums,* gründete.

Der Ort zerfällt in **zwei Teile:** das alte Shahat (im Verfall begriffen, aber mit Atmosphäre) nahe dem Ruinengelände im Taleinschnitt, und das neue Shahat, eine stadtähnliche, moderne Ortschaft südlich anschließend auf dem Plateau. Im neuen Stadtteil sind alle Versorgungsmöglichkeiten gegeben, ein Hotel fehlt jedoch; nur Jugendherberge (siehe Ortsplan).

Geschichte

Für den Ort, benannt nach der Quell-Nymphe Cyrene, Kyra, gilt die gleiche Gründungslegende wie für Apollonia. Das Orakel von Delphi, offensichtlich bemüht, in Griechenland Platz zu schaffen, erneuerte seine Versprechungen, und so kam es zu einem weiteren Zuzug griechischer Kolonisatoren. Von Thera aus kamen die griechischen Siedler unter ihrem Anführer *Battos* im 7. Jh. v.Chr. Battos wurde später der erste König und konnte ein Dynastie errichten, die für etwa zwei Jahrhunderte die Geschicke der Stadt bestimmte. Heftige Auseinandersetzungen mit den libyschen Stämmen folgten, die nach und nach unterworfen wurden. Es kam zur Gründung weiterer Städte: Barka (mit seinem Hafenort Tolmeta), Euhesperides (Benghasi), Teuchira-Tokra und Apollonia: Zusammen bildeten sie die **Pentapolis,** den **Fünf-Städte-Bund.** Ganz ähnlich wie Tunesien für Rom, wurde die Cyrenaika die Kornkammer Griechenlands. Die Nomaden des Hinterlandes lieferten die Produkte der Tierhaltung. Die Pentapolis gelangte zu solch wirtschaftlicher Blüte, dass sich Cyrene eine eigene Philosophenschule leisten konnte.

Im Jahre 332 v.Chr. unterwarf sich die Cyrenaika kampflos *Alexander dem Großen,* als dieser nach Ägypten zog. Es folgte dann die Herrschaft der Ptolemäer-Fürsten. Dies brachte starke Einflüsse aus dem Nil-Tal in die Cyrenaika. Viele Juden wanderten vor allem in den Städten zu, zeitweise machten sie hier ein Viertel der Bevölkerung aus. Vom

391 Foto: gg

Route B 12

letzten aus dem Geschlecht der Ptolemäer wurde das Land 96 v.Chr. an die Römer vererbt. Die hellenistische Kultur wurde damit endgültig verdrängt, und im Gefolge der Römer hielt das Christentum Einzug.

Das Aus für die römische Kultur und die christliche Religion bedeutete die arabische Eroberung und mit ihr der **Siegeszug des Islam,** beginnend im 7. Jh. n.Chr. und kulminierend in dem Einfall ganzer arabischer Stammesgruppen, den Beni Hilal (968) und den Beni Sliman (1050).

Die Ruinen von Cyrene wurden erst Anfang des 18. Jh. in Europa bekannt. In der ersten Hälfte des 20. Jh. begann mit amerikanischen und italienischen Ausgrabungen die moderne archäologische Erforschung der antiken Stadt.

Unterkunft

- **Hotel Winzrik Cyrene Resort,** Tel. 912/093230, liegt ca. 1,7 km östlich des Zeustempels, Restaurant in alter Höhlenanlage. DZ 35/45 LD.
- Die **Jugendherberge** (Beit-Shabaab) liegt nahe des Südeingangs (siehe Plan).

Rundgang durch Cyrene

von *Dr. Chr. Eger*

Das **Ausgrabungsgelände** lässt sich grob in **vier Bereiche** gliedern, die man über einen ausgedehnten Fußmarsch oder mit dem Wagen erreichen kann:

Zeus-Tempel in Cyrene

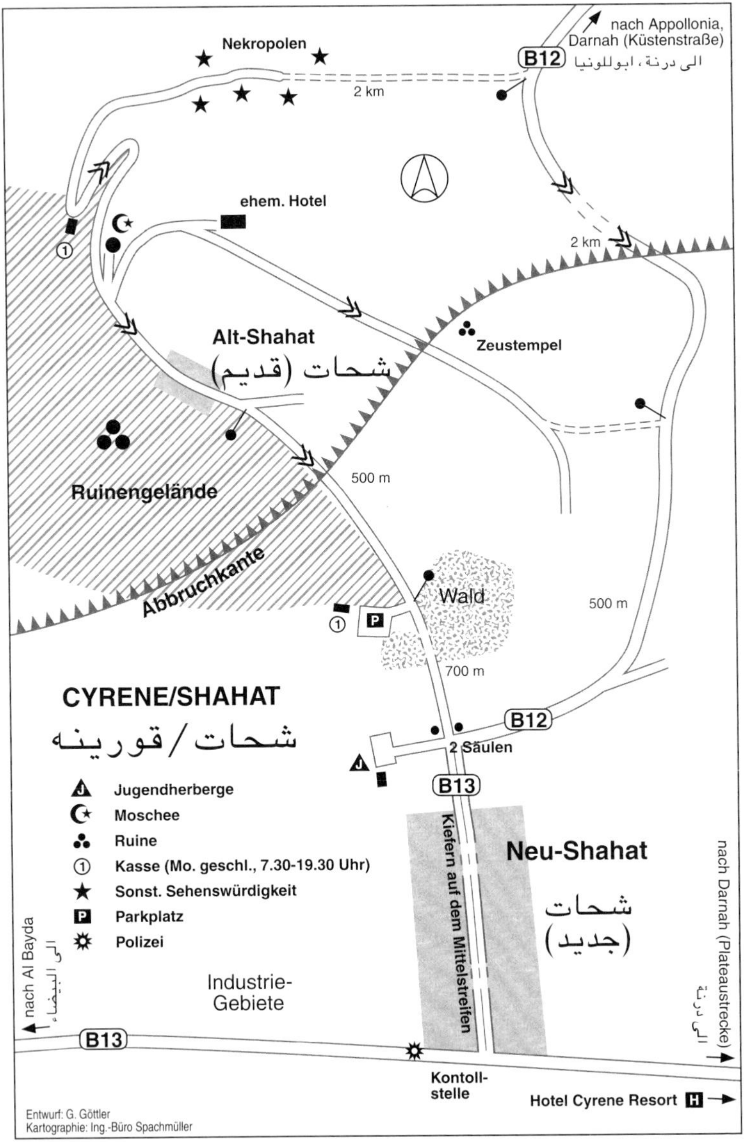
nach Appollonia,
Darnah (Küstenstraße)
B12
الى درنة ، ابوللونيا
Nekropolen
2 km
ehem. Hotel
2 km
Alt-Shahat
شحات (قديم)
Zeustempel
Ruinengelände
500 m
Abbruchkante
Wald
500 m
700 m
CYRENE/SHAHAT
شحات / قورينه
B12
2 Säulen
B13
Jugendherberge
Moschee
Ruine
Kasse (Mo. geschl., 7.30-19.30 Uhr)
Sonst. Sehenswürdigkeit
Parkplatz
Polizei
Kiefern auf dem Mittelstreifen
Neu-Shahat
شحات (جديد)
nach Al Bayda
الى البيضاء
Industrie-
Gebiete
nach Darnah (Plateaustrecke)
الى درنة
B13
Kontoll-
stelle
Hotel Cyrene Resort
Entwurf: G. Göttler
Kartographie: Ing.-Büro Spachmüller

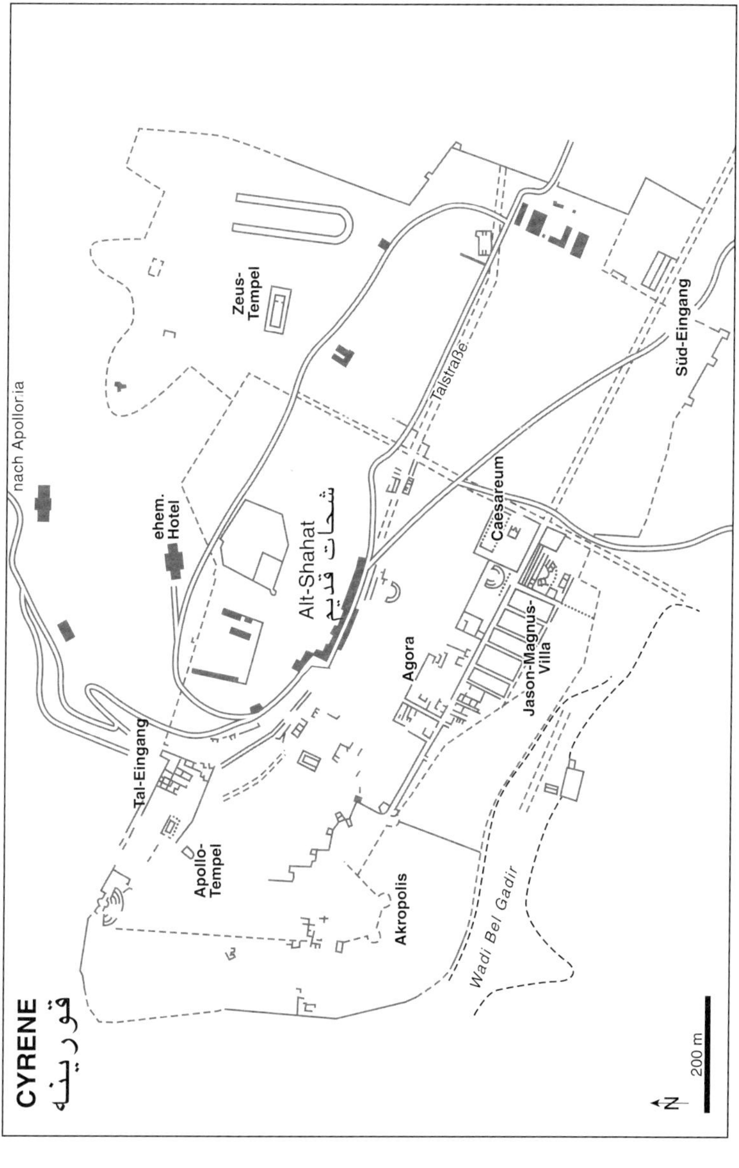
CYRENE
قورينه
nach Apollonia
ehem. Hotel
Zeus-Tempel
Alt-Shahat
شحات قديم
Talstraße
Süd-Eingang
Caesareum
Agora
Jason-Magnus-Villa
Tal-Eingang
Apollo-Tempel
Akropolis
Wadi Bel Gadir
200 m
N

1. Römisch-byzantinische Reste an der Talstraße;
2. Agora und Gymnasium/Caesareum;
3. Apollo-Heiligtum, Trajans-Thermen;
4. Zeus-Tempel.

Nicht versäumen sollte man außerdem einen Spaziergang entlang der Straße nach Apollonia (Marsa Susah), die sich am Nordhang der Stadt durch die großartige Nekropole mit den aus dem Fels geschlagenen Grabkammern vorbeischlängelt (2 km).

Zu 1.: Entlang der Talstraße, die von der modernen Stadt mitten durch das antike Stadtgelände führt, liegen mehrere Gebäudereste aus römischer und byzantinischer Zeit. Kurz hinter dem Osttor, das den Zugang zur antiken Stadt markiert, liegt auf der rechten Seite eine große frühchristliche **Kirchenanlage,** die aufgrund einer Mosaikinschrift als Bischofskirche gilt. Die Talstraße führt weiter an den Resten des römischen Stadtzentrums Cyrenes vorbei. Zu sehen sind die Grundrisse mehrerer **Tempel** und **Privathäuser.** In der Spätantike wurde außerdem eine frühchristliche **Kirche** erbaut, in der noch Teile eines Mosaikfußbodens aus dem 6. Jh. erhalten sind. Kurz darauf erreicht man das alte arabische Dorf Shahat. Nahe der Straße liegen die Grundmauern eines kleinen römischen **Theaters.** Von hier aus kann man entweder zur weiter nordöstlich gelegenen Terrasse mit dem Apollo-Heiligtum fahren oder aber bis zur Wegekreuzung zurück und dann nach rechts zum südlich gelegenen Agora-Areal abzweigen.

Zu 2.: Die Besichtigung des großflächig freigelegten Agora-Areals beginnt man am besten mit dem beeindruckenden **Gymnasium/Caesareum.** Die ursprünglich griechische Anlage wurde als öffentliches Gymnasium (Sportstätte) errichtet. Im Laufe der Zeit verfallen, wurde es in den ersten Jahrzehnten nach Christus von dem wohlhabenden Bürger *Proculus* erneuert. In der Mitte des riesigen, im Zuge der italienischen Ausgrabungen großzügig wieder aufgebauten Säulengevierts lag nun ein Podiumtempel, der dem Gott *Bacchus* oder aber *Caesar* gewidmet ist, weswegen die ganze Anlage auch als Caesareum bezeichnet wird. An der nördlichen Seite schließt eine **Marktbasilika** an.

Hinter dem Forum beginnt die **Battos-Straße,** benannt nach dem ersten Herrscher von Cyrene, König Battos. Während die Nordseite der Straße von dem gigantischen Mauerzug der Forumsrückseite sowie der Stoa des Hermes und Herkules beherrscht wird, liegen auf der Südseite ein **Theater** und römische **Privathäuser,** darunter die große, so genannte Jason-Magnus-Villa aus dem 2. Jh. n.Chr. Die Villa gliedert sich in einen offiziellen Bereich rings um einen großen säulenumstellten Hof und einen privaten Wohnbereich mit kleineren Gemächern. Das zum offiziellen Teil gehörende große Triklinium wurde mit einem kostbaren opus sectile-Boden ausgekleidet.

Die Battos-Straße führt weiter zur **Agora,** dem Zentrum des öffentlichen Lebens in Cyrene. Der etwa quadratische Platz ist von Säulenumgängen (Stoa) und Tempeln eingefasst. Auf der Südhälfte des Platzes befindet sich das Schiffsmonument, das wahrscheinlich an einen Seesieg der Cyrener erinnert. Ein weiteres Monument des öffentlichen Gedenkens liegt an der Westseite des Platzes. Es handelt sich um den größeren der beiden kreisförmigen Bauten, der als das Grab des Stadtgründers Battos gilt. Über Eck liegt ein **Demetertempel.** Südlich der Battos-Straße befinden sich der **kapitolinische Tempel** aus dem 2. Jh. n.Chr. sowie das **Prytaneum,** eine Art offizielles Bankettgebäude. Im weiteren steigt die Battos-Straße zur Akropolis an, die keine nennenswerten Überreste aufweist.

Zu 3.: Das **Apollo-Heiligtum** und die **Trajans-Thermen** liegen auf einer Terrasse unterhalb der Akropolis von Cyrene am nordwestlichen Stadtrand. Der separate Zugang zu dem Ausgrabungsgelände ist über die in Kehren absteigende Straße nach Apollonia zu erreichen. Am besten parkt man direkt in der ersten Kehre, an den Touristencafés.

Zunächst durchquert man die unter Kaiser Trajan erbauten Thermen. Ebenso wie die gesamten Tempelanlagen wurden die Thermen während des jüdischen Aufstandes schwer beschädigt, von Kaiser Hadrian aber 119 n.Chr. wieder aufgebaut. Noch in byzantinischer Zeit wurden Teile der Therme genutzt. Zunächst betritt man den offenen Hof und von dort die einzelnen Badräume. Die Warm- und Heißwasserräume verfügen über eine Hypokaust-Anlage (eine unter dem Boden liegende Heizungsanlage), die an den doppelten Böden mit Ziegelpfeilerchen erkennbar sind. Hinter den Thermen erstreckt sich ein heiliger Bezirk mit mehreren kleineren Tempeln und dem großen **Apollo-Tempel** in der Mitte. Der Tempel geht auf eine Anlage des 6. Jh. v.Chr. zurück und wurde zuletzt im 2. Jh. n.Chr. in Stand gesetzt. Der Umgang besteht aus elf mal sechs glatten dorischen Säulen. Gegenüber der Stirnseite des Tempels liegt der mächtige, rundherum getreppte **Apollo-Altar,** auf dem die Kult- und Opferhandlungen stattfanden. Tempel und Altar wurden zum Dank dafür errichtet, dass der Orakelspruch des Gottes *Apoll* die griechischen Kolonisten zu einem siedlungsgünstigen Ort mit Quelle geführt hatte. Die Quelle liegt an der Hangseite des Tempels und führt in einem teils natürlich, teils künstlich geschaffenen Grottensystem tief hinein in den Felsen.

Wandert man auf der Terrasse weiter nach Westen, so stößt man am Abhang der Terrasse auf die Reste des griechischen Theaters, das in römischer Zeit zu einem **Amphitheater** umgebaut wurde – der Ausblick ist phantastisch! Bevor man die Terrasse des Apollo-Heiligtums wieder über den Zugang verlässt, lohnt noch ein Blick auf die **Kalköfen** aus byzantinischer Zeit, die gegenüber den Trajans-Thermen entlang der Felsen liegen. In den kreisrunden Öfen wurde Marmor zu Kalk gebrannt, der aus den aufgegebenen Tempelanlagen stammte.

Zu 4.: Zu den Höhepunkten in Cyrene zählt zweifellos der **Zeus-Tempel,** einer der besterhaltenen dorischen Tempel. Der außerhalb der griechischen Stadtanlage gelegene Bau wurde Anfang des 5. Jh. v.Chr. errichtet. Mit einem Grundriss von 32 x 70 m übertrifft er den Zeus-Tempel in Olympia. Wie der Parthenon-Tempel auf der Akropolis in Athen reihen sich acht statt der sonst üblichen sechs dorischen Säulen an den Stirnseiten, 17 an den Längsseiten. Im Innern der Cella, des eigentlichen Heiligtums, ist noch der Sockel für die Kultstatue zu sehen. Schon in der Antike wurde der Tempel mehrfach restauriert, u.a. nach dem jüdischen Aufstand von 115/117 n.Chr. Wohl durch das Erdbeben im Jahr 365 n.Chr. wurde der Tempel endgültig zerstört und aufgegeben.

Westlich des Zeus-Tempels sieht man die **Reste des Stadions.**

Leider ist das **Museum** von Cyrene, das über hervorragende Skulpturen der griechischen und römischen Epoche verfügt, derzeit (2007) geschlossen. Einige Fundstücke aus Cyrene sind im Museum in Tripolis ausgestellt.

Route B 13:
Cyrene (Shahat) – Al Bayda – Benghasi – Sirte

- *Durchgehend asphaltiert, Verkehr nur innerorts lebhaft; auf einzelne Straßenschäden wird im Text verwiesen. 17 km bis Al Bayda. Bis Benghasi direkt ca. 200 km. Benghasi bis Sirte ca. 560 km.*
- *Michelin-Karte 741 und Geo-Projects-Karte (mit Ausschnitt Benghasi-Region).*

Die hier beschriebene, durchgängig asphaltierte Strecke führt nur teilweise die Küste entlang. Dabei war es bis Benghasi Ziel der Streckenführung, wo immer möglich unmittelbar einer Uferstraße zu folgen. Während die Geo-Projects-Karte einen solchen Streckenverlauf möglich erscheinen lässt, ist in der Michelin-Karte die Küstenstrecke über eine größere Distanz unterbrochen. Es sei vorweggenommen: Die Michelin-Karte ist hier zutreffend. Die Küstenstraße fehlt tatsächlich über eine Entfernung von ca. 50 km. Die Geo-Projects-Karte kennzeichnet diesen Abschnitt als „under construction" bzw. „proposed": Es entsteht aber der Eindruck, dass hier nur von „proposed" die Rede sein kann – von irgendwelchen baulichen Aktivitäten ist jedenfalls nichts zu erkennen, und so werden Sie in absehbarer Zeit wohl auch nur die Möglichkeit haben, die Küste immer wieder zu verlassen – leider!

Die Route verläuft zunächst bis Al Bayda auf dem höchsten Niveau des Akhdar-Massivs, passiert Al Bayda, führt hinab ans Meer, ein kurzes, aber interessantes Stück der Küste entlang, dann erneut hinauf aufs oberste Plateau, durch Berglandschaften nach Westen über weite Agrarflächen erneut hinaus an die Küste nach Ptolemaïs, weiter dann der Küste entlang in die Stadt Benghasi. In einem weiten Bogen folgt die Strecke dann der steppen- bis wüstenhaften Sirteküste, immer in Reichweite des Meeres, aber selten so, dass die Wasserfläche in Sicht kommt: Die Küste ist hierfür zu flach. Dieser Streckenabschnitt ist über weite Distanzen langweilig, teils auch stark zersiedelt und für irgendwelche industriellen Anlagen genutzt. Ruhige und naturschöne Teilstücke sind selten, ebenso die Möglichkeit, an der Küste baden zu gehen.

km 0: Abzweig mit zwei Säulen zwischen Cyrene und Shahat. Am Abzweig zwischen den Ausgrabungsstätten von Cyrene und dem neuen, modernen Ort Shahat wenden wir uns nach Süden und folgen der von Kiefern auf dem Mittelstreifen beschatteten breiten Straße. Schon nach **2,5 km** stoßen wir auf eine große Querstraße: Dies ist die Plateau-Strecke von Darnah nach Al Bayda. Wir biegen hier nach rechts, westwärts ab, passieren die Kontrollstelle an der Einmündung und fahren dann durch dichten Verkehr zwischen Industrieanlagen dem Ortsrand entgegen. Der Straßenzustand ist für einige Zeit schlecht, die Straße zweispurig. Jeder weicht den Straßenschäden aus und nimmt dabei wenig Rücksicht auf den Gegenverkehr. Fahren Sie entsprechend vorsichtig! Bei **km 10** erreichen wir eine Autobahn und dort eine groß ausgebaute Kreuzung: Hier fahren wir geradeaus/halblinks (halbrechts geht es nach Al Bayda hinein, s.u.) und befinden uns damit auf der autobahnähnlichen Umfahrung von Al Bayda.

Al Bayda البيضاء

Al Bayda („die Weiße") ist eine moderne Stadt mit 55.000 Einwohnern. Sie wurde während der Herrschaft von König *Idris I.* im Jahr 1964 zur administrativen Hauptstadt Libyens erklärt, eine Maßnahme, womit die anhaltenden Rivalitäten zwischen Tripolis und Benghasi beendet werden sollten. Aus dieser Zeit besteht noch ein Königspalast, der heute die Islamische Universität beherbergt. Sehenswert soll auch das Grab von *Sidi Rafa* (ein Begleiter des Propheten Mohammed, gest. 675) sein, das sich in der „Weißen Moschee" im Stadtzentrum befindet.

Die Ruinen des tempelähnlichen **Asklepieion,** ein Ort kultischer Handlungen zu Ehren des griechischen Gottes der Heilkunde *Asklepios,* eine Art antike Kurklinik, in der ein Wunder- und

Wallfahrtsbetrieb herrschte und Seelenärzte medizinisch-magische Therapieprinzipien wie Tempelschlaf rationalen Kuren mit rein medizinischer Indikation vorzogen, lohnen einen Besuch für Kulturinteressierte vor allem deshalb, weil es nur noch ganze vier erhaltene Beispiele solcher Anlagen gibt. Archäologisch wertvolle Kleinfunde des Asklepieion sind im örtlichen Museum untergebracht.

Für die Übernachtung steht das **Hotel Quasr-al-Beyda** zur Verfügung (DZ 40 LD, mit Restaurant, Übernachtung nur mit Essen möglich, d.h. zzgl. 25 LD).

Abstecher nach Salantah (Slonta, Sluntah)

25 km südlich von Al Bayda liegt der Ort Salantah, der einen Besuch allein schon aus dem Grund lohnt, weil auf einer Anhöhe nördlich des Dorfes die **„Grotte von Slonta"** liegt. In diesem einzigartigen Heiligtum der libyschen Urbevölkerung (d.h. schon aus vorgriechischer Zeit stammend) sind ganz ungewöhnliche Felsbilder zu sehen: auf einem Altar liegende Schweine, Gesichter von schreienden Kindern, eine riesige Schlange, Echsen, die sich an den Zitzen von Ziegen laben usw. Die religiöse oder rituelle Bedeutung der Reliefdarstellungen ist bis heute noch weitgehend unerforscht. Die Grotte ist mit einer Mauer und einem Zaun umgeben und sehr unscheinbar. Ggf. können Sie bei der Polizeistation im Ort nachfragen; Sie werden dann evtl. freundlich hin begleitet.

Auf der **Umfahrung von Al Bayda** fahren wir bis zur dritten ausgeschilderten Ausfahrt und biegen hier nach einer lebhaft frequentierten Tankstelle bei **km 16** nach Norden ab. Die große Straße führt uns zunächst in nordwestliche Richtung durch weithin zersiedeltes Gelände. Dann geht es steil hinab von der oberen Plateau-Stufe auf die Zwischenebene, die wir bei **km 21** erreichen. Auch hier in der Zwischenebene ist alles kultiviert, nach Norden zu aber nehmen dann doch freie Räume mit Buschzypressen und Grüneichen zu. Wenn Sie in diesem Gebiet einen Übernachtungsplatz suchen, können Sie mit Erfolg rechnen.

Bei **km 35** erreichen wir die untere Plateau-Stufe. Wieder geht es steil hinab. Dann kommt ein **buchtenreicher, türkisfarbener Meeresabschnitt** in Sicht; kurz vor der Küste biegen wir links ab **(km 38)** auf eine kleine Straße, die einige Meter ohne Asphalt ist: Wir sind hier in **Ras al Hamamah,** an der „Landzunge der Bäder". Die Küste macht ihrem Namen Ehre: Ferienhaussiedlungen sind im Entstehen und ruhige Badebuchten über Feldwege erreichbar. Die ganze Küste macht einen erstaunlich ländlich-ärmlichen Eindruck.

Wir folgen der schmalen Straße westwärts. Bei **km 50** ist eine Tankstelle in Bau: Vielleicht erhalten Sie hier im Gegensatz zu uns schon Treibstoff. Bei **km 51** sind wir in einem Küstenort mit einem Bordj, das kleine Dorf **Hania (Al Haniyah).** Auf felsiger, schärenartiger Küste liegt der Ort zwischen Brackwasser-Seen.

Hier endet nun tatsächlich unsere Küstenstraße. Wir fahren wieder in Südrichtung, erklimmen nach einem Kilometer bereits die untere Plateaustufe, überqueren die hier recht einsame Zwischenebene und steigen dann sehr steil und in Serpentinen die obere Plateaustufe hinauf. Große, vereinzelte Bäume wachsen nahe der Plateau-Kante und hier vor allem in den Taleinschnitten. Oben an der Kante liegt ein Weiler, den wir in engen Kurven, aber immer südwärts durchfahren **(km 63).** Nur zwei Kilometer weiter erreichen wir die große Straße beim Ort **Massah (km 65).** Mit Querverkehr aus unserer Richtung wird hier wohl nicht gerechnet: Wir müssen in einer Rechts- oder Linkswendung in die Hauptstraße einfädeln.

Wir fahren nach Westen. Die Straße ist breit, kurvenreich und in sehr gutem Zustand, der Verkehr schwach. Felder und Weiden wechseln sich ab. Nebenstraßen münden ein; wir fahren immer geradeaus auf der deutlichen Hauptstraße in westlicher Richtung. Dann ist voraus ein tiefer Taleinschnitt zu sehen, das **Wadi al Caf.** Sollten Sie die Ardèche in Südfrankreichs Cevennen kennen, werden Sie sicher an die dortige Landschaft erinnert. Eine Brücke überspannt den Canyon; sie ist jedoch seit einiger Zeit wegen technischer Mängel gesperrt. So haben Sie die Chance, auf der Umfahrungsstraße durch den Cañon (ein Naturdenkmal) hindurch diesen von innen und nicht nur von oben kennen zu lernen: Auf schlechter, enger Straße geht's hinab; auch wenn der Verkehr schwach ist, hier gerät er immer wieder ins Stocken – zu eng sind die Passagen. Höchst eindrucksvoll ist die Talschlucht: Einige riesig wirkende Zypressen und Pinien stehen in den schattigen und feuchtigkeitshaltenden Steilwänden und in den Talsenken; sie vermitteln einen Eindruck von dem, was für Wälder hier unter etwas günstigeren klimatischen Verhältnissen gedeihen könnten. Steil und etwas besser windet sich die Straße wieder hinauf und hinaus aus der Schlucht; oben geht es dann auf bester, breiter Überlandschnellstraße weiter nach Westen. Büsche, Felder und Wälder wechseln sich weiter ab; wenn Sie Glück haben, sehen Sie hier noch die nordafrikanische Landschildkröte.

Einen Abzweig (er führt nach **Qasr el Libya;** dort Mosaiken mit dem Pharos von Alexandria) lassen wir links liegen **(km 96),** durchqueren geradeaus eine Ortschaft **(km 100),** passieren einen weiteren Abzweig rechter Hand **(km 112)** und erreichen dann weithin kultivierte, ebene Flächen und weite Täler bei **Al Bay Yadah (km 116):** In kolonialem Stil steht hier eine Feste auf einem Hügel und weist so schon auf das hin, was wir nach einem Hügelzug bald darauf erreichen: Bei **km 137** bietet sich ein weiter Blick hinaus in die Polje (unter einer Polje verstehen Geografen große, wannen- oder kesselartige Becken mit ebenem Boden in Karstgebieten) von Al Marj, das antike Barka: Projektflächen reihen sich aneinander bis zum Horizont. In der kolonialen Phase lagen hier riesige Siedlungsgebiete und Agrargüter der Italiener. Ihre Häuser werden derzeit aufwendig renoviert. Am Westrand dieser fruchtbaren Ebene liegt Al Marj (die Route führt nicht bis in den Ort).

Al Marj المرج

1963 durch ein Erdbeben fast völlig zerstört, wurde es danach als New Al Marj (Al Marj Jedida) einige Kilometer weiter im Westen neu erbaut. Früher entstand in der Polje in regenreichen Wintermonaten ein See; Drainage-Maßnahmen mit großtechnischen Maschinen haben die Überschwemmungsproblematik beendet; der 10 m mächtige Roterde-Boden in dieser Senke hält jedoch die Feuchte und ermöglicht den Anbau verschiedenster Feldfrüchte. Viele Händler bieten am Straßenrand Obst und Gemüse in großer Auswahl an.

Wir durchqueren eine lebhafte Ortschaft **(km 140)** auf einer Straße, die von Eukalypten und Oleander gesäumt ist. Bei **km 146** knickt die Straße deutlich von West auf Südwest: Hier biegen wir rechts ab, nach Norden!

Die Straße wird schmal und führt fast genau in Nordrichtung. Nach etwas weniger als 10 km wird sie wieder breiter und führt kurvenreich aus der Polje heraus. Über flache Höhenstufen hinweg (das Jabal-Akhdar-Massiv löst sich hier nach Westen mehr und mehr auf) geht es durch Buschland (Nachtplätze bei **km 159**) zunächst in ein weites Tal, das sich dann rasch verengt und steil hinab zur Küste führt: Bei **km 162** bietet sich wieder ein weiter Blick hinaus aufs Mittelmeer; die Straße schwenkt dort draußen im Küstenvorland auf Nordost bis Ost und führt auf eine von weither sichtbare Ortschaft zu. Auch militärische Anlagen sind zu erkennen. Genau auf Höhe von Ruinen (Rest eines Mausoleums) liegt eine nette Strand-Partie: Hier können Sie ein weiteres Mal – entsprechendes Wetter vorausgesetzt – dem Badevergnügen frönen. Wir fahren über das Küstenvorland weiter und haben bei **km 166** und vorbei an malerischen Palmen den modernen Ort **Ad Darsia** erreicht (neue Tankstelle, genau gegenüber dem Bäcker). Die durchs Dorf führende Straße geht zuletzt in eine Piste über, und am Ortsrand, im alten italienischen Viertel nahe der zerfallenen Kirche, stoßen wir auf das Museum von Ptolemaïs.

Ptolemaïs (Tolmetha) طلميثة

Von der schon um 250 v.Chr. gegründeten einstigen Hafenstadt Barkas haben sich nur noch **wenige Ruinenreste** erhalten. Da die ursprünglich griechisch-ptolemäische Architektur von römisch-byzantinischer überlagert ist und zudem durch ein Erdbeben stark in Mitleidenschaft gezogen wurde, bieten sich nicht jene pittoresken Säulen-Motive, die man sonst von dieser Küste kennt. Trotzdem lohnen sich der Besuch im kleinen **Museum** (0.50 LD) und ein Rundgang zu den dahinter weiträumig über den Hang verstreuten Ruinen. Beeindruckend sind v.a. die mächtigen Zisternen, in deren Gewölbe man hinabsteigen kann. Neben dem Museum hat in einem gepflegten kleinen Park ein **Café** eröffnet; es bietet schattige Sitzbänke, kleine Speisen und Getränke sowie – saubere Toiletten!

Kleiner Rundgang in Ptolemaïs

von *Dr. Chr. Eger*

Die Stadtgründung von Ptolemaïs geht, wie der Name zu erkennen gibt, auf die griechisch-ägyptische Dynastie der Ptolemäer zurück. 96 v.Chr. fällt Ptolemaïs mit der ganzen Cyrenaika an die römische Republik. 297 n.Chr. profitierte die Stadt von der Verlegung des Statthaltersitzes von Cyrene hierher. Für gut zweihundert Jahre war Ptolemaïs Hauptstadt der Region, bevor der Statthaltersitz in byzantinischer Zeit abermals verlegt wurde, nun nach Apollonia. In arabischer Zeit reduzierte sich die Rolle Ptolemaïs/Tolmeitas wieder auf die Verwendung als Hafenplatz Barcas.

Das weitläufige Ausgrabungsgelände ist gekennzeichnet durch relativ **isoliert voneinander gelegene Gebäudereste.** Große Bereiche der Stadt sind nicht untersucht.

Schlägt man vom kleinen archäologischen Museum aus den Weg nach Süden ein, so gelangt man nach etwa 250 m zu mehreren Gebäuderesten, darunter einem Bad aus byzantinischer Zeit, dessen achteckiges Kaltwasserbecken von einem großzügigen Säulenhof umgeben ist.

Zu den interessantesten Sehenswürdigkeiten zählt der ziemlich im Zentrum der antiken Stadt gelegene **„Säulenpalast“**, eine späthellenistische Stadtvilla, die im späten 1. Jh. n.Chr. um- und ausgebaut wurde. In der südlichen Gebäudehälfte bildet ein großer Säulenhof (Peristyl) mit Wasserbecken den Kern der Anlage, der an der Nordseite von einem großen Raum mit Säulen abgeschlossen wird. Im Nordteil der Villa liegen die Räumlichkeiten des Bades.

Östlich des Säulenpalastes sieht man mehrere annähernd quadratische Gebäude, die die heutige Ansicht der Ruinenstadt besonders prägen. Diese eigenartigen Bauten gehören zusammen mit zwei Kastellen zum städtischen **Befestigungswerk** aus spätrömischer und byzantischer Zeit.

Weiter nach Süden gelangt man direkt bis an den felsigen Abhang des Jabal Akhtar. Direkt unterhalb liegen die wenigen **Überreste des Stadions und des Theaters** von Ptolemaïs.

Geht man vom Säulenpalast in östlicher Richtung, so hat man die mächtige Ruine der so genannten **Festungsbasilika** im Blick. Die dreischiffige Pfeiler-Basilika wurde vermutlich im 5. Jh. errichtet. Sie verfügte ursprünglich nur über einen schmalen Zugang in der nördlichen Außenmauer, was den defensiven Charakter der Anlage unterstreicht. Der zweite Zugang in der Südwestecke der Kirche ist ein Werk jüngerer Zeit. An der Südseite sind die Wände noch 7 m hoch erhalten, auch die überwölbte Apsis ist noch intakt.

397 Foto: gg

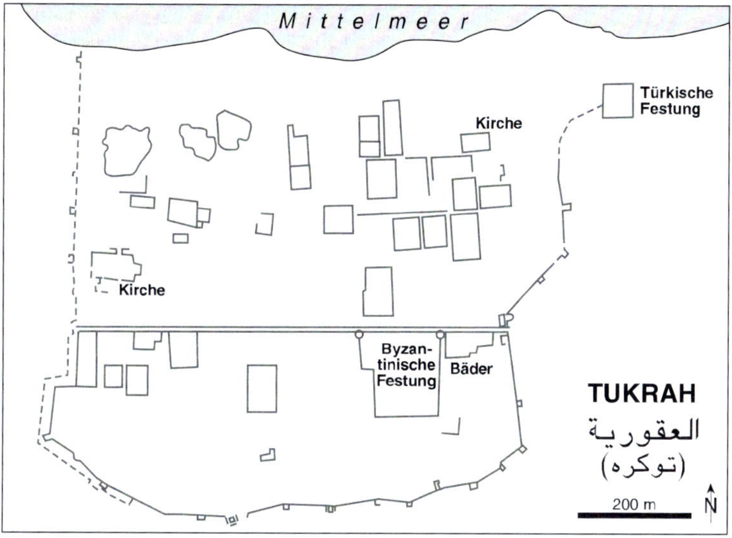

Ein Stück weiter westlich verläuft die Stadtmauer von Tolmeita, von der die beiden **Tortürme des Tokra-Tores** zeugen, das seinen Namen von der einst nach Tukrah führenden Straße erhielt.

3 km westlich der Tankstelle außerhalb von Ptolemaïs/Ad Darsia verzweigt sich die Straße **(km 169):** Halblinks geht es hinauf auf die erste Plateau-Stufe, von der wir auf dem Hinweg herabkamen, rechts führt unsere Route auf schmaler Straße weiter die Küste entlang. Wir biegen rechts ab und folgen erneut der Küstenstraße.

Durch bestellte Felder führt die schmale Straße küstennah in Richtung West-Südwest. Die Küste verlockt mit Palmen und kleinen Dünen immer wieder zu Bade-Pausen. Weiden und Felder wechseln, immer wieder führen Feldwege hinab ans Meer. Ein Militärgebiet wird bei **km 197** durchquert. Dann ziehen sich Salzmarschen entlang der Küste hin. Schließlich endet unser Sträßchen in **Tukrah** (Tokra, Teuchira, Al Aquriyah) und mündet bei **km 206** in die große Küstenstraße ein, die wenige Kilometer weiter zur Küstenautobahn wird.

Strand bei Ptolemaïs

Tukrah العقورية (توكره)

Tukrah ist **einer der ersten Siedlungsplätze der Griechen,** die dem Delphi-Orakel an die nordafrikanische Küste gefolgt waren (vgl. Cyrene/Geschichte). Das vor allem byzantinisch geprägte Ruinengelände finden Sie östlich der Einmündung, durch den Ort hindurch in Richtung Küste fahrend. Das **Ruinengelände** der antiken Stadt liegt außerhalb der türkisch-italienischen Festung und ist umzäunt. Der Eintritt kostet 3 LD zzgl. 3 LD für die Besichtigung der türkisch-italienischen Festung.

Die **Erforschung der Stadtanlage** von Tukrah steckt noch in den Anfängen. Anders als in Cyrene, Ptolemaïs und Apollonia sind die freigelegten Gebäudestrukturen relativ niedrig, selten mannshoch, erhalten, so dass die Stätte zunächst etwas spröde wirkt.

Im nordöstlichen Quartier liegen **zwei frühchristliche Kirchen.** Die kleinere Kirche ist in einen älteren Gebäudekomplex aus römischer Zeit hineingebaut. Sie verfügt über einen sehenswerten Mosaikfußboden. Auf 55 kleinen Bildfeldern sind verschiedene Tiere dargestellt, darunter Hasen, Vögel, Raubkatzen und ein Krokodil. Hält man sich nun südlich, stößt man bald auf die alte Hauptstraße Tauchiras, den **Decumanus maximus.** Neben den Resten des Stadttores liegt auf der Südseite der Straße ein byzantinisches Badgebäude. Direkt daneben wurde in derselben Zeit ein **Kastell** gebaut. Möglicherweise zogen sich hier die letzten byzantinischen Streitkräfte zurück, nachdem bereits die restliche Pentapolis von den Arabern eingenommen war. Erst 645 gelang es den Arabern, auch diese letzte byzantinische Bastion zu erobern. Dass es sich bei dem Kastell um eine eilends errichtete Anlage handelt, zeigt das schlechte, nicht fundamentierte Mauerwerk. An beiden Enden der langen Straßenfront springen runde Türme bis an die Straße vor. Die Innenbebauung des Kastells gliedert sich um zwei Höfe im Osten und Westen. Keramikfunde belegen, dass das Kastell von den Arabern nach der Eroberung der Stadt noch eine Zeit lang weiterbenutzt wurde. Auch an anderen Stellen der Stadt stieß man auf Spuren früharabischer Besiedlung, die offenbar bis in fatimidische Zeit andauerte.

Schlendert man den gesamten Decumanus von Ost nach West entlang, trifft man schließlich auf die **Reste des westlichen Stadttores.** In dem Feld vor dem Westtor liegen die **Reste einer weiteren Basilika.** Es führt allerdings kein rechter Weg dorthin, und die bodennahe Fauna ist hier sehr aktiv ... Geht man vom Decumanus in das nordwestliche Stadtviertel, so stößt man u.a. auf einen byzantinischen Gebäudekomplex mit Zisternen.

Die türkische Festung beherbergt das **archäologische Museum** von Tukrah. Es gliedert sich in einen alten und einen neuen Teil. Zugänglich ist derzeit auf Anfrage nur der Altbau mit einer Auswahl an griechischer Keramik.

Ausgedehnte Sebkhen ziehen sich jetzt der Küste entlang, immer wieder sind Flamingos zu sehen. Die Autobahn ist in hervorragendem Zustand. So kommen wir rasch voran, auch wenn der Verkehr auf Benghasi zu immer dichter wird. Landeinwärts wird der Ort **Dariana** in großem Bogen umfahren. Dann erreichen wir bei **km 252** eine **Kontrollstelle.** Immer geradeaus der Hauptstraße folgend, fahren wir unter einer Brücke hindurch und erreichen dann Industriegebiete in Sebkhen-Bereichen mit Palmen auf vorgelagerten Inseln, die an die Südsee erinnern: Selbst die hässlichste Industrielandschaft wird durch diese „eleganten" Bäume noch ansehnlich. Ein Kraftwerk bleibt zurück, dann ein Aquadrom (!), der Verkehr nimmt jetzt rapide zu. An den Zapfsäulen der Tankstellen stauen sich die Fahrzeuge in

Blick vom Meer auf Benghasis Uferpromenade

langen Schlangen. Wir erreichen den Ortsrand von Benghasi mit einem ersten großen Kreisverkehr bei **km 266:** Wir fahren geradeaus. Auch am nächsten großen Kreisverkehr nur 1 km weiter bleiben wir auf dieser Spur und biegen erst beim dritten (Tachostand **269)** nach rechts ab, auf einen Damm, zwischen den beiden gut erkennbaren Seen „Big Lake" und „Small Lake" hindurch in westliche Richtung fahrend. Den Hafen erreichen wir bei **km 275:** Ein Blick auf den Stadtplan von Benghasi wird Sie rasch davon überzeugen, dass dieser das Zentrum der Stadt darstellt. Hier stellen wir den Tacho auf Null zurück.

Benghasi بنغازى

Geschichte

Benghasi, **größte Stadt in der Cyrenaika,** wurde um 500 v.Chr. als griechische Kolonie Euhesperides gegründet, die eine wichtige Funktion in der Getreide-Versorgung Griechenlands übernahm. Im 3. Jh. v.Chr. wurde sie zugunsten einer Neugründung im Gebiet der heutigen Stadt Benghasi aufgegeben; die moderne Stadt erhebt sich somit auf dem Gelände der antiken ptolemäischen Gründung Berenike.

Im Jahr 332 v.Chr. unterwarf sich die Region freiwillig Alexander dem Großen, leistete aber Widerstand gegen dessen ägyptischen Nachfolger *Ptolemäus Soter I.* Nach dem Tode *Pto-*

404 Foto: gg

400 Foto: gg

lemäus VII. 96 v.Chr. fiel die Cyrenaika an Rom und befand sich nun erstmals zusammen mit Tripolitanien unter einheitlicher Verwaltung. Damit erlebte Benghasi ähnlich wie Tripolis eine Periode des Friedens und Wohlstands, bis es 115/116 n.Chr. aufgrund **sozialer Missstände** in der Cyrenaika zu schweren Unruhen kam, von denen sich die Region lange nicht erholte. Das halbfeudale Limitanei-System dominierte in der diokletianischen bzw. ab 324 n.Chr. in der byzantinischen Verteidigungskonzeption.

Die byzantinische Herrschaft wurde zurückgedrängt und zusätzlich durch die Invasion der Sassaniden in den ostbyzantinischen Provinzen geschwächt,

Hier müssten die „Gärten der Hesperiden" liegen ...!

so dass islamische Truppen 642 n.Chr. mühelos einrücken konnten.

Von 1555 an kam Benghasi unter **osmanische Oberherrschaft,** eine Periode, die erst mit der Invasion der Italiener im Jahre 1912 endete.

Während der **italienischen Kolonialherrschaft** in Libyen (1912–1942) war Benghasi Verwaltungszentrum der Cyrenaika. Der Hafen wurde zu einer heute noch genutzen Marinebasis ausgebaut. Im 2. Weltkrieg war Benghasi abwechselnd von deutsch-italienischen und britischen Truppen besetzt und erlitt durch unzählige Bombenangriffe schwerste Zerstörungen. Danach befand sich Benghasi wie die gesamte Cyrenaika bis 1951 unter britischer Militärverwaltung.

Nachdem Libyen 1951 seine Unabhängigkeit erlangt hatte, war Benghasi zunächst Provinzhauptstadt und beherbergte eine Residenz des Königs. Seit 1963 ist die **zweitgrößte Stadt Libyens** (900.000 Einwohner) Sitz des Gouvernorats und hat sich zu einem bedeutenden Standort der verarbeitenden Industrie entwickelt. Benghasi ist insbesondere bevorzugtes Geschäftszentrum für die Erdölgesellschaften im Nordosten Libyens.

Orientierung

Benghasi ist wie Tripolis eine **sehr große Stadt.** Die alte Bausubstanz ist – Resultat des 2. Weltkrieges – weitestgehend verschwunden, und so besteht die Stadt heute zum großen Teil aus Wohngebieten und Hochhäusern. Der Verkehr ist dicht und lebhaft, die Ausschilderung ausschließlich arabisch, für viele Autofahrer ein Alptraum. Dennoch ist die Orientierung (wieder ähnlich wie in Tripolis) nicht problematisch und fast noch einfacher als in der libyschen Hauptstadt: Dreh- und Angelpunkt ist der **Hafen;** von ihm aus gehen Straßen radial in alle auf dem Landweg erreichbaren Himmelsrichtungen ab; die Kreise zu den Radien bilden die „Ring-Roads", über die Sie bei Fehlfahrten einfach die nächste Radial-Straße wieder erreichen können. Die **Seen,** im Norden Big Lake und Small Lake, im Zentrum der See des 23. Juli und im Süden die Western Lakes, bilden zusätzliche Orientierungshilfen – kein Grund also zur Panik! Zudem existieren auch architektonisch markante Punkte, etwa der **Staatsparteibau,** eine ehemals zweikupplige Kathedrale. Was den Hafen anbelangt, ist noch eine Warnung auszusprechen: Vermeiden Sie hier in eigenem Interesse jegliches Fotografieren, und sehen sie von der Benutzung eines Fernglases ab, auch wenn der militärische Teil des Hafens relativ verlassen ist, da ein Teil der Marine nach Tobruk verlegt wurde.

Entlang der Jaza'ir St., die sich vom Hafen bis zur Stadtgrenze hinzieht, und in ihrer unmittelbaren Umgebung befinden sich alle wesentlichen Behörden, Institutionen und Geschäfte, z.B. die **Hauptpost** (mit Telefonamt), die in einer Parallelstraße nahe des Staatsparteibaus zu finden ist. Das Headoffice der Libyan Arab Airlines (LAA) liegt oberhalb des Platzes Omar al Mukhtar.

Parallel zur Jaza'ir St. liegt, inmitten der **Altstadt,** deren Architektur weitgehend von italienischen Kolonialbauten geprägt ist, der farbenreiche **Suq,** wo überwiegend Güter des täglichen Bedarfs und Bekleidung verkauft werden. In dessen Zentrum stehen zahlreiche kleine „Bankiers" bereit, um Geld zu tauschen.

Frühaufsteher sollten auf jeden Fall zwischen 6 und 7 Uhr den **Markt von Benghasi** besuchen (an der Jaza'ir St. auf dem freien Platz zwischen LAA-Büro und Busbahnhof), denn dort geht es wohl noch am orientalischsten zu. Auch Selbstversorger können hier ihren Vorrat an Obst und Gemüse ergänzen.

Sehenswertes

Über den touristischen Wert Benghasis wird wenig Schmeichelhaftes berichtet. *Schiffers* etwa schreibt in seinem Libyen-Buch „Brennende Wüste, blühender

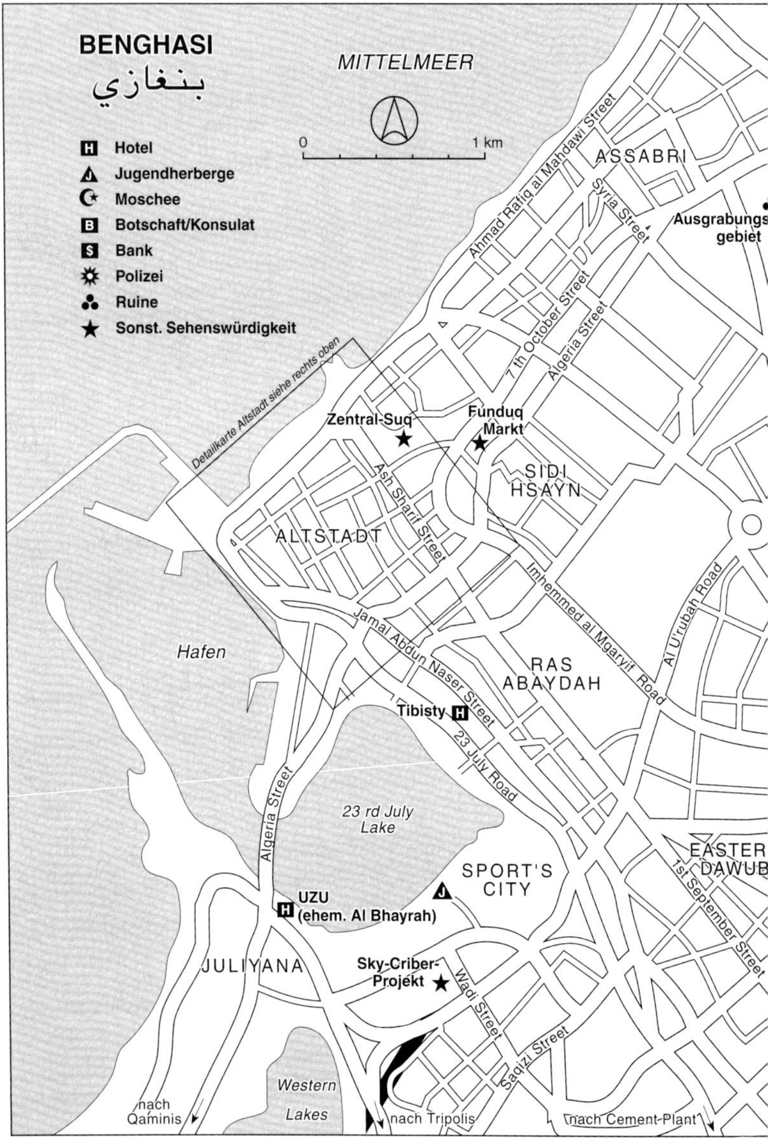
BENGHASI
بنغازي
MITTELMEER
0
1 km
Hotel
Jugendherberge
Moschee
Botschaft/Konsulat
Bank
Polizei
Ruine
Sonst. Sehenswürdigkeit
Detailkarte Altstadt siehe rechts oben
Ahmad Rafiq al Mahdawi Street
ASSABRI
Syria Street
Ausgrabungs gebiet
7 th October Street
Algeria Street
Zentral-Suq
Funduq Markt
SIDI HSAYN
ALTSTADT
Ash Sharif Street
Imhemmed al Mgaryif Road
Al U'rubah Road
Jamal Abdun Naser Street
RAS ABAYDAH
Hafen
Tibisty
23 July Road
Algeria Street
23 rd July Lake
EASTER DAWUB
1st September Street
SPORT'S CITY
UZU (ehem. Al Bhayrah)
JULIYANA
Sky-Criber-Projekt
Wadi Street
Saqizi Street
Western Lakes
nach Qaminis
nach Tripolis
nach Cement-Plant

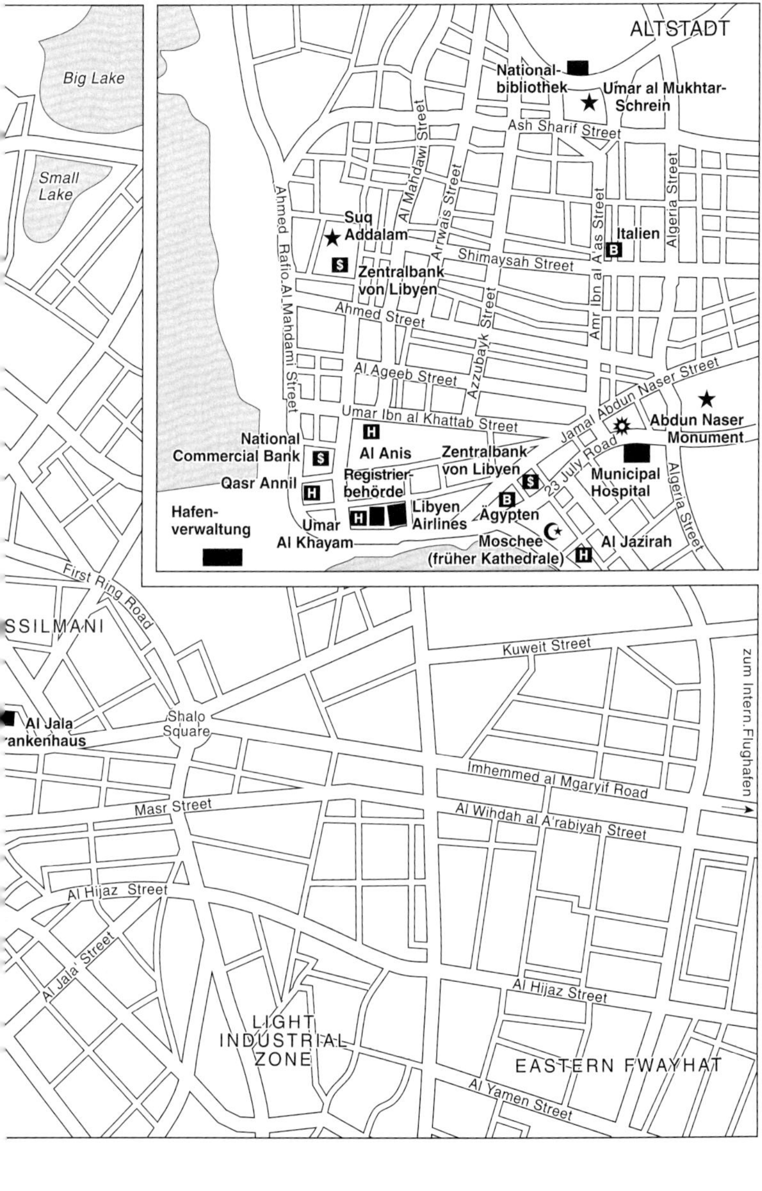
ALTSTADT
National-
bibliothek
Umar al Mukhtar-
Schrein
Ash Sharif Street
Big Lake
Small
Lake
Al Mahdawi Street
Arrwais Street
Ahmed Rafio Al Mahdami Street
Suq
Addalam
Italien
Amr Ibn al A'as Street
Algeria Street
Shimaysah Street
Zentralbank
von Libyen
Ahmed Street
Azzubayk Street
Al Ageeb Street
Jamal Abdun Naser Street
Umar Ibn al Khattab Street
Abdun Naser
Monument
National
Commercial Bank
Al Anis
Zentralbank
von Libyen
23 July Road
Municipal
Hospital
Qasr Annil
Registrier-
behörde
Libyen
Airlines
Ägypten
Hafen-
verwaltung
Umar
Al Khayam
Moschee
(früher Kathedrale)
Al Jazirah
First Ring Road
SSILMANI
Kuweit Street
zum Intern. Flughafen
Al Jala
ankenhaus
Shalo
Square
Imhemmed al Mgaryif Road
Masr Street
Al Wihdah al A'rabiyah Street
Al Hijaz Street
Al Jala' Street
Al Hijaz Street
LIGHT
INDUSTRIAL
ZONE
EASTERN FWAYHAT
Al Yamen Street

Sand", es sei eine eher gesichtslose Stadt, von der schon der offizielle italienische Reiseführer der Vorkriegszeit behauptete, ein Tag sei für einen Besuch mehr als genug ...

Wer sich aber in den Sagen des klassischen Altertums ein wenig auskennt, dem bietet sich hier doch Spannendes, sind doch die **„Gärten der Hesperiden"** ein legendärer Begriff – und sie liegen in Benghasi! Die Hesperiden, das waren die vier Töchter des Riesen *Atlas*, und in ihren Gärten wuchsen dereinst goldene Äpfel (Zitronen? Orangen?). Diese Äpfel zu holen, war eine der zwölf Aufgaben des *Herakles*, Sohn des *Zeus*, aus dessen Verbindung mit *Alkmene*. Auf den Rat des *Prometheus* schickt er den Atlas zu dessen Töchtern und trägt so lange für ihn den Himmel. Mit den Äpfeln zurück, will Atlas aber die Last nicht wieder übernehmen. Herakles überlistet ihn und erfüllt so seine Aufgabe. Er erhält die Äpfel daraufhin als Geschenk, widmet sie aber *Athene*, die sie an ihren Ursprungsort zurückbringt. Diesen Ursprungsort, eben die Gärten der Hesperiden, haben wir gesucht – und nicht gefunden. Das Bild links oben zeigt die Stelle, an der die Hesperidischen Gärten einmal gelegen haben sollen – tröstlich der Gedanke, dass die Legende ihnen auch andere Plätze am Mittelmeer zuweist ...

Die **Suche nach dem „Eingang zur Hölle":** In Lethe (auch Leite), nur wenig außerhalb Benghasis, suchten die Griechen in den zahlreichen Höhlen des Karstlandes auch den Eingang zu ihrem Hades, der Hölle. Nach einer Mitteilung aus dem Kreis der Leser liegen die Höhlen heute in einem militärischen Sperrgebiet und sind deswegen nicht zugänglich.

Praktische Infos

- **Tel. Vorwahl: 061**

Hotels

Die Hotelsituation ist in Benghasi nicht so angespannt wie in Tripolis, so dass man selbst bei Ankunft in der Nacht rasch eine adäquate Unterkunft findet.

- **Hotel Al Anis,** Tel. 909 31 49. Passables Innenstadt-Hotel nahe der Hauptpost, DZ 35 LD.
- **Hotel al-Fadheel,** Tel. 909 97 95. Im Jahr 2003 errichtetes Hotel, Zimmer mit Meerblick, eines der wenigen Hotels in Libyen mit Pool. Internetzugang. DZ 55/60 LD.
- **Hotel Qasr Al Jazirah,** Tel. 909 60 01. Das Traditionshotel in Benghasi, ehemals Grand Hotel. Zimmer sehr abgewirtschaftet, aber gutes Restaurant. DZ 35 LD.
- **Hotel Tibesty,** Tel. 909 80 29. Wolkenkratzer am Benghasi-See. Gehobene (Preis-)Klasse, DZ 150 LD, Bezahlung nur mit Bankquittung.
- **Hotel Umar al Khayam,** Tel. 909 51 19. Schon seit Jahren geschlossen, über eine Wiedereröffnung liegen keine Infos vor.
- **Hotel Uzu,** Tel. 909 75 83, www.uzuhotel.com. Sehr komfortables Geschäftshotel an der Südwestecke des Benghasi-Sees (See des 23. Juli). DZ 110/150 LD.

Billighotels finden sich im Zentrum der Innenstadt und in Richtung Hafen. Als ganz passabel gilt unter Rucksackreisenden das **Hotel al-Kabir,** Sharia Abd al-Mana'am Riad, angrenzend an die Sharia Tariq Julio; Übernachtung pro Bett 4 LD.

Jugendherberge

Die Jugendherberge (Beit Shabaab) liegt am südlichen Ufer des Benghasi-Sees hinter der Sports City. Sie soll sauber, aber oft ausgebucht sein.

Essen und Trinken

- Neben den **Restaurants in den großen Hotels** gibt es im Wesentlichen nur **kleine Cafés und Schnellimbissbuden,** die verschiedene Sandwiches oder Schawarma anbieten. Die meisten befinden sich an der Hauptpromenade und an der kleinen Parkanlage in der Nähe der Hauptpost sowie gegenüber des Busbahnhofs.
- **Restaurant Garnota,** empfohlenes Restaurant in der J.A. Naser Street, SO-Teil, auf der Rückseite des Hotels Tibesty.
- Wer mal auf europäische Küche Lust hat, kann in eine bei den Libyern beliebte **Pizzeria** an der Küstenstraße (in Höhe der Ash-Sharif St.) gehen.

Fernverkehr

- Der zentrale **Busbahnhof** befindet sich an der Jaza'ir St. (= Algeria Street) hinter dem Funduq Markt. Fahrscheine werden ca. eine Stunde vor Abfahrt verkauft. Dabei ist zu beachten, dass meistens nur ein Bus für weiter entfernte Ziele zur Verfügung steht. In unmittelbarer Nähe befindet sich auch der Standplatz der Servicetaxen.
- Zum Haltepunkt der **Überlandbusse** aus Tripolis – ein staubiger Platz in der nächsten Parallelstraße – sind es von hier aus weitere fünf Minuten.
- Der **Flugplatz Bninah** liegt 18 km außerhalb im Osten. Libyan Arab Airlines hat täglich Flüge nach Tripolis.

Notfall

- **Generalkonsulat von Italien,** Sharia Omar Al-Ass, Tel. 909 23 31, 909 34 84 und 909 70 97, Fax 909 98 06.
- **Generalkonsulat von Griechenland,** Sharia Hassan Ben Ali, Benghasi-Tabalino, Tel. 222 88 43, 222 88 44, Fax 222 88 43.

Vom Hafen aus fahren wir nach Süden, entweder südöstlich den „See des 23. Juli" auf dessen Nordseite umfahrend oder leicht südwestlich auf dessen Westseite entlang. Hypermoderne Gebäude und Sportanlagen rahmen dieses „Repräsentations-Gewässer" ein! Den nördlichen „Western-Lake" umfahren wir auf seiner Ostseite. Dann kommen wir an seiner Südspitze zu einer großen Kreuzung zwischen unserer Schnellstraße und der „Second-Ring-Road". Dieser Punkt ist ungefähr am Karten-Rand des Stadtplanes (s.o.) erreicht: Hier stellen wir den Tacho auf Null.

km 0: Kreuzung der Second-Ring-Road (Ringstraße II) mit der Autobahn nach Tripolis. Fast genau in Richtung Süd fahren wir aus der Stadt hinaus und erreichen schon bei **km 4** einen der Kontrollposten am Ortsrand. Weiter geht es auf libyscher Autobahn, die rechts und links von Eukalypten gesäumt ist; militärische Gebiete befinden sich zuächst hinter den Allee-Bäumen. Dann erreichen wir freies Gelände, es geht durch Getreidefelder, die Straße ist immer noch von Eukalypten gesäumt. Ein weiterer Kontrollposten erwartet uns bei **km 7.** Bei **km 15** enden die Eukalypten.

Die libysche Autobahn ist in hervorragendem Zustand. Das Verkehrsaufkommen tendiert gegen Null! Wir fahren durch weite langweilige Landschaften; alles ist eben, das Gelände weithin zersiedelt. Der Bewuchs lässt nach Süden zu nach, die Ortschaften bekommen Oasencharakter.

Bei **km 46** umfahren wir in großem Bogen landweinwärts **Quaminis.** Im Bereich dieses Ortes ist der Verkehr etwas stärker, aber immer noch gering. Das Gelände bleibt weiterhin flach, einzelne Getreidefelder sind zwischen mageren Steppen angelegt. Ebene folgt auf Ebene folgt auf Ebene ... Südlich der

Straße stehen einzelne angepflanzte Bäume, die einen „Grünen Wall" bilden sollen.

Bei **km 73** passieren wir eine **Kontrollstelle** mitten auf der Autobahn, die – obwohl unweit einer Ortschaft – sich in völlig freiem Gelände befindet. Erste Kamelherden zeigen dann deutlich an, dass wir uns wieder saharischen Gefilden nähern. Der Bewuchs bleibt schütter, Nachtplätze finden sich nur sehr weit abseits der Straße.

Ein weiterer Kontrollposten **(km 93)** befindet sich bei einem Straßencafé und einem Straßenabzweig nach Osten. Weiter fahren wir durch flache Hügel; der Bewuchs ist nach wie vor nicht höher als ein Getreidehalm. Eine **Tankstelle** wird bei **km 111** passiert und kurz darauf eine kleine Ortschaft mit Moschee und einem weiteren Straßencafé. Bei **km 131** liegt ein großes Umspannwerk östlich unserer Strecke: Hochspannungsleitungen gehen in alle Richtungen. Anschließend geht es durch flachste Hügel. Einige wenige Pisten verlassen die Autobahn und führen hinter diese Hügelchen. Eventuell bieten sich hier sichtgeschützte Nachtplätze.

Dann bei **km 147** erneut ein Kontrollposten; kurz darauf eine Tankstelle mit der Nummer 702. Zwei große, eher riesige Kreisverkehr-Kreuzungen folgen bei **km 148** (halbrechts weiter) und bei **km 151** (geradeaus). Zwischen Schutt und Müllhalden umfahren wir **Ajdabiya** (von Süden her Ausgangs- und Endpunkt der Routen B 10 und B 11) – in früheren Jahrhunderten ein wichtiger Ausgangspunkt für die Karawanen hinab in die Region Kufra, heute Drehpunkt für den Autoverkehr in diese Richtung und für die Küstenstraße und die Spange hinüber nach Tobruk. Die Entwicklung zu einem administrativen und kommerziellen Zentrum hatte einen gewaltigen Bauboom zur Folge. Wie so oft in Libyen, vollzog sich diese Entwicklung ohne Rücksicht auf die alte Bausubstanz: Sie wurde einplaniert – ihre Reste finden Sie in Form weitläufiger Schutthalden im Süden der Stadt oder als Verfüllung in den Sebkhen im Norden – und durch moderne Neubauviertel ersetzt. Entsprechend gesichtslos und hässlich ist die Stadt. Immerhin: In der Stadtmitte liegt die **Ruine eines Ribats** (arabisches Kastell), der aus fatimidischer Zeit (10. Jh.) stammt. Die kleine rechtwinklige Festung mit runden Ecktürmen umschließt einen Innenhof, der von verschiedenen an die Wehrmauer angebauten Räumen umgeben war. An der Südwestseite liegt ein überwölbter Saal mit Apsis.

An einem weiteren Kreisverkehr bei **km 157** fahren wir halbrechts. Jetzt endet die Autobahn; auf einer guten Landstraße geht es weiter. Erneut eine Kontrollstelle bei **km 159.** Dann geht es durch Bauschutt-Gelände und vorbei an Militärgebiet. Ab **km 165** begleiten uns rechts und links der Straße Stacheldrahtzäune: Angeblich liegen hier noch immer **ungeräumte Minenfelder** in der flachen Had-Steppe.

Bei **km 170** enden die Drahtzäune. Sebkhen mit Halophytenbewuchs dehnen sich rechts und links der Straße. Erneut fahren wir ab **km 174** an einem Stacheldrahtzaun südlich der Straße und ab **km 177** auch nördlich entlang;

ich bin der Meinung, dass diese Zäune wohl nur Kamele daran hindern sollen, auf die Straße zu laufen: Hügeliges Altdünengelände mit steppenhaftem Bewuchs bietet nämlich ideale Kamelweide. Immer wieder gehen Pisten rechts und links von der Straße weg. Wäre nicht die Verunsicherung wegen der Stacheldrahtzäune, ließen sich hier ganz gute sichtgeschützte Nachtplätze finden. Erst bei einem kleinen Weiler **(km 187)** ist Schluss mit den Zäunen.

Das Gelände bleibt wenig attraktiv: Flache Hügel, niedriger, schütterer Steppenbewuchs. Das Umfeld der Straße ist immer wieder genutzt, kleine Siedlungen ziehen vorbei. An Straßeneinmündungen fahren wir geradeaus. Die Anpflanzungen für den „Grünen Wall" südlich der Straße bleiben licht. Dann zeigt viel Müll im Gelände, dass wir uns wieder einer Stadt nähern. Bei **km 217** zweigt nach Norden die erste Zufahrt nach **Braygah** ab, dem wichtigsten libyschen Erdölhafen: Hier wird das im Erdölfeld Zelten geförderte Öl verschifft. Wir durchqueren ein Straßendorf mit Tankstelle. Viele Geschäfte rechts und links bieten ihre Waren an. Ab einem weiteren Abzweig gen Norden bei **km 225** beginnt ein großes Militärgelände direkt neben der Straße; sein Ende ist erst bei **km 234** erreicht.

Vorübergehend passieren wir wieder freieres Gelände: Bei **km 240** sehen Sie hübsches Dünengelände nördlich der Straße. Der Bewuchs auf den Dünen ist so hoch, dass er Sicht- und bescheidenen Windschutz bietet. Im Süden beginnt dann bei **km 244** eine grüne „Barriere", die jedoch viele lichte Stellen aufweist. Eine Streusiedlung wird durchfahren. Dann zieht sich wieder flaches, uninteressantes Gelände hin. Bei **km 285** wendet die Straße dann auf west-nordwestliche Richtung.

Bei einem Richtfunkmast **(km 304)** sind nördlich einige Dünen zu sehen, hinter denen sich ein sichtgeschützter Platz finden ließe. Kalksteinsteppe schließt sich an, flach bis zum Horizont. Flache Dünen mit Bewuchs auch nördlich der Straße bei **km 317,** flache Hügel dann bei **km 333.** Die Landschaft bleibt langweilig, was kein Problem wäre, gäbe es nicht diese hässliche, teils industrielle Nutzung beidseits der Straße. Jetzt kommt auch noch die „Man-Made-River-Trasse" dazu. Im Bereich von **km 340** bis **km 350** sei vor einem Flugplatz gewarnt: Solche Gegenden sind nicht dazu angetan, touristische Pausen einzulegen. Dann schließt sich bei **km 357** mit **As Sidrah** ein weiterer wichtiger Erdölhafen an. Interessant eigentlich nur, was danach kommt: Entlang der Straße zunächst die Einfamilienhaussiedlung der besser bezahlten Mitarbeiter, jeweils mit solarer Warmwasserbereitung auf dem Dach, anschließend das Eigenheimdorf der unteren Chargen, und wenig weiter dann links die Kläranlage.

In einer Art Tal geht's nach Westen. Wälle rechts und links verhindern, dass man die Straße verlässt. Das Gelände wird weiterhin überall stark genutzt. Erneut begleitet uns oft Stacheldrahtzaun, mal nördlich, mal südlich der Straße. Bei **km 367** eine weitere Einfahrt in einen industriellen Komplex und nur 1 km weiter eine ruhige Tankstelle.

So zieht sich das nun hin: Stacheldrahtzaun, Straßencafé und Steppenlandschaft, Bewässerungsprojekte, Kieswerke, Wasserpipeline, Hütezaun, Richtfunkmast, Getreidefeld, Dong-Camp, Wälle vor der Man-Made-River-Trasse ... und dann bei **km 397** eine ruhige Tankstelle im Ort **Ben Jawwad.** Im Ort liegt ein großer Omnibus- und LKW-Rastplatz. Erstmals ist auch wieder das Meer zu sehen. Der Ortsrand ist bei **km 401** mit einer weiteren ruhigen Tankstelle erreicht. Danach geht es durch Industrieansiedlungen weiter und an einem Kraftwerk vorbei. Südlich begleiten uns noch Stacheldrahtzäune, nördlich Müllkippen: Dann ermöglichen bei **km 409** kleine Wege vor zur Meeresküste erneut kurze Badepausen.

Etwas mehr als **130 km** bleiben bis Sirte: Ein recht dichter grüner Wall begleitet uns eine Zeitlang im Süden, dahinter ein Stacheldraht. Ein Oued wird gequert **(km 424):** Die alte Straße ermöglicht das Aufsuchen von Nachtplätzen in relativ dichter Vegetation. Weiter geht's durch Nomadenland ohne Nomaden, vorbei an Siedlungen, in denen die Nomaden sesshaft gemacht wurden. Weithin zersiedeltes Gelände dann im Bereich von **km 470: Ras al Awaja** liegt im Norden an der Küste, **Nofilia** südlich in der Steppe. Richtig große Bäume, ein ungewohnter Anblick, bei einem Oued, das auf einer Brücke bei **km 480** überquert wird (Kontrollstelle).

Parallel zur Küste liegt eine große Sebkha; im Süden begleiten uns nochmals eine Zeitlang kleine bewachsene Sanddünen. Bei **km 492** kommen Sanddünen bis an die Straße und bis zur Sebkha und bilden regelrechte Strand-Szenen. Bis zu **km 495** bieten bewachsene Kleindünen weiterhin gute Nachtplätze.

Zersiedelte Gebiete schließen sich an, bei **km 506** queren wir auf einer Brücke das größere **Wadi el Harawa** beim Ort **Sultan.** Bei **km 510** steht eine große Radaranlage an der Küste: Pausen sind hier zu vermeiden. Zersiedelte Steppenlandschaften folgen; erst bei **km 520** bis **530** erreichen wir ruhigere Gebiete mit Pausenplätzen im Grünen Wall. Danach ist das Gelände wieder weithin unter Pflug; ein großes Camp der Firma Dong zeigt, woher das Wasser kommt: Eine **Staumauer** bei **km 538** (nur die Mauer neben der Straße ist zu sehen) weist auf eine große Zisterne hin. Das flache Gelände ist dann noch immer weiträumig zersiedelt und zudem fast ohne Sichtschutz.

Bei **km 545** erreichen wir einen großen Kreisverkehr. Halbrechts geht es in die Stadt **Sirte** hinein; wir halten uns deshalb halblinks. Ab hier ist die Straße vierspurig, eine Autobahn: Wir sind auf der Umfahrung von Sirte (Abzweig nach Süden Route B 1, geradeaus Anschluss an Route A 2). Auf dieser zur Autobahn ausgebauten Stadt-Umfahrung sehen Sie bei **km 556** an einem großen Abzweig wieder eine Reihe von Symbol-Schildern, die auch dem Arabisch-Analphabeten klarmachen, dass nahebei verschiedene Restaurants Essbares anbieten. Wenn Sie jedoch auf der Sirte-Umgehungsautobahn geradeaus weiterfahren, erreichen Sie die aus der Stadt herausführende Straße wieder bei **km 569.**

Route B 14:
Durch die Rebianah-Sandsee: Von Rebianah nach Tazurbu

●Geländestrecke durch Dünen und ausschließlich über sandiges Gelände durch eines der bekanntesten Sand-„Meere" der zentralen Sahara. Sehr anspruchsvoll. Beste Sahara-Ausrüstung, mindestens zwei autarke Geländewagen und GPS erforderlich. Sporadische Markierung, Verkehrsaufkommen null. Die ersten 40 km durchs Dünenmeer mit einigen zu querenden Dünenkämmen, später flacht die Landschaft aus. Alle Daten mitgeteilt von O. Renzler/P. Huber. Angegebene Kilometer beziehen sich auf gefahrene Distanzen zwischen den Positionsangaben, Gesamt-Km in Abhängigkeit von den gewählten Dünenumfahrungen bzw. -überquerungen ca. 230 km.
●Die russische Generalstabskarte 1:500.000 G-34-r zeigt das Gelände sehr gut.

Pos. N 24°15,03' / E 21°58,48' (km 0), Rebianah, Tankstelle.

Pos. N 24°14,93' / E 21°57,38' (km 10), Rebianah, Ortseingang, extrem weicher Sand in der gesamten Umgebung von Rebianah. Mit einem PKW ist das Verlassen von Rebianah nur über die Piste nach Kufra möglich und dann evtl. nach 10 km nach Osten ins Dünenmeer abzweigen und Rebianah großräumig Richtung Tazurbu umfahren. Ein erster Punkt auf festem Dünenmeer – direkt von Rebianah aus – ist **Pos. N 24°15,20' / E 21°47,88' (km 17);** Dünenübergang, weiter zu

Pos. N 24°18,75' / E 21°46,87' (km 10), Düne mit Reifen.

Pos. N 24°20,78' / E 21°43,67' (km 7), Düne mit Reifen.

Pos. N 24°23,33' / E 21°40,80' (km 8), Tonne.

Pos. N 24°27,38' / E 21°35,83' (km 12), Düne mit Reifen.

Pos. N 24°31,57' / E 21°29,52' (km 13).

Pos. N 24°39,29' / E 21°21,78' (km 14), Reifen.

Pos. N 24°46,03' / E 21°20,16' (km 20), Reifen.

Pos. N 25°00,18' / E 21°09,13' (km 34), Knickpunkt.

Pos. N 25°15,65' / E 21°07,08' (km 30), Tonne bei aufgelassenem Bohrcamp, Müll.

Pos. N 25°37,78' / E 21°07,63' (km 44), zwischen Hochspannungsmasten.

Pos. N 25°38,25' / E 21°07,29' (km 1), Pistenabzweig zwischen Hochspannungsmasten; diese und folgende Position sind bei der Suche nach dem Pistenbeginn in Gegenrichtung aufschlussreich. Über eine Piste nach Westen zu

Pos. N 25°39,18' / E 21°05,48' (km 5), Kraftwerk. Wir folgen der Umzäunung, Knick nach Norden, Piste zu

Pos. N 25°40,37' / E 21°05,50' (km 2), Funkturm. Ums Eck Tankstelle, Geschäfte. Die Piste nach Zilla beginnt ca. 2 km weiter im Osten.

Deutlich anders ist *R. Gutsche* gefahren (2005), der schreibt: Von Rebianah nach Tazurbu führt eine mit Tonnen gut markierte Piste, ca. 200 km. Tonne am Anfang: **Pos. N 24°17,05' / E 21°55,71'.** Nach 35 km: **Pos. N 24°26,265' / E 21°48,84'.** Tazurbu: **Pos. N 25°40,55' / E 21°5,53'.**

Route B 15:
Von Zilla über Maradah nach Braygah

● *Durchgehend asphaltiert: 232 km gut bis Maradah, dann 72 km sehr schlecht bis zur Straße Zelten-Braygah, auf dieser Süd-Nord-Strecke 109 km gut. Gesamt 413 km. Bearbeitet nach Unterlagen von U. und W. Eckert und einer eigenen Erkundungsfahrt.*

Die hier beschriebene Straße führt von Zilla am Nordrand der Haruj (siehe Routen B 2, B 4 und B 7) durch die Sirte-Wüste auf der so genannten Syrten-Kalktafel nach Nordosten zur Küste. Dabei wird eines der wichtigsten Erdöl- und Erdgasgebiete auf der Welt durchfahren, das Feld Zelten-Ragubah. Angesichts der wüstenhaften Weiten wird es Sie dann vielleicht doch überraschen, dass von dieser neuzeitlichen Industrie so wenig zu sehen ist: Die Bohrstellen liegen abseits der Straße (Zufahrten sind gesondert ausgeschildert); erkennbar sind nur hin und wieder die Rauchfahnen des Abfackelns bei der Trennung von Öl und Gas. Verkehrsaufkommen sehr gering.

km 0: Zilla (siehe Route B 1, Ausgangs- bzw. Endpunkt der Routen B 1, B 2, B 4 und B 7): Wir verlassen die von NW (Waddan) kommende Hauptstraße (Route B 1) etwa in der Ortsmitte (grüne Stahlkonstruktion, der Triumphbogen der Revolution, über der Straße): Arabische Beschilderung „Maradah“. Die Straße führt durch stark zerklüftete Zeugen-, Zungen- und niedrige Tafelberge gen Norden. Letzte einladende Rastmöglichkeit nach knapp 20 km links in einem Palmenhain. Dann werden die Hügel flacher bzw. rücken weiter von der Straße weg. Markantere Felsformationen gibt es erst wieder ab ca. **km 46.** Bei seitlichen Abstechern – Achtung, teilweise tückischer Weichsand! – findet man zahlreiche versteinerte Muscheln, Schnecken, Seeigel usw. Kurz nach einem Abzweig links zu einem Ölcamp **(km 49)** bauen sich beidseits der Straße hübsche Dünen auf. Die vegetationslose Landschaft wird im späteren Verlauf immer monotoner. Etwa bei **km 108** führt links eine Abzweigung zu einer Bohrstelle („Jofra Field“). Auf den folgenden rund 20 km entdeckt man zunehmend markante Felsgebilde im Gelände, eine Art Miniaturausgabe des Monument Valley in den USA. Zahlreiche isoliert stehende und stark erodierte Felsen in Form von Tempeln, Burgen, oder auch Säulen bieten eine fantastische Wüstenkulisse, originelle Rast- und Übernachtungsplätze und verlocken zu Querfeldeinfahrten. Auch hier findet man (auf ehemaligem Meeresboden) vielfältige Fossilien. Oft ist der Boden fast wie gepflastert mit Muscheln, versteinerten Korallen usw. Etwa ab **km 120** werden die Erhebungen undramatischer, bei **km 140** sind sie fast völlig verschwunden. Später halten wir lange auf einen markanten Tafelberg zu (lt. TPC-Karte 1106 Fuß hoch). Auf seiner Höhe – etwa bei **km 180** – beschreibt die bisher meist östlich verlaufende Straße einen weiten Bogen nach Norden. Im folgenden, wieder etwas hügeligen Gelände muss mit gelegentlichen Sandverwehungen auf der

Fahrbahn gerechnet werden. Kahle Schotterberge bilden jetzt die Kulisse. Etwa bei **km 206** wird eine breite, flache Senke durchfahren. Links, in einiger Entfernung, relativ üppige Vegetation. Topfeben geht es dann weiter, bis wir bei **km 232 = Pos. N 29°10,93' / E 19°13,53'** und einer Tankstelle auf eine querende Asphaltstraße stoßen.

(Nach links führt ein miserables Alleesträßchen in die ca. 3 km entfernte, ziemlich verstreute Siedlung von **Maradah;** keine erkennbaren Versorgungsmöglichkeiten).

Wir biegen an der Einmündung **(km 0/2)** rechts ab, Richtung SSO, Beschilderung Braygah. Nach knapp 3 km stoßen wir auf eine Querstraße **(Pos. N 29°09,60' / E 19°14,52'),** die Straße von Ragubah, und folgen nun den Hochspannungsleitungen sowie einer Pipeline in Richtung ONO. Die schmale Asphaltstraße ist in extrem schlechtem Zustand mit tiefen scharfkantigen Schlaglöchern, Reifen und Nerven mordend. Oft fährt es sich im sandigen Gelände neben der Straße deutlich besser. Es geht zunächst durch sanft geschwungenen Wüstenlandschaften. Etwa bei **km 28** steigt die Straße steil an, um dann wieder über trostlose Ebenen zu führen. Bei **km 63** liegt links der Straße ein Baracken-Camp. Zum Trost angesichts all der Öde um uns herum eine hübsche Story zwischendurch: Bei den Eröffnungsfeierlichtkeiten der Erdölförderung aus Zelten kam es zur Premiere des ersten Wüstenkinos. Von den zerstreut liegenden Bohrstellen waren die Ölleute von weither gekommen und konnten nun *Doris Day* in „Bettgeflüster" genießen. Draußen erhob sich derweil ein Sandsturm, der zwar das gesamte Containerkino zum Wanken brachte, aber keinen der Zuschauer zum Verlassen der Vorstellung. Nun ja ... Bei **km 72** und **Pos. N 29°27,43' / E 19°48,87'** hat unsere Tortur ein Ende: Wir stoßen auf eine Querstraße: Die Straße von Zelten nach Norden zur Küste. Trafostation. Kontrollposten. Fahrzeit für diese üblen 72 km: Zwischen 3 und 4 Stunden!

Zelten, das wir auf dieser Reise ja nicht besuchen, liegt etwa 100 km südlich dieser Kreuzung: Dort unten spielte sich 1959 jenes Wunder ab, das man als „Springer" bezeichnet: Die Firma Esso Libya erbohrte auf ihrem Konzessionsfeld Bir Zelten I Öl, das ohne Pumpen an die Oberfläche trat. 1960 arbeiteten dort 32 Tiefbohranlagen, in ganz Saudi-Arabien vier! Ein Milliardensegen zeichnete sich für das Land am Sirte-Bogen ab, der bis heute anhält.

Wir biegen hier **(km 0/3)** nach Norden Richtung Braygah ab. Die jetzt einwandfreie Teerstraße wird begleitet von einer Stromleitung und einer unterirdischen Pipeline, führt aber weiterhin durch fade, öde Landschaft. Nach etwa 25 km liegt rechts in einigem Abstand ein kleines Dünengebiet. Beidseits der Straße fallen uns in einer Sebkha bizarr erodierte, freistehende Hügel auf. Die Vegetation nimmt zu, gelegentlich sieht man Kamelherden. Sebkhen wechseln ab mit buschbewachsenen Flächen. Bei **km 58** passieren wir erneut einen Kontrollposten und bei **km 98** ein rechts der Straße liegendes Röhrenlager der Firma Dong für das GMMR-Projekt.

Km 102 markiert die Überquerung einer Teerstraße. Müll kündigt die Nähe besiedelter Zonen an. Bei **km 109** (grüner Torbogen über der Straße) liegen zahlreiche Geschäfte beidseits der Straße, die vor allem der Versorgung der vielen Gastarbeiter in den nahen Industriezonen dienen (Bäcker, Obst und Gemüse, relativ gut sortierte Lebensmittelläden). Hier stoßen wir auf die Küstenstraße Sirte – Benghasi, in die wir rechts einbiegen (die geradaus weitergehende Straße führt in gesperrtes Industriegelände). Der Ort **Braygah** liegt nördlich der Küstenstraße (vgl. Route B 13; 3,5 km östlich auf der Küstenstraße liegt das Straßendorf mit Tankstelle zwischen **km 217** und **225**).

Die Hafenstadt **Braygah,** auch Marsa el-Brega, **wichtigster Erdölhafen Libyens,** spielte eine unrühmliche Rolle in der italienischen Zeit: Hier befand sich *Garzianis* berüchtigtes Konzentrationslager für die Aufständischen des zwischen Cyrne und Tobruk beheimateten Stammes der Abeidat. Auch im Afrika-Feldzug war der Ort heftig umkämpft und gehörte nach dem Krieg zu den am stärksten verminten Orten Libyens. Bevor die Erdölsuche und die Verlegung von Pipelines beginnen konnte, mussten erst Tausende von Minen geräumt werden. Vermutlich sind noch immer im Umfeld Braygahs Minen im Sand verborgen; suchen Sie sich also Ihren Nachtplatz im Falle des Falles lieber in weiter Entfernung von dieser Stadt, wer weiß, wie unschön sich sonst Ihr Bettgeflüster entwickeln kann ...

Route B 16:
Von Majdul über den Jabal Bin Ghanimah zum Wau an Namus

- *Unregelmäßig markierte Pistenstrecke bis auf die Ostseite des Ghanimah-Massivs, dann hinüber zum Wau an Namus teils nicht markierte Pisten, teils freies Gelände. Einfach zu befahren. Risiko nur in der extrem abseitigen Lage, deshalb auch Konvoi-Fahrt unabdingbar. GPS erforderlich. Geländemarken sind nur im Bereich des Ghanimah-Massivs vorhanden. Gesamtstrecke ab Route A 17 bis zum Krater: ca. 417 km, Fahrzeit 2 Tage.*
- *Russische Generalstabskarte und alte deutsche Militärkarte 1:1 Mio G-33 „Sebha" zeigen Geländerelief hinreichend genau, die russische Generalstabskarte 1:500.000 G-33-r „Wau el Kebir" etwas flach.*

Diese Strecke stellt eine interessante Alternative zur Standard-Route über Timsah und das Gästehaus vor Wau el Kebir zum Wau an Namus dar: Abwechslungsreiche, wenngleich unspektakuläre Wüstenlandschaften; am Ost-Rand des Jabal Bin Ghanimah hübsche und teilweise von Akazien bestandene Täler, in diesen auch Felsmalereien. Wer ruhigste Wüstenlandschaften sucht, ist hier gut aufgehoben. Die Felszeichnungen sind eher bescheiden und genauso unspektakulär wie die Landschaften. Brunnen oder andere Wasserstellen sind nicht bekannt. Im gesamten Streckenverlauf östlich des Ghanimah werden relativ oft deutlich ausgefahrene, überwiegend Nord-Süd verlaufende Pisten gequert.

Anfahrt: Große Straßenkreuzung östlich von Murzuk bei km 108 meiner Strecke A 15/2 (nach Süden: Richtung

Al Katrun A 17; nach Norden: Richtung El Bidr A 21) = **Abzweig 1: Pos. N 26°07,88' / E 14°52,83'.**

Knapp 27 km nach Süden Richtung Al Katrun (A 17) auf zum Teil schollig aufgebrochenem Asphalt bis Abzweig nach Majdul/Terbu = **Abzweig 2: Pos. N 25°53,60' / E 14°52,55';** nach links abbiegen.

Km 0: Große Straßenverzweigung an der Nord-Süd-Strecke nach Al Katrun (Abzweig 2), wir biegen nach links ab und fahren ostwärts. Der Asphalt bleibt schollig. Voraus ist eine deutliche Steilstufe zu sehen, vor der ausgedehnte Palmhaine, aber keine Häuser zu erkennen sind. An einer Straßenverzweigung bei km 11 biegen wir links ab, auf dem Wegweiser ist das noch 23 km entfernte Terbu (?) angeschrieben. Geradeaus ginge es weiter nach Madjedul, das nach 4 km erreicht wäre.

Die Straße wird jetzt besser. Vor dem Plateaurand im Süden – wir fahren jetzt ungefähr parallel zu ihm – erstreckt sich weiterhin dichter Palmbewuchs; noch immer keine Häuser zu sehen. Bei **km 20** durchqueren wir eine Senke: Geschützte Nachtplätze hinter Buschpalmen sind denkbar. Bei **km 24** bleibt der kleine Ort **Um es Sakir** in einer Rechtskurve links von uns liegen. Wir fahren weiter bis **km 31** und erreichen **Terbu,** ein wie ausgestorben wirkender moderner Ort. An der ersten Kreuzung im Ort mit einer anderen Asphaltstraße **(km 32)** biegen wir nach rechts von der Hauptstraße ab (geradeaus und hinter der Ortschaft liegen lt. Leserzuschrift interessante Erdhügellandschaften).

Ein kurzes Stück folgen wir noch Asphalt, durchfahren zwischen Häuserbaustellen den Ortsrand und gelangen dann hinaus ins freie Wüstengelände, jetzt auf Piste. Wir fahren auf die hier deutlich flachere Plateaustufe zu. Ein kleiner Tafelberg lässt sich rechts und links umfahren, wir bleiben links und überqueren bei **km 34** einen **Sattel (Pos. N 25°58,31' / E 15°11,04').** Vor uns liegt eine weite Ebene, hinter der eine weitere Plateaustufe den Horizont begrenzt. Halbrechts fahren wir in diese Ebene mit ca. 140° hinein und folgen dabei einer Vielzahl von deutlichen Spuren in unserer Richtung. Sie bündeln sich dem Plateau zu mehr und mehr und werden zu einer eindeutigen Piste (Punkt auf Piste: **Pos. N 25°55,28' / E 15°14,63').** Wir folgen einem breiten ansteigenden Tal und fahren schließlich an seinem Ende in einem harmlosen Anstieg endgültig aufs Plateau hinauf **(km 46, Pos. N 25°54,53' / E 15°15,58').** Oben liegen weithin ebene Feinsteinflächen vor uns, die **Hochebene von Majdul.** Mit ca. 145° folgen wir der deutlichen Piste. Kurze staubige Steinfelder wechseln mit Serir, ab und zu rüttelt uns das Wellblech etwas durch. Nach flachen Hügeln erreichen wir beim **km 74 einzeln stehende Akazien (Pos. N 25°41,26' / E 15°25,83').** Flott geht es über helle staubige Serir weiter. Achtung aber, fahren Sie nicht gar zu schnell: Im Bereich von **km 81** und **84** gibt's zwei üble Querrinnen. Beim **km 89** münden wir in eine Art Tälchen mit schütteren Akazien ein **(Pos. N 25°34,86' / E 15°31,51').** Bei **km 90** queren wir eine größere Piste, bleiben aber weiterhin in unserem Tälchen, das mit seinem schütteren Bewuchs keine Deckung bietet. Wir fahren jetzt immer sachte bergauf, die Talränder kommen näher und sind teilweise felsig, der Bewuchs wird dichter. Bei **km 107** fahren wir ostwärts aus dem Tal heraus **(Pos. N 25°30,41′ / E 15°41,10′).**

Jetzt beginnt eine neue Welt: Runde Geländehöcker lassen uns bei Grundrichtung SO wie wild durchs staubige Gelände kurven. Wir bewegen uns zwar auf einer Hochfläche weiter, zickzacken jedoch wie ein Hase auf der Flucht durch abgerundete Wasserläufe und um Hügelkuppen herum durch eine wahre Mondlandschaft. Bei **km 124 (Pos. N 25°23,25′ / E 15°46,41′)** erreichen wir eine mit Steinmännchen **markierte Verzweigung** und halten uns hier links.

Wir fahren jetzt nahe am **Ostabbruch des Jabal Bin Ghanimah** ein kurzes Wegstück in nordöstliche, mitunter gar in nördliche Richtung und haben dabei immer wieder schöne Ausblicke hinunter in die tief unten liegenden Vorlandflächen. Schließlich erreichen wir einen **Abstieg bei km 130 (Pos. N 25°24,70′ / E 15°48,68′).** Der Hang fällt zwar über eine längere Strecke eher sacht bergab, ein kurzes Stück ist er jedoch so extrem steil und steinig, dass ein Erklimmen dieses Abbruchs in gegenläufige Richtung ohne Allradfahrzeug kaum vorstellbar scheint.

Unter uns dehnen sich weite, von Zeugenbergen durchsetzte Ebenen aus. Wir fahren hinab und sind bald allseits inmitten einer eindrucksvollen Landschaft von diesen Bergen umgeben. Die Piste zieht sich weiter in südöstliche Richtung durch die malerische Landschaft. Zwar könnten Geländeverengungen tatsächlich auf einen Brunnen schließen lassen, und einen solchen, **Bir el Abiad** (Weißer Brunnen), vermerken auch die Karten unweit der **Pos. N 25°19,35′ / E 15°52,51′ (km 144)** – gefunden haben wir ihn aber nicht. Da unser Ziel aber auch darin bestand, die eingangs erwähnten Felsmalereien zu finden und uns von mindestens einer der Fundstellen auch GPS-Daten bekannt waren, verließen wir ungefähr an obiger Position die Piste und fuhren dem landschaftlich eindrucksvollen Ostabbruch des Jabal Bin Ghanimah entlang auf ca. 20 km querfeldein nach Süden.

Das Gelände ist sehr wechselhaft, aber befahrbar; bucklige Hügel und schollige Steine drücken aufs Tempo. Immer wieder sind Wadis zu queren, die vom Ghanimah herabziehen, eines davon ist wieder recht üppig mit **Akazien** bewachsen **(Pos. N 25°14,55′ / E 15°49,03).** Weiter fahren wir mit mäßigem Tempo durchs Gelände in südlicher Richtung. Dann stoßen wir bei einem Redjem (evtl. ein Brunnenzeichen?) in rechtem Winkel auf eine breite, deutlich ausgefahrene Querpiste, die sich nach Westen zu in ein weiteres, **von schönen Akazien bewachsenes Tal** hineinzieht: Dieses Tal ist unser Ziel, hier liegen die von dem deutschen Geografen *Ziegert* eingehend untersuchten **Felsmalereien** und -gravuren. Unsere angesteuerten Koordinaten sind **Ziegerts Fundplatz 11 (km 164, Pos. N 25°12,04′ / E 15°46,69′).**

Wir konnten damals nicht weiter nach Felsbildern suchen. In diesem, aber auch vielen anderen Tälern sind jedoch Felsbilder in größerer Zahl vorhanden. Einige, deren Positions-Daten ich kenne, seien hier genannt; Ziegerts Fundplatz 7: **Pos. N 25°11,83′ / E 15°47,02′.** Nahebei auch der trockene Brunnen Bir Ounar Ouner: **Pos. N 25°11,90′ / E 15°47,02′.** Ziegerts Fundplatz 1: **Pos. N 25°09,56′ / E 15°45,52′.** Ziegerts Fundplatz 2, eine schöne, tief eingeschliffene Giraffe: **Pos. N 25°09,25′ / E 15°45,30′.** Wer sich in diesem Gebiet auf die Suche begibt, kann sicher sein, noch die eine oder andere Entdeckung zu machen.

Vom **„Tal der Felsbilder"** lässt sich sagen, was oft von hübschen abgelegenen Ecken auch in unseren Breiten gilt: Den Spuren nach sagen sich hier Fuchs und Hase, nein Schakal und Gazelle Gute Nacht. Der Sand des Talbodens hat eine angenehme rötliche Färbung; malerisch stehen die großen Akazien vor den teilweise felsigen Talhängen. Hier können Sie die Seele baumeln lassen. Die Felsbilder selber sind für den, der die Meisterwerke im Akakus oder anderswo kennt, eher ein wenig enttäuschend. Da hilft nur das Wissen, dass man zu den Wenigen zählt, die die Bilder in dieser abgelegenen Weltenregion überhaupt jemals zu Gesicht bekommen.

Abgelegen? Eine deutliche Piste zieht sich jedenfalls durch den weichen Sand des Talbodens. Wir folgen ihr jetzt nach Osten, später Südosten. Je weiter wir uns von der Abbruchlinie des Ghanimah entfernen, desto besser ist das Gelände zu befahren: Wir durchqueren die südlichen Ausläufer der **Serir es Sebaa.** Immer wieder kreuzen ungefähr von Nord nach Süd verlaufende Spuren und ganze Spurenbündel unsere Piste (z.B. **km 175: Pos. N 25°10,62′ / E 15°53,61′**). Von unserer immer unscheinbarer werdenden Wegstrecke münden Spuren in diese Querpisten ein bzw. zweigen zu ihr ab. Die Nord-Süd verlaufenden Pisten sind dagegen sehr deutlich, mitunter drängt sich der Eindruck auf, im fast rechten Winkel zu einer Autobahn unterwegs zu sein, gewissermaßen als „Geisterfahrer in der Serir". Vermutlich waren hier während des Krieges um den Aouzou-Streifen Militärkolonnen unterwegs. Möglicherweise dienen die Pisten heute auch noch Schmuggel-LKWs, die ungesehen Richtung Tschad unterwegs sein wollen. Je nach Sichtverhältnissen steht die östliche Begrenzung der Serir Sebaa, der Bergzug **Dor el Gussa,** wie eine dunkle Wand im Nordosten. Auf die südlichen Ausläufer der Dor el Gussa halten wir jetzt zu.

Ungefähr bei **km 230** folgen wir einem unscheinbaren **Tälchen mit schütteren Akazien (Pos. N 25°03,00′ / E 16°12,50′).** Dann steuern wir auf eine Hügelkette zu, die wir an ihrem niedrigsten Punkt überqueren **(km 248, Pos. N 24°58,00 / E 16°17,66′).** Durch ein holpriges, grau-braunes Tal geht's drüben hinab und weiter in südöstliche Richtung.

Das Gelände, laut Landkarten das **El Meherschema,** bleibt zunächst noch etwas unübersichtlich-hügelig. Doch nach einer **Verzweigung** bei **km 261**

(Pos. N 24°53,60′ / E 16°26,93′), an der wir uns links halten und dann einem Tal links bergauf folgen, erreichen wir schon wenig weiter bei **km 263 (Pos. 24°53,68′ / E 16°28,20′)** eine höher liegende Fläche und hier wieder flott fahrbare Serir, auf der wir in südöstlicher Richtung weiterfahren. Erneut kreuzen Spuren und Spurenbündel. Schnell erreichen wir einen entscheidenden Punkt: Unsere Piste nimmt eine weitere, große Piste von Norden her auf **(km 280, Pos. N 24°47,00′ / E 16°35,50′)** und knickt jetzt nach Süden, zum Tschad, ab, wir aber wollen nach Osten, zum Wau an Namus! Wir verlassen jetzt die Piste und fahren querfeldein der GPS-Anzeige nach, dort, wo uns das Gelände am besten erscheint, auf den Wau-en-Namus-Krater zu! Etwa 120 km ist er hier noch in Luftlinie von uns entfernt. Das Gelände bis dorthin ist ordentlich befahrbar. Erst unmittelbar vor dem Krater (s.u.) wird's unangenehm.

Auf geht's, quer durchs Gelände! Der Wau liegt im Osten! Während wir selbst wegelos unterwegs sind, kreuzen wir doch immer wieder Pisten, z.B. schräg die große, hier dammartig ausgebaute und **mit Fässern markierte Militärtrasse** auf **Pos. N 24°48,80′ / E 16°50,18′ (km 307):** Diese Piste ist vor allem in den russischen Karten korrekt eingetragen. Wenn Sie an dieser Stelle links abbiegen, erreichen Sie ggfs. rasch die Basis von Wau el Kebir.

In östliche Richtung weiterfahrend, durchqueren wir bald darauf eine Gipslandschaft: Große Gipsbrocken liegen malerisch und weit verstreut in der Landschaft herum **(Pos. N 24°48,45′ / E 16°52,83′).** Wir fahren zwichen ihnen hindurch weiter nach Osten.

Vorübergehend wird der Untergrund auch mal etwas unebener. Dann sind

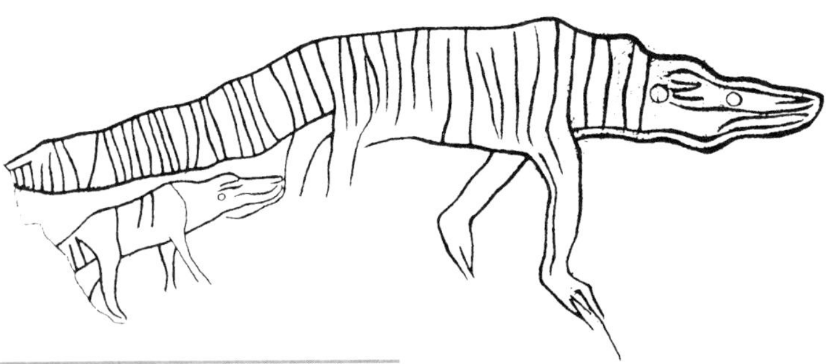

Motiv einer Felsgravur
im Wadi Mathendous

voraus und vor allem im Süden Dünen zu sehen, und diese Dünen bündeln wieder einmal alle sichtbaren oder auch nicht (mehr) sichtbaren Spuren zu einer unscheinbaren Piste: Wir erreichen einen Dünenzug etwa bei **km 343** auf **Pos. N 24°50,15′ / E 17°05,30′** bei der vorletzten Düne und passieren den Cordon bei der letzten: Nur die alte deutsche Militärkarte markiert diese Spitze des langgezogenen Ausläufers der **Ramlet el Wigh.**

Jetzt geht es erst einmal uneben weiter, ein richtiger Acker aus Gips- oder Kalkschollen ist zu überqueren. Dann wird das Gelände wieder etwas erfreulicher. Einzeln stehende Hügel, die in ihrer Form sehr an Vulkane erinnern, tauchen auf. Bei mehreren Besteigungen habe ich jedoch keinen als solchen identifizieren können. Vermutlich nennt sich das Gebiet **Gur el Bragh.** Dann passieren wir einen Hügel **(km 368, Pos. N 24°49,93′ / E 17°19,40′)** mit einem Felsblock obenauf, der aussieht, als handle es sich um ein von Menschenhand aufgeschichtetes Wegzeichen. Auch hier hat eine Überprüfung ergeben, dass der Anschein wieder einmal täuscht.

Die verbleibende Strecke bis zum Wau an Namus wird mit der Annäherung an den Krater sehr mühsam. „Salzschlamm-Schollen eines Tuffstromes" vermerkt die alte Militär-Karte, und das bedeutet vor allem sehr langsames Vorwärtskommen in grobem Gelände. Schon im Anstieg hinauf auf den Krater hemmen dann noch enorme Windrippel das Vorwärtskommen und erfordern ein wildes Gekurve wie zuvor schon die Schollenlandschaft in der Ebene: Vielleicht ist es besser, rechtzeitig nach Norden auszuweichen und dann auf der Hauptpiste den Wau an Namus anzusteuern. Eventuell ist auch eine Südumfahrung besser. Dort jedoch sind ausgedehnte Fesch-Fesch-Flächen hinderlich und ebenso sehr heimtückische Windrippeln. Wie auch immer: Irgendwann ist der Kraterrand erreicht, und bei dieser Annäherung aus Westen aus einsamster Wüstenlandschaft ist das Ankommen am Krater mit seinen wundervollen Seen sogar noch eindrucksvoller als auf der gängigen Piste. Die Koordinaten der **Containerruine am östlichen Kraterrand** waren uns dabei immer Richtschnur: **Pos. N 24°54,85′ / E 17°46,55′.** Je nach gewählter Strecke und Ausmaß der Kurbelei müssten Sie ungefähr beim Tachostand 400 bis 420 km angekommen sein.

lib-d Foto: gg

Anhang

lib-g Foto: gg

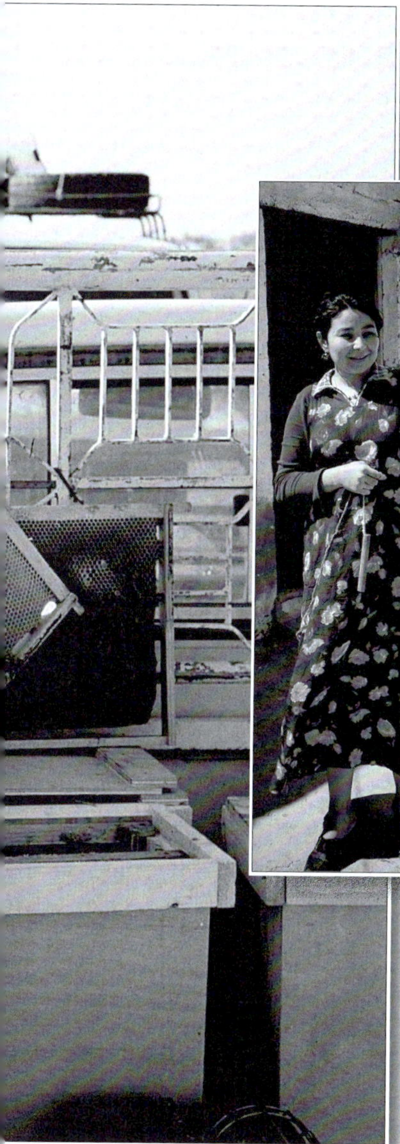

Stolz präsentiert der Imker seine Wabenrähmchen (bei Surman)

Junge Frau in Sinawen mit Jagdvogel

Sprache

In Libyen wird arabisch gesprochen. Über Jahre hinweg wurde die arabische Sprache gezielt als d i e Sprache gefördert und alles Nicht-Arabische unterbunden. Das hat(te) zur Folge, dass kaum ein Libyer eine weitere Sprache spricht. Erst in neuester Zeit wird auch wieder Englisch an den Schulen unterrichtet.

Die große Mehrzahl der im Lande arbeitenden Ausländer kommt aus Ländern, die ebenfalls arabischsprachig sind. Da in diesen Ländern arabisch nicht derart ausschließlich und einseitig wie in Libyen bevorzugt wird, sprechen viele der Ausländer eine Fremdsprache: Tunesier, Algerier, Marokkaner und Mauretanier etwa Französisch, Ägypter und Sudanesen Englisch, die Tuareg aus dem Niger und aus Mali ihre Sprache *Tamaschek* (s.u.), aber auch Französisch, viele Schwarze aus Niger *Hausa* und Französisch. Im Umgang mit einheimischen Behörden und auch Privatleuten ist es durchaus wünschenswert, sich einige Brocken Arabisch anzueignen – dies öffnet Türen und Herzen.

Für die Reise sehr zu empfehlen ist ein kleiner Arabisch-Sprachführer, z.B. der alltagsnahe und didaktisch sehr gelungene **Sprechführer „Hocharabisch – Wort für Wort“** aus der Reihe Kauderwelsch (Reise Know-How). Die folgende Liste wichtiger Worte (Deutsch/Arabisch) kann dafür kein Ersatz sein.

Wichtige Worte Deutsch/Arabisch

Apotheke	farmasian
arm	miskin
Arzt	tbib, duktur
Auf Wiedersehen	bsläma, masalaama
Auge (Augen)	ain (aujun)
Ausgang	khurudsch
Ausgrabungsstätte	hafriat
außerhalb	bar:a
Auto	sayyara
Bad	hamam
Badezimmer	bit el ma (=Zimmer des Wassers)
Bank	masirf
Bett	frasch, namusija
billig	rechis
billig und gut	rachis u mziän
bitte	afuann (als Replik auf danke)
bitte	min fadlik (in der Frage)
Botschaft	sifara
Botschafter	safir
Braut	arusa
Bräutigam	aris
Brief	risala
Briefmarke	tai barid
Brot	chobs
Bruder	ach
Brunnen	bir
Buch	ketab
Burg	gasr
Büro	maktab
Bus	bas
Busbahnhof	marhaza l-bas
Butter	subda
Christ	masihi, auch rumi
Dame	sayyida
danke	schukran
Datteln	tmar
Deutschland	almanja
Dieb	schef:ar
Direktor	mudir
Dolmetscher	mutardschim
Dorf	qariya

du	änta
Durchfall	srisra
durstig	atschan
Ehrwürdig	scharif
Ei	bed
eilig	sirban
ein bisschen	shweiya
ein Tag	nahar wahid
eine Person	dyal wahid
Eingang	dukhul
es gibt nicht	makäinsch, makäsch, la yuschad
es gibt nicht mehr	mafisch
Esel	hmar
Essig	chal
Fahrkarte	tazkira, warka, bitaka
falsch	maschi
Feigen	karmus
Fenster	scharschem, narfidha
Feuer	nar
Feuerwehr	firqa al matafi
Fisch	samak
Fischmarkt	s-suk dyal hot
Fleisch	lahem
Flughafen	mataar
Flugzeug	ta'ira
Formular	istimara
fort mit Dir	bar:a!
Foto (Bild)	surra
Frau	mra, Mz. ajalat
frei	msali
Freitagsmoschee	dschama'a al kabir,
Freund(in)	sadiq(a)
früh	bekri
Fuß	rischl
Gasse	zanqa
Gast	daif
Gebäude	binaya
gefährlich	chatir
Geist	dschin
Geld	flus
Bargeld	nuquud
Gemüse	chudar, pl. chudaraat
Gemüsemarkt	s-suk dyal chudra
genug	safi
geradeaus	ala tol
geschlossen	mesdud
Gesetz	qanun
gestern	elbaarih
Gesundheit	siha
Gibt es ...?	hal yuschad;
Gibt es ein Zimmer?	hal yuschad gurfa?
Glas (zum Trinken)	kas
Gold	dhab
Gott:	
gelobt sei er	el hamdu lilah
in seinem Namen	bismillah
so er will	in scha allah
Gramm, 100 Gramm	mijat gram
gratis, nichts	bläsch
groß	kebir
Großmutter	schida
Großvater	schid
Gruppe	schmaa
Grüß Gott	as salamu aleikum
Antwort:	wa aleikum as salam
Gürtel	semta
gut	tayib, mesian
Gute Reise	träk sälama
Guten Abend	msa el cher
Antwort:	masa an-nuur
Guten Appetit	bismillah
Guten Morgen	sebah el cher
Antwort:	sabah an-nuur
Guten Tag, hallo	kwois, marhaban
Antwort:	marhaban bik
Hackfleisch	keftä
Hafen	mersa, marsa
Hahn, Gockel	far-usch
Hallo	siehe Guten Tag
Haltestelle	mukuf, für Bus: mukuf l-utubis
Hand	jid
Händler	tadschir
fliegender Händler	sarih
hässlich, schlecht	chaib
Haus	dar, bayt
heilig	mukad'is
heiß	s-chun, harr
Herz	kelb
Hilfe	a-un
hoch	aali
Honig	asel
Hose	sirwal
Hotel	funduk
Hund	kalb
hungrig	schua-an

Ich	äna
in	fi
Insel	dschasira
Ja	naam (so meldet man man sich auch am Telefon)
Jude	jehudi
Jugendherberge	dar schabab
Jugendlicher	schäb
Junge	weld, wuld Mz. wulad, walid
Kaffee	qahwa,
süßer Kaffee	qahwa ma'a sukkar
kalt	baard
Kamel	schmel
Karotten	chis'u
Kartoffel	btata
Käse	kibne
Kekse	biskwit
Kerze	schmaa
Kessel	beqrasch
Kilo	kilu
Kind	ettiffl
Kirche	kanisa
klein	srir
Knoblauch	thuma
Kopf	ras
Kopftuch	fulara
krank	marid
Krankenhaus	mustaschfa
Krieg	harb
Kuchen	fatira
Kuh	begra
kurz	qser
Laden	hanut, dukkan
Land	balad, Boden: ard, Staat: dawla
Landkarte	kharita
lang	twel
LKW	lorry, sayyara naql
Leber	kebda
Leder	schild
leer	chawi
Lehrer	mualim
leicht	sahel
leicht (Gewicht)	chfif
Leute	nas

Licht	d'au (auch Strom)
links	(ala) yassar
nach links	schimal ala
Liter	litro
Löffel	malqa
Luft	huwa
Mädchen, Tochter	bint, Mz. bnat
Magen	maada
Mal	mar'a
fünf Mal	chamsa mar'at
Mann	raschel
Markt	suk, suq
Marmelade	konfitur, marmalada
Marokko	el-maghrib
Maus	far
Medikament	dua
Medizin	dawa
Meer	bhar
mein Freund	sahabi
... Mann	... raschli
... Sohn	... wuldi
... Vater	... baba
... Frau	... mrati
meine Freundin	sachibti
... Mutter	... um'i
... Schwester	... uchti
... Tochter	... benti
Messer	mus
Milch	halib
Minister	wasir
Ministerium	wisaarat
Mond	qamra
Morgen	sabah
Moschee	masyid
müde	ay'an
Mund	fum
Museum	mathaf
Mutter	um, umm
Nah	qrib
Name	smiya, ism ich heiße: ismi
nein	la
neu	dschedid
niemals	abadan
Norden	schamal
Nummer	raqm
Oben	elfoq
Obst	fawaki

offen	mahlul
ohne	bla, bidun
Öl	sit
Olive	situna
Onkel	chal
mein Onkel	chali
Orange	eltschin, birtaqal
Osten	scharq
Österreich	an-nämsa
Palme	nachla
Pass	yauas, passpor
Pfeffer	bsar
Pfefferminze	naahna
Platz	saha, maidan
Polizei	bolis, shurta
Post	busta
Postamt	maktab l-barid
Problem	muschkila
Prophet	nab'i
(für Mohammed:	rasul = Gesandter)
Rauch	duch'an
Rechnung	hisab, fatura
Recht	haq
rechts	yamin
Regen	schta, matar
reich	ghani
Reis	roz
Restaurant	matam
Richtung	itiya
Rind	begri, Kuh: begra
Ring	chatim
Rosinen	sbib
Rücken	dhar
Ruhe, Pause	raha
Ruinen	atar
Saft	asir
Salz	millah
sauber	enqi
Schaf	hauli
Schaffleisch	lham dyal hauli
Schande	hschuma
scharf (Essen)	har', auch heiß
schau	schuf
Schiff	safina
Schlange	hayia
schlecht, hässlich	chaib
Schlüssel	miftah
schnell	bzirba
schön	zwin, dschamil
Schuhe	sub'at
Schule	medraasa, auch: medersa
Schweiz	swisra
Seehafen	minaar
Segen	baraka
Seife	sabun
Silber	fed'a
Sohn	ben, bin, ibn
Skorpion	akrab
Soldat	askari
Sommer	seyf
Sonne	schams
Stadt	medina
Stadtverwaltung	baladiya
Stern	naschma, Mz. nuschum
Stier	tor
Stop, Halt	qif
Strand	schati
Straße	scharia
Süden	dschanub
Suppe	shurba
süß (Essen)	hlu
Tag	jom
Tankstelle	mahatta banizin
Tante	chala
Taxi	taksi
Tee	schai
Teekanne	ber'ad
Tempel	mabad
Teppich	zarbiy'a
teuer	ghali
Ticket	tazkira
Tisch	tebla
Tochter, Mädchen	bint, Mz. bnat
Tod	mot
Toilette	mirhad
Tomaten	banadura
Tourist	musafi
Tür	bab
Uhr	sa'a
Unfall	hadita
unmöglich	ma-imkinsch
Vater	baba
Verkäufer	bai'
verletzt	maschruh

Vers (Koran)	aya
viel	bsäf kafir
vielleicht	yumkin
Visum	tashira, visa
Vogel	farch
voll	am'ar
Wann	mataa
warum	limaadhaa
Was (hast du gesagt)?	schnu
Was?	a schnu, maa, maadha
Wasser	ma, moja, may
Mineralwasser	May-madini
Weg	tariq
weiß	beida
wenig	schwija
Wer?	schkun
Westen	gharb
Wetter	schau, taqs
wichtig	muhimm
Wie geht's?	läbäs, kifhak
Antwort:	bichayrin, al-hamdu-lillah
Wieviel (Kilometer)?	kedäsch
Wieviel (kostet das)?	schhäl, aadäsch
willkommen (= Kurzform von ahlan wa-sahlan)	ahlen
Wind	l-bärd
Wo ist ...?	fen käin ...?, ayna ...?
Wurst	sosis
Zentrum	merkas
Ziege	maaza
Zimmer	bet, ghurfa
Zitrone	hamid
Zoll	yamarek
Zucker	sukkar
Zurück	ila al khalf
zwei Personen	dyal schusch
Zwiebel	bsla

Arabische Zahlen

Die arabischen Zahlen werden – im Gegensatz zur arabischen Schrift – **von links nach rechts gelesen.**

0	sifr	٠
1	wa:hid	١
2	ithna:n	٢
3	thala:tha	٣
4	arba'a	٤
5	chamsa	٥
6	sitta	٦
7	sab'a	٧
8	thama:nija	٨
9	tis'a	٩
10	'aschara	١٠
11	ihda'aschara	١١
12	ithnata:'aschara	١٢
13	thala:th'aschara	١٣
14	arba'aschara	١٤
15	chams'aschara	١٥
16	sitt'aschara	١٦
17	sab'aschara	١٧
18	thama:ni'aschara	١٨
19	tis'aschara	١٩
20	'ischru:n	٢٠
30	thala:thu:n	٣٠
40	arba'u:n	٤٠
50	chamsu:n	٥٠
60	sittu:n	٦٠
70	sab'u:n	٧٠
80	thama:nu:n	٨٠
90	tis'u:n	٩٠
100	mi'a	١٠٠
200	mi'ata:n	٢٠٠
1000	alf	١٠٠٠
2000	alfa:n	٢٠٠٠

Die arabische Schrift wird von rechts nach links gelesen.

Sie setzt sich aus **28 Zeichen** zusammen, für die es jeweils eine Schreibweise für alleine stehende Zeichen, eine Schreibweise für den Anfang eines Wortes, eine für die Mitte (also nach beiden Seiten verbunden) und eine Schreibweise für das Ende eines Wortes gibt.

Eine Druckschrift wie bei uns gibt es nicht.

Name	Ende	Mitte	Anfang	alleine

alif (a)
ba (b)
ta
tha
djim
ha
dal
dal (thal)
ra
sen
sin
schin
sad
dad
ta
za
ain
ren
fa
gaf
kaf
lam
mim
nun
ha
uau
ya

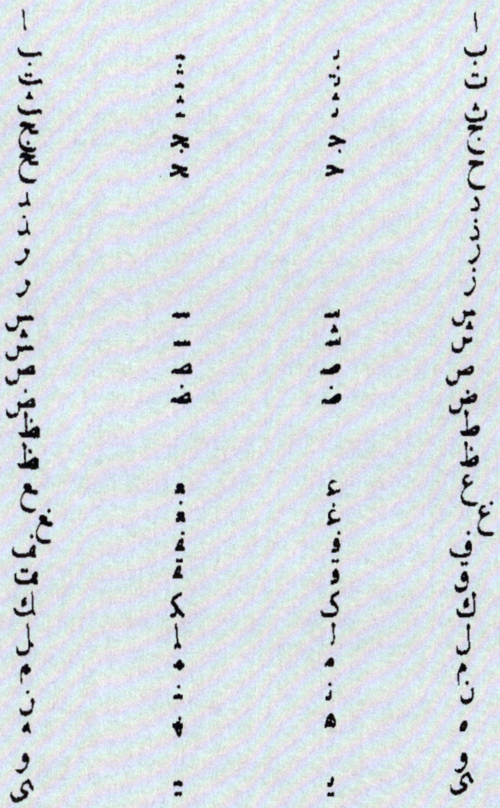

Tamaschek und Tifinar

Nur im äußersten Westen Libyens wird heute noch eine Sprache gesprochen, die ursprünglich mit dem Arabischen nur wenig gemein hatte – die **Sprache der Tuareg,** das **Tamaschek,** eine alte Berbersprache.

Das Tamaschek lässt sich auf eine alte libysch-berberische Sprachform zurückführen, die schon für das 5. Jh. im nordafrikanischen Raum nachgewiesen ist. Die Sprache hat viel Ähnlichkeit mit allen anderen Berberdialekten, die heute noch im nordafrikanischen Raum „leben", bis hinüber nach Marokko. Alle Tamaschek-Sprecher können sich untereinander verständigen, und mit etwas Mühe versteht gar ein Tuareg die Sprache Tamazight der Berber im Hohen Atlas Marokkos. Die verschiedenen Bersprachgruppen sind heute – unter dem Einfluß des Islam – durch die Übernahme vieler arabischer Wörter gekennzeichnet, am wenigsten noch das Tamaschek, was damit zusammenhängen mag, dass die Tuareg ihre alte Schrift, das Tifinar, bewahrt haben.

Charakteristisch für das Tamaschek ist ein großer Wortschatz für konkrete Dinge, während Begriffe für Abstrakta weitestgehend fehlen. Dieser Mangel wird durch Umschreibungen kompensiert: „Die von den weißen Zelten" meint z.B. nichts anderes als „Adlige". Auch die Beliebtheit von Gleichnissen, Rätseln, Sprichwörtern und der Poesie erklärt sich aus diesem Zusammenhang.

Ganz ähnlich der Sprache ist die **Tifinar-Schrift** auf ein altlibysches Alphabet zurückzuführen; beide stellen damit ein über 2000 Jahre altes Verbindungsglied zwischen Nord- und Südsahara her, die heute der Lebensraum der meisten Tuareg ist. Ähnlich wie beim Arabischen handelt es sich auch beim Tifinar um eine Konsonantenschrift. Das Alphabet besteht aus 25 relativ strengen geometrischen Schriftzeichen. Zeichen für Zahlen existieren nicht. Auch die Schriftrichtung ist nicht festgelegt, lässt sich jedoch an der Ausrichtung bestimmter Buchstaben erkennen. Unter arabisch-islamischem Einfluss – das betrifft v.a. die im heutigen Libyen lebenden Tuareg – zeigt sich eine Tendenz, von rechts nach links zu schreiben. Traditionell wird eher von unten nach oben geschrieben und dann die nächste Buchstabenspalte rechts oder links angefügt. Die Buchstaben werden untereinander nicht verbunden. Diese Eigenschaften machen die Schrift ausgesprochen schwer lesbar: Mit dem Finger von Buchstabe zu Buchstabe gleitend, die Vokale dabei halb singend erratend, rätseln sich auch des Lesens Kundige von Wort zu Wort. Eigenarten des Schreibenden oder ein Rechtschreibfehler machen oft ganze Passagen unverständlich oder mehrdeutig.

Wenn Sie mit einem Tuareg-Führer durch das Akakus-Gebirge reisen, werden Sie an vielen Stellen in den Felsen

Buchtipp:
- Frank Donath,
Tamaschek (Tuareg) – Wort für Wort
REISE KNOW-HOW Kauderwelsch, Bd. 167

Tifinar-Inschriften finden. Vielleicht bitten Sie Ihren Führer darum, Ihnen den einen oder anderen Text einmal vorzulesen. Gerade im Akakus nämlich haben sich ungewöhnlich viele Inschriften erhalten, die auch heute noch für den Tifinar-Kundigen lesbar sind. Dies ist nicht in allen Regionen so. Vom Inhalt der Inschriften dürfen Sie allerdings keine literarischen Meisterwerke erwarten: Meistens teilt nur irgend ein Tuareg-Hirte den Nachkommenden mit, dass er auch schon hier durchgezogen ist.

Glossar

Abri: franz. Schutz, Bezeichnung für steinzeitliche Wohnstätte unter Felsvorsprüngen, -nischen, auch für überhängende Felsflächen mit Felsbildern
Acheb: nach Regenfällen auftretende kurzlebige Flora in den nördlichen Saharagebieten
Adrar: Gebirge, Bergland, siehe auch Tadrart
Agamen: Echsenart, bes. bekannt: Dornschwanzagame
Ahaggar: Gebirge der Zentral-Sahara (Algerien), auch Hoggar, geologisches Hebungszentrum
Ahal: überwiegend nächtliches Treffen der Tuareg-Jugend unter Obhut einer älteren, erfahrenen Frau
Aid, Aïd: Fest, Feiertag
Ain: Quelle, Wasserstelle, auch In; wörtlich: „das Auge"
Aïr: Gebirge der Süd-Sahara (Niger), auch Asben, Bestandteil einer wichtigen geologischen Schwelle
Ajal, auch Adjal, Wadi Ajal (sprich Adschal): Tal zwischen Sebha und Ubari, im Norden begrenzt von Sanddünengebieten, im Süden von einer Steilstufe, dem Msak Mustafit (auch Mesak Setafet = schwarzer Tafelberg)
Akakus: Gebirge im südwestlichen Libyen, zahlreiche prähistorische Fundstellen
Akazien: eine für wüstenhafte Gebiete charakteristische Baumgattung
Akhdar: arab. grün
Allah: Gott in arabischer Sprache
äolisch: vom Wind geformt
Aouzou: Oasen-Ort im nördlichen Tibesti-Gebirge (s.u.), umstrittene Grenzregion zwischen Libyen und Tschad
arid: trocken, Verdunstungsmenge größer als Niederschlagsmenge
Artefakt: steinzeitliches Werkzeug oder anderer von Menschen geschaffener steinzeitlicher Gegenstand
Asben: siehe Aïr
aswad, sauda: arab. schwarz
autochthon: alteingesessen, eingeboren, nicht zugewandert

Bab: Eingang, Tor
Bahr bela ma: arab. Meer ohne Wasser; bildhaft für Wüste
Balanites: charakteristischer Baum der Südsahara, seine Früchte werden in Hungerzeiten als „Sklaven-Datteln" gegessen
Balise: franz. Besen, Bez. für Wegmarkierungen in Stangenform an Pisten, dann auch für Fässer u.a. gebraucht, die so Verwendung finden; bei Steinmännchen wird häufig der Ausdruck Redjem verwendet (s.u.)
Ban, Ben, Beni: arab. Sohn (Hinweis auf Gründer, Stammeszugehörigkeit)
Barchan(e): Sicheldüne(n), einzige echte Wanderdünen; meist von geringem Volumen; steile Flanken, Krümmung und weicher Sand auf Leeseite lassen Barchane zu unangenehmen Hindernissen für Fahrzeuge werden
Beid, beida: arab. weiß
Berber: gelten als Ureinwohner Nordafrikas
Bir: Brunnen
Bornu-Reich: altes Reich Inner-Afrikas im Tschad-See-Gebiet
Bornu-Straße: wichtige alte Transsahara-Karawanenroute von Murzuk zum Tschad-See

Caldera: kesselartige Vertiefung eines Vulkan-Kraters
Chech (sprich Schesch): feiner Stoff, der oft als Gesichtsschleier oder Kopftuch dient
Chibli, Ghibli: heißer Wind, der aus der Sahara Richtung Mittelmeer weht

Chott: große, in sich geschlossene Salz-Ton-Becken und Depressionen (Niveau unter Meeresspiegel), meist tektonisch angelegt; je nach Witterung ausgetrocknet mit Krusten oder von einem Salzsee bedeckt
Cyrenaika: Ostregion Libyens, Hauptstadt Benghasi

Dar: arab. Haus, auch Bezeichnung für Stammesgebiete
Deglet en-Nour: „Finger des Lichtes", gilt als beste Dattelsorte
Desertation: Ausbreitung der Wüste ohne menschliches Zutun
Desertifikation: Ausbreitung der Wüste unter menschlichem Einfluss
Djebel, Dschebel: siehe Jabal
Djedid: arab. neu
Djenoun (sprich Dschenun): Geister
Djerma: siehe Germa

Edeyen, auch Idehan, Idhan: Bezeichnung für Sanddünengebiete in Libyen, entspricht dem in anderen Sahara-Regionen verwendeten Wort „Erg"
Emir: Befehlshaber, Gebieter, islamisch religiöser Führer
Endogamie: Heiratsregel, erlaubt Ehen nur innerhalb einer bestimmten sozialen Gruppe
Ephemeren: kurzlebige Pflanzen in Wüstengebieten
Erg: Sanddünengebiet, in Libyen wird überwiegend die Bezeichnung Edeyen verwendet
Euphorbien: eine für relativ trockene Gebiete charakteristische Pflanzengattung, wird häufig falsch für den Strauch Calotropis Procera verwendet

Falaise: franz. Steilküste, oft im frankophonen Sahara-Raum gebraucht für Felswände oder hohe Felsklippen, die Bergländer von Ebenen abgrenzen
Fennek: Fuchsart, die in der Sahara lebt; Wüstenfuchs
Fesch-Fesch, Fechfech: staubfeiner Sand, oft tief und kaum befahrbar
Fezzan, Fessan: Landschaft und politische Region in Libyen, Hauptstadt Sebha
fluvial: von fließendem Wasser abgetragen bzw. geformt
Foggara: Bewässerungssystem, bei dem mit unterirdischen Kanälen Wasser für die Anbaugebiete in den Oasen gewonnen wird
Fossilien: versteinerte Reste von Tieren oder Pflanzen aus erdgeschichtlicher Vergangenheit
Foum, Fum: Mund, Öffnung; oft Bezeichnung für Wadi-Durchbrüche in Bergländern; im Foum-Bereich liegt der Grundwasserspiegel meist recht hoch

Gara: isoliert stehende Reste von Hochplateaus, oft auch als Zeugenberge bezeichnet
Garama: siehe Germa
Garamanten: Volksgruppe der Antike im südlichen Libyen, gelten als mögliche Vorfahren der Tuareg, eines ihrer Zentren war Germa
Gassi: „Tal" zwischen Dünen, vom Wind geformt, erlaubt Durchgang
Germa, auch Djerma, Garama, Jarmah u.a.: Ortschaft im Wadi Ajal, Ruinen einer ehemaligen Garamantenstadt
Ghazeil, Ghazala, Gazal: arab. Gazelle
Ghibli: siehe Chibli
Grünes Buch: Titel eines vom libyschen Staatsführer Kadhafi verfassten Buches zu sozialen und politischen Themen aller Art, „Universaltheorie"
Grus, grusig: verwittertes Gestein, grobe Sandstruktur, das einzelne Teilchen ist nicht wie bei Sand gerundet, sondern kantig
Guelta (auch Aguelman): natürliches Wasserbecken bzw. kleiner See, oft nur temporär, z.B. in Felsgelände nach Regenfällen

Haj, Hadji, Hadsch: Pilgerfahrt nach Mekka, Ehrentitel für den Pilgerer
Hamada, Hammada: vielfältig gebrauchter Begriff für Steinwüsten
Harmattan: trockener Nordostwind, der Passat-Wind während der kalten Jahreszeit in der südlichen Sahara
Haruj, Harudsch: Name einer Steinwüste mit Basalt-Auflage, in ihren inneren Regionen befinden sich einzelne Vulkane
Hassi: arab. Brunnen
Hoggar: siehe Ahaggar

Idehan: siehe Edeyen
Idhan: siehe Edeyen
Idinen: Geister; Name eines Berges in Südwestlibyen, wo böse Geister vermutet werden

Ihaggaren: Adelsgruppe innerhalb der hierarchischen Gesellschaftsstruktur der Tuareg in der zentralen Sahara
Iklan: Gruppe der so genannten Sklaven innerhalb der hierarchischen Gesellschaftsstruktur der Tuareg
Imazighen, Imascheren: „Adlige", „Freie" allgemein bei den Tuareg, im engeren Sinne auch für Tuareg als solche
Inaden: Gruppe der Schmiede und Handwerker bei den Tuareg

Jabal, Jebal: Berg, Gebirge
Jamahiri(y)a: Volksregierung, Bezeichnung für die libysche Staatsform
Jarmah: siehe Germa
Jezira: Insel

Kasba: Burg, Festung, befestigte Altstadt
Kasr, Ksar, pl. auch Ksour: Burg, Festung, befestigte Ortschaft
Kebir: arab. groß
Kel: „Leute von...", in der Sprache der Tuareg
Khamsa: arab. fünf
Khamsin: Sandwind aus nordöstl. Richtung, der in der Regel fünf Tage anhält
Koloquinte: „Bitterkürbis", auffallende und häufige Sahara-Pflanze
Kufra: Oasenregion im südöstlichsten Libyen, Verband mehrerer größerer Ortschaften
Kupste: Erdhügel, der entsteht, wenn durch Erosion Gelände abgetragen wird, im Bereich eines Baumes oder Busches durch Laubfall und Wurzelwerk aber erhalten bleibt oder gar noch wächst; häufig erfolgt Kupsten-Bildung durch Tamarisken

Litham: arab. Gesichtsschleier, entspricht dem Tugulmust in der Sprache der Tuareg
Luzerne: in Oasen häufig unter Palmen angebaute Futterpflanze

Ma: arab. Wasser
Maghreb: arab. Westen, Bezeichnung für die Region der Länder Mauretanien, Marokko, Algerien, Tunesien, Libyen; Gegensatz ist Maschriq = arab. Osten
Marsa: Hafen
Maschriq, Masriq: arab. Osten
Matriarchat: Gesellschaftsform, bei der Erbgang und soziale Stellung der weiblichen Linie folgen
Mauren: Volksgruppe in der Westsahara
Mausim: Monsun, jahreszeitlich bedingter Wind, Regen bringend
Mekka: Geburtsort des Religionsgründers Mohammed im heutigen Saudi-Arabien, Zielort einer Pilgerfahrt, die allen muslimischen Gläubigen obliegt
Messak, Msak: Bezeichnung für Hamada-Hochflächen in Südlibyen, eigentlich Tuareg-Wort für Tisch, Tafel
Mula-Mula: Tuareg-Name für den Weißbürzelsteinschmätzer, eine Drosselart; sehr zutraulich, gilt als Künder des Guten
Mustafit (tamaschek), settafet: schwarz

Namus: Stechmücke, Schnake, davon Ortsname Wau an Namus: Mückenkrater bzw. Mückenloch
negrid: zu den Negern gehörig; negroid = negerähnlich
negroid: negerähnlich; negrid = zu den Negern gehörig
Nekropolis: griech. Totenstadt, Friedhof
Neolithikum: Jungsteinzeit
Niger: südlicher Anrainerstaat von Libyen, ein Binnenstaat, benannt nach dem Fluss Niger, aber nicht identisch mit dem weiter im Süden liegenden Staat Nigeria

Oea: antiker Name für die Stadt, an deren Ort sich heute Tripolis befindet
Oued: siehe Wadi
Ouled: Kinder (von), vor Stammesname

Paläolithikum: Altsteinzeit
Palmeraie: franz. in sich geschlossener und größerer Palmenhain
Panarabisums: besonders unter dem früheren ägyptischen Staatspräsidenten Nasser geförderte politische Bewegung, die darauf abzielt, arabischsprachige Länder zu vereinen
Passat: beständige, äquatorwärts wehende Winde, führen zu Austrocknung und zu „Wendekreiswüsten"

Ramla, Remla, Rmel: Sand, Bezeichnung für Sandgebiete mit oder ohne Dünen
Ras: Kopf, Landzunge

Razzia: Raubzug, vom arab. Wort Rezzou
Redjem: Steinmännchen oder auffallend aufgebauter Steinhügel als Markierung an Pisten oder als Kennzeichnung von Brunnenstellen oder Wegverzweigungen
Reg, Regg: Bezeichnung für Tiefebenen mit Sand-Kies-Oberfläche, in Libyen auch häufig als Serir, Sarir bezeichnet
Rmel: Sand

Sahel: arab. Ufer, Bezeichnung für Übergangsbereich zwischen lebensfeindlicher Wüste und den Steppengebieten, in denen periodische Niederschläge Feldbau erlauben
Samum, Samum, auch Schirokko: heißer, trockener, Sand und Staub bringender Wind bzw. Sturm
Sandtenne: flache oder leicht gewölbte, aber ebene und relativ feste Sandflächen zwischen Dünen, oft auch nur Tenne genannt
Schott: siehe Chott
Sebkha: natürliche Becken mit stark salzhaltigen Feinsedimenten, oft ausgetrocknet und dann oberflächlich von einer Salztonschicht überzogen; vergleichbar den Schotts; in die Sebkhas werden oft die Abwasser von Oasen eingeleitet
Sediment: Ablagerung, Bodensatz, auch Schicht- oder Absatzgestein
Seif: arab. Schwert, Bezeichnung für Längsdünen-Systeme, bei denen sich mehrere gebogene Dünen hintereinanderreihen
Senussia: islamische Sekte
Serir, Sarir, Asrir: Bezeichnung für Tiefebenen mit Sand-Kies-Oberfläche, in der West- und Zentralsahara häufig als Reg bezeichnet
Suk, Souk, Suqq: Markt, überdacht oder im Freien

Tadrart: Tuareg-Wort für „kleines Gebirge", bezeichnet eine Region in Südwestlibyen
Tamarisken: charakteristische Saharabäume in Gebieten, die Grundwasser führen; vertragen dabei auch einen sehr hohen Salzgehalt
Tamaschek: Sprache der Tuareg
Targi: Tuareg-Mann
Targia: Tuareg-Frau
Tassili n'Ajjer: „Plateau der Flüsse", Berglandschaft im äußersten Osten Algeriens, ihr östlicher Rand bildet ungefähr den Grenzverlauf zwischen Algerien und Libyen
Teda: siehe Tubbu
Tenere, Ténéré, Tiniri: Tuareg-Wort für Traurigkeit, Einsamkeit, übertragen „Land dort draußen", Bez. für ebene Sand- und Kieswüsten, Regionalbezeichnung für Wüste in den nördlichen Grenzgebieten des Staates Niger
Tenne: siehe Sandtenne
Tibesti: Gebirge mit der höchsten Erhebung der Sahara, überwiegend im Tschad gelegen, Heimatland der Tubbu (s.u.)
Tifinar, Tifinagh: Schrift der Tuareg, aus altlibyschem Alphabet hervorgegangen
Tuareg: Berbervolk in der zentralen Sahara, leben teilweise auch auf libyschem Staatsgebiet
Tubu, Tibbu, Tubbu: „Felsenmenschen", Volksgruppe, die überwiegend im Tibesti-Gebirge lebt, nördliche Untergruppe wird auch als Teda bezeichnet
Tugulmust: siehe Litham
Tumulus: Steinhügel eines prähistorischen Grabes

Um: arab. Mutter, auch Umm geschrieben
Uweinat, auch Djebel al-Awaynat: Bergregion im äußersten Südosten Libyens, Grenzgebiet zu Ägypten und Sudan

Waddan: Mähnenschaf
Wadi: Flusstal, in saharischen Regionen meist trocken, auch Oued, Wed; im Tibesti-Bergland ist die Bezeichnung Enneri, im Aïr-Bergland dagegen Kori gebräuchlich
Wau, Waw: Loch, Vulkan
Wüstenlack: glänzende Schwarzfärbung saharischer Gesteine durch Ablagerung von Eisen- und Manganoxiden, die durch Verdunstung von mineralischen Gesteinsalzlösungen an der Gesteinsoberfläche rindenartige oberflächliche Überzüge bilden

Zaouia, Zawiya: religiöser Orden, auch Stammsitz einer religiösen Bruderschaft
Zawiyat, Zawiyah: Stützpunkt (einer Koran-Schule, eines Ordens)
Zeriba: Hütte aus Schilf, Palmzweigen oder ähnlichem Material
Zeugenberg: von einer Schichtstufe abgetrennter, isoliert stehender Plateaurest, der „Zeugnis" davon ablegt, wo dieses Plateau in früheren erdgeschichtlichen Epochen ebenfalls noch vorhanden war; in der Sahara oft mit dem Wort Gara bezeichnet

Literatur und Landkarten

Bücher

Bücher, die sich ausschließlich dem Land Libyen widmen, sind rar gesät; viele davon sind **veraltet und/oder vergriffen.** Sie werden diese Bücher daher nicht in der Buchhandlung erhalten, sondern höchstens in Bibliotheken ausleihen können. Manche „alte Schwarte" finden Sie auch in Antiquariaten; solche Altbuchhandlungen sortieren ja häufig nach Ländern, so dass Sie sich unter dem Stichwort „Libyen", „Nordafrika" oder auch „Sahara" rasch einen Überblick über eventuell Vorhandenes verschaffen können. In vielen Sammelwerken zu Nordafrika oder zur Sahara finden Sie entsprechende Abschnitte über Libyen, die jedoch eher bescheiden ausfallen.

Wenig Glück werden Sie in einer Buchhandlung mit „normaler" Auswahl haben. Ohne Bestellung wird da nichts zu holen sein. Fündig werden könnten Sie noch am ehesten in spezialisierten Geo-Buchhandlungen, in Landkartenhäusern oder in Ausrüsterläden mit angegliederter Buchabteilung.

Bücher, die verlagsneu erwerb-/bestellbar sind und sich **ausschließlich Libyen** widmen:

- *Castiglioni, A.* u. a. und *Negro, G.*
Fiumi di pietra. 1986
- *Frank, Sabine* und *Kamp, Martina* (Hrsg.)
Libyen im 20. Jahrhundert. Deutsches Orient-Institut. Hamburg 1995
- *Gandini, J.*
Petit Guide Pratique: Libye du Sud-Est. 1999
- *Kohl, E.*, Libyen – Fezzan. 1990
- *Kratzl, R.* und *Mattes, H.*
Libyen. Öl, Sand und Steine – Ein Land im Umbruch. 1989 (Eulen Verlag FR)
- *Lutz, R. u. G.*
Das Geheimnis der Wüste. 1995
- *Ohin, F.*
Pistenbeschreibung einer Libyenreise. 1995
- *Polidori, R. et al.*
Das antike Libyen. Köln 1999
- *Richter, N. B.*
Unvergeßliche Sahara. Erweiterte Neuauflage durch M. Rolke. 1999
- *Richter, N.B.*
Auf dem Weg zur Schwarzen Oase. Erweiterte Neuauflage durch M. Rolke. 2003
- *Ruprechtsberger, E.*
Die Garamanten. Mainz 1998
- *Steinke, D.*
Libyen. Reise-Handbuch. 1995
- *Willeitner, Joachim* und *Dollhopf, Helmut*
Libyen. Hirmer 1997
- *Willeitner, Joachim*
Libyen – Tripolitanien, Kyrenaika und der Fezzan. Köln 2001

Bücher, die verlagsneu erwerb- oder bestellbar sind und in denen **unter anderem auch Libyen** dargestellt wird:

- *Aicher, O.*
Gehen in der Wüste. Frankfurt 2005
- *Barth, H.*
Die große Reise. Forschungen und Abenteuer in Nord- und Zentralafrika 1849–1855. 1977
- *Busche, D.*
Die zentrale Sahara. Gotha 1998
- *Därr* und *TCS* (Hrsg.), Durch Afrika. 2000
- *Dreikluft, R. u.a.*
Die Sahara. Die Erben des Mangels. Darmstadt 2006
- *Faath, S./Mattes, H.* (Hrsg.)
Demokratie und Menschenrechte in Nordafrika. 1992
- *Göttler, G.*
Sahara. 2002
- *Göttler, G. u.a.*
Magische Ornamente. Silberschmuck der Tuareg. Zürich 2003
- *Kohl, E. u.a.*
as-Sahara Libiya, Gnas / Österreich 2001
- *Martin, M.*
Die Wüsten der Erde. München 2004
- *Muzzolini, A.*
Les images rupestres du Sahara. Toulouse 1995
- *Nachtigal, G.*
Tibesti. Die Entdeckung der Riesenkrater und die Erstdurchquerung des Sudan 1868. 1978
- *Nöther, W.*
Die Erschließung der Sahara durch Motorfahrzeuge 1901 – 1936. München 2002

• *Ruprechtsberger, E.*
Die römische Limeszone in Tripolitanien und der Kyrenaika. Tunesien - Libyen. Württ. Landesmuseum, Stuttgart. 1993
• *Schatanek, V. / Elkharassi, H.*
Sahara. Tiere, Pflanzen, Spuren. Stuttgart 2006
• *Sers, J. F.*
Théodore Monod - Désert libyque. 1994
• *Striedter, K. H.*, Felsbilder der Sahara. 1985
• *Ulrich, R.* und *Weible, E.*, Sahara. 1995
• *Versch. Autoren*
Der große Polyglott Sahara. 1983
• *Versch. Autoren*
Sahara. Geo-Special. 1992
• *Versch. Autoren*, Sahara. Merian. o. J.
• *Versch. Autoren*
Libya Antiqua. Unesco-Symposium in Paris 1984
• *Worm, H.*, Sahara. 1995

Antiquarische Bücher (Lexika, auch geografische, werden hier nicht berücksichtigt) und solche, die in den Katalogen des Buchhandels nicht mehr erscheinen:
• *Bary, E. de*, Im Oasenkreis. 1963
• *Bary, E. v.*
Sahara-Tagebuch 1876–1877. 1977
• *Frobenius, L.*, Ekade Ektab.
• *Göttler, G.* (Hrsg.), Sahara-Handbuch. 1992
• *Kadhafi, Muammar al-*
Das Grüne Buch. Die dritte Universaltheorie. 1980
• *Kanter, H.*
Medizinische Länderkunde Libyen. 1967·
• *Krüger, Chr.* Sahara, Wien 1967
• *Polkehn, K.*, Im Banne der Sahara. 1969
• *Richter, N. B.*, Unvergeßliche Sahara. 1953
• *Schiffers, H.*
Brennende Wüste - Blühender Sand. 1975
• *Schiffers, H.* (Hrsg.)
Die Sahara und ihre Randgebiete. 3 Bände. 1972
• *Versch. Autoren*
Sahara - 10 000 Jahre zwischen Weide und Wüste. Ausstellungskatalog 1978
• *Ward, Ph.*, Touring Libya. 3 Bände. 1968

• Daneben sind in vielen **Zeitschriften** Artikel über Libyen erschienen, z.B. in „Geo“, Ausgaben 12/83 und 2/92, sowie in der französichen Geo-Ausgabe 2/95.

• **In Libyen** selbst gibt es Führer zu den wichtigsten Ausgrabungsstätten wie Sabrata, Leptis Magna, Cyrene und Apollonia.

• **Im wissenschaftlichen Bereich** sind immer wieder Artikel in den üblichen Publikationen, z.B. „Die Erde“, „Geographische Rundschau“ u.a., zu einzelnen Themen publiziert.

Landkarten

Ich hatte schon darauf hingewiesen, dass es keine absolut richtigen Karten für Libyen gibt, sieht man vielleicht von der Übersichtskarte **„Michelin 741 Afrique - Nord et Ouest“** (1:4 Millionen) einmal ab - und auch diese enthält noch genug Fehler. In Ermangelung einer besseren Landkarte für Gesamt-Libyen und die relevanten Teile der Nachbarländer verwende ich diese Michelin-Karte als Bezugsbasis für alle Ortsangaben und für die grundlegende Orientierung in den Routen-Darstellungen.

Seit einiger Zeit gibt es auf dem Markt **russische Generalstabskarten** im Maßstab 1:100.000 bis 1:1 Million mit mehrfarbigem und übersichtlichem Kartenbild zu kaufen. Die Beschriftung ist kyrillisch, was die Handhabung nicht gerade erleichtert. Die Firma Därr in München liefert mit den Karten eine Übersetzung der Kartenlegende und des kyrillischen Alphabets. Die Karten decken zwar ganz Libyen ab, sind aber nicht immer lieferbar. Rechtzeitige Bestellung und evtl. Vormerkung ist deshalb zu empfehlen.

Von **Reise Know-How** gibt es **ganz aktuell** eine **Libyen-Karte** im Maßstab 1:1,6 Millionen. Die Ausstattung umfasst Höhenlinien und Höhenschichten, GPS-Tauglichkeit und ein klassifiziertes Straßen- bzw. Pistennetz mit Entfernungsangaben. Der Ortsindex ist mit diesem Buch abgestimmt. Aktualität und Verlässlichkeit werden durch die Recherche vor Ort und die Erkundung aus dem Weltraum gewährleistet. Die Karte ist reiß- und wasserfest und beschreibbar wie Papier.

Mit einer sehr anschaulichen Schummerung versehen ist die ungarische **GIZI-Map Libya** (1:1.750.000), auch sonst eine sehr detaillierte und informative Karte. Leider enthält sie eine Menge Fehler (man könnte meinen, die Straßenverläufe seien mit allen Fehlern der Geo-Projects-Karte entnommen bzw. umgekehrt!) bei den Straßen und auch bei den Grenzen. Sie ist in Deutschland erhältlich, lässt sich via Internet in Ungarn bestellen oder zu einem sehr günstigen Preis auch an vielen Orten z.B. in den Souvenirläden von Sabratha oder Leptis Magna erwerben. Sicher die derzeit erste Wahl, wenn es nicht um Orientierung im Detail geht.

Leider sind die sonst so guten **IGN-Karten** nie auch für Libyen produziert worden. Einige algerische Karten (1:1 Million) reichen jedoch noch auf libysches Gebiet hinüber, so das Blatt „Hassi Messaoud" und das Blatt „Djanet". Auch diese Karten sind vierfarbig und schön anzusehen – mehr als einen Überblick vermögen sie aber nicht zu vermitteln, da auf libyschem Gebiet nur sehr wenige Eintragungen vorgenommen wurden.

In Archiven finden sich noch **Militär-Karten** aus der Zeit des Nordafrika-Krieges. Sie reichen bis zu den Maßstäben 1:400.000 und 1:200.000, decken aber nur den äußersten Norden ab. Als Grundkarten wurden dabei alte italienische Karten verwendet. Die Geländedarstellung entspricht mehr der Phantasie des Zeichners als der Realität.

Gewissermaßen für Feinschmecker sind die **23 farbigen Karten des „Sonderkommando Dora"**, neu herausgegeben von *Michael Rolke* im Belleville-Verlag München. Im Maßstab 1:200.000 decken sie in Form von Routenaufnahmen weite Bereiche Südlibyens ab, die in ihrer Entstehungszeit 1942 von militärischem Interesse waren. Die Genauigkeit der mit Astronavigation erstellten Karten hält lt. Herausgeber einem Vergleich mit heutigen GPS-Messungen stand: Ermittelte Abweichungen gingen nicht über 300 m hinaus. Zur Mitnahme auf die Reise empfiehlt sich die Anfertigung von Kopien, die liebevoll produzierten Faksimile-Blätter erscheinen mir dazu viel zu schade!

Bei den vorstehend genannten Karten erscheint es mir nicht unbedingt ratsam, sie Militär oder Polizei zu zeigen, womöglich noch zusammen mit Ihrem GPS. Ich könnte mir vorstellen, dass Sie dann einen erheblichen Erklärungsbedarf haben. Dazu kommt, dass sich auf vielen dieser Karten der Aufdruck befindet, „Nur für den Dienstgebrauch bestimmt" oder auch „Nicht für die Öffentlichkeit bestimmt". Wenn diese Sätze gar von einem Dolmetscher ins Arabische übersetzt werden, werden Sie heftig darauf hinweisen müssen, dass sich dies auf einen Dienst und eine Öffentlichkeit aus dem Jahre 1942 bezieht! Zum Glück ist die Jahreszahl auf den Karten zu finden.

Für Fahrten abseits der Straßen sind **ONC- und TPC-Karten** gebräuchlich. ONC steht dabei für „Operational Navigation Chart" und TPC für „Tactical Pilot Charts": Diese Karten sind eigentlich für Flugzeug-Piloten gedacht. Zwei Blätter der ONC-Serie decken – vom äußersten Norden und äußersten Süden abgesehen – fast ganz Libyen ab: Im Westen die ONC H-3 und im Osten die ONC H-4. Solange Sie nicht bis hinab zum Djebel Uweinat wollen oder den Murzuk-Erg im Süden zu umrunden gedenken, sind Sie mit diesen beiden Karten für Fahrten abseits der Straßen ausreichend gerüstet. Sollten Sie sich in bestimmten Gebieten abseits der Straßen oder gar der Pisten für längere Zeit aufhalten wollen, können Sie hierfür die TPC-Karten zusätzlich hinzuziehen. Dabei gilt es jedoch zu beachten, dass die ONC-Karten teilweise beträchtliche Fehler aufweisen und die TPC-Karten ihrerseits nur vergrößerte ONC-Karten sind, d.h. auch dieselben Abweichungen enthalten wie diese. Im Bereich nördlich von Idri beträgt die Abweichung durchschnittlich 15 km! In anderen Gebieten stimmen vielleicht die eingetragenen Pisten etwas genauer, dafür sind dann aber die Geländedarstellungen reine Fantasieprodukte. Angenehm an den ONC-Karten empfinde ich das aufgedruckte Gitternetz: Es erleichtert den Eintrag eines mit dem GPS-Empfängers ermittelten Fixpunktes.

Buchtipp:
- Wolfram Schwieder
Richtig Kartenlesen
(REISE KNOW-HOW Praxis)

Im Maßstab 1:2 Millionen (mit Bereichskarten von Tripolis, Benghasi und Tripolitanien in größerem Maßstab) gibt es die ungarische Karte **„Libya" vom Budapester Cartographia-Verlag.** Sie bietet ein anschauliches, wenngleich nicht immer korrektes physisches Kartenbild, reicht aber im Süden nur bis 26°30', d.h. bis ins Gebiet von Sebha. Das alles könnte man noch akzeptieren, enthielte sie nicht eine Fülle von Fehlern, die jedes Vertrauen in Straßen- und Pistenverläufe rasch zunichte machen. Da hilft dann auch das auf der Rückseite abgedruckte Ortsnamen-Verzeichnis nicht drüber hinweg.

Eine auch optisch ansprechende Übersichtskarte im Maßstab 1:3,5 Millionen liegt in Form einer vielfarbigen libyschen Karte vor, die **„Map of the Socialist People's Libyan Arab Jamahiriya"** von GEOprojects in Großbritannien. Hier sind die wichtigsten Straßen und Pisten eingezeichnet; auch Straßenprojekte, Pipelines und das „Man-Made-River-Projekt" (vgl. Route B 10) sind übersichtlich dargestellt. Nicht alle hier vermerkten Straßen sind auch wirklich als Straßen vorhanden, und auch die Kilometerangaben sind oft genug einem Wunschdenken entsprungen. Übersichtspläne der Regionen Tripolis und Benghasi sowie Stadtpläne dieser beiden Städte vervollständigen die Karte ebenso wie ein Index und ein kurzer geografischer gesamtlibyscher Überblick. Über den Verlauf der eingetragenen Grenzen dürften sich weder Algerien noch die Republik Tschad freuen. Die Karte ist in Libyen käuflich zu erwerben und liegt auch mit arabischer Beschriftung vor. In Deutschland können Sie die Karte über die Ausrüster-Läden beziehen. Ich bezeichne sie im Rahmen der Routenbeschreibungen immer als „Geo-Projects-Karte", von anderen Autoren wird auch die Bezeichnung „Oxford-Map" verwendet.

Schließlich – last but wirklich not least – mit 1:4 Millionen die schon wiederholt genannte **„Michelin-Karte 741".** Auch diese wie gesagt nicht fehlerfrei, aber immer noch

Moving-Map-Programme und Satelliten-Navigation

Auf dem Gebiet der Moving-Map-Programme haben sich wichtige Änderungen und Neuerungen ergeben. Vor allem drei Programme konkurrieren derzeit auf dem deutschen Markt: das amerikanische **Fugawi-,** das deutsche **TTQuovadis-** und das australische **OZI-Programm.** Nur die beiden ersten Programme lassen sich auf dem Ausrüstungsmarkt erwerben; das australische OZI ist nur über das Internet erhältlich. Für den Anwendungsbereich saharischer Reisen scheint das früher führende Fugawi-Programm gegenüber TTQuovadis ins Hintertreffen geraten zu sein. TTQuovadis ist derzeit das flexibelste und am leichtesten zu bedienende Programm. Da jedoch immer wieder Programm-Updates vorgenommen werden, kann sich diese Situation auch wieder ändern. Ich selbst nutze seit einiger Zeit nur noch TTQuovadis. Zu diesen Moving-Map-Programmen sind **digitalisierte Landkarten auf CD-ROM** erhältlich. Jede Landkarte kann als Auftrag eingescannt und auf Wunsch auch kalibriert werden.

Besonders die **Firma Garmin** bietet seit Ende 1999 Handheld-Geräte an, in die sich Landkarten laden und auf dem Display lesen lassen (z.B. GPS 12MAP oder GPS III PLUS). In diese Geräte lassen sich jedoch nur Garmin-spezifische Landkarten einlesen, die für Nordafrika nur von bescheidener Qualität sind. Es sind jedoch neu entwickelte Geräte angekündigt, und so darf man gespannt sein, ob nicht in nächster Zeit die geniale Kombination auch für Libyen verfügbar sein wird: Digitale Landkarte und Satellitennavigation in einem einzigen handlichen Gerät vereinigt.

mit der ausgewogendsten Darstellung – und das bei diesem Maßstab! Wie aus Buchhandelskreisen zu erfahren ist, soll sie in Zukunft regelmäßig im Zwei-Jahres-Rhythmus aktualisiert herausgegeben werden – eine bewundernswerte Absicht, denkt man an den dargestellten Riesenraum und die dort herrschenden administrativen Verhältnisse! Die Ausgabe 2003 enthält im Bereich Libyen eine große Zahl von Korrekturen – im Vergleich zu allem, was sonst geboten wird, bleibt nur das Urteil: Bewährt und nicht umsonst immer wieder als die beste Afrika-Übersichtskarte bezeichnet. Einziger Wermutstropfen: Vielleicht aus der Angst heraus, bei den regelmäßig durchgeführten Aktualisierungen Fehler einzuzeichnen, wurden die in älteren Auflagen oft präziseren und korrekten Pistenverläufe zugunsten sehr schematischer Darstellungen aufgegeben. Hervorragend nach wie vor die Übersichtlichkeit und die Klimatabelle. Bewundernswert das Bemühen, immer aktuell zu bleiben.

Fazit: Genaue Karten für Libyen gibt es nicht, auch nicht solche mit kleinem Maßstab. Wenn Sie meinen, für Ihre Geländereise absolut präzise Kartenunterlagen zu benötigen, bleibt Ihnen nur die Möglichkeit, sich extrem teure Satelliten-Aufnahmen zu beschaffen. Ich halte dies jedoch für überflüssig.

Landkarten auf CD-ROM und Satellitenaufnahmen auf DVD

Siehe auch Info-Kasten auf der linken Seite.

Verschiedene Ausrüster bieten bestimmte Karten-Systeme auch auf CD-ROM zur digitalen Be- und Verarbeitung am Computer an. Ausgestattet mit der nötigen **Software** (TT-Quovadis, Fugawi, Ozi oder andere) können Sie ihre GPS-Daten in die Karten einarbeiten, Routen nachzeichnen oder (wenn Sie einen Laptop mitführen) aktuell auf der Karte am Bildschirm anzeigen lassen. Für Libyen liegt bereits ein komplettes System auf der Basis der 1:500.000er russischen Generalstabskarte vor. Vor- und Nachteile dieser Karte bestehen natürlich auch bei der Digital-Version. Alleine auf eine digitale Karte sollten Sie sich aber nicht verlassen: Stürzt Ihr **Laptop** ab – und von solchen „Katastrophen" höre ich alltäglich – stehen Sie ohne Landkarte im Wüstensand. Drucken Sie also rechtzeitig jedem Reiseteilnehmer eine Karte aus bzw. führen Sie auch die Original-Papierlandkarte mit. Natürlich können Sie mit der entsprechenden Soft- und Hardware auch Ihre Landkarten selbst einscannen und dann in Ihrem Portable mit sich führen. Wie auch immer: Die Arbeit am Bildschirm sollten Sie unterwegs immer dem Beifahrer überlassen und sich selbst nur auf Straße, Piste oder Dünen konzentrieren ...

Seit Mai 2005 werden auch hochauflösende Satellitenaufnahmen auf **DVD** angeboten. Die Aufnahmen sind bereits kalibriert und lassen sich so auch in Navigationsprogrammen einsetzen. Gemessen an der Datenfülle sind die DVDs preisgünstig. Nähere Informationen finden Sie unter www.sat21.de.

Ganz neue Möglichkeiten eröffnen sich dem PC-Nutzer mit dem Programm **google-earth!** In Verbindung mit weiteren Programmen lassen sich in den für die gesamte Welt verfügbaren Satelliten-Aufnahmen auch Wegepunkte, Routen und dergleichen verarbeiten. Entsprechende Anleitungen finden Sie (als registriertes Mitglied) z.B. im Forum von www.desert-info.ch. Über einen der Moderatoren des Forums sind auch die russischen Landkarten von Libyen/Gesamtnordafrika auf DVD erhältlich: ulrich.hanel@skydsl. de.

Reise-Gesundheitsinformationen: Libyen

Die nachstehenden Angaben dienen der Orientierung, was für eine geplante Reise in das Land an Gesundheitsvorsorgemaßnahmen zu berücksichtigen ist. Die Informationen wurden uns freundlicherweise vom Centrum für Reisemedizin zur Verfügung gestellt. Auf der Homepage **www.travelmed.de** werden diese Informationen stetig aktualisiert. Es lohnt sich, dort noch einmal nachzuschauen.

Klima:

- Überwiegend Wüstenklima; nur in der nördlichen Cyrenaika Mittelmeerklima (winterfeucht); durchschnittliche Temperatur in Tripolis im Januar 12,2 °C, im August 26,1 °C.

Einreise-Impfvorschriften:

- **Bei Direktflug aus Europa: keine Impfungen vorgeschrieben.**
- Bei einem vorherigen Zwischenaufenthalt (innerhalb der letzten 6 Tage vor Einreise) in einem der aufgeführten Länder (Gelbfieber-Endemiegebiete) wird bei Einreise eine gültige Gelbfieber-Impfbescheinigung verlangt (ausgenommen Kinder unter 1 Jahr).

Gelbfieber-Impfbescheinigung erforderlich bei Einreise aus: Angola · Äquatorialguinea · Äthiopien · Benin · Bolivien · Brasilien · Burkina Faso · Burundi · Ecuador · Elfenbeinküste · Franz. Guayana · Gabun · Gambia · Ghana · Guinea · Guinea-Bissau · Guyana · Kamerun · Kenia · Kolumbien · Kongo, Rep. · Kongo, Dem. Rep. · Liberia · Mali · Niger · Nigeria · Panama · Peru · Ruanda · Sao Tomé & Principe · Senegal · Sierra Leone · Somalia · Sudan · Suriname · Tansania · Togo · Tschad · Uganda · Venezuela · Zentralafrikanische Republik

Empfohlener Impfschutz:

- **Generell:** Standardimpfungen nach dem deutschen Impfkalender, speziell Tetanus, Diphtherie, außerdem Hepatitis A, Polio.
- Bei Reisen durch das Landesinnere unter einfachen Bedingungen (Rucksack-/Trekking-/Individualreise) mit einfachen Quartieren/Hotels, bei Campingreisen und Langzeitaufenthalten, im Falle einer praktischen Tätigkeit im Gesundheits- oder Sozialwesen, bei engem Kontakt zur einheimischen Bevölkerung sind außerdem zu erwägen: Typhus und Hepatitis B (bei Langzeitaufenthalten und engerem Kontakt mit der einheimischen Bevölkerung).

Wichtiger Hinweis: Welche Impfungen letztendlich vorzunehmen sind, ist abhängig vom aktuellen Infektionsrisiko vor Ort, von der Art und Dauer der geplanten Reise, vom Gesundheitszustand sowie dem eventuell noch vorhandenen Impfschutz des Reisenden.

Da im Einzelfall unterschiedlichste Aspekte zu berücksichtigen sind, empfiehlt es sich immer, rechtzeitig (etwa 4–6 Wochen) vor der Reise eine persönliche Reise-Gesundheits-Beratung bei einem reisemedizinisch erfahrenen Arzt oder Apotheker in Anspruch zu nehmen.

Malaria:
- **Das Land ist malariafrei.**

Ratschläge zur Reiseapotheke:
- Vergessen Sie nicht, eine kleinere oder größere Reiseapotheke mitzunehmen (wenigstens Medikamente gegen Durchfall, Fieber und Schmerzen sowie Verbandstoff, Pflaster und Wunddesinfektion), damit Sie für kleinere Notfälle gerüstet sind. Nicht vergessen: Medikamente, die der Reisende ständig einnehmen muss! Wenn Sie spezielle Fragen zur Reiseapotheke haben, wenden Sie sich am besten an eine Apotheke mit reisemedizinisch qualifizierten Mitarbeitern.

Aktuelle Meldungen:
- **Darminfektionen:** Risiko für Durchfallerkrankungen landesweit. Nahrungs- und Trinkwasserhygiene beachten.
- **Gesundheitszeugnis:** Für Arbeits- und Langzeitaufenthalte wird ein Gesundheitszeugnis („Health Certificate") in deutscher Sprache verlangt (Formular auf Anfrage über die Botschaft).

Stand: Mai 2007/© Centrum für Reisemedizin 2007

Die Angaben wurden nach bestem Wissen und sorgfältiger Recherche zusammengestellt. Eine Gewähr oder Haftung kann nicht übernommen werden.

HILFE!

Dieses Reisehandbuch ist gespickt mit unzähligen Adressen, Preisen, Tipps und Infos. Nur vor Ort kann überprüft werden, was noch stimmt, was sich verändert hat, ob Preise gestiegen oder gefallen sind, ob ein Hotel, ein Restaurant immer noch empfehlenswert ist oder nicht mehr, ob ein Ziel noch oder jetzt erreichbar ist, ob es eine lohnende Alternative gibt usw.

Unsere Autoren sind zwar stetig unterwegs und versuchen, alle zwei Jahre eine komplette Aktualisierung zu erstellen, aber auf die Mithilfe von Reisenden können sie nicht verzichten.

Darum: Schreiben Sie uns, was sich geändert hat, was besser sein könnte, was gestrichen bzw. ergänzt werden soll. Nur so bleibt dieses Buch immer aktuell und zuverlässig. Wenn sich die Infos direkt auf das Buch beziehen, würde die Seitenangabe uns die Arbeit sehr erleichtern. Gut verwertbare Informationen belohnt der Verlag mit einem Sprechführer Ihrer Wahl aus der über 200 Bände umfassenden Reihe „Kauderwelsch".

Bitte schreiben Sie an:

Reise Know-How Verlag Peter Rump GmbH, Pf 14 06 66, D-33626 Bielefeld,

oder per E-Mail an: info@reise-know-how.de

Danke!

Abdun Naser عبد الناصر

Abu Grin, Bu Grin, Abu Qrayn, New Al Hishah أبو قرين

Abuzeyan, Abuzayan, Bu Zayyan أبو زيان

Addirsiyah, Ptolemaïs الدرسية - بطوليمايس -

Ajdabiya, Agedabia أجدبيا

Al Ajaylat, Al Ajilat العاجيلات

Al Aquiriyah, Tokrah, Tukrah العقورية (توكره)

Al Aqaylah العقيلة

Al Awaynat, Serdeles, Uweinat العوينات

Al Aziziyah العزيزية

Al Bayda, Al Beida البيضاء

Al Brayqah, Al Braygah, Marsa El Brega البرقية

Al Fugha, Al Fogaha الفقها

Al Garabulli, Quarabulli القربوللى

Al Jaghbub, Jaghbub, Giarabub الحقبوت

Al Jawf, Djof الجوف - الكفرة -

Al Jawsh, Goush الجوش

Al Khums الخمس

Al Kufra, Kufra, Al Khofra الكفرة

Al Maqrun, Magrun المقرون

Al Marj, New Al Marj, Barka, Barca المرج

Al Quaryat القريات

Al Quatrun, Gatrun, Katrun القطرون

Al Qusbat القصبات

Amsa ad أمساعد

Apollonia – Susah – أبوللونيا -- سوسة -

Ash Shati, Wadi وادى الشاطى

Ash Shwayrif, Shwayrif, Bir Shwayrif الشورف

Assdadah, Sedata السداتة

Awjilah, Aujila, Augila, Awila أوحله

Bir Alagh بئر الآخ

Bir Ayyad بئر عياد

Bir Dufan بئر دوفان

Bir Ghasir بئر خسير

Bin Ulid, Ban Walid بنى وليد

Binghazi, Benghazi, Benghasi, Bengasi بنغازى

Bent, Bayyah بنت بية

Birgin, Birqin برقن

Bomba, Bamba, Golf von Bomba خليج عبا

Brak براك

Braygah, Al Brayqah البرقية

Bu Kammash بوكماش

Cyrene, Kyrene شحات قورينه

Darj, Derj درج

Darnah, Derna درنه

Daryanah دريانه

Djerma, Germa, Garama برمه

Gariyat, Al Quaryat القريان

Ghadamis, Ghadames, Rhadames غدامس

Ghariyan, Garian غريان

Ghat, Rhat غات

Hun, Hon هون

Idri, Edri أدرى

Jadu جادو

Jalu, Djalo واحة جالو

Kabay, Kabao كاباو

Leptis Magna لبدة

Maradah مراده

Marawah مراوه

Marsa Susah, Susah سوسة

Misratah, Misuratah مصراتة

Mizdah, Mizda مزدة

Murzuq, Murzuk, Mursuk مرزق

Nalut نالوت

Nismah نسمة

Ptolemaïs, Tolmetha طلميثه

Quaminis قمينس

Quasr Libiya قصر ليبيا

Rabyanah, Rebiana, Rebianah ربيانة

Ras Idayr, Ras Jedir, ras Ajdir رأس أجدير

Sabha, Sebha سبها

Sabratah, Sabrata صبراتة

Sedata السداتة

Shehhat, Shahhat شحات

Sinawan, Sinauen سيناون

Sirt, Sirte سرت

Sluntah سلنطة

Soknah, Suqna سوكنه

Suluq سلوق

Surman صرمان

Tajirhi, Tadjeri, Tajura تاجوراء

Tarabulus, Tripoli, Tripolis طرابلس

Tarhunah, Tarhuna ترهونة

Tawargha, Taurgha تاورغاء

Tiji تيجى

Tmissah, Timsa تمسة

Traghin, Traghan تراغن

Tsawah, Tesawa تساوه

Tubruk, Tobruk طبرق

Ubari, Awbari أوبارى

Umm Al Aranib أم الآرنب

Umm Saad أم سعد

Waddan ودان

Waw (Wau) Al Kabir, Waw (Wau) El Kebir واو الكبير

Waw (Wau) an Namus, Waw (Wau) en Namos واو الناموس

Wazin وازن

Yifrin, Jefren, Yfren يفرين

Zallah, Zilla زلة

Ziwiyat al Msus زاوية المسوس

Ziltin, Zelten, Zaltan زلطن

Zlitin زليطن

Zuara زوارة

Zuwaylah زويلة

SAHARA
Entdecken Sie mit uns die Schönheiten der Wüste in spektakulären Landschaften!
SUNTOURS
Expeditionen · Karawanen · Trekking
Seit mehr als 25 Jahren unterwegs mit erfahrenen Guides in Libyen, West-Ägypten, Süd-Algerien, im Niger, in Mauretanien und vielen weiteren Saharaländern.
SUNTOURS GmbH · Dorfstraße 14, Dornholzhausen · 35428 Langgöns
Tel. 06447/92103 · Fax 06447/92104
Infos per Post oder im Internet:
www.suntours.de

Register

A

B

C

D

Y/Z

Der Autor

Gerhard Göttler, Jahrgang 1945, hat während seiner Dokumentationstätigkeit für verschiedene Völkerkundemuseen im In- und Ausland über 100 Reisen in und durch die Sahara und nach Libyen unternommen. Er ist Autor und Herausgeber mehrerer Bücher über die Tuareg und die Sahara.

Danksagung

Dank schulde ich vielen, allen voran meinen mehrfachen Reisebegleitern *Ernst* und *Hildegard Karrer, Siegbert (Siggi) Schäfer, Marius Brundiers* und meiner Tochter *Friederike;*

... denen, die mir gleich zweimal mit Daten oder einem Netzkabel ausgeholfen haben, als mein GPS-Gerät eine Panne hatte: *Birgit* und *Robert Erb* von der Bergsteigerschule Meran. Von ihnen habe ich auch andere Daten erhalten, die mir auf meinen Reisen nützlich waren;

... denen, die mir mit Informationen und Hinweisen in Deutschland behilflich waren: *Erika* und *Klaus Därr; Dr. Werner Nöther;* Herr *Ahlbrecht* von der deutschen Botschaft in Tripolis und *Frank M. Nowara* mit seinen Stadt- und seinen fundierten Arabisch-Kenntnissen;

Michael Rolke, der Green-Castle-Besatzung *Familie Ottmann* sowie *Ursula* (und dem leider verstorbenen *Wolfgang*) *Eckert;*

... vielen Lesern für ergänzende Hinweise, für diese 7. Auflage insbesondere *Prof. Dr. R. Möllerfrerich, E. Schmidt-Jotz* und *F. Schmidt, Kuno Gross* in Libyen, *Dirk Hennig, Rainer Wierzba, Peter Beuer, Peter* und *Dr. A.-M. Machata, Astrid Därr, Gerhard Schmid, Manfred Alker, Rüdiger Gutsche;*

... denen, die mich im Arbeitsstress der Manuskripterstellung moralisch und durch Überlesen der Texte unterstützten, allen voran meine Familie und meine Frau *Renate.*

Fremde Federn vermögen auch zu schmücken. Es war sicher ein richtiges Anliegen des Verlages, aus Gründen der Vollständigkeit auch Routen aufzunehmen, die ich aus dem einen oder anderen Grund nicht selbst bereisen konnte (z.B. Benzinverknappung, Ausfall des GPS-Gerätes, Unfall). Nachfolgende Routen habe ich bearbeitet nach Unterlagen von: *Bärbel* und *Bernd Jacobi* – B 9; *Birgit* und *Robert Erb* – B 6; nach der Därrschen Datensammlung zu „Durch Afrika" u.a. – B 8.

Allen ein herzliches *Schukran!*

Gerhard Göttler
am Eingang zur Altstadt von Ghat

Eingang zur Medina in Tripolis (Foto: E. Därr)

Spuren der Römer

In die **UNESCO-Liste der Kulturdenkmäler** dieser Erde wurden die römischen Städte an der libyschen Mittelmeerküste aufgenommen: Viele der Bauten wurden in einer Pracht oder Größe errichtet, wie sie sich sonst nur noch in Rom selbst finden. Die Handelsstädte Sabrata, Oea (das heutige Tripolis) und Leptis Magna bildeten zusammen den machtvollen „Tripolis-(Dreistadt)-Bund".

Links ein Detail der Marmorverzierung der Bühnenfront (großes Bild) des Theaters in **Sabrata.** Fast in barocker Opulenz präsentiert sich die Basilika des *Septimius Severus* (rechts oben); als Sohn Libyens ließ der römische Kaiser (193 gekrönt) die Städte seiner Heimat aufwendig ausbauen. Klassisch-elegant und schlicht dagegen zeigt sich die Statue in **Leptis Magna** (rechts unten).

Foto rechts oben von E. Därr, Rest von G. Göttler.

Spuren der Römer

Die Macht, den Reichtum und Stolz der römischen Kolonisatoren bezeugen das Theater in **Sabrata** (rechts oben), das als schönstes römisches Theater auf der Welt gilt, und der Marktplatz (großes Bild) der alten Kultur- und Handelsmetropole, deren Wohlstand auf dem Weizen und Olivenöl, die im Hinterland gedeihten, gründete.

Waren die Römer an der Mittelmeerküste die unumschränkten Herrscher, so sorgten im Landesinneren Wüstenstämme für Unruhe und eine Gefährdung des Handels und der römischen Niederlassungen. Zur Abwehr dieser Bedrohung entstand eine befestigte Verteidigungslinie, der **Limes Tripolitanus.** Mächtige Wehrhöfe sollten diese Grenze sichern (oben links ein Detail des Wehrhofs bei Ban Walid, oben Mitte die Überreste des Wehrhofs bei Nisma).

Großes Foto und Foto rechts unten von E. Därr, Rest von G. Göttler.

Felszeichnungen und -gravuren

In Libyen, vor allem im **Wadi Mathendous,** in **In Habeter** und im **Akakus-Gebirge,** sind manche der eindrucksvollsten Felszeichnungen und -gravuren weltweit zu sehen. Sie gleichen einem auf Stein gemalten bzw. in Stein gemeißelten Geschichtsbuch. Sie legen

Zeugnis ab von einer Tierwelt, die einst in den heute ariden Sahara-Regionen lebte, etwa Wildtiere wie Giraffen oder auch Rinder, mit deren Domestikation damals begonnen wurde. Menschen erscheinen auf den Bildern oft als Fabelwesen oder werden als Kämpfer im Streitwagen dargestellt.

Fotos rechts Mitte und unten von E. Därr, Rest von G. Göttler.

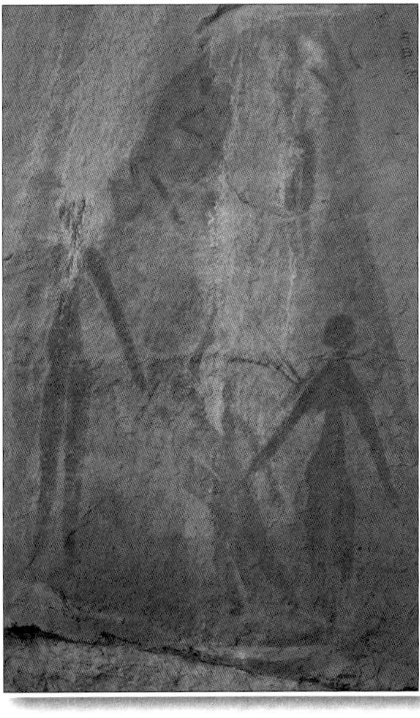

Menschen

Traditionelles Nomadenleben, wie es noch bis in die Mitte des 20. Jahrhunderts existierte, ist spätestens mit dem Sprung des Erdölstaates Libyen in die Moderne fast gänzlich erloschen. Nur in den Grenzregionen trifft man gelegentlich noch auf sehr ursprünglich lebende Mitglieder von Stammesgesellschaften (links oben eine **Targia,** rechts oben und großes Bild **Beduinen-Frauen**).

Nur zu besonderen Anlässen legt „mann" noch die althergebrachte Tracht an: Auf dem Bild rechts oben präsentiert sich ein **Tuareg** bei einem Fest den Frauen.

Das Foto rechts unten zeigt einen älteren Bewohner der Altstadt von Sebha auf dem Weg zum Freitagsgebet in der Moschee.

Alle Fotos von G. Göttler.

In der Wüste

Die Wüste hat viele Gesichter! Von besonderer Faszination sind **Dünengebiete** (großes Bild: Djebel Akakus; links u. rechts oben: Um el Ma, rechts unten der ausgetrocknete Mandara-See). Das Bild in der Mitte rechts zeigt Felsformationen im Djebel Bin Ghanimeh, das Foto links auf der rechten Seite entstand in der Harudj El Abiod.

Fotos: gr. Bild, re. Mitte und re. S. li. oben E. Därr, Rest G. Göttler.

Tiere

Tiere sind selten in der libyschen Wüste! Zu Recht gefürchtet ist die **Hornviper** (Bild ganz links oben): Wenn sie zubeißt, ist ihr rosafarbener Schlund zu erkennen.

Geheimnisvoll der rot gepunktete **Wüstenrenner** (Bild links oben): Mit seiner Hilfe führen Tuareg-Frauen Weissagungen durch.

Ein Bewohner der grüneren Randgebiete ist die **Landschildkröte** (großes Bild).

Die Porträtaufnahme einer **Dorkas-Gazelle** gelingt nur im Gehege (Bild rechts unten).

Verbreitete Haustiere sind **Schafe,** hier vor der Festung über dem Hafen von Tobruk (Bild rechts oben).

Alle Fotos von G. Göttler.

Ortsansichten

Die alten Ortschaften in Libyen mussten allesamt verlassen werden. Die Bewohner wurden in neu errichtete, mit den Segnungen der technischen Moderne, wie Strom und sanitäre Einrichtungen, ausgestattete Siedlungen umgesiedelt. Das gilt für **Ghadames** (links oben), wo Führer Touristen die aufge-

gebene Stadt zeigen, ebenso für **Ghat** (großes Bild) und **Murzuk** (rechts unten der ehemalige Sklavenmarkt).

Nie bewohnt waren dagegen die Ghorfas im Ksar von **Nalut:** Sie dienten ausschließlich als Speicherburg (rechts oben).

Foto links oben von E. Därr,
Rest von G. Göttler.

Landschaften

Libyen ist mehr als nur Wüste! Mitten in ihr tut sich das „achte Weltwunder" **Wau an Namus** auf: Der Vulkankrater ist von mehreren größeren und kleineren Seen, die auffallend verschiedenfarbig sind, umgeben (Bild ganz links oben und großes Bild).

Die Felsküste des **Akhdar-Berglandes** bei Ras al Hilal ist trotz des azurfarbenen Meeres keine Badeküste (Bild links oben).

Am Steilabbruch des **Nafusah-Berglandes** drängen sich die Häuser einer alten Bersiedlung (Bild rechts oben).

Im stimmungsvollen Licht der Abenddämmerung kommen Palmen in den **Wüstenoasen** ganz besonders zur Geltung (Bild rechts unten).

Alle Fotos von G. Göttler.

Tripolis

Die **Hauptstadt** Libyens beeindruckt als moderne Metropole, die Altstadt hingegen wurde über lange Zeit bewusst vernachlässigt.

Auf dem Bild links oben geht der Blick über die Dächer der Altstadt zur christlichen Kirche, links ist die Gurgi-Moschee zu sehen.

Das Bild daneben zeigt das sehenswerte Nationalmuseum.

Das große Bild ist vom Hotel Bab el Bahar aus aufgenommen; im Vordergrund ist die Tripolis-Messe zu sehen.

Rechts oben ein Bild, das schon historischen Charakter besitzt, denn das Gebäude des ehemaligen italienischen Gouverneurs wurde abgerissen.

Bild rechts unten: Gedränge auf dem Frauenmarkt nahe des Bab el-Khenig.

Alle Fotos von E. Därr.

Menschen

In Libyen treffen Moderne und Tradition aufeinander. Das Land zieht viele **Gastarbeiter** aus den im Süden angrenzenden armen Sahelstaaten an: Abenteuerlich beladen mit den Reichtümern, die sie im relativ wohlhabenden Libyen erworben haben, kehren sie in ihre Heimat zurück (Bild ganz links oben).

Gut lachen haben die **Schüler,** deren neue Bildungsstätte in Sinawen eingeweiht wird (Bild links oben), und die **Fischer,** die sich über ihren Fang freuen (großes Bild).

Kaum weniger zufrieden wirken die **Tuareg** vor ihrem defekten Geländewagen in Ghat (rechts oben) und der Vater beim Einkauf für die Großfamilie auf dem Markt in Murzuk.

Foto links oben von E. Därr, Rest von G. Göttler.

Im Akakus-Gebirge

Der Djebel Akakus besticht nicht nur wegen seiner kulturellen Schätze in Gestalt einmaliger Felsmalereien (vgl. die Bilder weiter vorn). Auf jeden Besucher übt auch der landschaftliche Gegensatz zwischen den weichen Formen des Sandes und den schroff erodierten Felskulissen einen ganz besonderen Reiz aus.

Oben ganz links sind die **Idinen-Berge** zu sehen, vor deren mächtiger Kulisse sich herrlich ein Quartier einrichten lässt.

Das große Bild zeigt den **Natursteinbogen von Fozzigiaren,** rechts daneben eine typische Off-road-Szenerie.

Alle Fotos von E. Därr.

In ganz Libyen trifft man freundliche Menschen (Foto: G. Göttler)